세계화 시대의 정치학

▌지은이 소개

• 홍익표

현재 부산대학교 사회교육연구소 부소장으로 있다. 독일 함부르크대학교(Universität Hamburg)에서 정치학 박사학위를 취득한 후 아태평화재단 책임연구위원과 선임연구위원, 한국국제정치학회 국제지역연구소 전임연구원, 경남대학교 극동문제연구소 객원연구위원을 역임했다. 고려대학교 대학원, 연세대학교 등에 이어 부산대학교, 서울교육대학교에서 정치학을 가르치고 있다.

저서로는 『유럽의 민주주의: 발전과정과 현실』, 『한국 정치를 읽는 20개의 키워드: 신자유주의부터 포퓰리즘까지』, 『시네마 폴리티카: 영화로 읽는 정치적 삶과 세계』, 『세계화 시대의 정치학(2009년 문화체육관광부 우수학술도서, 공저)』, 『왜 민족음악인가? 다시 읽는 유럽의 민족주의와 음악(공저)』, 『세계화 시대의 국제정치경제학(공저)』, 『남북한 통합의 새로운 이해(공저)』, 『왜 시민주권인가(공저)』, 『유럽질서의 이해: 구조적 지속과 변화(공저)』, 『정치적 현실주의의 이론과 역사(공저)』, 『유럽연합체제의 이해(공저)』, 『국제사회의 이해(공저)』, 『북한, 그리고 동북아(공저)』 등이 있다.

• 진시원

현재 부산대학교 사범대학 일반사회교육과 교수로 재직 중이며 정치학을 가르치고 있다. 고려대학교 철학과를 졸업했으며, 영국 Kent대학교에서 국제정치학(석사)을, 영국 Warwick대학교에서 정치학(박사)을 공부했다. 전공은 국제정치와 국제정치경제이다. 영국 Warwick대학교 세계화와 지역화 연구소 조연구원과 고려대학교 평화연구소 연구교수 등을 역임했다.

저서로는 『세계화 시대의 국제정치경제학(공저)』, 『한국의 국제정치경제』, 『세계의 정치와 경제(공저)』, 『남북한 통합의 새로운 이해(공저)』, 『왜 시민주권인가(공저)』, 『유럽질서의 이해(공저)』, 『유럽연합체제의 이해(공저)』, 『글로벌 이슈: 세계화의 도전과 대응(공역)』, 『한미 FTA는 우리의 미래가 아닙니다(공저)』, 『동아시아 철도 네트워크의 역사와 정치경제학(공저)』, 『국제사회의 이해(공저)』, 『국제이해교육의 이론과 실제(공저)』, 『국제이해교육과 신식민주의 비평(공저)』, 『고등학교 법과 정치(공저)』, 『고등학교 국제정치(공저)』 등이 있다.

【개정판】

세계화 시대의 정치학

초 판 1쇄 발행: 2009년 3월 20일
초 판 3쇄 발행: 2011년 4월 9일
개정판 3쇄 발행: 2018년 4월 23일

공저자: 홍익표 · 진시원
발행인: 부성옥
발행처: 도서출판 오름
등록번호: 제2-1548호(1993. 5. 11)

주 소: 서울특별시 중구 퇴계로 180-8 서일빌딩 4층
전 화: (02) 585-9122, 9123 / 팩 스: (02) 584-7952
E-mail: oruem9123@naver.com
ISBN 978-89-7778-313-3 93340

【개정판】

세계화 시대의 정치학

홍익표·진시원 공저

Political Science in the Age of Globalization

Ickpyo Hong
Siwon Jin

ORUEM Publishing House
Seoul, Korea
2018

개정판 서문

우선 이 책의 개정판을 출간하게 되어 기쁘다. 2009년 처음 발간된 이후『세계화 시대의 정치학』은 독자들이 꾸준히 찾는 책으로 자리 잡아왔다. 기존 내용만으로도 정치학 교재로 좋은 평을 받은 책이지만 필자들이 이 책의 개정판을 내게 된 이유는 무엇보다 독자들에게 더 유익하고 도움이 되는 정치학 교재를 만들기 위해서였다.

개정판『세계화 시대의 정치학』은 몇 가지 특징을 지닌다. 첫째, 기존 책에 대한 소폭 수정이 아니라 전면 개정을 수행하였다. 기존 책에서 다루지 못한 내용들을 이번 개정판에서는 새롭게 원고를 집필하여 첨가했으며, 기존 책의 내용 중 수정할 것은 모두 수정하였다.

둘째, '이론과 현실', '더 읽어보기' 코너를 신설하여 독자들의 이해를 높이기 위해 노력하였다. '이론과 현실'은 각 장의 내용과 관련된 신문기사, 칼럼, 사설 등을 비교·정리하여, 독자들이 본문에서 읽은 이론적인 내용들이 현실정치에서 어떻게 적용되고 있는지를 보여주기 위해 신설하였다. 즉, 이론에 현실을 더한 것이다. '더 읽어보기'는 본문에서 다룬 내용들에 대한 보다 심도 깊은 이해를 제공하기 위해 관련 전문서적에 대한 서평이나 인용 등을 담았다.

셋째, 개정판『세계화 시대의 정치학』은 정치학 개론서로서 요구되는 내용을 충분히 담고 있지만 개론서 수준에 한정된 책은 아니다. 개정판은 정치학 개론과 정치학

전공서적의 중간 단계에 해당하는 내용과 수준을 지닌 책으로 기획되었다. 읽을 게 없을 정도로 쉬운 개론서도 아니며 너무 어려워 정치학자의 설명 없이는 이해하기 어려운 전공서적도 아니라는 것이다. 이런 면에서 이 책은 한 단계 격상된 정치학 개론서라고 볼 수 있다.

넷째, 개정판『세계화 시대의 정치학』은 기존 정치학 개론서들과 여러 면에서 다르다. 기존 개론서들이 번역서 중심이거나 오래된 내용과 이론에 한정된 경우가 많았다면 개정판『세계화 시대의 정치학』은 제목 그대로 20세기 후반 이후 세계화 시대에 걸맞은 이론과 내용을 다루기 위해 노력했다.

다섯째, 개정판『세계화 시대의 정치학』은 국제정치 부분을 대폭 확대·강화하여 별도의 책으로 분리 출간할 예정이다. 세계화 시대, 국제정치에 대한 이해의 필요성이 비교정치와 정치사상에 비해 점차 커지고 있는 상황을 이 책은 반영하여, 기존의 국제정치 부분을 따로 떼어『세계화 시대의 국제정치학』이라는 새로운 책으로 출간할 것이다.

필자들은 이 책을 내게 되어 즐거운 마음이다. 독자들도 이 책을 읽으면서 정치학이 가져다주는 즐거움을 경험했으면 한다. 정치와 정치학에 대한 올바른 이해는 현실 정치의 개선에도 도움을 준다는 점에서 이 책이 정치교육의 기능을 제대로 수행했으면 좋겠다는 기대를 가져본다. 사회과학 서적에 대한 수요가 없는 어려운 시기에 사명감을 가지고 이 책을 출간해주신 '도서출판 오름'의 부성옥 대표와 최선숙 부장께 깊은 감사의 마음을 드린다.

2015년 3월 1일
홍익표·진시원

초판 서문

지난 반세기 동안 한국사회는 세계 어느 나라에서도 보기 힘든 역동적인 변화를 경험하였다. 분단국가의 수립과 전쟁, 급속한 산업화, 민주주의로의 이행, 그리고 신자유주의로의 재편에 이르기까지 한국사회가 겪은 일련의 총체적인 변화는 서구사회가 오랜 기간에 걸쳐 이룬 변화 못지 않은 것이었다. 그러나 한국은 서유럽 국가들처럼 사회의 다양한 균열과 갈등을 나름의 전환과정을 통해 정치체제로 투영하지 못했다. 비록 민주주의로의 이행을 통해 정치적 영역에서 어느 정도 민주적 절차와 제도가 형성되었지만 여전히 권위주의적 과거의 유산은 해소되지 않고 있고 있으며, 협의와 타협 및 합의의 정치문화도 확립되지 않고 있다.

현재 한국은 민주주의 이행 이후 도래한 혼란스런 과도기에 처해 있다. 민주화 이후의 민주주의 시기에 권위주의적 리더십은 정치와 경제, 남북관계 등 사회의 다양한 영역에서 오히려 위기와 퇴행을 불러일으키고 있다. 이러한 한국의 현실에서 시급히 필요한 것은 다름 아닌 민주주의의 확대와 심화라고 할 수 있다. 데이비드 헬드David Held가 지적했듯이 민주주의는 권력의 자의적 간섭으로부터 단순히 개인의 권리를 보호하는 것뿐만 아니라 정치적 공동체의 모든 구성원들이 자신들의 삶의 조건, 즉 자기들에게 유용한 기회를 만들거나 제한하는 구조를 결정하는 데 있어 자유롭고 평등한 것을 가능하게 하기 때문이다. 지금까지의 인류의 역사는 민주주의가 결여되어 있고 평범한 시민들로부터 점차 유리되면 다양한 부작용이 발생한다는 것을 뚜렷이 보여주고 있다.

그럼에도 지금 이 땅에서는 민주주의의 침체와 후퇴가 도처에서 목격되고 있다. 신자유주의라는 이름하에 진행되는 시장의 절대화와 함께 사회적 배제가 규칙이 되면서 사람들은 생존을 위해 극단적인 경쟁이 지배하는 시장으로 내몰리고 있다. 사람들에게 자신이 속해 있는 정치적 공동체에서 동일한 권리와 의무를 보장해주는 민주주의적 정치는 더욱 약화되고 있다. 이로 말미암아 민주주의적 정치를 통해 대표되고 보호받기를 원하는 사람들의 삶의 질도 급격히 악화되고 있다. 계층 간 소득격차가 확대되고 있으며, 계급 간의 경계를 허무는 사회적 이동은 점점 어려워지고 있다. 나아가 "민주주의가 밥 먹여 주냐?"는 자조어린 문제제기가 나오고 있으며, 심지어는 절망을 느끼는 사람들이 유럽의 경우처럼 극우정치세력의 선동에 의지하게 될지도 모른다는 우려 섞인 전망도 표출되고 있다.

전 세계적으로 보더라도 사회주의권의 붕괴와 세계화의 진전으로 민주주의적 정치가 확산될 것이라는 기대는 여지껏 실현되지 않고 있다. 오히려 신자유주의에 기반을 둔 세계화가 자본의 자유로운 활동을 위해 각종 규제 철폐와 민영화를 요구하면서 공공성을 추구하는 정부의 능력을 약화시키고 민주주의와 삶의 질을 파괴하고 있다. 이와 관련하여 울리히 벡Ulrich Beck은 세계화가 가져온 경제권력과 정치권력의 '모래상자놀이'는 고양이와 생쥐의 쫓고 쫓기는 게임으로 변화한다고 지적한다. 경제가 정치와 사회의 생명줄인 일자리와 세금을 창출하거나 폐지시킬 수 있게 되면서 정치는 철저하게 경제적 행위의 몰가치적인 계산 속에 이루어지게 되었다는 것이다. 이러한 현실에서 정치가들은 갈등과 적대를 해결하기 위한 '동의의 정치'를 회피하며, 복지·평등·분배와 같은 공공성의 가치들을 공격하는 경우가 적지 않다. 시장·경쟁·효율의 이름으로 각종 공적 생활에 자유롭고 평등하게 참여하는 것을 저해하는 행위도 빈번해지고 있다. 이러한 현실에서 우리는 과연 어디에서 희망을 찾을 수 있을까? 그 실마리를 우리는 정치라는 공적 영역에서 복수의 행위자들이 하는 공동행위를 진정한 민주주의에 기초해 복원하는 데서 한국정치의 미래를 찾을 수 있을 것이다. '온전한 정치의 귀환'이 필요한 까닭도 바로 여기에 있다.

　이 책은 '세계화 시대의 정치학'이라는 제목에 걸맞게 목차를 구성하고 각 장에는 세계화가 다양한 정치학의 하부영역에 가져온 결과와 의미에 대해 살펴보고 있다. 나아가 서구적 언어와 사고 틀에서 형성되고 발전된 정치학의 주요 개념과 이론들을 소개하는데 그치지 않고 이들이 한국적 현실에서 갖는 적실성 문제에도 유념하고 있다. 가능하면 한국에서의 사례를 들어 설명하려 하였다. 또한 정치학을 학생들 스스로가 흥미를 갖고 효율적으로 학습할 수 있도록 각 장마다 주요한 개념과 인물, 사건을 박스 안에 넣어 소개하였고, 끝부분에는 토론거리와 키워드 및 참고문헌을 두어 생산적 토론과 심층학습을 할 수 있도록 배려하였다.

　이러한 구성과 내용은 학생들로 하여금 세계화 시대의 정치학을 체계적으로 이해함으로써 변화하는 세계의 정치현상을 보는 나름의 안목을 기를 수 있도록 도울 수 있을 것으로 기대된다. 이 책은 학부과정에서 정치학 및 관련 과목을 수강하는 모든 학생들뿐만 아니라 중등교원 임용고시와 법학전문대학원 입시 등을 준비하는 학생들에게도 유용한 길라잡이가 될 것이다. 끝으로 어려운 출판여건 속에서도 출판을 흔쾌히 허락해주신 오름출판사의 부성옥 사장님과 편집에 세심한 배려를 해 주신 최선숙 부장님께 감사를 드린다.

2009년 3월
홍익표 · 진시원

차례

제1부 **정치학의 기초**

제1장 │ **정치학이란 무엇인가?**

제3부　정치제도와 문화

제15장 | 사회운동과 집단정치

제16장 | 민주화와 정치변동

제1부

정치학의 기초

제1장

정치학이란 무엇인가?

1. 정치란 무엇인가?

정치politics에 대한 이해와 정의는 다양하지만 크게 세 가지 입장으로 분류된다. 첫째, 정치를 권력투쟁power struggle과 갈등이라는 핵심어를 통해 이해하며, 정치를 권력과 힘을 지향하는 다양한 세력 간의 갈등과 충돌의 행위이자 과정으로 본다. 둘째, 정치를 타협과 동의consensus라는 핵심어를 통해 이해하며, 정치를 인간사회의 다양한 이해관계를 조정·관리하고 결정decision하는 기술과 과정으로 이해한다. 셋째, 정치를 국민을 통치하고 다스리는 능력, 상태, 결과와 동일시한다.

여기서 중요한 점은 다양한 이해관계들이 서로 갈등하고 타협하는 현상은 정치에서 동전의 양면처럼 항상 공존한다는 것이다. 즉, 정치를 권력투쟁 측면에서만 이해해서도 안 되고, 타협과 동의의 측면에서만 이해해서도 곤란하다는 것이다. 정치현상에서 이해관계의 차이를 표출하고, 충돌하고, 갈등하고, 조정하고, 타협하는 과정은 당연한 것이다. 서로의 다름과 차이를 표출하고, 갈등하고, 존중하고, 조정하고, 타협하는 과정이 바로 정치현상인 것이다.

결국, 정치는 사회구성원 간의 물질적, 정신적, 규범적, 권력적 이해관계의 충돌과 갈등을 조정, 타협, 관리, 해결하는 행위, 과정, 기술, 결과로서, 특정 사회가 추구하는 궁극적 목표를 설정하고, 그 목표를 달성하기 위해 활용 가능하지만 충분치 못한 자원들을 정치적 권위1)와 정당성2)을 통해 우선순위를 가려내고 배분하는 통치 역할을 수행하는 것이다. 정치는 특정 사회에서 '누가 무엇을 언제 어떻게 얻나Who gets what when how?'의 문제를 결정하고 해결하는 행위, 과정, 기술, 권위, 그리고 그 결과인 것이다. 이렇게 볼 때, 인간사회의 모든 일들은 그것이 경제적 문제이든, 사회적 문제이든 아니면 문화적 문제이든 간에 결국 정치로 귀결될 수밖에 없다.

정치가 이렇듯 다양한 사회 구성원 간의 물질적, 정신적, 규범적, 권력적 이해관계의 차이와 다름을 갈등하고 조정하고 타협하는 과정이기에, 사회 구성원이 정치에 적극적으로 참여하는 것은 자신의 자유와 권리 그리고 이익을 위해 당연한 것이지만, 정치에 적극 참여하는 것은 사회 구성원의 의무이기도 하다. 국가의 모든 정책은 정치를 통해 결정되고 집행된다. 예를 들어, 정치를 통해 재정정책 기조가 설정되고, 재정정책은 사회 구성원 개개인이 납부해야할 세금의 정도를 결정한다. 대학교육정책도 정치를 통해 핵심 기조가 결정되며, 그에 따라 모든 중·고등학생과 대학생들의 학교생활이 크게 영향 받는다.

정치를 통한 정책결정은 정치적 권위와 정당성을 우선적으로 확보해야만 한다. 정치적 권위와 정당성을 확보하지 못한 정치적 결정과 정책은 결국 문제에 봉착하기쉽기 때문이다. 폐쇄적인 소수에 의해 결정된 정치적 결정과 정책은 정당성에 문제가있으며, 그것은 민주적이지 못하다. 민주적이지 못한 정치적 결정과 정책은 그것을집행하여 얻은 결과물이 비록 효율적이고 성공적이라 할지라도 정당화되기 어렵다. 현대 사회처럼 다원화된 민주사회에서 민주적 절차를 통해 정치적 권위와 정당성을확보하지 못한 정치적 결정과 정책은 효율적이고 성공적인 결과를 얻기도 어렵지도, 사회분열과 갈등을 조장하여 결국에는 사회 구성원 전체의 이익이나 효용을 감소시키는 결과를 가져올 가능성이 높다. 사회 구성원 모두는 정치에 적극적으로 참여할 수있는 권리 뿐 아니라 참여해야 하는 의무도 동시에 쥐고 있는 것이다.

---

1) 정치적 권위(political authority)는 국민의 존경심과 자발적 따름 혹은 복종을 통해 권력(power)을 행사하는 정치 지도자의 능력을 의미한다.

2) 정치적 정당성(political legitimacy)은 국가와 정부 혹은 정치 지도자의 지배가 정당하고 옳은 것이라고 생각하고, 자발적으로 국가와 정부 혹은 정치 지도자를 따르거나 복종하는 상태나 태도를 의미한다.

2. 학문으로서의 정치는 가능한가?

정치학은 정치현상과 본질을 연구하는 학문이다. 정치학은 정치적 행위와 가치 등을 통해 발생하는 정치현상과 그 기저에 흐르는 정치적 본질을 서술하고 분류하고 분석하고 설명하는 학문으로, 사회과학social science 혹은 사회연구social studies의 핵심 분과이다. 정치학은 영어로 politics 혹은 political science 등으로 표현한다. 여기서 주목해야 할 점은 political science라는 용어이다. science라는 용어를 사용하는 경우는 정치학에 과학적 방법론을 적용가능하다고 생각하고, 실제로도 그렇게 하고 있다는 점을 의미한다.

사회과학 혹은 사회연구의 대상은 인간이나 인간사회(예를 들어, 집단, 지방, 국가, 지역, 지구공동체 등)인 반면, 자연과학natural science의 연구대상은 자연과 세계이다. 자연과학자들은 인간을 둘러 싼 자연과 세계가 과학적 방법론을 통해 연구가능하다고 생각한다. 그렇다면 사회과학자들(혹은 사회연구자들)도 과학적 방법론을 적용하여 인간과 인간사회를 연구할 수 있는가? 그렇다고 생각하는 사람들은 사회과학이라는 용어를 선호할 것이며, 그렇지 않다고 생각하는 사람들은 사회연구라는 용어를 선호할 것이다. 예를 들어, 정치학자 중 선거결과를 예측하는 사람과 북핵문제를 둘러 싼 북미관계를 예측하는 사람 간에는 차이가 있을 수 있다. 선거결과를 예측하는 학자는 political science라는 용어를 선호할 가능성이 높은 반면, 북핵문제와 북미관계를 예측하는 학자는 그렇지 않을 가능성이 높다. 북핵문제와 북미관계를 예측하는 일은 선거결과를 예측하는 것보다 훨씬 어렵기 때문이다.

자연과학에서 과학적 방법론은 일반적으로 '관찰, 실험 → 분석, 종합 → 반복되는 유형 찾기 → 가설 → 검증, 확인 → 이론, 법칙의 정립'과 같은 수순을 밟는다. 여기서 자연과학자가 이론과 법칙을 정립하는 이유는 이론과 법칙이 반복가능성을 통해 예측가능성을 제공하기 때문이다. 관찰과 실험을 통해 반복되는 유형을 찾아내고 검증을 거쳐 이론과 법칙이 만들어진다면, 이론과 법칙을 통해 과학자는 예측이 가능해진다. 자연현상에서의 반복가능성과 예측가능성을 밝혀냄으로써, 인간은 불확실한 상황과 미래를 극복하고 새로운 창조와 발전을 이루어낼 수 있다.

그렇다면 인간과 인간사회를 연구하는데 있어서 과학적 방법론을 적용할 수 있는가? 인간과 인간사회는 자연과 세계처럼 객관적이고 실체적인가 아니면 주관적이고 관념적인가? 인간사회도 연구를 통해 객관적이고 실체적인 법칙과 이론을 만들어낼 수 있는가 아니면 인간사회는 과학적 방법론과는 상이한 방법론을 통해 연구해야 하는가?

전자에 찬성하는 학자들은 social science나 political science라는 용어를 선호하며, 그들은 관찰가능한 정치현상, 경험적 관찰과 연구, 이론과 법칙의 검증 등과 같은 자연과학 방법론(혹은 실증주의 방법론)을 지향하며, 설문조사와 통계처리 등의 양적 연구 방법에 주로 의존한다. 반면, 후자에 찬성하는 학자들은 인간과 인간사회를 연구하는데 있어서 주관성과 상호주관성inter-subjectivity을 강조하여 객관적인 실체가 아닌 개인적으로 혹은 사회적으로 만들어진 의미individually or socially constructed meaning와 주관적 해석을 강조하며 현상학이나 해석학, 심층인터뷰, 참여관찰 등의 연구방법론들을 선호한다. 이들은 인간과 인간사회를 설명하는 이론은 과학적 방법론에 의해 검증되는 것이 아니라고 본다. 이들은 인간과 인간사회를 설명하는 모든 이론이 세계를 해석하는데 있어 서로 상대적으로 동등하게 유효하다고 생각한다.

자연과학 방법론을 정치학에 수용하는 학자들은 실증주의에 기반한 객관성, 실험, 관찰, 가설, 검증, 이론, 독립변수, 종속변수, 테스트의 반복가능성, 미래 예측가능성 등을 추구한다. 반면, 자연과학 방법론을 정치학에 수용하기를 주저하거나 거부하는 학자들은 정치학의 개념들(예를 들어, 권력, 국가, 정치문화 등)이 계량화하기 어렵고 관찰하기도 힘들며, 인간과 인간사회에는 너무나 많은 변수가 있어 계량화가 어렵다고 판단한다. 이들은 또한 정치학의 대상에서는 테스트의 반복성과 예측가능성을 얻기 어렵다고 생각하며, 질적연구(예를 들어, 심층 인터뷰, 문헌연구, 참여관찰 등)도 체계적으로 이루어진다면 과학적일 수 있다고 주장한다.

여기서 중요한 점은 정치학은 물리학 등의 자연과학과는 다르지만, 정밀하고 엄밀한 방식을 통해 지식을 축적해왔으며, 앞으로도 그럴 것이라는 측면에서 체계적이고 과학적인 학문이라는 것이다. 정치학은 극단적인 실증주의와 극단적인 상대주의를 모두 경계할 필요가 있다. 정치학이 극단적 주관주의와 상대주의를 벗어나 객관적이고 과학적일 필요가 있으나, 반드시 자연과학적 방법론만을 수용할 필요는 없다. 인간과 인간사회가 자연과 세계와 다른 것은 분명하지만, 정치학이 주관성과 상대성만을 강조하여 정치현상의 객관적이고 실체적인 측면을 무시하고 간과해서도 곤란하다. 정치학 방법론은 그것이 실증주의 방법론이든 아니면 비실증주의 방법론이든 간에 정치학의 외연과 내연을 확대 · 심화하고, 정치현상과 본질에 대한 이해와 설명을 증진하는 경우에 한하여 학문으로서 환영 받고 정당화될 수 있다.

정치학을 영어로 politics로 지칭하든 아니면 political science로 지칭하든 간에 중요한 점은, 정치학은 인간사회의 정치현상과 본질을 연구하는 하나의 학문으로서 다음과 같은 혜택과 즐거움을 우리에게 제공한다는 것이다. 첫째, 정치현상과 본질을 연구하는 데 있어서 학문적 즐거움과 지적 재미를 제공한다. 둘째, 정치현상과 본질에 대한 분석과 비판 및 대안을 제시하고 정치사회의 미래에 대한 예측을 시도하는 것은 인간으로서 당연한 행위이며 지적 호기심의 결과물이다. 셋째, 정치현상과 본질을 둘러 싼 지식과 경험을 축적함으로써 정치 발전과 진보를 도모할 수 있다.

3. 정치학 방법론

정치학이 사회과학(사회연구)의 분과인 만큼, 정치학 방법론은 사회과학(사회연구) 방법론과 유사하다. 정치학 방법론은 크게 양적 연구와 질적 연구로 구분하는데, 양적 연구는 자연과학적 방법론을 수용하는 방법론인 반면, 질적 연구는 자연과학적 방법론과는 다른 방법론을 추구한다.

양적연구

양적연구는 자료 확보와 자료 분석 과정을 거쳐, 가설과 검증을 통해 이론과 법칙을 만드는 과정을 추구한다. 양적연구의 자료는 실험자료와 관찰자료로 구분한다. 실험자료는 연구자가 관찰이나 조작manipulation 등을 통해 확보한 자료이고, 관찰자료는 연구자의 조작 없이, 관찰만을 통해 얻어진 자료이다. 실험자료는 일차분석자료와 이차분석자료로 구분하는데, 일차자료는 연구자가 직접 자료를 확보하는 것으로 시간과 자금이 소요되는 반면, 이차자료(예를 들어, 통계청 자료, UN자료 등)는 연구자금이 많이 들지 않고 필요할 때면 어느 때나 접근가능하다는 점에서 장점이 있다. 그러나 이차자료의 단점은 일차적으로 자료를 만든 사람이 원래 의도한 점이나 강조한 점으로부터 자료를 선택한 연구자가 자유롭기 힘들다는 것이다. 즉, 연구자와 원래 자료를 만든 사람 간에, 자료를 수집하고 처리하는데 있어서 이견과 차이가 엄연히 존재하는데, 이 간극을 극복하기 쉽지 않다.

확보된 자료는 분석하는데, 이 과정에서는 수집된 자료간의 관계를 분석하여 알아본다. 수집된 자료 간의 관계는 직접영향관계, 상호영향관계, 다변수관계 등으로 구분된다. 두 변수가 직접영향에 있는 경우는 '계급과 투표 성향'간의 관계처럼 개인의 계급성향이 그의 투표성향에 직접적인 영향을 미치는 것이고, 상호영향관계는 '정당선호와 구독신문 선택'등과 같이 두 변수가 서로 영향을 미치는 것이다. 다변수관계는 개인의 계급, 종교, 연령 등이 그의 투표 선호에 미치는 영향이나, 실업률, 인플레이션, 생활소득 등의 시기적 변화가 유권자의 투표 선호에 미치는 영향처럼 다양한 변수간에 관계가 형성되어 있는 것을 의미한다.

　양적연구는 다양한 비판에 직면해 있다.^{Miller, 1995: 166-170} 첫째, 통계기법은 일반인이 이해하기에 애매모호하고 어렵다. 둘째, 설문 대상이 대표성을 확보하지 못한 경우로, 비대표성^{misrepresentation} 문제가 있다. 예를 들어, 러시아의 여론 조사는 유럽지역 러시아만을 포함하고 극동지역 러시아는 제외한 경우가 많다. 이 경우 연구의 대표성은 훼손되고, 연구의 신뢰도도 무너지기 쉽다. 셋째, 비민주적이고 저발전된 국가의 정부가 제공하는 통계는 조작되기 쉽다. 넷째, 설문조사 응답자가 거짓으로 응할 수 있고, 자신의 현재 선호에 맞게 과거 기억을 재설정할 수 있다. 다섯째, 응답자가 전혀 무관심한 쟁점에 대하여 응답을 요구받을 경우, 응답자의 대답은 신뢰도가 떨어질 수 있다. 여섯째, 연구자가 설문지의 내용을 조작하고, 유도된 질문으로 설문지를 구성될 수 있다. 일곱째, 양적연구는 침소봉대의 위험이 있다. 비유하자면, 연구자가 야간 서치 라이트 만으로 밤하늘을 관찰하고, 밤하늘을 모두 연구했다고 오해할 수도 있는 것이다. 여덟째, 양적연구는 what, when, how 등은 밝힐 수 있어도 근본적인 질문인 why는 밝히기 어려운 경우가 있다. 아홉째, 양적연구는 상황과 맥락^{context}을 벗어나 연구대상자들을 원자화하려는 경향이 있고, 집단적인 의미나 사건을 개인적 속성으로만 해석하려는 경향도 있다.

　그러나 양적연구도 보다 신중하게 설계된 질문지 작성과 객관적이고 과학적인 해석을 통해 위에서 살펴본 문제점들을 개선할 수 있다.

질적연구

　질적연구 방법론은 크게 참여관찰, 심층 인터뷰, 문헌연구 등으로 나뉜다. 참여관찰은 인류학에서 개발한 연구방법론으로 상황과 문맥^{context}에 따라 변화하는 주관적 의미^{subjective meaning}를 분석하려고 노력한다. 즉, 참여관찰은 과학적 방법론이 궁극적으로 추구하는 미래예측을 지향하는 것이 아니라 독특한 인간의 경험을 연구한다. 즉, 심층연구는 일반 법칙을 추구하는 것이 아니라 주관적이고 특수한 인간행동을 이해하고 해석하고 설명한다. 심층 인터뷰Intensive interview는 열린 질문과 대화를 통해 인터뷰 받는 사람들의 주관적인 경험을 연구하고, 문헌연구Literature review, Literature survey는 기존에 연구된 관련문헌을 비판적으로 검토하고 정리하고, 이를 통해 연구대상에 대한 재해석을 추구한다.

질적연구의 문제점Devine, 1995: 141-146은 연구자가 자기의 주장을 뒷받침하거나 자기 주장과 일치하는 부분만을 심층 인터뷰나 참여관찰 내용에서 발췌하여 사용할 수 있다는 것이다. 그래서 질적연구에서 인용된 부분들이 얼마나 전체 내용에 충실한지, 그리고 얼마나 대표성을 갖추고 있는지 객관적으로 평가하기는 쉽지 않다. 질적연구에서 모든 자료는 색다르게 해석될 수 있고, 진실의 기준 또한 상대적일 수 있기 때문이다. 질적연구의 이러한 문제점을 극복하기 위하여 연구자는 자신의 발견이나 주장을 동료 그룹 내에서 토론하고 동의를 구하는 자세가 필요하며, 인터뷰 대상자에게 연구자의 해석을 보여주고 평가를 받을 수도 있다. 그럼에도 불구하고 질적연구는 기본적으로 일반화하기 어렵다. 질적연구는 심층 인터뷰나 참여관찰을 통해 일반화를 추구하기 어렵다는 것이다. 그래서 질적 연구자들은 자신의 연구결과를 잠정적인 것으로 인식해야할 필요가 있다.

질적연구와 양적연구

질적연구와 양적연구와 비교하면 몇 가지 대조적인 특징을 찾아볼 수 있다. 첫째, 양적연구는 대표성을 지니며 객관적인 신뢰성을 지닌다. 양적연구는 반복성이 있으며 일반화가 가능하다. 그러나 질적연구는 대표성을 확보하기도 어렵고 반복성을 찾기도 어렵다. 그래서 질적연구는 일반화가 불가능하다. 질적연구는 특수하지만, 객관적으로 신뢰하기 어렵다. 질적연구에 기반한 해석과 재해석은 연구대상에 대한 설득력과 설명력을 높일 수는 있어도, 신뢰가능한 객관성을 확보하기는 어렵다.

둘째, 양적연구의 샘플링은 전체 모집단에서 대표성 있게 무작위한 랜덤 방식을 통해 추출하지만, 질적연구는 설문지 디자인과 샘플 설정에 있어서 대표성과 신뢰성을 확보하기 어렵다. 질적연구는 사람들의 주관적인 설명에 초점을 맞추며, 심층 인터뷰에서 인터뷰 대상자 선정에 신중을 기한다. 질적연구는 폭 넓고 깊이 있는 정보 전달자로부터 서로 다른 주관적 해석과 설명을 수집하려고 노력한다.

셋째, 양적연구는 편견 없이 공정한 폐쇄적closed 질문지를 사전에 준비하고, 인터뷰하는 자와 인터뷰 받는 자 간의 상호작용을 최대한 회피한다. 양적 연구는 인터뷰

하는 자의 영향력을 최소화해야 연구결과의 신뢰감을 최대한 확보할 수 있다고 믿는 것이다. 반면, 질적연구는 기본적으로 열린^{open ended} 질문을 추구한다. 인터뷰 하는 자가 인터뷰 받는 자에게 능동적이고 적극적으로 참가한다. 그래야만 서로 신뢰할 수 있는 관계가 형성되어 귀중한 자료와 정보를 얻을 수 있다고 믿기 때문이다.

〈더 읽어보기〉

정치학의 지식과 이론은 축적 가능한가?
양적 연구와 질적 연구, 검증, 반증가능성, 패러다임, 과학적 연구 프로그램

지식의 축적은 가능한가? 불가능하다면 그리고 가능하다면 왜 그런가? 지식의 축적이 가능하다면 혹은 불가능하다면 어떻게 지식의 축적을 가능하게 할 수 있을까? 이러한 질문들을 다루는 철학의 분과가 과학철학이다. 정치학을 탐구하는 이유는 정치 관련 지식을 축적하여 정치현상에 대한 이해를 높이며 정치현상의 미래까지도 예측가능하게 하기 위함이다. 일반적으로 정치와 관련된 지식의 축적을 가능하게 하는 방법은 두 가지로, 양적 연구 방식과 질적 연구 방식이 바로 그것이다.

그런데 이 두 가지 방식은 많은 점에서 차이를 지닌다. 첫째, 양적 연구 방식은 과학적이고 경험론적인 방법론과 귀납법에 의존하는 반면, 질적 연구 방법은 직관이나 현상학적 방법론, 반실증주의 방법론에 의존한다. 둘째, 양적 연구 방식이 인식론에 있어서 실재론이나 유물론에 기초해 있다면, 질적 연구 방식은 관념론에 기초해 있다. 셋째, 양적 연구 방식은 객관적이고 일반화된 지식을 추구하지만 질적 연구 방식은 상호주관적이고 주관적이며 특수한 의미(meaning)를 추구한다.

특히 과학적이고 경험적인 방법에 기초하여 양적연구를 수행하는 실증주의적 정치학은 지식의 획득이 귀납법을 통해 가능하다고 인식한다. 관찰과 실험 → 반복되는 패턴 발견 → 가설 설정 → 가설 검증 → 이론과 법칙 확립이라는 과학적 방법론을 거쳐 귀납적이고 일반화된 지식을 축적할 수 있다고 보는 것이다. 그런데 귀납법은 간단치 않은 문제점을 지니고 있다. 귀납법적 지식은 그것을 완벽하게 검증하기 어렵다는 것이다. 예컨대, 실증주의적인 귀납법적 연구 방식으로는 내일도 해가 뜨는지 100퍼센트 검증하기 불가능하다. 실증주의적 지식은 완벽한 검증이 불가능한 불완전한 지식인 것이다. 실증주의의 문제점이 바로 이 점에 있는 것인데, 이러한 문제점을 해결하기 위해 등장한 것이 후기 실증주의이고 후기 실증주의의 대표 학자는 포퍼 (Karl Popper, 1902~1994)이다.

포퍼는 모든 보편적인 과학적 명제는 참으로 증명될 수 없으며, 과학적 법칙은 경험을 초월한다고 주장하며 귀납법을 거부한다. 즉, 포퍼는 과학적 지식의 축적은 실증주의적인 귀납법적 검증(verification)에 의해 이루어지는 것이 아니라 검증가능성(falsifia-bility)에 의해서 이루어진다고 주장한다. 예를 들어 실증주의적 지식은 '백조는 희다'라는 명제가 진실이고 과학적 지식이라고 주장하지만 모든 백조가 흰 것인지 100 퍼센트 검증하기 어렵다. 희지 않은 백조가 나오면 그 지식은 신뢰를 상실하고 지식으로서의 지위를 상실하기 때문이다. 따라서 포퍼는 검은 백조가 나올 수 있다는 반증가능성이 존재하는 한 '모든 백조는 희다'라는 명제는 진실이고 지식이 될 수 있다고 주장한다. 관찰과 실험을 통한 검증을 통해서만 이론과 지식을 정당화할 수 있다고 믿었던 경험론과 실증주의의 인식론적 한계를 포퍼가 '검증가능성'이라는 개념으로 극복해낸 것이다.

포퍼에 의해 이제 과학적이고 경험적인 지식과 이론은 절대적인 진리가 아니라 잠시 유보된 오류의 체계이며 하나의 반증이라도 이끌어 낼 수 있는 지식체계가 된 것이다. 포퍼는 과학은 관찰과 실험을 통한 검증으로 확장되어 가는 지식과 이론의 영역이 아니라 단 하나의 반증이라도 이끌어낼 수 있는 잠정적인 지식체계라고 본다. 예를 들어, '모든 까마귀는 검다'라는 명제는 모든 까마귀를 검증하여 얻은 지식이 아니라, 관찰을 통해 검지 않은 까마귀를 찾을 수 있는 가능성을 내포한다는 점에서 지식이 된다는 것이다. 포퍼의 시각에서 보면, 정치학적 지식과 이론은 그것이 모든 검증을 거쳐 만들어진 완벽한 지식체계가 아니라 '그렇지 않다'는 반증가능성을 지니고 있고 아직 반증 사례가 등장하지 않은 잠정적인 지식체계인 것이다. 신화나 예언, 선동, 종교적 신념과 관련된 정치적 주장들은 반증가능성이 없기 때문에 정치과학이 될 수 없고 경험적인 지식이나 이론도 될 수 없다. 포퍼에 의해 과학은 이제 검증의 옷을 벗고 반증가능성이라는 옷으로 갈아입은 것이다.

정리하면 포퍼는 과학이론들은 경험에 의해 확증된 명제가 아니라 아직 반증되지 않은 명제들이라고 주장한다. 따라서 우리는 거짓으로 반증되기 전까지 잠정적으로 이 명제를 받아들이게 된다는 것이다. 이런 시각에서 바라보면 과학적 지식은 절대적으로 참일 수 없는 지식이 된다. 어떠한 명제가 과학적인 것은 그 명제가 관찰된 사실들로부터 귀납적인 일반화에 의해 만들어졌기 때문이 아니라 다만 아직까지 단 한 번도 그 명제를 거짓으로 만드는 사례가 나타나지 않고 있기 때문이다(즉, 반증되지 않고 있기 때문이다). 포퍼는 반증가능성이 있으면 과학적 지식과 이론이 된다고 주장한다. 과학적 지식과 이론은 다수의 증거에 의해 검증되는 것이 아니라 반증가능한 가설에 의해 구성되고, 이런 이론과 가설들이 모여서 과학이 발전한다는 것이 포퍼의 주장이다. 포퍼의 시각에서 보면, 정치학의 지식과 이론들은 경험론적이고 귀납법적인 검증을 거친 것들이 아니라 반증가능성을 지닌 명제들의 집합으로 이해된다. 정치학의 지식과 이론은 영구적으로 객관적인 진실의 체계가 아니라 잠정적으로 유지되고 있는 지식체제라는 것이다.

하지만 실증주의와 경험론에 대한 비판은 포퍼에서 멈추지 않고 토마스 쿤(Thomas Kuhn)과 라카토스(Imre Lakatos)에 의해 지속된다. 쿤은 베이컨(Francis Bacon)의 경험론과 포퍼의 반증가능성만으로는 모든 과학적 지식을 제대로 설명하기 어렵다고 보았다. 쿤은 『과학혁명의 구조, The Structure of Scientific Revolutions, 1962』라는 책에서 정상과학(normal science), 패러다임(paradigm), 과학혁명(scientific revolution) 등과 같은 개념들을 통해 포퍼를 비판한다.

쿤은 과학은 반증가능성에 기초한 지식과 이론에 의해 발전하는 것이 아니라고 비판한다. 정상과학은 과학공동체가 특정 시기에 일반적이고 당연한 것으로 받아들이는 공동의 세계관에 기초한 과학으로 쿤은 이를 패러다임이라고 부른다. 일반과학이나 패러다임은 과학공동체가 교과서 등의 사회화를 통해 익숙해지고 친근해진 공동의 믿음에 기초한다. 정상과학 시기에 패러다임은 당연한 것이고 일반적인 것이며 정상적인 것으로 이해되며, 이 시기 패러다임에 대한 과학자들의 회의나 비판은 존재하지 않는다.

하지만 정상과학이 설명하기 어려운 변종들이 발생하고, 정상과학이나 기존의 패러다임에 사회화되지 않고 익숙해하지 않는 과학자들에 의해 기존의 패러다임에 들어맞지 않는 현상들이 속속 발견되면 기존의 패러다임은 의문과 회의에 봉착하고 과학혁명이 발생하여 새로운 패러다임이 등장하게 된다는 것이 쿤의 주장이다. 새로운 패러다임의 등장은 예를 들어 코페르니쿠스나 다윈에 의해 촉발된 것으로 볼 수 있다.

여기서 중요한 점은 쿤은 과학은 진보하거나 발전하는 것이 아니라고 주장한다는 점이다. 달리 말해, 쿤은 서로 다른 패러다임을 지닌 과학자들은 서로 소통이 불가능하며, 기존의 패러다임과 새로운 패러다임 간의 우열을 가리기 어렵다고 본다. 새로운 패러다임은 더 좋은 패러다임이라서 선택된 것이 아니라 비과학적이고 우연한 계기로 선택된 것이기에 새로운 패러다임이 기존의 것보다 더 좋은 패러다임이라고 할 수 없다는 것이다. 이러한 점들로 인해 쿤은 상대주의자라는 비판에 직면해 있기도 하다. 쿤은 또한 패러다임 변화는 객관적 실재나 상황의 변화를 반영하는 것이 아니라 과학자들의 단순한 이론적 선호와 선택에 의해 발생하기도 한다고 주장한다.

쿤의 입장에서 바라보면 실증주의와 경험론 그리고 과학적 방법론에 기초한 정치학적 지식과 이론은 절대적인 진리가 아니라 상대적이며 우연적인 것들이 된다. 기존 패러다임에 의해 생산된 정치학적 지식과 새로운 패러다임에 의해 생산된 정치학적 지식은 서로 우열 없이 공존할 수 있는 것이다. 예를 들어, 국제정치 패러다임들(이론들)은 서로 유열을 가리기 어렵다. 또한 냉전 시기에는 현실주의적 패러다임이 국제정치학계를 압도적으로 주도했다면, 냉전 해체라는 우연적인 사건에 의해 자유주의 패러다임이 탈냉전 시대에는 상대적으로 영향력을 확대하고 있다고 볼 수 있다.

라카토스는 쿤의 상대주의적이고 비발전론적 입장을 비판한다. 라카토스는 하나의 이론이 다른 이론보다 우수하다는 주장을 통해 과학은 발전한다는 입장을 견지하고자 했다. 이를 위해 라카토스는 쿤의 패러다임에 상응하는 개념인 '과학적 연구 프로그램(scientific research programme)'이라는 용어를 사용했다. 과학적 연구 프로그램은 과학공동체가 공유하는 지식과 실천을 의미하는데, 과학적 연구 프로그램은 핵심

(hard core)과 보호벨트(protective belt)라는 두 개의 부분으로 구성된다. 핵심은 과학공동체가 당연시하는 것들로서 변종이 발생할 경우 과학공동체가 반드시 보호하기 위해 노력하는 부분이다. 변종이 발생할 경우 과학자들은 보호벨트를 재조정하여 핵심 부분을 보호하기 위해 노력한다.

라카토스는 과학적 연구 프로그램들은 서로 경쟁하면서도 공존하고 소통하는 관계라고 주장하며, 과학자들은 소통과 비교를 통해 더 좋은 과학적 연구 프로그램이 무엇인지 판별하고 선택할 수 있다고 주장한다. 더 좋은 과학적 연구 프로그램은 약간의 수정이나 개선을 통해 더 많은 문제에 대한 설명과 해답을 제시할 수 있는 것이며, 이를 통해 과학은 발전하고 진보한다는 것이 라카토스의 핵심 주장이다. 예를 들어, 국제정치에서 종속이론이나 근대화론 같은 패러다임들이 약간의 이론적 수정과 개선을 통해 더 많은 국제정치 현상과 본질을 설명할 수 있다면 종속이론과 근대화론은 좋은 국제정치 패러다임이며 정치학적 이론과 지식의 축적과 발전을 유도할 수 있는 것이다.

4. 정치학의 역사, 영역, 분류

학문 영역으로서의 정치학은 오랜 역사를 지니고 있다. 이미 기원전 4세기경 아리스토텔레스는 정치학을 학문의 여왕Queen of sciences 혹은 모든 학문의 주인Master of sciences 으로 지칭하여, 정치학의 중요성을 강조했다. 그러나 이후 수많은 세기 동안 정치학은 독자적인 학문 정체성을 상실했는데, 19세기 전까지 정치학은 대부분 철학자나 신학자 등에 의해 연구되었다. 그러나 19세기 이후 과학이 발전하고 다양한 학문이 분화하면서 정치학은 철학과 신학 등으로부터 분리되어 경제학, 사회학 등과 함께 사회과학(혹은 사회연구)의 주도적인 분과로 자리 잡았다. 그 결과 19세기 말 경에 미국과 독일의 대학에서는 정치학과가 설치되고 정치학 담당 교수가 등장했다. Robertson, 1993: 384

정치학의 연구영역은 넓고 깊다. 정치학은 개인에 대한 연구 뿐 아니라 집단, 사회, 지방, 국가, 지역, 국제체제 등의 모든 영역을 총괄한다. 개인에 대한 연구는 정치 지도자의 리더쉽 연구와 신념체계 연구 등이 있으며, 집단에 대한 연구는 정당, 비정부기구, 이익집단, 언론사, 군대, 의회 등에 대한 연구들이 있다. 지방에 대한 연구는 지방자치나 지방선거 등에 초점을 맞출 수 있으며, 사회와 국가에 대한 관심은 시민사회론과 국가론 등으로 탐구할 수 있다. 지역에 대한 연구는 지역 기구와 지역주의, 지역학 등으로 구분하여 연구하고 있으며, 국제체제에 대한 이해는 국제정치와 국제정치경제International Political Economy 등으로 나누어 연구하고 있다.

정치학은 일반적으로 비교정치Comparative Politics와 정치사상Political Thought, Political Philosophy 그리고 국제정치로 구분한다. 비교정치는 세계의 다양한 정치체계에 대한 체계적이고 비교적인 연구를 수행하는데, 연구영역은 개인부터 국제체제까지 모든 분야를 포괄한다. 비교정치의 주요 질문은 민주화와 경제발전 관계는 무엇인가, 왜 특정 국가는 정치 근대화에 성공했고 다른 국가는 실패했는가, 왜 어떤 국가는 민주적이고 어떤 국가는 비민주적인가, 정치 발전에 필요한 사회경제적이고 정치적인 배경은 무엇인가 등이다.

국제정치International Politics는 원래 국가 간의 정치관계를 연구하는 학문이었으나, 국제관계International Relations와 세계정치Global Politics 등으로 학문명이 개칭되면서 학문의 탐구영역을 확장시켜왔다. 예를 들어, 국제관계와 세계정치에서는 국가 간의 관계만 살펴보는 것이 아니라, 국제체제에서 국가 이외의 다양한 행위자(예를 들어, 국제기구, 지역기구, 다국적기업, 투자집단, 테러집단, 비정부기구 등)에 대한 연구를 수행하며, 탐구영역도 정치나 안보 분야 뿐 아니라 경제, 사회, 문화, 환경, 인권, 자원 등의 영역으로 확장하고 있다. 국제정치는 외교사, 국제정치경제, 외교정책분석, 전략학과 안보학, 평화학 등으로 구분하여 연구되고 있다.

20세기 후반부터 세계화가 가속화되면서 등장한 정치학에서의 새로운 연구동향은, 국내정치와 국제정치의 연계와 상호작용에 관한 관심과 탐구가 증가하고 있는 것인데, 그 이유는 세계화로 인해 국내와 국제간의 경계와 구분이 약해지고 흐려지면서, 비교정치와 국제정치의 확연한 구분이 점점 더 어려워지고 있기 때문이다.

정치사상은 국가와 정치생활의 본질, 정치적 복종과 자발적 참여의 근거, 바람직한 정부 형태, 정치와 도덕의 관계 등에 대한 철학적이고 사상적인 접근을 시도하는 정치학의 분과이다.

정치학에는 이외에도 여타의 사회과학 분야와 통합된 간학문적inter-disciplinary 분과 학문이 존재한다. 정치사회학Political Sociology은 사회체제와 사회환경이 어떻게 정치현상에 영향을 미치는 지는 탐구하는 동시에, 정치제도와 사회제도 간의 관계를 연구하는 학문이다. 정치교육Political Education은 초·중·고·대학생에게 정치학 일반을 가르침과 동시에, 개인의 정치적 권리와 의무를 일깨우고, 이를 통해 민주적이고 자유주의적이며 공화주의적인 시민을 양성하여, 정치 발전의 교육적 기반을 제공하는 학문이다. 정치교육이 내용 중심(즉, 정치학 내용을 가르치는 것)이어야 하는지 아니면 교과교육학(즉, 학생들에게 정치학 내용을 이해하기 쉽게 잘 가르치는 것) 중심이어야 하는지는 합의가 없으나, 정치학 내용이 없는 교과교육은 공허하고, 교과교육이 없는 정치학 내용은 정치교육에 적합하지 않다.

지정학^{Political Geography, Geopolitics}은 정치적 영토(국가)와 인간이 발 딛고 살고 있는 지리적 영토와의 관계를 탐구하는 학문으로, 지리적 요인들이 국가, 제국, 식민지 등과 같은 정치적 단위에 어떠한 영향을 미치는지를 연구한다. 예를 들어, 지리적 위치와 영토는 특정 국가의 대외정책에 지대한 영향을 미치는 변수이다. 대표적인 지정학 논쟁은 대륙국가와 해양국가 중 어느 쪽이 세계의 패권국이 될 것인지 또는 유라시아 대륙에서 어느 지역이 대륙전체를 통제하고 관리하는데 핵심지역인지 등을 둘러 싼 것이었다. 예를 들어, 영국인 맥킨더^{Halford John Mackinder}는 20세기 초반에 중동부 유럽을 심장부^{heartland}라고 지칭하고, 이 지역이 유라시아 대륙을 지배하기 위한 발판이라고 주장했다.

토론거리

1. 정치와 정치학은 무엇인지 구분하여 설명해보자.
2. 정치는 왜 중요한지 그리고 왜 정치에 적극적으로 참여해야 하는지 토론해보자.
3. Social Science와 Social Studies 용어 중 어느 것을 왜 선호하는지 설명해보자.
4. 정치학 방법론 중 어떤 것을 왜 선호하는지 토론해보자.
5. 정치학의 역사를 설명해보자.
6. 정치학의 학문영역을 구분해보고, 각 영역의 관심분야를 설명해보자.
7. 지정학이 무엇인지 말해보자.

키워드: 정치, 정치학, 정치학 방법론, 양적 연구방법, 질적 연구방법, 권력투쟁, 권위, 정당성, 비교정치, 국제정치, 정치사상, 지정학

참고문헌

Devine, Fiona. "Qualitative Analysis." David Marsh and Gerry Stoker. *Theory and Methods in Political Science*. London: Macmillan Press LTD, 1995.

Miller, W. L. "Quantitative Methods." David Marsh and Gerry Stoker. *Theory and Methods in Political Science*. London: Macmillan Press LTD, 1995.

Robertson, David. *Dictionary of Politics*. London: Penguin Books, 1993.

제2장

정치학 이론

1. 정치학 이론의 필요성

학문에서 이론은 연구 대상을 탐구하는데 필요한 개념틀과 분석틀을 제공하여, 연구 대상을 이해하고 해석하고 설명하는데 기여한다. 이론은 거름종이filter 역할과 지도road map 역할 등의 기능을 수행한다. 거름종이 역할을 통해 연구자가 자신의 연구분야에서 불필요한 자료를 걸러낼 수 있게 도와주며, 지도 역할을 통해 연구자가 자신의 연구분야에서 길을 잃고 헤매지 않게 도와주어, 연구자가 추구하는 연구의 목적지까지 단기간 내에 효율적으로 도착하게 도와준다. 거름종이와 지도가 없으면 연구자는 너무나 많은 관련 자료와 정보의 바다에 빠져 헤어나지 못할 가능성이 높으며, 자신이 도달하고자 하는 연구 목적지에 효율적으로 도달하기도 어렵다. 이론이 없으면 연구자는 연구 도중에 길을 잃고, 자료와 해석의 미궁에 빠져 방황하기 쉽다.

이론은 또한 보편적인 적용성general applicability을 통해 특수 사례의 일반화generalization를 가능하게 하며, 이를 기반으로 지식의 축적과 발전이 가능하게 해준다. 이외에도 이론은 다양한 이론 중심적 해석과 주장을 제시함으로써, 서술식descriptive 연구의 단순함과 따분함을 보완하여 연구자나 학습자의 지적 흥미를 유발케 하는 기능을 수행한다. 그렇다면 정치학에서 대표적인 이론은 어떠한 것들이 있는가? 어떠한 이론들이 정치현상에 대한 이해를 돕고, 보다 설득력 있는 설명을 제공해주는가? 아래에 소개된 이론들은 정치학 이론에 대한 개론적 설명이다.

2. 사회계약론(Social Contract Theory)

17세기 사회계약론은 정치적 권위와 공권력을 행사하는 국가가 어떻게 건설되고 등장했는지를 가정적으로 상정하여 설명한 것으로, 홉스와 로크, 루소를 거쳐 주된 내용이 변화하며 발전하였다. 즉, 사회계약론은 개인이 국가에 복종하여야 할 의무가 어떻게 발생했는지를 설명하면서, 그 해답을 개인들이 동의하고 합의하여 자신들의 권리와 자유 등을 국가에 이양하는 계약을 맺는다는 가정에서 찾는 이론이다.

토마스 홉스^{Thomas Hobbs, 1588~1679}는 영국인으로 그의 계약론은 영국 시민전쟁에 지대한 영향을 받았다. 홉스는 중세의 정치적 혼란과 종교적 타락을 극복하는 방안으로 절대군주를 중심으로 하는 강력한 정치체제를 건설하려고 시도했다. 홉스는 자연상태^{state of nature}를 만인에 대한 만인의 투쟁상태로서, 예술도 문제도 사회도 없고 오로지 폭력적 죽음에 대한 위험과 두려움이 있는 상태로 규정했다. 홉스는 자연상태를 극복하기 위하여 개인들은 개인의 이익을 벗어나 시민사회를 형성하고 왕에게 일정 권리를 이양했는데, 왕이 폭군이더라도 한 번 국가에게 이양된 권리는 개인이 되돌려 받을 수 없다고 주장했다. 이러한 주장은 홉스가 사회의 질서와 안정이 유지되려면 절대적이고 무제한적인 절대국가의 권력이 반드시 필요하다고 인식한 결과물이다. 따라서 홉스에게 계약론은 개인들의 자유와 권리가 배제된 무조건적인 군주(혹은 국가)에의 복종을 의미하는 것으로, 국민의 저항권은 홉스의 계약론에서 성립되기 어렵다. 홉스에게 시민사회는 자연상태와 대조되는 개념으로 문명화된 인간 사회를 의미한다.

존 로크^{John Locke, 1632~1704}는 영국인으로 대표적인 자유주의자이자 합리주의자다. 로크는 자연상태를 사람들이 평등성과 타인에 대한 관용을 지니고 살고 있는 평화롭고 자유로운 상태로 묘사하고 있지만, 개인은 자신들의 생명과 자유 및 재산을 안전하게 지키고자 노력하는데 그 결과 사회계약이 발생한다고 주장한다. 로크는 사회계약을 통해 개인들은 자신들의 권리와 자유를 일정 부문 국가에게 이양하지만, 군주의 폭정과 같은 잘못된 국가에 대하여 저항할 수 있다고 하여 저항권을 정당화했다. 로크

사회계약론: 사회계약론은 정치적 권위와 공권력을 행사하는 국가가 어떻게 건설되고 등장했는지를 가정적으로 상정하여 설명하였다. 즉, 개인이 국가에 복종하여야 할 의무가 어떻게 발생했는지를 설명하면서, 그 해답을 개인들이 동의하고 합의하여 자신들의 권리와 자유 등을 국가에 이양하는 계약을 맺는다는 가정에서 찾았다. 토마스 홉스(Thomas Hobbes, 1588~1679), 존 로크(John Locke, 1632~1704), 장 자크 루소(Jean-Jacques Rousseau, 1712~1778) 등이 대표적이다. 이들에 의한 사회계약론은 시민권에 기초한 근대 민주주의의 발전에 크게 영향을 미쳤다고 평가된다.

에게 있어 재산권 개념은 홉스에게 있어 폭력적 죽음에 대한 두려움과 동일한 가치를 지니고 있다.

홉스와 로크는 두 가지 측면에서 대조적이다. 첫째, 홉스는 자연상태를 만인에 대한 만인의 투쟁상태로 규정한 반면, 로크는 자연상태를 평등한 인간들이 협력과 이성에 기반하여 평화롭고 자유롭게 생활하는 상태로 이해한다. 둘째, 홉스는 일단 계약을 통해 개인이 자신의 권리와 자유를 이양했으면, 국가로부터 다시 자신의 자유와 권리를 되돌려 받을 수 없다고 주장하며, 국가에의 절대 복종을 주장하여 리바이어던 즉 절대국가를 옹호한 반면, 로크는 국가나 정부는 개인의 생명, 자유, 재산을 지키는 일에 한정하여 개인을 구속할 수 있다는 제한국가론을 옹호했다.

장 자크 루소Jean-Jacques Rousseau, 1712~1778는 프랑스인으로 프랑스 절대군주에 비판적이었으며, 프랑스 혁명에 이론적 토대를 제공했다. 루소는 자연상태를 원래 좋은 상태이자 차별이 없는 평등한 상태로 상정했는데, 루소에게 자연상태는 인공적인 것도 질투도 없는 상태지만, 이러한 인간을 타락시킨 것이 바로 기존 사회이다. 즉, 루소는 인간을 둘러 싼 기존 사회의 제도와 관습 등이 인간을 구속하고 있다고 본 것이다.

루소는 홉스나 로크처럼 국가란 개인들이 자율적인 합의를 통해 이룬 권위체라는데 동의한다.

그러나 여기서 중요한 점은, 일단 개인들이 국가를 건설했다면 개인들과 그 합체로 서의 국민들은 일반의지general will에 따라야 한다고 루소가 주장했다는 점이다. 루소 에게 일반의지는 '공동체의 구성원 모두가 원하는 것' '공동체가 공동선을 추구하는 의지' '공동체를 지도하는 최고원리' '공동체의 공동이익을 위한 것'을 의미한다. 루소 는 일반의지에서 정당한 권력의 근원을 찾았는데 그는 일반의지는 자유, 평등, 공동선 을 보장하는 원천이며 법의 원천이라고 주장했다.김용민, 2004: 185 일반의지에 따른 입법 은 자유, 정의, 공동선을 충족시키는 법이라는 것이다. 루소는 일반의지는 항상 옳은 것이라고 주장했는데, 이러한 일반의지가 만들어지기 위해서는 교육과 종교 등을 통 한 올바른 사회화와 이성의 계몽이 필요하다고 주장했다.김용민, 2004: 165

이렇게 본다면 모든 공동체는 그 자체의 일반의지를 가지고 있으며, 정부나 국가는 일반의지의 단순한 대리인으로 여겨질 수 있다. 루소를 이해하는데 있어서 또 하나 유의해야 할 점은, 루소가 기존 사회를 반드시 비판만 한 것은 아니라는 것이다. 즉, 루소는 사회가 반드시 인간을 구속하지만은 않는데, 그것은 사회 속의 인간들이 일반 의지를 통해 자신들의 자유를 신장시킬 수도 있기 때문이라고 했다.

루소의 이러한 입장은 그의 견해가 원래 애매모호한 측면이 있기 때문이기도 하지 만, 기본적으로 그의 견해가 홉스와 로크의 견해를 동시적으로 내포하고 있음을 보여 준다. 루소가 국가는 자유로운 개인들이 자율적인 계약을 통해 만들어졌고, 따라서 개인들의 생명, 자유, 재산을 보호해야 한다고 주장한 점은 로크와 유사하지만, 루소 가 개인과 국민들은 일반의지에 의해 지배되어야 한다고 주장한 점은 홉스의 절대국 가론과 일맥상통한다. 루소의 일반의지가 전체주의와 유사하다는 주장도 있다. 전체 주의 국가나 정부가 자신이 공동체의 일반의지를 구현하고 있다고 주장하며, 시민 개 개인의 생명, 자유, 재산, 권리, 평등 등을 침해할 가능성이 있기 때문이다.

3. 마르크시즘(Marxism)

마르크시즘은 『자본론Das Kapital』 등과 같은 마르크스Karl Marx, 1818~1883의 저작을 통 해 정형화된 정치 이론이자 이데올로기이다. 『자본론』은 산업혁명 당시 영국사회를 배경으로 한 연구물인데, 이 책을 통해 마르크스는 임금을 받는 노동자는 자기가 생산한 것의 일부만 받아 생활하고, 노동자가 생산한 것의 나머지 즉 잉여가치(이윤)는 자본가가 가져간다고 주장했다. 노동자들은 자신이 만든 것들을 모두 소비하기에는 너무 작은 임금을 받게 되고, 그에 따라 한 국가의 자본주의 체제에서 과잉생산이 지속되어, 경제불황이 재발하고 공황이 심화되어, 결국에는 자본주의 체제가 붕괴할 것이라고 마르크스는 내다보았다.

마르크스는 자본주의 체제가 내재적이고 필연적으로 세 가지의 위기성향을 지니고 있다고 주장했다.김명섭 외, 2003: 40-41 첫째는 이윤율 저하의 법칙이다. 마르크스에 의하면 이윤은 '노동'에서만 나오지 '기계'로부터 나오는 것은 아니다. 마르크스는 노동가치설을 주장한 것이다. 그런데 자본가 간의 경쟁이 심화되면서 자본가는 생산을 늘리기 위해, 노동이 아니라 기계에 더욱 의존하고 그에 따라 착취율이 아무리 높아도 이윤율은 떨어진다. 이윤율 저하는 자본가의 투자 동기와 고용창출 동기를 상실하게 하고, 결과적으로 경기침체와 노동자의 빈곤은 심화된다. 둘째는 불균형의 법칙이다. 시장의 무정부성은 자본주의 체제에서 생산과 소비의 불균형을 야기하고, 생산과 소비의 불일치는 주기적 불황과 공황을 야기한다. 불황과 공황은 사회불안을 야기하고 혁명과 변화를 촉발한다. 셋째는 자본집중의 법칙이다. 자본가들 간의 효율성 경쟁은, 경쟁에서 살아남은 소수 자본가에게 자본을 집중시키고, 역으로 노동자와 실업자의 수를 증가시킨다. 노동자와 실업자의 증가는 자본주의 체제 전체로 볼 때, 소비감소로 귀결되는데 이는 다시 불균형의 법칙으로 연결된다.

마르크스는 역사가 진보한다고 보았는데, 마르크스의 역사관을 역사적 유물론 Historical materialism 이라고 한다. 유물론은 관념론idealism과 대척점에 서 있는 철학적 인식론으로, 관념보다 물질의 선차성을 주장한다. 마르크스는 이러한 인식을 기반으로 사회의 물적 토대base가 사회의 상부구조superstructure를 규정한다고 주장했다. 토대는 사회의 경제적 기반을 의미하며, 상부구조는 경제적 기반 위에 세워진 정치, 법, 문화, 예술 등을 지칭한다.

역사적 유물론은 생산력forces of production과 생산관계relations of production의 모순에 의하여 역사는 진보한다고 믿는다. 생산력은 생산수단과 노동력이 결합된 것인데, 생산수단은 다시 노동대상(예를 들어, 사냥동물, 토지, 자연자원, 삼림, 제품원료 등)과 노동도구(예를 들어, 창, 화살, 쟁기, 컴퓨터 등의 도구와 기계 등)의 결합으로 이루어진다. 생산관계는 사회의 계급관계를 지칭하는 것으로, 생산수단을 누가 소유하고 통

칼 마르크스: 칼 마르크스(Karl Marx, 1818~1883)는 유대인 법률가의 아들로 독일의 트리어에서 출생했다. 급진사상으로 인해 일생의 대부분을 빠리와 브뤼셀, 그리고 런던 등 망명지에서 보냈다. 마르크스가 그의 평생에 걸친 친구이자 사상적 동지인 프리드리히 엥겔스(Friedrich Engels, 1820~1895)와 함께 체계화한 것이 마르크시즘이다. 이들은 변증법적 유물론과 역사적 유물론의 형태로 과학적 철학을 창조하였다. 또 정치경제학 관련 저작을 통해 자본주의라는 경제적 사회 구성체가 거기에 내재하는 객관적 법칙성으로 인해 몰락하고 사회주의 사회 질서로 교체될 것이라고 주장하였다. 마르크스가 본격적인 형태로 정치를 분석한 저작은 그리 많지 않다. 다만『프랑스의 계급 투쟁』,『프랑스 내전』과 함께 마르크스의 '프랑스 혁명사 3부작' 중 하나로 꼽히는『루이 보나파르트의 브뤼메르 18일(Der achtzehnte Brumaire des Louis Bonaparte)』은 국가론, 정치사회론, 정당론 연구에 상당한 영향을 끼친 탁월한 저서로 평가된다.

제하고 있느냐에 따라 규정된다.

마르크스는 생산력과 생산관계가 결합된 것을 생산양식$^{mode of production}$이라고 불렀는데, 역사상 존재한 생산양식은 원시공산제-고대 노예제-중세 봉건제-근대 자본제가 있었으며, 자본주의 생산양식은 사회주의 생산양식으로 진보적으로 이행할 것이라고 내다보았다. 마르크스는 생산관계에 의해 생산양식이 내재적으로 도전받고 붕괴된다고 주장했다. 즉, 노예와 노예주, 농노와 영주, 노동자와 자본가 간의 갈등이 고조되어, 결국에는 기존 생산양식이 붕괴되고 새로운 생산양식이 등장한다는 본 것이다. 마르크스는 생산양식이 변화하더라도 생산력은 지속적으로 성장하고 발전한다고 보았다. 계급관계(생산관계)가 사라진 사회주의 생산양식에서는 모든 사람은 평등할 뿐아니라, 최고의 생산력을 바탕으로 물질적 풍요를 누리게 된다는 게 마르크스의 전망이었다.

마르크시즘에 영향 받은 이론은 다양하다. 마르크시즘에 기반한 마르크시스트 국가론이 등장했으며, 레닌주의Leninism과 마오쩌둥주의Maoism 그리고 종속이론Dependency theory과 근대세계체제론World System Theory 등의 이론들도 생산되었다. 마르크시즘은 현대 사회에 정치 실천적 측면과 인간 해방적 의미에서 지대한 영향을 미쳤다. 러시아와 중국 등 현실 사회주의 진영이 마르크시즘 이론을 실천하여 건설되었으며, 인간사회의 경제적 불평등과 종속을 극복하고 인간해방을 추구하는 차원에서 이론적으로 많은 기여를 해온 것이다.

4. 제도론(Institutional Theory)

제도론은 1880년대에서 1920년대 사이 미국에서 유행했던 이론이자 정치학 방법론인데, 제도론에서 의미하는 제도[1]는 정부의 형식적인 구조만을 의미했다. 즉, 제도론은 정부의 규칙, 절차, 형식적 기구, 법 등을 중심으로 정치학을 연구했다.

제도론에 기초한 정치학 연구의 특징은 서술적이고 귀납적이며, 형식적이고 법적인 연구라는 점인데, 제도론은 사회 중심 설명이 아니라 국가 중심 설명을 통해 정치현상을 설명했다. 또한 제도론은 국가 간 정치체제를 비교 연구하는데 있어, 각국 정부의 형식적인 구조와 헌법 내용만을 연구했다. 이러한 연구 성향 때문에 제도론은 서술적이고 귀납적이기 때문에 사실 중심의 접근에만 유용하고, 이론적으로 재미가 없고 무미건조하다는 비판을 받았다. 제도론은 이외에도 형식적이고 법적인 연구라서 정치문화와 정치 신념 등과 같은 비형식적 영역들의 중요성을 무시했다는 비판을 받았다. 실제로 제도론에 기초한 연구는, 가설도 없고 검증도 없는 서술적인 연구만을 수행했다.

---

1) 제도(institution)라는 용어는 사회과학 분과학문마다 다양하게 정의하여 사용하고 있다. 사회과학을 연구하는 사람들은 제도라는 용어를 즐겨 쓰는데, 그 정의가 통일되어 있지 않고 다양하게 쓰이고 있는 것이다. 그러나 크게 보아 제도는 보이는 제도와 보이지 않는 제도, 실체가 있는 제도, 실체를 찾기 어려운 제도 등으로 구분할 수 있다. 예를 들어, 사회학자들에게 제도는 그 사회의 문화, 관습, 종교 등과 같이 관찰이 어렵고 실체도 찾기 어려운 것들을 포함하는 용어인 반면, 제도론에서 의미하는 제도가 관찰가능하고 실체가 분명한 정부기구와 헌법 조문 등과 같은 것으로 정의된다. 제도에 관한 보다 구체적인 연구는 신제도론에서 이루어진다.

5. 엘리트주의(Elitism)

엘리트주의는 정치현상과 본질 및 정치변동을 엘리트를 통해 설명하는 이론이다. 엘리트주의를 주장한 대표적인 학자들은 모스카Gaetano Mosca, 파레토Vilfredo Parato, 미헬스 Robert Michels, 번햄James Burnham 등인데, 이들은 공통적으로 정치학의 주된 연구대상은 제도론이 주장하는 것처럼 정부구조나 국가기구, 법체계 등이 아니라 엘리트 자체라고 주장한다. 즉, 정치학은 특정 사회에서 엘리트가 누구인지, 엘리트의 권력 기반과 유형, 엘리트 내부 결집력이나 갈등 정도, 엘리트의 순환 여부, 엘리트들이 공유하는 규범이나 이데올로기 유형 등에 연구의 초점을 맞춰야 한다는 것이다.

모스카는 자신의 저서 『지배계급론The Ruling Class』에서 모든 사회에는 두 가지 계급이 나타난다. 한 계급은 지배하는 계급이고 다른 계급은 지배받는 계급이라고 주장했다. 모스카를 필두로 한 엘리트주의자들은 엘리트를 권력이나 부, 명예, 지식 등과 같은 사회의 희소자원을 많이 소유한 사람들로 이해하는데, 예를 들어, 정치 엘리트는 자신이 의도하는 방향으로 결과를 유도할 수 있는 능력인 '권력'을 많이 소유한 사람을 지칭한다.

엘리트주의는 엘리트의 권력 기반을 개인의 인격, 자본력, 폭력 수단의 독점, 종교나 정통성 같은 상징체계의 소유, 선동력이나 협상력, 사교력 같은 개인의 자질 등에서 찾는다. 또한 엘리트주의는 한 사회 내에서 규범이나 이데올로기를 놓고 발생하는 엘리트 간의 균열과 협력 정도는 그 사회의 정치 발달 정도를 규정하는 중요한 요인으로 작동한다고 주장한다. 이외에도 엘리트주의는 민주적 정치체제는 엘리트 순환이 잘 이루어지는 사회라고 설명하며, 엘리트 내의 갈등이 심할 경우 그 사회의 분열상은 증폭된다고 주장하는 성향이 있다.

엘리트주의의 가장 큰 장점은 엘리트주의가 정치권력이 행사되는 본질적이고 현실주의적인 실제적 상황을 가장 적합하게 설명할 수 있다는 것이다. 민주주의 국가에서 정치권력은 기본적으로 그리고 규범적으로 국민에게 귀속된다. 주권재민이라는 용어가 말해주듯 국가의 최고 결정권인 주권은 국민에게 있다. 하지만 실질적으로 대의민주주의 국가에서 권력은 선출된 정치엘리트에게 집중되는 성향이 있으며, 자본주의 국가에서 권력은 자본을 쥐고 있는 경제엘리트에게 집중되는 성향이 강하다. 이렇게 본다면 권력을 쥐고 있는 엘리트가 누구인지, 어떻게 엘리트가 형성되었고 어떤 형태로 권력을 유지하고 있는지, 엘리트 순환은 민주적으로 이루어지고 있는지, 그리고 엘리트 간의 협력과 균열 정도는 어떠한지 등을 이해하는 것은 정치권력이 실제적으로 작동하고 있는 상황을 가장 객관적이고 직접적으로 이해하는데 핵심적인 질문들이다. 이러한 핵심 질문들을 연구하는 엘리트주의가 대의 민주주의 국가에서 정치권력과 정치현상을 가장 실체적이고 세밀하게 이해할 수 있는 이론이라고 할 수 있는 것이다.

하지만 엘리트주의는 몇 가지 문제점이 있다. 첫째, 엘리트주의는 기본적으로 국민이나 민중을 경시하고 소수 엘리트를 강조한다는 점에서 민주적이지 못하다는 비판에 직면해 있다. 달리 말해, 엘리트주의는 엘리트가 권력을 소유하고 관리한다는 점을 기정사실화하고 규정화하는 부정적 측면이 존재한다. 엘리트주의는 국가와 정부가 국민의 것이라는 민주주의의 기본적인 원칙과는 이론적으로 깊은 괴리감을 지니고 있는 것이다. 엘리트주의의 이러한 주장이 맞다면 정치는 기본적으로 민주적이지 못한 독과점적 권력으로 남게 된다. 둘째, 엘리트주의는 행위자 중심 접근으로 정치를 설명하는데 있어서 역사와 구조, 제도 등에는 취약할 수 있다. 셋째, 엘리트주의는 권력만을 강조하다 보니 권력의 현실주의적인 측면에만 주목하는 반면 정치윤리와 정치규범에는 소홀한 측면이 강하다. 넷째, 민주주의, 권위주의, 사회주의, 독재정권 등과 같은 정부 형태와 자유주의와 보수주의 등과 같은 정치 이데올로기를 엘리트주의만으로는 충분히 설명하기 어렵다. 이러한 논리의 연장선상에서 엘리트 간의 균열이나 협력 정도만으로는 정치 안정 여부나 정치 변동 등을 충분히 설명하기 어렵다.

6. 행태주의(Behavioralism)

정치학에서 행태주의의 등장은 정치학 연구에 혁명적인 영향을 가져왔다. 행태주의자들은 정치학도 자연과학과 마찬가지로 과학적일 수 있으며, 과학적이어야 한다고 생각하는데[Lane, 1997: 25], 이러한 인식은 행태주의자들이 political science라는 용어를 정착시키는데 크게 기여했다.

행태주의는 실증주의[2]에 영향 받은 미국 정치학 이론이자 연구 방법론으로, 추상적

---

2) 실증주의(positivism)는 인간이나 인간사회도 과학적 방법론을 통해 연구될 수 있고, 그 결과 인간과 사회에 대한 지식이 축적되어 사회가 개선되고 발전될 수 있다고 믿는 연구방법론이자 이론이다.

이고 추론적인 이론보다는 인간 행동에 대한 경험적인 연구를 강조한다. 행태주의는 과학적 방법론을 추종하여 정치현상을 경험적으로 연구하고, 그 과정을 통해 얻어진 정치에 관련된 사실과 자료들을 정리하고 검증하여 이론과 법칙을 만든다. 따라서 행태주의자는 관찰 가능한 대상만을 연구하고, 인간의 사고나 사상, 또는 인간의 감정 등과 같이 관찰 불가능한 영역에는 관심이 없다. 행태주의자들은 과학적 방법론을 통해 얻어진 정치현상에 대한 지식을 축적하여 정치발전이 가능하다고 본다.

행태주의 이론은 미국 정치학계에서 1950년대 유행했는데, 선거분석, 선거예측, 여론조사 등과 같은 방법론의 이론적 배경을 제공했다. 1950년대 이전 미국의 정치학은 전통적인 연구방법 즉, 헌법구조와 입법과정 등과 같은 국가 제도에 초점이 맞추어져 있었다. 행태주의자들은 전통적인 정치학 이론과 방법론을 몇 가지 측면에서 비판했다.Lane, 1997: 27 첫째, 전통적 정치학은 단순히 서술적이었다. 관찰을 통해 사실과 유형을 찾아내고 테스트를 거쳐 이론과 법칙을 얻어내는 노력이 전혀 없는 서술적 연구는, 행태주의자들이 보기에 의미가 없다는 것이다. 둘째, 전통적 정치학이 진행했던 정부형태나 헌법구조 등에 관한 연구는 실제 정치현상과는 괴리가 있는 비현실적 연구였다는 것이다. 즉, 문서로 쓰여진 헌법 내용과 구조 그리고 인간이 빠진 정부형태만의 연구는 실제 정치현상과는 유리된 연구로 귀결되었다는 것이다.

그러나 1950년대를 풍미한 행태주의 방법론도 1960년대와 1970년대 들어 다양한 비판과 새로운 연구 방법론의 도전에 직면했다. 첫째, 행태주의는 보수적이고 현상유지적이며 정태적인 방법론으로, 변화가능성을 무시했다. 둘째, 행태주의가 사실 중심 연구에 치중하다보니 인간이 지닌 다양한 가치를 무시했다. 행태주의는 현재 존재하는 표면적인 현상만을 연구하다보니, 그 기저에 흐르는 관찰하기 어려운 구조와 역사 혹은 제도 등의 영향력을 도외시하기 쉽고, 그 결과 현재의 권력관계를 당연시하고 정당화시키는 보수적이고 현상유지적인 기능을 수행할 가능성이 높다는 것이다.

예를 들어, 일본 제국주의의 한반도 지배에 대한 연구와 평가를 실증주의와 행태주의에 기초해 추진할 경우 문제에 봉착한다. 민족자존과 세계평화라는 가치를 무시하고 사실 만을 추구하여 일본 제국주의를 평가할 경우, 일본 제국주의가 한국 자본주의를 태동했으며 한국 경제성장의 중요한 토대를 제공했다는 주장을 펼치는 식민지 근대화론으로 경도되기 쉽고, 사실을 무시하고 가치만을 추구하여 일본 제국주의를 평가할 경우 배타적이고 자기중심적인 한국민족주의로 경도되기 쉽다. 행태주의 방법론은 인간사회에서 중요한 역할을 수행하는 가치문제를 경시하기 경향이 있다.

후기 행태주의: 후기 행태주의(post be-haviorialism)는 기존의 행태주의와 달리 전통적 방법론과 행태주의 방법론의 결합을 시도하여 사실과 가치의 균형된 연구를 추구했다. 즉, 전통주의자들의 가치를 중시하는 질적 연구 방법론과 행태주의자들의 양적 연구 방법론을 병행했으며, 그 결과 후기 행태주의 시기에는 역사와 제도, 여론조사, 합리적 선택 이론 등이 결합되어 정치학이 연구되었다. 대표적인 학자가 데이비드 이스턴(David Easton)이다. 그는 1969년 『미국정치학회보(APSR)』에 발표한 논문인 "정치학에서의 새로운 혁명(The New Revolution in Political Science)"에서 연구 대상을 과학적 방법으로만 적용할 수 있는 범주에서 벗어나 현재 의 절박한 사회문제를 연구 대상으로 삼아 그 해결책을 찾는 연구가 이뤄져야 하며 이를 위해서는 가치에 대한 연구와 새로운 가치의 개발도 연구 대상이 되어야 한다고 주장하였다.

이러한 비판에 힘입어 1960년대 후반에 후기 행태주의post behavioralism가 등장했다. 후기 행태주의는 기존의 행태주의와 달리 전통적 방법론과 행태주의 방법론의 결합을 시도하여 사실과 가치의 균형된 연구를 추구했다. 즉, 전통주의자들의 가치를 중시하는 질적 연구 방법론과 행태주의자들의 양적 연구 방법론을 병행했으며, 그 결과 후기 행태주의 시기에는 역사와 제도, 여론조사, 합리적 선택 이론 등이 결합되어 정치학이 연구되었다.

정리하면, 행태주의에 대한 도전과 비판이 1960년대와 1870년대에 집중적으로 등장한 것은, 행태주의 방법론이 정치학에서 '가치'를 경시하고 '사실'만을 연구했으며, 방법론적 개인주의가 채택된 결과, 정치체제 내의 구조와 제도 변수 등이 등한시되었다는 반성이 대두되었기 때문이다. 특히, 1970년대 말 이후에 행태주의에 대한 방법론적 반성과 대안 찾기가 시도되면서, 다양한 정치 이데올로기와 정치 방법론이 등장했는데, 신고전경제학을 정치학에 접목시켜 합리적 선택론이 등장했으며, 정치체계에서 투입정치 영역이 아닌 정책결정과정으로 정치학의 연구 초점이 이동했다. 이외에도, 1970년대 말 이후에 정치체계론과 같은 사회 중심 접근^{Society centered approach}을 비판하며 국가 중심 접근^{State centered approach} 등이 정치학에 등장했다.

7. 정치집단론과 정치과정론

정치집단론은 정치의 본질과 현상을 이해하는데 있어서 정치집단^{political groups}을 가장 중시하는 이론이다. 정치집단론은 정치현상을 다름 아닌 정치집단 간의 상호작용 현상이자 결과물로 이해한다. 정치집단론은 정치현상을 정치집단현상과 일체화, 동일화하여 이해하는 것이다. 정치집단론에서 지칭하는'정치집단'은 기본적으로 일정한 규범과 태도를 공유하는 사람들의 집단을 의미한다. 달리 말해 정치집단은 다른 집단에게 자신들의 가치와 입장을 주장하려는 단체로서 정부의 정책결정에 영향을 미치기 위해 영향력을 동원하고 압력을 행사하는 결사체들^{associations}을 의미하는데, 정치집단론은 이 정치집단을 정치현상을 분석하는데 가장 중요한 단위로 이해한다. 대표적인 정치집단에는 이익집단, 비정부기구, 정당, 정부, 의회, 언론사 등이 존재한다. 여기서 이익집단은 이익표출 기능을, 정당은 이익표출과 이익집약 기능을 수행하는 대표적인 정치집단이다.

정치집단론은 정치현상을 '자기 이해관계를 추구하는 정치집단들이 서로 동원하고 행사하는 영향력과 압력이 잠정적으로 '균형'을 이룬 상태로 이해한다. 정치현상은 잠재적인 균형 상태에서 발생하는 현상이라는 것인데, 이 말은 정치집단론 이론가들이 정치형상을 항상 변화하는 속성을 지닌 것으로 이해한다는 점을 의미한다.

이와 같은 이론적 특징을 지닌 정치집단론은 몇 가지 문제점을 지니고 있다. 첫째, 정치현상을 정치집단 간의 압력과 균형상태만으로 이해함으로써 정치현상의 많은 부분을 설명하기 힘들다. 예를 들어, 정치현상에서 상대적으로 지속성과 고정성을 지닌 문화나 제도의 역할, 정치 이데올로기나 종교의 역할 등을 제대로 설명하기 어렵다. 정치집단론은 정치현상을 정치집단 간의 압력과 그것의 잠정적인 균형상태 만으로 이해하기 때문이다. 둘째, 정치집단론은 국가의 역할을 너무 경시한다. 국가는 수동적이지만 않으며 정치집단이 활동하는 공간인 시민사회의 단순한 반영물이 아니다. 국가는 정치집단들로부터 강하게 자율성을 지닐 수도 있으며 국가가 주도권을 갖고 정치집단을 적극적으로 관리하고 관장할 수도 있기 때문이다. 예를 들어 국가 코퍼러티즘이 그렇다.

정치집단론에서 국가와 정치집단 간의의 관계를 설명하는 주요 이론 중 하나가 코퍼러티즘corporatism이다. 코퍼러티즘은 국가와 정치집단이 서로 갈등하고 경쟁하는 것이 아니라 서로 협력하고 공조하여 국가경제와 국민복지의 향상을 추구하는 것을 지칭하는 개념이자 이론이다. 코퍼러티즘은 일반적으로 국가 코퍼러티즘state corporatism과 사회 코퍼러티즘societal corporatism으로 구분하는데, 국가 코퍼러티즘은 국가가 주도적으로 대표적인 정치집단을 직접 만들고 이들을 주도하면서 국가경제와 국민복지 향상을 추구하는 것을 말한다. 국가 코퍼러티즘하에서 정치집단 특히 이익집단은 국가가 창조하고 국가가 관리하지만 사회 코퍼러티즘에서는 국가와 이익집단들이 서로 자발적으로 공조하고 협력한다. 사회 코퍼러티즘은 민주주의 발전 정도가 높고 그 결과 정치집단의 자발성과 국가로부터의 독립성이 상당히 강한 사회에서 발생한다. 이런 이유에서 국가 코퍼러티즘은 자본주의와 민주주의 발전 정도가 높지 않은 제3세계 국가에서 자주 관찰되는 반면, 사회 코퍼러티즘은 자본주의와 민주주의 발전 정도가 높은 선진 자본주의 국가 특히 북구와 서구 국가들에서 목격된다.

정치과정론은 정치과정political process을 이해하는 것이 정치의 본질과 현상을 이해하는 효과적인 지름길이라는 입장을 견지하는 이론이다. 정치과정론은 제도나 기구, 법 등을 강조하는 기존의 '제도론'의 한계를 비판하는 측면에서 등장한 이론으로 1950년대와 60년대 행태주의의 영향을 받아 등장한 이론이다. 달리 말해, 정치과정론은 제도적이고 법적인 접근이 아니라 동태적인 정치과정을 이해하는 것이 정치의 본질과 현상을 제대로 이해하는 데 있어 중요하다는 인식에 기초하여 등장한 이론인 것이다. 정치과정론은 이후 정치체계론과 구조 기능주의 이론을 통해 구체적으로 발전해나갔는데, 정치과정론에서 말하는'정치과정'은 사회의 희소자원을 배분하는 일련의 정치적 경쟁과 결정 과정뿐 아니라 희소자원의 집행과정을 의미한다. 이렇게 본다면 정치과정론은 희소자원의 배분을 둘러 싼 정치적 경쟁과 결정 및 희소자원의 집행과정을 연구하는 이론이라고 할 수 있다.

정치과정론의 범위는 밑에서 살펴 볼 이스턴Easton의 정치체계론과 알몬드Almond의 구조 기능주의론의 모든 영역을 다 포함한다. 즉, 정치과정론은 정치체계론의 (투입→ 정책 결정 → 산출 → 환류 → 투입)이 이루어지는 전 영역을 연구 대상으로 하며, 구조 기능주의의 구조(이익집단, 정당, 입법부, 행정부, 관료제, 사법부)와 기능(이익표출, 이익집약, 정책결정, 정책집행, 정책판정, 정치사회화, 정치충원, 정치커뮤니케이션)을 모두 포괄하는 영역을 학문의 대상으로 삼고 있는 이론인 것이다. 하지만 정치과정론의 범위는 여기에 한정되지 않는다. 정치과정론은 정치과정론과 구조 기능주의에서 집중적으로 다루지 않는 선거와 여론, 정치문화 등도 포괄한다. 선거와 여론, 언론사, 정치문화 등도 정치과정에 모두 포함되는 정치적 쟁점들이기 때문이다.

8. 정치체계론(Political System Theory)

정치체계라는 용어는 이스턴^{David Easton}이 1953년 『정치체계론^{The Political System}』을 발간하면서 학계에 소개되고 도입되었는데, 정치체계론은 정치체계의 현실을 단순화한 모델이다. system은 일반적으로 체계 혹은 체제로 번역되는데, 이 글에서는 political system을 정치체계로 쓴다. 보통 system은 구조와 제도, 행위자 그리고 그들 간의 상호작용 과정을 모두 묶어 지칭하는 것이다. 즉, (system = 행위자 + 구조 + 제도 + 이들 간의 상호 작용과정) 이다. 예를 들어, 국제체제^{international system}는 국가, 다국적기업^{MNCs}, 비정부기구, 사적자본집단, 국제기구 등의 '행위자들'과, 안보구조, 무역구조, 지식구조, 금융통화구조 등과 같은 '구조들'로 구성되며, 이들 간(즉, 행위자 간, 구조 간, 행위자와 구조 간)의 상호작용이 발생하는 영역이다. 국제기구와 지역기구 등은 '정치 제도'로 이해할 수 있다.

정치체계는 생물학적 시스템과 유사한데, 동물은 신장, 허파, 피, 두뇌 등을 통해 살아있고 기능한다. 마찬가지로 정치체계는 투입정치, 정책결정, 산출, 피드백 등으로 구성되며, 이러한 것들을 통해 기능한다. 이스턴은 1965년 『정치적 삶에 대한 체계분석^{A System Analysis of Political Life}』이라는 책에서 자신의 정치체계론을 도식화한 그림을 제시했는데 이를 현재적 시각에서 재해석하면 〈그림 1〉과 같다.

이 그림에서 환경^{environment}은 정치체계가 놓여 있는 상황으로 정치체계를 둘러싸고 있는 국내 사회, 경제, 문화, 정치적인 상황뿐 아니라 국제사회와 국제정치, 국제경제 상황 등을 모두 포괄하는 개념이고, 환류^{feedback}는 산출^{output}이 환경에 영향을 미치고 이것이 다시 투입^{input}에 영향을 미치는 과정이다. '환경'에서의 변화는 시민들의 요구와 지지를 새롭게 창출하는데 이는 '투입'을 통해 정책 결정 기구에 전달되고 정책결정자들은 이를 받아들여 정책을 '산출'한다. 산출된 정책은 집행되고 이는 환류를 통해 다시 투입된다. 이스턴이 제시한 정치체계론은 이러한 흐름을 의미한다.

〈그림 1〉 이스턴의 정치체계론 모형

환경
환경
투입
요구
지지
정책 결정 기구
정책
결정
산출
환류
환경
환경

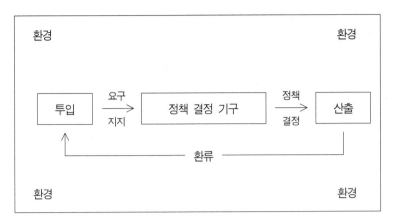

그런데 이스턴의 이러한 설명과는 기본적으로 인식을 같이 하면서도 정치체계론을 이스턴의 그것보다 더욱 포괄적이고 광범위하게 이해하는 설명도 존재하는데, 이러한 설명은 다음 그림과 같이 정치체계를 더욱 포괄적이고 광범위하게 이해한다.

〈그림 2〉 정치체계의 모델

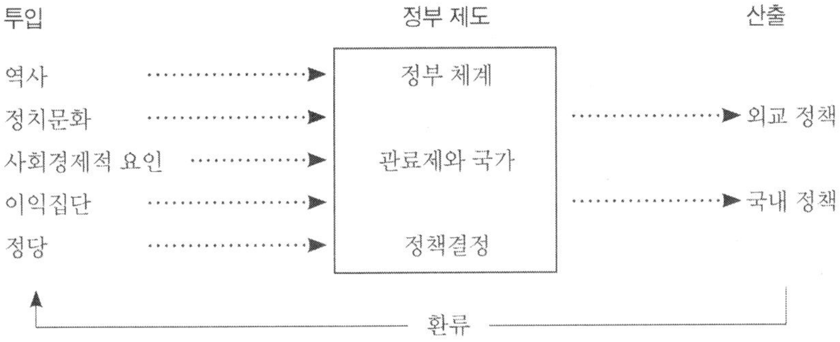

투입
정부 제도
산출
역사
정치문화
사회경제적 요인
이익집단
정당
정부 체계
관료제와 국가
정책결정
외교 정책
국내 정책
환류

출처: Wiard(1993: 25)

이 그림에 의하면, 투입정치는 정당, 이익집단, 비정부기구NGOs 등과 같은 정치집단 뿐 아니라 정치문화와 여론 등이 기능하는 영역인데, 투입정치는 정치적 요구, 정치적 무관심, 정치적 지지 등을 포함한다. 투입정치를 통해 투입된 요구, 무관심, 지지 등은 정부와 정책결정자에 의하여 정책의 형태로 결정되고, 결정된 정책은 산출과정을 통해 집행된다. 환류는 사회, 경제, 정치적 환경 속에서 이루어지는데, 집행되는 정책은 환류 과정을 통해 만족, 지지, 불만, 수정, 폐지 등의 요구를 받게 되고, 이러한 여론은 다시 투입정치를 통해 정부와 정책결정자에게 입력되고, 이러한 입력은 다시 산출과 환류라는 순환을 거치게 된다.

이러한 정치치계론을 현실 정치에 적용하면 다음과 같은 해석이 가능하다. 예를 들어, 첫째, 권위주의 국가에서는 정책결정기구가 투입영역보다 더 자율적이며 영향력도 더 크다. 권위주의 국가의 투입 영역은 민주화되어 있지 않으며 다원화 되어 있지 않은 반면 정책결정이 이루어지는 국가기구는 시민사회에 비해 과대성장 되어 있는 경우가 많기 때문이다. 둘째, 민주주의 국가에서는 '산출'에 투입영역의 이해관계가 잘 반영된다. 민주주의 국가는 투입영역이 민주화되고 다원화되어 있는 반면 국가기구와 정책결정자들의 자율성은 시민사회의 자율성에 비해 상대적으로 약하기 때문이다. 셋째, 자신의 정치적 참여가 자신이 기대하는 정치적 결과를 가져온다고 생각하는 시민들이 많을수록 참여영역은 활성화되고 민주화되고 다원화된다.

정치체계론의 문제점은 투입정치 영역만을 강조하여, 정부와 정책결정과정을 단순한 투입정치의 반영물로 이해한다는 것이다. 즉, 다원화되고 민주화된 미국사회는 잘 발전된 투입정치 영역(예를 들어, 이익집단, 정당, 비정부기구, 언론 등)을 소유하고 있는 관계로, 정치체계론을 개발한 미국 정치학자들은 투입정치 영역만을 강조하고, 정부와 정책결정과정은 투입정치의 단순 반영물로 인식했던 것이다. 정부와 정책결정과정은 투입정치의 단순한 반영물이 아니며, 어떤 경우 국가는 투입정치의 내용과는 무관하게 자체적인 자율성과 이해관계를 지니고 있기도 하다. 국가에 대한 정치체계론의 이와 같은 무시와 경시는, 정치학에서 반향과 반성을 일으켜 신국가론Neo-Weberian state과 국가 중심론State-centered approach 등과 같이 국가를 중심으로 정치현상을 설명하는 이론들이 등장하는데 기여했다.

정치체계론을 통해 살펴 본 한국정치의 문제점은, 정당의 저발전과 같은 투입정치의 비제도화, 이익집단과 비정부기구 등과 같은 정치집단의 과도한 이념갈등과 일반 시민의 이해관계를 제대로 반영하지 못하는 일방적 운동성향, 사회 다원화가 야기한 정치집단의 폭발적 증가와 그들 간의 과도한 경쟁과 충돌로 인한 투입정치과정의 병목현상, 투입정치와 피드백 과정에서의 무관심 증가 등을 지적할 수 있다.

9. 구조 기능주의(Structural Functionalism)

구조 기능주의[3]는 정치체계의 구조와 기능에 연구의 초점을 맞추는 이론이다. 구조 기능주의를 이해하기 위해서는 파슨스Talcott Parsons의 사회체제론과 이스턴의 정치체계론을 먼저 언급해야 한다. 이스턴의 정치체제론은 파슨스가 1952년 발간한『사회체제론The Social System』에 영향 받았으며, 구조 기능주의를 개척한 알몬드Gabriel A. Almond는 이스턴의 정치체계론을 더욱 발전시킨 이론이기 때문이다. 파슨스는 사회체계는 일정한 구조를 지니고 있으며, 각 구조는 사회에 필요한 기능을 수행한다고 보았다. 파슨스는 인간 사회에는 다수의 체계가 존재하는데, 각 체계는 독자적인 기능을 수행하기 위해 그에 걸맞은 구조를 형성한다고 주장했다.

알몬드는 콜만James S. Coleman과 함께 1960년에 공동으로 편집한『개발도상 지역의 정치 The Politics of the Developing Areas』에서 기존의 정치학 개념과는 다른 개념들을 도입했다. 제도 대신 구조, 국가 대신 정치체계, 권력 대신 기능 혹은 역할 등의 용어를 사용한 것이다.[4] 알몬드는 자신이 제기한 구조 기능주의를 통해 정치체계는 일곱 가지의 기능을 수행한다고 지적했는데, 정치체계의 투입과정에서는 정치사회화와 충원 political socialization and recruitment, 이익표출interest articulation, 이익집약interest aggregation, 정치적 소통political communication 등의 기능을 수행하고, 정치체계의 산출과정에서는 규칙제정 rule making, 규칙적용rule application, 규칙판정rule adjudication 등의 기능을 수행한다고 주장했다.

정치사회화는 정치체계의 구성원들이 자신들이 소속된 정치사회의 규범과 가치, 제도 등을 학습하고 받아들여, 시민으로서의 역할을 수행하도록 하는 학습과정이며, 정

---

3) 구조 기능주의에서 기능주의는 어떤 선험적인 가정이나 전제를 인정하지 않고, 다만 기능관계 만을 살펴보는 이론이자 연구방법론이다. 기능주의는 사회에 존재하는 어떤 구조를 파악하고, 그것이 수행하는 기능을 밝히는 데 역점을 둔다. 기능주의는 사회에 존재하는 모든 구조는 그 사회를 위해서 긍정적인 기능을 수행하고 있다고 보는 경향이 있는데, 이러한 측면에서 현상유지적이고 보수적인 이론이라는 비판을 받고 있다.

4) 알몬드는 체계를 상호작용하는 역할들의 집합(set of interacting roles)라고 정의했는데, 역할은 개인들이 상호작용 과정에서 자신의 지위와 입장 등에 걸맞게 수행하는 행동을 의미한다. 예를 들어, 정치적 역할에는 국회의원, 유권자 등이 있는데, 이들이 자신에게 걸맞은 정치적 역할을 수행한다. 알몬드에게 구조는 상호작용의 패턴을 규정하는 것으로, 예를 들어, 정당은 정치체계에서 구조로 기능한다. 알몬드에게 기능은 상호작용 속에서 구조가 수행하는 작용을 말한다.

〈그림 3〉 알몬드의 구조기능분석

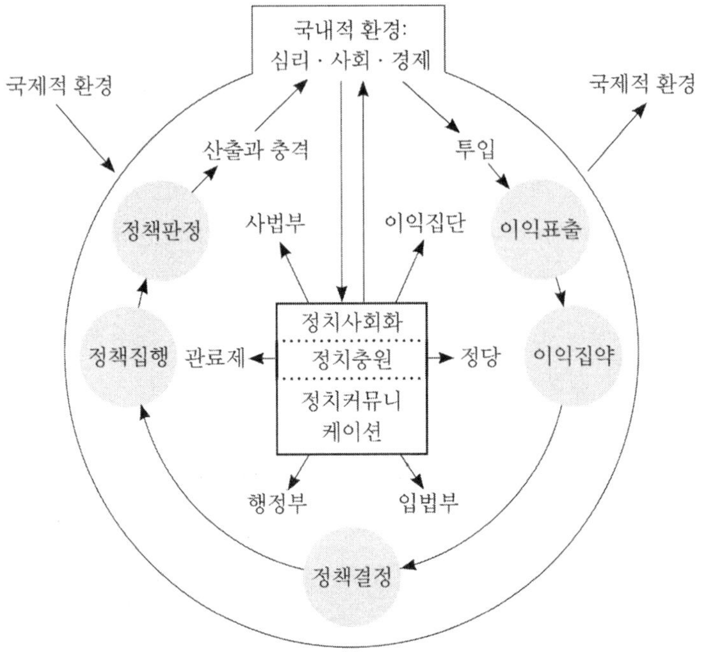

출처: G. A. Almond(ed.), *Comparative Politics Today: A World View*(Boston: Little, Brown & Co.,
1974), p.9; 김창희, 『비교정치론』(서울: 삼우사, 2005), p.89에서 재인용

치적 충원은 선발이나 선출과정을 통해 정치적 지위를 얻어가는 과정을 의미한다.
정치적 소통은 정치를 둘러 싼 의사전달이 이루어지는 것으로 보통 대중매체에 의해
수행된다. 이익표출은 이익집단 등에 의해 이루어지고, 이익집약은 정당 등에 의해
수행된다. 또한, 규칙제정은 정치체계가 입법기능을 수행하는 것이고, 규칙적용은 행
정부가 집행기능을 수행하는 것이다. 규칙판정은 사법부가 법을 해석하고 판결하는
기능을 말한다.

알몬드는 1974년 『현대비교정치학: 하나의 세계적 시각Comparative Politics Today: A
World View』에서 보다 발전된 구조 기능주의 이론을 제시했다. 이 책에서 알몬드는 정
치체계의 구조를 이익집단, 정당, 입법부, 행정부, 관료제, 사법부로 나누고, 정치체계
의 기능으로는 정치사회화, 정치적 충원, 정치 소통, 이익표출, 이익집약, 정책결정,
정책집행, 정책판정 등이 존재한다고 주장했다.

구조 기능주의는 사회 체제내의 특정 부분을 선택하여, 그것이 사회 체제 전체에 미치는 영향을 연구한다. 즉, 체제의 일부가 어떻게 전체 체제의 유지와 지속에 기여하는지 아니면 위협하는지를 연구하는 것이다. 구조 기능주의는 체제와 구조의 기능이 어떻게 그 체제와 구조의 유지와 지속에 기여하는지만 탐구한다. 따라서 그 기능이 수행하는 사회적, 정치적 부작용에는 관심이 없고 개선의 노력도 기울이지 않는다는 측면에서, 현상유지적이고 보수적인 이론이라고 지적받고 있다. 그러나 구조 기능주의는 정치체제와 정치 구조가 어떠한 기능을 수행하는지를 연구함으로써, 정치현상에 대한 이해와 해석의 지평을 확장시켰다.

10. 근대화론(Modernization Theory)

근대화론은 사회 근대화, 경제 근대화, 정치 근대화 등으로 분화되어 발전했는데, 정치 근대화론은 1960년대 정치학계를 주도했다. 경제 근대화론을 주장한 학자들은 유럽과 미국 등 경제 선진국의 경제성장 궤도를 연구하고, 개도국이 경제 근대화를 이루기 위해선 유럽과 미국 등 경제 선진국의 경제 발전 단계와 궤도를 그대로 답습하면 따라잡기catch up가 가능하다고 주장했다. 사회 근대화론을 연구한 학자들은 전통 사회와 근대 사회의 차이를 '귀속ascription'과 '공적merit'의 차이로 보았다. 전통 사회는 개인이 속한 가문, 성, 계급, 부족 등과 같은 귀속성에 기반했으나, 현대 사회에서는 개인의 노력과 성취 그리고 그를 통한 '공적'에 기반하고 있다고 주장했다.

정치발전을 사회경제적 분석과 연계한 학자는 립셋Seymour Martin Lipset이다. 립셋은 자신의 1960년 발간한 『Political Man』에서 산업화는 경제, 문화, 정치의 변화를 유도하고 이러한 변화는 궁극적으로 정치발전과 민주화를 추동한다고 주장했다. 립셋은 국가를 유형별로 '안정된 민주주의 국가'와 '불안정한 민주주의 국가' 그리고 '독재국가'로 분류하고 관찰한 결과, 안정된 민주주의 국가는 불안정한 민주주의 국가나 독재국가보다 경제적 부와 산업발전 정도, 교육, 의료시설, 자동차, 매스미디어, 도시인구 등의 분야에서 선진적으로 앞서 있음을 발견했다. 즉, 안정된 민주주의 국가는 그렇지 못한 국가들보다 더 산업화된 국가였다는 것이다.

립셋은 이러한 관찰을 통해 산업화 진행되고 경제가 성장하면서 중산층이 증가하고, 중산층의 증가는 민주주의 기반으로 작용한다고 주장했는데, 최근의 계량연구도 경제 발전 단계와 민주주의 간에는 연관관계가 있음을 확인하고 있다. 즉, 경제 근대화는 사회 근대화를 야기하고, 사회 근대화는 정치 근대화를 야기한다는 일반화가 가능해진 것이다. 한국은 근대화론에 걸맞은 대표적인 성공 사례 국가이다.

근대화론은 미국과 소련이 냉전질서 속에서 체제경쟁을 벌이고 있던 시절, 소련을 비롯한 사회주의 진영의 확산을 방지하기 위해 미국 정부의 정책적 지원 하에 연구된 결과물이다. 제3세계 국가가 사회주의로 빠져들지 않고, 친미 성향의 자유민주주의 국가로 자리잡기 위해서 미국이 지원해야 할 정책은 근대화론으로 인해 명확해졌다. 즉, 제3세계 국가의 경제성장을 지원하고, 이와 함께 아들 국가의 사회발전을 위해 교육시설과 매스 매디어, 사회 집단 등을 집중적으로 지원하는 것이다. 경제 발전은 사회발전을 낳고, 사회발전은 정치 발전으로 연계되어 결국에는 자유주의와 민주화로 귀결되기 쉽다는 연구결과가 근대화론에 의해 주장되었기 때문이었다.Wiarda, 1993: 53

11. 합리적 선택론(Rational Choice Theory)

합리적 선택론은 1970년대 정치학에 도입된 이론이자 연구방법론으로, 신고전학파 경제학의 인식론과 방법론을 정치학에 도입한 것이다. 즉, 신고전학파가 당연한 것으로 가정하고 있는 행위자(주체)의 합리성과 방법론적 개인주의를 정치학에 적용한 것이다. 합리적 선택론자들은 관련된 행위자들의 이해관계를 관찰하고 파악함으로써, 그들의 정치적 행태를 예측할 수 있다고 주장한다. 합리적 선택론자들은 개개인은 자신의 이익을 극대화maximization하기 위하여 합리적으로 선택하고 행동한다고 가정한다.

정치학에서 합리적 선택론에 기반한 대표적인 방법론은 게임이론이다. 게임이론은 합리적 선택론의 기본가정을 바탕으로, 행위자가 최선의 결과를 얻어낼 수 있는 선택을 찾아내는 것을 목적으로 한다. 여기서 게임은 게임 참가자와 게임 참가자의 합리적 전략, 그리고 게임의 결과로 이루어진다. 예를 들어, 겁쟁이 게임Chicken game이나 수인의 딜레마 게임prisoner's dilemma game은 널리 알려진 게임이론의 종류이다. 게임이론을 통해 만들어진 모형들은, 그것과 유사한 정치적 상황이 발생할 경우, 그 정치적 상황의 결과를 미리 예측 가능하게 하여, 효과적인 대응정책을 마련하는데 도움을 줄 수 있다.

그러나 합리적 선택론은 다양한 문제점에 노출되어 있다. 우선 의문시되는 것은 과연 인간이 항상 합리적이고 이성적인 선택과 행동만을 추구하는가이다. 인간은 합리적 선택과 행동을 통해 효용의 극대화를 추구하는 것이 아니라, 효용의 만족 satisfaction을 추구할 수도 있다. 또한 역사적 제도와 관습 등은 인간의 합리적 선택을 가로막고, 제한된 이성limited reason을 통해 행위자가 선택하고 행동하게 만들기도 한다. 또한 합리적으로 선택하고 행동하기 위해서는 모든 정보가 접근 가능해야 하고, 행위자는 모든 정보를 비교분석해야 하지만, 그러한 상황은 일반적 상황이 아닌 예외적 상황이다. 정보가 너무 많거나 제한되어 있을 경우, 행위자는 이익의 극대화가 아니라 이익의 만족을 추구하기 쉽다. 모든 인간이 합리적으로 선택하고 행동하는 것도 아니라는 측면에서, 합리적 선택론은 이론으로서의 보편성에 제약을 지니고 있는 것이다.

12. 신제도론(New Institutionalism)

행태주의와 합리적 선택론이 정치학에서 오랜 방법론적 우위를 이어가자, 이에 대한 반작용으로 1980년대에 제도에 관한 관심이 다시 부활했다. 행태주의와 합리적 선택론은 제도에 관심을 보이지 않았으며, 제도라는 변수를 무시했는데, 제도의 중요성이 무시된 것은 행태주의와 합리적 선택론뿐이 아니었다. 정치체계에서 투입정치 input politics 영역에 초점을 맞춘 접근들(예를 들어, 정치집단론과 정치문화론)과 구조 기능주의도 제도의 중요성을 경시했다.

정치집단론은 제도를 집단들이 이익추구를 하는 과정에서 생겨나는 정치적 투쟁의 장으로만 인식하여, 제도가 이익갈등을 규정하고 이익의 형성과 변화에 미치는 영향을 인식하지 못했으며, 구조 기능주의는 사회 문제를 해결하는데 필요한 제도들은 자동적으로 생겨난다고 인식했다. 이렇듯 도외시되고 경시되던 제도라는 설명 변수가 정치학에 재도입된 것은 신제도론을 통해서이다. 신제도론적 관점과 방법론은 사회과학의 주도적인 분과학문들, 즉, 사회학, 경제학, 정치학 등에 모두 도입되었는데, 각 학문마다 제도에 대한 정의와 설명이 동일하지 않고 상이하다.

사회학에 도입된 새로운 제도론은 '사회학적 신제도론Sociological new institutionalism'이

신제도론: 1980년대에 정치학에 도입된 신제도론(new institutionalism)은 제도에 의한 설명과 예측을 목표로 하는 이론으로 경제학과 사회학에서 영향을 받았다. 신제도론은 정당, 관료제, 입법부 등과 같은 정치 제도들은 스스로의 생명력을 통해 자신의 존재를 존속시키려는 경향이 있으며, 이러한 제도들 속에서 생활하는 사람들의 행동과 태도를 규정한다고 주장하는 점에서 구제도론과 다르다. 신제도론은 정치적 제도는 사회의 다양한 세력들 간의 관계가 단순한 반영되어 있는 수동적인 존재가 아니라, 일단 형성되면 스스로의 지속 기능을 통해, 구시대적이고 퇴행적이고 비효율적이라고 평가되더라도 존속하는 경향이 있다고 주장한다. 라인하트 벤딕스(Reinhard Bendix), 새뮤얼 헌팅턴(Samuel P. Huntington) 등은 행태주의 전성기에도 제도의 중요성을 강조했다. 피터 카첸스타인(Peter J. Katzenstein), 피터 홀(Peter A. Hall), 찰머스 존슨(Chalmers Johnson) 등은 경제적 정책을 결정하는 과정에서 정치제도가 수행하는 역할을 중시했다. 위의 사진은 라인하트 벤딕스이다.

다. 사회학적 신제도론은 합리성rationality과 효용 극대화utility maximization라는 개념 대신, 제한된 합리성bounded rationality과 효용 만족utility satisfying 등의 개념을 강조하여, 합리적 선택론과는 대조적인 입장을 견지한다. 사회학적 신제도론은 제도를 보이는 제도(예를 들어, 규칙, 절차, 기구, 정부구조 등)와 보이지 않는 제도(예를 들어, 관습, 문화, 사회 규범 등)로 구분한다. 즉, 제도에 대한 광범위한 정의를 내리고 있는 것이다. 사회학적 신제도론의 문제점은 너무 제도만 강조하여 행위자의 자율성과 역할을 전혀 고려하지 않는다는 것이다.

경제학적 신제도론(혹은 합리적 선택 제도론)은 제도를 설명하는 데 있어서도, 행위자의 합리성과 효용 극대화만을 강조한다. 주류 경제학은 신고전학파 경제학인데, 주류 경제학을 추종하는 학자들은 인간의 합리성에 기반하여 경제현상을 설명한다.

따라서 경제학에 도입된 신제도론은 사회학적 신제도론과 달리, 제도를 강조하는 것이 아니라 인간의 합리성을 통해 제도의 생성과 변화, 소멸을 설명한다. 즉, 경제학적 신제도론은 사회 제도가 등장하고, 변화하고, 지속하는 현상은 인간의 합리성과 관계가 깊다고 주장한다.

예를 들어, 경제학적 신제도론에서 바라보면, 사회의 문화적 규범이나 제도들은 합리적이고 효용 극대화를 추구하는 인간행동이 반복되고 축적되어 만들어지는 것이고, 그러한 제도가 존속하는 것은 그것이 다른 대안 제도보다 행위자들에게 보다 많은 이익을 제공하기 때문이다. 제도가 변화하거나 사라지는 것은 비용과 편익 관계 사이에 이루어졌던 균형이 깨어지면서 이루어지는 현상이다. 경제학적 신제도론은 이론으로서 몇 가지 문제점을 지니고 있다. 첫째, 합리성이라는 개념도 사회적이고 역사적인 구조물임을 인식하지 못하고 있다. 둘째, 제도는 경제학적 신제도론이 상정하는 것처럼 반드시 효율적이지 않다. 제도는 비효율적이고 비합리적인 측면을 지닌 경우가 많다.

1980년대 정치학에 도입된 제도론은 신제도론new institutionalism 혹은 역사적 신제도론Historical new institutionalism이라고 한다. 사회학적 신제도론이 제도를 중시하고, 경제학적 신제도론이 행위자를 강조한다면, 정치학의 신제도론은 제도와 행위자 간의 균형을 추구한다. 정치학에서 발전된 신제도론은 관찰 가능한 제도만을 연구대상으로 삼는데, 신제도론이 관찰 가능한 제도만을 연구한다는 점에서 구제도론과 유사하다.

그러나 신제도론은 정당, 관료제, 입법부 등과 같은 정치 제도들은 스스로의 생명력을 통해 자신의 존재를 존속시키려는 경향이 있으며, 이러한 제도들 속에서 생활하는 사람들의 행동과 태도를 규정한다고 주장하는 측면에서 구제도론과 다르다. 신제도론은 정치적 제도는 사회의 다양한 세력들 간의 관계가 단순한 반영되어 있는 수동적인 존재가 아니라, 일단 형성되면 스스로의 지속 기능을 통해, 구시대적이고 퇴행적이고 비효율적이라고 평가되더라도 존속하는 경향이 있다고 주장한다. 예를 들어, 현대 정부의 비대화 경향은 지속적인 비판에 직면해왔지만, 신제도론 입장에서 보면 작은 정부의 구현은 쉬운 일이 아니다.

13. 비판이론(Critical Theory)

비판이론은 독일 프랑크푸르트 학파^{Frankfurter Schule}가 생산한 사회이론으로, 여기서 말하는 비판이란 원래 인간의 지식이나 행동에 관해서 그것들의 진실성과 유효성 등을 평가하는 작업을 의미한다. 독일의 지적 전통에서 보면, 칸트^{Kant}에게 비판은 이성이 스스로 자신의 능력을 검토하고, 인식의 조건과 전제, 범위 등을 다루는 것이었다. 『자본론』의 부제는 '정치경제학비판'이다. 마르크스에게 비판이란 이론의 배후에 은폐되어 있는 이해관계를 발견하고, 허위의식^{false consciousness}으로서의 이데올로기를 비판하는 것이었다. 즉, 현실을 고정되고 영원한 것으로 보고, 현실을 긍정하고 정당화하는 이론에 맞서서 마르크스의 비판은 현실의 역사성과 일시성을 드러내어 현실변혁을 이끄는 것이었다.^{박정호, 1997: 137-139}

프랑크푸르트 학파는 마르크스의 비판론을 옹호하고 계승한다. 비판이론은 마르크시즘의 이데올로기 비판, 휴머니즘, 실천 등과 같은 핵심내용을 수용하지만, 마르크스의 실증주의적 과학관은 거부한다. 결국 비판이론에서 비판이란 인간에 의해 만들어진 억압체제에 대한 성찰과 대안모색을 의미한다. 호르크하이머^{Max Horkheimer}에 의하면 자연과학적 방법론과 이론은 주어진 현실자체를 문제 삼지 않고 현실경험을 체계화한다. 따라서 자연과학적 방법론과 이론은 사실과 가치를 분리하고 기존현실을 긍정하고 재생산한다. 반면, 비판이론은 사실과 가치를 적극적으로 연계한다. 비판이론의 목적은 지식을 축적하는 것이 아니라 자유로운 사회와 해방사회를 실천적으로 추구하는데 있다.^{박정호, 1997: 139-140}

비판이론이 등장한 시기는 1920년대~1930년대 시기인데, 이 시기는 마르크스의 예측과 달리, 선진 자본주의 국가가 아닌 후진국 러시아에서 사회주의 혁명이 일어났고, 유럽에선 1차 대전 이후 노동계급운동과 혁명이 실패했다. 이 시기 소련은 스탈리니즘으로 인해 관료주의^{Nomenklatura: 노멘클라투라}가 강화되었다. 사회주의 혁명 이후에도 소련에서는 노동자와 대중이 국가의 주인이 된 것이 아니라, 새로운 관료제가 국가를 주도했던 것이다. 또한, 이 시기 등장한 파시즘^{Fascism}과 나치즘^{Nazism}은 선진 자본주의 국가의 위기 대처능력과 노동계급의 체제 내로의 흡수능력(예를 들어, 노동계급의 파시즘과 나치즘에의 동조)을 보여주었으며, 미국에서는 대중문화에 의해 대중의 체제 순응화(즉, 비판력을 상실한 대중의 등장)가 이루어졌다.

이 시기에 발생한 이와 같은 복합적 상황은 사회주의 혁명에 기대를 포기하고, 혁명의 주체로서의 노동자 계급에 대한 기대를 져버리기에 충분했으나, 정통 마르크시즘은 이러한 현상을 전혀 설명해내지 못했다. 따라서 비판이론은 정통 마르크시즘의 이론적 한계를 극복하고, 새로운 인간해방의 활로를 모색하지 않을 수 없었으며, 그 결과 비판이론은 파시즘 비판, 도구적 이성 비판, 실증주의 비판, 기술과학 이데올로기 비판, 문화산업 비판, 후기자본주의 비판 등을 집중적으로 연구했다.박정호, 1997: 140-141

하버마스Jürgen Habermas는 인간들은 언어를 통해 서로를 이해하는 과정을 매개로 연계되어 있다고 보았는데, 그의 의사소통이론은 이러한 인식에 기반한 것이다. 하버마스는 역사의 진보와 인간해방을 논의하는데 있어서, 마르크스처럼 노동영역을 강조하는 것도 중요하지만, 언어로 연계된 인간들 간의 상호작용을 통한 해방을 추구하는 것도 중요하다고 보았다. 하버마스에 의하면 기존의 경제학과 사회학, 정치학은 경험분석적인 자연과학처럼 사회의 법칙적 지식을 탐구하지만, 비판이론은 이데올로기 비판을 통해 인간해방을 추구한다. 즉 비판이론은 실증주의가 무시해 온 자기반성적 비판정신을 회복함으로써 인간해방을 추구한다는 것이다.

하버마스는 인간의 실천practice은 '노동'과 '상호작용interaction'을 모두 포괄하는 데, 마르크스는 인간의 실천을 노동으로만 환원시켰다고 지적한다. 하버마스는 마르크스를 극복하기 위해 실천을 노동(도구적 행위)과 상호작용(의사소통적 행위: communicative action)으로 구분한다. 그래서 외적인 자연으로부터의 해방은 노동에 의존하고, 내적인 자연(본성)으로부터의 해방은 자유로운 의사소통의 확장을 통해 실현된다고 보았다.김재현, 1997: 208

하버마스는 노동을 통한 해방 가능성이 실패했다고 보고, 의사소통을 통한 해방을 추구한다. 마르크스는 생산력이 발달함에 따라 노동자 계급이 혁명을 통해 사회를 변화시키고, 계급해방과 인간해방을 실현한다고 보았으나, 하버마스는 마르크스의 이러한 노동 중심 패러다임이 이미 실패했다고 보고, 새로운 해방의 가능성을 의사소통 영역에서 찾는다. 하버마스는 바람직한 인간사회를 건설하는데 있어서, 사회구성원 간의 자유롭고 평등한 의사소통에 기반한 상호작용을 통해 성취할 수 있는 정치와 경제, 사회적 민주화의 중요성을 강조한다.

정리하면, 하버마스는 노동과 상호작용(의사소통적 행위)을 구분하고 후자를 강조한다. 하버마스는 마르크스의 노동 중심 패러다임은 이미 실패했다고 규정한다. 즉, 하버마스는 마르크스의 전망과는 달리 노동자의 혁명주체로서의 역할은 좌절되었으며, 자본주의 하의 생산력 발전이 오히려 자본주의 생산관계를 공고화한다고 진단한다. 이러한 상황에서 하버마스는 의사소통 중심의 패러다임을 제시하여 새로운 해방이론을 개척한 것이다.

토론거리

1. 사회계약론은 가상적 상황인가 아니면 역사적 사실인가?

2. 국가의 공권력과 강제력은 어디까지 허용되고 정당화될 수 있는가?

3. 마르크시즘은 현재 학문적 뇌사상태인지 아니면 생명력을 지닌 이론인가?

4. 자본주의는 영원한 생산양식인가 아니면 수정되거나 극복되어야 할 생산양식인가?

5. 구제도론과 신제도론의 장단점과 차이점은 무엇인가?

6. 엘리트론의 장단점은 무엇인가?

7. 행태주의의 장단점은 무엇인가?

8. 정치집단론과 정치과정론은 연구대상이 설명해보자.

9. 정치체계론의 문제점은 무엇인가?

10. 근대화론은 무엇 때문에 비판받고 있는가?

11. 신제도론과 비교했을 때, 합리적 선택론의 문제점은 무엇인가?

12. 비판이론이 기존의 정치이론과 다른 점은 무엇인가?

13. 구조 기능주의는 보수적이고 현상유지적인 이론인가?

14. 한국 정치의 현실은 다양한 정치이론을 통해 설명해보자.

키워드: 정치학 이론, 사회계약론, 마르크시즘, 제도론, 행태주의, 정치체계론, 구조 기능주의, 근대화론, 합리적 선택론, 신제도론, 비판이론

참고문헌

김명섭·조성대·진시원. 『세계의 정치와 경제』. 서울: 한국방송통신대학교출판부, 2003.
김용민. 『루소의 정치철학』. 서울: 인간사랑, 2004.

김재현. "위르겐 하버마스." 박정호 외 공편. 『현대 철학의 흐름』. 서울: 동녘, 1997.

김창희. 『비교정치론』. 서울: 삼우사, 2005.

박정호. "개관: 비판이론." 박정호 외 공편. 『현대 철학의 흐름』. 서울: 동녘, 1997.

Barker, Ernest (ed.). *Social Contract. Essays by Locke, Hume and Rousseau.* London: Oxford University Press, 1948.

Eastern, David. "The New Revolution in Political Science." *The American Political Science Review*, Vol.LXIII, No.4. 1969.

Held, David. *Introduction to Critical Theory: Horkheimer to Habermas.* Berkeley: University of California Press, 1980.

Miliband, Ralph. 정원호 역. 『마르크스주의 정치학 입문』. 서울: 풀빛, 1989.

Lane, Ruth. *The Art of Comparative Politics.* Boston: Allyn and Bacon, 1997.

Wiarda, Howard J. *Introduction to Comparative Politics: Concepts and Processes.* Belmont, California: Wadsworth Publishing Company, 1993.

제3장

국가, 시민사회, 거버넌스

1. 국가란 무엇이며, 어떻게 형성되었는가?

국가state는 인류의 역사만큼이나 오래되었다. 일정한 영토 내에 거주하는 사람들로 구성되고 그 구성원들에 대해 최고의 통치권을 행사하는 국가는 고대 도시국가부터 로마제국, 중세 봉건국가, 근대 절대주의 국가, 자유주의 국가, 사회주의 국가 등 다양한 형태를 띠고 발전해왔다. 국가의 어원은 '서다'의 의미를 지닌 라틴어 'statvs'로 원래 통치자들의 상태나 신분을 가리키는 말이었다. 14세기 유럽에서 로마법이 부활하면서 이 라틴어는 사람들의 법적인 지위, 특히 왕의 특별한 신분을 언급하는 용어로 사용되었다. 머지않아 이 단어는 특별한 사회집단을 가리키던 의미를 상실하고 전체사회의 지배와 연관된 의미로 사용되게 되었다. 현재 우리가 사용하고 있는 의미의 국가는 근대시기 이후에 유럽적 맥락에서 형성되고 발전되었다고 할 수 있다. 왜냐하면 근대 이전 사회의 국가에서는 영토의 경계가 불명확하고 중앙정부의 통제력도 약했기 때문이다. 아울러서 당시의 국가는 정부가 명확히 정의된 영토에 권위를 가지고 최고의 권력을 행사한다는 주권개념이 없었고, 정치체계의 경계 안에 살고 있는 대부분의 사람들이 국가 구성원으로서 공통된 권리와 의무를 갖지도 못했다.

유럽적 근대의 산물인 국가는 다름 아닌 국민국가national state를 가리킨다. 근대에 들어서면서 가족이나 교회 혹은 이익집단 같은 조직과 달리 강압력의 축적과 집중을 바탕으로 일정한 영토와 주민에 대해 배타적 지배력을 행사함으로써 독점적으로 정치 질서를 유지하는 국가가 출현하였다. 이들 국민국가의 형성과 발전에 대해서는 다양한 해석과 이론이 존재한다. 대표적으로 니콜로 마키아벨리Niccolo Machiavelli는 근대국가의 통일과정을 '국가이성Raison d'État'에 입각해 분석했고, 장 보댕Jean Bodin은 근대국가의 형성을 주권 개념을 중심으로 고찰했다. 토마스 홉스Thomas Hobbes는 국가의 권리와 국민의 의무를 깊게 다뤘다. 국가는 통치자와 피치자들로부터 독립되어 특정 경계영역 내에서 최고의 정치적 권위를 구성하는 공권력의 한 형태라는 근대국가 관념은 19세기까지 지속되다 칼 마르크스Karl Marx에 의해 도전받았다. David Held, 안외순, 1996: 24-25 비록 자본주의 국가에 대한 언급이 체계적이지 못하고 파편적이며 시기별로도 강조점이 차이가 있지만 마르크스는 국가를 자본주의적 생산관계에서 기인하는 계급갈등의 부수현상이나 계급지배의 도구라고 주장했다.

국가에 대한 최근의 논의 중에서 역사사회학자인 틸리Charles Tilly의 이론은 정치사회집단과 사회경제적 조건들 간의 관계에 분석의 초점을 둔 데서 설득력이 있다고 평가된다. 틸리는 근대화 과정에서 출현한 국민국가에 관심을 갖는데 이는 막스 베버 Max Weber의 정의에 기초하고 있다. 즉, 베버는 국가를 "명확한 영토 내에 주민들을 지속적으로 지배하고, (상대적으로) 중앙집권화되어 있으며, 다른 사회집단으로부터 (적어도 형식적으로는) 분화되어 있고, 물리적 강제력을 집중하고, 또한 그것을 독점하고 있을 뿐만 아니라, 그 예하 기구들이 (비교적) 유기적으로 잘 통합된 하나의 조직"으로 보았다. 다만 틸리는 국가를 국가 간 경쟁체계의 현상유지 및 전쟁의 수행에 필요한 사회·경제적 자원을 추출할 수 있는 지정학적 행위자이자 외부세력으로부터 국민들을 '보호'해주는 대신에 내부적 '약탈'을 통해 국가엘리트들의 자기이익을 극대화하는 합리적 행위자라고 한다.

틸리는 16세기 초의 서유럽이 국민국가의 태동을 가능하게 한 사회구조적 배경을 이미 지니고 있었다고 지적한다. 예를 들어 당시의 서유럽은 문화적으로 동질적이었고 전형적인 농업사회였으며 분권화된 정치구조를 갖추고 있었다는 것이다. 그러나 공국, 교구 등 작고 약한 유럽의 수많은 정치단위들이 모두 국민국가를 건설하는데 성공한 것은 아니었다. 국가건설자들의 인적, 물적 자원에 대한 추출 및 동원능력, 시간적 및 공간적으로 보호된 위치에 속하는 이점, 정치가들의 지속적인 공급, 전쟁에

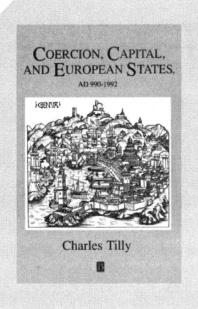

전쟁이 만든 국가: 찰스 틸리(Charles Tilly, 1929~2008)는 국가를 국가 간 경쟁체계의 현상유지 및 전쟁의 수행에 필요한 사회·경제적 자원을 추출할 수 있는 지정학적 행위자이자 외부세력으로부터 국민들을 '보호'해주는 대신에 내부적 '약탈'을 통해 국가엘리트들의 자기이익을 극대화하는 합리적 행위자로 본다. 그에 의하면 특히 전쟁에서의 승리는 국민국가 건설의 승패에 가장 큰 영향을 미친 조건으로 지적된다. 전쟁을 준비하면서 조세나 징병 및 재산 수용 등을 통해 자원을 추출하고 그 자원을 다른 목적으로 전용할 수 있는 여유를 소지하게 되었다. 군사력을 바탕으로 대내적인 반대세력을 제압하고 국가건설을 위한 영토를 확정했으며, 중앙집권화와 국가조직화를 이루고, 물리적 강제력을 독점하게 되었다. "전쟁이 국가를 만들고 국가가 전쟁을 만들었다(War made the state, and the state made war)"는 것이다.

서의 승리, 주민들의 문화적 동질성, 왕권과 토지에 기반을 둔 지배계급과의 강력한 연대 등의 조건들이 국민국가 건설의 승패에 영향을 미쳤다. 특히 이 과정에서 전쟁에서의 승리는 국민국가 건설의 승패에 가장 큰 영향을 미친 조건으로 지적된다. 전쟁을 준비하면서 조세나 징병 및 재산 수용 등을 통해 자원을 추출하고 그 자원을 다른 목적으로 전용할 수 있는 여유를 소지하게 되었다. 군사력을 바탕으로 대내적인 반대세력을 제압하고 국가건설을 위한 영토를 확정했으며, 중앙집권화와 국가조직화를 이루고, 물리적 강제력을 독점하게 되었다. 전쟁이 국가를 만들고 국가가 전쟁을 만들었다는 것이다. 이러한 과정을 통해 수립된 국민국가의 정통성은 물리적 강제력의 독점에 그 궁극적인 원천을 두고 있었다.^{Charles Tilly, 1994: 109-205} 이 같은 틸리의 주장은 유럽의 국가가 끊임없는 강압력의 축적과 집중, 대내외적 정복의 추구, 지속적인 행정력 강화를 통해 주민을 전면적으로 통치하는 직접지배체제를 수립한 과정을 구체적으로 살폈다는 점에서 설득력이 있다. 그러나 틸리의 이론은 국민국가의 건설 과정에서

베스트팔렌 조약: 유럽 역사상 최초의 다자간 조약이라 할 베스트팔렌 조약(Westfälischer Vertrag)은 독일의 신구교도들간의 대립에서, 그리고 황제의 권위에 대항해 반란을 일으킨 독일 제후들의 투쟁에서 발생하여 결국 강대국들간의 헤게모니 쟁탈전으로 변모하였던 30년 전쟁을 종식시킨 평화조약이었다. 종교권력과의 싸움에서 승리한 국가권력의 위상을 국제적으로 확정함으로써 국가권력이 종교의 제약 없이 빠른 속도로 발전하게 되었다. 모든 국가는 적어도 국제법적으로는 동등하다는 것을 확인하였고, 주권의 두 가지 측면인 상호인정과 독립성을 보장하게 되었다. 이는 1648년서부터 1945년 사이를 포괄하는 국제법과 국제관계를 규정하는 개념이 되었다.

전쟁의 역할을 지나치게 강조한 반면, 사회혁명의 영향을 경시하고 이데올로기의 역할을 간과한다는 한계를 지닌다.

베스트팔렌 조약Westfälischer Vertrag의 결과 수립된 베스트팔렌 체제는 근대 국민국가가 등장하는데 필요한 국제법적 기초와 국가 중심의 국제질서를 구축하였다는 점에서 중요하다. 1648년 독일 북서부의 베스트팔렌 지방의 뮌스터와 오스나브뤼크에서 30년전쟁을 종결시킨 베스트팔렌 조약이 체결되었다. 유럽 역사상 최초의 다자간 조약이라 할 베스트팔렌 조약은 독일의 신구교도들간의 대립에서, 그리고 황제의 권위에 대항해 반란을 일으킨 독일 제후들의 투쟁에서 발생하여 결국 강대국들간의 헤게모니 쟁탈전으로 변모하였던 30년 전쟁을 종식시킨 평화조약이었다. 종교권력과의 싸움에서 승리한 국가권력의 위상을 국제적으로 확정함으로써 국가권력이 종교의 제약 없이 빠른 속도로 발전하게 되었다. 모든 국가는 적어도 국제법적으로는 동등하다는 것을 확인하였고, 주권의 두 가지 측면인 상호인정과 독립성을 보장하게 되었다. 이는 1648년서부터 1945년 사이를 포괄하는 국제법과 국제관계를 규정하는 개념이 되었다. 영토주권, 국가 간의 공식적 평등, 공식적으로 인정된 타국가에 대한 내정 불간섭, 국제법적 의무의 토대로서 국가의 동의 필요 등이 국제사회의 핵심 원칙이 되었다. 이는 국가 외의 다른 권위가 존재하지 않는 영토국가, 주권국가로 이뤄진 정치질서의 발전을 보여 준다. 그러나 베스트팔렌 체제가 구축되었다고 해도 근대 국민국가가 내적 조건을 완성한 것은 아니었다. 치열한 경쟁을 벌이는 국가들이 다른 한편으로 매우 적극적으로 국민형성nation-building에 나섰다.

한 국가 안에서 자신의 집합적 권력을 표명하는 사람들의 집단인 국민은 반드시 공통의 정체성, 전통, 역사, 이해관계, 언어, 종교, 문화를 공유하지 않는다. 베스트팔렌 체제의 수립, 절대주의 국가의 등장, 프랑스혁명의 발발 등 일련의 사건을 거치면서 국가들은 전쟁수행능력과 경제발전 능력을 극대화하기 위해 이질적인 국민들을 동질화하고 국민의식과 국가의식 고취하기 위해 적극적인 노력을 기울였다. 국가와

상상된 공동체:
베네딕트 앤더슨(Benedict Anderson)은 근대론의 입장에서 민족주의의 형성과 특징에 대해 독창적인 고찰을 한 학자이다. 1983년 발간된 『상상된 공동체(imagined communities)』에서 앤더슨은 근대에 들어와 전통적인 종교 공동체나 왕조적 질서가 사라진 공간을 민족이 메웠다고 지적한다. 기독교가 지배하던 중세 시대의 과거, 현재, 미래를 넘나드는 초월적인 시간관 대신, 근대에 들어와서는 사람들이 현세적인 시간관을 갖게 됨으로써 같은 시간대에서 다른 사람들과 동시성을 느끼게 됐고, 16세기 이래 발전한 인쇄 자본주의(print capitalism)가 만든 문화적 동질성이 소설이나 신문 같은 인쇄 매체들을 통해 멀리 떨어져 있 사람들을 하나로 묶어 준다는 것이다. 그 결과 익명의 개인 간에 상상 속의 기반이 만들어지고 같은 시간과 공간을 공유하는 내셔널리티로 이루어지는 '상상된 공동체'에 대한 소속감이 생겼다고 주장한다.

국기를 제작하고, 국어와 국사를 통일하여 체계적인 국민교육을 시키기 시작했다. 익명의 개인 간에 같은 시간과 공간을 공유하는 민족이라는 '상상된 공동체imagined community'를 창안하여 한 국가의 영토경계 내에 존재하는 수많은 인종집단들이 단일의 '국가-민족state-nation'의 일원으로 느낄 수 있도록 민족주의를 고취하였다.Benedict Anderson, 윤형숙 역, 2002: 23-27

그 결과 영토국가territorial state로 출발한 근대국가가 전국적인 직접지배 체제를 구축하고 행정을 표준화한 국민국가로 발전한 다음 드디어 구성원들이 하나의 민족구성원으로 인식하는 민족국가nation-state 단계로 변화하는 계기가 만들어졌다. 그러나 특정한 영토 내에 거주하는 사람들이 강한 언어적, 종교적, 상징적 일체감을 공유하는 민족국가는 유럽에서는 극히 드물다. 그럼에도 국가들이 지배의 효율성을 위해 경쟁적으로 이질적인 주민의 동질화 작업을 행함에 따라 국가 간에는 이질성이 더욱 증가하게 되었다. 한편, 국민주권의 원칙을 확립하고 국민대중에게 자유권, 정치권, 사회권 등의 시민권을 부여한 민주주의 역시 국민형성에 큰 기여를 했다. 이를 통해 국민이 국가의 주인이라는 점을 일깨우고 정치참여의 기회를 확대함으로써 국가에 대한 국민들의 일체감과 자발적 충성심을 고취하고 국가에 의한 국민동원 능력을 극대화하려고 시도하였다.

국민형성이란 한 국가의 주권이 소수 정치적 지도층에서 그 국가의 전체 구성원으로 확대되는 현상을 말한다. 서구 국민형성과정의 상이성에 관한 여러 이론들 가운데 초창기의 대표적인 설명은 역사가 마이네케Friedrich Meinecke에 의해 제시되었다. 마이네케는 그의 저서인 『세계시민과 국민국가Weltbürgertum und Nationalstaat』에서 루소의 인민주권 개념에 연원을 두는 정치적 주권의 평등한 소유자로서의 국가국민과, 헤르더Johann Gottfried von Herder에 기원을 두는 인종, 역사, 언어 공동체로서의 문화국민이 각각 프랑스와 독일 국민의 속성을 대표한다고 주장하였다.Friedrich Meinecke, 이상신·최호근 역, 2007: 25-27 여기에서 프랑스의 국가국민은 '주관적', '자발적'으로 형성되며, 독일의 문화국민은 공동의 문화적 유산에 의해 '객관적'으로 규정된다는 해석이 나오게 되었다. 마이네케의 구분은 후일 한스 콘Hans Kohn이 '서유럽형'과 '동유럽형' 민족주의를 구분하는 토대가 됨으로써, 20세기 민족주의 이론 전개에 중요한 시발점을 제공해 주었다.

국가권력의 본질, 국가가 수행하는 기능과 책임, 그리고 국가가 대변하는 이해관계에 따라 지금까지 국가는 다양한 형태를 띠고 나타났다. 절대주의 국가, 최소국가,

복지국가, 사회민주국가, 전체주의 국가, 권위주의 국가, 발전국가, 신자유주의 국가 등이 그것이다. 이 중에서도 복지국가와 발전국가는 국가의 바람직한 역할과 책임과 관련하여 인상적인 특징을 지니는데서 살펴볼 가치가 있다. 복지국가welfare state는 사회적 시민권의 하나로써 국민들에게 일정 수준 이상의 삶의 질을 제도적으로 보장해 주는 국가를 지칭한다. 복지국가는 근대화가 초래한 사회적 균열을 둘러싼 시민사회 내 주요 세력 간의 상호작용을 통해 공간적으로 확산되고 제도적으로 정착되기 시작하였다. 국가와 자본가의 수단이자 노동계급의 '전리품'으로 유럽 대부분의 국가에서 수립되고 발전된 복지국가는 2차 대전 이후에 경제적 호황을 배경으로 사회입법 체계가 정비되고 높은 수준의 복지지출이 이뤄지면서 전성기를 맞이하였다. 그러나 복지국가는 1970년대에 들어서면서 경제침체를 비롯한 여러 요인들로 인해 위기에 직면하게 된다. 이 같은 복지국가의 위기와 신자유주의 자유무역의 상당한 발전, 새로운 정보통신 기술과 생산체계의 발전은 다름 아닌 전통적 경계의 약화와 제거를 특징으로 하는 세계화가 전개되는 배경이기도 하다.

한편, 2차 대전 이후 일부 국가에서는 찰머스 존슨Chalmers Johnson이 말한 발전국가developmental state가 나타났다. 발전국가의 가장 두드러진 특성은 정치적 영향으로부터 차단된 중립적인 관료조직이 산업정책을 통해 경제성장을 추구하는 것이다.Adrian Leftwitch, 1995: 400-427 경제성장에 가장 주요한 역할을 한 행위자는 강력하고 응집력을 지닌 관료였다. 지배계급의 이해관계에 반응해 움직이는 관료들은 전략산업과 대기업에 대한 집중육성을 핵심으로 한 전형적인 후발산업화 전략을 이끌었다. 팽창적인 성장제일주의는 그 당연한 귀결이었다.윤상우, 2005: 94 일본을 모델로 한 국가 주도의 자본주의 발전 개념은 한국의 괄목할만한 경제성장을 설명하는데도 널리 적용되었다. 발전국가론은 동아시아 신흥공업국들NICs에 있어서 국가의 개입이 세계은행World Bank이나 국제통화기금IMF의 이론가들의 주장과는 달리 적극적이고도 주도적인 역할을 수행하였음을 밝힌다. 찰머스 존슨에 따르면, 발전국가는 관료집단에 의해 경제정책에 대한 의사결정이 탈정치화된다고 한다. 이러한 발전국가는 후에 직접적으로 경제개발의 중심적이고 주도적인 행위자였던 과거의 국가의 모습에 대비되는, 시장에서의 규칙을 정하고 이의 준수 여부를 감시하는 규제regulatory 국가로 변모하게 된다.

학자들 간에는 국가의 본질과 구조에 대해 상이한 견해를 지니고 있고 이에 따라 이들 사이에 적지 않은 논쟁도 전개되었다. 대표적인 학자들은 전통적 마르크스주의자들이다. 이들은 계급투쟁의 결과 발생한 계급관계를 유지하고 부르주아 계급이 정치적 지배계급이 되어 피지배계급을 억압하고 착취하기 위한 지배수단이 국가라고 본다. 이러한 마르크스주의 국가이론은 나중에 네오마르크스주의자들에 의해 자본주의 국가가 자본축적과정을 지원하고 전체 부르주아의 장기적인 이익에 봉사하는 도구라는 주장으로 이어졌다. 이와 관련하여 랄프 밀리밴드Ralph Miliband는 자본주의 국가를 지배계급의 권력의 도구로 이해한다. 그는 『공산당 선언』을 인용하면서[1] "마르크스와 엥겔스는 자본주의 사회의 국가란 특히 생산수단의 소유와 통제의 관점에서 규정되는 지배계급의 강압적인 도구라는 견해를 결코 벗어나지 않았다"고 지적한다.Ralph Miliband, 1969: 5

이에 비해 니코스 폴란차스Nicos Poulantzas는 국가와 계급에 대한 알튀세르Louis Althusser의 구조주의 이론을 정교화했다. 폴란차스는 봉건사회와는 달리 기능적 고유성과 상대적 자율성을 갖는 국가가 자본계급과 노동계급에 미치는 영향을 고찰했다. 자본주의 국가에 대해 폴란차스는 다음과 같이 지적한다.

"자본주의 국가의 역할은 부르주아 계급의 정치적 이익을 책임지고, 이들이 이룩할 수 없는 정치적 헤게모니의 기능을 실현하는 것이라고 할 수 있다. 그러나 이것을 가능하게 하기 위해서는 자본주의 국가가 자본 계급에 대해 상대적 자율성을 갖지 않으면 안 된다. 마르크스가 자본주의 국가의 한 유형으로 보나파르트 체제를 분석하고 있는 것이 그토록 중요한 이유는 바로 이 점에서다. 이러한 상대적 자율성은 국가가 피지배계급에 대한 타협을 조정하기 위해 개입할 수 있도록 해주는데 이는 지배계급 또는 분파들의 현실적인 경제적 이익을 위해 유용하다"(Nicos Poulantzas, 홍순권·조형제 역, 1986: 340).

한편, 다원주의pluralism 입장에 서는 학자들은 미국에서 행해진 권력 연구에 입각해 국가주권의 절대성을 부정하고 동등한 권력을 소유한 집단이 광범하게 분산되어 있다고 주장한다. 국가는 어떤 특정이익이나 집단에 치우쳐있지 않고 자신의 이해관계를 가지고 있지도 않고, 국가정책은 다양한 이익집단의 요구를 반영할 뿐이라는 것이다. 대표적으로 로버트 달Robert A. Dahl이나 아돌프 벌Adolf A. Berle 같은 학자는 국가가 사회에서 중재인이나 심판관의 역할을 수행한다고 주장한다. 정치지도자와 공공정책을 규제할 수 있는 광범위한 통로를 통해 국가는 마치 수동적인 블랙박스처럼 사회의

---

1) 『공산당 선언』의 다음과 같은 구절을 가리킨다: "현대국가의 집행부는 부르주아지 전체의 공동업무를 관장하는 위원회에 불과하다." Marx, Karl & Friedrich Engels, 권화현 역(2010), p.231.

다양한 이익집단들의 압력을 반영한다는 것이다.

그러나 다원주의에 대한 비판자들은 미국과 같은 집단지향적인 사회에서조차 국민의 일부분만이 자발적 결사체에 참여하며 또한 그러한 결사체들도 정치에서 단지 주변적으로만 참여할 뿐이라는 사실에 주목한다. 자본주의와 계급사회 아래에서는 특정한 정책들만이 시행될 수 있을 뿐이라는 것이다.Ronald H. Chilcote, 강문구 역, 1999: 445 다원주의에 대한 대표적 비판론은 라이트 밀즈C. W. Mills, 윌리엄 돔호프G. William Domhoff 같은 학자들이 전개했는데, 이들은 정치의 역사는 엘리트 지배의 역사이고 사회의 본질은 엘리트에 의해 결정된다고 주장한다. 이들 엘리트주의자들은 권력분산을 부인하고 국가가 사회엘리트social elite 에 의해 관리된다고 주장한다. 이 중에서 급진적 엘리트론은 사회엘리트가 정치와 선거투쟁에 참여하지 않고 국가를 자신들의 이익추구를 위해 비합법적이고 투명하지 않으며 수탈적인 방법으로 운영한다고 한다. 반면, 민주적 엘리트론은 국가기구가 합법적으로 선출된 엘리트에 의해 관리된다고 본다.

2. 시민사회의 구조와 역할

시민사회civil society 는 서유럽에서 신사회운동new social movements 이 전개되고, 개발도상국과 동유럽 사회주의 국가들에서 민주화와 체제전환이 이뤄지면서 이를 배경으로 학자들 간에 논의가 시작되었다. 비국가 영역의 성격을 독특하게 표현한 용어인 시민사회가 다시 재발견되고 연구가 활성화되었던 것은 무엇보다도 1960년대 말부터 세계적 규모로 발생한 일련의 저항운동이 계기가 되었다. 당시 운동을 이끌었던 세력들은 기존 질서에 반대하면서 자치와 국제연대, 반문화를 내세웠다. 이에 발맞추어 사회적으로 소외된 집단들이 권익옹호를 주창하면서 인권, 환경, 여성, 소비자 영역에서 다양한 형태의 사회운동이 분출하였다. 신사회운동 조직들이 이끄는 사회운동은 노동운동으로 대표되는 기존의 사회운동에 비해 운동의 목표와 조직의 형태를 달리하는 것이었다. 특히 신사회운동은 조직의 자발성과 자율성을 내세우고 이를 통해 풀뿌리 민주주의를 이루려는데서 기존의 사회운동과는 구분된다. 비국가 영역에서 다양한 행위자가 자발적으로 결성되고 이들 간에 네트워크가 형성됨에 따라 학자들의 시민사회에 대한 관심과 연구도 자연히 증가하게 되었다.

시민사회는 여러 학자들에 의해서 민주화와 체제전환을 설명하는데도 사용되고 있

다. 이들은 권위주의 체제하에서 정치적 반대세력들이 반체제운동을 전개하면서 시민
사회 내에서 민주적 원리에 충실한 적지 않은 자발적 결사체가 형성되어 민주화와
체제전환을 이끌어 내었다고 주장한다. 예를 들어, 헬무트 안하이어Helmut Anheier와
메리 칼도어Mary Kaldor 등은 라틴아메리카의 사상가들이 시민사회가 독재정권에 대한
저항으로 기업가, 교회단체, 노동운동을 통합시킬 수 있는 용어였고, 하나의 사회세력
으로서 신뢰가 떨어진 정당과 구분될 수 있었으며, 대중영합적 정치인들의 교묘한 대
중동원과도 구분되어있기 때문에 시민사회를 전략적으로 사용하였다고 지적한
다.Helmut Anheier, Mary Kaldor, Marlies Glasius (eds.), 조효제·진영종 역, 2004: 22-23

이와 같이 다양한 학자들은 수많은 행위자들로 구성된 시민사회가 어떻게 형성되고
정치변동 과정에서 그 역할이 무엇인지를 나름대로 설명하였고, 규범적인 수준에서
미래의 바람직한 사회상으로 시민사회를 제시하고 있다. 그러나 다양한 학자들에 의
해 워낙 빈번하게 사용되다 보니 시민사회 역시 개념상의 혼란과 오해를 초래할 수밖
에 없었다. 이는 시민사회가 처한 현실과 역사적 맥락이 서로 다르며, 학자들 역시
각자의 학문적 입장에 따라 이를 다양하게 해석하기 때문에 빚어진 현상이다. 이러한
혼란은 무엇보다 시민사회가 역사적으로 어떻게 형성되고 발전되었는지를 규명해봄
으로써 어느 정도 줄일 수 있다.

앞 절에서 살펴본 국가처럼 시민사회 역시 유럽적 맥락에서 형성되고 발전되었다.
근대에 들어와 여러 사상가들에 의해 그 개념이 구체화되기 전에도 이미 시민사회는
사용되었다. 그리스인과 로마인들은 시민사회를 능동적인 시민이 그 사회의 제도와
정책을 형성하는 일종의 '정치사회'로 이해했다. 시민사회는 공적인 미덕을 표현하는
법이 지배하는 사회였고, 통치자가 사익보다 공공선을 우선시하는 특정한 정치권력
형태와 연결된 문명을 의미했다. 정신적 권력과 세속적 권력 간의 경계를 둘러싼 논쟁
이 벌어졌던 중세에는 기독교 공동체를 가리키는 개념으로 통용되었다. 18세기말까
지 시민사회는 문명화되지 않은 사회 혹은 전제적인 지배가 이루어지는 자연상태state
of nature와 반대되는 개화되고 개명된 사회나 헌법에 기초해서 지배가 이루어지는 입
헌국가를 의미하는 용어로 사용되었다. 법의 보호 아래 자유로운 시민들의 정치참여
를 통하여 전제적인 권력이 통제가 되는 국가와 동일한 의미로 사용되었다는 것은
국가와 시민사회가 미분화되었다는 것을 의미한다.

시민사회라는 개념이 본격적으로 사용되게 된 것은 유럽이 르네상스, 종교개혁, 지
리상의 발견 등을 통해 근대사회로 진입한 이후였다. 유럽이 16세기 이래 이룩한 일

련의 총체적인 변화인 근대화는 국민국가를 바탕으로 산업화와 민주화를 추진하였고 이 과정에서 국가로부터 자유로운 개인과 집단들의 영역이 형성되게 되었다. 이런 점에서 시민사회는 노동과 이성과 더불어 근대성modernity의 핵심적 요소로 지적된다. 이들 요소가 유기적으로 구조화된 전체인 근대세계는 그러나 차별과 배제의 구조로 특징되는 데서 이후 파시즘과 같은 대응이데올로기를 출현시켰다. 특히 산업화의 진전으로 인한 사회분화는 당시 등장한 새로운 계층을 중심으로 시민사회를 활성화시켰다. 이러한 영역은 연구자들에 의해서도 '국가로부터 자율적인 집합체(초기 자유주의자들)', '물질적 생산관계의 총화인 부르주아 시민사회(칼 마르크스)', '헤게모니가 형성되는 사적 생활영역(안토니오 그람시)' 등과 같이 다양하게 불리어졌다. 이를 구체적으로 살펴보면 다음과 같다.유팔무·김호기 외, 1995; John A. Hall, 1995; John Ehrenberg, 김유남·주미영·이상환 역, 2002

국가 권한의 제한을 주장하면서 출현한 자유주의 시민사회 개념은 프랑스와 미국의 계몽주의 사상가들이 절대군주에 대한 비판으로 국가로부터 독립된 시민적 자유를 강조하였다. 인민주권을 제시한 계몽주의 사상가들은 절대군주에 반대해서 인간의 자연적인 권리와 부당한 국가권력에 대한 저항의 권리와 인간의 본성으로서 자연적인 사회성을 억제하는 국가의 간섭과 억압을 막기 위해 약한 국가를 내세웠다. 이들은 국가를 필요악으로 인식하고, 시민사회는 자율적인 조정과 연대를 낳는다고 보았고, 고전적인 시민사회론과 달리 사회와 국가를 구분하고 시민사회는 법에 의해서 규제되고 통제되는 국가인 시민국가civil state에 의해서만 보장된다고 강조하였다. 그 대표적인 사상가로 우리는 알렉시스 토크빌Alexis de Tocqueville을 들 수 있다.

토크빌은 국가를 전제주의와 관련시키고 민주주의를 시민사회와 관련시키면서 보통선거를 통해 출발한 국가권력도 민주제도를 억압하고 자유 박탈하는 새로운 국가전제주의로 변질될 수 있다고 경고하였다. 이를 막기 위해 토크빌은 자유를 유지하면서 정치권력을 분산시킬 수 있는 제도를 마련해야 된다고 주장한다. 첫째, 행정부의 권력을 약화시키기 위해 입법부와 사법부의 독립을 강조하고 국가조직에 대한 시민의 영향력 유지 제도를 마련해야 한다. 둘째, 국가 통제를 받지 않는 자율적인 시민단체civil association가 발달해야 한다. 구체적으로 과학자협회, 문학단체, 학교, 출판사, 여관, 기업, 종교조직, 지방자치단체가 정치적 전제주의, 사회적 부자유와 불평등을 방지하는 안전판이 된다는 것이다. 토크빌은 다원적이고 자율적인 시민조직이 민주적 혁명의 공고화에 필수적이란 점을 강조하였다.Alexis de Tocqueville, 임효선 외 역, 1997, 15, 12장

칼 마르크스는 자유와 민주주의에 초점을 맞춘 자유주의적 시민사회 개념을 착취와 지배에 기초한 자본주의 생산관계를 은폐하는 부르주아 이데올로기라 비판하였다. 마르크스는 정치적인 원리보다 경제적인 원리에서 시민사회^{bürgerliche Gesellschaft}의 특징을 다뤘다. 헤겔의 정치이론에 대한 비판서인 『헤겔 법철학 비판』에서 마르크스는 시민사회가 "특정한 생산력 단계에서 개인들 간의 모든 물질적 교류를 포함하며, 오직 부르주아지와 함께 발전한다. 직접 생산과 교류로부터 나타나는 사회조직은 국가와 나머지 이데올로기적인 상부구조의 토대를 이루고 있다"고 주장한다.^{Karl Marx, 1843: 44} 부르주아 사회로서의 시민사회는 경쟁과 소외를 통하여 인간의 자연적 유대를 해체시키고 공동체적인 요소 대신에 개인주의적인 요소를 강화시킨다는 것이다. 그러나 시민사회가 상부구조와 생산관계의 근본적인 관계를 흐리게 하는 경향이 있기 때문에 이후에 마르크스는 이후 저서에서 이 용어를 사용하지 않았다. 프리드리히 엥겔스^{Friedrich Engels} 역시 시민사회를 상부구조로서의 정치적 질서인 국가를 결정하는 토대

안토니오 그람시: 이탈리아의 마르크스주의 이론가이자 실천가인 안토니오 그람시(Antonio Gramsci, 1891~1937)는 감옥에서 집필한 방대한 노트인 『옥중수고(Quaderni del carcere)』에서 국가와 시민사회, 진지전, 수동혁명, 헤게모니 등에 대한 독창적인 분석을 개진했다. 이 중에서 헤게모니(hegemony)란 억압적 기구에 의한 강제가 아니라 피지배계급의 자발적인 동의에 의해 부르주아지가 지배를 유지하는 것을 말한다. 시민사회는 이러한 헤게모니가 작동함으로써 사회의 재생산에 결정적인 기능을 하는 영역을 가리킨다. 그러나 그람시가 시민사회에 대한 단일하고 일관된 개념을 찾아냈다고는 할 수 없다. 그람시는 시민사회를 "사회 전체에 대한 한 사회집단의 정치적·문화적 헤게모니이자 국가의 윤리적 내용"으로 보지만 다른 한편으로는 마르크스와 비슷하게 "경제행위의 양식"으로 "경제구조에서 일어난 변화를 대표"한다고 지적한다.

를 의미한다고 주장하였다. 엥겔스는 사적소유에 기반을 둔 계급사회가 국가를 조건 지우고 규제한다고 본다.

이탈리아의 마르크스주의 이론가이자 실천가인 안토니오 그람시^{Antonio Gramsci}는 감옥에서 집필한 방대한 노트인 『옥중수고^{Quaderni del carcere}』에서 국가와 시민사회, 진지전, 수동혁명, 헤게모니 등에 대한 독창적인 분석을 개진했다. 그람시는 서유럽에서 부르주아 지배의 재생산이 이뤄지는 것은 노동계급에 대해 경찰과 군대를 동원한 국가의 억압 때문이 아니라 노동자들의 적극적인 동의 때문이라고 본다. "한 사회집단은 통치권력을 얻기 전에 이미 '지도'를 행할 수 있으며 또 행해야 한다"는 것이다. 강제가 아닌 피지배계급의 자발적인 동의에 의한 지배를 그람시는 헤게모니^{hegemony}로 개념화하였다. 시민사회는 이러한 헤게모니가 작동함으로써 사회의 재생산에 결정적인 기능을 하는 영역을 가리킨다. 그러나 그람시가 시민사회에 대한 단일하고 일관된 개념을 찾아냈다고는 할 수 없다. 그람시는 시민사회를 "사회 전체에 대한 한 사회집단의 정치적·문화적 헤게모니이자 국가의 윤리적 내용"으로 보지만 다른 한편으로는 마르크스와 비슷하게 "경제행위의 양식"으로 "경제구조에서 일어난 변화를 대표"한다고 언급한다.^{Antonio Gramsci, 이상훈 역, 1999: 241-243, 289-290}

위르겐 하버마스^{Jürgen Habermas}는 국가와 시민사회를 매개하는 공공영역^{Öffentlichkeit}을 개념화하여 현대사회의 구조적 변화를 논의하였다. 하버마스는 공적 영역을 여론이 형성되는 사회생활이라 정의하고, 경제활동이나 통치행위가 아닌 자유로운 사회성원들이 공개적으로 의견을 표출하는 곳이라고 보았다. 하버마스는 언론매체가 의사소통을 매개하는 공공영역이 역사적으로 다양한 형태가 존재한다고 한다. 먼저, 부르주아 권리에 기반을 두는 자유주의적 공공영역은 국가와 사회의 엄격한 구분에 기반을 두는 것으로 19세기 말부터 구조적 전환을 겪었다고 한다. 특히, 하버마스는 국가와 사회 사이에 존재했던 공공영역에서 국가가 개인들의 사적영역에 개입하기 시작하면서 침범당하는 재봉건화가 발생한다고 지적한다. 국가의 기능도 사적영역으로 이전되는 현상 발생한다는 것이다. 이후에 하버마스는 공공영역 대신에 생활세계^{Lebenswelt}라는 용어를 도입하여, 의사소통을 통하여 이루어지는 사회영역을 논의하였다. 그에 의하면 사회는 체계와 생활세계로 구성되는데, 경제활동이나 관료적인 조정행위로 대표되고 유지되는 체계에 비해 생활세계는 행위자의 관점에서 사회통합의 기반으로 합의에 대한 해석적 이해가 이루어지는 일상영역이라는 것이다.^{Jürgen Habermas, 장춘익 역, 2006, VI장}

　다른 한편, 정치사회학적 시민사회론 가운데에서 코헨Jean L. Cohen과 아라토Andrew Arato가 제시하고 있는 국가-시장-시민사회의 3분 모델에 따르면, 정치권력이 재생산 되는 영역인 국가와 상품의 생산 및 분배가 이루어지는 영역인 시장에 대비하여, 시민 사회는 '친밀한 영역(특히 가족), 결사체들(특히 자발적 결사체들), 사회운동들, 그리 고 국가 및 시장과의 사회적 상호작용과 공공적 의사소통 형태들로 구성된 영역'을 지칭한다. 이들 가운데 시민사회는 정부 영역에 대해서는 유권자의 세계이며, 시장 영역에 대해서는 소비자이자 노동자의 세계이고, 스스로에게는 삶의 무대인 것이 다.Jean L. Cohen & Andrew Arato, 박형신 외 역, 2013: 63-64 국가, 경제, 시민사회가 독자적이면 서도 서로 다른 조정원리인 지배, 교환, 연대의 원리에 의해 생산되고 재생산된다는 점을 고려할 때 이러한 3분 모델은 현실적 적합성과 타당성을 갖고 있다고 평가된다. 권위주의 국가는 시민사회를 지배하는 것은 물론 시장과 기업의 세계까지 통제하는 방식으로 통치를 한다. 이에 비해 민주주의가 발전된 국가에서는 국가와 시장, 시민사 회 간의 사회적 관계가 영역별로 각기 상이한 원리와 특성에 따라 상호 견제하며 균형 과 조화를 이룬다.

　시민사회가 형성되고 재생산되는 데 연대의 논리는 중요한 역할을 수행한다. 여기 서 연대의 논리란 시민사회 내 상호 관계를 맺는 행위자들이 자신의 이익만을 특권화 하지 않고 조직 전체의 공동체적 이익을 고려하는 상호 협력과 부조를 모색하는 것을 말한다. 이러한 연대의 논리가 미성숙되어 있거나 또는 시장의 교환·경쟁의 논리가 연대의 논리를 과도하게 압도할 때 시민사회는 '만인 대 만인의 투쟁 상태'로 전화될 가능성이 높으며, 시민사회의 사회통합적 자원은 고갈되기 쉽다. 이 점은 로버트 퍼트 남Robert D. Putnam이 남부와 북부 이탈리아에 대한 비교 연구에서 밝혔다. 퍼트남에 따르면, 민주주의와 시민사회, 경제발전은 시민적 덕목civic virtue의 축적과 발전에 기 초하고 있는데, 이 시민적 덕목은 사람들 사이에 공동의 이익을 위해 다양한 형태의 협력을 창출하는 수많은 자발적 연결망과 결사체들을 통해 배양된다. 시민사회를 이 루는 구성원들간의 미시적 협력을 기초로 형성되는 이러한 자발적이고 협력적이며 수평적인 연결망, 규범, 신뢰 등을 퍼트남은 사회적 자본social capital으로 규정하고, 이 러한 사회적 자본이 공동의 이익을 위한 협력과 참여를 창출함으로써 민주주의를 심 화시킨다는 점을 강조한다.Robert D. Putnam, 안청시 외 역, 2000 시장과 시민사회의 관계에서 이러한 논의들이 함축하는 바는 시민사회의 성숙이 시장의 기능을 활성화하는 데 매 우 중요하다는 점에 있다. 다시 말해, 성숙한 시민공동체에 기반한 사회적 자본의 축적은 시장의 자생적 발전에서 핵심적인 조건이라 할 수 있다.

시민사회는 지역과 국가의 전통에 따라 제3섹터third sector나 비영리섹터nonprofit sector, 사회경제social economy 등과 같이 다양하게 불려지고 있다. 이 중에서 사회경제는 유럽연합에서 주로 통용되는 용어로써 1980년대부터 유럽 국가들이 직면한 국가와 시장의 위기상황에서 시민들의 다양한 욕구를 반영하기 위해 등장했다. 비영리성, 일인 일표, 유연성과 창의성, 자원봉사로 특징 지워지는 사회경제는 크게 협동조합cooperatives, 상조회mutual societies, 결사체associations, 재단foundations으로 구성된다. 한편 시민사회를 구성하는 주요 조직들 역시 비정부기구NGO, 비영리조직NPO, 자원조직VO, 시민사회조직CSO 등으로 다양하게 표현된다. 이 중 가장 광범위한 개념은 국가와 가족 사이에 있는 모든 기관과 결사체를 지칭하는 시민사회조직으로 이는 국가와 사적 부문에 대해 견제와 균형 역할을 수행한다.

최근 전 세계적으로 유행하고 있는 시장중심적 패러다임에 기초하는 경제통합은 불평등의 확산과 생활수준 하락 등을 가져오면서 대중들의 광범한 불만을 야기시키고 있다. 이러한 상황에서 사회적 의제를 설정하고 문제를 해결하는 시민사회의 영역이 확대되는 것은 그 당연한 결과였다. 일부에서는 국경을 넘어선 시민사회의 연대를 강조하면서 '지구 시민사회global civil society'의 가능성도 조심스럽게 타진하고 있다. 그럼에도 시민사회의 불평등과 분절화는 지속되고 있다고 평가된다. 즉 시민사회 내의 다양한 행위자들은 자원을 축적하고 서비스를 제공할 역량이 동일하지 않으며, 특수한 이익을 추구하며 배타적인데서 분열되어 있다.Michael Walzer, 2000: 258-263 이에 따라 시민사회 구성원들 사이뿐만 아니라 시민사회와 국가, 시민사회와 초국가기구 간의 관계도 단선적인데서 벗어나 점차 복합적 양태를 띠게 되었다.

3. 세계화와 권력이동

세계화라는 용어가 학자뿐만 아니라 일반 사람들의 입에 오르내리기 시작한 것은 1980년대 이후라 할 수 있다. 그러나 많은 이들에 의해 사용되다 보니 세계화가 거의 모든 것을 포괄하는 거대담론이 되면서 종종 모호하고 일관성 없이 사용되고 있다는 비판도 제기되고 있다. 존 베일리스John Baylis와 스티브 스미스Steve Smith에 따르면 세계화에는 국제화internationalization, 자유화liberlaization, 보편화universalization, 서구화wester-

세계화: 세계화(globaliza-tion)는 다양한 행위자들이 시간과 공간을 가로질러 이동하면서 과거에 압도적 힘을 자랑하던 국가와 국가를 규정하던 요소들이 점차 약화되고, 전 지구적 규모에서 상호연결성이 확장되고 심화되고 있는 현상이라 할 수 있다. 다양한 영역과 수준에 걸쳐 발생하는 세계화는 예측불가능하고 혼란스러운 과정이기도 하다. 세계화가 경제를 탈국가화하거나 혹은 경제단위로서의 국민국가를 탈중심화 함으로써 국민국가의 응집력을 약화시킨다는 주장을 둘러싸고는 학자들 간에 다양한 논의가 존재한다.

nization, 탈영토화deterritoralization라는 다섯 가지 용례가 있다고 한다. 국제화는 국가들 사이에 국경을 가로질러 상호작용과 상호의존이 심화되는 것을 뜻한다. 자유화는 세계경제의 개방과 통합을 위해 국가들 간의 왕래에 가했던 정부의 제한들을 철폐해가는 과정으로 이해된다. 보편화는 다양한 사물과 경험들이 지구 구석구석의 사람들에게 확산되는 것을 의미한다. 많은 사람들은 세계화를 서구화, 특히 미국화된 형태의 서구화로 보고 이를 문화적 제국주의의 관점에서 비판한다. 마지막으로 탈영토화는 지리의 변화로 영토적 관점에서 장소나 거리 그리고 국경들이 기존에 누렸던 압도적 지배력을 상실해가고 있는 것을 가리킨다. 상호 중복되는 이들 다섯 가지 용례들 중에서 가장 중요한 것으로 베일리스와 스미스는 마지막 접근법을 든다. 이에 따라 세계화는 "많은 사회관계들이 영토적 지리라는 준거로부터 점차 벗어나게 되고 이에 따라 인간은 점점 단일 공간으로서의 세계 속에서 활동하게 된다"는 것을 말한다는 것이다.John Baylis & Steve Smith, 하영선 외 역, 2003: 24-25

위의 정의에서 알 수 있는 것처럼 많은 학자들이 동의하는 부분은 세계화를 다양한 행위자들이 시간과 공간을 가로 질러 이동하면서 과거에 압도적 힘을 자랑하던 국가와 국가를 규정하던 요소들이 점차 약화되고, 전 지구적 규모에서 상호연결성이 확장되고 심화되고 있는 현상으로 본다. 물론 이러한 현상이 최근에 처음 나타난 것은 아니다. 19세기에 이미 서구 열강은 식민지에서 착취한 물자를 원활히 수송하기 위해 전 세계 곳곳에서 선박, 철도, 통신시설을 건설한 바 있다. 20세기 초에는 세계시장이 생겨났고 물품의 교역뿐만 아니라 자본의 거래까지 활발해졌다. 그러나 전 세계적 연결성이 본격적으로 갖춰지게 된 것은 무엇보다 최근 몇십년 동안 정보통신기술의 발달로 정보와 상품의 유통속도가 더욱 빨라진데 힘입은 바 크다. 세계화가 지구에 사는 모든 사람들의 일상생활에 깊숙이 파고들은 것도 근래의 일이다. 국경을 초월하여 이루어지는 자본, 기술, 정보의 통합으로 지구 전체가 하나의 마을처럼 변해가고 있다는 지적도 제기된다. 그러나 세계화의 확산범위와 파급효과는 어디서건 동일하지 않기 때문에 세계화를 단일한 시각에서만 이해하는 것은 타당하지 않다.

다양한 영역과 수준에 걸쳐 발생하는 세계화는 예측불가능하고 혼란스러운 과정이기도 하다. 이런 까닭에 세계화를 둘러싸고 학자들 간에 논쟁이 벌어졌다. 데이비드 헬드와 그의 동료들은 논쟁을 조사하고 논쟁에 참여한 사람들을 세 부류로 나누었다.David Held & Anthony McGrew et al., 조효제 역, 2002: 15-27 먼저 과대세계화론자들hyper-globalizers은 세계화의 결과가 거의 모든 곳에서 느껴질 수 있는 실제현상이라고 주장한다. 세계화가 국경을 초월하는 강력한 무역과 생산의 흐름으로 새로운 지구적 질서를 만들고 있다는 것이다. 이들은 특히 변화하는 국가의 역할에 초점을 맞춘다. 개별 국가들은 세계무역의 증대로 더 이상 국가경제를 통제할 수 없다고 한다. 국가의 정부와 정치인들은 불안전한 금융시장과 환경위협과 같은 국경을 초월하는 쟁점들을 통제할 수가 없게되고 시민들은 기존의 통치체제에 대한 믿음을 상실한다. 일부 과대세계화론자들은 정부의 권력이 유럽연합EU, 세계무역기구WTO 등 새로운 지역적, 국제적 조직에 의해 위로부터 도전을 받고 있다고 믿는다.

이에 비해 회의론자들sceptics은 세계화에 대한 견해들이 지나치다고 주장한다. 이들은 세계무역과 투쟁에 대한 19세기 통계를 지적하면서 현재 수준의 경제적 상호의존은 전대미문의 것이 아니라고 한다. 이들은 과거에 비해 현재의 국가들이 접촉이 더 많다는 것에 동의하지만 현대 세계경제는 진정으로 전 지구적인 경제를 구성할 정도로 충분히 통합되지는 않았다고 강조한다. 회의론자들에게 유럽연합과 같은 지역화의 성장은 세계경제가 덜 통합되었다는 것을 보여주는 증거이다. 이들은 과대세계화론자들과는 달리 정부는 경제활동을 규제하고 조정하는데 관여하고 있기 때문에 여전히 핵심적인 행위자라 한다.

변형론자들transformationlists은 중간적인 입장을 취한다. 그들은 세계화를 현대 사회를 형성하는 광범위한 변화의 배후에 있는 중심적인 힘으로 본다. 그들에 따르면 전지구적 질서는 변형되고 있지만 과거의 많은 유형들이 아직도 유지되고 있다. 예를 들어, 정부는 전 지구적 상호의존이 증가함에도 불구하고 아직도 권력을 유지하고 있다. 그러나 변형론자들은 현재 수준의 세계화는 내부와 외부, 국제와 국내 사이의 경계를 허물어뜨리고 잇다는 것도 아울러 지적한다. 이들은 과대세계화론자들과는 달리 세계화는 일방적인 과정이 아니라 영향을 주고 변화하는 역동적이고 개방적인 과정이라고 한다. 국가 역시 주권을 상실하고 있다기보다는 새로운 경제적, 사회적 조직체들의 형성에 대응하여 재구성되고 있다고 강조한다. 그들은 우리가 더 이상 국가중심적 세계에 살고 있지 않으며, 정부는 세계화의 복잡한 조건 속에서 더 적극적이고 외부지향적인 태도를 갖도록 강요되고 있다고 한다.

이들 세 견해 중에서 가장 설득력이 있는 것은 변형론자들이라 할 수 있다. 과대세

〈표 1〉 세계화 개념의 세 경향

	과대세계화론자	회의론자	변형론자
무엇이 새로운가?	전지구적 시대	무역블록. 이전보다 약한 정부	전대미문의 전지구적 상호연결
지배적 양상	전지구적 자본주의, 전지구적 거버넌스, 지구시민사회	1890년보다 덜 상호의존적인 세계	밀집형(강도 높고 광범위한) 세계화
국가정부의 권력	쇠퇴 혹은 훼손	강화 또는 증진	재구성, 재구조화
세계화의 추동력	자본주의와 기술	국가와 시장	근대성의 복합적 세력들
계층화의 유형	구위계구조의 훼손	남반부의 주변화 증대	새로운 세계질서 구축
지배적 모티브	맥도널드, 마돈나 등	국가이익	정치공동체의 변화
세계화의 개념화	인간행위틀의 재조직화	국제화와 지역화	지역관계와 원거리행위의 재조직화
역사적 궤적	지구적 문명	지역블록/문명충돌	불확실: 지구적 통합과 분절
주장의 요약	국민국가의 종말	국제화는 국가의 묵인과 지원에 의존	세계화가 국가권력과 세계정치를 변화시킴

출처: David Held & Anthony McGrew et al., 조효제 역(2003), p.27

계화론자들은 세계화를 지나치게 경제적인 관점에서 또한 지나치게 일방적인 과정으로 본다. 회의론자들은 얼마나 세계가 변하고 있는지를 저 평가하고 있다. 세계화 개념에 대한 세 견해를 도표로 표시하면 〈표 1〉과 같다.

정보화informatization 역시 세계화와 더불어 전 세계적으로 다양한 영역에서 커다란 변화를 가져오고 있다. 1970년대 이후 생산의 측면에서 사회는 큰 변화를 겪었다. 이전의 경제활동이 농업과 수공업을 중심으로 이뤄졌다면 새로이 나타나는 환경 속에서는 정보와 지식이 부의 일차적 원천이 되고 있다. 컴퓨터, 매스미디어, 원격통신은 토지, 노동, 상업플랜트, 화폐보다 우월한, 경제에서 가장 중요한 자산이 되고 있다. 이러한 흐름은 학자들에 의해 '정보사회의 대두', 혹은 '후기산업사회postindustrial society', '지식기반사회'라는 용어를 통해 분석되고 있다.

세계화는 경제를 탈국가화하거나 혹은 경제단위로서의 국민국가를 탈중심화 함으로써 국민국가의 응집력을 약화시킨다고 지적된다. 오늘날 국민국가의 주권은 위아래 혹은 내외로부터의 압력에 의하여 그 속성이 적잖게 변화하고 있다. 핵무기의 등장으로 인한 전쟁 성격의 변화, 새로운 커뮤니케이션과 정보기술의 발달 등은 국가의 능력을 감소시키면서 주어진 영토 내에서 국가가 지녔던 독점적 통제권을 약화시키고 있다. 일부 학자들은 나아가 국민국가의 주권 자체가 일련의 국민적, 지역적, 국제적 행위자들에 의해 분할 점유되며, 그 각각에 내재하는 다원성에 의해 제한되고 구속되어 있다고 지적한다. 또 국민국가가 더 이상 통치하는 권력으로 간주되어서는 안 되며 단지 세계에서 지역 수준에 이르는 권력의 복잡한 체계 내에 있는 한 종류의 권력과 정치기관일 뿐이라고도 언급된다. 이러한 권력이동power shift에 대해 한 국제연합 전문기구의 보고서는 다음과 같이 언급하고 있다.

"세계화가 자본이동에서 정보체계에 이르는 무수한 전선에서 개별국가의 권력을 실추시키고 있고 다른 한편으로는 많은 국가들이 자국 내에서 특수한 집단들의 요구에 호응할 수 있을 정도의 탄력성을 갖지 못하게 되었다. 이제 국가가 큰 문제를 다루기에는 너무나 작고 작은 문제를 다루기에는 너무나 크다. 국민국가는 국민들이 정부에 더 많이 참여해서 자신들의 삶에 영향을 미치는 정책결정에 지대한 영향력을 행사하는 새로운 방안들을 모색해야 한다. 신속한 민주적 이행과 시민사회 단체들의 강화가 유일하면서 적절한 대응이다. 정부의 권위를 지방정부로 이양하는 것이며 시민단체 및 NGO들에게 폭넓은 자유를 부여해 주는 것이다"(UNDP, Human Development Report 1993, 주성수, 2000: 129-130에서 재인용).

피에르^{Jon Pierre}와 피터스^{B. Guy Peters}는 국가의 권력과 통제가 세 가지의 이질적인 형태로 그 위치를 바꾸어가고 있다고 지적한다. 국제행위자 및 조직으로 나가는 위로의 이동, 광역지역, 도시, 공동체로 향하는 아래로의 이동, 국가로부터 상당한 재량을 위임받아 운영되는 제도와 관련된 밖으로의 이동이 바로 그것이다. 위로의 이동 대상은 다양하고 폭넓은 의제를 지닌 최근의 국제행위자들이다. 이들 출현을 설명하는 가설은 현대 서구의 정치엘리트들에게 대부분의 중요 문제들은 국경에 의해 한정되지 않으며 사실상 광역적인 혹은 전지구적인 문제라고 한다. 국제적 조정이 탈규제라는 목적 달성에 필요하다는 것이다. 대표적으로 국제무역은 대부분의 선진국가들에게 훨씬 더 중요하게 여겨진다는 것이다. 다른 국가들에 정책문제가 점점 더 유사해지고 있는 현실에서 국가의 정부가 중요 정치문제를 다루지 못하는 데 세계화는 편리한 핑계거리가 되기도 한다.

하향이동은 분권화로 나타난다. 이는 광범위한 정치적 목표에 의해 혹은 민주국가 내에서 정치적 변동에 대한 대응으로 추진된다. 예를 들어 계속된 도시화와 도시의 집적은 재정적, 행정적으로 보다 강력한 지방정부를 요구한다. 공공서비스 확장이 하위정부 내의 전문화와 지식 축적을 가져온다. 이 과정에서 공공부문 내의 제도들 가운데는 물론이고 지방정부와 주변사회 사이에 새로운 형태의 거버넌스가 조장된다. 한편, 외부로의 이동은 국가에 의해 전통적으로 통제되던 권력과 능력을 정치엘리트들로부터 거리를 두면서 작동하는 제도와 조직으로 그 위치를 옮기는데 주안점을 둔다. 예를 들어, 공공서비스 기능의 민영화 과정에서 많은 비정부기구들이 설립되는데 정부는 자신의 과업을 수행하기 위해 영리조직 혹은 비영리조직을 활용하는 경우가 빈번해 진다. 지방정부는 수도 및 전기 공급을 위해 지방공공기관이 소유하는 기업을 설립하는 기업화를 하는 경우를 보게 된다. 이 과정에서 형성되는 공사협력관계는 정치제도의 능력을 향상하기 위한 보편적 수단이 된다.

국가가 어떤 유형의 정책수단과 능력을 소유하는지를 둘러싸고는 학자들 간에 논란이 존재한다. 여기에는 상이한 두 시나리오가 있다. 먼저 국가권력 및 통제의 상이한 이동이 돌이킬 수 없는 국가쇠퇴의 과정이라는 주장이 있다. 다른 주장은 최근 발전이 국가가 쇠퇴한다는 지표보다는 외부의 환경변화에 국가가 변형되면서 성공적으로 적용하는 지표로 해석한다. 여기서 대부분의 거버넌스 이론은 전통적인 국가권위가 재배열됨에도 불구하고 국가능력의 총합은 대부분 변화되지 않고 그대로 남아있다고 본다. ^{Jon Pierre & B. Guy Peters, 정용덕 외 역, 2003: 118-130}

이러한 변화는 통합이 점차 확대되고 심화되고 있는 유럽의 경우에 특히 두드러진다. 세계화와 상호작용 관계를 형성하고 있는 유럽통합은 2차 대전 후 본격적으로 전개되었는데 특히 경제 분야를 중심으로 추진되었던 유럽통합이 가속화되기 시작하였던 것은 1987년의 유럽단일의정서$^{Single\ European\ Act}$가 제정된 이후였다. 세계화라는 세계적인 추세에 효과적으로 대응키 위해서는 유럽통합을 추진하고 발전시키는 것이 최선의 선택이라는 사고를 당시 주요한 정치지도자들은 갖고 있었다. 이에 따라 유럽연합이 출범하면서 각종 제도들도 체계적으로 구축되었는데 이 과정에서 국민국가 권력이 일부 초국가적 기구로 이동하였다.

그러나 초국가기구로의 권력이전은 이미 오래 전부터 있었다. 예를 들어 1951년에 설립된 유럽석탄철강공동체^{ECSC}의 핵심기구였던 공동관리청$^{High\ Authority}$은 각국의 석탄 및 철강 분야 주권을 갖는 초국가적 권위체였고, 1992년 마스트리히트 조약은 공동체에서 연합으로 질적인 전환을 하면서 통화관리나 외교, 국방, 치안 등에서 국민국가에 고유한 일부 권한을 유럽연합에 이양하였던 조약이었다. 더구나 이러한 권력이전은 유럽통합이 심화되면서 앞으로 더욱 확대되리라 전망되고 있다. 물론 국민국가는 여전히 국제관계의 주요 행위자이며, 국민국가 수준의 정치는 초국적기업을 비롯한 비국가 행위자들이 활동영역에 틀을 제공하기도 한다. 그럼에도 다른 지역에 비해 통합이 보다 진전된 유럽의 경우 통합의 동력과 국민국가에 대한 영향을 고려할 때 국민국가 중심 시각은 일정한 한계를 지닐 수밖에 없다.

4. 거버넌스의 대두

거버넌스^{governance}는 '키를 조정한다^{steer}'와 '항해한다^{pilot}'는 의미를 갖는 그리스어 'kubernan'에서 유래되었다. 플라톤이 통치체제의 디자인을 지칭하는 의미로 사용한 이 그리스어 단어는 조정, 규칙제정, 항해의 의미를 지닌 중세 라틴어 'gubernare'의 어원이 되었다. 이 용어는 정부^{government}의 동의어로 사용되어 왔다. 여기서 거버넌스는 통치행위나 방식, 통치기구나 기능을 의미한다. 통치한다는 것은 권위를 가지고 지배하거나 통제하는 것, 정부를 장악하는 것이다. 그러나 1980년대에 들어와 학자들은 거버넌스를 정부와는 구별되는 의미로 시민사회 행위자들을 포함하는 의미로 사용하게 되었다.$^{Anne\ Mette\ Kjær,\ 이유진\ 역,\ 2007:\ 13}$ 어원에 비춰보면 "한 조직 혹은 사회가 스스로의 방향키를 조정하는" 거버넌스는 단일의 키잡이가 아니라 많은 행위자들을 포함하고 있다. 이런 특징들을 포함한 가장 포괄적인 내용들과 가장 보편적인 응용력을 담고 있는 거버넌스의 개념은 '글로벌 거버넌스 위원회'에 의해 제시되었다.

> "거버넌스는 공공 및 사적 개인들과 제도들이 공공목적을 달성하기 위해 자신들의 공통적인 업무를 관리하고, 자원을 통제하고 권력을 행사하는 무수한 방법들의 집합이며, 갈등적인 이해들이나 다양한 이해관계들이 수용되면서 상호협력적인 행동이 취해질 수 있다. 거버넌스는 순응을 집행하는, 권력행사를 하는, 공식적인 제도들과 레짐들뿐 아니라 일반인들이 동의하거나 자신들의 이해관계로 간주하는 비공식적인 관행들도 포함한다"(주성수, 2000: 127).

거버넌스는 정부 혹은 통치와 직접적으로 관련된 개념이다. 거버넌스는 새로운 통치과정과 관련된 정부의 의미 변화, 기존의 질서정연한 규율의 변화된 조건, 사회가 통치되는 새로운 방식을 지칭한다. 통치는 일종의 제도라면 거버넌스는 하나의 과정이라 할 수 있다. 특히 거버넌스 개념이 최근에 와서 부각된 배경은 정부의 위기 혹은 통치능력governability의 위기에 있다 하겠다. 이는 정부의 중앙집중적 권위의 상실, 정부정책의 효과성과 효율성의 저하, 이에 따른 공공 및 사부문의 파트너십 네트워크의 중시 등을 들 수 있다. 정보화와 세계화가 지배하는 사회는 더욱 복잡하고 다양화되었으나 이에 대한 정부의 통제나 규제의 역량에는 뚜렷한 한계가 드러나고 있다. 한편으로는 국가의 권력과 책임이 지역과 지방으로 확산되어 가는 지방화라는 아래로부터의 압력도 거버넌스의 선택을 불가피하게 하고 있다. 전통적인 정부체제의 입헌적, 공식적 이해에 대한 도전으로서 무수한 이해당사자들이 정부정책 결정에 참여케 되었다. 주성수, 2000: 126-131

물론 국가에 대한 전통적 견해는 국가가 개념적으로나 경험적으로 여타 부문으로부터 분리되어 있고 권력의 중심에 있다고 간주한다. 국가가 시장에 개입하고 기업소유구조를 변화시키며 이질적인 사회집단 간에 부를 재분배하거나 공공서비스를 확대 또는 축소하고 있으며, 이러한 점에서 국가는 강력한 제도들의 집합이라는 것이다. 거버넌스 관점은 국가개념과 국가능력의 이러한 원천에 대해 이의를 제기한다. 국가는 '동년배 중 제일인자primus inter pares'의 역할을 행위자라는 것이다. 국가는 자체의 목적을 달성하기 위해 다른 사회행위자를 동원한다는 것이다. 이 견해는 국가를 단일체로 보지 않고 훨씬 많은 제도적 분절화와 불일치가 존재하며, 제도 내부와 그 사이에 긴장과 모순이 있다고 가정한다. 또한 이 견해는 국가 통제 자원이 대부분의 사회행위자들에게 점점 덜 중요해 진다고 본다._{Jon Pierre & B. Guy Peters, 정용덕 외 역, 2003: 113-117}

거버넌스의 다양한 개념들은 모두 공통의 사회적 목적을 추구하는 데 있어서 네트워크의 역할에 상당부분 초점을 맞춘다. 이들 네트워크는 정부 간 또는 조직 간의 네트워크일 수도 있고, 초국가적이거나 혹은 국가-사회의 경계를 넘나드는 신뢰와 상호성의 네트워크일 수 있다. 거버넌스 이론은 제도의 변화에 관심이 있으며, 독립변수로서 인간행위에도 관심을 갖는다. 제도란 반복적이고 상호적인 관계를 규율하는 절차를 구성하는 공식적 및 비공식적 규칙, 행위의 약속과 규범이라 정의할 수 있다. 제도적인 관점에서 거버넌스는 시민과 공직자가 행동하고 정치가 벌어지는 틀, 시민사회의 정체성과 제도를 형성하는 틀에 영향을 미치는 것을 의미한다. 그런 점에서 거버넌스를 정치게임의 규칙을 정하고 관리하는 것으로 볼 때 핵심개념들은 정통성, 효율성, 민주주의, 책임성이다. 규칙이 안정적이기 위해서는 정통성과 효율성이 확보되어야 하고 제도와 과정이 민주적이어야 하기 때문이다._{Anne Mette Kjær, 이유진 역, 2007: 18-28}

현재 거버넌스의 정의와 관련해서는 유사성이 있음에도 불구하고 서로 다른 정의가 사용되고 있으며, 이들은 상이한 학문적 논의의 맥락에서 이해된다. 행정학 및 정책학 분야에서 거버넌스 연구의 목적은 주로 정책네트워크가 어떻게 형성되는가, 그것이 어떻게 기능하고 변화하는 가를 설명한다. 네트워크는 국가와 조직화된 이익의 상호작용을 설정하는 비공식적 규칙이라고 정의할 수 있다. 여기에 관련되는 행위자는 정치인, 이익단체의 고위책임자나 시민사회단체의 대표자, 정부관료 등이다. 이 분야 연구의 대부분은 산출부분에 초점을 맞추면서 서비스 제공에 있어서 수직적 위계나 시장보다 네트워크가 더 효율적일 수 있다는 주장을 한다. 그러나 민주주의에 대한 관심도 높아지고 있다. 네트워크는 누구에게 책임을 지는가? 누가 상호작용의 규칙을 정하는가?_{Anne Mette Kjær, 이유진 역, 2007: 29}

정치경제학에 있어 거버넌스 이론은 국가중심이론과 이에 대한 반론으로 등장한 시장중심이론의 맹점을 보완하기 위해서 시민사회 중심의 파트너십 또는 네트워크가 구성 작동되어야 한다는 것으로 이해될 수 있다. 우선 거버넌스 이론이 비판적 대안을 제시하고자 했던 국가중심적 이론은 발전국가론과 복지국가론이었다. 둘은 발전과 형평이라는 각각의 목표를 달성하기 위해 국가가 시장에 간섭을 마다하지 않는다는 내용이었다. 그러나 앞에서 살펴보았듯이 복지국가는 1970년대에 들어와 위기에 직면하고 그 대안으로 등장한 신자유주의적 개혁은 개인의 자유와 이익을 증진할 수 있는 사회와 시장을 건설코자 하였다. 신자유주의는 과대팽창한 국가의 규모를 축소하고 복지제도를 자조원칙에 입각해 재편하였으며, 국가의 지원과 규제를 축소하고, 노동시장 유연화 조치를 취했다. 이런 개혁 결과로 등장한 것이 규제국가이다. 규제국가는 덜 간섭적이고 제한된 국가의 역할을 상정한다. 이 점에서 규제국가는 거버넌스와 접목된다. 여기서 거버넌스는 상호의존, 자원교환, 게임의 법칙이자, 국가로부터 상당 정도의 자율성을 보유하고 있는 자발적 조직의 정책 네트워크를 의미한다. 냉전체제의 산물인 발전국가론은 복지국가와 마찬가지로 위기 직면해 있다. 신자유주의적 세계화가 확산되면서 국가와 이를 구성하는 관료들의 능력과 리더십에 대한 회의가 증가하고, 국가의 단일성과 국가와 사회의 이분법적 사고에 대한 비판이 제기되었다. 그 결과 네트워크 이론과 국가-사회관계접근이 등장하였다. 이들은 국가와 사회를 엮는 제도적인 채널이 존재 이를 통해 정책과 목표의 달성을 위한 협상과 타협이 지속적으로 이뤄진다고 본다. 한편 시장중심주의에 대해 거버넌스 이론은 시장의 역할을 중시하되 시장의 안정을 도모하는 주체로서의 국가의 역할을 강조하는 시각을 제시한다.김석준 외, 2002: 12-20

국제관계이론에서는 글로벌 거버넌스가 제시된다. 지구환경에 대한 위협, 빈곤퇴치의 문제, 지구적인 무역협정 등 급격한 세계화로 인해 초래되는 문제의 해결에 기여할 수 있는 규칙과 절차를 어떻게 설정하는가? 글로벌 거버넌스는 국가 간 혹은 정부 간 협조뿐만 아니라 비정부기구, 다국적기업, 세계 자본시장, 세계 언론매체 등의 다양한 세력들이 자발적 상호협조체제를 만들어 당면한 문제를 해결하고자 하는 의사결정과정을 의미한다. 이는 1990년대의 세계화에 영향을 받았다. 냉전 종식 후 안보, 군사 및 정치이슈에서 경제, 문화, 인권, 환경 등으로 이슈가 확산 또는 강화되었다. 이는 더 이상 한 국가가 자국의 문제를 국가 간의 외교, 군사 관계로 해결 할 수 없고 다양한 행위자들과 상호관계, 협력이 필요함을 말한다. 이 때 적절한 분석의 틀로 등장한 것이 글로벌 거버넌스이다.김석준 외, 2000: 20-21

유럽의 거버넌스에 대한 연구에서는 다층 거버넌스multi-level governance의 개념이 제시되고 있다. 이는 연구의 대상이 정부 간 정책결정과정에서부터 초국가적 수준, 국가 수준, 국가하위수준 등으로 옮겨감을 의미한다. 국가중심이론과는 상반된 입장에서 다층 거버넌스를 주장하는 학자들은 유럽연합EU의 정치가 개별 국민국가를 단위로 구획되고 질서화 된 정치를 뛰어넘어 다양한 이해당사자들이 정책결정과정에 참여하는 다층 거버넌스로 특징될 것이라고 지적한다.Liesbet Hooghe & Gary Marks, 2001 이미 유럽연합 내에서는 국가와 정부가 정책결정권을 유럽집행위원회나 유럽사법재판소, 유럽의회 등의 초국가기구들과 공유하고 있다는 것이다. 이는 국가가 더 이상 국내정치와 국제관계를 연결하는 배타적이고 독점적인 연결고리가 아니며, 한 국가의 정부 역시 더 이상 결정과정을 독점적으로 통제하고 조정할 수 없다는 것을 의미한다. 이들의 견해에 따르면 유럽연합은 유럽, 국가, 지역 차원의 행위자와 단체, 네트워크를 포함하고 겹쳐지는 복합체라 할 수 있다.

국가론: 국가란 무엇인가에 답하기

국가란 무엇인지에 대한 고민은 오래된 것이다. 국가가 왜 필요한 것인지, 어떻게 만들어진 것인지, 그리고 국가가 누구를 위해 존재하고 국가와 시민사회와의 관계는 무엇인지 등에 대한 질문과 대답은 정치사상과 민주주의 이론 그리고 국가론을 관통해 온 주요 주제이다. 이 글에서는 국가에 대한 이러한 질문들에 답하는 이론들인 다원주의 국가론, 엘리트주의 국가론, 신우파 국가론, 신다원주의 국가론, 마르크스주의 국가론을 소개한다.

1. 다원주의(Pluralism) 국가론

다원주의를 이해하기 위해서는 서구사회 특히 미국사회를 이해하는 것이 중요하다. 미국사회는 근대화론에서 말하는 경제발전과 사회발전 그리고 정치발전을 모두 이룬 지 오래된 사회로 높은 경제수준과 함께 민주화되어 있으며 자유주의 전통이 강한 곳이다. 높은 경제수준과 사회발전은 사회의 다원화로 귀결되었으며, 자유주의 전통은 개인의 자유와 권리를 강조하는 반면 '강한 국가'와 '큰 국가'에 대한 거부감으로 귀결되었다. 따라서 다원주의는 민주주의와 자유주의 그리고 경제적 발전의 결과물이라고 볼 수 있다. 결국 다원주의 사회에서는 사회가 분화되면서 다양한 집단들이 존재하고, 이들은 이익집단, 비정부기구, 동호회 등을 만들어 자신의 이익을 추구하기 위해 정책결정과정에 참여하게 된다. 다원주의 사회에서 집단의 '참여'는 민주주의의 핵심으로 받아들여지고 있는 것이다.

이러한 배경을 통해 발전해 온 다원주의는 신념, 가치관, 집단, 조직, 제도 등의 다원화와 다양성을 중시하는 동시에 획일성을 추구하는 절대주의와 일원주의monism 를 거부한다. 다원주의는 또한 권력의 원천은 다양할 뿐 아니라 권력은 집중되어 있는 것이 아니라 사회전반에 분산되어 있다고 주장한다. 예를 들어, 권력은 돈이나 권위 뿐 아니라 전문성 등에 의해서도 확보된다고 보며 따라서 권력은 정치나 경제 집단에 구속되어 있는 것이 아니라 다양한 집단에 흩어져 있다고 본다.

이렇듯 다원화된 가치와 권력을 바람직한 것으로 이해하고 목적으로 지향하는 다원주의는 몇 가지 이론적 특징을 지니고 있다. 첫째, 다원주의는 집단과 조직의 자율성과 다양성을 강조하면서 집단 간의 경쟁과 갈등은 사회에 항상 존재하는 것으로 이해한다. 집단 간의 경쟁과 갈등은 인간 사회의 당연한 존재양식이라는 것이다. 따라서 다원주의는 국가를 다양한 집단 간의 이익추구가 서로 경쟁하고 갈등하는 장으로 이해한다.Jessop, 1990: 281; 이항동, 1989: 10 둘째, 다원주의는 기본적으로 국가를 중립적인 것으로 이해한다. 국가는 특정 집단의 이익을 일방적으로 대변하는 기구가 아니라는 것이다. 셋째, 다원주의는 사회집단들의 영향력을 서로 동등하다고 이해하며 사회집단들의 정책결정과정에의 접근성은 동등하게 개방되어 있다고 본다. 넷째, 다원주의는 국가와 시민사회는 분리되어 있다고 보며 시민사회를 국가보다 더 중시한다. 다원주의는 국가가 시민사회의 경쟁과 갈등을 있는 그대로 수동적으로 반영하는 블랙박스black box에 불과하다고 인식하며 시민사회에 의해 관리되고 규제되는 것으로 이해한다. 이러한 이유로 인해 다원주의는 국가에 대한 심도 깊은 연구의 필요성을 느끼지 못했으며 그 결과 다원주의는 다른 이론들에 비해 정교하게 연구된 국가론을 지니고 있지 않다. 달리 말해 다원주의론은 자유주의적 시민사회를 설명하는 이론이지, 국가를 설명하는 이론이 아닌 것이다. 다원주의는 국가론이기에 불충분한 이론이라는 것이다.

이와 같은 특징을 지닌 다원주의는 국가 영역보다 시민사회 영역인 투입정치input politics를 중시하며 투입정치에 대한 깊이 있는 학문적 설명을 주도해왔다. 이익집단과 정당 등이 활동하는 투입정치 영역이 바로 민주화되고 다원화된 시민사회 영역이기 때문이다. 다원주의는 이익집단을 가장 중시한다. 선거는 정당과 정치지도자를 선택하는 데 있어서 단지 주기적인 기회만을 제공하지만, 이익집단은 지속적인 기회를 제공하기 때문이라는 것이다. 다원주의자들은 이익집단이 정당보다 민주적이고 합의적이라고 설명한다. 이익집단은 가입자가 자신의 자발적인 가입이 이익을 보증할 때만 집단에 참가하기 때문에 집단지도자가 민주적이고 합의적으로 조직을 운영할 수밖에 없다는 것이다. 다원주의자들은 또한 시민들이 선거와 정당경쟁, 이익집단 활동 등을 통해 정부와 정치인 그리고 공공정책을 적절히 통제하고 관리할 수 있다고 주장한다.

다원주의는 집단의 영향력이 동등하다고 보고 따라서 공공정책에서 특정 집단이 지속적으로 자신의 독점적인 이득을 확보하는 것은 불가능하다고 주장한다. 예를 들어 다원주의는 기업집단과 노동자집단의 공공정책에 대한 영향력이 서로 동등하다고 보는데, 이러한 입장을 견지하기 위해 다원주의는 두 가지 주장을 내세운다. 첫째, 상쇄력 이론theory of countervailing power을 제시한다. 영향력이 큰 집단이 왜 정책결정과정에서 지속적인 영향력을 행사하지 못하는지 설명하기 위해 다원주의는 상쇄력 이론을 제시한다. 상쇄력 이론은 한 집단의 영향력이 커지면 이를 견제하기 위해 다른 집단들이 연합하고 이를 통해 영향력이 큰 집단을 견제한다는 이론이다. 다원주의는 민주주의 국가에서 상쇄력이 작동하기 때문에 대기업집단과 같은 압도적인 영향력을 지닌 집단이 공공공책을 자신의 이익에 맞게 주도하기 어렵다고 주장한다. 둘째, 집단들이 지닌 영향력의 파편화fragmentation of power를 주장한다. 집단들은 서로 각기 다른 영역에서 영향력을 확보하고 있기 때문에, 특정 집단이 한 정책영역에서 우세한 영향력을 확보했더라도 다른 정책영역에서 또 다시 영향력을 확보하기 어렵다는 것이다. 예를 들어 대기업집단은 다원주의 사회에서 경제분야의 공공정책에 압도적인 영향력을 행사하더라도 국방 영역에서도 다른 집단에 비해 압도적인 영향력을 행사하기는 어렵다는 것이다. 대기업집단이 정책결정과정에 독점적으로 영향을 미치기는 쉽지 않다는 주장인 것이다.

이미 지적했듯이 다원주의는 국가론을 심도 깊게 발전시키지 못했는데, 그 이유는 몇 가지로 정리된다. 첫째, 국가state라는 개념은 절대주의적 의미가 강하기 때문에 다원주의자들은 국가라는 용어 대신 '정부government'라는 용어를 선호한다. 둘째, 다원주의는 사회 이론이지 국가 이론이 아니다. 즉, 다원주의는 누가 시민사회와 투입정치에서 영향력과 권력을 행사하는가를 중점적으로 연구하지 국가가 무엇인가를 중점적으로 연구하지는 않는다.

하지만 그럼에도 불구하고 다원주의는 크게 세 가지 국가론을 제시한다.Dunleavy and O'Leary, 1987: 43-49; 한인근, 2003: 263 첫째, 풍향계 모델weathervane model이다. 미국의 다원주의자들은 국가를 중요한 것으로 여기지 않았다. 국가는 투입정치가 그대로 입력되고 반영되는 수동적인 블랙박스로 인식되었던 것이다. 국가를 시민사회의 권력관계를 있는 그대로 수동적으로 반영하는 존재로 인식한다는 점에서 이러한 접근을 풍향계 모델이라고 부른다. 풍향계 모델에서 국가와 국가기구는 단지 이익집단의 압력을 받아들이는 무기력한 수용자로 여겨진다. 따라서 이 모델은 국가를 강한 영향력을 지닌 이익집단의 식민지로 이해하고 국가기구의 조직과 구조는 이익집단 간의 경쟁과 갈등이 반영된 결과물로 설명한다. 둘째, 중립국가 모델neutral state model이다. 풍향계 모델의 단점은 국가정책이 특정 집단의 이익이 아니라 공공의 이익을 위해 만들어지기도 한다는 점을 설명하지 못한다는 점이다. 중립국가 모델은 이러한 풍향계 모델의 단점을 보완하기 위해 등장한 이론으로 국가의 중립성을 강조한다. 여기서 말하는 '중립국가'는 개입 없이 정치집단 간의 관계를 구경만하는 '방관자bystander 국가'나 기존의 규칙에 따라 공정함을 추구하며 정치집단 간의 관계에 적극 개입하는 '심판관referee 국가'를 의미한다. 셋째, 중개인 모델broker state model이다. 중개인은 이해관계의 당사자가 아닌 중간자이지만 자신만의 이해관계와 이익을 추구한다는 점에서 방관자나 심판관과는 다르다. 따라서 중개인 모델은 풍향계 모델보다는 자율적이고 중립국가 모델보다는 자기이익 추구적인 국가의 속성을 강조한다. 달리 말해, 중개인 모델은 국가가 특정 집단의 이익을 수동적으로 반영하는 것도 아니며 중립적으로 공공의 이익을 추구하는 것도 아니라고 주장한다. 풍향계 모델과 중립국가 모델을 모두 비판하는 입장에 서있는 것이다. 중개인 모델은 경쟁하는 집단의 영향력이 서로 균형을 이룰 경우 국가는 관료 자신의 선호에 가까운 정책을 추구할 수 있는 공간을 확보하게 된다고 주장한다. 결국 중개인 모델은 국가기구와 관료가 수동적이지도 중립적이지도 않다고 보는 것이다.

다원주의는 국가와 정치가 위기에 봉착하는 상황을 몇 가지 경우로 나누어 설명한다.Dunleavy and O'Leary, 1987: 59-70 첫째, 불충분한 다원주의가 위기의 원인이다. 예를 들어, 다원주의자들은 노사로 양분된 사회가 제일 위험한 사회라고 주장한다. 다양한 이해관계와 선호를 지닌 집단들의 수가 많아질수록 국가 위기의 정도가 약해진다는 것이다. 둘째, 과도한 중앙집권화가 위기의 원인이다. 영향력이 미약한 이익집단과 과도하게 중앙집권화 된 국가기구를 지닌 나라의 정치는 위기 성향을 지니고 있다는 것이다. 셋째, 부족한 민주주의가 위기의 원인이다. 민주주의가 덜 발전되어 사회의 다원화가 덜 이루어진 국가가 위기 성향을 지니고 있다는 것이다. 예를 들어, 미숙한 다원화로 인해 특정 집단의 이익이 조직되지 못했을 경우 그 집단의 이해관계는 정책결정과정에서 배제되게 되는데 이러한 상황은 비민주적이다.

지금까지 살펴본 다원주의 국가론은 몇 가지 이론적 문제점을 지니고 있다. 첫째, 다원주의는 권력이 집단 간에 폭넓게 분산되어 있다고 주장한다. 즉, 특정집단이 어떤 정책에서 압력정치에 성공하더라도 다른 정책에서 또 다시 성공하기는 어렵다는 것이다. 권력은 축적되지 않는다는 주장인데, 현실은 이와 다른 경우가 많다. 우선 특정집단의 이해관계가 정책결정과정에서 완전한 배제되는 일이 발생하기도 하며, 특정집단이 다수의 정책결정과정에서 압도적이고 지속적인 영향력을 발휘하는 경우도 자주 관찰된다. 권력의 축적현상이 실제적으로 발생하고 있다는 것이다. 예를 들어, 핵발전소를 늘이기 위한 정책결정과정에서 시민들이 완전히 배제된다거나, 대기업집단의 영향력이 공공의 이익보다 지속적으로 우선시되는 경우가 자주 목격된다. 둘째, 상쇄효과에도 문제가 있다. 상쇄효과가 제대로 기능하지 못한다는 것이다. 예를 들어, 소비자집단이 생산자집단을 효과적으로 견제하는 데는 한계가 있다. 또한 신자유주의에 강하게 영향 받은 정부는 친기업 정책을 추구하게 되는데 이 경우 대기업집단의 영향력은 다른 집단의 그것에 비해 지속적이고 압도적으로 강할 가능성이 높다. 달리 말해, 대기업집단을 동등한 집단들 중 하나로 인식하는 것은 문제가 있다는 것이다. 자본주의 국가에서 대기업집단은 다른 집단에 비해 영향력과 동원자원 면에서 압도적으로 우세하다. 셋째, 다원주의 국가론은 집단에 분석의 초점을 맞춘 결과 국가의 기능과 역할을 과소평가하는 성향이 존재한다. 현실적으로 적지 않은 수의 정책들이 이익집단과 관계없이 국가(정부)에 의해 독자적으로 입안되고 집행되는 경우가 많다. 넷째, 다원주의 국가론은 다수의 집단들이 정부에 너무나 많은 이익을 동시에 요구할 경우 정책결정과정에 병목현상과 과부하가 발생할 수 있다는 점을 고려하지 않는다. 이 경우 정책결정이 지연되거나 결정된 정책이 자주 변경되어 정책의 효과가 상실하는 통치불능ungovernability 문제가 발생할 수도 있다. 투입정치 영역에서의 집단의 다원화가 정책결정과정에서 반드시 좋은 것만은 아니라는 것이다.

2. 엘리트주의(Elitism) 국가론

엘리트주의는 정치의 역사를 일반인에 대한 엘리트의 지배의 역사로 이해한다. 엘리트주의는 이러한 인식을 바탕으로 정치의 본질과 현상은 엘리트에 대한 이해를 통해 얻을 수 있다고 주장한다. 엘리트주의의 이론적 특징은 몇 가지로 정리된다. 첫째, 엘리트주의는 권력이 엘리트에게 집중되어 있다고 주장한다. 엘리트주의는 주권재민(主權在民)이라는 말과 모든 권력은 국민으로부터 나온다는 주장을 신뢰하지 않는다. 둘째, 엘리트주의는 계급 없는 사회나 평등한 사회는 실현되기 어려운 이상이라고 본다. 엘리트주의는 이런 점에서 마르크스주의가 추구하는 계급 없는 사회에 대해 냉소적이며 권력이 다양한 집단에 의해 사회 전역에 분산되어 있다는 다원주의에도 냉소적이다. 엘리트주의는 마르크스주의나 다원주의와는 다른 시각에서 정치와 권력을 이해하고 있는 것이다. 셋째, 엘리트주의는 인간의 모든 조직은 엘리트에 의해 지배된다고 본다. 권력은 모든 조직에서 매우 불평등하게 분배되어 있다는 것인데, 이러한 입장은 다원주의의 입장, 즉 권력은 균등하게 모든 집단에 분산되어 있다는 주장과 반대되는 것이다.

엘리트주의는 크게 세 가지 정도의 대표적인 이론을 포괄하는 이론이다.Dunleavy and O'Leary, 1987: 138-145 첫째, 고전적 엘리트주의로 모스카Gaetano Mosca, 1858~1941, 파레토Vilfredo Pareto, 1848~1923, 미헬스Robert Michels, 1876~1936 등이 대표 이론가들이다. 모스카는 모든 사회는 지배계급과 지배받는 계급이라는 두 가지 계급이 존재한다고 주장했으며, 미헬스는 일반 시민과 군중은 복잡한 결정을 내릴 능력이 없으며 군중은 지도자 즉, 엘리트를 원한다고 주장했다. 둘째, 민주적 엘리트주의democratic elitism로 이 이론은 엘리트주의와 다원주의를 결합하여 대의 민주주의의 작동구조를 설명한다. 민주적 엘리트주의는 대의 민주주의가 실질적으로는 선출된 정치인에 의해 주도된다는 점에 주목하고, 정치엘리트 내의 경쟁과 순환을 통해 권력교체가 발생한다는 점에 주목한다. 달리 말해, 대의 민주주의는 정치엘리트가 주도하는 민주주의이자 정치엘리트 간의 경쟁과 순환을 통해 민주적인 권력교체가 이루어지는 정치 체제라는 것이다. 예를 들어, 정치엘리트는 당내 경쟁과 선거를 통해 서로 경쟁하고 교체된다는 점에서 민주적으로 통제된다는 것이다. 셋째, 급진적 엘리트주의로 이 이론은 핵심 권력은 실제적으로 극소수 권력엘리트power elite와 경제엘리트에게 집중되어 있고, 덜 중요한 권력들은 의회나 정당, 정부 등에 맡겨진다고 주장한다. 급진적 엘리트주의는 민주적 엘리트주의가 주장하는 것보다 훨씬 더 소수의 엘리트에게 권력이 집중되어 있다고 주장한다. 민주적 엘리트주의가 정당성 있게 선출된 정치엘리트를 강조한다면, 급진적 엘리트주의는 소수의 권력엘리트와 정치권 밖에서 독점적인 경제력을 지닌 경제엘리트를 강조한다. 급진적 엘리트주의는 이러한 주장을 바탕으로 다원주의와 민주적 엘리트주의를 모두 비판한다. 권력은 다원주의가 주장하는 것처럼 다양한 집단들에게 동등하게 분산되어 있지 않으며, 민주적 엘리트주의가 주장하는 것처럼 다수의 정치엘리트들이 벌이는 경쟁과 순환을 통해 민주적으로 통제되지도 않는다는 것이다. 예를 들어, 급진적 엘리트주의는 대통령과 그 주변의 핵심 엘리트 몇 명이 '권력엘리트'를 형성하고 있으며 이들이 핵심 권력을 행사한다고 주장한다. 또한 급진적 엘리트주의는 독점적 경제력을 지닌 정치권 밖의 경제엘리트들이 국가정책을 지속적으로 통제하고 있다고 주장한다. 급진적 엘리트주의가 보기에 대의 민주주의는 국민에 의해 통제되는 것도 아니고 다수의 정치 엘리트 간의 경쟁과 순환을 통해 작동하는 것도 아니다. 대의 민주주의는 독점적인 권력을 지닌 '권력엘리트'나 '경제엘리트'에 의해 유지되는 민주주의라는 것이다. 급진적 엘리트주의 시각에서 바라보면 대의 민주주의는 제대로 된 민주주의가 아닌 것이다.

엘리트주의 국가론은 세 가지 정도로 정리된다.Dunleavy and O'Leary, 1987: 185-19445 첫째, 외부 관리 모델이다.externally controlled machine model 이 모델은 정부와 국가는 관료가 주도하고 관리하는 것이 아니라 선출된 정치엘리트가 관리한다고 주장한다. 정부 엘리트인 관료들은 선출된 정치엘리트들이 통제하고 관리할 수 있다고 보는 것이다. 달리 말해, 국가 내부 엘리트인 관료가 아니라 국가 외부 엘리트인 정치엘리트가 국가와 정부를 통제하고 관리한다는 것이 이 모델의 주장인 것이다. 특히 민주적 엘리트주의는 선출된 정치엘리트에 의해 국가가 관리된다고 본다. 즉, 국가기구는 합법적으로 선출된 정치엘리트에 의해 민주적으로 통제된다고 보는 것이다. 반면, 급진적 엘리트주의는 권력엘리트나 경제엘리트 같은 극소수의 엘리트들이 국가를 관리한다고 본다.

둘째, 자율국가 모델autonomous model이다. 이 이론은 국가는 정치엘리트나 권력엘리트, 경제엘리트에 의해 관리되는 것이 아니라 정부 내의 핵심 집행부, 즉 정책결정과정에 직접 참여하는 선출된 정치인과 각 부처 장관 같은 고위관료 등에 의해 자율적이고 배타적으로 관리된다고 주장한다. 달리 말해, 국가는 정당이나 의회, 이익집단, 시민사회운동 등과 같은 투입정치로부터도 독립되어 있으며, 핵심 집행부에 의해 독점적이고 자율적으로 관리되고 있다는 것이다. 자율국가 모델은 네오 마르크스주의가 주장하는 국가의 상대적 자율성 개념과 발전국가론에서 지칭하는 발전국가의 자율성, 그리고 국제정치 이론 중 현실주의가 강조하는 국가중심론과 유사하다.

셋째, 사회 코퍼러티즘societal corporatism 모델이다. 사회 코퍼러티즘은 정부엘리트와 대표적인 이익집단 엘리트 간의 긴밀한 공조가 이루어지는 관계를 설명하는 모델이다. 예를 들어, 노사정위원회는 정부와 노조대표, 사측대표가 함께 참여하는 대표적인 사회 코퍼러티즘 기구이다. 이렇듯 사회 코퍼러티즘은 관료와 이익집단 대표들 간의 엘리트 연대라는 측면에서 국가와 시민사회 영역의 경계선을 해체하고 무너뜨린다. 사회 코퍼러티즘은 엘리트 경쟁이 아니라 엘리트 협조를 가져오는데, 이러한 상황은 엘리트 경쟁과 순환을 강조하는 민주적 엘리트주의와는 크게 다르다.

엘리트주의는 정치와 국가의 위기는 다음과 같은 상황에서 발생한다고 주장한다.Dunleavy and O'Leary, 1987: 198-201 첫째, 규제되지 않은 과도한 엘리트 간의 경쟁 상황이다. 예를 들어, 엘리트 간의 과도한 갈등과 이데올로기 분열은 정치 불안정과 위기를 야기할 수 있다. 둘째, 엘리트 순환이 원활하게 발생하지 않는 경우이다. 소수 엘리트로의 권력집중을 막을 수 있는 방안으로 민주적 엘리트주의가 제시하는 것이 바로 엘리트 간의 경쟁과 견제 및 순환이다. 엘리트 순환이 이루어지지 않을 경우 권력은 집중되고 부패하기 쉽다. 셋째, 엘리트주의가 불충분한 상황이다. 즉, 일반 시민의 과도한 정치참여는 정치 불안정과 위기를 불러온다는 것이 엘리트주의자들의 주장이다. 예를 들어, 타협과 대화와 심의의 기술이 부족한 일반 시민들이 정치에 너무 적극적으로 참여할 경우 정치 불안정과 위기를 불러올 수 있다는 것이다.

3. 신우파(New Right) 국가론

신우파는 1960년 다원주의를 비판하며 등장한 이데올로기로 자유주의의 반국가 사조와 신자유주의의 시장지상주의 시각 그리고 자유지상주의의 최소국가론에 신보수주의Neo-conservatism의 다양한 가치들이 결합된 이데올로기이다. 미국에서 신보수주의는 청교도적 종교 가치와 전통적인 가족 가치 및 성 가치를 강조하는 동시에 자유방임적 시장경제와 일방주의 외교 노선 등을 결합한 것이다. 신우파 국가론을 이해하는 핵심어는 반국가 사조, 최소국가론, 시장지상주의와 자유방임 경제, 신보수주의 등인 것이다.

신우파 국가론의 특징은 다음과 같다. 첫째, 신우파는 다원주의에 비판적이다. 다원주의는 투입정치 영역을 긍정적이고 낙관적으로 바라보며 중시한다. 그리고 다원주의는 투입정치 영역을 정부 영역보다 우선시하지만 신우파는 투입정치 영역을 상당히 부정적인 시각으로 바라본다. 다원주의는 투입정치 영역이 정치집단 간의 자율적인 견제와 균형에 의해 민주적으로 작동하고 권력도 집단 간에 균등하게 분산되어 있다고 주장하지만, 신우파는 그렇게 보지 않는다. 이유는 두 가지다. 우선 신우파는 정치 시장이 민주적이지도 않고 효율적이지도 않다고 주장한다. 시장에서는 수요와 공급 원리에 의해 가격 기제가 작동하지만 정치체계에서는 정치적 수요와 공급이 적절하게 균형을 이루며 작동하지 않는다는 것이다. 또한 시장에서 소비자는 자신의 돈을 나누어 소비함으로써 합리적인 수요와 공급을 창출하는데 기여하지만, 정치체계 특히 선거에서는 1인 1표제로 인해 유권자는 1표에 자신의 다양한 선호를 응축해서 표현해야 하고 그 결과 유권자의 선호와 이해관계가 정확하게 정당이나 정치인에게 전달되지 않는다는 것이다. 이외에도 신우파는 투입정치 영역이 로그 롤링log rolling: 이익단체끼리 서로의 이익을 확보하기 위해 승자연합을 만들어 공모하는 것이나 포크 배럴 정치pork barrel politics: 이익유도정치, 정치인이나 정당이 지지의 대가로 특정 지역이나 단체에 이익을 주는 것에 의해 왜곡되고 있다고 주장한다. 로그 롤링으로 인해 정책결정과정이 특정 연합세력에게 장기간 지배될 수 있으며, 포크 배럴 정치로 인해 정책결정과정에서 공공이익보다 지역적이고 편협한 이익이 우선시될 수 있다는 것이다.

둘째, 신우파는 국가기구가 공무원(정부엘리트)에 의해 점유되고 있다고 주장한다. 관료들은 자신이 속한 정부부처의 예산과 조직이 커지는 것을 선호한다는 것이다. 따라서 국가기구는 점점 커지고 국가예산은 점차 확대되는 것이 현대국가의 특징이라는 것이다. 신우파는 최소국가론 시각에서 이러한 행정국가화 현상과 팽창국가화 현상을 비판한다. 신우파는 공무원과 국가기구에 대한 시민들의 통제는 '집단행동collective action 문제 때문에 실현되기 어렵다고 주장한다. 관료와 국가 기관에 대한 통제는 높은 비용을 수반하기 때문에 직접 적극적으로 나서는 시민수가 많지 않고, 그 결과 비대해진 공무원과 국가기구 및 예산을 시민사회 구성원들이 실질적으로 관리하기 어렵다는 것이다. 이와 같은 '공무원에 의한 국가기구의 사유화'를 해결하기 위해 신우파는 최소국가, 복지국가 축소, 자유시장, 경쟁강화, 분권화 등을 강조한다.

신우파의 국가론은 신자유주의와 국가지상주의의 국가론과 동일하다. 국가는 기본적으로 최소국가, 야경국가여야 하며 국가의 개입은 공공재 공급과 관리에 한정되어야 한다는 것이다. 또한 신우파는 시민들은 자신의 사유재산권을 강화하여 과도한 세금을 야기하는 복지국가와 행정국가 등을 거부해야 한다는 주장한다. 예를 들어, 하이에크Friedrich von Hayek는 국가의 성장과 팽창은 개인의 자유에 대한 심각한 위협이라고 주장하며 민주주의보다 자유로운 사회를 우선시한다. 또한 노직Robert Nozick은 최소국가를 강조하며 최소국가의 기능은 중립적으로 시민들의 자연권, 특히 자유권과 사유재산권을 보호하는데 있다고 주장한다.

신우파는 정치와 국가 위기의 원인을 다음과 같은 요인들에서 찾는다.Dunleavy and O'Leary, 1987: 128-234 첫째, 경제위기 경향이다. 신우파는 국가가 사기업에 비해 상당히 비효율적이라고 비판한다. 현대 사회에서 국가는 조직이나 예산 측면에서 모두 확대되는 경향이 있는데, 이는 정부의 높은 차입과 높은 인플레이션, 세금 인상을 야기하고, 그 결과 기업의 이윤 감소, 투자 감소로 인한 실업 증가, 일반 시민들의 소득 감소가 발생하여 결과적으로는 국가에 대한 복지 요구가 증가되고 이는 다시 경제의 성장 둔화로 이어지는 악순환으로 빠져든다는 것이다. 둘째, 도덕적 위기이다. 신우파는 현대 자유민주주의 국가에서 자본주의 체제의 도덕적 자산이 감소했다고 주장한다. 예를 들어, 프로테스탄티즘 같은 직업윤리가 사라졌다는 것이 신우파의 신보수주의 관점에서 나오는 주장이다.

정리하면, 신우파는 최소국가를 지향하며 시장지상주의를 강조한다. 국가는 악이고 시장은 선이라는 이분구조를 지닌 것이다. 신우파에게 국가 개입은 최소화되어야 하고 국가 규제도 자유시장 질서를 훼손하지 않는 방향에서 이루어져야 한다. 또한 국가가 시장에 개입하더라도 관료들의 자의적인 권한행사는 차단되어야 한다고 신우파는 주장한다. 신우파는 현대국가가 과도하게 팽창되었다고 진단하고 이를 개선하기 위해 야경국가와 최소국가로의 회귀를 주장한다. 신우파는 근대 자유주의와 롤즈의 자유주의 그리고 케인스의 자유주의를 모두 비판한다. 행정국가와 팽창국가, 혼합경제와 복지국가를 모두 비판하는 것이다. 실제로 1980년대에 신우파 이데올로기를 추종했던 정치인들은 케인스 경제학과 팽창적 복지국가에 대한 사회적 합의와 지지는 끝났다는 인식을 공유하고 있었다. 이처럼 신우파는 자신이 지닌 보수주의와 자유주의 전통 중에서 자유주의 전통, 즉 자유방임주의와 최소국가론을 더욱 강조한다. 신우파국가론은 1970년대와 80년대에 레이건과 대처를 통해 현실정책으로 강하게 실현되었으며, 2007년 미국발 금융위기 전까지 세계 각지에서 강력한 영향력을 행사했다.

4. 신다원주의(Neo-pluralism) 국가론

신다원주의는 다원주의에 대한 엘리트주의, 마르크스주의, 신우파 등의 비판에 대응하여 자유주의 계열의 이론가들이 대응하여 내놓은 이론이다. 다원주의는 기본적으로 자유민주주의 국가에서 모든 집단은 동등한 영향력을 지니고 있다고 주장하고 이를 위해 상쇄이론을 주장했다. 하지만 현실은 이와 달랐다. 미국의 정책결정과정에서 기업집단의 영향력이 다른 집단들에 비해 월등히 우세하다는 지적이 일반적이었다. 다원주의의 핵심 가정이 무너진 것이다. 신다원주의는 이러한 이론적 도전에 대한 대응 차원에서 등장한 것이다. 신다원주의는 보다 숙고된 자유주의적 분석으로 엘리트주의와 마르크스주의, 신우파의 도전에 대한 대응을 시도했다.

신다원주의의 특징은 다음과 같다. 첫째, 신다원주의는 다원주의에 대한 반성에서 시작되었다. 신다원주의는 다원주의가 민주주의에 대한 자본주의의 영향력을 너무 경시했다고 평가한다. 신우파는 자유민주주의 국가가 자본주의 경제에 본래적으로 예속적이라고 주장하지만 다원주의는 그렇게 보지 않았다. 다원주의는 기업집단도 동등한 집단 중 하나일 뿐이라고 인식했는데, 이는 다원주의가 자본주의와 기업의 영향력을 그다지 중시하지 않았다는 점을 의미한다. 이러한 다원주의와 달리 신다원주의는 기업집단의 영향력과 지배력을 인정한다는 점에서 엘리트주의의 입장과 마르크스주의의 입장을 받아들이지만, 기업집단의 영향력은 단지 경제적인 영역에 한정되고 다른 영역에서는 여전히 제한적이라고 주장한다는 점에서 다원주의 입장을 일관되게 고수한다. 달리 말해, 신다원주의는 권력의 파편화를 주장하고 권력의 축적성을 부정한다. 하나의 영역에서 영향력을 지닌 집단이 다른 영역에서도 영향력을 행사하기는 어렵다고 주장한다는 점에서 다원주의의 '이론적 아들'인 것이다.

둘째, 신다원주의는 우선 기업집단에 대한 상쇄효과가 충분치 못하다는 점을 인정하고 그 이유를 경제상황에 대한 정부의 민감성에서 찾는다. 즉, 경기가 안 좋아 실업률이 높아지고 소득이 떨어지면 정부에 대한 지지가 떨어지고 선거에서 승리하기 어려워진다. 따라서 정부는 경기활성화를 위해 기업집단의 협조가 필요하고 이 결과 기업집단의 영향력이 다른 집단들에 비해 커질 수밖에 없다는 것이다. 셋째, 신다원주의는 신우파의 야경국가론과 최소국가론을 비판한다. 신우파가 시장이 해결할 수 없는 영역까지도 시장논리로 해결하려 한다고 비판한다는 점에서 신다원주의는 근대 자유주의를 이론적으로 계승한 것이다. 넷째, 신다원주의는 마르크스주의와 엘리트주의와는 달리 국가와 정부에 대한 시민들의 민주적 통제성을 여전히 신뢰한다. 투입정치 영역에서 민주주의의 활성화와 권력의 파편화 및 비축적성을 통해 국가 권력과 경제엘리트에 대한 민주적 통제가 아직도 가능하다고 보는 것이다.

신다원주의는 이렇게 다원주의에 대한 반성을 통해 새로운 자유주의 국가론을 제시하고자 노력했지만 여전히 이론적 문제점을 드러내고 있다. 신다원주의는 권력의 파편화와 비축적성으로 인해 권력이 집단 전반에 분산되어 있다고 주장하고 있지만, 민주주의와 자본주의 국가에서 권력은 실제적으로 특정 집단에게 편재되어 있다. 신다원주의의 이론적 최대 약점은 바로 이 지점에 놓여 있는 것이다.

5. 마르크스주의(Marxism) 국가론

마르크스주의 국가론은 자본주의와 자유민주주의 체제에 대한 가장 급진적이고 도전적인 비판을 행하는 이론이다. 먼저 마르크스주의 국가론을 설명하기 전에 기본적인 용어부터 알아보자. 국가론에서 말하는 도구주의instrumentalism는 국가를 중립적 제도로 이해하고 국가기구에 대해 모든 정치세력이 동등하게 접근가능하다고 주장한다. 국가는 '주인 없는 영역'이며 먼저 점유하는 집단이 자신의 이익을 관철시킬 수 있는 공간이라고 보는 것이다. 이와 달리 국가론에서 말하는 구조주의structuralism는 기본적으로 국가의 본질과 형태 및 활동을 이해하는데 있어 경제구조를 가장 규정적이고 우선적인 변수로 이해한다. 일반적으로 구조주의는 현상에 드러나는 체계적인 법칙과 패턴을 연구하며 개인들의 의도와 무관하게 유지되는 사회구조에 주목한다. 구조주의는 구조를 파악하고 구조의 변화법칙을 연구하는 철학적 방법론인 것이다. 이러한 철학적 방법론의 연장선상에서 구조주의적 국가론은 자본주의 국가의 가장 근본적이고 핵심적인 기능은 자본의 지속적인 축적과 재생산에 있다고 주장한다. 자본주의 국가의 존재이유는 자본축적과 자본주의 체제 유지 및 지배계급의 이익 추구에 있다고 보는 것이다.

마르크스Karl Marx는 자신의 저작에서 세 가지 유형의 국가론을 제시했다.Dunleavy and O'Leary, 1987: 209-210 첫째, 도구론 모델instrumental model이다. 마르크스는『공산당 선언The Communist Manifesto』에서 "근대 국가의 집행부는 전체 부르주아의 공동의 관심사를 관리하는 위원회"라고 주장했는데, 이는 도구론의 대표적인 주장으로 읽히고 있다. 둘째, 중재자 모델arbiter model이다. 마르크스는『루이 보나파르트의 브뤼메르 18일 The Eighteenth Brumaire of Louis Bonaparte, 1852』에서 계급 간의 투쟁에 균형이 발생하여 어느 계급도 헤게모니를 장악하지 못한 경우 국가가 훨씬 자율적으로 기능하게 된다고 주장했다. 즉, 부르주아가 아닌 정치 지도자와 국가 관료들이 일시적으로 주요한 결정을 자율적이고 독립적으로 처리하는 상황이 발생한다는 것이었다. 하지만 이러한 상황에서도 국가의 자율성은 자본의 축적 논리에 궁극적으로는 제한되어 있다고 마르크스는 주장했다. 그 이유는 자본주의 국가는 근본적으로 자본축적과 세입에 의존하고 그 결과 자본가에게 종속적 위치를 지니고 있기 때문이라는 것이다. 셋째, 기능주의 접근functional approach이다. 기능주의 접근은 국가는 근본적으로 최상의 자본축적을 유지하는 형태로 기능한다고 주장한다.

마르크스주의 국가론은 자유민주주의 국가에서 투입정치 영역을 부정적으로 이해한다. 즉, 마르크스주의 국가론은 이익집단과 정당, 언론 등이 국가를 통제하고 관리할 수 있다는 다원주의 주장은 이데올로기적 허위의식이자 부르주아 헤게모니의 관철 방식이라고 주장한다. 마르크스주의 국가론은 투입정치 영역은 실제적으로 자본가들에 의해 독점되고 있다고 본다. 마르크스주의자들에게 투입정치 영역은 허위의식과 거짓의 영역이며 실질적으로 부르주아의 권력과 자본의 이익이 관철되고 조직되는 영역으로 이해되는 것이다.

현대국가를 이해하는데 있어서 위에서 살펴 본 세 가지 마르크스의 국가론은 서로 다른 이론을 제시한다.Dunleavy and O'Leary, 1987: 237-258 첫째, 현대 도구론 모델modern instrumentalist model이다. 마르크스의 도구론을 계승하고 있는 현대 도구론 모델은 엘리트주의와 유사한 주장을 제시한다. 즉, 국가 엘리트(선출된 정치인과 관료 엘리트)는 친자본주의적 사회계급에 의해 압도적으로 충원되는 동시에 자본가와 관료, 정치지도 자들은 공통된 사회배경과 다양한 관계망을 통해 친자본주의적 엘리트 동맹을 형성하고 있다는 것이다. 친자본주의적 국가 엘리트와 엘리트 동맹은 자본 축적의 지속성과 원활화를 확보하는데 공동의 가치와 이해관계를 지닌 것으로 이해된다. 현대 도구론을 대표하는 이론가는 밀리밴드Ralph Miliband, 1924~1994이다. 밀리밴드는 『자본주의 사회의 국가The State in Capitalist Society, 1969』에서 국가정책에 자본가 계급의 이익이 직접적이고 경험적으로 영향을 미치고 있다고 주장하며, 국가는 지배계급의 도구라고 주장했다. 밀리밴드는 자본주의 사회에서 지배계급은 생산수단을 소유하고 통제하는 계급이라고 주장한다. 하지만 밀리밴드의 도구론은 국가가 지배계급의 도구라는 점에서 멈추지 않는다. 밀리밴드는 국가를 중립적이라고 주장한다. 어느 계급이든 국가를 먼저 장악하면 국가는 그 계급의 이익과 목적을 위해 봉사하는 도구가 된다는 것이다. 따라서 밀리밴드는 노동자 계급이 중심이 된 사회주의 정당이 국가기구를 장악할 경우 자본주의 국가지만 노동계급의 이해관계를 추구할 수도 있다고 주장한다. 밀리밴드의 이러한 도구론적 국가론은 구조주의 국가론에 의해 비판받는다.

둘째, 현대 중재자 모델modern arbiter model이다. 마르크스는 자신의 중재자 모델에서 계급 간 힘의 균형상태가 발생하면 관료나 정치 지도자, 군인 같은 국가기구 구성원들이 정치를 지배하게 된다고 주장했는데, 이러한 입장을 계승한 대표적 이론가는 폴란차스Nicos Poulantzas, 1936~1979이다. 폴란차스는 『정치권력과 사회계급Political Power and Social Classes, 1968』에서 국가의 '상대적 자율성'을 강조하는데 그는 국가 관료와 정치 지도자의 자율성은 마르크스가 인식했던 것보다 오래 지속되는 현상이라고 주장한다. 하지만 폴란차스가 국가의 '절대적 자율성'을 강조한 것은 아니다. 그는 국가는 자율성을 지니지만 동시에 자본주의적 생산양식을 지속시키는 기능을 수행하기 때문에 그 자율성은 궁극적으로 제한된다고 주장한다. 국가의 상대적 자율성을 강조한 것인데, 폴란차스는 국가가 지배계급으로부터 상대적 자율성을 갖고 있어서 자본가 이익과는 무관한 외향을 갖추고 있는 것으로 이해되기도 하지만 궁극적으로는 자본의 이익을 추구하는 자본주의 체제에 종속된다고 주장한다. 이것이 폴란차스의 '상대적 자율성' 개념이다. 폴란차스는 국가의 '도구적 자율성'은 인정하지만 '구조적 자율성'은 거부한 것이다. 달리 말해, 폴란차스는 국가가 자율성은 갖고 있지만 그 자율성은 궁극적으로 자본주의 체제의 재생산을 위한 것이고, 지배계급의 이익을 보장하기 위한 것이라는 점에서 절대적이 아니라 상대적이라고 주장한 것이다.^{박상섭, 1989: 27-28}

이러한 이유에서 폴란차스는 현대 중재자 모델의 이론가로 인식되기도 하지만 기능주의 이론가로 인식되기도 한다. 폴란차스의 이러한 상대적 자율성 개념은 구조주의자인 알튀세르^{Louis Althusser, 1918~1990}에게 영향 받는 것인데, 자본주의 국가가 자본축적과 자본주의 체제 유지에 성공적으로 기능하려면 그리고 부르주아의 단기적 이익이 아니라 장기적 이익을 추구하려면 국가는 반드시 지배계급인 부르주아로부터 상당한 정도의 자율성을 유지해야 한다는 의미이다. 예를 들어, 복지국가의 운영은 단기적으로 부르주아 계급의 이익에 반하는 것이지만 장기적으로는 피지배계급의 불만 누적과 저항을 해소하여 자본주의 체제의 장기 지속에 기여한다. 자본주의 체제가 장기 지속될수록 가장 많은 이익을 보는 계급은 다름 아닌 자본가 계급이다.

셋째, 현대 기능주의 접근^{modern functionalist approach}이다. 현대 기능주의도 마르크스의 기능주의적 입장과 마찬가지로 자본주의 발전을 위한 국가의 구조적이고 기능적 역할을 강조한다. 국가정책은 궁극적으로 자본가 계급의 장기적 이익인 자본주의 생산양식 유지와 자본가 계급의 이익을 위해 구조적으로 기능한다는 것이다. 달리 말해, 기능주의 접근은 국가의 기능을 자본축적이 원활하게 일어날 수 있는 환경을 지속적으로 재생산하는 것이라고 이해한다. 하지만 마르크스와 차이를 보이는 점은 현대 기능주의자들이 경제영역의 주도권을 인정하면서도 정치적이고 문화적이고 이데올로기적인 구조의 영향력도 강조한다는 점이다. 기능주의자들은 자본주의 체제에서 가장 중요한 기능적 요구는 다름 아닌 자본축적이라고 본다. 따라서 자본주의 국가의 기능은 기본적으로 자본주의 경제위기를 정치적이고 이데올로기적으로 관리하는 것이다. 하지만 기능주의 국가론자들은 자본주의 국가의 이러한 자본축적 기능이 결과적으로는 성공할 수 없다고 주장한다. 마르크스주의는 자본주의의 종말을 확신하기 때문이다.

대표적인 기능주의 국가이론가는 알튀세르이다. 위에서 언급했듯이 폴란차스는 중재자 모델과 기능주의 접근을 동시에 취하고 있는데 혹자는 폴란차스를 단순한 구조주의자로 분류하기도 한다. 기능주의 국가론에서 국가는 자본주의 체제 유지와 자본축적 기능을 수행하기 위해 사회통합을 추구하는데, 이를 위해 국가는 피지배계급을 억압적 기구와 이데올로기적 기구를 통해 관리한다고 알튀세르는 주장한다. 알튀세르는 국가기구를 억압적 국가기구^{repressive state apparatuses}와 이데올로기적 국가기구^{ideological state apparatuses}로 구분한다. 억압적 국가기구는 군대와 경찰 조직 등을 지칭하는 반면, 이데올로기적 국가기구는 종교, 교육, 노조, 언론, 가족 등을 포함하는데 이 것들은 사회 안정을 이끌어내는 기능을 수행한다. 달리 말해, 억압적 국가기구와 이데 올로기적 국가기구는 자본주의 체제가 유지되기 위한 조건과 환경을 지속적으로 만들 어내고 온순하고 분열된, 그러나 자본주의 생활에 적합한 개인들을 생산하는데 기여 한다. 특히 기능주의 국가이론가들은 자유민주주의 국가의 이데올로기적 국가기구에 대해 비판의 초점을 맞춘다. 이데올로기적 국가기구는 억압적 국가기구에 비해 상당 히 교묘하게 작동한다는 것이다. 이데올로기적 국가기구는 일반 시민들이 자신들이 자본주의 체제에서 착취당하고 억압받고 있다고 인식하지 못하게 만든다는 주장인데, 예를 들어, 시민권이나 기본권, 그리고 이익집단과 같은 개념들은 이데올로기적 허위 의식으로서 이러한 개념을 이데올로기적 국가기구를 통해 교육받고 체화한 개인들은 자신이 자본주의적 착취와 억압 아래 살고 있는 현실을 깨닫지 못하게 된다는 것이다.

현대 마르크스주의는 자본주의 체제의 위기 성향을 다음과 같이 설명한다. 첫째, 경제위기이다. 마르크스가 주장했던 것과 유사하게 현대 마르크스주의 역시 이윤율 저하 법칙과 불균등 법칙 그리고 자본집중의 법칙 등을 강조한다. 둘째, 정당성 위기 legitimation crisis이다. 하버마스는 현대국가는 자본 축적 기능을 수행하는 동시에 민주 적 과정을 통해 발생하는 국가에 대한 시민들의 분배와 복지 개선 요구에도 부응해야 이중적 기능을 수행해야 하는데 이 두 가지 기능은 서로 모순되어 공존하기 어렵고 그 결과 정부가 결국에는 정당성 위기에 빠지게 된다는 것이다. 달리 말해, 현대 민주 주의 국가와 자본주의 국가는 시민들의 민주적 요구를 해결하기 위해 정부지출을 늘 이는 동시에 자본 축적을 위해 자본가에 대한 인센티브를 제공하는 모순적인 기능을 수행해야 하는데, 이 경우 국가는 딜레마에 빠져 결국에는 정부의 정당성 위기로 귀결 된다는 것이다.

그람시Antonio Gramsci, 1891~1937는 마르크스주의 국가론에서 독창적인 이론가이다. 그람시는 정통 마르크스주의의 경제 결정주의를 비판하고 거부한다. 경제적 토대를 우선시하는 것이 아니라 문화적이고 지적이며 이데올로기적인 영역의 중요성을 강조 한 것이다. 그람시가 말하는 헤게모니는 지배계급에 의한 문화적이고 이데올로기적인 지배상태를 의미한다. 즉, 헤게모니는 교육, 학교, 언론, 종교, 대중매체, 문화, 예술 등을 통해 부르주아의 세계관과 이해관계가 피지배계급에게 일상적으로 주입되고 그 결과 피지배계급이 부르주아의 세계관과 이해관계를 객관적이고 당연한 것으로 받아 들여 자신의 것으로 체화하는 상황과 깊은 관계가 있다. 피지배계급이 헤게모니로 인해 부르주아 지배를 당연한 것으로 받아들이게 된다는 것이다.

  이렇듯 그람시가 이데올로기를 강조한 것은 자본주의 국가가 계급적 착취와 억압에 의해서만 통제되는 것이 아니라 이데올로기의 작용을 통한 피지배자의 자발적 동의에 의해서도 자신의 지배를 유지한다고 판단했기 때문이다. 그람시는 국가를 단순히 계급지배의 이해관계를 반영하고 추구하는 수동적인 기관으로 파악하지 않았다. 그람시는 국가가 지배 계급의 지배를 정당화하는 동시에 피지배 계급으로부터 적극적인 동의를 얻어내는 이중 기능을 능동적으로 수행한다고 주장한다. 결국 그람시의 헤게모니 개념은 두 가지 측면에서 정통 마르크스주의에서 이탈한다. 하나는 이데올로기적 상부구조를 강조하는 것이고, 다른 하나는 시민사회 내의 동의를 강조하는 것이다. 정통 마르크스주의가 상부구조에 대한 경제적 토대의 선차성을 강조한다면 그람시는 이데올로기적 상부구조의 중요성을 강조한 것이다. 또한 정통 마르크스주의가 국가기구의 시민사회에 대한 일방적인 억압적 측면을 강조했다면 그람시는 시민사회의 자본주의 국가 권력에 대한 자발적인 동의와 복종을 강조한 것이다.

  하지만 그람시가 상부구조의 자율성을 강조했더라도 그는 상부구조와 토대의 연계성을 부정하지는 않았다. 즉, 상부구조의 토대에 대한 완전한 자율성을 주장하지 않는다. 구조주의 국가론은 그람시의 이와 같은 입장에 반대되는 이론을 제공한다. 구조주의 국가론은 경제 결정론에 기초해 있는 것이다.

토론거리

1. 근대 국민국가는 어떤 과정을 통해 형성되었고, 그 특징은 무엇인가?
2. 다원주의, 엘리트주의, 신우파이론, 신다원주의, 마르크스주의는 국가의 본질과 구조에 대해 각각 어떻게 주장하는가?
3. 자유주의와 마르크스주의 시민사회론은 어떻게 다른가?
4. 세계화는 국가권력의 변화에 어떻게 영향을 미쳤는가?
5. 행정학, 정치경제학, 국제관계학 등 상이한 학문적 논의의 맥락에서 거버넌스는 각각 어떻게 이해되고 있는가?

키워드: 국가(state), 시민사회(civil society), 세계화(globalization), 권력 이동(power shift), 거버넌스(governance)

참고문헌

김석준·곽진영 외. 『거버넌스의 정치학』. 서울: 법문사, 2002.

김영순·이용우. 『국가이론』. 서울: 한길사, 1991.

박상섭. "현대국가론의 철학적 전제정립과 사회학적 연구의 필요성." 『철학』 Vol.31. 1989.

유팔무·김호기 편. 『시민사회와 시민운동』. 서울: 도서출판 한울, 1995.

윤상우. 『동아시아 발전의 사회학』. 서울: 나남출판, 2005.

이항동. "사회변동에 대한 국가론적 해석: Neo-Weberian의 관점을 중심으로." 『건국대학교 대학원 논문집』 제29집. 1989.

조희연·지주형 편. 『지구화 시대의 국가와 탈국가』. 파주: 한울아카데미, 2009.

주성수. 『글로벌 가버넌스와 NGO』. 서울: 아르케, 2000.

한인근. "국가론에 함축된 정부의 역할." 『사회과학논집』 제22집 1호. 2003.

Anderson, Benedict. 윤형숙 역. 『상상의 공동체: 민족주의의 기원과 전파에 대한 성찰』. 서울: 나남출판, 2002.

Anheier, Helmut, Mary Kaldor, Marlies Glasius (eds.). 조효제·진영종 역. 『지구시민사회: 개념과 현실』. 서울: 아르케, 2004.

Baylis, John & Steve Smith. 하영선 외 역. 『세계정치론』. 서울: 을유문화사, 2003.

Carnoy, Martin. 이재덕·김태일 외 역. 『국가와 정치이론』. 서울: 도서출판 한울, 1985.

Cochrane, Allan. "Industrialisation and Nineteenth-Century States." James Anderson (ed.). *The Rise of the Modern State*. Sussex: Harvester Press, 1986.

Cohen, Jean L. & Andrew Arato. 박형신 외 역. 『시민사회와 정치이론 1』. 파주: 한길사, 2013.

Dunleavy, Patrick and Brendan O'Leary. *Theories of the State: The Politics of Liberal Democracy*. London: Macmillan, 1987.

Edwards, Michael. 서유경 역. 『시민사회: 이론과 역사, 그리고 대안적 재구성』. 서울: 동아 시아, 2005.

Ehrenberg, John. 김유남·주미영·이상환 역. 『시민사회: 사상과 역사』. 서울: 아르케, 2002.

Gramsci, Antonio. 이상훈 역. 『그람시의 옥중수고 1』. 서울: 거름, 1999.

Habermas, Jürgen. 장춘익 역. 『의사소통행위이론 2: 기능주의적 이성비판을 향하여』. 서울: 나남출판, 2006.

Hall, John A. (ed.). *States in History*. New York: Basil Blackwell, 1986.

Hall, John A. *Civil Society. Theory, History, Comparison*. Cambridge: Polity Press, 1995.

Held, David. 안외순 역. 『정치이론과 현대국가』. 서울: 학문과사상사, 1996.

Held, David & Anthony McGrew et al. 조효제 역. 『전 지구적 변환』. 서울: 창작과비평사, 2003.

Hooghe, Liesbet & Gary Marks. *Multi-Level Governance and European Integration*. Lanham: Rowman & Littlefield, 2001.

Jessop, Bob. *State Theory: Putting the Capitalist State in Its Place*. Cambridge: Polity, 1990.

Jessop, Bob. 김영화 역. 『자본주의 국가의 미래』. 파주: 양서원, 2010.

Kjær, Anne Mette. 이유진 역. 『거버넌스』. 서울: 도서출판 오름, 2007.

Kohn, Hans. *The Idea of Nationalism*. Toronto: Collier, 1969.

Kouveritaris, George Andrew. 박형신·정헌주 역. 『정치사회학』. 서울: 일신사, 1998.

Marx, Karl & Friedrich Engels. 권화현 역. 『공산당 선언』. 서울: 팽귄클래식코리아, 2010.

Marx, Karl. "Critique of Hegel's Philosophy of Right." http://www.marxists.org/archive/ marx/works/download/Marx_Critique_of_Hegels_Philosophy_of_Right.pdf

Meinecke, Friedrich. 이상신·최호근 역. 『세계시민주의와 민족국가: 독일 민족국가의 형성 에 관한 연구』. 파주: 나남, 2007.

Miliband, Ralph. *The State in Capitalist Society: An Analysis of the Western System of Power.* New York: Basic Books, 1969.

Pierre, Jon and B. Guy Peters. 정용덕·권경학 외 역. 『거버넌스, 정치 그리고 국가』. 서울: 법문사, 2003.

Pierson, Christopher. 박형신·이택면 역. 『근대국가의 이해』. 서울: 일신사, 1998.

Poulantzas, Nicos. 홍순권·조형제 역. 『정치권력과 사회계급』. 서울: 풀빛, 1986.

Putnam, Robert D., 안청시 외 역, 『사회적 자본과 민주주의』, 서울: 박영사, 2000.

Tilly, Charles. 이향순 역. 『국민국가의 형성과 계보—강압, 자본과 유럽 국가의 발전』. 서울: 학문과사상사, 1994.

de Tocqueville, Alexis. 임효선 외 역. 『미국의 민주주의 I, II』. 서울: 한길사, 1997.

Urry, John. 이기홍·엄창순 역. 『경제, 시민사회 그리고 국가』. 서울: 한울 아카데미, 1994.

Walzer, Michael. "시민사회 구하기." 조효제 편역. 『NGO의 시대』. 서울: 창작과비평사, 2000.

제2부

정치권력과 이데올로기

제4장

정치권력, 권위, 정당성

1. 정치현상과 권력, 권위, 정당성

1장에서 정치현상을 이해하는 핵심어는 권력투쟁 혹은 타협과 동의라고 하였다. 권력투쟁이라는 핵심어로 정치를 이해하는 입장은 정치현상에서 권력을 추구하는 세력 간의 갈등과 충돌에 주목하는 반면, 타협과 동의라는 핵심어로 정치를 이해하는 입장은 인간사회의 다양한 이해관계가 물리력을 동반하지 않고 평화적이고 이성적으로 조정되고 관리되는 과정에 주목한다. 이 두 가지 핵심어 중 어느 쪽이 정치현상을 더 잘 설명할 수 있을까? 정치현상을 설명하는데 있어서 정치현상을 있는 그대로 설명하는 쪽과 정치현상이 어떻게 되어야 한다는 도덕적이고 당위론적인 설명이 경쟁한다. 달리 말해, 정치현상에서 권력을 차지하기 위해 발생하는 적나라한 권력관계를 있는 그대로 인정하고 그러한 권력투쟁 상태를 무엇보다 더 강조하는 입장이 있는가 하면 그와 달리 인간의 이성을 강조하여 정치현상도 합리적이고 이성적으로 운영되어야 한다는 당위론적 주장이 서로 경쟁해 왔다.

하지만 전통적으로 정치를 이해하는 데 있어서 우선적으로 강조되어온 관점은 후자가 아니라 전자이다. 즉, 정치현상을 권력투쟁을 중심으로 이해하는 입장이었다. 이러한 시각에서 바라보면 정치는 본질적으로 '권력'의 작동과 깊은 관계가 있다. 모든 정치는 권력에 관한 것이고 정치의 실제는 권력투쟁과 권력행사에 지나지 않는다. 다시 말해, 정치현상은 권력현상이고 정치적인 것은 바로 권력추구와 권력충돌이라는 시각이 이런 입장을 대변한다. 예를 들어, 막스 베버Max Weber는 정치란 권력의 세계에 참여하거나 권력의 분배에 영향을 미치려는 노력이라고 정의하였는데, 베버는 권력을 '어떤 사회관계에서 반대를 물리치면서도 자기의 의사를 관철시킬 수 있는 능력으로 보았다.

그런데 여기서 잊지 말아야 할 점은 정치현상은 권력이라는 핵심어만으로는 온전히 이해하기 어렵다는 것이다. 인류가 중세와 근대를 지나 현대에 들어서면서, 특히 1990년대 이후 세계화 시대가 가속화되면서 정치현상을 이해하는데 있어서 타협과 동의라는 핵심어의 설명력과 설득력이 점차 강화되고 있다. 중세와 근대의 정치현상이 '수직적이고 일방적인 권력 행사' 혹은 '권력 독점과 배제' 등의 용어로 주로 대변된다면, 현대와 세계화 시대의 정치현상은 '수평적이고 양방향적인(혹은 다방향적인) 권력 분담과 공유'로 점차 권력 이해의 균형점과 강조점이 이동하고 있다. 3장에서 이미 살펴본 것처럼, 수직적이고 일방적인 권력행사와 달리 수평적이고 다방향적인 권력현상은 협치(協治)를 의미하는 '거버넌스'라는 용어로 정리된다. 그러나 정치권력의 중심점이 독점, 배제, 수직의 형태에서 공유, 협치, 수평의 형태로 점차 이동하고 있다 하더라도 정치현상을 설명하는데 있어서 권력과 권위, 정당성에 대한 기존의 논의가 설득력을 모두 상실한 것은 아니다. 오히려 정치현상의 핵심이자 기초로 작동하고 있는 권력, 권위, 정당성이 무엇인지를 기존의 논의를 통해 재검토하는 작업은 현실정치와 학문으로서의 정치학을 이해하는 지름길을 제공해준다.

이 장에서는 정치현상을 이해하기 위해서 반드시 이해해야할 중요한 개념들인 권력power, 권위authority, 정당성legitimacy, 합법성legality 등에 대하여 알아본다. 그렇다면 권력은 무엇이며 어떻게 어디에서 작동하는가? 권위는 무엇이며 어떻게 획득할 수 있는가? 권위와 권력은 어떻게 다른가? 정당성은 무엇이며 어떻게 얻을 수 있는가? 왜 권력 행사에는 권위와 정당성과 합법성이 요구되는가?

2. 권력이란 무엇인가?

권력 개념은 정치 철학뿐 아니라 정치학 일반에서 가장 핵심적인 주제이지만 권력에 대한 개념은 경쟁적으로 많다. 그러나 일반적으로 정의하면 권력은 '다른 사람들에게 영향을 미침으로써 어떠한 결과를 생산하는 능력capacity, ability이자 그러한 결과가 나오도록 만들어내는 능력'이다. 달리 말해, 권력은 권력을 지니지 못한 사람이 자신의 의지에 반하는 일이라도 하게끔 만드는 권력자의 능력이다. 요컨대 권력은 타인을 구속하는 공식적인 결정을 내릴 수 있는 능력인 것이다. 니체Friedrich Nietzsche는 사람들에게 권력에의 의지will to power가 있다고 주장했다. 사람은 본질적으로 권력 지향적이라는 주장한 것이다. 사회계약론자 홉스는 강력한 권력을 지닌 주권은 모든 사람들의 보다 나은 생활을 만들어준다고 주장했다. 권력이 존재하지 않으면 주권은 질서를 원하는 사람들에게 아무런 가치가 없게 된다고 주장한 것이다.Honderrich, 1995 그렇다면 왜 사람들은 권력을 추구하고 행사하려고 하고, 권력으로부터 보호를 받으려고 하는 것일까? 이러한 질문은 정치 철학이나 정치심리학 등에서 주되게 탐구하는 주제이다. 그러나 사람이 본래적으로 권력지향적인지 아닌지와 같은 질문은 사람의 천성을 둘러싼 성선설과 성악설의 경쟁만큼이나 논쟁적이고 어려운 주제이며, 과학적 방법론을 통해 쉽게 답할 수 있는 성질의 것도 아니다.

따라서 권력이 무엇인지를 이해하기 위해서는 권력과 관계된 네 가지 질문을 살펴보면서 이를 통해 권력의 특징과 속성을 이해하는 것이 유용하다.Outhwaite and Bottomore, 1993: 504 첫째, 누가 혹은 무엇이 권력을 소유하고 있는가라는 질문이다. 이 질문은 권력은 누구에 의해서 혹은 무엇에 의해서 행사되는가를 묻는 것이다. 위에서 살펴본 권력에 대한 일반적인 정의, 즉 '다른 사람들에게 영향을 미침으로써 어떠한 결과를 생산하는 능력이자 그러한 결과가 나오도록 만들어내는 능력'이라는 정의는 전통적인 정의로서, 권력을 개인이나 집단 같은 인격체가 소유하는 것으로 이해한다. 이렇듯 대다수의 학자들은 권력을 개인이 소유하는 것으로 보고 있지만, 일부 학자들은 권력을 비인격적인 것으로 이해한다. 특히 푸코는 권력을 인격적인 주체가 행사하는 것이 아니라 '사회 메커니즘'이 행사하는 것으로 이해한다. 푸코는 사회 메커니즘을 '개인을 훈육하고discipline, 그들의 담론discourse 뿐 아니라 그들의 욕망과 주체성 subjectivity까지도 형성하는 능력'이라고 정의한다. 푸코의 권력론은 뒤에서 구체적으로 다룬다.

둘째, 어떠한 결과물이 권력에 의해 영향을 받아 생산된 것인가라는 질문이다. 베버는 그 결과물이 권력을 행사하는 주체에 의해 의도된^{intended}... 것일 때 그 결과물을 권력의 산물이라고 생각했다. 즉 베버에게는 권력 주체의 의도^{intention} 만이 권력행사의 중요한 기준이 된다. 그러나 권력 주체의 '의도'만으로는 권력의 결과물이 무엇인지 충분히 설명 되지는 못한다. 다시 말해, 권력의 효과는 반드시 권력 주체에 의해 의도된 것만은 아니라는 것이다. 의도하지 않은 권력 행사도 존재하며 의도하지 않은 권력의 결과물도 발생할 수 있기 때문이다. 예컨대 내 투자의 결과로 인해 내가 모르는 사람이 자신의 직장을 잃는 경우도 발생할 수 있는데, 이 경우 내 '의도'와 무관하게 권력은 행사된 것이다. 내 의도와 무관한 행동이 다른 사람에게 영향을 미쳐 그 사람이 실직하는 결과가 발생했기 때문이다.

셋째, 권력은 어떠한 방식으로 결과물을 생산하고 결과물에 영향을 미치는가라는 문제이다. 베버는 이 질문과 관련하여 지배^{domination}와 따름^{compliance}에 주목했다. 즉, 권력의 우위나 폭력 행사, 합리적 설득이나 권위의 조작 등을 통해 실현되는 다른 이들에 대한 지배나 따름에서 권력의 작동방식을 찾은 것이다. 그러나 지배나 따름, 복종이라는 단어들이 함의하는 수직적인 힘의 관계로 권력을 이해하는 것이 아니라 권력행사를 협력과 공조 속에서 이해하는 학자도 있다. 한나 아렌트^{Hannah Arendt}는 권력 관계를 본질적으로 협력적인 것으로 보았다. 그녀는 권력^{power}을 '폭력^{violence}이나 물리력^{force}, 명령과 복종의 관계^{command-obedience relationship}에서 파악하는 것이 아니라 '협력 속에 행동할 수 있는 사람의 능력^{the human ability to act in concert}'으로 이해했다. 따라서 아렌트는 권력은 개인이 아닌 집단에 속하는 것이며 그 집단이 함께 협력적으로 결속되어 있는 경우에 권력이 유지된다고 주장했다.

넷째, 권력은 어떻게 어디에서 관찰할 수 있고 측정할 수 있는가라는 문제이다. 이 질문에 대하여는 여러 가지 주장들이 존재하지만 대표적인 주장은 로버트 달^{Robert Dahl}의 주장이다. 달은 이해관계들이 충돌하는 정책결정^{decision-making}에서 누가 주도적이고 결국에는 승리하는가에 주목했다. 달은 정책결정과정을 주도하고 자신의 이해관계를 정책결정과정에서 관철시키는 사람이나 집단이 권력을 지닌 사람들이라고 주장한 것이며, 권력행사를 관찰하고 측정하기 위해서는 정책결정과정을 살펴보면 된다고 판단했던 것이다. 그러나 달과 달리 정책결정과정에 주목하지 않은 학자들도 존재한다. 정책결정과정이 아니라 정치적 의제^{agenda}가 어떻게 선정되는지, 즉 의제설정^{agenda setting}에 집중한 학자도 있다. 의제설정과정에 주목하는 학자들은 권력은 어떤 쟁점을 의제화하여 정치의 장에 들어가게 하기도 하고 다른 쟁점은 제외하여 결정이 내려지지 않게 하기도 한다는 점을 강조한다.

정리하면, 권력은 결정을 내리는데 영향을 미치거나 결정의 내용을 규정하는 능력이며, 권력의 주체는 개인이나 집단과 같은 인격체 뿐 아니라 사회 메커니즘이나 사회구조 같은 비인격체도 포함한다. 권력의 특성은 폭력, 물리력, 지배, 복종과 같은 부정적이고 수직적인 의미뿐 아니라 협력과 공조 같은 긍정적인 의미도 지니고 있으며. 권력현상은 권력을 행사하는 주체의 '의도'에 의한 결과물이 아닐 수도 있다. 그리고 권력은 정책결정과정이나 의제설정과정을 살펴봄으로써 그 작동과정을 관찰할 수 있고 영향력을 측정할 수도 있다.

그러나 지금까지 살펴 본 권력에 관한 논의가 권력의 속성을 모두 잘 설명하고 있는 것은 아니다. 따라서 권력에 대한 보충 논의가 필요하다._{Heywood, 2007: 171, 177-178} 첫째, 위에서 살펴본 4가지 질문과 그에 대한 답변은 권력이 사람들의 선호와 필요를 조작함으로써 사람들의 사상과 신념체제를 통제하는 형태를 취할 수도 있다는 점을 간과하고 있다. 권력을 행사하는 사람들에 의해 교육, 방송, 지식, 정보, 여론 등이 권력의 필요에 맞게 조작되고 광범위하게 유포되어 피치자들의 신념체제와 사상, 지식, 욕망 등을 의도적으로 통제할 수 있다는 주장과 사례연구는 정치학적 상식이자 사회적 상식에 가깝다. 이런 시각에서 바라보면, 권력관계는 정책결정과정이나 의제설정과정 뿐 아니라 사회나 국가의 지배적인 신념이나 사상, 지식, 욕망 등을 누가 어떻게 형성하고 주도하는지를 관찰하는데서도 찾을 수 있다.

권력의 이와 같은 속성은 특히 마르크스주의자들에게 매력적인 관심사다. 마르크스주의자들은 자본주의는 계급착취와 억압에 의해 유지되는 체제인데 권력은 그 체제 내에서 지배계급 즉 부르주아의 수중에 집중되어 있다고 주장한다. 부르주아 권력은 경제적이며 정치적인 만큼 이데올로기적이기도 한데, 그것은 한 사회의 지배적인 사상, 가치 그리고 신념이 지배계급의 것이기 때문이라는 것이다. 그래서 착취당하는 계급인 프롤레타리아트는 부르주아 사상과 이론에 의해서 미혹되어 허위의식^{false consciousness}에 병들게 되고, 사실상 피지배계층은 자신들이 착취당하고 있다는 사실조차 인식하지 못한다는 것이다. 이처럼 마르크스주의의 권력론에 따르면 권력은 상당히 교활한 얼굴을 지니고 있다. 즉 A가 B에게 권력을 행사할 때 A는 B에게 강압과 물리력을 일방적으로 행사하거나 협력과 공조를 요구하는 것만이 아니라, B가 원하는 것에 절대적인 영향을 미치고 B가 원하는 것을 원천적으로 그렇게 만들어버리는 방식으로 권력을 행사하기도 한다는 점이다. 권력은 권력이 자신들에게 행사되고 있다는 점을 피치자들이 느끼지 못하는 방식으로 은밀하게 작동하고 있으며, 피치자들의 신념체계, 지식, 욕망, 이해관계 등을 권력이 원초적이고 근본적으로 규정하는 방식으로 교활하게 작동한다는 것이 마르크스주의자들의 핵심 주장인 것이다.

둘째, 이미 살펴본 것처럼 권력은 정책결정과 의제설정에 영향을 미치는 능력을 포함한다. 하지만 여기서 간과해선 안 되는 것은 권력은 존재하지만 행사되지 않을 수도 있다는 점이다. 예컨대 어떤 개인이나 집단은 정책결정에 영향을 미칠 능력은 지니고 있지만 내려진 결정이 자신들에게 나쁜 영향을 미치지 않는다는 이유로 자신들의 능력을 행사하지 않을 수도 있다. 이런 상황은 현대 민주주의 사회에서 정치적 관심과 권력은 지니고 있지만 정치에 참여하지 않는 적지 않은 시민들이 존재하는 상황을 설명할 수 있는 이론적 열쇠가 될 수 있다. 즉, 정치적 관심과 권력을 소유하지 못해 정치에 참여하지 못하는 집단과 정치적 관심과 정치적 혹은 경제적 권력을 지니고 있으면서도 정치에 참여하지 않는 집단을 구분하고 비교할 수 있는 이론적 틀을 제공하는 것이다.

포스트 모더니즘post modernism1)과 후기 구조주의post structuralism2)의 대표적 사상가인 미셸 푸코Michel Foucault, 1926~1984는 기존의 권력이론이 권력을 억압과 복종이라는 단순한 이분법적 역학 구도 속에서만 행사되는 것으로 파악함으로써 권력을 지나치게 단순화했다고 비판하면서 자신만의 독특한 권력이론을 제시했다.김성훈, 2005, 161 기존의 권력이론은 권력을 강제력을 통해 예속된 자의 의지에 반하여 자기 의지를 관철시키는 권력자의 힘으로 인식했는데, 자유주의와 마르크스주의가 이런 입장을 대변해왔다. 자유주의와 마르크스주의의 공통점은 권력이 특정 개인이나 집단 혹은 계급에

---

1) 모더니즘은 인간의 이성을 기준으로 인간과 세계를 인식한다. 중세 시대에 진실의 기준이 신과 전통과 권위였다면 근대에 들어서면서 계몽주의의 영향으로 인간의 이성이 '신과 전통과 권위"를 대체한 것이다. 포스트 모더니즘은 모더니즘의 이러한 이성 중심주의에 원천적인 비판적 입장을 던지면서 등장한 사상이다. 계몽주의는 중세 이후 근대 시대에 들어서면서 인간이 신의 섭리에 의하지 않고 자신의 이성과 합리성을 통해 사회를 변혁하고 역사의 진보를 이루어낼 수 있다는 신념에 기초한 사상이다.

2) 구조주의에서 말하는 구조는 사회구조, 언어, 제도, 법과 같이 인간을 둘러 싼 다양한 틀을 의미한다. 구조주의는 인간이 자신의 자율성이나 자유의지에 의해 사고하고 행동하기보다 위에서 살펴본 다양한 구조들의 구조적 영향력에 의해 강하게 규정받는다고 주장하는 사상이다. 후기 구조주의는 구조적 영향력이 인간에게 절대적인 영향력을 행사하지 못한다는 사고, 즉 구조의 절대성을 부정하는 사고에 기초하여 출발한 사상이다.

의해 소유될 수 있다는 것이다. 그러나 자유주의와 마르크스주의 권력이론은 간단치 않은 문제점을 지니고 있다. 자유주의는 사회계약을 통한 합리적 권력을 강조함으로써 사회 속에서 복잡하게 행사되는 미세한 거미줄 같은 권력의 복잡다단한 측면을 파악하지 못했으며, 마르크스주의는 자본주의 생산양식의 핵심 계급인 자본가나 노동자 사이의 잉여가치 착취와 계급투쟁을 강조한 나머지, 이들 주요 계급 이외의 다른 사람들에게 행사되는 권력의 다양한 작동상태를 간과했다. 즉, 사회에서 자본가와 노동자가 아닌 정신병자, 부랑아, 동성애자 같은 사람들에게 작동하고 있는 권력의 속성을 설명하지 못했다는 것이다. 이러한 약점을 극복하기 위해 푸코는 기존의 권력이론과는 다른 이론을 제시한다.

푸코의 권력이론은 기존의 권력이론과 비교할 때 몇 가지 차이점과 특징을 보여준다. 첫째, 푸코는 권력이 특정 개인이나 집단 혹은 계급에 의해 소유될 수 있다는 기존의 주장에 비판적이다. 그렇다고 푸코는 권력을 제도나 구조에서 찾지도 않는다. 즉, 푸코는 권력을 "제도도 아니고 구조도 아니며, 일부 사람들에게 부여되어 있는 특정한 권세가 아니다"고 주장한다.Foucault, 2003: 107 이러한 사고의 연장선상에서 그는 권력을 지닌 사람이 권력을 자신의 마음대로 행사할 수 있는 것이 아니라고 본다. 푸코는 권력은 특정 주체가 소유하거나 쟁취할 수 있는 것은 아니고 특정 개인에 의해 독점적으로 행사되는 것도 아니라고 점을 강조한다. 그는 주체, 특히 근대적 주체를 사유와 행위의 선험적 시발점으로 인식하는 데카르트적 인식론에 동의하지 않는다. 그는 특정 주체가 어떤 시공간 속에서 어떻게 지배적인 지위를 차지할 수 있었는지를 추적하면서, 특정 시공간 속에서 특정 주체가 지배적인 지위를 얻어내는 것은 권력의 작동과 깊은 연관이 있다고 본다.

예를 들어, 푸코는 『광기의 역사』에서 서구사회가 광인을 어떻게 다뤄왔는지를 역사적으로 추적하며 근대 이후 이성의 억압적 성격을 폭로한다. 푸코는 이 책에서 정상적이지 못한 사람으로 분류되는 광인이 병원에 가야하거나 사회로부터 격리되어야 한다는 사회적 상식은 근대 이후 합리적 이성이 역사의 중심으로 떠오르고 새로운 권력으로 등장한 결과물이라고 지적한다. 합리적 이성은 권력의 주체가 된 반면 이성적이지 못한 존재들은 모두 권력에 예속되는 대상이 되었다는 것이다. 이성적으로 판단할 때 인간적이지 못한 광인은 자본주의와 부르주아 사회의 중요한 가치인 노동의 규칙을 교육을 통해 습득할 수 없는 존재이기 때문에 가치 없이 정신병원에 감금되었다는 것이다. 푸코는 합리적 이성이 역사의 주체로 등장한 이후, 권력은 일반인들의

미쉘 푸코의 권력이론: 미쉘 푸코(Michel Foucault, 1926~1984)는 후기 구조주의 혹은 포스트 모더니즘을 대표하는 프랑스의 철학자로 꼽힌다. 쁘와띠에에서 태어나 고등사범학교에서 공부했으며, 꼴레주 드 프랑스 교수를 지냈다. 기존의 권력이론이 권력을 억압과 복종이라는 단순한 이분법적 역학 구도 속에서만 행사되는 것으로 파악함으로써 권력을 지나치게 단순화했다고 비판하면서 자신만의 독특한 권력이론을 제시했다. 푸코에게 권력은 특정 주체가 소유하고 행사하는 실체가 아니다. 그는 사회의 다양한 관계망 속에 편재하는 권력에 주목해야 한다고 주장한다. 권력은 그것을 행사하는 사람과 그것의 대상이 되는 사람 모두에게 영향을 미치는데, 주체가 절대적인 것처럼 여겨지게 만들고 다른 주체들을 비정상적인 것으로 만드는 무수히 많은 미세한 관계망이 바로 권력이라는 것이다. 아울러서 푸코는 권력이 특정한 곳이나 특정한 주체에 편중되어 있는 것이 아니라고 본다. 권력은 주권, 군주, 국가, 법 등과 같은 특정한 것이나 주체에 응집되어 존재하는 것이 아니라 사회 전역에 편재하면서 작동하고 있다는 것이다. 그리고 푸코는 기존의 권력이론과 달리 권력과 지식의 상호관계에 관심을 가지며, 권력이 지식을 형성함으로써 은밀하고 교묘한 기능을 수행한다고 강조한다. 권력은 이제 예속된 사람을 억압하고 강제하는 것이 아니라 그들 개개인에게 지식을 만들어주고 그들의 주체를 생산한다는 것이다. 대표적인 저서로는 『광기의 역사』, 『감시와 처벌: 감옥의 역사』, 『성의 역사』, 『언어와 사물』, 『앎의 고고학』 등이 있다.

상식까지도 미시적으로 통제하고 조작하고 있다고 주장한다. 달리 말해, 푸코는 권력은 누구에 의해 소유되는 것이 아니라 사회 각 영역의 무수한 관계망에 편재하면서 행사된다고 주장한다. 권력은 사회의 모든 영역에서 다양한 관계망을 통해 행사됨으로써 자신의 지배를 지속한다는 것이다.

푸코가 『광기의 역사』에서 추적한 광인에 대한 이성의 억압 사례는 사회 전역에 편재하는 무수하게 많은 권력 중 하나의 사례일 뿐이다. 따라서 권력을 관찰하려면 누가 혹은 무엇이 권력을 소유하고 행사하는가를 추적하는 것이 아니라 사회의 다양한 관계망 속에 편재하는 권력에 주목해야 한다는 것이 푸코의 주장한다. 정리하면, 푸코에게 권력은 특정 주체가 소유하고 행사하는 실체가 아니다. 권력은 그것을 행사하는 사람과 그것의 대상이 되는 사람 모두에게 영향을 미치는데, 주체가 절대적인 것처럼 여겨지게 만들고 다른 주체들을 비정상적인 것으로 만드는 무수히 많은 미세한 관계망이 바로 권력이라는 것이다.

둘째, 기존의 권력이론은 권력이 특정한 곳에 편중되어 있다고 주장해왔다. 즉, 자유주의와 마르크스주의는 정부, 국가, 주권, 법, 지배계급과 같은 특정한 곳이나 특정한 주체에 권력이 편중되어 있다고 보았으며, 권력이 정책결정이나 의제선정 과정에 집중되어 있다고 보기도 하였다. 하지만 푸코는 권력이 특정한 곳이나 특정한 주체에 편중되어 있는 것이 아니라고 본다. 푸코는 권력이 주권, 군주, 국가, 법 등과 같은 특정한 것이나 주체에 응집되어 존재하는 것이 아니라 사회 전역에 편재하면서 작동하고 있다고 주장한다. Heywood, 2007: 178-179

권력이 개인이나 집단 혹은 제도나 구조에 의해 행사되는 것이 아니라 사회 전역에 편재하면서 영향력을 행사한다는 푸코의 이러한 주장은 마르크스주의의 권력이론에 대한 그의 비판에서 명확히 드러난다. 김성훈, 2005: 167-169 마르크스주의는 자본가가 권력을 소유한 것으로 본다. 즉, 상부구조 중 하나의 구성요소인 권력은 생산수단을 소유한 지배계급의 이해관계를 반영한 도구에 불과하다는 것이다. 그러나 푸코는 마르크스주의에 비판적이다. 마르크스주의는 권력을 경제적 토대 안에서 찾으려 하며, 자본주의 사회에서 생산관계를 우선시하고 토대/상부구조, 경제/정치의 이원론을 극복하지 못하고 있다는 것이다. 이러한 비판과 함께 푸코는 권력은 특정 계급이나 기구에 의해서 전유되는 것이 아니라 사회 전체에 편재해 있다고 주장한다. 예를 들어 범죄자에게 작동하는 권력은 단순히 경찰, 검찰, 법원, 교도소와 같은 국가 공권력 기구에 의해 편중되어 독점적으로 행사되지 않는다. 이 경우 권력은 범법과 범죄자를 둘러싼 담론뿐 아니라 형사제도, 감옥의 형태, 정신의학, 교육 등과 관련된 담론과 실천의 총체에 의해 행사된다는 것이 푸코의 주장이다.

푸코에 의하면 권력은 사회 도처에 편재할 뿐 아니라 주체의 의식과 행동까지도 규정한다. 권력은 외부에서 주체를 강압하고 종속시키는 힘에 한정된 것이 아니라, 주체에 내면화되어 주체의 의식을 규정하고 그의 행위까지도 조건 짓은 하나의 틀로서 작용한다고 주장한 것이다. 예를 들어, 정신병자와 범죄자들은 정신병원과 감옥에 격리되어야 한다는 사회적 상식은 그 사회구성원 개개인(주체)에 권력이 내면화되어 그들의 의식과 행동을 규정한 결과물로 만들어진 것이다.

푸코는 『감시와 처벌』에서 형벌제도의 변화를 통해 시대별로 권력이 어떻게 개인을 통제하고 예속시켜 왔는지를 추적한다. 푸코는 감옥은 사회 전체를 철두철미하게 감시하는 권력의 기능과 권력으로부터 감시당하는 예속된 사람들 간의 관계를 상징적으로 잘 보여준다고 판단한다. 근대 계몽주의 시대 이후 합리적 이성을 중시하는 권력은 사람들을 일방적으로 처벌하지 않고 지식과 담론을 만들어 보다 생산적인 방식으로 권력을 행사했다는 것이 그의 주장이다. 푸코는 『감시와 처벌』에서 공리주의자 제레미 벤담Jeremy Bentham이 창안한 원형감옥인 파놉티콘panopticon에 주목한다. 파놉티콘은 중앙감시탑에서 간수가 죄수들의 일거수일투족을 빠짐없이 감시할 수 있지만 죄수는 중앙감시탑의 강렬한 빛으로 인해 간수를 볼 수 없다. 권력은 사회의 모든 것을 감시하고 있지만 감시당하는 입장에서는 누가 자신을 감시하는지 도저히 알 수 없는 구조가 파놉티콘인 것이다. 푸코는 파놉티콘이 현대 사회에서 권력이 어떻게 작동하고 있는지를 상징적으로 보여준다고 주장한다.

여기서 중요한 점은 감시당하는 사람들은 자신이 감시당하고 있다는 강박관념 속에 스스로 알아서 자기검열을 하고 자신의 행동을 알아서 통제하는 상황에 놓이게 된다는 것이다. 권력은 이제 특정인에 의해 소유되어 있는 것이 아니고 정책결정이나 의제설정에 한정되어 행사되는 것도 아니다. 권력은 사회 전역에 편재해 있으며 눈에 보이지 않지만 일상생활의 사소한 부분에까지 빠짐없이 영향력을 미치며 작동한다. 권력은 이제 모든 생활영역에서 아무도 모르게 은밀한 방식으로 예속된 사람들을 감시하고 그들의 신념, 사상, 행동까지도 교묘하게 구속하고 규정하는 기능을 수행한다는 것이 푸코의 주장인 것이다.

셋째, 푸코는 기존의 권력이론과 달리 권력과 지식의 상호관계에 관심을 가지며, 권력이 지식을 형성함으로써 은밀하고 교묘한 기능을 수행한다고 강조한다. 권력은 이제 예속된 사람을 억압하고 강제하는 것이 아니라 그들 개개인에게 지식을 만들어주고 그들의 주체를 생산한다. 무엇을 못하게 억압하는 것이 아니라 예속된 사람들을 교육하고 교정함으로써 지식을 통해 복종을 더욱 효과적으로 유도할 수 있다는 것을 권력이 깨달은 것이다. 권력은 이제 억압하고 강제하는 것이 아니라 지식을 자신의 입장에 맞게 생산함으로써 사회적 관계와 주체를 자신의 의도에 맞게 재생산하는 고도의 전략을 구사한다. 예를 들어, 근대 계몽주의 이후 이성 중심의 권력은 서구의 이성 중심의 지식을 구축해왔다. 그 결과 서구의 이성 중심의 지식과는 이질적인 다른

문명이나 문화는 열등하고 지배당해야 한다는 지식이 생산되었고 그러한 지식은 제국
주의 침략과 지배라는 권력으로 행사된 것이다. 정리하면, 지식은 권력의 작동과 영향
력에 효과를 미친다. 푸코는 지식은 권력의 효과이자 권력의 작동을 가능케 해주는
기능을 수행한다고 말한다. 지식과 권력은 서로 강하게 결합되어 있으며, 권력은 지식
을 매개로 행사된다는 것이다. 이제 권력이 제대로 작동하기 위해서는 물리력이나
권위, 정당성 뿐 아니라 지식도 필요하다는 점을 푸코는 지적하고 있는 것이다.

3. 권위란 무엇인가?

플라톤의 정치사상에서 중요한 것들 중 하나는 '무엇이 지배를 정당화하는가'라는
문제였다. 플라톤은 권위를 지배의 정당성을 설명하는 핵심 개념으로 인식했는데, 그
는 권위를 통해 자발적 복종이 어디에서 기원하는지를 설명하려고 했다.박혁, 2009: 79
그렇다면 권위는 무엇이고 권위와 권력의 관계는 또한 무엇일까? 아쉽게도 정치학에
서 이런 근본적인 질문에 대한 논의는 합의된 것이 아니다.

하지만 이러한 질문에 대한 대답은 크게 두 가지로 구분된다. 하나는 권위와 권력
을 포함관계를 통해 인식하는 것이고, 다른 하나는 권위와 권력을 서로 구분하여 이해
하는 것이다. 전자는 권위를 권력의 한 형태로 본다. 이 시각에서 바라보면 권위는
어떤 사람이 다른 사람의 행태에 영향을 미치는 수단이라는 점에서 권력의 한 형태로
이해된다.Heywood, 2007: 180 권위는 권력의 부분집합인 것이다. 반면에 후자는 권력과
권위를 서로 다른 성질의 것으로 구분하여 이해한다. 이 시각에 의하면 권력은 타인의
행태에 영향을 미치는 '능력'인 반면 권위는 그렇게 할 수 있는 '권한right'으로 이해된
다.Heywood, 2007: 180 권력은 설득이나 압력, 위협, 강제, 폭력 등을 통해 피치자의 순응
을 관철시키지만, 권위는 피치자가 인정하는 '통치할 수 있는 권한'과 피치자가 스스로
받아들이는 '복종해야 한다는 의무'를 통해 순응을 불러온다는 것이다. 이 시각은 이
렇듯 권한과 인정, 의무라는 관점에서 권위를 이해한다.

그러나 이러한 입장 차이에도 불구하고 권위에 대한 기존의 논의는 몇 가지 공통된
입장을 지니고 있다. 첫째, 권위가 효과적이기 위해서는 권위를 지닌 사람이 권력 또
한 지니고 있어야 한다는 것이다.Honderrich, 1995: 69 둘째, 권위는 복종을 요구하고 받아
내는 권한으로 치자와 피치자 간의 상호 '인정'에 기초해 있다는 것이다.Outhwaite and

Bottomore, 1993: 37 즉 권위는 권위를 가진 자와 그렇지 못한 자가 서로 인정하는 상황 하에서만 작동하므로, 인정받지 못한 권위는 작동하기 어렵고 따라서 제대로 된 권위 가 아니라는 것이다.

정리하면, 권위와 권력은 포함관계에 놓여 있을 수도 있으며 서로의 속성을 구분해 서 이해할 필요가 있다. 하지만 여전히 중요한 점은 권위와 권력은 명백하게 서로를 분리하기 어렵다는 것이다. 헤이우드, 2007: 183 예를 들어, 권력의 행사는 권위의 행사와 적지 않게 엮여 있다. 권력이 부재한 상황에서 권위는 제대로 행사되기 어려우며, 역 으로 권력이 제대로 작동하기 위해서는 적어도 제한된 형태의 권위를 동반해야 하기 때문이다. 예컨대, 정치적 리더십에는 권위와 권력이 항상 혼합되어 존재한다. Heywood, 2007: 183

권위에 대한 보다 구체적인 논의는 다음의 3가지 질문에 대한 답변을 통해 살펴볼 수 있다. Outhwaite and Bottomore, 1993: 38 첫째, 왜 권위라는 개념이 필요한가이다. 이 질 문에 대한 답변은 권위의 속성에는 권력과는 다른 무언가가 존재하기 때문이라는 것 이다. 권위를 권력의 부분집합으로 인식하는 사람들은 이러한 주장에 반대하는 편이 겠지만 권위와 권력을 구분하여 이해하는 사람들은 이러한 주장에 전적으로 동의한 다. 아렌트 Hannah Arendt는 권위는 복종을 의미하는데 사람들은 그 복종 안에서 구속감 을 느끼는 것이 아니라 자유를 유지한다고 주장하면서, 권위를 권력이나 물리력 force, 폭력, 설득 등과 구별한다. 예를 들어, 권력 앞에서 사람들은 자유롭기 어렵지만 권위 앞에서는 자유로울 수 있다는 것이 아렌트의 주장이다. 또한 설득 상황에서는 설득하 는 사람과 설득 당하는 사람이 서로 동등한 관계에 있을 가능성이 높지만 권위가 행사 될 때는 권위를 지닌 사람과 그렇지 못한 사람 간에 동등하지 못한 관계가 형성된다. 아렌트의 권위에 대한 논의는 뒤에서 구체적으로 다룬다.

둘째, 권위를 지닌 사람들은 어떻게 그 권위를 소유하게 되었는가 하는 문제이다. 이 점에 관해 가장 널리 알려진 논의는 막스 베버의 논의이다. Heywood, 2007: 185-188 베버는 권위의 3가지 이념형을 제시했는데, 그것은 전통적 traditional 권위, 카리스마적 charismatic 권위, 법적-합리적 legal-rational 권위이다. 전통적인 권위는 오랜 시간에 거쳐 확립된 관습이나 전통에 대한 존경과 따름에 기초한다. 전통적인 권위는 이전 세대부 터 지속적으로 당연한 것으로 받아들여 왔기 때문에 정당하다고 여겨지는 권위로 예 를 들어 부족 사회나 가부장제에서 명확하게 드러낸다. 전통적 권위는 또한 권력과 특권의 세습체제와 밀접한 연관이 있다. 왕정국가에서 왕의 권위는 전통적 권위에 기초한다. 카리스마적 권위는 능력이나 지도력 있는 개인이 지닌 힘과 영향력에 기초한다. 카리스마적 권위는 그 사람의 지위나 직책과는 무관하며 보통 사람과는 다른 개인적인 자질이나 능력에 깊은 연관이 있다. 예컨대, 종교 지도자가 행사하는 힘은 카리스마적 권위에 기초한다. 정치 지도자는 종종 자신의 카리스마를 만들기 위해 노력하는데 미디어를 통한 이미지 조작이나 선동적인 대중 웅변술 등을 통해 카리스마적 권위를 획득한다. 카리스마적 권위는 강렬하며 구세주적인 속성을 보이는 경우가 많다.

이에 반해, 법적-합리적 권위는 법이나 합리성에 기초한 권위이다. 역사적으로 보면 법적-합리적 권위는 전통적 권위를 대체해왔다. 법적-합리적 권위는 법에 명시된 원칙이나 규범, 법조문에서 나온다. 달리 말해, 법적-합리적 권위는 어떠한 직책을 지닌 사람에 속하는 것이 아니라 어떠한 직책이 지닌 공식적인 권력에 전적으로 속해 있는 권위이다. 즉, 법적-합리적 권위는 법의 틀 내에서 행사된다는 점에서 법의 지배에 기초한 권위이다. 예컨대, 현대의 정부는 법적-합리적 권위에 기초하여 작동한다. 베버의 관점에서 바라보면 법적-합리적 권위는 전통적인 권위나 카리스마적 권위보다 발전된 진일보한 것으로 이해되는데, 베버는 현실 사회에서는 권위가 3가지 이념형 중 하나의 형태로 작동하는 것이 아니라 서로 혼합된 형태로 작동한다고 주장하였다.

셋째, 왜 사람들은 권위에 따라야만 하는가라는 문제이다. 이 문제를 다루기 전에 우선 짚고 넘어가야 할 것은 무정부주의자와 마르크스주의자들은 권위를 거부하며 권위에 따를 필요가 없다고 주장한다는 점이다. 마르크스주의자들은 권위는 자본주의 국가의 계급적 본질을 은폐하는데 기여한다고 주장하며 권위를 거부한다. 그러나 권위에 대한 보다 깊은 회의심과 적대감을 드러내는 이데올로기는 다름 아닌 무정부주의이다.^{Heywood, 2007: 191} 무정부주의는 권위를 자유의 적으로 인식한다. 모든 형태의 권위는 복종을 요구한다는 점에서 개인의 자유에 대한 전체적인 도전이라는 것이다. 따라서 무정부주의자들은 권위가 강화되거나 확장되면 자유는 그만큼 제한된다고 본다. 그래서 권위를 거부하고 권위의 약화를 찬양하는 것이 무정부주의자들의 입장이다. 권위는 권위를 지닌 사람에 대한 무조건적 복종을 야기한다는 점에서 합리성과 비판적 이성에 대한 위협이라는 것이다.

권위 자체를 부정하는 무정부주의와 마르크스주의와는 달리 권위에 왜 따라야만 하는지에 대한 답변은 자유주의, 보수주의, 공동체주의, 현실주의에 따라 다르다. Outhwaite and Bottomore, 1993: 38; Heywood, 2007: 190 자유주의자들은 권위에 복종해야 하는 이유를 사회계약에서 찾는다. 17~18세기 사회계약론자들은 확립된 권위가 존재하지 않는 사회를 자연상태라고 가정하였다. 자연상태에서 개인들은 자신의 목적과 이익을 위해 서로 투쟁하게 되고 그 결과 자신의 생명과 자유, 재산을 지킬 수 없는 무정부 상태에 빠지기 때문에, 이러한 상황을 근본적으로 차단하기 위해 계약을 통해 확립된 권위에 복종한다는 것이 자유주의자들의 주장이다. 예를 들어 로크^{John Locke}나 롤즈^{John Rawls}는 권위의 근거를 사회계약에서 이끌어낸다. 이처럼 사회계약론자들은 사람들은 자신들에게 이득이 되기 때문에 사회계약에 따라 만들어진 권위, 즉 정부에 따른다고 본다.

그러나 개인의 자유와 권리 및 재산권을 무엇보다도 중시하는 자유주의는 권위에 대한 근본적인 두려움도 지니고 있다. 자유주의는 권위가 사회의 질서와 안정을 확립하기 위한 개인들의 계약에 기초한 것이기 때문에 권위에는 동의가 우선적으로 필요하다고 본다. 즉, 권위는 피치자의 동의에 기초해야 한다고 강하게 주장한다. 따라서 자유주의자들은 권위가 개인의 자유를 제약하며 개인의 재산권을 침해하는 등 폭정을 행사할 수 있는 가능성을 우려한다. 권위의 폭정 가능성을 원천적으로 차단하기 위해 자유주의자들은 헌법과 법에 의해 작동하는 법적-합리적 권리를 선호한다. 이처럼 자유주의자들은 권위가 피치자들의 동의에 기초하여 제한받고 통제 받아야 한다고 믿는다. 예컨대 자유지상주의자인 노직^{Robert Nozick}은 정부의 권위는 개인의 권리에 대한 불간섭과 불침해에 기초해야 한다고 주장한다.

자유주의자들과 달리 보수주의자들은 권위는 피치자의 동의를 필요로 하지 않으며 자연적인 필요성에 의해 생성된 것이라는 입장을 견지한다. 예를 들어, 가정에서 부모의 권위는 자식들의 동의에 기초한 것이 아니라 자연발생적으로 발생한 것이라는 지적이다. 이렇게 본다면 보수주의자들에게 권위는 아래로부터의 동의에 의해 만들어진 것이 아니라 피치자의 이익과 혜택을 위해 지배자가 위로부터 행사하는 권한이 된다. 보수주의자들은 권위는 사회의 안정적 유지를 위해 기능한다고 본다. 즉, 권위는 사회의 결집력을 강화하고 좋은 공동체를 만드는 기초로 작용한다는 것이다.

자유주의자들과 달리 아리스토텔레스, 루소, 헤겔, 아렌트, 오크샷^{Michael Oakeshott} 등은 개인의 권리나 이익을 강조하는 대신 사회적 존재로서의 인간과 공동체를 우선시하고 강조한다. 이들은 개인의 속성은 원자적이고 개체적이지 않으며 자신이 속한 사회의 시공간과 그 사회에서 자신의 역할과 실천 등에 의해 강하게 영향 받는다고 주장한다. 이러한 공동체주의^{communitarianism} 이론가들은 사람들이 권위를 인정하고 권위에 순응하는 이유는 그 권위가 공동체의 의지나 정체성, 공동체가 공유한 가치와 신념 등을 대변하기 때문이라고 설명한다.

정치적 현실주의자들은 권위는 공유된 신념이나 관습 등에서 저절로 생성되는 것이 아니라 권위를 지닌 사람이 권위에 순응하는 사람들에게 그 권위를 '부과'하는 것에서 생성된다고 주장한다. 즉, 정부의 권위는 피치자의 동의나 인정에 기초한 것이 아니라 정부가 지닌 능력이나 신념 등을 강하게 일반 시민들에게 부과하면서 발생한다는 것이다. 피치자 입장에서는 권위를 인정해서 따르는 것이 아니라 권력자가 권위를 자신들에게 부과했기 때문에 따르게 된다는 것이다. 이러한 현실주의 시각은 다분히 권위주의적이고 수직적인 권력관계적 입장을 띠고 있는데, 이 시각에서 바라보면 지배 엘리트들이 여론 조작을 통해 대중의 지지를 확보하는 것도 권위 행사에 의한 결과물로 이해된다.

권위를 보다 더 심도 있게 이해하기 위해서는 '법적de jure 권위'와 '사실상의de facto 권위'를 구분할 필요가 있다. 법적 권위는 명확한 규칙에 의하여 행사되는 권위이다. 누가 권위를 지니는지, 권위는 어떻게 행사되는지에 대한 명확한 규칙과 절차가 존재한다면 그것은 법적 권위가 존재한다는 의미이다. 예를 들어 베버가 말한 법적-합리적 권위는 '법적 권위'의 형태를 지니지만, 권위가 명백한 규칙이나 절차에 의해 행사되지 않는 경우 그 권위는 '사실상의 권위'인 경우가 많다. 베버가 말한 카리스마적 권위는 사실상의 권위에 해당한다.Heywood, 2007: 188

권위에 대해 가장 부정적인 이해를 제시한 사람들은 무정부주의자와 마르크스주의자들이다. 하지만 권위에 대한 부정적인 인식을 하는 사람들은 이들 뿐만이 아니다. 무정부주의자들과 마르크스주의자들처럼 권위를 근본적으로 부정하는 것은 아니지만, 권위를 권위주의적 정부와 연계하여 이해함으로써 민주사회에서 권위가 최소화되어야 할 필요악이라고 인식하는 사람들도 존재한다. 권위에 대한 이러한 부정적인 인식과 달리 권위에 대해 긍정적인 해석을 내놓은 대표적인 사람은 한나 아렌트이다. 독일 출신의 미국 정치철학자인 아렌트는『전체주의의 기원』에서 전통적 권위가 쇠락한 것이 나치즘과 스탈린주의가 발생한 대표적인 원인이라고 지적하면서 권위에 대한 독특한 주장을 제시한다. 유대인인 아렌트는 이 책에서 나치즘을 피해 미국으로 이주해간 자신의 경험과 나치즘과 스탈린주의 같은 전체주의에 대한 분석과 성찰을 통해 권위는 공동체의 질서와 안정을 창출하고 유지하기 위해 필수적인 요소라고 주장한다. 이런 시각에서 그녀는 역사가 발전하면서 전통적인 권위가 해체되는 것을 역사발전의 긍정적인 지표로 이해하는 근대화론과 같은 시각들에 강하게 반대한다. 그녀는 역으로 전통적 권위가 상실되면서 무질서와 위기가 발생했다고 주장한다. 『전체주의의 기원』에서 아렌트는 전체주의의 발생은 전통적 권위가 붕괴된 현상과 깊은 연관이 있다고 설명한 것이다. 박혁, 2009: 78

권위에 대한 아렌트의 독특한 설명은 그녀가 권위와 자유를 대립적으로 인식한 기존의 설명에 비판적이라는 점에서도 드러난다. 박혁, 2009: 85 그녀는 권위와 자유를 적대적 대립관계로 이해하는 것은 전적으로 오해라고 지적하면서 권위와 자유는 결코 대립물이 아니라고 강조한다. 권위가 사라져도 자동적으로 자유가 획득되는 것이 아니라는 설명인데, 권위가 사라지면 사라질수록 오히려 더 많은 자유를 상실하게 된다는 것이다. 아렌트에게 권위는 폭력이나 지배와는 근본적으로 다른 속성을 지닌 개념이다. 만약 폭력을 통해 피치자를 강제한다면 그것은 권위적인 것이 아니라 전제적인 것이며, 논쟁을 통해 누군가를 설득하려고 한다면 그것은 권위적인 것이 아니라 민주적인 것이라는 주장이다. 그런데 권위를 폭력이나 지배로 이해할 때 권위는 자유와 공존하기 어려운 화해불가능한 개념으로 남게 된다는 것이다.

이러한 인식의 연장선상에서 아렌트는 자유를 파괴하는 국가는 권위적인 것이 아니라 전제적인 것이라고 강변한다. 권위적으로 제한된 자유와 전체주의적으로 제한된 자유 간에는 결정적인 차이가 존재한다는 것이다. 예를 들어, 카톨릭 교회는 권위적이지 전체주의적인 것은 아니며, 나치즘이나 스탈린주의 같은 전체주의는 권위와는 아무런 연관이 없다는 것이다. 결국 아렌트에게 권위는 자유를 배제하는 것이 아니다. 아렌트는 오히려 자유는 새로운 권위를 만들려는 정치적인 행위에서 발생하며, 혁명은 자유와 새로운 권위를 창출한다고 주장한다.

정리하면, 아렌트는 전통적인 권위가 약화되고 사라짐으로써 나치즘과 스탈린주의 같은 전체주의적 지배가 발생했다고 설명한다. 그녀는 전통적인 권위에 대해 구성원들이 존중감을 가짐으로써 그 사회가 결속된다고 본다. 강력한 규범은 사회적 행위의 기준이 되는데, 이런 기능을 통해 전통적 권위가 사회를 결속시키는 긍정적 기능을 수행한다는 것이다. 결국 권위가 지닌 순기능은 사회의 안정과 정체성을 개인들에게 부여하여 사회의 결속을 보장한다는 점인데, 권위가 붕괴할 경우 사람들은 의지할 곳을 상실하고 공동체에의 소속감을 상실하면서 고독감을 느끼게 되는데 그 결과 선동이나 독재에 쉽게 넘어가게 된다는 것이다.

한나 아렌트: 한나 아렌트(Hanna Arendt, 1906~1975)는 독일 출신의 철학자로 마르틴 하이데거(Martin Heidegger)와 칼 야스퍼스(Karl Jaspers)로부터 배웠다. 폭력과 전체주의의 본질에 대해 오래 연구했고, 정치에 대해 깊은 통찰력을 보여준 아렌트는 20세기의 가장 저명하고 논쟁적인 철학자 중 하나로 평가된다. 아렌트는 자신의 철학적 방법을 '개념적 분석'으로 명명하였다. 그는 주요 개념들을 분리시키고, 그들의 근원을 추적하고, 그 틀을 확대하며 심화시키고, 더욱 구별하고, 명료화하며, 이후 재구성하였다. 그렇다면 아렌트는 정치학에 어떤 영향을 미쳤을까? 이는 오랜 기간 아렌트가 자신을 철학자보다는 정치이론가로 불러주기를 원하였던 데서 미뤄 짐작할 수 있다. 실제로 아렌트는 여러 저서에서 현실 정치에서 철학적 사유가 어떤 계기에서 형성되며 어떻게 발전하는가를 다루었다. 이는 아렌트가 나치 독일의 권력 장악과 유대인 박해를 체험하면서 보다 인간적인 삶을 위한 진정한 정치에 관심을 둔데서 비롯되었다. 그는 "특정한 쟁점을 다양한 관점에서 고려하는 것, 즉 현존하지 않는 사람들의 입장을 내 정신에 나타나게 함으로써 의견을 형성하는 것"을 의미하는 '정치적 사유(political thinking)'를 현실 세계를 이해하는 핵심 키워드로 제시하였다.

정치에 대한 그의 견해가 잘 드러난 대표적 저서는 유고집 중의 하나인 『정치의 약속(The Promise of Politics)』이다. 이 책에서 아렌트는 전체주의와 원자폭탄의 경험이 우리 시대에 정치의 의미에 대한 질문을 촉발했다고 지적하면서 그 연원을 고대 그리스의 폴리스에서 찾고 있다. 폴리스가 모든 언어와 내용에서 정치가 실제로 무엇이며 그것은 어떤 의미인가에 대한 유럽적 개념을 결정적으로 형성했기 때문이라는 것이다. 이 점은 이미 아렌트가 초기 저서인 『인간의 조건(The Human Condition)』에서 밝힌 바 있다. 여기서 아렌트는 "인간 공동체에 현재하고 필요한 모든 활동 중에서 행위와 언어만이 정치적 활동으로 그리고 아리스토텔레스가 '정치적 삶(bios politikos)'으로 명명한 것을 구성한다고 여겨진다"면서 공적 공간인 "폴리스(polis)를 확립함으로써 인간들이 전 생애를 정치적 영역 속에서, 즉 행위와 토론 속에서 보낼 수 있었다"고 지적한다. 이후 강조점은 행위에서 말로 옮겨졌으며, 이에 따라 정치적이라는 것, 즉 폴리스에서 생활한다는 것은 힘과 폭력이 아니라 말과 설득을 통해 모든 것을 결정함을 의미한다는 것이다. 그리고 설득이 한계에 다다르면 폭력이라는 한계적인 정치현상이 나타난다고 한다.

아렌트는 정치는 인간의 복수성에 기초한다고 말한다. 즉, 복수의 인간(men)은 인간적이며 지상에서 만들어진 산물이고 인간 본성의 산물이라는 것이다. 이러한 관점에 입각해서 정치의 의미는 "자유로운 인간들이 서로에 대한 강요나 강제력 혹은 지배 없이, 서로 평등한 관계 속에서 오직 긴급사태―즉 전쟁―에서만 서로에 대해 명령하고 복종하면서, 그리고 긴급사태가 아닐 때에는 모든 공무를 서로 대화하고 서로를 설득하면서, 서로서로 관계를 맺을 수 있다"고 지적한다. 정치가 서로 다른 복수의 인간들의 공존과 연합을 통해 이뤄진다는 것을 강조한다는 점에서 아렌트의 정치관은 철학자가 이성적 사유를 통해 사회를 규율하는 보편적 원리와 규칙을 만들어 지배해야 된다는 플라톤의 '철인통치론'과 대립한다. 아렌트는 철학자가 도시를 지배할 권리를 얻는다면 '진리의 폭정(tyranny of the truth)'이 행해져 정치적 행위자로서의 시민의 자유와 자율은 훼손될 수밖에 없다고 언급한다.

『예루살렘의 아이히만』은 다른 저서들과 달리 대중을 위해 쓰여진 책으로 아렌트가 '뉴요커'의 특파원 자격으로 이스라엘 비밀경찰에 잡혀온 아돌프 아이히만의 재판을 참관한 후 쓰여졌다. 아렌트는 아이히만에게서 서로 긴밀히 연결된 '말하기의 무능성', '생각의 무능성', '타인의 입장에서 생각하기의 무능성'을 발견하는 데 이 중에서 세 번째 무능성은 옳고 그름을 가리는 판단의 무능성을 의미한다고 지적한다. 여기서 그는 생각하지 못함으로써 야기된 '평범한 악(banality of evil)'이야말로 정치적인 것의 완전한 파괴를 보이는 징후라고 주장한다. 이와 관련하여 지배자의 정치행위를 결정하며 피지배 대중에게 이러한 행위를 허용하는 것을 아렌트는 이데올로기라고 말한다. 『전체주의의 기원(The Origins of Totalitarianism)』에서 아렌트는 이데올로기가 역사를 설명하는 열쇠나 모든 '우주의 보편적 수수께끼'를 풀 해결책이나 인간과 자연을 지배한다는 숨겨진 보편적 법칙에 대한 깊은 지식을 소유한다고 주장한다고 한다. 그중에서도 "역사를 경제적 계급투쟁으로 해석하고, 역사를 자연적 인종투쟁으로 해석하는 이데올로기가 다른 이데올로기들을 물리치고 정상에 올랐다"는 것이다.

아렌트의 대표작으로는 『전체주의의 기원(The Origins of Totalitarianism)』, 『예루살렘의 아이히만: 악의 평범성에 대한 보고(Eichmann in Jerusalem: A Report on the Banality of Evil)』, 『인간의 조건(The Human Condition)』, 『혁명론(On Revolution)』, 『폭력론(On Violence)』, 『공화국의 위기(Crises of the Republic)』, 『정치의 약속(The Promise of Politics)』가 있다. 아렌트의 삶과 사상에 대해서는 제자인 엘리자베스 영-브륄(Elisabeth Young-Bruehl)이 쓴 『한나 아렌트: 세계사랑을 위하여(Hannah Arendt: For Love of the World)』를 참조할 수 있다.

그렇다면 권력과 권위의 차이는 무엇일까? 마키아벨리^{Niccolo Machiavelli}는 『군주론』에서 군주가 상속에 의해서나 종교적 이유에 의해서나 자신의 지위를 정당화할 수 없는 경우에는 권력(힘) 행사를 통해 그러한 지위를 얻어내야 한다고 주장한다. 이 경우 권력과 달리 권위는 단기적으로 보았을 때 군주에게 반드시 필요한 요소가 아니라는 것을 의미한다. 물론 군주는 장기적으로 권위를 찾으려고 노력하겠지만 단기적으로 권위가 반드시 필요한 것은 아니라는 지적인 것이다. 홉스Thomas Hobbes는 계약자들이 군주에게 권한을 부여한 이상 군주는 계약자들에게 권위를 행사할 권한이 있다고 보았다. 그리고 홉스는 군주가 부여받은 권위는 계약자들이 다시 돌려받을 수 없다고 주장한다. 그러나 홉스의 문제점은 누군가 물리력force을 통해 기존의 군주를 자신으로 대체했을 경우에도 새로운 군주의 권위와 정당성은 인정될 수밖에 없다는 것이다. 다시 말해, 홉스의 사회계약론에서는 성공적인 쿠데타와 '사실상의de facto 권력'을 정당화하는 측면이 존재한다는 것이다. Goodwin, 1987: 261

로크John Locke는 홉스와 달리 권위를 계약자와 직접 연계시킨다. 로크에 의하면 국민은 최고의 주권 소지자이다. 따라서 권위와 권력은 국민들에 의해 정부에게 제한된 수준에서 이양된 것으로 이해된다. 로크에게 권위와 권력은 국민이 지닌 주권에 종속되어 있는 것이다. Goodwin, 1987: 261 권력자가 국민의 주권을 침해할 때, 국민의 저항권은 이 지점에서 확보된다는 것이 로크의 생각이다. 로크는 또한 자신의 2권 분립론에서 입법부legislature와 집행부the executive 간의 권력의 균형을 주장한다. 집행부의 권력 행사는 주권에 기초한 입법부의 권위에 의해 제한되어야 한다고 생각한 것이다. 이처럼 정부(권력자)의 권력보다 국민(피치자)의 권위를 더 중시하는 정치이론가들은 강제coercion에 의한 정치권력은 인정되기 어렵다고 주장한다. Goodwin, 1987: 259

4. 정당성이란 무엇인가?

정치 질서의 정의로움rightfulness에 대한 논의, 즉 정치 질서가 정의로운가 아닌가에 대한 논의는 정치철학의 핵심 주제인데 정치 질서의 정의로움을 대변하는 용어가 바로 정당성legitimacy이다. 정당성은 일반적으로 안정된 정부의 기초로 여겨지는데, 이것은 권력에 대한 피치자들의 충성과 지지를 얻는 능력과 결부되어 있다. Heywood, 2007, 170

정당성이 무엇인지에 대한 보다 구체적인 논의는 4가지 질문에 대한 답변을 통해 알아볼 수 있다. 첫째, 정당성이란 무엇인가이다. 정당성은 일반적으로 정의로움으로 정의된다. 정의로움은 어떤 것이 정의롭다는 것이고, 정의롭다는 것은 무언가가 정의 justice의 원칙에 들어맞고 그 결과 스스로 혹은 그 자체로 정당하다는 뜻이다. 따라서 어떤 정치 질서나 정권이 정당성을 지녔다는 말은 그 정치 질서나 정권이 정의로움을 지니고 있으며 그 자체로 정당하다는 말에 다름 아니다. 둘째, 왜 정당성이라는 개념 이 필요한가이다. 이 질문에 대한 답변은 간단하다. 정당성이라는 개념이 적나라한 권력과 올바른 권위를 구별해주는 역할을 수행하기 때문이다.Heywood, 2007: 195 적나라 한 권력을 올바른 권위로 만들어주는 것이 바로 정당성 개념인 것이다. 셋째, 정당성 은 어떻게 만들어지는가이다. 정당성은 권력에 대한 복종이 그것을 따르지 않았을 때 받게 되는 보복에 대한 두려움에 의해서가 아니라 피치자의 자발적인 동의에 의해 이루어졌을 때 형성된다. 넷째, 정당성은 어떠한 기능을 수행하는가이다. 정당성은 권력과 권위를 구분해주는 척도로 기능하는 동시에 지배자의 명령을 권위 있고 구속 력 있게 만들어 주는 기능도 수행한다. 또한 정당성이라는 개념은 정당성을 상실한 권력에 대한 피치자의 저항권을 확보해주는 이론적 근거로도 기능한다.

이렇듯 정당성과 권위, 권력은 서로 불가분의 관계이며 상호보완적인 관계를 지니 고 있다. 제대로 된 권력은 권위를 지닌 권력이며 정당성을 지닌 권력인 것이다. 예를 들어, 권력이 정당성을 확보했을 때 비로소 올바른 권위가 형성될 수 있는 반면, 정당 성을 확보하지 못한 권력은 올바른 권위를 얻지 못해 적나라한 권력만을 행사하는 온전치 못한 권력으로 전락한다. 이 경우 정당성을 결여한 권력은 강압이나 협박, 폭 력, 공포와 같은 강압 정치에 의해 유지될 가능성이 높다.

그러나 지금까지 살펴 본 정당성에 대한 논의가 모두 학문적으로 합의된 것은 아니 다. 정당성을 놓고 벌어진 가장 첨예한 의견 대립은 정당성이 어디에 근거하고 어떻게 만들어지는가를 둘러싼 것이다. 논쟁은 막스 베버가 주장한 정당성의 3가지 근원을 둘러싸고 벌어진다. 권위를 설명하면서 살펴보았듯이 베버는 '정당성 있는 권위 legitimate authority'를 세 가지 이상적 타입으로 구분했다.Outhwaiate and Bottomore, 1993: 328 전통적 권위, 카리스마적 권위; 법적-합리적 권위가 바로 그것인데, 정당성은 이들 권 위를 확보했을 때 발생한다고 베버는 주장한 것이다.

하지만 적지 않은 학자들은 베버의 이러한 주장에 비판적이다.Honderrich, 1995: 477 정당성이 3가지 형태의 권위에서 발생한다는 베버의 설명은 정부나 권력의 정의로움, 즉 권력과 정의의 관계에 대해 전혀 고려하지 않은 이론적 결함을 지니고 있다는 것이 다. 다시 말해, 정당성이라는 개념을 정의로움과 연계하여 고려하지 않았다는 것이다.

그렇다면 다른 학자들은 정당성이 어떻게 발생한다고 주장하는가? 정당성의 근원에 대한 다른 주장들을 살펴보는 작업은 정당성에 대한 이해의 수준을 높여준다. 정치 철학자들은 대체로 정당한 지배와 정당하지 못한 지배 사이의 차이에 주목한다.

예를 들어, 아리스토텔레스Aristotle는 지배자의 사적인 이익보다 사회 전체의 이익을 위해서 지배가 이루어질 때 그 지배는 정당한 것(정의로운 것)이고 비로소 정당성이 확보된다고 주장한 반면, 루소Jean-Jacques Rousseau는 정부가 일반의지에 근거하여 권력을 행사하면 그것이 정당한 것이고 그럼으로써 정당성이 확보된다고 주장했다.Heywood, 2007: 196 아리스토텔레스는 지배자의 사익보다 공동체의 공익이 우선시되면 권력이 정당성을 얻게 되고, 루소는 권력이 국민 전체의 일반의지를 따를 때 정당성을 얻게 된다고 본 것인데, 이와 달리 민주주의 이론가들은 권력의 정당성은 시민들의 자유와 권리 및 인권을 보장하는 것에 근거하고 그것으로부터 연원하여 만들어진다고 주장한다. 아리스토텔레스나 루소, 민주주의 이론가들의 이러한 시각에서 바라보면 베버의 정당성 이론은 이론적 허점을 지닌 것으로 평가된다.

정당성을 둘러싼 또 다른 논란은 베버가 정당성의 근거와 연원을 정당성에 대한 피치자들의 '신념'에서 찾은 것을 놓고 벌어진다. 베버는 전통적 권위, 카리스마적 권위, 법적-합리적 권위에 기초함으로써 정당성은 얻어진다고 주장한다. 즉, 정당성은 3가지 권위에 기초함으로써 피치자들의 신뢰와 신념belief을 얻어 비로소 정당성의 영향력을 확보하게 된다는 것이 베버의 주장이다. 그러나 이처럼 정당성의 뿌리를 '정당성에 대한 신념'으로 인식하는 것은 문제가 있다. 비판자들이 특히 문제 삼는 것은 정당성에 대한 신뢰나 신념이 지배자에 의해 조작될 수 있다는 점이다. 예를 들어, 카리스마적 권위는 이미지 연출을 통해 지배자가 조작할 수 있으며, 법적-합리적 권위는 지배자가 헌법이나 법에 대한 자의적인 개정을 통해 확보할 수 있다.

베버의 정당성 이론이 지닌 이러한 문제점을 지적하면서 비덤David Beetham은 권력이 세 가지 조건을 충족하면 정당성을 확보한 것으로 인정받을 수 있다고 주장한다.Beetham, 1991; Heywood, 2007: 196-197 첫째, 권력은 반드시 권력자의 자의적인 의지에 의해서가 아니라 공식적인 법이나 비공식적인 관습 등에 기초한 확립된 규칙에 따라 행사되어야 한다. 둘째, 확립된 규칙은 치자와 피치자가 그것에 대하여 신뢰와 신념을 공유함으로써 정당화되어야legitimized 한다. 셋째, 정당성은 피치자가 동의를 표명함으로써 정당화되어야 한다. 정리하면, 비덤은 국민들이 신뢰하고 동의한 확립된 규칙에 따라 권력을 행사할 때 그리고 피치자의 동의에 근거하여 통치할 때 정권은 정당성을 획득한다고 본다. 이러한 비덤의 주장을 역으로 따라가면, 정권에 의해 조작된 정당성은 정당하지 않고 정의로운 것이 아니기 때문에 피치자로부터 인정받기 어렵고 결과적으로 정당성을 상실한다는 주장에 이르게 된다. 정권이 피치자의 생각과 지식, 신념, 이미지를 조작하여 만들어낸 낸 정당성은 허위의식의 산물로 원천적으로 무효라는 것이다.

그러나 비덤의 이론이 모든 정당성 이론을 대변하는 것은 아니다. 위에서 살펴본 것처럼 비덤은 확립된 규칙, 그 규칙에 대한 피치자의 신뢰와 신념, 그리고 피치자의 동의 등 3가지 요소를 정당성을 구성하는 핵심 키워드로 제시하지만, 하버마스Jürgen Habermas는 정권의 정당성은 심의 민주주의와 관련이 깊다고 주장한다. 즉, 하버마스는 관련 정보가 모두 주어진 상황에서 자유롭고 긴 심의를 통해 나온 결과물에 대해 이해관계자들이 모두 동의했는지 아닌지가 정당성의 획득 여부를 판결하는 중요한 기준점이라고 주장한다.Outhwaite, 1993: 328

그런데 문제는 하버마스의 기준을 현실적으로 충족시키기가 쉽지 않다는 것이다. 즉, 심의 민주주의를 제대로 준수하는 국가가 지구상에 그다지 많지 않다는 것인데, 이처럼 정당성의 기준을 상당히 높게 잡으면 제대로 된 권력과 권위를 행사하는 정권은 지구상에서 찾아보기 힘든 문제가 발생한다. 따라서 하버마스와 달리 정당성의 기준을 완화하여 제시한 주장들도 존재하는데, 대표적인 것은 두 가지 방식이다. 첫째는 정당성의 기준을 '헌법'으로 제시하는 것이다. 민주주의 국가에서 정당성의 객관적인 기초는 헌법이라는 것인데Boodwin, 1987: 260, 이런 시각에 따르면 어떤 정권이 헌법에 따라 권력을 행사하면 그 정권은 정당성을 확보한 것으로 인정된다. 둘째, 정당성의 기초를 선거를 통한 시민 다수의 지지에서 찾는 방식이다. 이 입장에 따르면 어떤 권력이 선거를 통해 시민 다수의 지지를 얻었다면 정당성을 획득한 것으로 인정한다.

비덤이나 하버마스의 주장은 정당성의 성립 요건에 대한 최대주의적 관점이라면, 정당성의 근거를 헌법이나 절차, 선거에서의 다수 지지 등에서 찾는 방식은 정당성의 충족 요건에 대한 최소주의적 입장을 대변한다. 정당성에 관한 최소주의적 관점은 자유민주주의 체제에서 정당성이 어떻게 확보되는지를 설명하는데 특히 유용하다. 자유민주주의는 일반 시민의 선호와 이해관계에 따라 권력이 행사되도록 함으로써 정당성이 확보되고 지속되는 정치 체제이다. 그런데 민주주의 이론가들은 자유민주주의 체제에서는 두 가지 장치에 의해서 정당성이 확보된다고 주장한다. 하나는 헌법이라는 확립된 규칙을 근거하여 즉 헌정주의를 통해 권력이 작동한다는 것이고, 다른 하나는 정규적이고 공개적이며 경쟁적인 선거를 통해 시민의 동의를 얻어냄으로써 권력이 창출되고 유지된다는 것이다.Heywood, 2007: 197 한마디로 자유민주주의 체제에서 정부 권력의 정당성은 헌정주의와 선거에 근거한다는 주장이다.

하지만 여기서 고려해야 할 점이 두 가지이다. 첫째, 헌법이 존재한다고 해서 그리고 그 헌법을 준수했다고 해서 권력의 정당성이 바로 확보되는 것은 아니라는 점이다. 비덤이 주장한 것처럼 헌법이 피치자로부터 신뢰받고 피치자의 신념으로 자리 잡지 못한 것이라면 그리고 하버마스가 주장한 것처럼 헌법이 구성원들의 심의를 거쳐 만들어진 것이 아니라면 아무리 헌법을 준수했다 하더라도 그 권력이 정당하고 정의로운 것이라고 인정받기는 어렵기 때문이다. 헌법은 사회 구성원들이 공유하고 희망하는 가치와 신념을 반영하는 경우에 한해 정당성의 근거가 될 수 있다. 예를 들어, 독재자가 자의적으로 개정한 헌법은 정당성의 기초가 될 수 없다. 헌법이 정당하게 민주적인 절차를 거쳐 만들어진 것이 아니라면 정권의 정당성은 확보되기 어렵다는 것이다. 정당성은 법에 일치하는 성질을 의미하는 합법성legality도 지녀야 하지만 그 법이 정당하게 만들어진 것이 아니라면 합법성을 지녔다 하더라도 정당성을 획득했다고 하기는 어렵다는 말이다. 둘째, 선거를 통해 다수를 확보했다 하더라도 투표율이 상당히 낮다면 그리고 선거가 공정하지 못했다면 권력은 정당성을 확보했다고 하기 어렵다. 현대 민주주의의 대표적인 문제점 중의 하나가 정치에 무관심한 유권자의 증가와 이로 인한 투표율 하락이 야기하는 정치적 대표성의 약화라는 점에서 투표율과 선거의 공정성을 함께 고려하지 않을 수 없는 것이다.

그러나 정당성에 관한 최소주의적 입장에 대해 가장 강력한 비판을 제기하는 진영은 마르크스주의자들이다.Heywood, 2007: 199-200 자유민주주의 비판자들, 특히 마르크스주의자들은 헌정주의와 선거가 자유민주주의의 정당성을 확보해주는 것이 아니라 오히려 지배계급의 지배를 은폐하고 유지하는 기능을 수행한다고 비판한다. 예를 들어, 네오마르크스주의자인 밀리밴드Ralph Miliband는 자유민주주의 체제에서는 사유재산권을 최우선시하고 자본주의의 장기적인 안정을 보장하려는 경향이 구조적으로 자리하고 있다고 주장하며 자유민주주의를 '자본주의적 민주주의'라고 지칭한다. 마르크스주의자들은 자본주의 체제가 근본적으로 불평등한 계급관계와 착취에 기초해 있다고 보기 때문에, 자유민주주의 국가에서 정권의 정당성이 피치자의 자발적 복종과 동의에 기초한다는 주장에 상당히 비판적이다.

그 대신 마르크스주의자들은 이데올로기적 조작과 확산을 통해 정당성이 가공되는 상황을 강조한다. 이데올로기는 거짓과 망상을 확산시켜 피지배 계급에 대한 이데올로기적 통제를 강화하고 그 결과 자본주의 체제의 유지와 안정에 기여한다는 것이다. 즉, 이데올로기는 피지배계급이 자신들이 착취당하고 있는 상황을 인식하지 못하게 함으로써 자본주의 체제를 공고하게 해준다는 것이다. 결국 이데올로기는 지배계급의 이익을 위해 봉사하는 것인데, 지배계급은 생산수단을 통제하는 것처럼 지식과 이데올로기도 철저하게 통제한다고 보는 게 마르크스주의자들이다.

이탈리아의 마르크스주의자인 그람시^{Antonio Gramsci}는 자본주의 체제가 단순히 불평등한 경제적, 정치적 권력에 의해서만 유지되는 것이 아니라 부르주아의 '문화적 헤게모니^{cultural hegemony}'에 의해서도 유지된다는 점을 강조한다. 그람시는 자본주의 붕괴를 예견한 마르크스와는 달리 서구 자본주의가 상당히 견고하게 유지되고 있다고 보았는데, 그 이유는 사회의 모든 영역에서, 특히 교육, 언론, 학교, 문화, 예술 등의 영역에서 부르주아의 사상과 사고가 주도적이고 지배적인 위치를 확보하고 있기 때문이라는 것이다. 그람시에게 문화적 헤게모니는 지배계급에 의한 문화적이고 이데올로기적인 지배^{domination} 상태를 의미하는데, 지배계급인 부르주아는 그 사회의 문화를 조작함으로써 자신들의 세계관이 그 사회의 문화적 규범이자 표준으로 자리 잡게 만들고, 그 결과 사회 구성원들이 현존하는 정치, 경제, 사회적 구조와 제도들을 모두 정당하고 필요한 것이자 불가피하고 영구적인 것으로 믿게 만든다는 것이다. 자본주의 체제에서 부르주아 지배는 부르주아의 이해관계를 최우선시하는 국가기구가 행사하는 물리력과 강제력에 의해서 유지되는 것이 아니라, 문화적 헤게모니에 의해서 만들어진 시민들의 자발적인 동의와 복종을 통해 유지된다는 주장이다. 그람시는 교육, 언론, 학교, 문화, 예술 등의 영역에서 광범위하고 점진적이며 장기적인 진지^{position}를 구축하고 대항 헤게모니^{counter hegemony}를 형성해야만 자본주의 지배와 부르주아 지배를 종식시킬 수 있다고 주장하는데, 이것이 바로 그의 진지전^{war of position} 개념이다. 하여간 그람시는 자본주의 국가에서 프롤레타리아트 계급은 문화적 헤게모니로 인해 자신의 계급의식을 지니기 어려우며 결과적으로 자신의 혁명적인 잠재력을 실현하기도 어렵다고 강조한다.

정리하면, 마르크스주의자들은 자유민주주의 체제에서 어떤 정권이 헌정주의와 선거에 의해 정당성을 확보했다 하더라도, 그 정당성은 이데올로기적 통제와 부르주아 헤게모니에 의해 조작되고 주입된 것이기에 인정받기 어렵다고 주장한다. 자유민주주의는 자본주의적 민주주의의 다른 이름이고, 그 안에서 형성되는 권력은 기본적으로

부르주아의 계급 이익을 최우선적으로 추구하기 때문이라는 것이다.

하버마스Jürgen Habermas는 1975년 쓰여진 『정당성 위기』에서 자유민주주의 체제는 정당성 위기를 겪고 있다고 주장한다. Heywood, 2007: 204-205; Outhwaite, 1993: 328 자유민주주의 체제에는 정당성이 위기에 빠지는 성향이 내재한다는 것이다. 이 책에서 하버마스는 자유민주주의 체제에는 자본주의 경제와 민주주의 정치 사이에 해결하기 어려운 긴장관계와 딜레마가 존재하는데, 이러한 딜레마로 인해 자유민주주의 즉, 자본주의적인 민주주의는 본질적으로 불안정해질 수밖에 없다고 주장한다. 민주주의 정치 체제에서는 다양한 정당들이 집권하기 위해 서로 경쟁하는데, 이 과정에서 압력단체 같은 정치집단들의 과도한 요구에 응하다 보면 정부지출이 늘고 국가 부담이 점차 확대된다는 점에 하버마스는 주목한다. 민주주의 정치 체제가 자본주의 경제 체제의 건전성과 장기 존속을 위협하는 상황이 발생한다는 것이다. 예를 들어, 정부의 공적 지출이 늘면 재정위기가 발생하고 재정위기가 발생하면 증세를 하지 않을 수 없는데, 높은 과세는 결국 기업에 부정적인 영향을 미친다. 역으로 정부가 기업의 이해관계를 우선적으로 따르다보면 세금을 낮추게 되고 국가의 재정이 줄면 정부는 복지 확충과 같은 대중의 요구에 응하기 어렵게 된다. 정리하면, 하버마스는 자유민주주의 체제는 복지 권리에 대한 대중의 요구와 사적 이윤을 강조하는 시장경제 사이에 끼여 딜레마에 놓여 있다고 주장한다. 결국 자유민주주의 체제에서 정부는 대중의 민주주의적인 요구도 충족시키기 어렵고 기업과 시장의 자본축적을 위한 요구도 충족시키기 어려운 상황에 봉착하게 되는데, 이 상황에서 민주주의적 압력에 저항하든지 아니면 자본주의적인 압력에 저항하든지 어느 쪽 정책을 추진하더라도 자본주의적 민주주의는 정당성을 유지하기가 어렵다는 것이 하버마스의 주장이다.

니콜로 마키아벨리의 『군주론』

언제나 선하게 행동해야 한다고 주장하는 사람은 선량하지 않은 사람들에게 둘러 싸여 곧 몰락하게 될 것입니다. 그러므로 자신의 지위를 유지하고자 하는 군주라면 사악하게 행동하는 법을 알고 있어야 하며, 자신의 필요에 따라 그것을 활용할 수 있어야 합니다(Machiavelli, 2011: 132).

군주는 자신의 백성들을 한데 모으고 충성을 바치도록 만들 수만 있다면 잔혹하다 는 비난에 대해 걱정할 필요는 전혀 없습니다. 도에 넘치는 인자함을 베풀어 혼란한 상태가 지속되어 백성들로 하여금 약탈과 파괴를 경험하도록 만드는 군주보다 아주 가끔 가혹한 행위를 하는 군주가 더 자비로운 것이기 때문입니다. 도에 넘치는 인자 함은 모든 사람들에게 해를 끼치지만, 군주가 집행한 가혹한 조치들은 특정한 개인들 에게만 해를 기칠 것이기 때문입니다(Machiavelli, 2011: 140).

군주라면 사랑을 받고 두려움의 대상도 되는 것이 바람직하다고 생각하지만, 두 가지를 한꺼번에 얻는 것은 불가능하기 때문에 하나를 선택해야 한다면, 사랑을 받는 것보다 두려움의 대상이 되는 것이 더 안전하다고 생각합니다. 일반적으로 인간은 은혜를 모르고 변덕스럽고 위선적이며 비겁하고 탐욕스럽기 때문에 군주가 자신들에 게 은혜를 베푸는 동안은 온갖 충성을 다 바칩니다. 그러나 군주에게 위험이 닥치면 그들은 정반대로 행동합니다. 다른 방비책에 게으른 군주는 몰락하고 말 것입니다 (Machiavelli, 2011: 141).

군주는 짐승의 성품을 잘 활용할 수 있어야 하며 짐승들 중에서도 여우와 사자의 성품을 선택해야 합니다. 사자는 함정을 피할 수 없으며 여우는 늑대를 피할 수 없기 때문입니다. 함정을 알아차리기 위해서는 여우가 될 필요가 있으며 늑대를 깜짝 놀라 게 하려면 사자가 될 필요가 있는 것입니다. 그러므로 현명한 통치자라면 약속을 지 키는 것이 자신에게 불리해지거나 약속하도록 만들었던 이유가 사라지면 약속을 지킬 수도 없을 뿐더러 지켜서도 안 됩니다(Machiavelli, 2011: 147-148).

〈생각해보기〉
1. 마키아벨리의 권력론의 특징은 무엇인가?
2. 현대 민주주의 정치에서 마키아벨리의 군주론은 아직도 리더십에 관한 지침으로 설득력을 지니고 있다고 생각하는가?

정의란 무엇인가?

정치에 있어서 정당성의 문제는 정의^{justice}의 문제에 다름 아니다. 하지만 정의에 대한 개념 정의^{definition}와 실천 방안은 단일하지 않고 다양하다. 공동체주의자 왈쩌 ^{Michael Walzer}는 정의는 인간이 구성한 것이며, 따라서 정의가 오직 한 가지 방식으로 만들어질 수 있다는 주장은 의심스러운 것이라고 주장했다.^{Walzer, 1999: 34} 하지만 정의에 대한 주장과 실천이 이렇게 상대적이고 다양함에도 불구하고 정의가 세계를 지배해야 한다는 생각은 인류가 지속해서 추구해 온 목표 중의 하나이다.^{Höffe, 2004: 11} 정의는 인류가 윤리와 정치 공동체를 운영해오는데 있어서 핵심적으로 추구해온 가치인 것이다. 그렇다면 정의란 무엇인가?

일반적으로 정의는 '올바르게 행위하는 것'을 뜻하고, 부정의^{injustice}는 '올바르게 행위하지 않는 것'을 뜻한다. 하지만 정의에 대한 개념 정의는 '각자에게 각자의 몫을 주어야 한다'는 생각에 기초하는데, 예를 들어, 중세 신학자 아퀴나스는 정의를 '자기 자신의 몫을 남의 몫과 구별 지어 주는 것'이라고 주장했다.^{Höffe, 2004: 195} 이처럼 정의를 각자의 정당한 몫에 연계시켜 사고하는 방식은 플라톤, 아리스토텔레스, 키케로, 아우구스티누스, 로마법 등을 거쳐 오늘에 이르고 있다.^{Höffe, 2004: 195} 이후 정의론은 각자에게 정당한 몫을 주는 것이 무엇인가에 대해 탐구하기 시작했으며 크게 두 가지 분야에서 정의론이 발전해왔다. 하나는 법 영역이고 하나는 철학과 사상 영역이다. 법 영역에서 정의론은 범법, 상해, 손실 등을 행한 사람에게 어떻게 응분의 대가 즉, 정당한 처벌을 받게 할 것인가에 관심을 집중해온 반면, 철학과 사회사상 영역에서는 사회정의 즉, 분배정의 문제에 대해 집중적으로 고민해왔다.

이러한 논의를 거쳐 정의는 일반적으로 분배적^{distributive} 정의, 인과응보적^{retributive} 정의, 시정적^{corrective} 정의 등으로 구분되어 왔다.^{Honderich, 1995: 433} 분배적 정의는 말 그대로 사회의 부와 같은 희소자원에 대한 분배적 차원의 정의를 말하며, 인과응보적 정의는 잘못된 행동에 대한 인과응보적 차원의 정의를 지칭한다. 시정적 정의는 어떤 행동으로 인해 야기된 손해에 대한 보상을 추구하는 정의를 의미한다. 그렇다면 정의란 무엇이며 정의는 어떻게 설명되고 있는가? 이 글은 법 영역에서의 정의론과 철학과 사회사상 영역에서의 정의를 차례대로 알아본다. 특히 철학과 사회사상 영역에서의 정의를 알아보기 위해 우선 사회정의와 깊은 관련이 있는 '평등'이 무엇인지 알아본 다음, 다양한 접근을 통해 사회정의가 무엇인지 구체적으로 살펴본다.

철학자들이 바라 본 정의

플라톤은 정의를 사람들이 사회공동체(국가) 안에서 자신의 본성에 가장 잘 맞는 일을 맡아 하는 것이라고 했다. 정의는 각자 자신이 맡은 일에 최선을 다하는 것이라는 것이다.[Höffe, 2004: 193] 개개인이 자신에게 부여된 일과 지위를 충실히 맡는 것보다 타인이나 사회 전체에 더 바람직한 것은 없다는 것인데,[Sabine & Thorson, 2008: 123] 문제는 정의에 대한 이와 같은 해석이 만족스러운 것은 아니라는 점이다. 플라톤의 해석에서는 정의의 다양한 의미들에 대한 언급이 없는 것인데, 특히, 플라톤의 해석은 사법적 정의 개념과는 전혀 관계가 없다.[Sabine & Thorson, 2008: 123]

정의에 관한 심도 깊은 논의를 최초로 이룬 저술은 아리스토텔레스의 『니코마쿠스 윤리학』이다. 아리스토텔레스의 정의 개념은 세분화되어 있으며 오늘날까지 이치에 맞는 것으로 광범위하게 받아들여지고 있다. 아리스토텔레스는 『니코마쿠스 윤리학』에서 "정의란 사람들로 하여금 정당한 것을 하고자 하게하며, 정당하게 행동하게 하며, 또 정당한 것을 원하게 하는 성격의 상태"라고 쓰고 있는데,[정달현, 1995: 203] 이러한 인식을 바탕으로 그는 정의를 보편적 정의와 특수한 정의 그리고 정치적인 정의로 분류하고, 특수한 정의를 다시 분배적 정의, 교환적 정의, 시정적(보상적) 정의로 구분했다.[Höffe, 2004: 30]

아리스토텔레스에게 보편적 정의는 모든 덕德, virtues을 포괄하는 덕으로 완전한 덕, 전체적인 덕을 의미한다. 구체적으로 보면, 보편적 정의는 시민으로서 가져야 할 최고의 덕으로 모든 이들에게 이로움을 주는 정의이다. 예를 들어, 시민으로서 공공질서와 법을 준수하고 자신의 욕망을 절제하며 아무런 조건이나 보상 없이 다른 사람을 배려하고 돕는 것은 보편적 정의의 발로이다. 특수한 정의 중 분배적 정의는 명예와 재산과 권력을 공동체에 대한 개인의 기여와 공헌 정도에 따라 분배하는 것을 말한다. 일한 만큼 주라는 것인데, 분배적 정의에 따라 개인은 자신의 몫에 걸맞은 명예와 부와 권력을 지닐 수 있고 행사할 수 있다.[Höffe, 2004: 194] 아리스토텔레스는 명예와 돈과 권력을 분배하는데 있어서는 불평등을 허용한 것이다. 교환적 정의는 자발적 교환이자 산술적 균형을 이루는 거래를 관할하며 구매, 판매, 대여, 보증 등과 같은 민법을 영역인 반면, 시정적(보상적) 정의는 비자발적 교환을 관할하며 불법한 행동

에 대한 배상원리와 관련된 형법의 영역으로 뺏은 만큼
돌려주라는 의미를 지니고 있다.^{Höffe, 2004: 30}

위에서 본 것처럼 아리스토텔레스는 분배적 정의에서
불평등을 허용했지만 정치적 정의에서는 평등을 강조했
다. 아리스토텔레스에게 정치적 정의는 자유로운 시민
들이 스스로 통치하는 것으로 공화정적인 의미에서 설
명된다. 정치적 정의는 자유롭고 평등한 시민들이 국가
를 구성하며, 이 공동체 안에서 동등한 시민들이 번갈아
지배하여 공동의 복지를 추구하는 수평적인 질서 구조
를 의미하는 것이다.^{Höffe, 2004: 33}

한편, 로마 신화에 등장하는 정의의 상징은 유스티시
아 여신^{Lady Justitia} 이다. 유스티시아는 눈을 가리고 있는
데 이는 규칙을 적용하는데 있어서 불편부당(공평함, 편
견이 없음)하게 모든 사람을 똑같이 대우한다는 의미이

유스티시아 여신

다. 예를 들어, 모든 사람은 법 앞에 평등하다는 것이다. 유스티시아는 한 손에는 저
울을 다른 손에는 칼을 들고 있는데, 저울은 각자의 몫을 각자에게 정확하게 배분한다
는 의미이고 칼은 수호와 처벌을 의미한다.

정의의 기준과 원칙

정의가 무엇인지 설명하기 위해 정의를 무엇에 기준하여 판단할 것인지, 무슨 원칙
에 기초하여 정의를 규정할 것인지를 생각해보는 것은 유용한 작업이다. 정의의 원칙
은 크게 공적^{merit} 원칙, 필요^{need} 원칙, 권리^{right} 원칙, 자연법칙(신의 섭리) 원칙이
존재한다.^{Heywood, 2007: 404-415} 공적 원칙에 기초한 공적주의 정의론은 아리스토텔레스
의 분배정의와 동일하다. 개인의 노력에 의한 공적에 비례하여 정당한 보상을 주어야
한다는 것이고 그것이 정의라는 것이다. 결국 공적주의 정의론은 각자에게 합당한
몫을 주는 것을 의미하는데 이 경우 결과적 불평등은 당연히 인정되는 문제가 발생한
다. 공적 원칙에서 '합당하다는 것'은 더 열심히 더 많은 일을 한 사람과 사회에 더
많은 기여를 한 사람에게는 더 많은 소득과 이익을 주어야 한다는 것을 의미한다.
그러나 공적 원칙의 문제점은 공적을 어떻게 객관적으로 만인이 인정할 수 있게 측정
할 수 있는가에 있다. 공적의 평가가능성과 그 기준에 대한 합의가능성 여부에서 문제

가 존재한다는 것이다. 공정 원칙의 또 다른 문제는 개인 간의 능력과 행운의 차이가 발생시키는 부의 불평등을 어떻게 해결할 것인지 대안을 제시하기 어렵다는 것이다.

필요 원칙은 정의가 사람들의 필요 need를 충족시키는 것과 깊은 관계가 있다고 주장한다. 필요 원리는 인간이 생을 유지하는데 있어 의식주는 기본적이고 필수적인 조건이며 이것을 제공하는 것이 사회정의라는 인식을 지니고 있다. 필요 원칙은 인간에게 기본적이고 필수적인 의식주를 제공하는 것이 정의로운 일이라고 보는 것이다. 예를 들어, 굶지 않고 약이 없어 죽지 않고 쉬고 잘 수 있는 공간을 제공하는 것이 바로 사회정의인 것이다. 그런데 이와 같은 필요 원칙은 사회주의와 공산주의 정의론에 가깝다. 사회주의와 공산주의, 필요 원칙, 결과적 평등은 서로 가까운 친족관계의 정의론이라고 볼 수 있는 것이다. 필요 원칙의 장점은 이것이 인간이 생존에 있어서 가장 필요로 하는 의식주는 반드시 제공되어야 한다는 이론적 기초로 작용하고 있다는 점이다. 사회주의 체제가 붕괴한 이후 결과적 평등에 대한 선호와 열망은 상당 부분 약화되었지만 필요 원칙에 근거한 사회정의론은 아직도 강력한 이론적 영향력을 지니고 있다. 예를 들어, 선진국의 풍요롭고 넘쳐나는, 심지어 버려지는 의식주와 최빈국의 아무 것도 없는 의식주 상황은 필요 원칙이 최빈국을 위한 강력한 정의의 원칙으로 기능할 수 있는 이론적 기초를 제공한다.

권리 right 원칙은 자유지상주의의 정의 원칙이다. 자유주의는 개인의 자유, 권리, 사유재산권, 생명을 가장 중시한다. 따라서 자유주의는 개인의 권리와 재산권을 침해하는 것은 정의의 원칙이 될 수 없다고 본다. 권리 원칙을 대표하는 이론가는 노직 Robert Nozick 이다. Heywood, 2007: 411 노직은 『무정부, 국가 그리고 유토피아 Anarchy, State and Utopia, 1974』에서 개인의 부가 훔친 것도 아니고 다른 사람의 권리를 침해하여 얻은 것이 아니라면 즉, 개인의 부가 정당하게 획득되었다면 그 부에 대한 분배 요구는 부당하다고 주장한다. 사회정의라는 이름으로 개인의 정당한 부를 재분배하려는 노력은 정의롭지 않다는 것이다. 노직은 이러한 인식을 바탕으로 개인의 부가 다른 사람에게 이전되는 것은 사회정의를 통한 재분배 정책 때문이 아니라 사적인 자선을 통해 이루어져야 한다고 주장한다.

이와 같은 권리 이론은 정의 원칙으로서 몇 가지 문제점을 지니고 있다. Heywood, 2007: 411-412 첫째, 권리 원칙은 절대 빈곤과 기아에 놓인 사람들을 구제하는데 이론적으로 기여하기 어렵다. 구제는 사회정의의 몫이 아니라 자선의 몫이라고 보기 때문이다. 둘째, 노직이 말하는 '정당하게 획득된 부'가 무엇인지 설명하기 어려울 뿐 아니라 '정당하게 얻은 부'라는 주장이 사실에 부합하는지도 알기 어렵다. 셋째, 개인을 사회와 철저히 분리하여 원자론적으로 이해하기 곤란하다는 점이다. 개인이 정당하게 이룬 부가 정말 개인만의 것인지 아니면 사회적 맥락과 환경을 통해 사회의 도움으로 번 것인지 구분하기 어렵다는 것이다. 예를 들어, 파산하는 기업을 정부 지원으로 되살려 놓은 상황에서 기업인이 이룬 부가 사장만의 것인지 아니면 정부의 지원과 시민들의 세금 지원이 들어갔기 때문에 국가와 시민들의 지분이 있는 것인지를 구분하는 것은 논쟁적일 수밖에 없기 때문이다.

자연법칙(신의 섭리) 원칙은 보수주의 정의론이다. 자연법칙(신의 섭리) 원칙은 인간사회의 불평등 상태를 자연법칙의 당연한 결과물이자 신의 섭리라고 이해한다. 자연 속에 진화와 도태가 있듯이 경쟁력 있는 자가 부를 축적하는 것이 자엽법칙에 맞는 것이고 신의 섭리를 따르는 것이라는 주장이다. 사회 불평등을 이렇게 이해할 경우 사회정의는 불필요한 정도가 아니라 신의 섭리에 도전하는 것이 된다. 보수주의의 정의론은 사회정의를 부정하는 것이다. 보수주의는 사회적 강자와 가진자들의 이데올로기이다. 그렇게 때문에 현상유지에 관심이 있으면 급격한 변화는 거부하는 것이 보수주의 이데올로기의 핵심이다.

따라서 보수주의자들은 물질적 부를 소유하고 있는 입장에서 사회정의에 대한 부정적인 생각을 지니고 있는 것이며 이런 입장을 정당화하기 위해 자연법칙(신의 섭리) 원칙에 기초한 정의론을 주장한 것이다. 예를 들어 보수주의자 버크[Edmund Burke]는 가난한 사람들에 대한 정부의 지원과 노동 조건에 대한 정부 규제는 신의 섭리에 간섭하는 것이라고 주장했다.[Heywood, 2007: 413] 부의 사회적 분배가 자연법칙과 신의 섭리의 결과라면 그 결과가 아무리 불평등하여 기아와 빈곤에 시달리는 사람이 발생하더라도 그것은 자연스럽고 정당한 것이며 따라서 개선할 필요가 없다고 보수주의는 인식하고 있는 것이다.

자연법칙(신의 섭리) 원칙은 다양한 비판을 받고 있다. 첫째, 자연법칙(신의 섭리) 원칙에 기초한 정의론은 상당히 거칠고 조악하다는 것이다. 자연법칙과 신의 섭리가 무엇인지 정교하게 설명하지 못하고 있으며, 자연법칙이 인간사회에도 그대로 적용될 수 있는지도 확신하기 어렵기 때문이다. 둘째, 자연법칙에 기초하여 판단할 때 '옳다'는 것과 인간사회의 도덕과 이성에 기초하여 판단할 때 '옳다'는 것이 같은 것인지 아니면 다른 것인지 자연법칙(신의 섭리) 원칙은 설명하지 않고 있다는 것이다.

법적 정의

법적 정의는 범법에 대해 형벌을 부과하고 상해와 손실에 대해서는 보상을 할당하는 방식과 관련된 정의인데, 이러한 측면에서 법적 정의는 형벌과 보상을 적용하기 위한 공적인 절차를 만들고 이를 강제하는 것과 관련된 정의이다.Heywood, 2007: 236 법적 정의는 일반적으로 절차적procedural 정의와 실질적substantive 정의로 구분된다. 절차적 정의는 형식적 정의라고도 불리는데, 정의로운 법적 판단의 결과는 공정하고 모든 사람이 수용할 수 있는 절차적 규칙을 적용하는 경우 발생한다는 점을 중시한다. 스포츠 경기에서도 공정한 절차가 중요하듯이 법적 판단에서도 공정한 절차가 중요하다는 것이다. 절차적 정의를 중시하는 사람들은 법 체계가 정의롭기 위해서는 법의 절차가 공정하고 정의로워야 한다고 주장한다. 법적 정의에서 절차적 정의는 여러 가지 측면에서 강조되고 있다.Heywood, 2007: 238 우선 법 앞 평등 개념은 절차적(형식적) 평등의 대표적 사례이다. 피고인은 변호사를 선임하여 법적 조언을 받을 권리를 지니며 고발된 내용을 명확하게 인지해야 할 권리를 지니는데, 이러한 것들은 모두 절차적 평등과 관련 깊은 제도들이다. 절차적 평등의 또 다른 사례는 재판관의 독립, 형사 사건에서 배심원 제도 허용, 삼심제 등을 통한 법적 판단의 오류 시정 제도 마련 등에서 찾을 수 있다.

그러나 절차적(형식적) 정의가 마련되었다고 하더라도 법적 판단이 반드시 정의로운 것은 아니다. 독재자가 자의적으로 만든 비민주적인 법을 집행하는 과정에서 변호인 선임과 삼심제가 이루어졌다고 해서 정의가 실현되었다고 보기는 어렵기 때문이다. 따라서 법적 판단이 정의롭기 위해서는 '실질적 정의'도 함께 요구된다. 실질적 정의는 법적 판단이 절차적(형식적) 정의 뿐 아니라 결과적 정의도 함께 실현해야 한다는 점을 강조한다. 법적 판단의 결과가 정의롭지 못하다면 절차적 정의가 마련되었다 하더라도 정의가 실현되었다고 보기는 어렵다는 것이다. 예를 들어 여성과 소수 인종 등의 참정권을 제한하는 법은 정의로운 법이라고 보기 어렵다. 또한 민주주의를 부정하고 독재를 합법화하는 법은 그것이 절차적으로 아무리 합법적이고 절차상의 문제가 없다고 하더라도 정당하고 정의로운 것이라고 판단하기 어렵다. 따라서 실질적 정의는 법의 '결과적 정의'만을 강조하는 것이 아니라 법의 내용 자체가 정당하고 정의로운 것인지를 중시한다.

그런데 문제는 법적 판단에 있어서 실질적 정의를 어떻게 실현할 것인지에 대해서 의견이 분분하다는 점이다. 변호사 선임 권리, 재판관의 독립, 배심원 제도, 삼심제 등과 같은 절차적 정의의 내용에 대해서는 학계에서 대부분 동의하고 있지만, 실질적 정의를 어떻게 실현할 것인지에 대해서는 학계의 합의가 이뤄지지 못하고 있다는 것이다. 법적 판단에서 실질적 정의를 실현하기 위한 방안은 몇 가지 이론이 서로 경쟁 중이다.Heywood, 2007: 240-241 첫째, 응분이론이다. 예를 들어 응분이론은 법적 정의는 살인자는 죽음으로 처벌하는 것이 실질적 정의라고 주장한다. 둘째, 억제이론이다. 억제이론을 주장하는 사람들은 사형이라는 처벌은 그것이 살인이라는 범법을 억제하여 살인자 숫자를 줄인다는 확실한 경험적 증거가 있을 경우에만 정의로운 것이라고 주장한다. 셋째, 재활이론이다. 재활이론은 사형이라는 처벌은 합법화된 살인에 불과할 뿐이지 결코 정의의 실현이 아니라고 주장한다. 이처럼 실질적 정의가 무엇인지, 어떻게 실현할 것인지에 대한 논의는 경쟁적인데, 이러한 논란을 벗어나는 방안은 사회 구성원이 일반적으로 혹은 지배적으로 합의하고 있는 방안을 정의로 추구하는 것이다. 실질적 정의의 실현 방안을 민주적인 합의나 다수제로 결정할 수밖에 없다는 것이다.

이외에도 법적 정의와 관련하여 반드시 언급해야 할 점은 '법위반의 정당화 문제'이다.Heywood, 2007: 244-245 법위반의 정당화 문제는 특정 행동이 위법한 행동이라도 그것이 정치적으로 정당화될 가능성이 있는 사례와 연관된 것이다. 예를 들어, 아일랜드공화국군IRA: Irish Republican Army의 테러는 단순한 테러가 아니라, 북아일랜드 지역의 영국으로부터의 독립과 아일랜드 공화국으로의 편입을 추구하는 정치적인 동기를 지닌 테러라는 점에서 정당화될 수 있는 측면이 존재한다는 것이다. 이 경우 IRA의 테러는 영국에게는 부정의한 테러일 뿐이지만 북아일랜드의 독립을 원하는 사람들에게는 정의로운 행동으로 인식된다. 법위반의 정당화 문제에 관한 또 다른 사례는 '시민불복종 운동'이다. 부정의한 정치권력과 국가정책에 대한 시민들의 불복종 운동은 종종 불법적인 경우가 존재하는데, 이 경우 법적 정의가 무엇인지 고민스럽지 않을 수 없는 것이다. '법위반의 정당화 문제'에 대한 적절한 해결책은 절차적(형식적) 정의와 실질적 정의를 잘 구분하고 절차적 정의보다 실질적 정의를 더 중시하는 자세를 지닐 때 찾아질 가능성이 높다. 정치권력이나 국가정책이 정당성을 지니고 있는지 여부를 가리고 절차적 정의보다 실질적 정의를 더 중시하여 추구하는 과정에서 정의가 실현될 가능성이 높아진다는 것이다.

사회정의와 평등

정의는 평등과 깊은 관계를 지닌 개념이다. 특히 사회정의, 즉 분배정의에 있어서 평등관은 정의관에 다름 아니라는 점에서 평등이 무엇인지를 알아보는 것은 정의에 대한 이해를 높여준다. 평등은 형식적 평등, 실질적 평등, 기회의 평등, 결과의 평등으로 구분할 수 있다. Heywood, 2007: 391-402; Outhwaite and Bottomore, 1993: 304

형식적 평등은 자유주의자들의 대표적인 평등관이자 정의관으로 말 그대로 형식적인 혹은 절차적인 차원에서 평등을 중시하는 것이다. 하지만 형식적인 평등이라고 해서 그 중요성이 다른 평등에 비해 떨어진다는 것은 아니다. 형식적 평등의 다른 이름은 소극적 평등이다. 형식적 평등은 기회의 평등이나 결과의 평등에 비해 상대적으로 '소극적'이라는 의미이지 전혀 실질적이지 못하다는 의미는 아니라는 것이다. 형식적 평등은 두 가지 의미를 지닌다. 첫째, 형식적 평등은 미국 독립선언(1776), 프랑스 혁명의 인권선언(1789)에서 명시한 것처럼 만인은 모두 평등하게 창조되었으며, 태어나서 자유롭게 남아 있으며 권리에 있어서 평등하다는 사상을 공유한다. 선언적 차원에서 인권의 만인 평등주의를 말하는 것과 실제적으로 지구적 차원에서 인권이 지켜지고 있는가는 별개의 문제이다. 예를 들어 세계인권선언이 유엔UN총회에서 1948년 채택되었지만 현재, 지구적 차원에서 인권이 보편적으로 지켜지고 있는 것은 아니다. 이러한 측면에서 즉, 선언적이고 형식적인 차원에 머물러 있기 때문에 인권선언은 형식적 평등의 일례라고 할 수 있다. 둘째, 법 앞 평등 개념이다. 법 앞에서 만인은 평등해야 한다는 원칙 역시 형식적 평등의 일례이다. 인권선언이나 법 앞 평등과 같은 형식적 평등은 그것을 추구하고자 하는 특정 사회의 열망의 정도에 따라 어느 정도의 평등이 실현될지가 결정된다. 열망이 약하면 실현이 어려울 것이고 열망이 강하면 실현 가능성이 높아진다는 것이다.

이렇듯 형식적 평등이 만인에게 동등한 천부인권이나 법 앞 평등을 강조한다면 실질적 평등은 개인의 필요need나 공적merit 같은 정의의 판단 기준을 통한 물질적 평등과 결과적 평등을 지향한다. 그런데 여기서 문제는 '실질적'이라는 용어의 개념이 단일한 것이 아니라는 점이다. 형식적 평등이 자유주의의 평등관이자 정의관이라면 실질적 평등은 근대 자유주의, 롤스의 수정 자유주의, 사회 민주주의와 사회주의의 평등관과 정의관에 가깝다. 근대 자유주의와 수정 자유주의, 사회 민주주의는 실질적 평등과 결과적 평등을 서로 동등한 것이라고 생각하지 않는 반면 사회주의나 공산주의자들은 실질적 평등을 결과적 평등과 동일시하여 이해한다. '실질적 평등'을 바라보는 시각이 서로 다른 것이다. 예를 들어, 모든 개인은 의식주 같은 '필요'가 충족되어야만 인간다운 생활을 누릴 수 있는데, 이러한 인간의 필요를 충족시키는데 있어서 사회주의는 결과적 평등과 절대적 균등 분배를 추구하지만, 근대 자유주의와 수정 자유주의, 사회 민주주의는 결과적 평등과 절대적 균등 분배를 추구하지 않는다. 사회 불평등을 바라보는 데 있어서 사회주의와 공산주의는 근본적으로 그것을 인정하지 않는 반면, 근대 자유주의와 수정 자유주의, 사회 민주주의는 사회정의와 복지를 추구하면서도 사회에서 구성원 간의 일정 정도의 경제적 불평등은 용인하기 때문이다.

　기회의 평등은 자유주의, 근대 자유주의와 사회 민주주의자들이 추구하는 평등관과 정의관으로 경쟁에 있어서 출발선의 평등을 중시한다. 형식적 평등이 자연권으로서의 인권을 강조하고 법 앞 평등을 강조한다면 기회의 평등은 모든 사람에게 출발선의 평등, 즉 동등한 출발 조건을 추구한다. 예를 들어, 미국의 소수자 우대 정책^{affirmative action}은 기회의 평등을 추구한 대표적인 사례이다. 소수인종 학생에게 대학 입학의 기회를 보장해주는 소수자 우대 정책은 기회의 평등을 추구한 미국사회의 정책적 결과물인 것이다. 하지만 기회의 균등은 역차별의 문제를 발생시킨다. 예를 들어, 소수자 우대 정책을 통해 소수 인종 학생이 대학에 입학하는 만큼 공부 잘 하는 다수 인종 학생은 대학 입학이 좌절되기 때문이다.

　결과의 평등은 사회주의와 공산주의의 평등관이자 정의관이다. 결과물의 평등을 추구한다는 것은 자본주의 사회에서 근본적인 현상타파를 의미한다. 결과의 평등을 지향하는 사람들은 공적주의 정의론이나 신자유주의와 자유지상주의 정의론, 근대 자유주의와 사회 민주주의의 기회의 평등론, 그리고 롤즈의 수정자유주의에 만족하지 않고 이것들을 모두 진정한 의미의 정의가 될 수 없다고 주장한다. 따라서 결과의 평등은 개인들의 능력, 운, 노력에 상관없이 결과물의 균등 분배를 추구한다는 점에서 사회주의와 공산주의 평등관인 반면, 보수주의와 자유주의 평등관과는 적대적인 대립 관계에 서 있는 정의론이다. 근대 자유주의와 사회 민주주의가 어느 정도의 경제적 불평등을 인정하는 정의론에 가깝다면, 사회주의와 공산주의 평등관인 결과의 평등은 훨씬 균등하고 강력한 경제적 평등을 추구한다는 점에서 명확한 차이를 드러낸다.

　평등이 사회정의(분배정의)와 깊은 관계를 지닌 개념이기 때문에 형식적 평등, 실질적 평등, 기회의 평등, 결과의 평등은 형식적 정의, 실질적 정의, 기회의 정의, 결과의 정의 등과 서로 개념 차이 없이 학자들 사이에서 혼용되고 있다.

사회정의를 바라보는 시각

사회정의를 바라보는 시각은 정치 이데올로기와 철학적 방법론에 따라 차이를 드러낸다. 이 글에서는 공리주의, 신자유주의와 자유 지상주의, 자유 평등주의(수정 자유주의), 공동체주의의 정의론을 차례로 살펴본다.

• 공리주의 정의론

공리주의는 벤담Jermy Bentham과 밀John Stuart Mill이 체계화한 철학적 방법론으로 여기서 말하는 공리utility, 功利는 벤담에 의하면 어떤 것이든 이해관계가 걸린 당사자에게 혜택이나 쾌락, 행복 등을 가져다주는 반면 불행이나 고통 등이 일어나는 것을 막아주는 속성을 의미한다. 공리주의는 최대다수의 최대행복이라는 원리를 제1원칙으로 가장 중시한다. 행복의 양과 행위의 올바름(정의로움)이 비례관계에 있다고 주장하는 것이다.Lebacqz, 2000: 11 따라서 공리주의는 어떤 행위가 옳고 그른지를 판단하는 기준은 사변적인 기준이 아니라 결과적인 유용성이나 쾌락의 산출 여부라고 주장한다. 그리고 공리주의자들에게 정의란 기본적으로 평등의 개념을 내포하고 있다. 각 사람의 행복을 다른 사람의 행복과 동등하게 인식하고 계산하기 때문이다.Lebacqz, 2000: 256 그러나 공리주의가 바라보는 사회적 효용성의 극대화는 정의와 도덕적 의무를 방기하는 문제점을 지니고 있다. 예를 들어, 한 명의 희생으로 나머지 모두의 행복과 안전과 평화가 유지된다면 공리주의 관점에서는 그 한 명을 희생해도 문제가 없지만 이러한 상황은 정의로운 것은 아니다.

• 신자유주의와 자유지상주의 정의론

신자유주의와 자유지상주의는 분배정의에 반대한다. 국가에 의한 분배정의 추구 자체가 개인의 자유와 사유재산권에 대한 침해라는 이유에서이다. 신자유주의자인 프리드만Milton Friedman은 평등의 이름으로 자유로운 선택을 제한하는 것은 용납될 수 없으며, 결과적으로 자유보다 평등을 앞세우는 사회는 결국 평등도 자유도 모두 달성할 수 없다고 주장한다. 신자유주의자인 하이에크Friedrich von Hayek도 마찬가지이다. 하이에크는 인간이 평등을 달성할 수 있다는 생각은 마치 미신과도 같은 것이라고 주장한다. 그는 사회정의는 자유와 양립 불가능하며, 평등을 실현할 수 있다는 인간의 희망은 단지 치명적인 자만fatal conceit에 불과하다고 강조한다. 하이에크는 이에 그치지 않고 사회정의(분배정의)를 '교묘한 속임수 단어'라고 묘사하며, 사회정의는 결국 국가의 시장 개입과 간섭 증대를 정당화하기 위한 핑계일 뿐이라고 주장한다.^{Heywood,} ^{2007: 403} 자유지상주의자 노직^{Robert Nozick}은 정의는 평등이 아니라 자유로운 선택과 교환의 산물이라고 지적하며 자유와 평등은 양립할 수 없다고 주장한다. 정의의 핵심 은 평등이 아니라 자유라는 것이다.^{Lebacqz, 2000: 256} 노직은 원초적 취득이 정당하게 이루어지고, 그것의 이전^{transfer}이 정당하게 이루어졌다면 소유물에 대한 개인의 배타 적 권리가 반드시 보장되어야 한다고 주장한다. 개인의 부가 정당하고 합법적으로 얻어진 것이라면 그것은 정당한 것이기 때문에 그와 같은 정당한 개인의 재산권에 대한 국가의 침해는 정의롭지 못하다는 것이다.^{Outhwaite and Bottomore, 1993: 304} 그러나 역사적으로 볼 때 원초적 취득이 과연 타인의 자유와 권리를 침해하지 않고 이루어졌 는지 확신할 수 없다는 점에서 노직의 주장은 문제에 봉착한다. 또한 권력과 자본에 의한 지배와 착취가 이루어지고 있는 현실 사회에서 소유물의 취득과 교환과 이전이 노직이 생각하는 것만큼 정당할 수 있는지 회의하지 않을 수 없다는 문제도 안고 있 다. 이 결과 노직은 대체로 시장의 단점을 정확히 이해하지 못했거나 일부러 도외시하 고 있다고 비판 받고 있다.^{Lebacqz, 2000: 16}

- **롤즈의 수정자유주의 정의론**

롤즈^{John Rawls}는 『정의론』을 통해 공고히 한 자신이 수정자유주의를 통해 공리주의 정의론이 지닌 다수를 위한 소수의 희생문제를 비판하는 동시에 신자유주의와 자유지 상주의 정의론이 보여주는 불평등에 대한 무시와 간과를 비판한다. 롤즈는 '공정으로 서의 정의'를 정의의 기본 이념으로 제시한다. 롤즈에게 공정하다는 것은 누군가가 다른 누군가의 이익을 위해 희생되는 일은 용납되기 어렵다는 것을 의미한다. 롤즈는 원초적 상황^{original position}과 무지의 베일^{the veil of ignorance}에서 두 가지 정의 원리를 도출한다. 첫째는 자유^{liberty}의 원칙이고 둘째는 차등의 원칙과 기회평등의 원칙이다. 자유의 원칙은 모든 사람이 기본적 자유(예를 들면, 자유권)를 평등하게 지닌다는 것 이고, 기회평등의 원칙은 모든 이에게 '공정한 기회의 균등'을 제공하는 것을 의미한 다. 차등의 원칙^{difference principle}은 경제적 불평등^{economic inequalities}은 그것이 사회의 최소 수혜자들^{the least advantaged}에게 최대이익^{the greatest benefit}이 된다는 전제 하에서만 정당화될 수 있다는 것이다. 그러나 롤즈는 완전한 평등을 추구하는 것은 아니다. 롤즈는 누군가에게 더 많은 이득을 보장해주는 분배 시스템에서는 불평등이 발생할 수 있음을 인정한다. 그러나 누군가에게 더 많은 것을 보장한다고 해서 언제나 정의롭지 못한 것은 아니다. 롤즈는 더 열심히 일하고 사회에 더 기여한 사람에게 더 많은 것을 보장하는 것을 인정한다. 다만 그러한 불평등은 그 사회의 최소수혜자가 이득을 보는 시스템을 만들어놓은 경우에만 인정된다는 것이다. 결국 롤즈의 정의론은 분배 원리로서의 결과적 평등 그 자체를 요구하지는 않지만, 분배의 평등을 지향한다.레바크, 2000: 256

• 샌델의 공동체주의 정의론

샌델Michael J. Sandel은 『정의란 무엇인가Justice: What's the right thing to do?』에서 공동체주의 시각에서 바라보는 정의론을 제시한다. 공동체주의자인 샌델은 정의에 관한 기존의 논의를 세 가지로 분류한다.Sandel, 2010: 360 첫째, 정의를 공리나 행복의 극대화, 즉 최대다수의 최대행복을 추구하는 것으로 보는 공리주의 입장이다. 둘째, 정의를 자유를 존중하는 것과 연관하여 이해하는 자유주의 입장이다. 자유주의 입장은 두 가지 견해를 포괄하는데 하나는 자유시장에서 사람들의 선택의 자유를 강조하는 신자유주의와 자유지상주의 견해이고, 다른 하나는 원초적 상황에서 사람들의 자유로운 선택을 강조하는 롤즈의 자유주의적 평등주의(수정 자유주의) 견해이다. 셋째, 정의를 덕 virtue을 키우고 공동선(사회 구성원 모두의 이익과 행복)을 고민하는 것과 연관지어 이해하는 공동체주의 입장이다.

샌델은 공리주의 입장과 자유주의 입장에 대하여 비판적이다.Sandel, 2010: 361 우선 공리주의는 정의의 문제를 원칙이 아닌 공리나 행복의 계산 문제로 만들고 인간이 추구하는 가치들을 계산화하여 그것들의 질적 차이를 등한시 했다는 것이다. 자유주의 이론은 공리주의가 지닌 계산의 문제는 극복했지만 사람들이 추구하는 가치의 질적 차이를 인식하지 못했다는 점에서 문제가 있다는 것이 샌델의 주장이다. 쉽게 말해, 자유주의 정의론은 개인주의에 기초하여 개인들의 다양한 기호와 선호와 가치의 동등성만을 너무 강조한 나머지 그것들의 질적 차이를 등한시 한다는 것이다. 샌델은 정의로운 사회는 공리와 행복을 극대화하거나 개인의 선택의 자유를 확보하는 것으로만 건설될 수 없다고 주장한다. 공동체주의자인 샌델은 개인의 가치와 선호보다 공동체의 연대나 공동체에의 소속감과 의무감이 더 중요하다는 점을 강조하고 있는 것이다.

이러한 입장에서 샌델은 정의는 분배의 문제만이 아니라 올바른 가치 측정의 문제이기도 한다는 점을 강조한다.Sandel, 2010: 362 샌델은 공동선을 추구하는 정의로운 사회의 정치는 몇 가지 모습을 지닌다고 주장한다.Sandel, 2010: 362-371 첫째, 정의로운 사회는 강한 공동체의식을 필요로 하며, 시민들은 공동체 전체를 걱정하고 공동선에 헌신하는 태도를 지닌 사회이다. 사회는 사적인 이익과 견해를 우선시하는 것이 아니라 공적인 삶을 영위하는 시민으로서의 덕을 키워야 한다는 것이다. 둘째, 정의로운 사회에서는 시장의 도덕적 한계를 공론에 부칠 필요가 있다. 시장이 생산활동에서는 유용한 도구이지만 시장이 사회제도를 지배하는 규범을 관리하게 놔둘 수는 없다는 것이다. 셋째, 정의로운 사회는 빈부격차 문제의 해결을 위해 노력하는 사회이다. 샌델은 불평등이 궁극적으로 시민의 덕을 갉아 먹는다고 지적한다. 빈부격차가 지나치면 시민들의 연대의식이 약화되고 연대의식이 약화되면 공동선을 추구하기 어렵기 때문이다. 연대의식과 공동선의 약화는 다시 공동체의식을 약화시킨다. 그런데 여기서 샌델이 강조하는 점은 자유주의자들은 연대의식과 공동선, 공동체의식의 중요성을 간과하고 있다는 것이다. 공동체주의와 자유주의의 가장 중요한 차이점이 여기에 있다는 것이다. 넷째, 정의로운 사회에서 정치는 도덕에 개입한다. 도덕에 개입하는 정치가 도덕을 회피하는 정치보다 더 정의로운 사회 건설에 기여한다는 것이다. 예를 들어, 샌델은 동료 시민들과의 도덕적, 종교적, 다문화적 차이를 서로 회피하기보다는 그것에 도전하고 경쟁하면서 그리고 그 차이를 보고 학습하면서 더욱 깊이 개입해야 한다고 주장한다. 이러한 도덕적 개입이 발생하는 영역이 공동체이고 이러한 도덕적 개입을 할 수 있게 만들어주는 것이 공동선이고 공동체의식이라는 것이다. 이 지점에서 공동체주의는 자유주의와 완전히 다른 대척점에 서 있는 것이다. 자유주의는 사회와 정치의 도덕적 개입을 개인의 자유에 대한 침해라고 이해하기 때문이다.

정리하면 정의를 이해하는 시각은 다양하고 서로 경쟁적이다. 공적에 따라 분배하는 것(아리스토텔레스), 공리의 극대화(공리주의), 불리한 처지에 놓여 있는 사람들을 유리하게 하는 것(롤즈), 개인의 선택의 결과를 받아들이는 것(노직), 가난하고 억압받는 사람들을 평등하게 대하고 해방시키는 것(종속이론), 공동선과 공동체의식, 연대의식을 강화하는 것(공동체주의) 등 다양하다.Lebacqz, 2000: 259

1. 권력은 무엇인가?

2. 권력과 허위의식의 관계를 설명해보자.

3. 미셸 푸코의 권력이론은 기존의 권력이론과 어떻게 다른가?

4. 권위란 무엇인가?

5. 권위와 권력의 관계는 무엇인가?

6. 권위에 대한 무정부주의, 마르크스주의, 자유주의, 보수주의, 공동체주의, 현실주
   의의 입장을 비교하여 설명해보자.

7. 한나 아렌트의 권위이론을 설명해보자.

8. 정당성이란 무엇인가?

9. 정당성과 합법성의 관계를 설명해보자.

10. 정당성에 대한 최대주의 관점과 최소주의 관점을 비교해보자.

11. 하버마스의 정당성 위기를 설명해보자.

키워드: 정치현상, 권력, 권위, 정당성, 합법성

참고문헌

김경희. 『공존의 정치: 마키아벨리 군주론의 새로운 이해』. 서울: 서강대학교 출판부, 2013.

김성훈. "푸코의 권력개념에 대한 분석과 비판." 『인문학연구』 33권 1호. 2005년 5월.

박 혁. "정치에서의 권위문제: 한나 아렌트의 권위개념에 관한 고찰." 『21세기정치학회보』
19집 3호. 2009년 12월.

정달현. "아리스토텔레스의 정의 개념." 『영남정치학회보』 Vol.5. 1995.

Arendt, Hannah. 이진우·박미애 역. 『전체주의의 기원 1, 2』. 파주: 한길사, 2006.

Beetham, David. *The legitimation of Power*. London: Macmillan, 1991.

Bentham, Jeremy. 신건수 역. 『파놉티콘』. 서울: 책세상, 2007.

Foucault, Michel. 오생근 역. 『감시와 처벌』. 서울: 나남, 1994.

_____. 이규현 역. 『성의 역사 I』. 서울: 나남, 2003.

Goodwin, Barbara. *Using Political Ideas*. New York, John Wiley and Sons Ttd, 1987.

Höffe, Otfried. 박종대 역. 『정의』. 서울: 이제이북스, 2004

Heywood, Andrew. 이종은·조현수 역. 『현대정치이론』. 서울: 까치, 2007.

Honderrich, Ted (ed.). *The Oxford Companion to Philosophy*. Oxford: Oxford University Press, 1995.

Lebacqz, Karen. 이유선 역. 『정의에 관한 6가지 이론』. 서울: 크레파스, 2000.

Machiavelli, Niccolò. 권혁 역. 『군주론』. 서울: 돋을새김, 2011.

Outhwaite, William & Tom Bottomore (eds.). *Twentieth Century Social Thought*. Oxford: Basil Blackwell, 1993.

Sabine, George H. & Thomas L. Thorson. 성유보·차남희 역. 『정치사상사 1』. 서울: 한길사, 2008.

Sandel, Michael J. 이창신 역. 『정의란 무엇인가』. 서울: 김영사, 2010.

Walzer, Michael. 정원섭 외 역. 『정의와 다원적 평등: 정의의 영역들』. 서울: 철학과현실사, 1999.

제5장

정치 이데올로기

1. 정치 이데올로기란 무엇인가?

정치 이데올로기가 무엇인지에 대한 정치학자들 간의 주장과 논의는 다양하게 진행되어 왔지만, 정치 이데올로기를 간결하게 정의내리는 것은 쉬운 작업이 아니다. 실제로 정치 이데올로기라는 용어는 광범위하고도 논쟁적으로 다양하게 사용되어 왔고, 어떤 경우는 서로 모순되는 주장이 개진되기 오기도 했다. 그러나 단순화에도 불구하고 정치 이데올로기를 정의한다면, 정치 이데올로기는 생각이나 사고, 관념의 묶음 a set of ideas 으로 이해되거나, 일종의 신념체계 belief systems, 세상을 바라보는 하나의 총괄적인 시각 a whole perspective, 언어적인 이미지 linguistic images, 행동과 실천 actions 등으로 이해된다. 즉, 정치 이데올로기는 생각이나 관념, 사고의 묶음이거나 하나의 신념체계로서 어떠한 주의나 원리를 따름으로써 인간과 인간사회 및 정치가 개선되고 발전된다고 믿는 것이다. 또한 정치 이데올로기는 언어적인 이미지로서 정당이나 이익집단, 비정부기구, 그리고 혁명집단 등과 같은 정치 관련 집단이나 대중들이 그것을 수단으로 추종함으로써 이상적인 사회를 건설할 수 있다고 믿고 그것을 행동으로 실천하는 것을 의미하는데, 보통 자유주의, 보수주의, 사회주의, 환경주의 등과 같이 '주의 ism'라는 단어를 포함한다.

정치 이데올로기는 정치과학political science과는 다르다. 즉, 정치 이데올로기는 정치체제를 침착하고 이성적으로 이해하려는 것이 아니며, 정치 이데올로기의 궁극적인 목적은 현 정치체제의 개선이나 개혁 혹은 타파에 있다. 정치 이데올로기는 따라서 정치적 희망과 기대이며 정치적으로 완벽한 사회를 상상하고 추구하게 되는데, 이렇게 본다면 결국 정치 이데올로기는 비과학적인 것이며, 기대적 희망과 완벽한 세상에 대한 신념 그리고 허위의식false consciousness 등을 내포한다고 볼 수 있다.

정치 이데올로기는 현 사회질서에 대한 비판적이거나 발전적인 해석, 미래에 대한 비전, 그리고 미래 비전을 실현할 수 있는 수단 등을 구성요소로 확보하고 있어야 하는데Leach, 1991: 15; Baradat, 1991: 9, 정치 이데올로기의 특징은 다음과 같다.Goodwin, 1982: 23 첫째, 정치 이데올로기는 아이디어와 지식 등을 제공하는데, 이를 통해 신념체계와 행동 및 실천이 동반된다. 둘째, 정치 이데올로기는 자신을 신봉하는 사람들에게 세계를 포괄적으로 이해하는 하나의 설명력을 제시하시는데, 정치 이데올로기가 제공하는 설명력은 사실 부분적 선택과 해석, 단순한 곡해 등을 통해 진실을 왜곡하는 측면이 있다. 셋째, 정치 이데올로기는 설득력을 지니고 있는데, 이를 통해 공동의 편견이나 공포 등을 자신의 목적에 유리하게 제어하고 통제한다. 넷째, 정치 이데올로기는 과학적 자료를 제시하며 자신이 과학적이고 합리적이라고 주장하기도 하지만, 정치 이데올로기는 객관적으로 분석해보면 비합리적이고 비논리적인 경우가 많다.

정치 이데올로기에 대한 이러한 일반적인 설명들과는 다르게 정치 이데올로기를 계급적 관점에서 이해하는 접근도 있다.Baradat, 1991: 8; Heywood, 1992: 7 이러한 접근은 마르크스주의자들에 의해 발전해 왔는데, 마르크스는 모든 계급사회가 기반해 있는 사회모순을 숨기려는 일련의 아이디어들을 이데올로기라고 지칭했다. 즉, 현실을 왜곡하고 숨기는 것이 이데올로기인 반면 자신의 마르크스주의 이론은 계급사회의 모순을 있는 그대로 드러내어 설명하기 때문에 과학적이라고 주장했다. 이러한 전통은 레닌Lenin이나 그람시Gramsci 등으로 이어지는데, 이들은 이데올로기가 특정 사회 계층의 이해관계만을 봉사하거나 배태하고 있는 아이디어라고 정의한다.

정치 이데올로기는 몇 가지 기능을 수행한다.Heywood, 1992: 4-5 첫째, 정치 이데올로기는 정치적 생활에 영향을 미친다. 정치 이데올로기는 세상을 바라보는 하나의 총괄적인 시각과 다양한 아이디어 및 구체적인 행동 강령 등을 포함하는데 사람들은 이것을 통해 사회와 정치를 이해한다. 결국 사람들은 있는 그대로의 세상을 보는 것이 아니라 자신이 믿는 이데올로기에 따라 그리고 자신이 희망하고 기대하고 추구하는 미래상에 따라 세상을 해석하고 이해하는 것이다. 정치 이데올로기는 이러한 과정을 통해 정치 생활에 적지 않은 영향을 미친다. 둘째, 정치 이데올로기는 한 나라나 국제적 정치 체계의 구조와 본질에도 영향을 미친다. 어떠한 정치 이데올로기를 믿고 추구하느냐에 따라 그 나라와 국제체제의 정치지형이 영향을 받기 때문이다. 셋째, 정치 이데올로기는 한 사회를 유기적으로 결합하기도 하고 역으로 분열하게 만들기도 한다. 하나의 사회가 동일 정치 이데올로기를 믿고 추구한다면 그 사회의 정치적 결속력은 증가하는 반면, 그 사회가 정치 이데올로기에 의해 분열되어 있다면, 이데올로기 간의 소모적인 대결과 갈등이 야기될 가능성도 배제하기 어렵다. 그러나 이데올로기적 갈등과 분열이 반드시 부정적인 측면만 있는 것은 아니다. 경쟁적인 정치 이데올로기 간의 공정한 경쟁과 민주적인 선택과정은 그 사회의 발전을 위한 필수적인 요인 중 하나이기 때문이다.

2. 정치 이데올로기의 스펙트럼

정치 이데올로기의 스펙트럼은 좌로부터 시작하여 우측 방향으로 급진적radical, 자유주의적liberal, 중도적moderate, 보수적conservative, 반동적reactionary 등으로 분류할 수 있다. 즉, (좌파)-급진적-자유주의적-중도적-보수적-반동적(복고적)-(우파)라는 단어들로 정치 이데올로기의 스펙트럼을 위치 지울 수 있다. 좌파left와 우파right라는 용어는 프랑스의 정치적 전통에서 기인한 것으로, 1789년 프랑스혁명 당시 프랑스 국민의회French National Assembly에서 의장의 우측에는 군주정치를 지속하고자 하는 보수주의자가 위치하고, 의장 좌측에는 자유와 평등에 기반한 공화정을 추구하는 급진주의자들이 위치한 반면, 점진적인 변화를 원하는 사람들이 가운데 위치하면서 유래했다.Roskin et al., 2003: 94

일반적으로 좌파 진영은 진보적인progressive 정치적 변화를 추구하는 반면 우파 진영은 현상 유지status quo나 현상에 역행하는retrogressive 정치 변화를 추구하는데, 급진적, 자유주의적, 중도적, 보수적, 반동적이라는 용어는 대체로 정치적 변화의 속도와 방향 그리고 정도(깊이)에 의해서 규정된다.Baradat, 1991: 22-35 급진주의자들radicals은 기존의 사회구조에 깊은 불만과 불신을 지니고 있는 사람으로 근본적이고 즉각적인 사

〈그림 1〉 정치 이데올로기의 스펙트럼

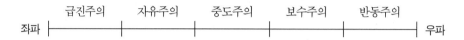

출처: Baradat, Leon P., *Political Ideologies: Their Origins and Impact*(New Jersey: Prentice Hall, 1991)

회 변화를 추구한다. 급진주의자들은 혁명적인 사회구조 변화를 추구하는 것이다. 그러나 급진주의자들이 반드시 폭력적인 변혁을 추구하는 것은 아니다.

자유주의자들 liberals은 급진주의자들에 비해 기존 사회질서에 대한 불만과 불신의 정도가 약하다. 자유주의자들은 사회질서의 기본적인 구조는 지지한다는 측면에서 급진주의자들과 차이가 있다. 그러나 자유주의자들은 사회구조의 취약점이나 모순을 개혁하고 치료하는데 빠르고 폭 넓게 대처하고자 한다는 점에서 급진주의자와 약간의 유사점을 찾을 수 있다. 자유주의는 계몽주의의 산물로서, 이성을 신뢰하고 이성을 통해 인간사회의 발전을 도모할 수 있다는 신념체계를 지니고 있다. 따라서 자유주의자들은 사회구조의 취약점과 모순 및 문제점을 인간의 이성을 통해 적극적으로 개선해나갈 수 있다고 믿는다.

중도주의자들moderates은 기존 사회질서에 기본적으로 만족하는 정치세력이지만, 여러 분야에서 사회발전을 위한 개선의 여지가 존재한다는 점을 이해하고 수용한다. 하지만 중도주의자들은 사회구조의 개선은 점진적으로 추진되어야 한다고 보고 있으며, 급속하거나 극단적인 기존 사회질서의 변화는 원치 않는다.

보수주의자들conservatives은 현상유지를 가장 강력하게 선호하는 정치 세력이다. 보수주의에 대한 일반적인 오해는 보수주의가 현상유지에 너무 치중한 나머지 미래에 대한 발전적 비전을 가지고 있지 않다고 보는 것이다. 그러나 보수주의도 미래에 대한 비전을 가지고 있는 경우가 적지 않다. 보수주의는 현상에 대한 변화 자체를 거부하는 것이 아니다. 보수주의자들이 기존 사회질서를 선호하고 옹호하는 이유는 기존의 사회질서가 현 상태에서 찾아볼 수 있는 가장 좋은 질서라고 믿고 있기 때문이다. 즉, 보수주의자들은 현재의 사회질서나 현상을 변화시키고 개선하더라도 지금보다 더 좋은 사회질서나 현상을 확보하기 어렵다고 믿고 있는 것이다. 이러한 보수주의자들의 믿음은 보수주의가 자유주의와는 달리 인간의 이성에 대해 그다지 신뢰하지 않고 있다는 점을 뒷받침해준다. 보수주의자들은 인간 이성을 제한적으로 신뢰하기 때문에,

역사적으로 형성되어 온 제도나 전통 등의 역할을 강조하며, 현존하는 제도나 전통에 대한 급진적인 변화나 점진적인 개혁에 반대한다.

반동주의자들reactionaries은 급진적 혁명, 점진적 개혁이나 개선, 현상유지 등에 모두 반대한다. 반동주의자들은 위에서 살펴본 다양한 정치적 입장들과는 다르게 유일하게 역행적이고 퇴행적인 변화를 추구한다. 반동주의자들은 현재 사회제도의 타파를 주장하고 과거의 제도나 사회구조로 되돌아갈 것을 주장한다.

3. 정치 이데올로기의 유형

고전적 자유주의

자유주의는 고전적 자유주의classical liberalism, 근대(개혁적, 사회적, 수정적) 자유주의modern liberalism, 신자유주의Neo-liberalism, 자유지상주의Libertarianism 등으로 역사적인 변화과정을 거쳐 왔다.김병곤, 1999; 장동진, 2001; 이근식, 2001 16~18세기 유럽은 중상주의와 절대군주 시기 그리고 귀족과 평민의 신분질서 시기로 대변되는데, 이러한 중세 봉건주의와 구질서에 대한 저항과 극복대안으로 등장한 것이 고전적 자유주의 이데올로기이다. 16~18세기 유럽에서는 도시 중심의 상공업과 항해술이 발전하면서 원거리 무역이 활성화되고 자본주의 경제체제가 발전하기 시작했다. 부르주아 계급 즉, 중소 상공인 계급이 자본주의 경제체제의 발전을 주도하며 새로운 중산층이자 주도층으로 부상했는데, 이들이 자유롭고 평등한 사회를 건설하기 위해 도입한 것이 바로 고전적 자유주의이다. 서구 근대 시민정신을 대변하는 것이 바로 고전적 자유주의인 것이다.

부르주아 계급의 자유주의 이데올로기는 상당히 급진적이었다. 당시 자유주의 이데올로기는 절대왕정과 토지 귀족의 기득권을 무력화 시키는데 주력했는데, 그 방식은 근본적인 개혁이나 혁명 등을 포괄하는 급진적인 것이었다. 17세기 영국혁명과 18세기 미국 및 프랑스 혁명은 자유주의 정치 이데올로기로부터 영향 받은 것이었다. 자유주의자들은 절대왕권의 횡포를 막아내고 귀족들의 기득권에 도전하기 위해 법치주의, 민주주의, 자유주의 시장경제 등을 추구했다. 법치주의와 입헌주의를 통해 개인의 자유와 권리를 국가권력으로부터 지켜내고자 했으며, 민주주의를 통해 즉, 시민이 직접적으로 국가 권력자를 선출함으로써 절대군주와 국가공권력으로부터 개인의 자유와 권리를 확보하려고 했다. 그리고 고전적 자유주의자들은 시장경제 체제에서 개인의 경제활동의 자유가 확보될 수 있으며 사유재산제도도 잘 보장될 수 있다고 보았다.

결국 고전적 자유주의는 민주주의, 법치주의, 자유시장경제 등의 가치와 제도를 핵심으로 구성된 이데올로기인데, 19세기는 자유주의의 시기였다. 고전적 자유주의는 정치적 자유주의와 경제적 자유주의로 구분할 수 있는데, 전자는 로크John Locke, 1632~1704로부터 시작되며, 후자는 스미스Adam Smith, 1723~1790에서 기원한다. 고전적 자유주의 정치 이데올로기의 핵심 주장은 몇 가지로 정리된다. 첫째, 개인의 자유와 생명, 권리(특히 재산권)는 자연권[1]으로 천부적인 것이며 그 누구도 침해할 수 없으며, 개인은 국가나 조직 혹은 어떤 이데올로기의 수단이 되어서도 안 된다는 것이다.[2] 특히 자유주의는 개인의 자유를 침해하는 가장 위협적인 존재로 국가를 상정한다. 자유주의 이데올로기에는 반국가 사조가 내포되어 있는 것이다. 예를 들어, 자유주의자들이 보기에 국가는 자유시장에 개입하여 시장질서를 교란하고, 군입대를 통해 개인의 신체의 자유를 억압하며, 세금징수를 통해 개인의 재산권을 침해하는 존재로 여겨진다. 둘째, 합리적이고 이기적인 개인이 서로 자신의 이익을 위해 경쟁하더라도 사회전체는 조화롭게 발전한다는 가정에 기반한다. 낙관적인 사회 조화론과 발전론을 지니고 있는 것이다. 셋째, 개인의 생명권, 재산권, 저항권 등은 가장 기본적인 인권 (기본권)으로 반드시 중시되어야 한다는 것이다. 넷째, 개인의 자유 뿐 아니라 법 앞 평등, 인권 평등, 기회 평등과 같은 평등 개념도 중요하다는 것이다. 그러나 기회균등은 사회주의가 추구하는 분배정의를 의미하는 것이 아니기 때문에 자유주의의 가장 취약한 부분은 평등 부분이라고 할 수 있다.

고전적 정치 자유주의의 핵심 주장은 로크의 『시민정부론Two Treaties of Government (1689)』에서 잘 정리된다. 로크는 저항권 논리를 본격적으로 전개했다는 점에서 정치 이데올로기의 역사에서 상당히 의미 있는 존재로 기록되고 있지만, 저항권 외에 로크는 사유재산권에 대한 강조와 최소 정부를 강조했다는 점에서 고전적 정치 자유주의의 정초를 놓은 것으로 평가된다. 로크는 개인의 사유재산권에 관련된 활동에 대한

---

1) 자연권은 개인의 자유, 생명, 재산 등을 자연적인 것으로 어떠한 인위적인 제도나 권위도 빼앗아 갈 수 없다는 것이다.

2) 개인의 자유는 자유권으로 상징된다. 자유권은 개인이 자신의 자유로운 영역에 있어서 국가권력의 개입과 간섭을 받지 않을 권리를 말한다. 자유권은 생명권과 신체의 자유, 주거의 자유, 거주·이전의 자유, 통신의 자유, 양심의 자유, 종교의 자유, 언론출판의 자유, 집회결사의 자유, 재산권, 직업선택의 자유 등을 의미한다.

국가의 개입이나 간섭을 거부했으며, 국가는 시민의 자연권, 즉 자유, 재산, 생명을 보존하기 위해서만 존재한다고 강조하여 최소국가^{minimal state}를 주장했다.

고전적 경제 자유주의는 아담 스미스에 의해 이론 기초가 마련된 것으로 경제 즉, 시장으로부터 국가의 퇴각을 주장하는 이데올로기다. 16~18세기 유럽은 중상주의의 시기였다. 이 시기 시장에 대한 국가의 개입은 당연한 정책이었고, 국가는 시장 통제를 통해 부국강병을 추구했다. 그러나 이 시기 도시 부르주아들은 부를 축적하며 국가의 중상주의에 반대하고 자유 방임주의^{laissez-faire}를 주장하기 시작했는데, 이 결과 19세기 중반부터 20세기 대공항 이전 시기까지 경제적 자유주의가 대체로 세계를 주도했다. 고전적 경제 자유주의는 보이지 않는 손이 정부의 도움 없이 시장을 미시적으로 조정하는데, 수많은 개인들이 자기이익을 추구하여 합리적 계산이 이루어지는 곳이 바로 시장이라고 이해한다. 시장은 자기 스스로의 규제력을 가지며 외부로부터 특히, 국가로부터의 지도나 개입을 필요로 하지 않는다. 이처럼 스스로 규제력을 지닌 시장에 대한 경제적 자유주의의 믿음은 사회 내의 개인들 간의 이해관계가 서로 충돌하더라도 결국에는 사회 전체가 조화롭게 발전한다는 정치적 자유주의의 내용을 반영한 것이다. 고전적 경제 자유주의는 시장은 국가의 개입으로부터 최대한 자유로워야 한다고 보고 국가의 역할은 법체계 확보와 국방, 치안 등 야경국가로 한정되어야 한다고 주장했는데, 이 역시 고전적 정치 자유주의의 반국가론적 사조와 연관된다. 고전적 정치 자유주의에는 반국가론적 사조가 있다고 위에서 언급했는데, 경제적 관점에서 반국가 사조는 결국 자유 시장주의로 귀결되기 때문이다. 스미스는 국제무역에 대한 중상주의적인 국가 개입에도 반대하며, 자유무역을 주장했는데, 스미스의 이러한 입장은 리카도 ^{David Ricardo, 1772~1823}의 비교우위론^{Comparative advantage}에 의해 더욱 체계화되었다. 리카도는 비교우위에 기초한 국가 간의 자유무역은 효율적인 것이며, 자유무역에의 참여 국가들은 모두 부의 증진을 이룰 수 있다고 주장했다.

고전적 자유주의의 핵심 구성요소는 자유, 개인주의, 기회균등, 법치주의, 입헌주의 등이다. ^{Goodwin, 1987: 37-47; Heywood, 1992: 18-40; Gray, 2007: 16-17} 자유주의는 단체나 집단보다 개인의 필요와 이해관계에 우선적으로 초점을 맞춘다는 점에서 개인주의에 기초해 있다. 개인주의는 인간 개인의 중요성을 가장 중시하는 신념으로, 개인주의 시각에서 사회를 바라보면 사회는 단순히 개인들의 집합으로 이해된다. 자유주의는 그 무엇보다 개인의 자유를 중시한다. 고전적 자유주의자들에게 개인의 자유는 자연권이며 인간 존재의 가장 중요한 구성 부분이다. 자유주의는 또한 사회정의와 평등에 관한 관심과 대안도 지니고 있다. 자유주의자들은 모든 개인은 동등한 권리를 타고 났으며, 그렇기 때문에 동등할 권리는 자연권이라고 보았다. 따라서 자유주의자들은 성, 인종, 종교, 사회적 배경 등에 상관없이 법 앞의 평등과 기회균등equality of opportunity을 중시한다. 자유주의자들에게 평등이라는 개념은 기회균등을 의미한다. 이렇듯 고전적 자유주의자들은 법 앞 평등과 기회균등을 통해 평등에 접근했지만, 개인의 능력차에 따라 발생할 수 있는 결과적 불평등에는 무관심했다. 자유주의는 사람들은 재능, 기술, 근면성 등에 있어서 차이가 있고 평등하게 태어난 것이 아니기 때문에 절대적 평등absolute equality과 결과적 평등은 바람직하지 못하다고 본 것이다.

한편 자유주의자들은 개인들 간의 그리고 자발적 단체 간의 이해관계의 균형과 관용이 자연스레 발생한다고 보지 않는데, 바로 이 점에서 자유주의는 무정부주의Anarchism와 가장 큰 차이를 드러낸다. 자유주의자들은 자유로운 개인이 자유로운 타인의 자유와 재산권을 침해하고, 타인을 노예로 삼을 수 있는 상황이 발생할 수도 있기 때문에, 개인의 자유는 법에 의해 보호되고 지켜져야 한다고 주장한다. 자유주의자들은 법이 없으면 자유도 없다고 생각하는 것인데, 이러한 입장은 자유주의가 지닌 법치주의적 측면의 기초가 되었다.

고전적 자유주의는 법치주의를 행사할 수 있는 권한은 주권국가가 소유한다고 보았는데, 이러한 생각은 로크의 사회계약론을 통해 체계화되었다. 그런데 자유주의가 봉착한 문제는 이러한 권한을 행사하는 국가가 개인의 자유와 권리를 침해하거나 독재국가로 변화될 경우 어떻게 대응하느냐의 문제였다. 로크는 사회계약의 당사자인 개인들의 자유와 권리를 국가권력이 침해할 경우, 개인들은 저항하여 자신들의 자유와 권리를 국가로부터 되찾을 권리가 있다고 주장했다. 개인들의 국가에 대한 저항권을 인정한 것이다. 그러한 직접적인 저항에 앞서 자유주의는 국가권력을 통제할 수 있는 방안으로 입헌주의constitutionalism와 입헌 정부를 제시했다. 즉, 개인들이 국가기구와 국가권력을 규제하고 통제하는 방안은 헌법에 의한 외부 규제 즉, 입헌주의를 강화하고, 정부내 삼권분립을 통해 정부부처 간의 견제와 균형을 이루는 것이었다.

근대 자유주의

그런데 19세기 말에 이르러 시장은 스미스가 생각한대로 스스로 규제하는 즉, 자기 조정 능력을 지닌 제도가 더 이상 아니었다. 독과점의 등장과 빈부격차의 심화, 계급 상속 심화 등과 같은 자본주의와 자유방임주의의 문제가 등장하기 시작한 것이다.

근대(사회적, 개혁적) 자유주의는 이러한 상황에서 사회경제적 문제를 교정하고 해결하기 위해 국가(정부)가 시장에 개입해야 한다는 이데올로기를 의미하는데, 밀John Stuart Mill, 1806~1873, 그린Thomas Hill Green, 1836~1882, 케인스John M. Keynes, 1883~1946 등으로 대변된다. 근대 자유주의의 특징은 고전적 자유주의와의 차이점에서 명확하게 드러난다. 근대 자유주의는 불가침적인 사유재산권과 최소국가론을 강조한 고전적 자유주의와는 다르게 국가의 시장 개입을 인정하고 지지한다. 고전적 자유주의는 개인의 자유를 지키는 최선의 방안으로 사유재산권과 최소국가론을 강조했지만, 근대 자유주의는 사유재산권과 시장에 대한 국가의 개입과 간섭의 길을 열어 놓은 것이다.

밀은 국가가 시장을 보완하는 기능을 수행해야 한다고 보았는데, 그가 특히 주목한 것은 교육과 빈민구제에서 국가의 개입 필요성이었다. 밀의 이러한 사고는 모든 것을 자유시장에 맡겨야 한다고 믿는 자유방임주의적 고전적 자유주의가 서서히 변화했음을 보여주는 것이다.

그린은 고전적 자유주의가 추구한 무제한적인 이윤추구는 새로운 형태의 심각한 빈곤문제와 사회적 부정의injustice를 만들었다고 보았다. 그린이 특히 주목한 점은 임금협상을 하는 자리에서 노사 양측의 협상력이 불균등하다는 것이었다. 고전적 자유주의는 임금협상 과정도 시장에 그냥 맡겨두어야 한다고 주장하지만, 그럴 경우 협상력이 약한 노동자가 피해를 볼 가능성이 높으며, 이 경우 이를 방지하기 위해 국가의 개입이 필요하다는 것이다. 즉, 자유시장에 맡겨 놓으면 임금이 빈곤선 이하에서 결정될 가능성을 배재하기 어렵기 때문에, 이 경우 국가는 개인이 적정 수준의 삶의 질을 유지할 수 있도록 시장에 개입해야 한다는 것이다. 그린은 이것을 적극적 자유positive freedom라고 불렀다.3)

케인스는 스미스의 시장주의를 벗어나지는 않지만 건설적인 국가의 역할을 통한

---

3) 소극적 자유는 어떤 간섭이나 억압으로부터의 자유를 의미하는데, 야경국가나 최소국가론을 통한 국가로부터의 자유를 의미하며 자유권적 기본권을 포함한다. 적극적 자유는 개인이 어떠한 목표를 달성할 수 있는 자유를 의미하는데, 이 경우 자유는 국가에 대해 국민 개개인이 어떤 것을 적극적으로 요구할 수 있는 자유로 해석된다. 청구권적 기본권이나 사회권을 포함한다. 청구권적 기본권은 개인이 권리나 이익이 침해받을 우려가 있을 경우 국가에 대해 적극적으로 일정 행위를 요구할 수 있는 권리로 재판청구권과 청원권 등이 있으며, 사회권적 기본권은 개인이 국가에 대해 어떤 보호나 지원을 요구할 수 있는 권리이다. 우리 헌법에는 인간다운 생활을 할 권리, 근로의 권리, 교육 받을 권리, 노동 3권, 쾌적한 환경에서 생활할 권리 등이 규정되어 있다.

시장과 국가의 조화를 추구했다는 점에서 근대 자유주의자로 분류할 수 있다. 케인스는 1930년대 대공황을 경험했는데, 이러한 경험은 그로 하여금 스미스의 보이지 않는 손이 완벽하게 자기 규제적인 메커니즘이 아니라 때로는 실패로 귀결될 수도 있다는 점을 깨닫게 했다. 케인스는 1936년 발간한 『고용, 이자 및 화폐에 관한 일반이론The General Theory of Employment, Interest and Money』을 통해 국가가 유효수요를 관리할 필요성이 있음을 주장했다. 한마디로 국가가 불완전한 시장에 개입하여 유효수요 관리를 해야 한다는 것이었다. 국가는 유효수요 관리를 통해 완전고용을 추구하고, 완전고용 추구는 노동자의 일자리를 창출하고 소득을 늘여 결국 소비를 촉진하고, 이 결과 투자가 활성화되어 경제가 성장한다는 것이었다.

정리하면, 고전적 자유주의는 시장에서 국가를 추방했지만, 근대 자유주의는 국가를 다시 시장으로 끌고 들어왔다. 근대 자유주의의 핵심 구성요소는 적극적 자유, 복지주의welfarism, 케인스주의 경제학 등으로 압축되는데, 미국에서 이러한 요소들은 자유주의를 통해 유지되고 추구되고 있다. 근대 자유주의를 수용한 미국의 자유주의자들은 실업보험과 건강보험 등의 복지제도와 교육의 기회 확대 등을 추구하고 있으며 이를 위해 세금인상 등에 의존하고 있다.

롤즈의 자유주의

존 롤즈John Rawls, 1921~2002는 『정의론A Theory of justice(1971)』에서 복지국가를 통한 사회정의론을 제시했다. 자유주의 정치 이데올로기에서 개인의 재산권은 로크 이후 일종의 불가침적인 영역으로 인식되고 있었는데, 롤즈는 수정 자유주의를 제시하며 세금인상을 통한 사유재산권 침해가능성이 있는 복지국가 모델을 정당화했다.

롤즈가 제시한 복지국가 모델의 자유주의적 정당화 작업은 다음과 같다.장동진, 2001: 85-87; 박순성, 1996 우선 롤즈는 원초적 입장original position을 상정한다. 원초적 입장은 사회계약 이전의 최초의 상황인데, 사회계약론자들이 말하는 자연상태와 유사한 개념으로 정의의 원칙을 도출하기 위한 가정적 상황이다. 원초적 상황에서 자유롭고 평등한 사람들이 전원합의로 정의의 원리 즉, 사회복지주의적 원리를 도출하게 된다는 가정인데, 원초적 상황에 놓인 개인들은 다음의 몇 가지 특징을 지닌다. 첫째, 자유롭고 평등하다. 의사결정이 자유롭고, 의사결정에서 동등한 결정권을 가진다는 의미이다. 둘째, 개인들은 합리적 존재로서 최선의 방안을 선택한다. 셋째, 개인들은 상호무관심한 존재이다. 이를 통해 롤즈는 개인들이 관심을 가지고 서로 비교하면서 발생할 수 있는 시기심이나 이타심 문제 등을 극복하고자 했다. 넷째, 개인들은 무지의 베일^{veil}
of ignorance에 둘러 싸여 있다. 즉, 무지의 베일에 싸인 사람들은 자기가 어떤 능력을 가졌는지 그리고 어떠한 위치에 놓여 있는지 알 수 없기 때문에 사회구성원들 간의 불평등을 인정하더라도 최소수혜자가 가능한 한 이익을 많이 보는 방향으로 불평등을 선택한다는 것이다. 즉, 자신이 최소수혜자가 되더라도 기본적인 인간의 삶이 가능한 생활수준을 보장한다는 것이다.

롤즈는 이와 같은 원초적 입장에 놓인 개인들은 두 가지 정의의 원칙에 합의한다고 『정의론』에서 주장한다.

> 첫째, 모든 사람은 다른 사람들의 유사한 자유와 양립할 수 있는 가장 광범위한 기본적 자유에 대하여 동등한 권리를 가져야 한다.
> 둘째, 사회적·경제적 불평등은 다음 두 조건을 만족시키도록 조정되어야 한다. (1) 그 불평등이 모든 사람에게 이익이 되리라는 것이 합당하게 기대되고, (2) 그 불평등이 모든 사람에게 개방된 직책과 직위에 결부되어야 한다(장동진, 2001: 87에서 재인용).

해석하면 첫 번째 원칙은 평등한 기본적 자유를 보장하는 것으로 평등한 자유의 원칙이라고 할 수 있다. 즉, 모든 사람은 기본적 자유(정치적 자유, 언론, 집회, 결사, 사상, 양심의 자유, 신체의 자유, 체포와 구금을 당하지 않을 자유 등)를 동등하게 지닌다는 원칙이다. 두 번째 원칙의 조항(1)은 사회적·경제적 불평등은 그 불평등이 모든 사람에게 이익이 되는 한 허용된다는 것으로 차등의 원칙이라고 할 수 있으며, 조항(2)는 직위와 교육 등에서 공정하게 '기회의 균등'이 확보되어야 한다는 것으로 기회균등원칙이라고 한다.

정리하면, 롤즈는 사회의 최대수혜자가 불평등을 누릴 수 있는 것은 최소수혜자의 편익을 증진시키는 것을 수반하는 조건에 한하여 가능하다는 것을 주장한 것이다. 이 원칙은 자유주의의 핵심 요소인 자유시장을 기본 전재로 하면서도 최소수혜층을 위한 복지증진을 정당화하고 주장했다는 점에서 재분배적 평등주의의 자유주의적 합리화로 이해될 수 있다.

신자유주의

1970년대 들어 보수주의 진영 내에서는 급진적 변화를 추구하는 이데올로기가 등장하는데 그것은 신우파New Right의 등장을 알리는 것이었다. 신우파는 미국과 영국, 프랑스, 독일 등에서 상당한 영향력을 발휘하며 등장했는데, 고전적 경제 자유주의의 자유방임주의를 되살리자는 움직임과 고전적 보수주의를 재강화하려는 움직임이 접목된 것이었다. 전자는 신자유주의를 의미하며, 후자는 신보수주의를 의미한다.

2차 세계대전 이후 1970년대 초까지 세계경제는 유래 없는 호황을 누렸는데, 그 배경에는 케인스주의가 있었다. 1930년대에 종말은 맞은 고전적 경제 자유주의 대신 2차 세계대전 이후 각국은 케인스주의에 기반한 경제정책을 운영했다. 즉, 국가의 시장개입 통해 적극적인 경제성장을 추구했던 것이다. 그러나 1970년대 이후 세계경제가 장기 불황의 여파에 휘말리면서 전세계적으로 실업률과 인플레이션이 고조되고 경제침체가 심화되자, 국가의 시장 개입이라는 근대 자유주의의 핵심 내용과 케인스주의의 실효성에 대한 회의감과 불신이 증폭되기 시작했는데, 그 귀결은 자유시장으로 복귀와 개인의 자유를 다시 무엇보다도 최우선시하는 것이었다. 국가개입을 폐기하고 자유시장으로 복귀하는 움직임을 대변한 것이 신자유주의이고, 개인의 자유를 최우선시 하는 흐름을 주도한 것이 자유지상주의이다.

신자유주의는 국가의 실패를 비판하면서 등장한 이데올로기이자 고전적 경제 자유주의 즉, 자유방임주의를 다시 부활시킨 것이지만, 고전적 자유주의보다 시장에 대한 신뢰는 더욱 커진 만큼 국가에 대한 불신도 더욱 커졌다. 신자유주의를 주도한 이론가는 하이에크Friedrich A. von Hayek, 1899~1992와 프리드만Milton Friedman, 1912~2006이다. 하이에크는 시장지상주의 입장에서 시장에 대한 모든 국가개입에 반대했다. 하이에크는 인위적 질서와 자연발생적 질서를 구분하는데, 전자는 인간이 만든 규칙에 의해 생겨나지만, 후자는 사회구성원이 어떤 행동규칙을 준수한 결과 모든 사회 구성원이 유익함을 얻는 방향으로 생겨난다고 본다. 하이에크는 자연발생적 질서의 전형이 시장질서라고 보며, 가장 바람직하게 자원을 배분해주는 유일한 메커니즘이 바로 시장이라고 본다.최병선, 2000: 60 시장에서의 경쟁 결과 발생한 결과에 대하여 평등이나 형평성을 논하는 것은 잘못된 시도라고 하이에크는 지적하고, 평등이나 형평성을 위해 국가가 시장에 개입하는 것은 어떤 이유로도 정당화될 수 없다고 주장한다. 하이에크는『예종에의 길The Road to Serfdom(1944)』에서 국가가 개입하여 경제적 평등을 추구한다면 결국에는 독재와 전체주의로 귀결될 것이라고 내다보았다. 경제적 평등을 위해 국가가 시장에 일단 개입하기 시작하면, 더 많은 국가의 개입이 뒤따르게 되고 결국에는 개인의 자유마저 사라질 것이라고 전망한 것이다.

대표적인 통화주의자인 프리드만은 『자본주의와 자유Capitalism and Freedom(1962)』에서 하이에크와 마찬가지로 고전적 자유방임주의 경제로의 회귀를 강력하게 주장했다. 프리드먼은 케인스주의 경제와 중상주의, 사회주의, 국가사회주의 등은 모두 유사한 것이라고 주장했는데, 이들은 모두 국가가 시장에 개입하는 경제체제이기 때문이다. 프리드만은 자유시장에서 개인의 자유가 가장 잘 보호될 수 있다고 주장했다.Buchholz et al., 1994; 김명섭 외, 2003: 32

신자유주의는 결국 국가 기능의 축소와 시장으로부터의 철수를 추구했는데, 구체적으로는 복지제도의 축소와 철폐, 탈규제와 자유화, 공공지출 축소, 공기업 민영화, 세율인하 등 친기업 정책, 인플레이션 통제 등과 같은 정책이 추진되고 통화주의와 공급측면 경제학 등이 등장했다. 영국과 미국에서는 대처리즘Thatcherism과 레이거노믹스Reaganomics라는 이름으로 이러한 경제정책들이 추진되었다.

그러나 신자유주의의 과도한 시장에 대한 신뢰는 다양한 문제점과 비판에 직면에 있다.정진영, 2000; 강상구, 2000: 116-119; 장하준, 2007: 37 첫째, 신자유주의는 국가의 과도한 개입이 야기한 비효율성의 극복, 경쟁시장의 효율성 도입, 개인의 자유 확대 등과 같은 측면에서는 긍정적인 영향력을 발휘하고 있기도 하지만, 과도한 자유화와 탈규제화로 인한 국가간 그리고 개인 간 빈부격차 확대, 사회적 불평등의 심화, 지구적 차원의 금융위기와 통화위기의 재발, 환경파괴 등과 같은 부작용을 야기하고 있다. 둘째, 신자유주의가 상정하고 있는 완벽한 자기조정 능력을 지닌 시장은 현실적으로 존재하지 않는다. 국가의 실패도 있지만 시장의 실패도 있다는 것이다. 시장은 인간사회의 일부분이고 완벽한 것이 아니라 다른 제도처럼 인간에 의해 지속적으로 개선되어야 하는 제도라는 것이다. 셋째, 신자유주의는 국가에 대한 철저한 불신과 반국가론을 지니고 있지만, 국가는 시장의 실패를 교정하고 시장을 관리할 수 있는 효율적인 제도 중에 하나라는 점이다. 넷째, 신자유주의는 자유무역과 자유시장이 성장을 촉진한다고 주장하지만, 1970년대 이후 지난 30여 년간 세계경제의 성장은 오히려 둔화되었다. 신자유주의는 성장도 분배(평등)도 모두 실패했다는 비판에서 자유롭지 못한 것이다.

자유지상주의

이미 살펴본 것처럼, 1930년대 경제공항 이후 미국에서는 뉴딜식 국가개입주의, 즉 케인스주의적 수정 자본주의가 등장하여 재분배적 평등 가치를 추구했다. 즉, 미국의 자유주의는 국가 개입적인 케인스주의적 수정 자본주의에 기초한 것이었다. 그런데 1970년대 들어 이러한 케인스주의적 자유주의의 문제점이 부각되고 세계경제가 장기 불황의 늪에 빠지기 시작하면서 신자유주의 뿐 아니라 자유지상주의도 대두되기 시작 했다. 신자유주의가 국가 개입주의적인 케인스주의에 자유시장과 자유방임주의의 부 활로 맞섰다면, 자유지상주의는 개인의 자유와 재산권의 불가침성을 강조하며 최소국 가론으로 맞선 것이다. 한마디로 자유지상주의는 복지국가형 재분배론과 미국의 근대 자유주의 이데올로기에 대한 총체적인 대응 차원에서 나온 정치 이데올로기라고 볼 수 있다.^{신일철, 2002}

자유지상주의는 노직에 의해 주장되었는데, 노직은 『아나키, 국가, 유토피아^{Anarchy, State and Utopia(1974)}』에서 사유재산권 중심의 개인의 자유를 보호하기 위한 최상의 정 치체제가 최소국가라고 보고, 국가의 역할은 살인, 공격, 절도, 사기 등으로부터 개인 을 보호하는 기능과 계약이행의 강제나 계약불이행에 대한 보호 등과 같은 기능에 한정되어야 한다고 주장한다.^{김병곤, 1996} 이렇듯 노직의 입장은 개인의 자유를 보존하 기 위해 최소국가론을 주장한다는 점에서 무정부주의와 차이가 있으며, 국가가 개인 의 삶이나 시장에 개입하는 것을 반대한다는 점에서 국가주의나 복지국가에 반대한 다. 복지국가를 개인의 자유를 침해하는 존재로 인식한 것이다. 노직은 최소국가의 기능을 넘어 그 이상의 기능, 예를 들어 소유의 재분배 같은 일을 수행하는 국가를 확장적 국가^{extensive state}라고 명명하고, 이러한 국가는 개인의 자유와 권리를 침해하 기 때문에 정당화될 수 없다고 주장한다.

노직의 자유지상주의는 몇 가지 비판에 직면해 있다.^{김병곤, 1999: 112-113} 첫째, 자유지 상주의는 극단적 개인주의와 원자주의에 기초해 있는데, 개인은 혼자 사는 것이 아니 다. 개인이 사회적 생활을 하는 이상 개인의 사회성을 무시하기는 어려운 것이다. 사유재산을 개인의 소유물로만 보기에는 문제가 있다는 것이다. 사유재산을 인간사회 공동의 생산물로 보는 시각이 사회주의에 존재하기 때문이다. 둘째, 자유지상주의는 복지 대신 자선을 주장하는데 과연 자선을 통해 사회불평등을 개선할 수 있을지 의문 을 떨치기 어렵다. 셋째, 자유지상주의가 주장하는 무제한적 시장경쟁은 사회불평등 을 악화시킬 가능성이 있으며, 이 경우 그 사회의 민주주의의 기반이 도전받게 될 가능성도 배제하기 어렵다.

노직Nozick은 롤즈가 시도한 복지국가 정당화와 국가 개입 정당화를 비판한다. 즉, 국가가 분배정의를 위해 시장에 개입하는 것은 개인의 재산권에 대한 명백한 침해라고 주장한 것이다. 노직은 분배보다는 사회 전체의 부를 늘이는 것이 결국 최하층의 복지에도 유리하다고 주장했다. 롤즈와 노직의 정의를 둘러 싼 논쟁은 크게 두 가지 점에서 관심을 끈다. 첫째, 노직은 개인의 재산권에 대한 철저한 보호를 통한 개인들의 자유로운 삶에 관심을 둔 반면, 롤즈는 소득 재분재를 통한 개인들의 평등한 삶에 관심을 두고 있다는 점에서 명확한 차이를 드러낸다. 둘째, 노직은 개인들이 취득한 재산이 정당한 노력의 결과 이루어진 것이라면, 즉 재산의 취득 수단과 과정이 정당하다면, 그 결과가 불평등한 것이더라도 정의롭다고 본다. 즉, 개인의 재산권에 대한 침해가 사회정의에 대한 침해라고 보는 반면, 롤즈는 개인의 재산권은 재분배 원리의 테두리 내에서만 정당화되고, 그럴 경우에만 정의롭다고 본다. 결국 노직이 양도할 수 없는 개인의 재산권을 통해 사회적 불평등을 정당화했다면, 롤즈는 분배정의를 통해 불평등 사회의 최소화를 추구한 것이다.

보수주의(Conservatism)

18세기 후반 등장한 보수주의 정치 이데올로기는 기존의 체제와 제도를 큰 변화 없이 유지하려는 정치 이데올로기로, 고전적 보수주의classical conservatism, 신보수주의neo-conservatism 등으로 역사적으로 변화해왔다. 보수주의는 1789년 프랑스 혁명에서 시작된 급진적인 정치적·사회적 변화에 대한 반작용으로 시작되었는데, 버크Edmund Burke, 1729~1797의 저서 『프랑스 혁명에 관한 고찰Reflections on the Revolution in France(1790)』을 통해 내용이 구체화되었다. 버크는 정치적 자유주의가 프랑스 혁명을 통해 급진적이고 파괴적으로 적용된 방식을 비판했으며, 유럽 전역의 전통주의자들이 프랑스 혁명에 대항해 궐기하라고 선언하기도 했다. 프랑스에서 귀족계급과 로만 카톨릭 교회는 기득권 세력으로 부르주아 계급의 성장과 자유주의 이데올로기의 도전에 의해 자신들의 기득권을 빼앗길 가능성이 않았고, 그 결과 저항도 거셌다. 따라서 자유주의를 신봉한 혁명세력은 단두대 처형으로 모든 저항세력을 무력화시키고 기존의 제도들(특히 절대군주 체제와 신분질서)을 급진적으로 해체했다. 그러나 버크가 보기에 기존의 제도를 이렇게 급속히 파괴하는 것은 큰 실수였다.

버크는 자유주의가 개인들의 합리적 이성을 과도하게 맹신했고, 개인들의 비합리적

에드먼드 버크: 보수주의는 에드먼드 버크(Edmund Burke, 1729~1797)의 저서 『프랑스 혁명에 관한 고찰(Reflections on the Revolution in France, 1790)』을 통해 그 내용이 구체화되었다. 버크는 정치적 자유주의가 프랑스 혁명을 통해 급진적이고 파괴적으로 적용된 방식을 비판했으며, 유럽 전역의 전통주의자들이 프랑스 혁명에 대항해 궐기하라고 선언하기도 했다. 버크는 자유주의가 개인들의 합리적 이성을 과도하게 맹신했고, 개인들의 비합리적 열정을 이해하지 못했다고 비판했다. 인간의 비합리적 열정을 다스리기 위해 사회는 전통, 제도, 윤리, 군주제, 교회 등과 같은 제도들을 발전시켜왔는데, 이러한 제도를 급진적으로 해체하는 것은 인간의 비합리적 충동을 혼란으로 몰고 갈 가능성이 있다고 내다본 것이다. 버크는 현재의 제도와 전통은 수백 년 간의 시행착오를 통해 점진적으로 개선되며 만들어진 이기 때문에 급진적으로 타파되어야 할 만큼 나쁜 것이 아니라 보존되어야 한다고 주장했다. 전통과 제도를 보호하고 보존해야 한다는 의미에서 이러한 이데올로기는 보수주의(conservatism)로 명명되었다.

열정을 이해하지 못했다고 비판했다. 인간의 비합리적 열정을 다스리기 위해 사회는 전통, 제도, 윤리, 군주제, 교회 등과 같은 제도들을 발전시켜왔는데, 이러한 제도를 급진적으로 해체하는 것은 인간의 비합리적 충동을 혼란으로 몰고 갈 가능성이 있다고 내다본 것이다.[Roskin et al., 2003: 96] 버크는 현재의 제도와 전통은 수백 년 간의 시행착오를 통해 점진적으로 개선되며 만들어진 것이기 때문에 급진적으로 타파되어야 할 만큼 나쁜 것이 아니라 보존되어야 한다고 주장했다. 결국 전통과 제도를 보호하고 보존해야 한다는 의미에서 이러한 이데올로기는 보수주의[conservatism]로 명명되었다. 그러나 이러한 보수주의의 주장이 변화 자체를 거부하는 것이 아님을 인식하는 것이 중요하다. 보수주의는 급진적인 변화가 아니라 점진적인 변화를 통해 사람들이 그에 적응할 수 있도록 해야 한다고 강조한다.

보수주의의 핵심 구성내용은 전통, 보존, 인간의 불완전성, 권위, 종교, 도덕 등으로 요약된다. Heywood, 1992: 57-64; Goodwin, 1987: 158-168; Nisbet, 2007: 45-116 보수주의의 가장 핵심적인 용어는 급진적 변화에의 거부와 기존 질서의 보존이다. 전통이나 관습 및 제도를 보존하고 보호하는 것이 보수주의의 가장 큰 특징인 것이다. 보수주의자들에게 이미 사회에 뿌리 내린 전통, 관습, 제도 등은 유지하고 보존되어야 한다. 전통, 관습, 제도 등은 오랜 역사를 통해 점진적으로 개선되고 유지되어온 것이고, 이러한 것들이 개인에게는 소속감이나 유대감을 형성해 주기 때문에 반드시 있는 그대로 유지되어야 한다고 믿는 것이다. 보수주의자들은 인간은 불완전하다고 인식한다. 다른 정치 이데올로기들 특히 자유주의는 인간의 합리성을 신뢰하지만, 보수주의는 인간의 연약함과 비합리성 그리고 이기심을 강조한다. 보수주의자들은 인간은 심리적으로 의존적인 생명체로 혼자 고립되어 있으면 불안감을 느끼고, 도덕적으로도 불완전하다고 본다. 보수주의자들은 홉스식 인간 본성론을 신뢰한다. 즉, 인간은 이기적이고 탐욕스럽다는 것이다. 보수주의들은 인간의 이성도 불안전하다고 본다. 인간의 이성으로 자연세계를 이해하는 것은 근본적으로 불가능할 만큼 자연세계는 복잡하다는 것이다.

보수주의는 또한 개인이 아닌 사회 중심적이고 사회 우선적인 시각을 지니고 있다. 자유주의는 사회는 자유로운 개인의 단순한 집합체로 이해하는 반면, 보수주의는 인간 개개인은 사회 밖에 따로 떨어져 홀로 존재할 수 없으며, 그렇기 때문에 개인은 사회 의존적인 본질을 지니고 있다고 본다. 따라서 보수주의는 인간은 사회적으로 부과된 의무를 완수할 때 자유로워진다고 이해하는 반면, 자유주의는 모든 외적 규제가 없는 상태에서 개인은 자유로워진다고 이해한다. 권위를 바라보는 시각에서도 자유주의와 보수주의는 차이를 드러낸다. 자유주의는 국가의 권위는 개인들 간의 계약을 통해 이루어지는 것(사회 계약론)이라고 보는 반면, 보수주의는 권위는 자연적인 필요에 의해서 생겨나는 것으로 위로부터 아래로 부과되는 것이며 모든 인간 사회와 제도에 존재한다고 본다. 보수주의자들은 권위는 필수적인 것이며 사회발전에 이로운 것이라고 인식하는 것이다.

신보수주의

신보수주의를 이해하기 위해선 우선 미국의 정치현상을 이해할 필요가 있다. 권용립, 2003 현대 미국정치에서 보수주의와 자유주의의 등장은 뉴딜 이후의 현상이다. 19세기까지 미국에서는 보수주의나 자유주의라는 용어가 별로 사용되지 않았다. 그러나 20세기 들어 루즈벨트 정부가 대기업 규제 정책을 펴자 이에 대항하여 자유방임을 옹호하는 태도가 등장했는데, 이후부터 자유방임을 옹호하고 시장에 대한 국가의 개입을 반대하는 태도를 보수주의라고 부르기 시작했다. 영국에서 자유주의로 간주되던 이데올로기가 미국에서는 보수주의로 불리게 된 것이다. 미국 정치에서 본격적으로 보수주의와 자유주의 용어가 사용된 것은 1930년대 민주당 루스벨트 대통령과 그 지지자들이 뉴딜 정책을 자유주의(리버럴리즘)로 규정하고 반대자들을 보수주의자들로 자칭하면서부터이다.[4] 이 점은 미국에선 자유주의자가 시장주의자가 아니라 보수주의자가 시장주의자라는 점을 잘 설명해준다.

뉴딜 정책에 기반한 소득재분배 정책, 사회보장제 등의 복지정책과 국가의 경제개입정책 등을 통해 민주당은 흑인, 도시빈민, 노동자, 소수인종의 지지를 확보하기 시작했는데, 이 점은 바로 미국 민주당의 핵심 정치 이데올로기인 자유주의(리버럴리즘)는 19세기 영국에서 국가의 시장에의 개입을 반대하면서 시작된 자유주의와는 다르다는 점을 명확하게 보여주는 것이다.

미국에서 신보수주의의 등장은 1960년대 미국의 자유주의에 대한 보수주의의 반격의 산물이었다. 1960년대 이후 미국의 자유주의는 급진적 평등주의와 전통적 윤리와 사회 규범에 대한 회의와 도전으로 상징된다. 전통적으로 기회균등과 사유재산권을 강조하는 로크식 자유주의를 신봉해 온 미국에서는 권용립, 2003: 85 기회 균등이 보장되면 불평등한 결과도 평등한 것으로 이해하는 이데올로기적 전통이 있어왔지만, 1960년대 이후 민주당의 자유주의가 급진화되면서 기회균등뿐 아니라 결과적 평등도 중요하다는 인식이 팽배해지기 시작했다. 이 결과 그동안 억눌리고 소외 받아 온 자들과 소수자들(여성, 소수인종, 동성애자, 빈민, 노인 등)을 위한 정책(낙태권리 인정, 소수인종 쿼터제, 사회보장제, 동성애 인정, 반핵, 동물권 등)들이 추진되기 시작했으며, 전통적 권위와 윤리 및 사회 규범에 대한 도전은 상대주의, 학생운동, 반전운동, 시민운동, 여성주의feminism, 환경주의environmentalism 등과 같은 정치적 운동을 활성화시켰다.

---

4) 미국에서 보수주의가 시장주의자인 것은, 미국의 역사가 유럽에 비해 짧고 미국의 이데올로기적 전통이 미국혁명과 독립선언문 등에서 확인되듯이 유럽의 자유주의에서 시작된 것임을 염두에 두면 이해하기 쉽다. 즉, 미국의 보수주의자들이 보존해야 하는 미국의 전통적 가치는 유럽 고전적 자유주의의 두 가지 측면 즉, 고전적 경제 자유주의(자유방임주의)와 고전적 정치 자유주의인 것이다. 유럽의 보수주의자들이 군주제 전통 등을 보호하려는 성향이 있는 것과 비교하면, 미국 보수주의와 유럽 보수주의의 차이가 명확하게 드러난다.

이와 같은 자유주의적 움직임에 대한 보수주의적 대응이 미국의 신보수주의이다. 즉, 급진적 평등주의와 상대주의적 윤리관 등에 대항하기 위하여 기독교 우익, 공화당과 재계 및 지식사회의 보수주의자, 보수적 연구소 등을 중심으로 결집하여 정치세력화한 것이 신보수주의인 것이다. 신보수주의는 경제적으로는 신자유주의를 지지하여 조세증대, 연방예산확대, 기업규제 등에 반대하는 한편, 미국 문화의 상업성과 세속성을 비판하고, 전통적 가족가치, 남녀 성가치, 종교적 경건성과 도덕성을 새롭게 강조한다. 신보수주의의 1960년대 상대주의에 대한 불신은 신보수주의의 외교정책이 종교적인 선악관을 바탕으로 미국 중심의 일방주의 외교를 추구하게 된 배경으로 작용했다.

정리하면, 오늘날 미국의 신보수주의는 기존의 자유주의자들의 비효율적 정부정책과 상대주의, 전통 가치에의 도전 등에 대응하면서 등장한 정치 이데올로기로서 경제적으로는 자유방임주의, 사회적으로는 전통주의와 기독교주의의 융합, 외교적으로는 일방주의에 기초해 있다고 볼 수 있다.Roskin et al., 2003: 108

진보주의

진보주의는 역사와 사회는 내용적으로 바람직하고 좋은 방향으로 나아간다고 믿으며, 그러한 진보는 대폭적이고 급진적인 변화를 통해 이룰 수 있다고 믿는 이데올로기이다. 진보주의의 기원은 18세기 서구 계몽주의와 프랑스 혁명에서 찾을 수 있다. 신본주의로부터 해방된 인간들은 이성을 통해 현세에서도 사회의 진보와 발전을 이루고 유토피아를 건설할 수 있다는 사고를 가지게 되었으며, 이러한 사고는 프랑스 시민계급과 노동자, 농민의 자유주의적 혁명과 사회주의 사상으로 귀결되었다.

그러나 진보주의와 보수주의는 상대적 개념임을 이해할 필요가 있다. 프랑스 혁명 당시 시민계급의 자유주의는 급진적이었지만, 혁명 이후 노동자와 농민의 사회경제적 요구를 거부하면서 보수주의로 변화되었다. 또한 20세기 후반 이후 현실 사회주의 붕괴 이후 전통 마르크시즘은 세계화의 시대변화를 못 읽는 보수적 진보주의로 쇠락한 측면이 있다. 진보주의와 보수주의의 차이는 변화의 속도와 정도에 대한 차이에서 발견된다. 급속하고 근본적인 변화를 수용하면 진보주의에 가깝고 점진적인 소폭의 변화를 선호하면 보수주의에 가깝다. 변화 자체를 거부하는 이데올로기는 수구주의라고 부를 수 있다.

결국 진보주의도 개혁적 진보주의와 보수적 진보주의로 구분될 수 있고, 보수도 개혁적 보수주의와 수구적 보수주의로 구분될 수 있는 것이다. 좌파와 우파의 전통적인 구분은 좌파는 평등을 우파는 자유를 강조한다는 것이었다. 그러나 현실 사회주의 붕괴와 세계화의 가속화 이후 그러한 구분은 설득력이 떨어지고 있다. 보수적 좌파도 있고 진보적 좌파도 존재한다. 이렇게 본다면 진보주의와 보수주의 중심의 정치 이데올로기 스펙트럼은 다음과 같이 형성된다. 급진적 진보주의(구좌파, 정통 마르크시즘)- 점진적 진보주의(사회 민주주의, 신사회운동)- 개혁적 보수주의(점진적 변화 수용)- 수구주의(변화 자체 거부). 이제 진보주의에 포함되는 정치 이데올로기인 사회주의와 사회 민주주의 등을 살펴보자.

사회주의

사회주의^{socialism}는 19세기 유럽의 산업화 과정에서 발생한 정치 이데올로기이다. 초기의 산업화 과정에서 산업 노동자들은 처참한 가난과 노동환경에 시달려야 했는데, 이런 상황에서 등장한 초기 사회주의는 급진적이고 혁명적인 것이었다. 그러나 19세기 후반 들어 선진 유럽 국가에서 노동자들의 생활수준이 개선되고 노동자 정당이 제도화되면서 이들 국가의 사회당은 선거를 통한 평화로운 권력획득을 추구하게 되었다. 따라서 1917년 러시아 혁명을 전후로 사회주의는 선진 유럽 국가의 개혁 지향적 사회 민주주의와 러시아의 볼셰비키식 사회주의(공산주의)로 이분 균열구조에 놓이게 되었다. 이후 20세기 들어 사회주의 정치 이데올로기는 아시아, 아프리카, 남미 등 제3세계 지역으로 확장되었으며, 소련식 공산주의는 1990년대 초반 소련의 붕괴와 함께 역사의 장막 뒤로 사라졌으나, 사회 민주주의는 유럽지역을 중심으로 유지되고 있다.

사회주의 정치 이데올로기의 핵심 구성요소는 다음과 같다.^{Heywood, 1992: 96-105} 첫째, 사회주의는 인간을 사회적 동물로 인식하고, 사회경제적인 문제들은 개인적 차원의 노력이 아니라 사회집단적인 노력을 통해 극복할 수 있다고 믿는다. 자유주의와 달리 개인주의가 아닌 집단주의^{collectivism} 사고를 지니고 있는 것이다. 둘째, 사회주의자들은 사회계급의 중요성을 강조하고 노동자 계급의 이익을 위해 노력한다. 사회주의자들은 종교, 인종, 지역, 국가적 균열보다 계급에 기초한 정치적 균열이 가장 중요한 사회 균열 요인이라고 주장하는데, 계급투쟁^{class struggle}이 인간 사회와 역사를 이해하는데 가장 중요한 요인이라고 본다. 셋째, 평등에 대한 강조와 실천은 사회주의 정치 이데올로기를 자유주의나 보수주의와 구분해주는 가장 중요한 가치 중 하나이다. 보수주의는 인간사회는 본래적으로 수직적이고 권위적이기 때문에 평등 개념은 부조리하다고 주장하고, 자유주의는 개인은 타고 난 재능과 노력 그리고 운이 다르기 때문에 그에 따라 차등적으로 보상 받는 것이 중요하지 결과적 평등을 추구하는 것이 옳은 것은 아니라고 주장하며 기회의 균등을 대안으로 제시한다. 반면, 사회주의는 인간의 불평등은 자유주의가 주장하듯 인간 개개인의 차이에서 기인하는 문제가 아니라 사회 구조가 불평등하게 구성되어 있기 때문이라고 본다. 사회주의는 그래서 불평등한 사회구조를 개선하고 혁파하는 실천적 행동에 보다 많은 관심을 갖는다. 넷째, 사회주의는 사회 불평등의 근본 원인을 사유 재산private property에서 찾는데, 이러한 태도 역시 사회주의를 자유주의 및 보수주의와 구분되게 하는 요인이다. 자유주의와 보수주의는 공히 사유 재산을 자연스럽고 당연한 것으로 여기고 반드시 보호되어야 하는 것으로 이해한다.

사회주의를 성취하기 위한 전략을 놓고 사회주의 진영은 크게 두 가지 진영으로 분류되는데, 혁명적 사회주의revolutionary socialism와 진화적(점진적) 사회주의evolutionary socialism가 바로 그것이다.Heywood, 1992: 106-111 혁명적 사회주의는 급진적이고 원천적이며 폭력적인 혁명을 통한 사회주의로의 이행을 추구하는 반면, 진화적 사회주의는 자유주의적 자본주의가 자연적이고 진화적으로 사회주의로 귀결될 것이라고 본다. 따라서 진화적 사회주의자들은 정치적으로 폭력적 혁명보다 사회 민주주의 정당을 선호한다. 진화적 사회주의는 영국의 점진적 사회주의 사상 단체인 페이비언 협회Fabian Society와 독일의 사회민주당SPD에 의해 추진되었다.

사회 민주주의

사회 민주주의는 사회주의와 민주주의가 결합된 용어로 정치적 차원에서는 혁명 대신 선거와 의회제도 및 입법 과정을 중시하고, 경제적 차원에서는 자본주의의 모순 중 하나인 계급간 빈부격차의 완화와 복지체제를 추구하는 정치 이데올로기이다.주성수, 1992: 44 즉, 사회 민주주의는 사회주의의 온건 형태로 진화적 사회주의를 의미하는데, 산업의 국유화에 반대하고 복지적 수단을 강조한다. 베른슈타인Edward Bernstein, 1850~1932은 『진화론적 사회주의Evolutionary Socialism(1898)』를 통해 사회 민주주의의 이론적 기초를 제공했다. 20세기 초 독일 사민당SPD이 성공하기 시작하면서 노동자 계급의 혁명이 없이도 노동자 계급의 목적을 달성할 수 있다는 인식이 확산되기 시작했다. 혁명을 통해 자본주의 국가를 전복하고 노동자 국가를 건설하는 것보다, 노동자 정당이 선거를 통해 국가기구를 접수하여 자본주의 국가를 노동자 국가로 만들면 된다고 인식한 것이고 그것이 성공 가능하다는 것을 경험하게 된 것이다. 정통 마르크시즘과 소비에트식 공산주의는 사회 민주주의를 수정주의라고 지칭했다. 사회 민주주의는 결국 사회주의 보다 자본주의 내의 복지주의를 선택한 것이며, 자본주의 국가가 자본가 계급의 이해관계만을 반영하는 부르주아의 도구적 성격을 지닌 것이 아니라, 국가가 계급 중립적인 중재자neutral arbiter라는 국가론을 받아들인 것이다.

공산주의

공산주의Communism는 다양한 의미로 사용되는데, 크게 세 가지 의미로 쓰이고 있다. Heywood, 1992: 115; Roskin et al., 2003: 101 첫째, 소련, 중국 등 공산당communist party 혁명을 통해 권력을 획득한 정권을 지칭한다. 둘째, 특히 소련과 관련하여 레니니즘과 통합된 마르크시즘으로 전체주의적 일당체제로 현실화된 사회주의를 지칭한다. 즉, 사회 민주주의가 개혁주의와 복지주의로 변화해간 반면 소련은 혁명 이후 레닌 주도로 공산주의를 추구한 것이다. 이런 시각에서 본다면 공산주의는 마르크시즘과 레니니즘Leninism이 결합된 정치 이데올로기인 것이다. 셋째, 마르크스가 지칭한 유토피아적 미래 사회를 의미한다. 마르크스는 『공산당 선언Manifesto of the Communist Party(1848)』을 통해 공산주의를 사유재산의 폐지라는 용어로 설명했다. 이 점은 공산주의 사회에서는 사유재산이 없고 따라서 계급도 없는 사회로 생산적 부는 모두 집단적으로 공유하게 된다는 점을 의미한다. 또한 계급 없는 공산주의 사회에서는 국가의 필요성도 사라지게 된다. 국가의 가장 중요한 기능인 계급 억압적 기능이 사라졌기 때문이다.

공산주의에 대한 세 가지 의미를 살펴보았는데, 이렇게 본다면 결과적으로 소련의 공산주의는 이미 붕괴되었고, 마르크스가 제시한 유토피아적 공산주의 사회는 아직도 인류가 경험하지 못한 사회라고 할 수 있다. 다만 중국과 북한, 쿠바 등과 같은 공산당 주도의 혁명을 통해 성립된 공산주의 국가들만이 현존하고 있는 것이다.

무정부주의

무정부 상태는 지배가 없는 상태이자 권위가 없는 상태이다. 따라서 무정부주의는 지배가 없는 사회와 권위가 없는 사회를 지향하는 정치 이데올로기이다. 무정부주의는 프루동Pierre-Joseph Proudhon, 1809~1865의 『재산이란 무엇인가?What is Property?(1840)』에서 정치 이데올로기로서 체계적으로 정리되는데, 프루동은 이 책에서 모든 권력은 필연적으로 지배와 피지배 관계를 동반하기 때문에 악이며, 소유 또한 모든 권력과 착취와 지배를 야기하는 원천적 수단이기 때문에 강하게 부정하였다.

무정부주의는 다른 정치 이데올로기와 다르게 현실 정치에서 권력을 획득한 경험이 없는 이데올로기인데, 그 이유는 몇 가지로 정리된다. Heywood, 1992: 195 첫째, 국가와 모든 형태의 정치적 권위를 전복시킨다는 무정부주의의 목표는 비현실적이고 실현가능성이 다분히 떨어진다. 둘째, 모든 형태의 정치적 권위를 부정하면서 정당, 선거 등 일반적인 정치제도들과 법과 정부 기구 등을 모두 거부하고 오로지 대중들의 자발성과 참여에만 의존하는 무정부주의자들의 전략 역시 비현실적이다. 무정부주의자들은 국가가 없는 사회를 선호하며 그 속에서 자유로운 개인들이 강압과 강제 없이 자발적으로 공동의 업무를 해결하고 추진하는 것을 희구하고 추구한다. 그러나 이해관계가 천차만별로 다양한 개인들의 자발적 참여가 사회구성원 공동의 목표와 필요를 해결할 수 있을지 확신하기는 어려운 것이다. 셋째, 무정부주의자들은 국가와 모든 권위에 반대한다는 대원칙에는 합의하고 있지만, 너무나 다양하고 이질적인 형태의 무정부주의가 공존하여 일관된 이데올로기 체계를 확보하지 못하고 있다. 총론은 같지만 각론에서 모든 이질적인 목소리를 가지고 있어 통일된 추진력을 발휘하기 어렵다는 것이다.

무정부주의는 자유주의적 무정부주의와 사회주의적 무정부주의로 구분된다. Heywood, 1992: 201-209 자유주의적 무정부주의는 자유주의적 전통과 무정부주의 원칙이 결합된 정치 이데올로기인데 자유주의의 소극적 자유관과 무정부주의를 연결한다. 자유주의 정치 이데올로기의 특징 중 하나인 소극적 자유 개념은 개인의 자유를 불가침적인 가치로 상정하고 그 자유를 침해하는 모든 간섭이나 억압을 배제하는 것을 의미한다. 이런 시각에서 바라보면, 국가는 주권 행사를 통해 항상 개인의 자유를 침해하는 억압적이고 강제적인 기제로 이해되는데, 바로 이 지점에서 자유주의적 무정부주의가 탄생한다. 이렇게 본다면 무정부주의는 극단적인 자유주의라고 볼 수 있다. 하지만 자유주의는 반국가 사조가 있는 것은 사실이지만 국가의 권위 자체를 거부하지는 않는다는 점에서 자유주의와 무정부주의의 차이가 명백하게 드러난다. 자유주의는 국가의 횡포와 개인의 자유에 대한 개섭을 배재하고 견제하기 위하여 법치주의와 입헌주의, 삼권분리 등의 방안을 제시하고 있지만, 국가의 폐기를 추구하지는 않기 때문이다.

반면, 사회주의적 무정부주의는 마르크스가 지적한 계급 없는 공산주의 사상과 무정부주의 원칙이 연계된 것이다. 마르크스는 공산주의 사회에서 사회 계급이 사라지면 그 결과 계급갈등을 친부루주아적 입장에서 강제적으로 억압하고 해결하는 국가기구의 필요성도 사라진다고 내다보았는데, 바로 이 지점에서 사회주의와 공산주의는 무정부주의와 연결된다. 이렇게 본다면 사회주의적 무정부주의는 사회주의의 하나의 극단적인 유형이라고 볼 수 있다. 하지만 사회주의적 무정부주의와 사회주의는 서로 간에 다양한 차이점을 노출하고 있다. 첫째, 사회주의자들은 노동자와 자본가 간의 계급갈등에 특히 초점을 맞추지만 무정부주의자들은 노동자와 자본가 간의 계급갈등은 인간사회의 다양한 억압과 착취 관계 중 일부분일 뿐이라고 본다. 노동자 뿐 아니라 농민, 인종적 소수자, 도시빈민 등도 착취와 억압의 대상이라는 것이다. 둘째, 프롤레타리아 국가를 어떻게 바라보느냐에 따라서도 사회주의적 무정부주의와 사회주의 간의 차이가 드러난다. 사회주의자들은 프롤레타리아 혁명을 통해 부르주아 국가를 전복시키고 프롤레타리아 국가를 건설하는 것이 중요하다고 보는데, 그것은 프롤레타리아 국가 안에서 프롤레타리아 독재를 거쳐야만 공산주의 사회가 등장할 수 있다고 판단했기 때문이었다. 결국 사회주의 정치 이데올로기는 프롤레타리아 국가를 긍정적이고 필수적인 국가로 이해하지만, 무정부주의는 그렇지 않다. 무정부주의는 프롤레타리아 국가도 권위와 지배를 행사하는 국가로 인식한다. 부르주아 국가와 프롤레타리아 국가 간의 근본적인 차이가 없다는 것이다.

민족주의

민족주의를 이해하기 위해서는 우선 nation에 대한 개념 정리가 필요하다. Nation은 민족, 국민, 국가 등의 의미를 모두 포함하는데, 그 결과 Nationalism은 민족주의, 국민주의, 국가주의 의미를 모두 지니고 있다. 민족주의는 근대 nation-state의 등장과 깊은 연관이 있다. 이 경우 nation은 민족 혹은 국민을 의미하며, state는 법적이고 영토적인 국가로서 자국의 영토 안에서 무제한적인 주권을 행사하는 정치적 실체를 의미한다. Nation이 '민족'을 의미하는 경우 그것은 문화적 실체로서 공동의 혈통, 문화, 언어, 역사적 경험, 소속감, 영토 등을 공유하는 사람들의 모임을 지칭하며, '국민'을 의미하는 경우는 하나의 국가에 소속감을 느끼는 국민을 지칭한다. 이 경우 국민은 공동의 혈통, 언어, 역사적 경험 등의 요소가 반드시 필요한 것은 아니다. Nation-state의 이상적인 체제는 1민족 1국가 체제이지만, 역사상 실질적으로 1민족 1국가 체제를 건설한 경우는 다수가 아니다. 따라서 1민족 1국가 체제를 건설한 nationstate는 민족국가로 번역이 가능하지만, 그렇지 않은 경우는 국민국가로 번역하는 것이 옳아 보인다.

민족주의의 자기 민족에의 위대함과 통일성에 대한 과장된 신념체제이며[Roskin et al., 2003: 104], 핵심 주제는 민족 자결주의와 종족적·문화적 우월성과 순수성, 통일성 등이다.[한스 콘, 1991: 187-191] 민족주의는 다른 정치 이데올로기와 잘 결합하는 성향을 지니고 있다. 민족주의는 진보주의/보수주의, 좌파/우파, 민주주의/권위주의 등 다양한 정치 이데올로기와 조화롭게 결합한다는 것이다.[Heywood, 1992: 136] 민족주의의 기원에 대한 역사적 설명은 프랑스 혁명의 영향력을 기원으로 잡는 것이다. 이 주장에 따르면 민족주의는 근대 민족국가의 주권과 영토성 및 공동체 의식의 강화 현상과 관련이 깊다. 혁명 이전 사람들의 정체성은 군주에 복종하고 충성하는 신하나 평민의 것이었지만, 1789년 혁명 당시 프랑스인들은 프랑스 국민의 이름으로 루이 16세에 도전했다. 자신들은 같은 프랑스 국민이라는 하나의 정체성과 자유, 평등, 박애의 가치를 주도하여 나머지 유럽인들을 선도하고 있다는 우월의식은 프랑스인들 사이의 공동의 정체성을 강화시켰고 결국 프랑스인들의 공동체 의식을 강화시켰다. 프랑스 민족주의(국민주의)가 등장한 것이다.

이후 나폴레옹 전쟁[1797~1815] 시기 침략을 받은 스페인, 독일, 러시아 등 다른 국가에서도 프랑스에 대항하면서 공동의 정체성이 강화되었으며, 그 결과는 이들 국가의 민족주의 역시 강화되었다. 각국의 국민들이 공동체 의식을 통해 서로 배타적으로 경쟁하게 되면서, 이제 국가 간의 전쟁은 과거와 같은 용병전이나 국지전이 아니라 모두 국민이 참여하는 국민전과 총력전으로 모습이 바뀌었다. 전쟁을 통해 민족주의가 다시 한 번 강화된 것이다. 민족주의는 19세기 말 유럽 전역으로 확산되었는데, 그 영향은 당시 유럽 각국마다 국기와 애국가, 국경일, 공식참배 등이 확산된 점에서 확인된다. 19세기와 20세기 유럽 제국주의의 지구적 확산은 식민지 지역에서 반제국주의 민족해방운동을 확산시켰는데, 이러한 상황에서 민족주의는 지구적으로 확산되었다. 20세기 식민지에서 민족주의 등장, 1, 2차 대전 이후 신생국들의 민족주의 등장, 그리고 1차 대전과 2차 대전 이후 새롭게 독립한 신생국 민족주의가 강화되면서 결과적으로 민족주의의 세계적 확산이 실현되었다.

민족주의는 배타적 애국주의[national chauvinism]로도 귀결될 수 있다. 배타적 애국주의는 공격적 유형의 민족주의로, 19세기 영국과 프랑스 등 제국주의 국가 내에서 식민지 확대를 지지하던 사람들에게서 그 원형을 찾을 수 있다. 배타적 애국주의를 신봉하

주세페 마치니: 19세기 중순부터 유럽의 독일과 이탈리아에서 국가를 궁극적인 인간가치와 모든 좋은 것의 원천으로 인식하기 시작하는 국가주의(nationalism)가 등장했다. 이탈리아의 주세페 마치니(Giuseppe Mazzini, 1805~1872)는 개인의 자유(자유주의)가 아닌 국가를 위한 자유를 주장했다. 그에게 진정한 자유는 개인의 자유가 아니라 국가에 자신을 종속시킴으로써 얻어지는 자유였다. 독일과 이탈리아는 유럽에서 가장 민족국가 건설이 늦은 국가로 이들 국가에서는 근대 민족국가를 건설하는 것이 중요한 정치적 과제였으며, 국가주의는 바로 이러한 배경에서 등장한 정치 이데올로기인 것이다. 국가주의는 nationalism을 민족주의로만 번역해서는 안 되는 상황을 보여준다.

는 사람들은 민족과 국가 간의 평등성을 거부하고 자국과 자기 민족의 우월성을 과신한다.

한편, 19세기 중순부터 유럽 특히 독일과 이탈리아에서 국가를 궁극적인 인간가치와 모든 좋은 것의 원천으로 인식하기 시작하는 국가주의^{nationalism}가 등장했다.^{Roskin} $^{et al., 2003: 105}$ 이탈리아인 마치니$^{Giuseppe Mazzini, 1805~1872}$는 개인의 자유(자유주의)가 아닌 국가를 위한 자유를 주장했다. 그에게 진정한 자유는 개인의 자유가 아니라 국가에 자신을 종속시킴으로써 얻어지는 자유였다. 독일과 이탈리아는 유럽에서 가장 민족국가 건설이 늦은 국가로 이들 국가에서는 근대 민족국가를 건설하는 것이 중요한 정치적 과제였으며, 국가주의는 바로 이러한 배경에서 등장한 정치 이데올로기인 것이다. 국가주의는 nationalism을 민족주의로만 번역해서는 안 되는 상황을 보여준다.

정리하면, 민족주의는 국민들이 자신들과 다른 적이나 사람들과 갈등할 때 혹은 그러한 상대방을 무시하거나 그들로부터 무시 받을 때 발생하고 강화된다. 민족주의는 근대 민족국가 건설과정과 근대화 과정 및 서구 자본주의와 군사주의, 제국주의,

반식민주의 등이 복합적으로 결합하여 발생한 정치 이데올로기로 다양한 여타의 정치 이데올로기와 잘 결합하는 속성을 지니고 있다.

파시즘

파시즘fascism은 사회주의와 군사주의 요소를 포함하고 있는 극단적인 형태의 국가 주의이자 민족주의이며 전체주의이다.Roskin et al., 2003: 106 이탈리아와 독일의 민족주의는 파시즘과 나치즘Nazism으로 귀결되었는데, 이탈리아와 독일은 19세기 후반에 와서야 근대 민족국가를 형성할 수 있었다. 유럽의 다른 국가들 보다 늦은 민족국가 형성을 위해 양국은 모두 강력한 국가주의를 추진했다. 국가주의와 민족주의를 통한 강력한 내부적 통합노력은 국가 외부 세력에 대한 배타성과 억압성을 드러내는데 일조했다.

파시즘은 자유주의, 보수주의, 사회주의 등 19세기에 등장한 정치이데올로기와는 달리 20세기 초에 등장했다. 무솔리니Mussolini가 주도하는 이탈리아 파시스트당과 히틀러 Hitler가 주도하는 국가사회주의독일노동자당National Socialist German Workers' Party 즉 나치당5)이 선도한 파시즘의 등장배경은 다음과 같은 정리된다.Heywood, 1992: 172-173 첫째, 민주주의 정부는 사회경제적인 위기시에 대응력이 약한 경우가 발생한다. 민주주의 정부가 다수의 정당이나 사회단체의 연정으로 구성된 경우 특히 그러한데, 이 경우 강력한 지도자에 대한 열망이 커진다. 둘째, 유럽 대다수의 국가에서 민주주의 정부가 들어선지 얼마 되지 않아 민주주의적 정치 기반이 취약했기 때문에 비민주적인 정치세력의 등장에 민주적으로 대응하기 어려웠다. 셋째, 일차 세계대전 이후 특히 러시아 혁명 이후 사회주의 혁명의 자국으로의 확산가능성에 대한 두려움이 유럽 전역에 확산되었다. 파시즘은 이러한 상황에서 반공주의적 요소를 포함하게 되는데, 그 결과 파시즘은 일종의 반사회주의 혁명을 위한 자본주의의 대응으로 이해된다. 넷째, 일차 세계대전 이후 베르사유 체제에 대한 불만과 좌절이 파시즘 등장에 영향을 미쳤다. 독일은 패전국으로서 과도한 전후 배상금으로 인해 국내적 불만이 고조되고 있었으며, 이탈리아 역시 베르사유 평화협정의 내용에 실망한 분위기가 확산되고 있었다.

---

5) 나치즘은 독일식 파시즘이지만, 어느 정도 제한된 다원주의가 지속된 이탈리아와는 달리 제도, 사상, 조직들을 획일화(Gleichschaltung) 시킨 데서 차이가 있다. 또한 아리안족의 인종적 우수성을 강조하고 유대인을 비롯해 그들이 '열등'하다고 분류한 인종을 제거하려는 것도 다른 점이다.

파시즘은 비이성적, 반자유주의, 반자본주의, 반부르주아, 반공산주의 등의 구성 요소들을 복합적으로 포함한다.Heywood, 1992: 174-180 자유주의와 사회주의가 인간의 합리성에 대한 믿음을 가지고 있다면 파시즘은 그렇지 않다. 대신 파시즘은 권력에의 의지, 영혼, 감동과 감정, 직관 등을 중시한다. 파시즘은 사회적 다위니즘social darwinism을 반영한 전형적인 정치 이데올로기이다. 다위니즘은 자연과학에만 영향을 미친 것이 아니라 사회과학에도 영향을 미쳤는데, 사회 다위니즘은 인간사회도 적자생존 법칙이 존재하며 갈등과 투쟁은 인간사회의 불가피한 조건이라고 주장했다. 파시즘은 투쟁과 갈등을 추구하는데, 이러한 측면은 파시즘의 대외 팽창주의로 귀결되었다. 파시즘은 또한 평등성을 거부한다. 니체Nietzsche의 영향을 받아 초인superman과 같은 강력한 정치적 리더를 갈구한다. 파시즘은 사회주의 성향을 지니고 있지만 반공산주의를 추구한다. 무솔리니는 한때 이탈리아 사회당의 회원이었으며 나치당은 국가 사회주의national socialism 철학에 기반해 있다. 파시즘이 사회주의 성향을 보이는 것은 독점자본주의 시대에 거대기업과 금융자본에 눌려 희생된 하위 중산층을 끌어 들이기 위한 전략적 측면이 있었다. 하지만 파시스트적 사회주의는 반공산주의 이데올로기였다. 파시스트들의 진정한 목적은 불만과 좌절에 쌓인 하위 중산층이 사회주의 혁명이나 공산주의에 몰입되지 못하게 파시즘으로 그들을 묶어내는 것이었다. 이탈리아와 독일의 파시즘은 국가와 민족의 통일과 통합을 위해 강력한 국가주의와 민족주의 및 사회 다위니즘을 지지층에게 확산시킨 이데올로기였다.

공화주의

공화주의Republicanism는 일반적으로 시민들이 선거를 통해 통치자를 직접 선출하는 제도로 군주제와는 반대되는 개념으로 이해되거나, 행정부의 집행권과 입법부의 의결권이 분리된 국가권력구조로 이해되고 있다. 이러한 정의가 틀린 것은 아니지만 공화주의 정치 이데올로기는 더 광범위한 철학적 기반을 지니고 있다.

공화주의의 어원은 레스 푸블리카res publica라는 라틴어에서 유래한다. res publica는 공적인 일, 공공의 것public thing, 공공적인 것, 공적 공간, 공동의 관심사를 공동으로 공적으로 논의하는 것. 공동의 일common business 등을 의미한다. res publica의 반대말은 레스 프리바타res privata로 사적인 것을 의미한다. 이렇듯 용어의 어원에서 알 수 있듯이 공화주의는 기본적으로 개인들이 공공의 이익을 위해 노력한다는 사고에 기초해 있다. 공화주의라는 용어는 정치, 사회, 철학적 측면에서 공익성과 공공성을

뜻하며 사적인 것보다 공적인 일을 우선시하는 이데올로기인 것이다.^{양해림, 2008: 9}

공화주의는 역사적으로 두 가지 전통을 지닌다. 시민 덕성^{virtue}과 공동체를 강조하는 그리스 전통과 법과 제도를 강조하는 로마 전통이 바로 그것이다. 그러나 그리스 전통과 로마 전통은 모두 공동체(국가)의 적극적인 역할을 강조한다는 점에서 공통점이 있다. 그리스와 로마 이후 단절되었던 공화주의 이데올로기는 근대 시기 이탈리아에서 부활했으며 20세기 중후반에 다시 그 중요성이 부각되었다. "시민들이 균등하게 토지를 나누어 갖고 시민군으로서 덕을 실천하면서 그 누구에게도 꿀리지 않는 평등한 자유인의 지위를 누리는 자치공동체가 바로 공화국이다."^{조승래, 2008: 235} 여기서 말하는 균등한 토지 분배는 공화주의적 재산관과 평등관을 의미한다. 그러나 이러한 근대 공화주의 개념은 근대 자본주의의 발전과는 서로 충돌하는 것이었다. 근대 자본주의 체제가 발전하면서 공화주의적 평등관과 재산관이 쇠퇴하게 된 것이다. 그러나 공동체에의 참여와 관심의 부재와 같은 자유주의와 개인주의의 문제점, 전체주의적 민주주의(파시즘)의 문제점, 그리고 과도한 공동체주의의 문제점이 부각되면서 공화주의는 20세기 중후반 이후 다시 이데올로기적 영향력을 획득했다.

공화주의의 핵심 가치는 공공성과 공공선, 법치주의, 정치적 평등이다.^{비롤리, 2006: 12; 권용립, 2003: 102} 첫째, 공화주의는 공공선과 공공의 이익을 중시한다. 여기서 공동선은 시민들이 소통하고 합의하여 만든 공화국이 추구하는 가치와 이상을 의미한다. 둘째, 공화주의는 법치주의를 통한 동등한 시민권을 중시한다. 공화주의는 법치주의와 법 앞 평등을 통해 모든 시민의 동등한 시민권을 보장하는데, 이는 시민들의 정치적 평등을 확보하는 기반으로 작용한다. 법치주의는 또한 공동의 가치와 이상을 법을 통해 규정함으로써 공동선의 실현에도 기여한다.

이외에도 공화주의는 참여와 소통을 핵심 가치로 추구한다. 참여는 구성원들이 공동체에 자발적으로 참여하는 것을 의미한다. 자신이 소속되어 있는 공동체에 대한 적극적 참여는 시민 개개인의 권리이자 의무이다. 시민들의 적극적인 참여가 없으면 공동의 일, 공적인 일이 해결될 가능성은 점차 줄어준다. 공화주의에서 공동체와 공동선에의 참여는 시민의 중요한 덕목이다. 소통은 공동선을 찾아내기 위해 동등한 시민들이 공론장에서 서로 의사소통하는 것을 의미한다. 공화주의에서 참여는 단순한 선거에의 참여가 아니라 공론장에 참여하고 시민들의 서로 소통하는 것을 의미한다. 공화주의에서는 공론장에서 소통을 복원하는 것이 중요하며 이것은 다시 심의 민주주의와 참여 민주주의를 공화 민주주의와 연결해주는 지점이 된다. 공화국에서는 시민들이 공공의 일에 적극 참여하고 소통함으로써 자신들의 사익이 공익(국가 정책)에 더욱 많이 반영될 수 있는 기회를 갖게 되는데, 이 경우 시민 개인의 사익이 공익이 되고 공익이 다시 사익이 되는 진정한 공화국이 형성된다. 공화주의에서 소통과 참여를 강조하는 이유가 여기에 있는 것이다.

공화주의에 대한 지금까지의 논의를 정리하면 다음과 같다.^{비롤리, 2006} 첫째, 공화주의는 동등한 시민들이 참여하는 공회 public council 에서 자연스럽게 발생하는 사고체제이자 정치체제이다. 둘째, 공화주의는 한 사람이 아닌 여러 사람이 권력을 나누어 갖는 정치제도이며 정치 이데올로기로서, 다수에 의한 지배와 법에 의한 지배를 핵심으로 한다. 셋째, 공화주의에서는 사회적 약자도 강자에게 당당할 수 있게 법이 제도화되어 있어야 하며, 이런 측면에서 공화주의의 핵심은 법의 지배와 법 앞 평등이라고 볼 수 있다. 이렇게 본다면 공화주의적 공동체는 빈부격차나 인종차이, 권력의 유무를 떠나 모든 시민이 동등성과 평등성을 지닌 친구로 지낼 수 있는 공동체이다. 공화주의는 법의 지배와 법 앞 평등을 통해 시민의 동등성과 평등성을 추구하는 정치제도이자 정치 이데올로기인 것이다.

지금까지 공화주의의 의미와 역사적 발전과정, 핵심어 등을 살펴보았다. 이러한 이해를 바탕으로 보면, 공화국을 단순히 군주제가 아닌 시민들이 통치자를 선거를 통해 직접 선출하는 제도로 이해되는 것은 상당히 불충분하고 불만족스럽다. 공화주의에 대한 이해를 바탕으로 공화국을 정의하면 다음과 같다. 공화국은 한마디로 말해 국가가 공공의 것, 공동의 것, 공적인 것이 되는 것이다. 국가가 특정 집단이나 특정인의 사유물이나 전유물이 아니고 시민 모두의 것이자 공공의 것이라는 의미이다. 이러한 공화국에서 시민 개개인은 모두가 친구같이 동등하다. 그러기 위해서 모든 시민들이 정치·경제·사회·문화적으로 평등하고 동등한 친구로서의 시민들로 존재하는 것이 공화국이다. 공화국은 시민 모두를 위해 존재하는 나라이며 공공성을 가장 중시한다. 자본과 권력 같은 희소자원들이 특정세력에게 집중되어 있는 사회는 공화국이 아닌 것이다. 따라서 공화국은 시민 간의 경제적 평등도 추구한다. 경제적 여력이 없으면 정치적 기본권도 동등하게 보장받거나 행사하기 어렵기 때문이다.

정리하면 공화주의자들에게 국가는 시민 개개인의 자유와 이상을 공동선을 통해 실현해주는 공동체여야 한다. 공화주의자들은 국가가 이러한 역할을 수행할 때 시민들이 국가에 자발적으로 복종하고, 그 결과 자신의 자유와 이상을 국가로부터 보장받을 수 있다고 주장한다. 이러한 이해의 연장선상에서 보면, 자유(자유주의, 개인주의)

없는 애국(공동체주의, 공동선)은 불가능하고, 애국(공동체주의, 공동선) 없는 자유(자유주의, 개인주의)도 불가능하다고 볼 수 있다.

공화주의는 자유주의, 공동체주의, 민주주의 등과 비교하여 다양한 차이점을 지니고 있다. 예를 들어, 사회에서 개인들의 동등성과 평등성 그리고 공익에 대한 해석은 정치 이데올로기마다 다르다. 자유주의자들은 개인의 능력과 기술, 운, 노력의 차이가 있음을 인정하고 그 결과 발생하는 사회적 결과물의 불평등은 인정하지만, 기회균등과 법 앞 평등을 내세워 개인들의 동등성과 평등성에 자유주의적 대안을 제시한다. 여기에 더해 롤즈는 자유주의적 복지국가의 기초를 제공하면서 개인들의 동등성이나 평등성 실현에 상당 정도 기여한 것이 사실이다. 반면 민주주의는 개인의 동등성과 평등성을 강조하는데 있어서 자유주의보다 훨씬 더 평등성을 강조하는 정치 이데올로기이자 정부 형태이다. 개인들 간의 동등성이나 평등성을 강조하는데 있어서 자유주의가 개인의 자유를 더 강조한다면 민주주의는 시민들 간의 평등을 더 강조하는 것이다. 이렇듯 자유주의는 개인주의에 기초하여 개인의 자유를 가장 중요한 것으로 이해하지만, 공동체주의Communitarianism는 개인보다 사회 공동체의 공익을 우선시한다.

공화주의는 자유주의와 민주주의 그리고 공동체주의 간의 이러한 차이를 통합하는 정치 이데올로기이다. 공화주의는 법치주의를 통해 개인의 동등성과 평등성을 강조하면서도 공공의 이익을 개인의 이익보다 우선시한다. 공화주의는 또한 사익이 공익이 되고 공익이 사익이 되는 공동체를 강조한다. 이렇게 본다면 공화주의는 과도한 개인주의와 과도한 공동체주의(전체주의)를 모두 경계하는 이데올로기인 것이다. 공화국에서 개인은 공공의 일(공동체, 공공선)에 적극적으로 참여함으로써 더 큰 자유를 얻을 수 있고, 공화국과 공동체는 개인의 자유와 이해관계를 존중해야만 제대로 된 공공선을 실현할 수 있다. 결국 공익(정책)이 사익이 되고 사익이 공익이 되는 나라가 바로 공화국인 것이다. 이런 식으로 공화주의는 어려운 과제이지만 공동체주의와 자유주의의 균형을 추구한다. 공화주의는 공동체주의의 전체주의화 위험성을 경계하는 동시에 개인의 자유와 권리만을 강조하는 자유주의의 개인주의 성향도 강하게 경계한다.

공화주의는 자유를 바라보는 관점에서 자유주의와 차이를 드러낸다. 자유주의의 소극적 자유관과 공화주의의 참여적 자유론은 대조를 이룬다. 공화국 시민들은 공동체와 공동선, 공공의 일에 적극 참여함으로써 사익이 공익이 되고 공익이 사익이 되는 과정 속에서 진정한 자유가 실현됨을 느끼지만, 자유주의자들은 소극적 자유, 즉 국가로부터의 자유를 강조한다. 국가는 개인의 자유, 권리(특히 사유재산권), 생명을 침해하지 말고 그냥 그대로 놔두라는 것(자유방임)이 자유주의자들의 소극적 자유관인 것이다. 반면 공화주의자들에게 진정한 자유는 공동체에 적극 참여하고 소통하는 가운데 찾아지는 가치이다. 자유는 진정한 애국자만이 누릴 수 있고 진정한 애국자만이 진정한 자유를 누릴 수 있다는 것이다.

공화주의는 소유권을 바라보는 관점에 있어서도 자유주의와 차이를 드러낸다. 공화주의는 사유재산권이나 국유, 공유 개념을 강조하는 것이 아니라 '사회적 소유'나 '소유의 공공성'을 강조한다. 공화주의는 소통과 참여를 통한 공공성 뿐 아니라 소유에 있어서의 공공성도 강조하는 것이다. 이렇듯 공화주의는 시민들 간의 정치적 평등과 법적 평등뿐 아니라 경제적 평등도 중시한다. 공화주의는 개인의 특수한 이익보다 공동선을 우선시하는 한 자유주의와 명백히 구분되는 것이다.양해림, 2008: 11

공화주의는 또한 지배 rule를 바라보는 시각에서 있어서도 민주주의와 차이를 드러낸다. 민주주의는 '모든 인민의 지배'를 궁극적인 목표로 지향하지만 공화주의는 시민들의 자발적인 참여와 소통을 통해 시민들 간의 '비지배적non-dominant 지배'를 추구한다. 정치, 경제, 사회, 문화적 측면에서 공히 친구처럼 동등한 시민들 간의 '비지배적 지배'를 통해 공동체의 공공업무를 처리하는 것이 공화주의가 추구하는 일차적인 목표인 것이다.

지금까지 살펴 본 공화주의에 대한 자유주의의 비판은 다음과 같이 정리된다.

> 자유주의는 인간을 시민의 이름으로 계속 호출하려는 공화주의를 끊임없는 의심의 눈초리로 경계한다. 개인은 그 자체로 독립된 왕국이라는 것이다. 개인주의적 자유주의는 인간이라면 추구해야 할 공통의 좋은 삶은 따로 존재하지 않는다고 주장한다. 좋은 삶은 개인이 알아서 결정할 일이다. 그 어떤 집단도 공동체라는 미명 하에 어떤 목적을 실현하기 위해서 특정한 형태의 삶을 살 것을 요구해서는 안 된다는 것이다(조승래, 2008: 238).

공화주의는 정치 이데올로기로서 크게 두 가지 문제점을 지니고 있다. 첫째, 공화주의의 가장 큰 문제점은 공화주의가 '다수의 전제 가능성'과 상당한 정도의 친화력이 있다는 것이다. 공화주의가 공공성과 공동체 그리고 공적 영역을 개인보다 우선시하다 보면 공화주의 사회에서 '다수의 전제' 가능성이 높아질 수 있다. 공화주의가 국가주의 논리로 악용될 수 있다는 것이다. 둘째, 공화주의는 공적 영역과 공동체에 대한 시민의 적극적인 참여와 소통을 강조하다보면 시민들에게 과도한 정치적 부담감을 부과할 수 있다.^{김남국, 2005: 114} 정치적 의무가 과도하면 시민들은 정치적 참여가 아니
라 정치적 무관심과 회피로 대응할 가능성을 배제하기 어렵다. 민주주의 국가에서
공화주의의 전횡에 대한 자유주의의 견제가 필요한 지점이 바로 이 지점이다.

정리하면, 공화주의는 동등한 시민을 중시한다. 동등한 시민들은 자유로운 참여와
소통을 통해 공동선과 공공성을 형성하고 국가는 그러한 공동선을 추구하고 실현하는
공공영역이 되어야 한다. 공화주의의 핵심 개념은 공적인 일, 공공선, 법의 지배, 참
여, 소통, 시민들의 최소주의 차원의 경제적 평등, 동등한 시민 등이다. 이러한 가치를
추구하는 공화주의는 비지배적이고 동등한 시민들 간의 참여와 소통과 법치주의를
통해 공공의 일을 해결하는 것을 중시하는데^{이동수, 2007: 8}, 공화주의는 비지배적인 시
민들 간의 동등성을 확보하기 위해 법 앞 평등을 통한 법치주의를 강조하는 동시에
시민들 간의 최소주의 차원의 경제적 평등도 추구한다. 공화주의는 경제적 평등이
보장되지 못할 경우 정치적 평등도 확보되기 어렵다고 인식하기 때문이다. 공화주의
는 또한 개인은 정치공동체와 정치과정에 적극 참여함으로써 개인의 자유를 완성할
수 있다고 본다. 공화주의는 개인이 공공의 의무를 수행할 때 가장 자유로워진다고
주장하는 것이다. 다시 말해 공화주의는 정치 공동체(국가)는 개인의 자유의 근원이
며, 시민의 자유는 자신들이 공적 영역에 적극 참여할 때 보장된다고 주장한다.^{김남국,}
^{2005: 108-109}

공동체주의

공동체주의^{Communitarianism}에서 말하는 공동체는 동료의식을 지닌 시민들이 일체감
을 가지고 사회적 결속과 통합 상태를 이룬 집단을 의미하는데^{김동수, 1993: 12}, 공동체주
의는 자유주의와 개인주의의 대척점에 서 있으며 개인보다 집단이나 공동체를 우선시
한다. 자유주의는 개인의 권리와 자유를 최우선시 하는데 반해 공동체주의는 공동체
를 우선시한다. 공동체주의는 자유주의적 개인주의로 인해 공동체의 가치와 의미가
상실되고 공공생활이 악화되었다고 비판하며, 시민적 덕목^{civic virtue}과 공공성의 회복
을 추구한다. 시민적 덕목과 개인이 아닌 공공성의 우선성을 강조한다는 점에서 공동
체주의는 공화주의에 영향 받은 측면이 존재한다.

공동체주의의 자유주의와 개인주의에 대한 비판적 입장은 크게 두 가지로 정리된
다.^{김동수, 1993: 13-15} 첫째, 자유주의와 개인주의는 공동체의 공공선을 확보하는 게 어렵
다. 개인주의화된 자유주의적 시민들은 공동선을 이해하기도 어렵고 자신보다 공동체

를 우선시하기도 어렵다는 것이다. 둘째, 자유주의와 개인주의는 이기주의를 조장하여 시민적 덕목이나 공동체의 공적 업무에 대한 참여를 저해한다.

공동체주의는 이러한 원칙적 사고를 중심으로 개인은 독자적으로 성장하여 살아가는 것도 아니고 자율적으로 사고하고 행동하는 것도 아니라고 주장한다. 공동체주의는 개인의 사고나 행동에 영향을 미치고 규정하는 것은 개인의 독자성과 자율성이 아니라 개인이 소속된 공동체의 가치와 문화라고 강변한다.손철성, 2007: 17 즉, 공동체주의는 개인의 공동체에 대한 깊은 배태성embeddedness 강조하는데, 여기서 배태성이란 태아가 어머니 배 속 자궁에 안착해 있는 상태를 의미한다. 공동체주의자들은 이렇듯 개인의 사고와 행동은 개인의 독자성과 자율성에 의해 창의적으로 형성되는 것이 아니라 공동체의 가치와 문화에 의해 지대하고 영향 받고 규정된다고 본다. 공동체주의는 다양한 개인의 가치보다는 공동체 전체의 일체감이나 공동선을 중시하고 개인의 자유보다 공동체와 공동체의 통합 상태를 우선시한다. 공동체주의는 전체론holism 적 성격을 지니고 있는 것이다.김창근, 2009: 29

정리하면, 공동체주의는 공동체가 개인의 사고와 행동뿐 아니라 개인의 정체성 구성에도 결정적인 영향을 미친다고 인식한다. 이런 시각에서 보면, 개인은 공동체로부터 독립된 자유로운 존재가 아니다. 개인은 독자적인 개인이 아니라 공동체 속에서 사회화된, 구조화된 하나의 개체에 불과하다. 따라서 개인은 공동체로부터 단절되어 있을 때 자유를 느끼는 것이 아니라 공동체 속에서 자유로워진다. 개인은 공동체로부터 단절되어 있을 때 자유가 아니라 불안과 상실감을 느낀다는 것이 공동체주의의 입장인 것이다.

이러한 공동체주의의 시각에서 볼 때, 공동체가 개인의 자유를 침해한다는 자유주의의 주장은 잘못된 주장이다. 하지만 이러한 공동체주의의 입장은 공동체와 공동선만을 너무나 강조한 나머지 파시즘이나 나치즘 같은 전체론이나 국가주의와 유사하고 친화적인 모습을 보이기도 하는 근본적인 이데올로기적 문제점을 안고 있다.

여성주의, 환경주의, 이슬람주의

여성주의feminism 는 여성의 심리적이고 정치적이고 경제적인 평등을 주장하는 정치 이데올로기이다. 1960년대 말과 1970년대 초에 등장한 이데올로기로 젠더gender 의 억압적인 측면을 연구하고 해결방안과 실천방안 추구한다. Sex는 남녀라는 생물학적 성을 의미하는 것으로 객관적으로 차이를 확인할 수 있지만, 젠더는 남녀 간의 사회적 관계 즉, 사회, 정치, 문화, 역사적 관계를 통해 형성된 성에 대한 관습이나 이미지, 역할 등을 의미한다. 따라서 젠더는 그 사회의 이데올로기나 관행 및 담론 등에 영향을 받으며, 사회나 시기에 따라 역사성을 띠고 상대적으로 다르기도 하다. 여성주의가 궁극적으로 추구하는 여성 해방은 결국 여성이 사회, 정치, 경제 구조적으로 팽배한 가부장적 권위(남성이 여성에게 억압적인 권위)에 기반한 젠더를 타파하는 것이다. 즉, 젠더의 역할과 가치가 자연스럽고 고정된 것이 아니라 문화적이고 역사적으로 상대적인 것이라면 그것들은 양성 평등과 남녀 동등성 차원에서 바뀔 수 있다는 인식에서 시작된 것이다.

환경주의Environmentalism는 환경은 위기에 처해 있으며 생활방식의 개선과 규제를 통하여 환경을 반드시 보존해야 한다는 이데올로기이며, 이슬람주의는 이슬람 원리주의 Islam fundamentalism라고 부르는데, 미국 주도의 서구사회가 이슬람의 도덕과 문화를 침식시키고 이슬람 지역을 경제적으로 종속시키며 자신들의 성지인 팔레스타인을 침탈하려 한다고 주장한다. 이슬람주의자들은 영토와 종교를 회복하기 위하여 미국의 영향력을 쫓아내고 이스라엘을 파괴하고 이슬람 정부를 설립해야 한다고 믿고 있다.

4. 정치 이데올로기를 둘러싼 논쟁

정치 이데올로기를 둘러싼 논쟁은 이데올로기의 역사성과 상대성 및 특수성에서 발생한다. 1960년 벨Daniel Bell, 1919~2011은 『이데올로기의 종언The End of Ideology』을 통해 이데올로기 논쟁은 끝났다고 주장했다. 1960년대 당시 전체주의적 공산주의의 실패와 복지국가의 성장을 목격한 벨은 앞으로의 이데올로기적 논쟁은 어떻게 복지국가를 잘 운영할 것이냐는 점에 초점이 맞춰질 것이라고 진단한 것이다. 반면 1992년 후쿠야마Francis Fukuyama, 1952~는 『역사의 종언과 최후의 인간The End of History and the Last Man』을 통해 이데올로기 간의 투쟁은 끝났다고 선언했다. 후쿠야마는 냉전붕괴와 베를린 장벽이 붕괴된 1989년 학술지 논문을 통해 정치적이고 경제적인 자유주의 이데올로기가 지구적 차원에서 승리를 거두었다고 주장했는데, 『역사의 종언과 최후의 인간』은 그 논문을 확장하여 책으로 출간한 것이다.

결국 벨과 후쿠야마는 1960년과 1989년이라는 시간적 차이를 두고 서로 상이한 주장을 펼친 것이다. 벨은 수정 자유주의와 복지주의적 자유주의의 승리를 주장한 반면 후쿠야마는 자유 민주주의와 자본주의의 승리를 주장한 것이다. 이러한 차이는 이데올로기의 역사성과 상대성 및 차이성을 염두에 두지 못한 태도에서 기인한 것이다. 이데올로기는 보편성과 고정성을 지닌 것이 아니라 역사적으로 변화하며, 시간과 공간에 따라 특수하게 상대적으로 변화하는 특성이 있음을 이해하는 것이 중요하다.

  예를 들어, 자유주의는 역사적 흐름에 따라 고전적 자유주의, 근대 자유주의, 신자유주의, 자유지상주의, 자유주의적 무정부주의의 극단주의적 자유주의 등으로 변화되어 왔으며, 자유주의는 각국의 특수성에 따라 국가마다 그 핵심 내용에 있어서 차이를 드러내기도 한다. 미국의 자유주의(리버럴리즘)와 영국의 자유주의는 차이가 있음은 이미 살펴보았다. 영국의 자유주의는 시장주의인 반면 미국의 자유주의는 국가개입주의인 복지주의와 케인스주의에 가깝기 때문이다. 더욱이 보수/진보, 급진/반동, 자유주의/중도/보수주의 간의 경계와 구분은 그다지 분명하지 않으며, 나라마다 지역마다 특수성에 의해 상대적인 경우가 많다.

  그렇다면 과연 우리는 정치 이데올로기의 종말 시대에 살고 있는 것인가? 공산주의가 붕괴되었고, 신자유주의가 지구적 차원의 이데올로기적 주도력을 행사하고 상황에서 우리는 신자유주의가 승리했다고 선언할 수 있을까? 정치 이데올로기의 역사성과 특수성 및 상대성을 고려한다면 그러한 주장에 대한 답은 이미 나와 있다고 보여진다. 이렇듯 정치 이데올로기를 둘러 싼 논쟁에서 어느 이데올로기가 승리했느냐와 같은 논쟁은 그다지 발전적이지 못하다. 이러한 논쟁보다는 어떻게 하면 특정 정치 이데올로기를 신봉하는 개인들 간의 극한 대립을 예방할 수 있는지 그리고 특정 정치 이데올로기의 과잉을 어떻게 이데올로기적 수단에 의해 견제하고 대안을 제시할 수 있는지를 고민하는 것이 훨씬 발전적인 논쟁이라고 볼 수 있다. 극한 이데올로기적 투쟁보다는 이데올로기적 공존과 관용에 기반한 민주적인 이데올로기 경쟁이 더 바람직하다는 것이다.

〈이론과 현실: 사설, 칼럼, 기사〉

자유주의, 진보적 자유주의, 종북주의, 개혁적 진보

1. 자유주의는 민주주의 발전시키는 보편 이념

한국 민주주의는 자유주의에서 얻을 게 많다. 자유주의는 현존하는 정치 이념 중 가장 보편적 이념으로 우리 사회에 적극 수용하는 것이 바람직하다. 오늘날 한국 민주주의가 안고 있는 여러 결핍 조건을 깊이 이해하고 개선하는데 자유주의가 매우 강력한 유의미성이 있다. 진보든 보수든 자유주의적 과제를 해결하는데 유능함을 발휘해야 하며 그런 점에서 자유주의는 민주주의를 발전시키는데 매우 보편적인 가치를 갖고 있다. 보수는 자유주의를 말하면서도 이를 냉전 반공주의와 동일시하고 실천하지 않았다면, 진보는 자유주의를 친미적 부르주아 이념으로 경멸했다. 건국 이후 자유민주주의는 국가 건설의 존재 이유로 나타났지만, 민주주의가 정치적 실천을 통해 보편 이념으로 자리 잡은 반면 자유주의는 그러지 못했다는 것은 아이러니이며 민주화 과정에서도 독재 권력 타도의 정치적 목표를 넘어, 인간 자유와 평등의 구현으로서 자유주의적 가치와 원리의 중요성을 얼마나 일깨웠는지는 의문이다. 이렇게 자유주의가 홀대 받은 것은 과도한 국가중심주의의 탓이다(조선일보, 2011년 12월 2일. 이 글은 최장집 교수의 논문 "한국에서의 자유주의"를 조선일보가 정리한 글이다).

2. 진보적 자유주의는 현실 가능성의 좌방한계선

정당에 이념이 없으면 지휘자 없는 오케스트라와 마찬가지다. 진보적 자유주의는 자유주의의 기본 원리인 인권 존중, 법의 지배, 여러 형태의 개인의 권리가 보장되는 가운데, 이런 자유주의 원리로 국가권력을 견제하고 제한한다는 의미가 있다. 진보적이라는 수식어는 정치적으로는 민주주의의 기능 왜곡 문제 개선을, 경제적으로 시장 근본주의적인 경제 원리의 개혁을 포괄한다. 자유로운 시장과 국가의 적절한 개입이 균형을 이루는 체제라고도 할 수 있다. 현재 한국 사회를 지배하는 보수적 헤게모니는 우리 사회가 안고 있는 문제의 해결책이 아니라 원인이다. 반대로 더 진보적인 사민주의나 사회주의 정도가 되면 한국 정치 현실에서 실현 가능한 프로그램을 내놓기가 어려워진다. 진보적 자유주의는 현실 공간 속에서 보수 헤게모니에 대항하기 위한 이념이라고 할 수 있다. 누군가 '진보적 자유주의는 한국 정치 이념의 스펙트럼에서 현실 가능성의 좌방한계선'이라는 표현을 썼는데 이는 적절한 표현이다(시사인, 2013년 8월 27일, 이 글은 시사인이 최장집 교수와 인터뷰한 내용이다).

3. 최장집과 진보적 자유주의의 도전

최장집 교수는 진보적 민주주의를 한국 정치의 어젠다로 내놓았다. 그런데 왜 하필

이면 자유주의인가. 한국 진보파에게 자유주의는 그리 탐탁한 이념이 아니다. 분단 이후 수십 년 동안 자유라는 말은 냉전반공 세력의 전유물이자 민주화운동 탄압의 명분이었다. 반공주의의 폭력적 자유가 조금 수그러진 뒤에는 신자유주의의 비정한 자유가 들이닥쳤다. 악마의 맷돌은 우정과 연대의 공동체를 파괴하고, 자유의 채찍 아래서 무한경쟁에 내몰린 삶은 벌거벗겨져 쓰레기가 되어간다. 반공자유주의도 신자유주의도 자유주의의 배반이다. 그렇다면 진정한 자유주의란 무엇일까? 철학자 리차드 로티는 자유주의자를 가리켜 '잔인성의 최소화를 지향하는 사람'이라고 말한다. 현대 자유주의 철학의 대표자라 할 존 롤스는 잔인성을 최소화한 사회를 고안하려고 분투했다. 그는 밑바닥 사람들까지 자유를 향유하면서 인간답게 대우받는 사회를 『정의론』에서 그렸다. 사회경제적 불평등은 허용될 수 있다. 그러나 그 불평등은 가장 열악한 처지의 사람들에게 충분한 이득이 돌아가는 경우에 한해서만 용납된다. 롤스의 자유는 한없이 평등에 가까워지는 자유주의다. 요컨대 사회 민주주의적 복지국가가 롤스의 기본 모델이다.

서구 민주주의는 자유주의와 만나 법의 지배, 권력 분립, 인권 보호, 양심·사상·언론·결사의 자유라는 내용을 얻었다. 민주주의의 핵심 가치들은 자유주의 정신에서 자라나온 것이다. 최장집 교수가 제안한 진보적 자유주의는 이 정치적 자유주의를 한 축으로 삼고 있다. 민주주의를 키우려면 자유주의 가치를 살려야 한다는 것이다. 다른 한 축은 경제 영역에서 나타난다. 바로 신자유주의와 맞서는 지점에 진보적 자유주의가 서있는 것이다. 결정적인 것은 진보의 강도이다. 진보에 얼마나 힘이 실리느냐에 따라 자유주의는 중도에 머무를 수도 있고 사회 민주주의로까지 나아갈 수 있다(한겨레, 2013년 6월 30일. 이 글은 고명섭 기자의 칼럼 "편집국에서"를 인용한 것이다.

4. 개혁적 진보는 살아 있다.

진보는 수구적 진보와 개혁적 진보로 나뉜다. 한국 사회의 모순을 이해하고 올바른 해법을 찾으려면 진보/보수, 개혁/수구를 정확히 분별할 줄 알아야 한다. 일반적으로 진보는 사회적 약자를 대변하며, 보수는 사회적 강자를 대변한다. 근대 사회에서 경제활동을 조정하는 시장과 국가의 상대적 양 면에서, 진보파는 시장보다 국가를 선호하며 보수파는 반대이다. 그리고 개혁파는 효율성과 민주성을 해치는 사회 시스템을 뜯어고치려는 세력이다. 따라서 시장과 국가의 질 향상, 즉 공정한 시장경쟁과 민주적이고 효율적인 국가를 추구한다. 수구파는 여기에 저항하는 세력이다. 진보와 보수는 선과 악의 관계가 아니고 양자가 조화로운 균형을 달성해야 한다. 하지만 개혁과 수구 사이에선 수구를 물리치고 개혁으로 나아가야 한다. 한국 사회는 보수 중에선 수구적 보수파가 득세하고 진보 중에선 수구적 진보파가 물을 흐리기 때문에 골치다. 북한 체제의 시대착오성을 깨닫지 못하면 그것은 수구적 진보파다. 진보는 거듭날 수 있다. 그럴 때 죽는 건 수구적 진보요, 사는 건 개혁적 진보다(한겨레, 2012년 5월

16일. 이 글은 김기원 교수의 칼럼 "개혁적 진보는 살아 있다"를 인용한 것이다).

〈생각해보기〉
1. 최장집 교수의 진보적 자유주의의 특징을 근대 자유주의와 존 롤스의 자유주의, 그리고 사회 민주주의와 연계하여 비교·설명해 보자.
2. 한국 정치에서 수구적 진보와 개혁적 진보, 수구적 보수와 개혁적 보수를 구분하고 이들의 특징을 토론해보자.

토론거리

1. 자유주의의 역사적 변화과정을 설명해보자
2. 보수주의의 역사적 변화과정을 설명해보자.
3. 롤즈의 정의론과 이에 대한 노직의 비판을 정리해보자.
3. 한국사회의 자유주의와 보수주의 특징을 서구의 그것과 비교해보자.
4. 본인은 진보주의자인가 자유주의자인가 아니면 보수주의자인가? 자신이 따르는 정치 이데올로기가 무엇인지 생각해보고 왜 그런지 발표해보자.
5. 20세기 후반 들어 21세기에도 왜 환경주의와 여성주의가 강화되고 있는지 설명해보자.
6. 이슬람주의를 어떻게 이해해야 하는지 토론해보자.
7. 이데올로기 종말론에 대하여 자신의 의견을 개진해보자.

키워드: 정치 이데올로기, 자유주의, 근대 자유주의, 신자유주의, 자유지상주의, 보수주의, 신보수주의, 신우파, 민족주의, 파시즘, 진보주의, 무정부주의, 사회주의, 사회 민주주의, 여성주의, 환경주의, 이슬람주의, 공화주의

참고문헌

강상구. 『신자유주의의 역사와 진실』. 서울: 문학과학사, 2000.

권용립. "현대 미국정치-신보수의 이해." 권용립 저. 『미국의 정치문명』. 서울: 삼인, 2003.

김남국. "다문화 시대의 시민: 한국사회에 대한 시론."『국제정치논총』제45권 4호. 2005.

김동수. "현대 공동체주의의 사상적 기초: 자유주의적 개인주의 비판을 중심으로."『한국정치
　　　학회보』제26권 3호. 1993.

김명섭·조성대·진시원. 『세계의 정치와 경제』. 서울: 한국방송통신대학교, 2003.

김병곤. "Robert Nozick의 자유지상주의 비판." 김균 외. 『자유주의 비판』. 서울: 풀빛, 1996.

＿＿＿. "신자유주의 국가론의 이념적 정체성과 정치철학적 기원."『사회경제평론』13호. 서
　　　울: 풀빛, 1999.

김창근. "다문화 공존과 다문화주의: 다문화 시민성 모색."『윤리연구』제73호. 2009.

박순성. "정치적 자유주의와 사회정의: 롤즈와 근대 시민사회." 김균 외. 『자유주의 비판』.
　　　서울: 풀빛, 1996.

손철성. "자유주의와 공동체주의의 주요 논쟁점에 대한 검토."『동서사상연구소 논문집』제3
　　　집. 2007.

신일철. "노직의 리버태리안 자유주의 철학."『월간 에머지』2002년 10월호.

양해림. "한국사회에서 공화주의 이념은 부활할 수 있는가?: 공화주의의 정치철학적 고찰."
　　　『시대와 철학』제19권 1호. 2008.

이근식. "자유주의와 한국사회." 이근식·황경식 편. 『자유주의란 무엇인가』. 서울: 삼성경제
　　　연구소, 2001.

이동수. "민주화 이후 공화민주주의의 재발견."『동양정치사상사』제6권 2호. 2007.

장동진. 『현대 자유주의 정치철학의 이해』. 서울: 동명사, 2001.

＿＿＿. "자유적 평등주의: 롤즈의 정의론." 장동진. 『현대 자유주의 정치철학의 이해』. 서울:
　　　동명사, 2001.

장하준. 『나쁜 사마리아인들』. 서울: 부키, 2007.

정진영. "신자유주의의 확산과 국제경제질서의 미래." 국제정치경제연구회 편. 『20세기로부터
　　　의 유산』. 서울: 사회평론, 2000.

조승래. "공화국과 공화주의."『역사학보』제198집. 2008.

주성수. 『사회민주주의와 경제민주주의』. 서울: 인간사랑, 1992.

최병선. "하이에크의 자유주의 사상과 정치경제학 이론." 안청시·정진영 엮음. 『현대 정치경
　　　제학의 주요 이론가들』. 서울: 아카넷, 2000.

황경식. "왜 자유주의와 공동체주의인가." 이근식·황경식 편. 『자유주의란 무엇인가』. 서울: 삼성경제연구소, 2001.

Baradat, Leon P. *Political Ideologies: Their Origins and Impact*, Fourth Edition. New Jersey: Prentice Hall, 1991.

Bell, Daniel. 이상두 역. 『이데올로기의 종언』. 파주: 범우, 2015.

Buchholz, Todd G. et al. 이승환 역. 『죽은 경제학자의 살아 있는 아이디어』. 서울: 김영사, 1994.

De Crespigny, Anthony & Jeremy Cronin (eds.). 강두호·박철호 역. 『현대 이데올로기』. 서울: 인간사랑, 1991.

Fukuyama, Francis. 이상훈 역. 『역사의 종말』. 서울: 한마음사, 1997.

Goodwin, Barbara. *Using Political Ideas*, Third Edition. New York: John Wiley & Sons, 1987.

Gray, John. 손철성 역. 『자유주의』. 서울: 도서출판 이후, 2007.

Heywood, Andrew. *Political Ideologies: An Introduction*. London: Macmillan, 1992.

Kohn, Hans. "민족주의." Anthony De Crespigny & Jeremy Cronin (eds.). 강두호·박철호 역. 『현대 이데올로기』. 서울: 인간사랑, 1991.

Leach, Robert. *British Political Ideologies*. London: Philip Allan, 1999.

Macridis, Roy C. & Mark Hulliung. *Contemporary Political Ideologies*. New York: Pearson, 1997.

Nisbet, Robert. 강정인 역. 『보수주의』. 서울: 도서출판 이후, 2007.

Roskin, Michael G., Robert L. Cord, James A. Medeiros, Walter S. Jones. *Political Science: An Introduction*, Eight Edition. Upper Saddle River: Prentice Hall, 2003.

Viroli, Maurizio. 김경희·김동규 역. 『공화주의』. 서울: 인간사랑, 2006.

정치제도와 문화

제6장

민주주의

1. 민주주의란 무엇인가?

우리는 민주주의를 표방하는 무수한 집단과 공동체, 개인을 흔히 볼 수 있다. 이는 민주주의라는 용어가 흔하게 사용되고 있다는 사실을 잘 보여준다. 그럼에도 민주주의라는 개념은 하나로 합의된 의미를 갖고 있지 않다. 민주주의는 오랜 역사 속에서 다양한 의미와 함의connotations를 내포해왔고 오늘날에는 서로 다른 체제의 맥락에서 상이하게 이해되고 있다. Anthony Arblaster, 2002: 3 그런 점에서 민주주의의 구체적인 의미는 시간이 경과함에 따라 여러 가지 다른 의미를 얻게 되는 동적인 것이라 할 수 있다. 민주주의는 가치와 목표가 어떻게 이해되고 무엇이 더 중요하다고 여기는가에 따라 다양한 형태를 띠고 있다. 이와 같이 민주주의는 동적인 개념이고 시대상황에 따라 그 내용을 달리하기 때문에 어떤 고정된 개념으로 민주주의를 상정하는 것은 바람직하지 않다. 이 점에 착안하여 많은 학자들은 새로운 세계 질서 속에서 변화하는 민주주의 국가의 위치와 새로운 민주주의의 의미, 그리고 이의 확보 방법을 둘러싸고 다양한 논의를 전개하고 있다. 변화된 세계를 반영하여 민주주의 개념 역시 재구성되어야 한다거나 혹은 '민주주의의 민주화democratization of democracy'가 필요하다는 등의 주장도 개진되고 있다.

민주주의는 매우 오랜 역사적 기원을 갖고 있다. 어원적으로만 보면 그리스어인 인민demos과 통치kratos의 합성어이다. 그러나 누가 인민이고, 통치는 무엇을 의미하며, 그 범위는 어떠한가 등을 둘러싸고 격렬한 논란을 겪었다. 데모스는 지식, 재산, 혈통, 그리고 다수라는 개념과 중첩되며 다양하게 정의되었다. 크라토스 역시 동등한 권리를 갖는 시민들에 의한 직접 통치부터 일부 혹은 전원이 선거에 의해 선출되는 대표들로 구성되는 의회를 통한 간접 통치 등 다양한 형태가 존재해왔다. 그런 까닭에 정치학자들은 민주주의를 측정하는 공동의 기준에 맞춰 민주주의의 합의된 정의를 찾으려 노력해왔다. 상이한 장소와 문화에서 민주주의의 상이한 가능성과 의미를 찾는 것은 이들 학자들에게 상당한 도전이 되고 있다. 이러한 도전의 핵심 요소는 민주주의의 한계threshold 기준과 연속성continuum이라 할 수 있다. 여기서 한계는 민주주의와 비민주주의 사이의 경계를 말하며, 연속성은 한 국가, 혹은 다른 단위에서 얼마나 많은 민주주의가 존재하느냐를 다룬다.Michael Saward, 2003: 86

그렇다면 대다수의 학자들이 동의하는 최소한의 기준을 충족시키는 민주주의란 것이 존재할까? 이와 관련하여 덴마크의 정치학자인 게오르그 쇠렌센Georg Sørensen은 학자들 간에 민주주의를 판단하는 데 어떤 요소가 중요한 것인지, 혹은 각 요소에 어떤 정확한 최소한의 평가를 적용해야 하는지 등에 대해 합의를 이루지 못하고 있다고 지적한다. 그러면서 쇠렌센은 민주주의에는 다음과 같이 경쟁, 참여, 자유별로 충족되어야 하는 최소한도가 있다고 주장하며 이를 정치적 민주주라 부르고 있다. 1) 모든 정부권력의 요직을 차지하기 위해 폭력의 사용은 배제하되 규칙적으로 치러지는 개인들 또는 조직된 집단들(정당들)간의 의미 있고 광범한 경쟁competition, 2) 지도자와 정책을 선택하는데 있어 최소한 규칙적이고 공정한 선거를 통해 주요 사회집단이 배제되지 않을 만큼 매우 포괄적인 수준의 정치참여participation, 3) 정치적 경쟁과 참여가 완전하게 이루어지고 있음을 보증하기에 충분한 수준의 시민적·정치적 자유civil and political liberties. Georg Sørensen, 김만홈 역, 1994: 38-39

민주주의가 시기별로 그 구체적인 의미를 달리하는 동적인 개념이라 할 때 중요한 점은 현대 민주주의의 핵심적 내용이 무엇이며, 현대 사회의 다양한 과제를 해결하는 데 있어 바람직한 민주주의는 무엇이고, 그것이 어떻게 작동 가능한가라는 점이다. 이와 관련하여 분명한 점은 현대 민주주의의 결정적인 문제가 상위계층의 권리와 이익을 벗어나 전체 사회구성원들을 보편주의적인 평등원리에 입각해 포용하지 못하는

게오르그 쇠렌센: 덴마크의 정치학자인 게오르그 쇠렌센(Georg Sørensen)은 덴마크 오르후스(Aarhus) 대학교의 정치학과 교수로서 재직하면서 『민주주의, 독재, 발전(Democracy, Dictatorship, and Development: Economic Development in Selected Regimes of the Third World)』, 『국가성의 변화(Changes in Statehood: The Transformation of International Relations)』, 『자유주의적 세계 질서의 위기(Liberal World Order in Crisis)』 등 다수의 저서를 냈다. 그는 1993년 처음 발간된 『민주주의와 민주화(Democracy and Democratization)』에서 민주화의 물결을 개관한 후 민주주의의 국내적, 국제적 효과를 분석하였다. 이 책에서 쇠렌센은 민주주의에는 경쟁, 참여, 자유별로 충족되어야 하는 최소한도가 있다고 주장하며 이를 정치적 민주주의라 지칭하였다.

데에 있다는 사실이다. 이런 점에서 민주주의를 다양한 수준과 영역에서 보다 많은 사회구성원들의 적극적 자유와 실질적 평등을 가능하게 하는 제도적 장치로 이해하는 것이 필요하다. 사회 구성원들이 보다 높은 삶의 질을 추구하고 자아실현을 달성하는 데는 법적·정치적 기회의 평등을 보장하는 것도 필요하지만 경제적·사회적 평등의 보장 역시 요구되기 때문이다. 이와 같은 견해는 민주주의가 권력의 자의적 간섭으로부터 개인의 권리를 보호하는 데 그 기초가 있다고 주장하는 자유주의자들의 견해를 넘어 개인들이 "자신들의 삶의 조건, 즉 자기들에게 유용한 기회를 만들거나 제한하는 구조를 결정하는 데 있어 자유롭고 평등해야 한다"David Held, 1988: 304는 시각에 근거해 민주주의를 이해하는 것이다.

이와 같이 최대주의적 관점에서 민주주의에 접근할 때만 민주주의는 단순히 지배 질서를 정당화하는 수단이자 이데올로기로서가 아닌, 사회의 대다수 구성원들의 권리를 보장하고 삶의 질을 향상시키는 기제로 기능할 수 있다. 사회 구성원들이 실질적인 평등을 보장받지 못하면 형식상의 자유와 권리 역시 의미를 지니지 못함은 자명하다.

또한 최소주의적 관점에서 민주주의 문제에 접근하면 점점 복잡해지고 다원화되는 현대 사회의 문제를 분석하고 그 대안을 제시하는 데에 한계에 부딪칠 수밖에 없다. 이와 관련하여 정치적 민주주의는 대표적인 최소주의적 관점의 민주주의에 속한다. 그러나 정치적 민주주의는 점차 복잡해지고 다원화하고 있는 현대 사회의 문제를 분석하는 데 일정한 한계를 지닌다. 아블라스터가 지적했듯이 민주주의는 단지 논쟁적인 개념으로 남아있는 것이 아니라 현실을 검증하고 소망을 수립하는 규범과 이상으로서의 비판적인 개념이기도 하다. Anthony Arblaster, 2002: 7

그렇다면 어떤 형태의 경제적, 사회적, 문화적 조건들이 민주주의의 발생에 가장 유리한가? 민주주의의 전제조건은 크게 네 가지로 나눠볼 수 있다. 첫째, 근대화와 부가 민주주의를 가져온다는 견해이다. 이의 대표적 학자는 세이모어 마틴 립셋 Seymour Martin Lipset 으로 그는 "나라가 부강해질수록 민주주의를 유지할 수 있는 가능성은 크다"는 명제를 제시한 바 있다. Seymour Martin Lipset, 1981 그러나 교육의 확산과 낮은 문맹률, 도시화, 대중매체의 발달 등이 반드시 민주주의를 가져오지는 않는다. 둘째, 정치행동의 맥락과 의미를 규정하는 가치와 신념의 구조인 정치문화 중에서 특정한 형태가 민주주의에 도움이 된다는 견해가 존재한다. 예를 들어 중남미에서는 많은 경우 카톨릭이 민주주의에 역작용을 하고 있는 데 반해, 프로테스탄티즘은 민주주의를 지지한다는 것이다. 그러나 특정한 문화 유형과 민주주의의 확산 간에는 어떤 구조적인 관계를 증명하기 어렵다. 더욱이 문화의 구조는 역동적 변화에 민감하게 마련이다.

셋째, 민주주의가 사회를 구성하는 특정한 계급과 집단들과 연관된다는 주장이 있다. 이와 관련하여 흔히 언급되는 것이 배링턴 무어 Barrington Moore Jr. 가 제시한 민주주의와 독재의 기원에 관한 역사적 설명이다. 그는 "도시에 거주하는 활기차고 독립적인 계급은 의회민주주의의 성장에 필수적인 요소이다"라고 결론지었다. 그러나 부르주아 계급이 민주주의를 위해 항상 긍정적으로 작용하는 것은 아니다. 예란 테르본 Göran Therbon 에 따르면 민주주의는 "언제 어디서나 부르주아 계급인 지도층에 대항하는 민중투쟁에서 비롯되었다." 네 번째는 외부적 조건이다. 예를 들어 서구 강대국들이 제3세계 개발도상국들의 민주주의에 미치는 영향에 대해 근대화 이론가들과 종속이론가들은 상반된 주장을 펼친다. 그렇지만 단일 국가들에서 일어나는 과정에 대한 국제적 맥락에 대해서는 간단히 결론을 내릴 수 없다. Georg Sørensen, 김만흠 역, 1994: 64-67

2. 민주주의는 어떻게 발전하였는가?

민주주의는 고대 그리스에서 처음 시작되어 유럽을 거쳐 전 세계로 전파된 서양의 '발명품'으로 알려져 왔다. 그러나 최근 고고학자들은 그리스보다도 무려 2천 년 전인 후기 청동기 시대에 '오리엔트(현재의 시리아, 이라크, 이란 지역)'에서 평등한 사람들의 '자치 회의체'가 존재했다는 사실을 밝혀냈다. John Keane, 양현수 역, 2017: 16-18 오리엔트에서 시작된 민주적 자치의 관행은 인도를 거쳐 그리스로 전달됐다. 그리스의 아테네와 암브라키아는 평등한 시민들이 민회를 조직하고 스스로 통치한 데서 민주주의의 전성기를 이루었다고 평가된다.

고대 그리스에서는 오리엔트의 전제주의에 대한 응답으로 모든 시민에게 법 앞에서의 평등을 보장하였다. 공동체의 구성원이자 공동체 생활 자체에 참여하는 시민은 정치적 측면에서 전체 구성원이 참여해 의사결정을 행하고, 군사적 측면에서 외부의 공격에 대항하여 공동체를 방어하며, 종교적 측면에서 공동체 구성원과 그들을 지켜주는 신들과 관계를 유지하였다. 아테네의 경우 민회Ekklesia는 1년에 40회 정도 소집되었는데 아테네의 10개 부족에서 추첨으로 선발된 500인으로 구성된 평의회Boule가 발의한 안건에 대해 토론했다. 집회에 참석한 사람은 누구든지 발언권을 가지며, 의회의 제안에 대해 수정을 요구할 수 있었다. 거수에 의한 다수결로 이루어지는 결정은 국내 문제나 국외문제, 공공건설문제, 전시에 걷는 특별세, 새로운 제사의식의 도입 등 여러 분야에 걸쳐 있었다. Claude Mossé, 김덕희 역, 2002: 59, 63-64 위험한 정치인에게는 도편추방Ostrakismos을 과할 수도 있었다. 기원전 5세기 말엽의 페리클레스 치하에서 절정을 이룬 그리스의 민주주의는 모든 자유시민들이 동등한 권리를 갖고 직접 정치에 참여할 수 있는 직접민주주의였다. 그러나 그것은 아테네 인구 중 노예, 여자, 외국인, 이민노동자 등에게는 시민권이 주어지지 않은 데서 한계를 지닌 민주주의였다. 그러다보니 플라톤처럼 데모스를 시민과 외국인 등이 분별없이 뒤섞인 무리로 보고 민주주의를 부정적으로 묘사하는 사람도 나왔다. 이밖에도 고대 그리스 민주정은 당파적 논쟁과 대립을 다룰 수 있는 제도적 장치들을 갖추지 못했고, 다른 국가들에 대해 지나치게 배타적이었다는 한계를 지닌다.

집단의 행복은 도시생활에 대한 시민의 적극적 참여에서 나온다는 신념에 근거를 두는 그리스 민주주의의 이상은 이후 간헐적으로나마 다른 지역에서 이어졌다. 중세 암흑기에도 민주주의는 소멸하지 않고 이슬람 지역에서 '와크프waqf, وقف'와 '모스크

mosque, مسجد' 같은 자치적 결사체와 '샤리카sharika, شركة'라는 일종의 공동 경영 조직으로 존속되었다.John Keane, 양현수 역, 2017: 22-25 일부 혹은 전원이 선거에 의해 선출되는 대표들로 구성되는 의회들은 북유럽 지방에서도 출현하였다. 예를 들어 스칸디나비아에 거주했던 바이킹 자유인들은 600년에서 1000년 사이에 팅Ting이라 불리는 재판회의를 유지하였다. 팅의 모임에서 자유인들은 분쟁을 해결하고 법을 토론하고 승인하거나 기각하였으며 종교의 변화에 대한 제안을 결정했고 심지어 왕을 선출하거나 승인하였다. 이러한 전통은 15세기 스웨덴의 릭스다그Riksdag와 같은 근대적 대의제 의회제도로 발전하였다. 네덜란드와 플랑드르에서도 통치자들은 동의를 구할 목적으로 도시와 중요 사회계급에서 선출된 대표자들의 모임을 소집하였다. 이와 같은 모임은 오늘날 중앙의회의 발전을 강력히 촉구하는 전통, 관행 및 사상들을 형성하였다.Robert Dahl, 김왕식 외 역, 1999: 35-39

유럽은 근대에 들어서면서 민주주의가 발전하였다. 르네상스와 종교개혁, 지리상의 발견 등을 통해 근대로 진입한 유럽은 민족주의에 의해 주조된 국민국가를 바탕으로 자본주의와 민주주의를 발전시켰다. 이 과정에서 시민권에 기초한 민주주의의 발전에 사상적으로 영향을 미친 것은 루소Jean-Jacques Rousseau, 홉스Thomas Hobbes, 로크John Locke, 핼리팩스First Marquis of Halifax 등이 주장한 사회계약론이었다. 1762년 루소는 사회계약론에서 정치집단으로서 인민이 가지는 절대적이며, 분할되고 양도될 수도 없는 주권을 이론화하였다. 이후 루소와 로크를 비롯한 계몽주의 시기의 사상가들은 정부란 무엇보다 인민의 행복에 온 힘을 쏟고 개인의 자유를 최소한도로 침해하며, 신앙의 자유를 존중해야 한다고 주장하였다. 사회계약이라는 협정이 통치자와 피치자를 묶고 있으며 계약이 유지되는 한에서 통치자에 대한 복종이나 복종의 의무가 있음을 강조한 사회계약론은 사상적으로 활발한 논쟁을 불러일으켰지만 군주들에 의해 즉각적으로 받아들여지지는 않았다.

민주주의는 17세기 이후 보수 봉건세력에 대항해 일어난 피지배계급의 봉기와 사회, 경제적 변혁으로 특징되는 사회혁명이 발생한 후에 진척되었다. 부르주아지가 주도한 사회혁명은 개인적 재산권, 결사의 자유와 같은 개인적 권리의 이름으로 귀족의 배타적 특권을 공격하였다. 특히 1789년 발생한 프랑스대혁명은 절대 왕정이 지배하던 프랑스의 구제도인 앙시앵 레짐Ancien Régime 하에서 인구의 대다수를 차지하고 무거운 세금을 부담하고 있었음에도 정치과정에서도 배제되어 있었던 제3신분에 속하던 평민들이 봉기하면서 시작되었다. 다양한 계급과 계층으로 구성된 제3신분의 봉기를 주도한 것은 경제적 부를 쌓았지만 폐쇄적인 사회 때문에 신분의 상승이 막혀있던 부르주아였다. 헌법제정국민의회는 귀족의 특권을 폐지하고 국왕을 입헌군주로 만든 데 이어 '인간과 시민의 권리선언'을 채택해 자유, 평등, 사유재산의 불가침성, 압제에 저항할 권리 등을 천명했다. 이어서 오스트리아와 프로이센과의 혁명전쟁의 와중에서 남성에 의한 보통선거로 구성되는 국민공회^{Convention nationale}가 소집되었다. 국민공회는 공화국을 선포하였다. 프랑스 혁명은 봉건적 잔재들을 해체시키고 사회변동, 정치적 해방, 경제적 평등과 연계된 근대적 시민권 개념을 부각시킨 데서 근대 민주주의 발전에 크게 기여하였다.[1]

도시 부르주아지의 시민적, 정치적 권리에서 시작된 시민권은 사회적 투쟁을 통하여 점점 보편주의적 민주적 권리로 발전하게 된다. 즉 일부 사회집단들은 불평등한 권력 및 분배관계를 변화시키려는 의식적이고 집합적인 노력을 수행하였다. 노동계급이 전개한 계급투쟁은 사회적 투쟁의 대표적 사례였다. 이러한 사회적 투쟁은 시민을 규정하는 기준으로 작용했던 재산, 성^{gender}, 연령을 약화시켰다. 이에 따라 초기에는 재산을 소유한 남성 가장과 같은 협소한 집단들에 국한되었던 시민권은 보편적 시민으로 확대되었다. 그 후 서구에서 민주주의는 자유로운 선거에 의해서 보장되는 의회 대표제로 점차 형태를 드러내게 되었다. 이러한 점에서 근대 유럽에서 민주주의의 발전은 권리의 확대 과정이자 배제에 대항한 투쟁 과정이라 할 수 있다.

시민사회^{civil society}의 형성과 발달 역시 민주주의와 불가분의 관계를 맺고 있다고 지적된다. 근대화 과정에서 나타난 국민국가의 건설과 산업화의 추진은 국가와 구분되는 독립적인 영역인 시민사회의 성장을 촉진하였다. 각종 사회혁명을 통하여 신분적으로 예속 받지 않는 자유롭고 동등한 권리를 갖는 개인의 결사체가 성립되고 점차 성장하게 되었는데, 점차 확대되고 조직적 밀도가 높아진 시민사회의 제 세력들인 계

---

1) 프랑스대혁명은 근대적 개념으로 시민권을 처음으로 제도화한 데서 이후 유럽의 민주주의 발전에 크게 기여했지만 다른 한편으로 근대적 민족과 민족주의 형성에도 큰 영향을 미쳤다. 혁명정부는 평등의 가치 위에 하나의 국민과 이와 불가분의 관계가 있는 하나의 공화국을 수립하고자 했다. 이런 바탕 위에서 혁명전쟁도 프랑스인들의 민족주의적 열정을 급속도로 고양시켰다. 1792년 11월 유명한 훈령을 통해 국민공회는 프랑스 국민의 이름으로 "자유를 되찾고자 하는 모든 국민들에게 우애와 원조를 보낼 것을 약속하며, 이 국민들을 돕고 나아가 자유의 대의를 위해 고통받고 있는 시민들을 보호하도록 장군들에게 필요한 명령을 하달할 것을 행정부에 촉구한다"고 선언했다. Jean-Baptiste Duroselle, 이규현 외 역(2003), pp.153-154.

인간과 시민의 권리선언: 프랑스대혁명 시기 헌법제정국민의회는 귀족의 특권을 폐지하고 국왕을 입헌군주로 만든 데 이어 '인간과 시민의 권리선언(Déclaration des droits de l'homme et du citoyen)'을 채택해 자유, 평등, 사유재산의 불가침성, 압제에 저항할 권리 등을 천명했다. 프랑스 혁명은 봉건적 잔재들을 해체시키고 사회변동, 정치적 해방, 경제적 평등과 연계된 근대적 시민권 개념을 부각시킨 데서 근대 민주주의 발전에 크게 기여하였다.

급과 계층, 사적 결사체, 자율적 조직 간에 불평등한 권력 및 분배관계를 변화시키려는 의식적이고 집합적인 노력이 벌어졌다. 또한 점차 높아진 시민사회 내의 조직적 밀도는 국가권력에 대한 중요한 견제력이 되기도 하였다. 시민사회 내의 균열과 갈등구조를 제도화하는 과정에서 민주주의는 점차적으로 발전할 수 있었다.

이러한 시민사회가 성장하고 공고화된 것은 산업화industrialization가 초래한 사회분화 때문이었다. 18세기 말부터 유럽에서 본격화된 산업화는 일반적으로 기술이 발전하고, 생산의 범위와 규모가 증가하며, 자본주의 체제가 재조직되는 과정이었다. 저명한 미국의 경제사학자인 로버트 하일브로너Robert L. Heilbroner가 지적했듯이 처음에 산업화를 추동했던 힘은 무엇보다 자연에 대한 인간의 통제를 가능하게 했던 일련의 발명품들과 혁신들이었다. 증기기관, 저렴하고도 효율적인 방직 방적 기계, 철의 대량생산이 가능해졌고 이들은 엄청난 자본축적의 길을 열어주었다.Robert L. Heilbroner, 홍기빈 역, 2010: 202 이러한 산업화를 이끌었던 계급이 부르주아지였다. 칼 마르크스와 프리드리히 엥겔스가 언급했듯이 "부르주아지는 백년도 채 안 되는 그들의 지배 기간에 지나간 모든 세대가 창조한 것을 다 합친 것보다도 더 많고 더 거대한 생산력을 창조했다."

산업화와 시민사회의 성장: 시민사회가 성장하고 공고화된 것은 산업화(industrialization)가 초래한 사회분화 때문이었다. 18세기 말부터 유럽에서 본격화된 산업화는 일반적으로 기술이 발전하고, 생산의 범위와 규모가 증가하며, 자본주의 체제가 재조직되는 과정이었다. 이러한 산업화를 이끌었던 계급이 부르주아지였다. 칼 마르크스와 프리드리히 엥겔스가 언급했듯이 "부르주아지는 백년도 채 안 되는 그들의 지배기간에 지나간 모든 세대가 창조한 것을 다 합친 것보다도 더 많고 더 거대한 생산력을 창조했다." 산업화는 다양한 계급과 계층들, 그리고 사적 결사체들을 형성하였고 나아가 이들 간의 세력관계를 변화시켰다. 특히 사회계급은 지난 세기 동안 서유럽 정치에서 가장 중요한 역할을 수행하였다. 산업화는 농민층의 노동계급으로의 전화, 사회계급·계층 간의 경쟁 및 갈등의 심화, 그리고 지역 간, 산업부문 간 불균등의 확대 등과 같은 광범위한 사회분화를 수반하였고 이에 따라 균열구조가 형성되게 되었다. 이러한 균열 중 가장 두드러진 것은 경제외적 강제가 폐지되면서 등장한 노동자와 생산수단을 독점한 자본가 사이의 균열이었다. 노동자와 자본가 간의 균열과 이로 인한 갈등은 지난 세기 서유럽 정치에서 가장 중요한 역할을 수행하였다.

Karl Marx & Friedrich Engels, 권화현 역, 2010: 234

산업화는 다양한 계급과 계층들, 그리고 사적 결사체들을 형성하였고 나아가 이들 간의 세력균형을 변화시켰다. 특히 사회계급은 지난 세기 동안 서유럽 정치에서 가장 중요한 역할을 수행하였다. 산업화는 농민층의 노동계급으로의 전화, 사회계급·계층 간의 경쟁 및 갈등의 심화, 그리고 지역 간, 산업부문 간 불균등의 확대 등과 같은 광범위한 사회분화를 수반하였고 이에 따라 균열구조가 형성되게 되었다. 이러한 균열 중 가장 두드러진 것은 경제외적 강제가 폐지되면서 등장한 노동자와 생산수단을 독점한 자본가 사이의 균열이었다. 노동자와 자본가간의 균열과 이로 인한 갈등은 지난 세기 서유럽 정치에서 가장 중요한 역할을 수행하였다.

산업화는 또한 집합행위의 조직화 문제를 용이하게 할 뿐만 아니라 농업노동자들과 소규모 자영농들을 도시노동력으로 전화시킴으로써 이들이 집단적 조직을 하는데 더욱 폭넓은 기회를 제공하였다. 산업화는 이들 시민사회 구성원들 간의 상호작용을 활발하게 하면서 민주주의의 발전을 촉진하였다. 시민사회 내의 높은 조직적 밀도는 국가기구의 권력에 대한 하나의 중요한 견제력이 되었다. 즉 밀도가 높은 시민사회는 지주와 부르주아지의 지배하에 들어가 민주주의가 불가능하거나 무의미하게 되는 상황과 절대적인 통치자가 사회 내의 모든 민주적 세력들을 압도할 정도로 강력해지는 상황 모두를 피할 수 있는 공간을 넓혀 주었다.

시민사회 내 피지배계급의 능력증대와 다른 계급들과의 투쟁 혹은 전략적 연합을 통해 1차 세계대전을 전후해서는 대부분의 서유럽 국가들에서 비록 제한된 수준에서나마 민주주의 제도가 수립되었다. 지배계급은 국민동원을 위해서 광범위한 선거 지지를 끌어내야 했고, 이를 위해서는 인구의 다수를 구성하고 있던 노동계급과 다른 계급들의 이익도 고려하여만 되는 상황이었다. 일부 사회주의자들도 대의제 민주주의를 수단인 동시에 목적인, 즉 사회주의를 위한 견인차이며 미래의 사회주의 사회의 정치적 형태로 간주하였다.^{Adam Przeworski, 1986} 이러한 과정을 통해 성립된 민주주의 제도는 의회제도의 수립, 남성에 대한 보통선거권의 보장과 대중정당의 출현을 핵심 내용으로 하는 것이었다.

20세기 초에 대부분의 국가에서 인민 자신이 선출하는 대표자를 통해 통제권을 행사하는 대의제 민주주의 제도가 수립되었지만 그것은 아직은 불완전한 형태의 민주주의였다. 당시의 대의제 민주주의는 보통·평등 선거권에 의한 대표의 선출, 선출된 의회에 대한 국가기구의 책임, 자의적인 국가행위에 저항할 수 있는 개인적 권리의 보장이라는 민주주의의 최소한의 조건을 제대로 충족시키지 못했다는 점에서 아직은 불완전한 것이었다. 전체 인구를 포괄하는 선거제도와 다양한 계층과 지역의 권리와 이익을 반영하는 정당제도, 그리고 민주적인 권력분립과 분산을 내용으로 하는 정부형태의 구축을 핵심 내용으로 하는 포함의 정치는 겨우 맹아적 형태만 조성되었다.

민주주의를 진척시킨 것은 시민사회 내에서 이전에 배제되었던 계급들의 권력이 강화되면서부터였다. 특히 노동조합, 노동계급 정당, 이와 유사한 집단들의 조직화 및 성장에 의해 발전되고 유지되는 노동계급의 대항 헤게모니^{counter-hegemony}의 성장은 민주주의의 발전에 결정적으로 중요하게 작용했다. 통치과정에서 배제된 노동계급은 국가 내 정치권력과 사회 내 물질적 자원의 획득을 위해 투쟁을 전개함으로써 시민사회 내 권력 및 분배관계의 변화를 가져오게 하였다. 기존의 불균형한 권력 및 분배관계에 대항한 사회적 투쟁의 전개는 정치적 변화에 주요한 촉진요인이 되었다. 구체적으로 가장 많은 수의 노동자들을 동원하고 또 가장 성공적인 노동운동의 형태로 정착하고 발전한 것은 파업과 노동조합 그리고 노동자 정당이라고 할 수 있다. 자본에 대한 노동의 투쟁수단으로 정착되었던 파업과 더불어 노동조합과 노동자 정당은 노동자들의 이익을 정치적으로 대변하는 것이 목적이었다.

　물론 대부분의 서유럽 국가에서 부르주아 계급도 경쟁의 개방과 의회주의 정부의 도입을 지지했다. 이러한 부르주아 계급의 지지는 종종 시민사회의 발전을 가능하게 하고 중간계급과 노동계급이 정치적으로 참여할 수 있는 길을 열어준 것도 사실이다. 이와 관련하여 배링턴 무어^{Barrington Moore, Jr.}는 근대화의 경로에 대한 비교에서 영국과 프랑스에서의 도시의 상업적, 산업적 부르주아지가 농촌의 상업적 지주계급이나 농촌의 자영농민과 연합하였다고 하면서, 이 같은 부르주아지 주도의 계급연합에 의해 구지배질서가 해체되고 정치체제의 민주화가 이뤄졌다고 한다. 즉 영국의 경우 엔클로저^{enclosure}운동을 통해 농민을 토지로부터 몰아내는 과정에서 농촌의 상업적 지주계급과 도시의 상업적, 산업적 부르주아지 간에 이익의 융합^{fusion of interests}이 나타났다는 것이다. 그 결과 이들 계급연합과 전통적 지주계급과 왕권의 지배연합 사이에 발생한 정치적 갈등이 내전으로 폭발하면서 지배계급이 바뀌게 되었다는 것이다. 반면 상업적 농업의 발전이 지연된 프랑스에서는 지주계급의 억압 하에 있던 농촌의 자영농민과 도시의 상업적, 산업적 부르주아지 사이에 계급연합이 형성되었고 이들 연합이 지주계급과 왕권에 대항하여 혁명을 추진하였다는 것이다.

> "영국을 민주주의 체제로 나가게 하는데 두드러진 역할을 한 것은 어떤 요소들인가? … 의회가 비교적 강력하고 독립적이었으며, 상공업 세력이 고유한 경제적 기반을 갖고 있었고, 심각한 농민문제가 야기되지 않았다 … 상층 지주계급은 산업 자본주의의 급속한 성장 국면에서도 지배력을 유지하면서 새로운 요소들을 자신의 대열로 흡수했으며 동시에 대중의 지지를 놓고 새로운 세력과 경쟁하거나 때맞춰 양보함으로써 심각한 패배를 피했다."(Barrington Moore, Jr., 1966: 39)

배링턴 무어: 미국의 정치사회학자 배링턴 무어(Barrington Moore, Jr., 1913~2005)의 『독재와 민주주의의 사회적 기원—근대세계 형성기의 영주와 농민(Social Origins of Dictatorship and Democracy—Lord and Peasant in the Making of the Modern World)』은 사회과학연구에 있어서 비교역사연구의 초석을 놓은 작품으로 꼽힌다. 이 책에서 무어는 전근대적 봉건사회로부터 근대적 산업사회로의 정치, 경제, 사회적 대전환을 마르크스와 베버의 학문적 전통을 활용하여 체계적으로 규명하였다. 이 책에서는 근대적 산업사회로 이행하는 세 경로인 부르주아 혁명, 위로부터의 혁명과 파시즘, 공산주의 혁명에 있어서 지주와 농민계급이 각각 어떤 역할을 수행하였는지 분석되고 있다. 한편, 무어는 거시구조적 변화에 대한 객관적 분석 이외에 이러한 변화의 과정 및 결과에 대해 강한 도덕적 관심을 보였다. 즉, 산업화와 근대화 과정에서 피지배계급이 어느 정도 고통을 당했는지, 또 새로운 질서는 이들의 고통을 어느 정도 줄였는지에 대해 남다른 관심을 보임으로써 학문과 실천, 사실과 가치의 두 영역을 결합하고자 했다.

"구체제의 폭력적인 파괴가 프랑스에서는 민주주의의 먼 길을 가는 데 결정적이었다 … 혁명 이전 프랑스에서는 상층계급으로 하여금 민주주의의 적이 되게 하였다 … 귀족과 부르주아지는 국왕을 통해 융합이 이뤄지기도 했으나 대혁명이 발발하면서 일부 부르주아지는 도시 민중의 급진주의 운동에 편승하였다."(Barrington Moore, Jr., 1966: 108-110)

그러나 항상 그렇지는 않았다. 예를 들어 독일, 스웨덴, 덴마크의 부르주아지는 초기의 자유주의적 개혁을 지지하였으나 의회주의 정부가 도입되었을 때는 사회주의자들에게 정치권력을 가져다줄 것을 우려해 완전한 의회주의 정부의 요구에 반대하였다. 후발 산업화 국가였던 독일의 부르주아지들은 다른 나라의 부르주아지보다 더욱 반민주적이었으며 독일제국 체제의 권위주의적 특징을 지속시키는데 기여하였다. 자유주의 정당들과 분파들은 프러시아 주 의회 선거에서 평등·직접·비밀투표의 도입을 반대하였다. 제1차 세계대전 직전에는 오직 노동운동을 기반으로 하여 창당된 사회민주당만이 의회정치와 모든 수준의 정치에서 완전한 참정권의 개혁을 지지했다. 스웨덴의 경우 역시 부르주아지들이 제1차 세계대전 때까지 가장 반민주적인 보수당에 소속되어 노조결성에 반대하는 극단적으로 전투적이고 조직화된 싸움을 벌였다. 비록 이들은 1918년 종전 후 군주제를 보존하는 대가로 보통선거권과 의원내각제의 도입에 타협하기는 하였으나 민주화의 주도세력은 아니었다.

이러한 점을 부각시킨 학자들이 바로 디트리히 뤼세마이어Dietrich Rueschmeyer와 에블린 스트븐스Evelyne Huber Stephens, 존 스티븐스John D. Stephens이다. 이들은 『자본주의 발전과 민주주의Capitalist Development and Democracy』에서 자본주의 발전이 계급구조를 변형시키고 계급 간 권력균형을 변화시키기 때문에 민주주의의 가능성에 영향을 미친다면서 다음과 같이 지적한다.

> "민주화는 계급이익에 의해 저항받기도 하고 추동되기도 한다. 민주주의를 위해 투쟁했던 것은 피지배계급이었다. 반대로 현상유지로부터 이득을 얻었던 계급들은 거의 예외 없이 민주주의에 저항하였다. 부르주아지는 투쟁을 통해 왕권전제와 귀족 과두제로부터 자신들의 정치참여 지분을 획득했지만, 일단 그들의 지위가 보장되자 그 이상의 정치참여의 확대를 위해 투쟁하지는 않았다."(Dietrich Rueschemeyer et.al., 박명림 외 역, 1997: 95)

3. 민주주의의 경쟁모델

일반적으로 민주주의에 대한 대다수의 논쟁은 민주주의에 대한 상이한 이해에서 비롯된다. 민주주의에 대해 서로 상이한 견해를 지녔다면 민주주의의 조건과 실현방법, 목표와 전망에 대한 분석 역시 차이가 날 수밖에 없기 때문이다. 이 중에서도 민주주의를 통해 무엇을 이루려 하는가, 즉 민주주의가 지향하는 목표가 무엇인가에 따라 민주주의의 내용은 다를 수밖에 없다. 서유럽 국가들에서는 국민국가의 건설과 자본주의적 산업화, 근대 민주주의의 발전 과정을 거치면서 한국에 비해 훨씬 폭넓은 이념적 스펙트럼이 형성되었고 이것이 반영되어 민주주의에 관해서도 다양한 논의가 전개되었다. 자본주의 정치제도로서의 민주주의서부터 국가-자본-노동 간의 화해적 정치구조에 입각한 민주주의, 다수제 민주주의와 '사회적·정치적 포함'을 내용으로 하는 민주주의, 그리고 새로운 환경 구성요소의 이해를 대변하고 환경평등과 정의를 추구하는 환경 민주주의 등이 대표적이다.

민주주의는 '본질적으로 논쟁적인' 개념에 대한 하나의 예이다. 확립된 민주주의 모델은 존재하지 않으며, 단지 수많은 경쟁적인 모델들이 존재할 뿐이다. 이러한 까닭에 마르틴 예닉케Martin Jänicke는 과제를 해결하는데 가장 유용하게 보이는 민주주의의 유형과 수준을 모색해야 되고, 행위자와 전략, 상황, 학습과정 등이 아울러 고려의 대상이 되어야 한다고 주장한다.Martin Jänicke, 1997: 71 그럼에도 불구하고 서구 사회에서 많은 사람들은 자유민주주의와 같은 특정한 민주주의 모델 혹은 민주주의 형태를 유일하게 실천가능하거나 의미있는 민주주의 모델로 취급하였다.Andrew Heywood, 이종은·조현수 역, 2007: 309

1) 대의제 민주주의와 그 비판자들: 참여민주주의와 심의민주주의

오늘날 지배적 유형의 민주주의로 자리 잡은 것은 대의제 민주주의representative democracy이다. 근대에 서유럽에서 확립된 대의제 민주주의는 밀John Stuart Mill이 지적한 대로 인민이 그들 자신에 의해 정기적으로 선출되는 대표자를 통해 궁극적 통제권을 행사하는 민주주의를 의미한다. 밀은 『대의제정부론Considerations on Representative Government』에서 '이상적으로 최선의 정체'는 인민이 '그들 자신에 의해 정기적으로 선출되는 대표자를 통해 궁극적 통제권을 행사하는' 대의민주제로 이뤄진다고 한다. 영토가 확대되고 사회가 복잡해짐에 따라 직접민주주의 제도를 운용하는 것이 점차 불가능해지면서 선거를 통해 선출된 대표에게 의사결정의 권리를 양도, 위임하는 대의제 민주주의 체제가 발달하게 되었다. 따라서 대의제 민주주의 체제하에서 시민들은 자신의 대표를 통해 간접적으로 지배한다.[2]

보통사람들이 자신들의 삶, 더 나아가 자신들이 속한 공동체의 삶에 대해 이성적인 결정을 내릴 능력이 있다는 확신이야말로 민주적 사고의 변함없는 토대를 이뤘다.

---

[2] 대의민주제는 중앙권력이 감시 통제될 수 있는 메커니즘을 제공하고, 이성과 토론의 중심 및 자유의 감시자로 활동하는 광장(의회)을 확립하며, 선거경쟁을 통해서는 지도자 자질로서 전체의 최대 이익을 위한 예지를 갖춘 사람을 선출한다는 것이다. 이러한 밀의 주장은 국가의 최소간섭을 보장하는 것이 자기개발의 가능성을 극대화하고 개인자유를 보호하는 최선의 방법이라는 그의 자유주의적 사상에 기초한다고 할 수 있다. David Held(2010), pp.172-173.

존 스튜어트 밀: 존 스튜어트 밀(John Stuart Mill, 1806~1873)은 영국의 철학자이자 정치경제학자이다. 『정치경제학 원리(Principles of Political Economy)』에서 밀은 애덤 스미스나 데이비드 리카도 등의 영국 고전파 경제학 이론을 계승하면서도 경제공황이나 빈곤 등 자본주의의 부작용과 폐해도 고려하여, 자연적인 생산법칙에 의해 발생한 사회적 곤란을 인위적인 분배의 공정과 사회의 점진적 개혁에 의해서 해결하려는 이론을 전개했다. 아동교육이나 빈민구제의 필요성을 강조했고, 식민지인 아일랜드의 부담을 덜어주자고 주장했으며, 여성의 권리를 강력하게 옹호했고, 비례대표제, 노동조합, 농지의 협동조합식 조직 등 각종 사회개혁을 주장했다. 특히, 밀은『대의제 정부론(Considerations on Representative Government(1861)』에서 '전 인민 또는 그들 중 다수가 주기적 선거를 통해 자신들이 뽑은 대표를 통해 최고 권력을 완벽하게 보유, 행사하는 정부형태'가 참된 민주주의를 실현시킬 지름길이라고 주장하였다.

그러나 공공결정에 참여할 권리를 모든 시민에게 부여하는 아테네의 고전적 관행이 가능했던 건 시민들이 모두 한 곳에 모일 수 있을 만큼 도시국가의 규모가 비교적 작았기 때문이다. 현대의 국가들은 규모 상 이런 관행의 실시가 불가능하다. 그러다 보니 우리는 민주주의를 시민들이 자신들을 대신해서 법과 정책에 관한 결정을 내릴 정치적 대표를 선출하는 통치체제로 생각한다. 그러므로 이런 체제는 직접민주주의라기보다는 대의민주주의라 불린다. 그런데 이런 체제가 진정으로 민주적일까? 소수가 사회의 나머지 구성원을 대신해 결정을 내리는 또 다른 사례인 과두정치와는 무엇이 다를까?David Beetham, 변경옥 역, 2007: 21-22

오늘날 지배적 유형의 민주주의로 자리잡은 대의제 민주주의의 대표 원리는 '어떻게 대표 하는가'와 '누구를 대표 하는가'를 둘러싸고 많은 논쟁을 유발하였을 뿐만 아니라 기존의 정치질서에 결코 완전하고 충분하게 착근되지도 못했다. 특히 대의제 민주주의는 시민들의 의사가 왜곡되거나 자율성이 침해되고, 대표가 집단의 대표만을 대변할 뿐 소수는 의사결정 과정에서 대표되지 못하며, 소수의 지배적인 권력집단이 형성될 수 있다는 한계를 표출하였다. 대의제 민주주의의 핵심 기제인 정당정치도 정당 구조가 점차 관료화되고 권위주의화 하면서 시민들의 정치참여를 배제하거나 왜곡시키고 있다.

대의제 민주주의가 이와 같이 각종 폐해를 드러내면서 그 대안으로 부각되기 시작한 것이 바로 참여민주주의participatory democracy이다. 물론 민주주의라는 개념은 그 자체에 참여를 내포하고 있다. 도덕적 차원에서 정치과정에의 참여를 자유와 자기개발을 위한 방도라고 본 밀처럼 근대의 여러 사상가들은 참여를 민주주의의 중요한 요소로 보았다. 규칙적이고 공정한 선거를 통한 참여는 경쟁, 그리고 시민적·정치적 권리의 보장과 더불어 오늘날에도 민주주의에 관한 최소한의 조건으로 간주되고 있다. 그러나 오늘날의 대의제 민주주의는 이러한 참여가 형식화되면서 다양한 시민들의 의사를 공적인 의사결정에 제대로 전달하고 반영하지 못한다는 비판에 직면하게 되었다.

참여민주주의는 1960년대에 신좌파 운동의 슬로건에서 비롯되었다. 이들은 학교와 공장, 지역공동체, 그리고 국가행정에서 억압적 관료주의와 위계적 권위구조를 거부하고 자유로운 직접 참여와 적극적인 개입을 주장하였다. 신좌파의 특징 중의 하나는 민주주의적 과정을 확대하고 개인이 지닌 권리를 규제하기보다는 확대하는 것이라고 할 수 있다. 신좌파 내에서는 엄격한 민주주의 원칙들이 규범으로 지켜졌고, 아래로부터의 참여민주주의라는 원칙이 커다란 집회에서부터 최소 규모의 행동위원회에 이르기까지 그 상호관계를 규정했다. 산업화와 도시화를 바탕으로 한 사회변동은 일상생활을 파편화 하면서 소외의식을 증대시켰고 정치적 참여를 주요한 주제로 떠오르게 하였다. 정부의 결정과정에 시민들의 실질적인 참가가 이루어져야 한다는 인식이 1960년대와 70년대에 광범하게 확산되었고 이에 따라 서구의 각 국가들에서는 여러 형태의 시민적 앙가주망 운동이 전개되었다. 1960년대 말부터 독일에서 출현한 시민운동단체들Bürgerinitiativen이 전개한 운동은 그 대표적인 사례라 할 수 있다.

비슷한 맥락에서 데이비드 헬드는 참여민주주의를 우파의 법치민주주의에 반대되는 좌파의 주요 모델로 본다. 헬드에 의하면 이들 좌파 학자들은 자유민주주의 안에서 개인이 '자유롭고 평등하다'는 관념을 의문시하고 작업장과 지역공동체를 포함하는 사회의 핵심제도를 규제하는 데 시민이 직접 참여하는 것에 관심을 갖는다고 한다. 즉 이들은 일상적 관계에서 권력과 자원의 비대칭성이 많은 사람들로 하여금 정치적 및 시민적 삶에 적극적으로 참여하는 것을 침해하였다고 지적한다. 이런 이유에서 이들은 민주주의의 범위를 선거에 정기적으로 참여하는 것으로부터 작업장과 지역공동체 등과 같은 삶의 모든 영역의 결정에 참여하는 것으로 확대시킨다는 것이다.David Held, 박찬표 역, 2010: 395-409

참여민주주의는 자신의 삶과 관련된 모든 영역에서 일반 시민들의 광범한 직접 참여와 민주적 통제가 보장된 민주주의를 지칭한다. 그렇다면 참여민주주의는 왜 필요한가? 페이트만Carole Pateman과 달Robert Dahl 같은 학자들은 참여민주주의가 인간 발전을 장려하고 정치적 효용성을 고양하고 권력 중심으로부터의 소외감을 감소시킨다고 한다. 또 참여민주주의는 집단적 문제에 대한 관심을 불러일으키며 정부의 일에 대해 보다 더 민감한 관심을 가질 수 있는 적극적이면서도 통찰력 있는 시민의 형성에 도움이 된다는 것이다.Carole Pateman, 1970: 2장, 6장; Robert Dahl, 1995: 95-105 무엇보다도 참여민주주의는 불완전한 민주주의 현실에서 더 많은 민주주의를 향유하기 위해서 필요하다고 할 수 있다. 참여의 수준을 넓히고 규모를 확대함으로써 시민들은 공적인 결정이 공익에 어긋나지 않게 감시하고 이를 통해 시민에 의한 자치라는 민주주의의 이상도 실현 가능하게 된다. 이밖에도 참여민주주의는 지배 권력으로 하여금 쌍방 통행적 정치를 통해 통치의 효율성을 높이고, 민주적 정통성을 구축케 하는 것도 가능케 한다.

그러나 더 많은 참여가 항상 민주적인 것은 아니며, 안정과 효율성을 초래하는 것도 아니다. 그럼에도 특수한 정치적 목적을 갖는 위로부터의 동원에 비해 아래로부터의 광범한 참여는 민주적 정책결정을 가능하게 하고, 민주주의로부터의 일탈을 견제한다는 데서 인민에 의한 지배의 달성에 효과적인 도구이다. 참여의 다면성을 고려해서 참여민주주의는 대의제 민주주의와 상보적 관계를 맺는 것이 바람직하다. 대의제 민주주의를 폐기할 경우 인민과 지도자가 직접 결합하면서 민주주의는 대중 선동과 중우정치로 전락할 수도 있기 때문이다. 대의제 민주주의를 내실화 하는 한편, 참여민주주의를 제도화하려는 노력이 필요하다. 다시 말해 대의제 민주주의와 참여민주주의는 더 많은 민주주의를 위한 양 날개라 할 수 있다. 의회 또는 대의제 구조를 민주주의의 이상에 맞게 개선하려는 것뿐만 아니라 시민사회 내에서 아래로부터의 광범위하고 자발적인 사회운동에 기초하는 참여민주주의의 실천을 내용으로 하는 이중적 민주화 double democratization라는 헬드의 주장David Held, 1988: 316-323 역시 이런 점에서 큰 설득력을 갖는다.

그러나 참여민주주의 역시 한계를 갖는다. 우선 참여민주주의의 한계로는 지나치게 규범을 우선시 하며, 과도하게 낙관적이며 비현실적인 인간상을 제시한다는 것을 들 수 있다. 시민들은 개별적으로 이기심을 최대로 추구하는 사람이고 특수한 조건에서만 공익지향적인 협력을 한다는 점을 간과한다는 것이다. 또한 토크빌Alexis de Tocqueville이 지적한 문제인 광범위한 민주화가 소수 혹은 다수 전제의 위험을 증가시킨다는 점 역시 참여민주주의의 한계로 지적된다. 이 밖에도 과다 동원으로 인한 불안정, 목표를 둘러싼 갈등, 정치적 결정의 질과 결과의 간과, 시민능력의 과대평가도 그 한계라 할 수 있다. Manfred G. Schmidt, 1995: 174-176

대화와 토론, 심의를 통해 시민들의 선호가 변화하면서 사회문제에 대한 공공의 합의에 도달할 것이라는 심의 민주주의deliberative democracy 역시 합의제 민주주의의 요소를 지닌 민주주의라 할 수 있다. 심의 민주주의는 정치적 대표자들이 의사결정을 독점하는 대의민주주의와는 달리 시민들과 대표들이 이성적인 성찰과 판단에 근거하여 자신들의 판단, 선호, 관점을 타인과 토론하는 과정에서 '심의적 전환'이 일어나서 공공의 합의에 도달할 수 있다는 점을 강조한다. 이러한 심의 민주주의는 특히 풀뿌리 단위에서 조직화되지 않은 시민들 간의 갈등을 해결하는 데에 유용하다고 평가된다.

이는 심의민주주의가 정치의 목표를 투표와 개인적 선택으로부터 가능한 모든 사람들의 토론에 의한 결정으로 전환할 것을 요구한다. 이것이 제도화되기 위해서는 다음과 같은 점이 요구된다. 첫째, 심의민주주의는 다수 시민들의 광범위한 참여를 요구한다. 그리고 일반대중을 대신할 수 있는 집단으로서 대표성 있는 시민들의 참여를 요구한다. 둘째, 여론이 아닌 정보에 근거하여 일관되고 안정적인 공적판단이 필요하다. 일반적으로 여론은 빈약한 정보에 의존하고 피상적이며 지속적이지 못하다. 셋째, 충분한 심의 기회를 제공해야 한다. 심의과정은 시민들에게 선택지를 제시하고, 문제의 특성과 결과들에 대한 정보를 제공하며, 합리적 토론을 촉진하고, 성찰적 판단을 이끌어내야 한다. 주성수·정상호 편, 2006: 111-112

그러나 심의민주주의는 여러 한계를 지닌다. 첫째, 결정성decisiveness이 부족하다. 시민들의 선호가 고정되어있지 않고 항상 변화할 수 있다는 가정 하에 집단적 의사를 형성해나간다는 심의민주주의는 공동체의 복지를 극대화할 수 있는 독특한 시민의 의사가 무엇인지에 대해 확실한 대답을 줄 수 없다. 둘째, 심의에 참가하는 시민들이 공적인 이익을 위해 이성적인 주장을 한다는 전제조건 위에서 가능한 심의민주주의는 실제로는 청취자에 비해 발언자의 개인적 선호를 표출시키는 경향이 있다. 셋째, 평등한 사람들의 자유로운 심의라는 가정은 비현실적이다. 부존자원이 불평등하게 배분되어 있는 현실에서 민주적 심의는 일어나지 않는다. 넷째, 평등하고 자유로운 심의가 이뤄질 수 있는 공간과 규모는 제약이 있다. 또한 심의민주주의는 좁은 지역에 수백 개의 편협한 이익을 추구하는 파벌을 양산할 위험이 있다. 다섯째, 심의민주주의는 합리적이나 편협하고 자기주장이 강한 사람들의 이야기를 특권화 하는 경향이 있다.
임혁백, 2000: 170-172

2) 자유민주주의를 둘러싼 논란

자유민주의^{liberal democracy}는 2차 대전 후 냉전 시기에 미국식의 자본주의 정치체제를 가리키는 용어로 본격적으로 사용되기 시작했다. 이런 배경은 자유민주주의가 사회주의 진영이 내세우는 인민 민주주의와 대립하는 용어로 정립되고 발달되었다는 것을 의미한다. 반공주의와 친화적인 성격을 띠게 된 것은 그 당연한 귀결이다. 그런 까닭에 자유민주주의는 본래 민주주의가 내포하고 있는 포괄적이고 역동적인 성격보다는 민주주의의 절차적이고 제도적인 측면을 주로 강조한다. 즉, 다원적 사회에서 정치적 권리를 지닌 시민들이 규칙적인 선거경쟁을 통해 정치엘리트들을 선출하는 데 자유민주주의의 핵심적 내용이 있다.

말 그대로 자유민주주의는 자유주의와 민주주의를 합친 조합어이다. 문제는 이 두 개념이 역사적 전개과정과 의미가 다르다는 것이다. 앞에서 살펴본 대로 민주주의는 인민과 통치의 합성어로 말 그대로 인민주권에 기초한 지배방식을 의미한다. 소수가 아니라 다수가 권력의 주체가 되어 그들이 속한 공동체를 보편주의적인 평등원리에 입각해 통치하는 민주주의는 이후 규모의 제약 등의 요인으로 인해 시민들이 자신의 대표를 통해 지배하는 대의제 민주주의로 자리잡았다. 그러나 대의제 민주주의는 대표적인 최소주의적 관점의 민주주의로 점차 복잡해지고 다원화하고 있는 현대 사회의 문제를 분석하는 데 일정한 한계를 노정하고 있다.

이에 비해 자유주의는 사회혁명을 이끈 부르주아지가 당시 지배세력에 대해 그들이 사회활동을 하는데 있어 자유와 이니셔티브 보장을 요구해 관철시키면서 형성되었다. 따라서 초기의 자유주의는 무엇보다도 시장에서 개인의 경제활동의 자유를 최대한으로 보장하고 이에 대한 국가의 간섭을 가능한 한 배제하려는 사상 및 정책이라 할 수 있다. 정치적으로는 시민들의 자유와 권리를 보장하기 위해 법치국가를 주장하고 대의제 민주주의를 선호하는 것으로 나타났다. 서구의 자본주의와 함께 성장한 자유주의는 개인주의와 시민적·정치적 권리에만 좁은 관심을 갖고, 광범한 사회적, 경제적 발전을 무시하고 불평등한 계급관계를 정당화한다는 비판을 받고 있다. 존 스튜어트 밀, 토마스 그린, 존 메이너드 케인스가 적극적 관점에서 자유를 해석하고 그 실천을 위한 정책적 처방을 제시한 것은 이런 이유에서 연원한다.

냉전 이전의 자유민주주의의 뿌리는 자유주의 사상가들이 1인 1표제도가 재산을 유지하고 계급사회를 존속시키는데 위험하지 않다고 인식한 데서 찾을 수 있다. 이 점을 간파한 최초의 사상가는 19세기 초의 공리주의 철학자인 제러미 벤담Jeremy Bentham과 제임스 밀James Mill이었다. 이들은 모든 인간이 자기의 효용을 극대화하기 위해 재산의 신성함을 유지하는데 이해관심을 갖고 있고 하층계급은 상류계급에 대해 외경심을 갖고 있다고 판단하였다. 이와 관련하여 캐나다의 정치학자인 맥퍼슨C. B. Macpherson은 자유민주주의가 재산권이라는 배타적이고 양도 가능한 권리를 내용으로 하는 소유적 개인주의에 기반한다면서 자본주의 시장경제에서 이윤을 극대화하기 위해서는 나의 이윤 추구 과정에 남의 힘을 내 목적에 맞도록 이용하는 '힘의 전이'가 불가피하다고 지적한다. 능력과 업적에 따라서 분배가 결정되는 자유주의 경제 체제가, 인간의 존엄성과 자아실현이라는 민주주의의 이념을 제대로 구현하기 어렵다는 것이다.C. B. Macpherson, 배영동 역, 1979: 14, 28-29

역사적으로 고찰해보면 자유민주주의의 출발점은 자유주의적이었다고 할 수 있다. 다시 말해, 원래 출발점으로서 자유주의가 정치적 민주주의를 수용해 자유민주주의로, 그리고 이어 다시금 사회적·경제적 민주주의를 수용해 보다 개혁적인 자유민주주의로 발전해 왔다. 그런 점에서 자유민주주의는 자유주의에 의해 설정된 한계 내에서 규정되고 구조화된 민주주의라 할 수 있다. 이 점에 입각해보면 자유민주주의의 계급적 성격과 자본주의 지배질서와의 연관성은 자유민주주의를 이해하는데 있어 매우 중요하다.송병헌 외, 2004: 28-30

자유민주주의를 둘러싼 논쟁은 권위주의 정권에서 보수 성향의 지배세력이 복지의 확충을 통해 재산권의 자유를 제한하려거나 이념과 체제를 달리하는 외국과의 교류와 협력을 주장하는 정치적 반대세력을 탄압하는 과정에서 주로 나타난다. 이 과정에서 기본권이 억압되고 자유민주주의의 범위가 축소되고 핵심적 내용이 왜곡되는 일이 발생하기 때문이다. 존 스튜어트 밀이 자유민주주의의 핵심적인 자유로 언급한 사상·의견·토론·출판의 자유와 결사·조합의 자유가 얼마나 보장되고, 중앙권력을 감시하고 통제할 수 있는 메커니즘이 어떻게 제공되며, 자유의 감시자이자 이성과 토론의 중추로 기능하는 공개토론장이 제대로 확립되었는가David Held, 2010: 173를 살펴봄으로써 우리는 자유민주주의가 온전한지의 여부를 판단할 수 있다.

우리 헌법과 자유민주주의

우리나라의 현행 헌법은 1987년 9차 개정된 것이다. 현행 헌법에는 '민주주의' '자유민주주의'와 관련하여 몇 가지 핵심 내용을 명시하고 있다.

첫째, 헌법 전문: "자유민주적 기본질서를 더욱 확고히 하여"
둘째, 제4조: "대한민국은 통일을 지향하며, 자유민주적 기본질서에 입각한 평화적 통일 정책을 수립하고 이를 추진한다"
셋째, 제8조 4항: "정당의 목적이나 활동이 민주적 기본질서에 위배될 때에는 정부는 헌법 재판소에 그 해산을 제소할 수 있고, 정당은 헌법재판소의 심판에 의하여 해산 된다"
넷째, 제119조 1항: "대한민국의 경제 질서는 개인과 기업의 경제상의 자유와 창의를 존중함을 기본으로 한다"
　　제119조 2항: "국가는 균형 있는 국민 경제의 성장 및 안정과 적당한 소득의 분배를 유지하고, 시장의 지배와 경제력의 남용을 방지하며, 경제 주체 간의 조화를 통한 경제의 민주화를 위하여 경제에 관한 규제와 조정을 할 수 있다"

이들 전문과 조항에 대한 논의와 논쟁이 존재하는데 크게 두 가지이다. 첫째, 우리 헌법 정신이 '민주적 기본질서'를 강조하는 것인지 아니면 '자유민주적 기본질서'를 강조하는 것인지 논쟁이 있다. 둘째, 우리 헌법 정신이 자유시장 경제를 강조하는 것인지 아니면 시장에 대한 국가의 통제와 관리를 강조하는 것인지에 대한 논쟁이다. 보수주의자들은 자유민주적 기본질서와 자유시장 경제를 강조하는 반면, 진보주의자들은 민주적 기본질서와 국가의 시장 통제 및 관리를 강조하는 경향이 있다. 이 글에서는 이와 관련된 대표적인 주장들을 정리한다.

1. 역사교육과정과 자유민주주의

원래 민주주의의 양 날개가 자유와 평등이다. 상호 모순적으로 보이는 두 용어이지만, 근현대 세계 인류는 그 중간 어딘가로 균형을 잡으면서 역사를 발전시켜 왔다. 자유와 평등의 두 요소가 민주주의라는 그릇에 어떤 비율로 들어가느냐는 그 국가의 민주주의 운영 능력과 의지에 달려 있다.

우리나라 정당의 역사에서도 '자유민주주의'는 특정 정당의 정강으로 사용되기 시작하였다. 1961년 12월7일 기자회견에서 박정희 혁명정부가 '자유민주주의를 신봉한다'고 선언하고, 1963년 2월26일 제정된 공화당 강령 1조에서, '민족적 주체성을 확립하며, 자유민주주의적 정치체제의 확립을 기한다'고 하였다. 1950년대 양대 정당인 자유당과 민주당의 정강 1조는 '진정한 민주주의 정치체제의 확립'(자유당), '일체의 독재주의를 배격하고, 민주주의의 발전을 기한다'(민주당)로만 되어 있었다. 사실 특정 정당이 '자유민주주의 체제'를 정강으로 채택하는 것은 충분히 장려할 만한 일이다. 그러나 중학 역사를 배우는 학생들에게, 특정 정당의 정강 용어를 핵심어로 해서 한국 현대사를 가르칠 순 없다.

역대 역사교과서 교육과정에서 '민주주의'를 써 온 것은, 그것이 헌법정신이기 때문이었다. 우리나라 역대 헌법 어디에도 '자유민주주의'라는 자구가 없다. '민주주의'가 있을 뿐이다. 1972년 유신헌법의 '자유민주적 기본질서(the basic free and democratic order)'는, 1960년 4월혁명 헌법의 '민주적 기본질서'와 동일한 용어이다. 민주적 기본질서에 대해, 당시 헌법개정안기초위원장 정헌주는 '자유스럽고 민주적인 사회질서와 정치질서'라고 하였다. 특정 정당의 정책에 따라 방임과 자율, 또는 계획과 통제가 가능한 시장경제질서에 대해서는 언급하지 않았다. 특히 독일연방공화국 기본법에서 자유를 '리버럴(liberal)'로 쓰지 않고, '프리(free)'를 썼음에 유념할 필요가 있다.

1990년 헌법재판관들은 국가보안법 7조 1항에 나오는 '자유민주적 기본질서'를 규정하면서, 1960년 이래의 헌법정신과 달리 '사유재산과 시장경제를 골간으로 한 경제질서'를 첨가하였다. 2000년에 제정한 '민주화운동관련자 명예회복 및 보상 등에 관한 법률' 2조 1항을 보면, '자유민주적 기본질서'를 문란하게 한 범죄 행위를 권위주의적 통치, 즉 독재 통치로 규정했다. 국가보안법과 민주화운동보상법의 '자유민주적 기본질서' 용례를 결합해 보면, '자유민주적 기본질서'를 문란케 한 독재정부의 통치범죄에 사유재산과 시장경제를 문란케 한 범죄가 추가된다. 그렇지만 역대 헌법과 법률에 등장한 자유민주적 기본질서의 그 어느 용례도 민주주의로 해석될 뿐, 자유민주주의로 해석할 여지는 없다(『한겨레』, 2011년 10월 24일. 이 글은 이인재 교수의 '시론'을 인용한 것이다).

2. 자유민주적 기본질서, 그 베일을 벗겨라

사유재산제도는 생산수단의 사유를 핵심으로 하며, 시장경제의 핵심은 경제적 자유에 있다. 그래서 기업이 생산수단을 소유하고 자유롭게 영업할 수 있는 자유가 보장되지 않으면 아무리 자유롭고 민주적인 체제라도 자유민주주의가 아닌 것이다. 요컨대 민주주의냐 자유민주주의냐 하는 논쟁은 결국 자본주의를 민주주의의 필수요소로 볼것인가 하는 논쟁에 지나지 않는다. 헌법재판소는 자유민주적 기본질서가 "기본적 인권의 존중, 권력분립, 의회제도, 복수정당제도, 선거제도, 사유재산과 시장경제를 골간으로 한 경제질서 및 사법권의 독립을 의미한다"고 하였다. 잘 나가다가 사유재산을 운운하는 대목에서 커다란 가시 하나가 목에 걸리는 느낌이다. 이 판례는 독일의 판례를 거의 그대로 옮겨놓은 것인데, 독일의 판례에는 사유재산제도와 시장

경제에 관한 언급이 없다.

더욱 큰 문제는 다수설·판례가 자유민주적 기본질서를 우리 헌법의 최고 원리로 본다는 것이다. 대다수의 역사학자들이 민주주의를 최고원리로 보고 있는 것과 대조된다. 그런데 우리 헌법의 역사를 보면 역사학자들의 견해가 옳음을 알 수 있다. 자유민주적 기본질서는 유신헌법에서 처음 등장한 말이다. 제헌헌법은 시장경제를 기본으로 삼지 않았으며, 오히려 국가의 통제가 개인의 경제적 자유에 우선함을 분명히 선언하였다. 이 규정은 제2공화국 헌법에서도 바뀌지 않고 이어졌다. 헌법재판소의 판례대로라면 제헌헌법과 제2공화국 헌법은 자유민주적 기본질서에 반하는 헌법이라고 할 것이다. 또한 헌법은 통일정책이 자유민주적 기본질서에 입각해야 한다고 규정하고 있으며, 정당의 강제해산 사유인 '민주적 기본질서' 위배도 '자유민주적 기본질서' 위배로 보는 것이 다수설·판례이다. '민주주의'는 안 되고 '자유민주주의'만 된다는 것은 이러한 정치적 함의를 갖고 있는 것이다.

그런데 자본주의가 망해도 민주주의는 망하지 않으며, 우리나라는 여전히 민주공화국이다. 민주주의는 또한 여러 경제원리를 포용할 수 있는 개방형 통치원리이다. 민주주의가 아닌 자유민주주의가 우리 헌법의 최고원리라고 주장하기 위해서는 헌법 제1조 1항을 "대한민국은 자유민주공화국이다"라고 바꾸어야 한다(『한겨레』, 2011년 12월 1일, 이 글은 오승철 변호사의 글을 인용한 것이다).

3. 역사교과서, 민주주의 → 자유민주주의 표기의 문제점

헌법학계에서는 '자유민주적 기본질서'라는 말이 곧 정치체제로서의 자유민주주의를 의미하는 것은 아니라고 보고 있다. '자유민주적 기본질서'라는 말은 독일헌법에서 따왔는데, 다원성을 존중하는 민주주의 사회에서도 나치즘과 전체주의와 같이 허용될 수 없는 것들은 막아야 한다는 의미를 담고 있다는 것이 학계의 대체적 시각이다. 장영수 고려대 교수(헌법학)는 "헌법에 나오는 자유민주주의, 자유민주적 기본질서 등의 말은 구체적으로 어떤 맥락에서 사용되고 있는지를 봐야한다. 만약에 이 말들을 자유민주주의는 되고 사회 민주주의는 안 된다는 식으로 쓴다면 적절하지 못한 것"이라고 말했다. 임지봉 서강대 교수(법학)는 "우리나라 헌법에서 말하는 민주주의는 자유민주주의, 사회 민주주의이기 때문에 자유민주주의만 강조하는 것은 헌법 정신에 맞지 않는다"고 말했다. 실제 우리 헌법은 자유민주적 기본질서뿐만 아니라 사회 민주주의적 성격을 담은 조항도 다수 포함하고 있다. 119조 2항이 바로 그것이다. 개정 교육과정이 '자유민주주의'로 한정된 용어를 집필기준으로 고시하면, 교과서에서 경제 민주화 부분을 다루는 내용은 배제될 가능성이 크다(『한겨레』, 2011년 9월 23일. 이 글은 『한겨레』의 기사인 "학계, 민주주의 범위 반공 한정은 헌법정신 위배"를 인용한 것이다).

〈생각해보기〉
1. 우리 헌법 전문과 조항에 명시된 '자유민주적 기본질서'와 '민주적 기본질서'의 의미에 대한 논쟁을 정리해보자.
2. 자신은 자유민주적 기본질서와 민주적 기본질서에 대하여 어떻게 생각하는지 토론해보자.
3. 우리 헌법 119조 1항과 2항의 내용을 정리해보고, 이들 간의 관계에 대하여 어느 것이 더 중요한 원리인지 아니면 서로 보완적인 것인지를 생각하여 말해보자.

3) 다수제 민주주의 대 합의제 민주주의

다양한 유형의 민주주의 중에서 합의제 민주주의는 다원화된 시민사회에 부합하는 민주적 메커니즘을 대표한다. 아렌드 레이파트는 기존의 다수제 민주주의majoritarian democracy가 배제의 원칙들에 입각하기 때문에 비민주주의적이라고 지적하며 그 대표적 모델로 웨스트민스터 모델Westminster model을 든다. 다수 지배majority rule를 본질로 하는 웨스트민스터 모델은 영국과 같이 다수대표제의 선거제도를 채택하고, 강력한 양당제도를 갖추었으며, 다수당이 단독 내각을 구성하는 국가에서 채택된다. 레이파트는 웨스트민스터 모델이 집행권의 집중, 권력의 융합과 내각의 우세, 불균형의 양원제, 양당제도, 한 차원의 정당제도, 선거에 있어서의 최다득표제, 일원제의 집권화된 정부, 불문헌법과 의회주의, 순전한 의회민주주의라는 상호 연관된 요소로 구성된다고 한다.Arend Lijphart, 1984: 4-9

그러나 다수제 민주주의는 소수집단이 정치과정에 대한 광범위한 접근과 참여에서 제외되기 쉽다. 이런 까닭에 "반대보다는 합의를 강조하고, 배제시키기보다는 포함시키고, 근소한 과반수에 만족하는 대신에 지배하는 다수자의 규모를 최대화하려고 노력하는 민주주의 체제인 합의제 민주주의consensual democracy"가 필요하다는 것이다. 합의제 민주주의는 다수자와 소수자 사이의 권력분담sharing, 권력기관 간의 권력분산dispersal, 권력의 공정한 배분distribution, 권력의 위임delegation, 권력에 대한 공식적 제한limit이라는 장치를 통해 다수자의 지배를 견제하는 것을 목표로 한다.

여기서 권력의 분담은 모든 중요한 정당간의 광범위한 연합을 통해 행해지며, 권력분산은 집행부와 입법부, 입법부의 양원, 그리고 여러 소수정당 사이에서 이뤄진다. 권력의 배분은 비례대표제를 통해 소수정당의 대표성을 보장하는 것으로 나타나며,

권력의 위임은 영토적으로 조직된 실재에게 자치권을 부여함으로써 달성된다. 그리고 권력에 대한 제한은 까다로운 개정 조건을 갖는 성문헌법과 소수자의 거부권이라는 장치로 대표된다. 직접 민주주의의 한 수단인 국민투표 역시 스위스에서처럼 국민발안popular initiative과 결합될 경우에는 소수자에게 선거로 형성된 다수세력의 의사에 반해 주장을 펼 수 있는 기회를 부여한다.Arend Lijphart, 1984: 23-30

1999년 저서에서 레이파트는 합의제 민주주의를 구성하는 일부 요소를 변경하고 몇 가지를 새로 추가하여 제시하고 있다. 레이파트는 합의제 모델이 다양한 방식으로 권력을 분담하고, 분산하며, 제한하려 한다면서 그 방식으로 광범위한 연정에서의 집행권의 분담, 집행권과 입법권 간의 권력균형, 다당제, 비례대표제, 이익집단 코퍼러티즘, 연방과 분권정부, 강한 양원제, 경직된 헌법, 사법 심사권, 중앙은행의 독립을 제시하고 있다.Arend Lijphart, 1999: 34-47

합의제 민주주의는 협의제 민주주의consociational democracy보다 더 광범위한 개념으로 사용된다. 레이파트에 의하면 합의제 민주주의 개념이 협의제 민주주의에 관한 1977년 저서에서 고취되었고 또 그것과 관련이 있지만 각각의 의미는 결정적으로 다르다고 한다. 즉 1977년 저서에서는 협의제 민주주의를 논의의 출발점으로 삼은 후 다수 지배와 대비시켰지만 1984년 저서에서는 다수제 모델에 대한 분석에서 출발하여 그것으로부터 논리적으로 반대모델인 합의제 모델을 도출해냈다는 것이다. 레이파트가 초기 저작에서 사용했던 협의제 민주주의는 대연합, 분할된 자치권, 비례성 및 소수자 거부권을 특징으로 한다.Arend Lijphart, 1984: xiii-xiv 이러한 합의제 민주주의는 정치적 갈등뿐만 아니라 노사문제와 같은 사회갈등을 조정하고 이를 통합으로 이끄는 데 있어서 가장 적절한 형태의 민주주의로 평가된다.

다원주의적 사회구조에서는 하버마스가 주장하는 '이질성의 포용die Einbeziehung des Andern' 역시 중요한 이론적 함의를 지닌다고 할 수 있다. 하버마스는 이질성을 민주주의의 관점에서 어떻게 수용할 것인가를 논구하는데, 그에 따르면 민주주의는 활발한 시민사회와 역동적인 정치적 공론장을 필요로 하고 그 속에서 비로소 구현된다는 것이다. 특히 하버마스는 "다문화사회가 민주적 법치국가로 조직되어 있다면 '차이에 예민하게 대처하는' 포용이라는 다양한 경로들로서 연방주의적 권력분할, 국가권력의 기능적으로 전문화된 이양 및 분권화, 집단에 특유한 권리의 등권정책, 효과적인 소수집단보호를 위한 장치 등이 제공 된다"Jürgen Habermas, 1997: 177고 주장한다. 하버마스가 제시한 '이질성의 포용'을 위한 경로는 다름 아닌 합의제 민주주의를 구성하는 주요한 요소이기도 하다. 물론 엄격하게 말하면 하버마스의 이론은 다원화된 사회적 맥락에서 "시민적 결사제도의 토대 위에서 그리고 대중적 언론매체를 경로로 발전된 정치적 공론장의 의사소통적 순환"Jürgen Habermas, 1998: 186을 역설하기 위해 개발된 것으로 우리가 이 글에서 사용하는 합의제 민주주의와는 논의의 성립 배경을 다소 달리하는 것이다. 그럼에도 이러한 하버마스의 이론이 합의제 민주주의와 관련하여 어느 정도 이론적 함의를 제공해주고 있고, 규범적으로도 설득력을 갖고 있는 점 역시 분명하다.

지구상에서 가장 높은 수준의 선진 민주주의 체제를 갖고 있는 것으로 평가되는 국가들인 서유럽 국가들은 이미 오래 전에 국민국가의 건설과 산업혁명을 거치면서 발생된 복합적인 균열구조를 갖고 있던 국가라 할 수 있다. 이들 구조들은 시차를 두고 상이한 이익을 대표하는 다양한 형태의 정당제도로 전환되었다. 이 과정에서 중요하게 작용하였던 원칙 중의 하나는 바로 수적인 다수의 결정권에 대한 견제였고, 이는 그 후 합의제 요소를 지닌 정부형태의 발전으로 구체화되었다고 할 수 있다. 여기서 우리가 주목해야 되는 점은 복잡한 균열구조를 갖는 국가에서 합의제 민주주의가 갖는 여러 가지 장점들과 이것이 우리에게 주는 교훈들이라 할 수 있다.

4) 정치 민주주의를 넘어: 경제 민주주의, 문화 민주주의, 환경 민주주의

앞에서 살펴보았듯이 역사적으로 민주주의는 자유주의liberalism를 한 축으로 해서 발전하였다. 초기의 자유주의는 신으로부터 부여받은 권한으로 전능한 통치를 한다는 절대군주제에 대항하면서 형성되고 체계화되었다. 자유주의자들은 사회적 관계가 국가의 간섭 없이 발전해 나갈 수 있는 시민사회의 영역을 창조하기 위해 투쟁했고 다른 한편으로는 국가권력의 기반이 자연적이거나 초자연적인 권리가 아닌 주권자인 인민의 뜻에 있다고 주장하였다. 이러한 두 주장은 때로 갈등관계를 빚기도 했지만 여러 역사적 계기를 겪으면서 서유럽에서는 이들 두 요소를 포함하는 자유민주주의 이념과 이에 기반한 정치체제가 발달해 왔다.

현대적인 의미에서 민주주의가 적어도 경쟁, 참여, 시민적·정치적 자유에 기초해야 한다는 것은 어떤 학자라도 부인할 수 없는 민주주의의 최소한의 기준이라 할 수 있다. 이러한 정치 민주주의는 대표적인 최소주의적 관점의 민주주의에 속한다. 그런데 현대 사회에서 민주주의 문제를 논의하는 데 있어 국가중심주의나 정치중심주의 시각을 탈피하는 것은 중요하다. 그런 이유에서 국가와 시민사회 영역간의 상호작용에서 오는 긴장과 갈등이라는 큰 틀 속에서 분석을 진행하는 것이 요구된다. 시민사회 내에서 전개되는 다양한 사회운동은 국가기구나 전통적인 정당정치와는 추구하는 가치와 목표, 조직구조, 행동방식 등이 상이하다는 점 역시 중시될 필요가 있다.

특히 국가의 하부영역에 특화해서 논의를 진행하는 것은 시민사회 역시 국가 바깥에서 권력과 정치의 원천이 될 수 있다는 점을 간과하는 데서 문제가 있다. 정치는 지배기구나 정치세력만의 전유물이 아닌 것이다. 정치적 민주주의는 점차 복잡해지고 다원화하고 있는 현대 사회의 문제를 분석하는 데 일정한 한계를 지닌다. 예를 들어 노사갈등과 같은 전통적인 쟁점뿐만 아니라, 최근 심화되고 있는 환경 불평등과 갈등을 정당정치와 같은 공식적, 전통적 정치를 통해 해결하는 데는 한계가 있다.

미국의 저명한 정치학자인 로버트 달Robert A. Dahl은 경제 민주주의economic democracy가 효율성의 원리가 우선시되어 온 경제영역에 민주적 원리를 적용시키는 것을 의미한다고 한다. 소유와 경영에서 비롯된 불평등을 축소시킴으로써 정치적 평등과 민주주의를 강화시키는 것이 필요하다는 것이다. 구체적으로 기업의 소유와 경영은 밀접히 관련되지만 명백히 상이한 두 가지 방식으로 정치적 불평등을 야기 시킨다. 첫째, 기업의 소유와 경영은 시민들 간에 부, 소득, 지위, 기술, 정보, 선전에 대한 통제, 정치지도자에 대한 접근 그리고 인생기회에 있어 상당한 격차를 발생시킨다. 모든 적당한 조건이 갖추어지면, 이러한 격차는 동등하게 통치과정에 참가하는 것에 대한 능력과 기회에 있어 시민들 간의 심각한 불평등을 야기시키게 된다.

둘째, 기업의 내부 운용은 극소수의 예외를 제외하고는 원칙적으로나 실제적으로 매우 비민주적이다. 기업 내에서는 권위적 원칙으로 인해 진정한 정치적 평등이 부정된다. 따라서 기업의 소유와 경영은 기업 운영에 참여하는 것에 n대한 능력과 기회에 있어서 시민들 간에 엄청난 불평등을 생산해 낸다.Robert A. Dahl, 안승국 역, 1995: 65-66 이러한 달의 주장은 결국 경제적 자원이 정치적 자원으로 전환될 수 있는데서 경제적 불평등이 존재한다면 정치적 평등도 결코 달성될 수 없다는 인식에 바탕을 두는 것으로 평가된다.

이러한 경제 민주주의의 대표적 사례를 우리는 독일의 공동결정Mitbestimmung 제도에서 찾아볼 수 있다. 2차 대전 후 경제재건 과정에서 전쟁 책임을 둘러싸고 전개된 논의 속에서 도입된 공동결정제도에 따르면 사업장 차원에서는 사업장평의회가 해당 사업장에 종사하는 근로자 전체를 대표하며 기업 차원에서는 감사회에 근로자 대표가 파견된다. 근로자 이해관계를 대변하는 감사는 주주 대표와 동일한 권리와 의무를 가질 뿐만 아니라 감사회 활동으로 인해 어떠한 불이익도 당하지 않도록 특별한 보호

로버트 달: 로버트 달(Robert A. Dahl, 1915~2014)은 미국 정치학계의 좌장으로 꼽히는 저명한 정치학자이다. 1915년 아이오와주 인우드에서 태어난 달은 워싱턴 대학교에서 경제학 학사, 예일 대학교에서 정치학박사를 받은 후 워싱턴 정가에서 일했고 2차대전에도 참전했다. 그는 전쟁 경험이 민주주의 이론가의 길을 걷도록 하는데 큰 영향을 끼쳤다고 후에 술회했다. 1946년 예일대로 돌아가 정치학과 교수로 재직했고, 대학 내에서 가장 뛰어난 교수한테 주는 지위인 스털링 명예교수를 지냈다. 1950년대 후반부터 1960년대 초반에 달은 밀스(C. Wright Mills)와 미국 정치의 특징을 놓고 논쟁을 벌였다. 밀스가 미국정부가 동질적인 소수의 파워 엘리트에 의해 장악되어 있다고 주장한 데 대해 달은 서로 경쟁하거나 협력하는 다양한 엘리트들이 존재한다고 대답하고 이를 폴리아키(polyarchy)라 칭하였다. 그가 말하는 폴리아키는 표현의 자유, 결사의 자유, 대안적 정보원, 광범위하게 선거권과 피선거권이 주어져야 하며 자유롭고 공정한 선거에 의한 공직자의 선출과 교체가 가능하여야 한다. 이러한 달의 견해는 1960년대 후반부터 돔호프(G. William Domhoff)와 린드블롬(Charles E. Lindblom) 등으로부터 도전을 받았다. 1970년대를 분수령으로 달은 미국의 민주주의에 대해 비판적 입장을 가지게 되며 그 개선책을 모색한다. 달은 정치적 자원의 불평등한 분배는 정치적 참여에 있어서의 영향력에 차이를 가져올 수밖에 없고 이것을 개선하는 작업이 필요하다고 보았다. 예를 들어 기업의 민주적 운영, 대기업의 민주적 통제, 종업원의 참여에 의한 자주경영 등을 주장하였다. 주요 저서로는 『누가 통치하는가?(Who Governs? Democracy and Power in an American Society)』, 『폴리아키(Poliarchy: Participation and Opposition)』, 『다원 민주주의의 딜레마(Dilemmas of Pluralist Democracy: Autonomy versus Control)』, 『경제 민주주의 서설(A Preface to Economic Democracy)』, 『민주주의와 그 비판자들(Democracy and Its Critics)』, 『민주주의론(On Democracy)』 등이 있다.

를 받는다. 이러한 공동결정제도는 독일에서 "사회경제질서의 지주이자 사회적 평화를 위한 조건"이자 "불안을 완화하기 위한 중요한 사회적 보호 메커니즘"으로 평가된다.

환경 민주주의environmental democracy를 내세우는 학자들은 대의제 민주주의가 미래의 세대, 정치적 경계 밖의 거주인, 인간 이외의 유기체 등 새로운 환경 구성요소의 이해를 대변하지 못하며, 시간적 제약으로 신중한 의사결정을 위한 정치적 숙고하는 대신 편의주의적 경향을 보인다고 비판한다. 심층생태주의자들은 인류 직면 생태적 위기가 근대의 규범적 전제인 인간중심주의anthropocentrism에서 비롯되었다고 보고, 자연과 결합된 인간의 조건에 대한 존재론적 성찰이 필요하다고 주장한다. 사회적 정의뿐만 아니라 환경정의의 실현이 요청된다는 것이다. 대의제 민주주의의 가치인 인간의 자유와 권리, 복지는 개인의 무분별한 소비와 이기적 행동을 규제하기 힘들다고 한다. 그러나 이들은 생태 권위주의나 생태 파시즘은 바람직하지 않다고 생각한다.

환경 민주주의는 정책결정과정에 대한 주민의 참여를 활성화하고 과학기술을 민주적으로 통제함으로써 환경 위기를 극복하려고 한다. 환경문제와 관련된 정책결정에 있어서 심사숙고 과정 강화하고 이를 위해 정보 공개, 공청회 및 주민토론의 활성화, 시민단체의 참여 확대 및 역할 강화 등을 강조한다. 환경 민주주의는 참여적 상황에서 인간은 분별력 있게 행동하리라는 믿음에 기초한다. 물론 참여와 환경 사이에 딜레마 발생 가능하다. 이런 점에서 환경문제에 대한 시민의식의 제고가 필요하다는 것이다.

또한 과학적 지식을 앞세운 전문가 집단의 폐쇄적 의사결정과정을 비판하고, 과학의 독단과 횡포에 대한 대중의 윤리적 판단이 필수적으로 요구된다. 이와 관련하여 아일랜드의 정치학자이자 녹색당 정치가인 존 배리John Barry는 과학적 지식은 생태적 의사결정의 필요조건이지만 충분조건은 아니라고 지적하면서 과학이 대중에 의해 윤리적 통제를 받아야 한다고 주장한다. 그렇지 않으면 울리히 벡Ulrich Beck이 말하는 '실험실 사회'로 전락할 수 있다는 것이다.John Barry, 1999: 202 이를 주장하는 학자들은 민주주의 이념에 입각해 생태적 목표를 추구하는 것이 필요하다고 강조한다.

한편, 문화 민주주의cultural democracy는 광의의 문화 개념에 입각해 모든 사람이 자신의 사회적 위치에 상관없이 문화에 접근하고 이를 향유할 수 있어야 한다고 주장한다. 일반적으로 이질화, 분리, 차별, 불평등 상태가 존재하는 다문화 사회에서 문화정책은 사회통합이라는 중요한 기능을 수행한다. 문화정책은 사회구성원들이 공동의 규범과 가치를 내면화하고 생활양식을 습득함으로써 일종의 민주 공동체를 형성하는 것을 돕기 때문이다. 이를 위해 사회적으로 소외되고 배제된 취약계층과 소수집단에 각종 문화적 서비스를 제공함으로써 이들로 하여금 기본적인 삶의 질을 누릴 수 있는 권리(문화적 시민권)를 보장하고 이를 통해 사회적 불평등과 이질화 등을 극복하는 사회통합을 달성하려 한다.

4. 세계화와 민주주의

세계화는 국제사회의 다양한 행위자들이 시간과 공간을 가로 질러 이동하면서 과거에 압도적 힘을 자랑하던 국가와 국가를 규정하던 요소들이 점차 약화되고, 전 지구적 규모에서 상호연결성이 확장되고 심화되고 있는 현상을 의미한다. 그렇다면 이러한 세계화는 민주주의에 어떤 영향을 미칠까? 먼저 세계화가 인권과 민주주의를 보다 넓은 지역과 국가로 확산시켰다는 견해가 있다. 서유럽의 맥락에서 형성되고 발전한 민주주의가 1980년대 이후 남미, 아시아, 그리고 동유럽 등 권위주의 정권의 지배하에 있던 국가로 확대되고 있다는 것이다. 아울러서 서유럽의 가치가 점차 비서구지역에서도 보편타당한 가치로 받아들여지고 있으며, 역사상 처음으로 이들 가치에 의해 연결된 개인과 인간집단들의 전 세계적인 공동체가 창설되는 것이 가능할 것이라는 전망도 나오고 있다. 미국의 정치학자인 새뮤얼 헌팅턴Samuel P. Huntington은 민주화의 '제3의 물결the third wave'을 거론하면서 민주주의가 권위주의에 대해 유일하게 정당하고 존립 가능한 대안이 되었다고 주장한다.Samuel P. Huntington, 1991: 58

신자유주의자들 역시 다음과 같은 근거를 내세우며 세계화가 민주주의의 확산과 강화에 기여하고 있다는 점을 강조한다. 첫째, 세계화는 경제적 비효율성과 정치적 억압의 근원이었던 국가주의를 추방하고 시민사회를 활성화시키고 있다. 둘째, 세계화는 또한 정치 영역에 시장의 원리를 강화시킴으로써 시민들에게 최대한의 개인적인 선택의 자유와 권력을 부여하고 있다. 셋째, 시장경제는 관용, 화해, 타협을 선호하는 민주적 정치문화와 밀접한 관련이 있는 경제적 풍요를 가져다준다. 넷째, 경제적 세계화를 가능하게 한 정보통신혁명은 정부와 대기업에 의해 독점되어 왔던 정보에 일반 시민들도 접근할 수 있는 기회를 확대시켰고, 원거리에 있는 시민들 간의 대화, 토론, 심의를 가능하게 한다. 다섯째, 세계화는 오랫동안 중앙정부에 의해 지배되어오던 지방과 지역과 같은 국가하위체계로 권력을 이전시킴으로써 민주주의 발전에 기여하고 있다.임혁백, 2000: 29-37

그러나 이와 같은 장밋빛 전망과는 반대로 세계화가 민주주의에 부정적 영향을 미치고 있다는 주장도 강하게 제기되고 있다. 세계화는 공간적으로 이익을 불균등하게 배분함으로써 신생 민주주의를 쇠퇴시킬 위험이 있으며, 시민들 간의 불평등을 심화시킴으로써 안정적으로 유지되어 오던 서구 민주주의를 불안하게 할 가능성이 있다는 것이다. 또한 세계화의 불균등성, 불평등성은 세계화의 이익 분배에서 배제된 자들로 하여금 종족주의, 인종주의, 종교적 근본주의와 같은 퇴행적 세계로의 도피를 강요함으로써 문화적 다원주의를 특징으로 하는 민주주의의 기초를 흔들 수 있다는 것이다. 임혁백, 2000: 37-38

일부 학자들은 세계화가 민주주의의 전통적인 공간인 국민국가의 본질과 범위, 능력을 변화시키고 있다는 점을 강조한다. 실제로 자본과 정보, 인적 자원의 자유로운 교환과 이동은 국가를 중심으로 하는 경계의 의미를 약화시키는 대신 세계적 수준에서 활동하는 초국적자본, 국제기구, 비정부기구 등의 다양한 행위자의 영향력을 강화하고 있다. 이와 관련하여 데이비드 헬드David Held는 세계화가 국민국가에 대해 다음과 같은 점에서 중요한 의미를 지닌다고 지적한다. 첫째, 경제, 정치, 법, 군사적 측면의 세계적 상호연관 과정은 주권국가의 본질을 위로부터 변화시킨다. 둘째, 지역주의의 등장은 국민국가를 아래로부터 잠식한다. 셋째, 세계화는 국가와 그 시민들 사이의 정치적 결정과 산출의 과정을 연결하는 새로운 망을 형성하면서 국가정치체제의 본질과 작동을 변화시킨다. David Held, 1992: 25-26

민주주의는 허용된 국경 내의 공간에서 생활하는 시민들의 동의를 전제로 해서 성립되는 개념이다. 그런 점에서 국가주권과 자율성의 주요 요소에 영향을 미치는 세계화는 동의와 관련하여 문제가 된다. Michael Saward, 2003: 96 중요한 점은 새로운 세계 질서 속에서 변화하는 민주주의 국가의 위치와 새로운 민주주의의 의미, 그리고 이의 확보 방법이다. 그러나 민주주의에 미치는 세계화의 영향은 매우 복잡다단하기 때문에 세계화 시대의 민주주의 문제는 신중하면서도 치밀하게 접근할 필요성이 있다. 민주주의의 미래를 얽어매는 '고르디우스의 매듭der gordische Knoten'을 푸는 통찰과 용기가 그 어느 때보다도 더욱 필요한 이유가 여기에 있다.

특히 민주주의에 심대한 영향을 미치는 것은 신자유주의를 내부 동력으로 하는 경제적 측면의 세계화라 할 수 있다. 이러한 세계화는 정책결정의 위치를 초국적 행위자나 사적부분으로 이전시킬 뿐 아니라 위계제hierarchy와 이에 따른 삶의 기회와 복지에 대한 경제적 세계화의 비대칭적인 결과인 불균등unevenness에 의해 특징되고 있기 때문이다. David Held, 1992 이와 관련하여 프랑스의 사회학자인 피에르 부르디외Pierre Bourdieu는 신자유주의 혁명이 "전혀 통제되지 않은 채 전 지구를 돌아다니는 화폐의 순환 내지는 자본주의 내부에서 터져 나오는 폭주하는 광기"로 인해 민주주의에 부정적 결과를 미친다고 주장한다. 세계화의 추동력이 제아무리 경제적인 근대화에 기여한다 할지라도 이는 경시와 배제, 박탈과 비참함의 특수한 현대적 양상만을 창출할 뿐이라는 것이다. 그 결과 기능적으로 불필요한 인구층은 정치적으로나 법적으로, 사회적으로 모든 보호로부터 배제되고 있다고 한다.Zygmunt Bauman et.al., 이승협 역, 2005

영국의 사회학자인 콜린 크라우치Colin Crouch는 이를 '민주주의의 시대democratic moment'에서 '포스트 민주주의postdemocracy'로의 이행으로 설명한다. 크라우치에 따르면 과거의 민주주의 시대에 정당은 계급 관계에 기반을 두고 활동했으며, 일국적 차원의 계급타협, 즉 코퍼러티즘 체제가 정치의 기본 프레임을 구성하였다고 한다. 그러나 이러한 체제는 글로벌 자본주의의 부상과 함께 붕괴했다는 것이다. 그는 노동자 계급의 쇠퇴로 인해 정당 정치가 계급 관계를 더 이상 대변하지 못하게 되었고 다국적 기업이 신자유주의의 흐름 속에서 강력한 제도로 등장하였다고 한다. 여전히 절차적이고 형식적인 민주주의가 유지되고 법치 국가의 성격이 유지되지만 선출된 정부는 국민들이 민주적 절차를 통해 도달하려 한 목적을 배신하는 역설적인 포스트민주주의로 이동하고 있다는 것이다.Colin Crouch, 이한 역, 2008

한편, 군사안보적 측면에서 세계화는 국제질서를 구성원들의 민주적인 참여와 결정이 아닌 소수 강대국들의 특수이익에 의해 형성하게끔 하고 있다. 신자유주의적 세계화는 항상 평화로운 경제적 측면으로만 진행되는 것이 아니라 반테러 전쟁과 같은 군사주의적 위협을 수반하는 '무장한 세계화armoured globalization'를 동반한다. 세계 유일의 초강대국인 미국은 세계를 더 평화롭고 안전하게 만들기 위해서는 자유와 민주주의를 확산시켜야 한다는 점을 명분으로 아프가니스탄 침공과 이라크 전쟁을 단행하였던 데서 보듯이 무장한 세계화를 이끌어나가고 있는 행위자이다. 그러나 이러한 민주주의는 선거를 통해 구성된 정부 등 정치적 요소를 특징으로 하는 데서 다원화되는 세계화 시대에는 타당성이 적을 뿐만 아니라 도덕적 우월주의에 바탕을 둔 미국적 가치의 세계화와 이를 위한 적극적 개입을 내용으로 하는 신국제주의를 정당화하고 있는 데서도 신중하게 평가될 필요가 있다.

이 같은 점을 쉘던 월린Sheldon Wolin은 고대 그리스의 역사적 사례와 비견해서 설명한다. 월린에 의하면 제한된 권력을 지닌 폴리스에서 그 어떤 제한도 받지 않는 제국적인 권력으로 정치적 정체성이 변화하면서 민주적이면서 합리적인 도시정치가 강경하고 잔혹한 현실정치로 변화해갔다는 것이다. 아테네인들은 단 한 번도 민주주의의

쉘던 월린: 쉘던 월린(Sheldon Wolin, 1922~)은 급진 민주주의론을 주창한 정치학자로 현대 미국 정치를 날카롭게 비판했고 버클리 대학의 학생운동에도 영향을 미쳤다. 월린은 2008년 출간된 Democracy Incorporated: Managed Democracy and the Specter of Inverted Totalitarianism에서 민주주의가 자신의 평등주의적 신념을 팽창적인 정치 및 그것의 필연적 결과인 정복과 지배, 그리고 그것이 만들어내는 권력관계의 추구에 종속시키는 것은 스스로를 망치는 일이라고 지적한다. 정치적 의미에서, 국내의 민주주의가 해외 정복에 의해 진보하거나 향상된다고 주장할 사람은 거의 없다는 것이다. 이 책에서 월린은 아테네가 보여 주었고 21세기 미국이 재확인해 주었듯이, 제국주의는 시민들의 불평등을 약화시킴으로써 민주주의를 악화시킨다고 주장한다.

가치를 이식하고 그 혜택을 선사하겠다는 주장으로 피정복민들에 대한 지배를 정당화하려 한 적이 없었다. 아테네의 이런 경험으로부터 월린은 다음과 같은 교훈을 도출한다.

> "민주주의가 자신의 평등주의적 신념을 팽창적인 정치 및 그것의 필연적 결과인 정복과 지배, 그리고 그것이 만들어내는 권력관계의 추구에 종속시키는 것은 스스로를 망치는 일이다. 정치적 의미에서, 국내의 민주주의가 해외 정복에 의해 진보하거나 향상된다고 주장할 이는 거의 없을 것이다. 아테네가 보여 주었고 21세기 미국이 재확인해 주었듯이, 제국주의는 시민들의 불평등을 약화시킴으로써 민주주의를 악화시킨다. 의료보험, 교육, 환경보호에 사용될 수 있는 재원들이 국가 예산 가운데 가장 많은 비중을 차지하는 국방비 지출에 사용되고 마는 것이다. 제국 권력의 복합성과 그 규모, 그리고 군대의 확대된 역할은 재정 규율과 책임성을 부과하기 어렵게 한다."(Sheldon S. Wolin, 우석영 역, 2013: 377-378)

그렇다면 세계화가 초래한 민주주의의 위기에 어떻게 대처할 것인가? 이에 대해 많은 학자들은 저항의 조직화와 세계화의 구조 개편 등과 같은 다양한 대안을 제시한다. 우선 노벨경제학상을 수상한 미국의 경제학자인 조지프 스티글리츠^{Joseph E. Stiglitz}는 세계화가 민주적 결핍으로 말미암아 자본주의의 과잉을 완화하지 못했다며, '정치를 넘어선 경제'에 대한 민주적 통제 장치가 필요하다고 한다.^{Joseph E. Stiglitz, 홍민경 역,} ^{2008: 452-464} 독일의 사회학자인 클라우스 오페^{Claus Offe}는 정치적 엘리트들이 설득력 있게 구질서, 비민주적인 것들, 민주주의 기획에 대한 현상유지와 단절하고 차별화된 새로운 질서를 창출할 때만 민주주의가 명확한 자기논거를 획득하는 것을 내세운다. 특히 오페는 아래로부터, 위로부터, 그리고 제도를 통한 측면으로부터의 신뢰 구축을 제시한다. 이 중에서도 제도를 통한 측면으로부터의 신뢰 구축은 민주화 단계 완료 이후에 가능한 것으로 제도가 진실과 공정성의 가치를 분명하게 대변하고 보장한다는 신뢰성 확보 여부가 성패를 결정한다는 것이다.^{Zygmunt Bauman et.al., 이승협 역, 2005: 97,} ¹⁰⁰⁻¹⁰²

민주주의의 위기에 처하여 코스모폴리탄 민주주의^{cosmopolitan democracy} 역시 대안으로 제시된다. 그 대표적인 학자가 데이비드 헬드^{David Held}이다. 그는 1970년대 말부터 주요 국가와 국제기구들 사이에 법질서와 정치전략을 자유민주주의 원칙에 기초해 추구할 것과 탈규제, 긴축재정, 자본자유화와 같은 목표설정을 가진 전략에 기초해야 한다는 합의가 존재했지만 분배정의 같은 사회문제에 제대로 대처하는 데는 실패했다는 것이다. 이런 현실에서 자주적 결정과 참여의 확대를 위한 '개입의 정치'가 필요하다는 것이다. 헬드는 민주주의의 세계적 모델의 내용으로 초국가적 쟁점들을 토의하고 결정하는 지역 의회를 창출하고, 민주적 제 권리들을 보장함으로써 정치 당국을 견제할 수 있도록 하며, 모든 민주적 국가들과 조직들을 포함하는 권위있는 민주적 국제의회를 수립하는 것에 의해 민주적 대표성의 원리를 초강대국 중심의 정치원리보다 우위에 놓아야 한다고 주장한다.^{David Held, 1992: 34} 아울러 이러한 필요성은 전 지구적 경제 질서에 대한 더 많은 투명성과 책임성이라는 정치적 목표를 갖는 민주주의적 접근을 통해 충족될 수 있다고 한다.^{Zygmunt Bauman et.al., 이승협 역, 2005: 142-145}

1. 대다수의 학자들이 동의하는 최소한의 기준을 충족시키는 민주주의의 특징은 무엇인가?

2. 권리의 확대 과정이자 배제에 대항한 투쟁 과정으로 민주주의가 발전한 구체적 사례로는 어떤 것이 있는가?

3. 참여 민주주의와 심의 민주주의를 내세우는 학자들은 대의제 민주주의에 대해 각각 어떻게 비판하는가?

4. 세계화, 특히 신자유주의 세계화는 민주주의에 어떤 영향을 미치는가?

5. 자유와 민주주의를 확산시켜야 한다는 명분으로 단행된 아프가니스탄과 이라크 전쟁에 동의하는가? 동의한다면(혹은 동의하지 않는다면) 그 까닭은 무엇인가?

키워드: 민주주의(democracy), 민주주의가 아닌 것, 민주주의의 민주화(democratization of democracy), 정치적 민주주의, 민주주의의 전제조건, 대의제 민주주의(representative democracy), 자유 민주주의(liberal democracy), 참여 민주주의(participatory democracy), 심의 민주주의(deliberative democracy), 다수제 민주주의(majoritarian democracy), 합의제 민주주의(consensual democracy), 이질성의 포용(Einbeziehung des Andern), 민주주의의 결핍(deficit of democracy), 포스트 민주주의(postdemocracy)로의 이행, 무장한 세계화(armoured globalization), 코스모폴리탄 민주주의(cosmopolitan democracy)

참고문헌

고병권. 『민주주의란 무엇인가』. 서울: 그린비, 2011.

송병헌 외. 『한국 자유민주주의의 전개와 성격』. 서울: 민주화운동기념사업회, 2004.

안병길. 『약자가 강자를 이기는 법: 대통령도 모르는 자유민주주의 바로 알기』. 파주: 동녘, 2010.

임혁백. 『세계화 시대의 민주주의』. 서울: 나남출판, 2000.

주성수·정상호 편. 『민주주의 대 민주주의』. 서울: 아르케, 2006.

홍익표. 『한국정치를 읽는 20개의 키워드: 신자유주의부터 포퓰리즘까지』. 서울: 오름, 2013.

Arblaster, Anthony. *Democracy*. Buckingham: Open University Press, 2002.

Barry, John. *Rethinking Green Politics: Nature, Virtue and Progress*. London: SAGE Publication, 1999.

Bauman, Zygmunt et al. 이승협 역. 『세계화 이후의 민주주의』. 서울: 평사리, 2005.

Beck, Ulrich. 정일준 역. 『적이 사라진 민주주의: 자유의 아이들과 아래로부터의 새로운 민주주의』. 서울: 새물결, 2000.

Beetham, David. 변경옥 역. 『민주주의: 끝나지 않는 프로젝트』. 서울: 유토피아, 2007.

Crenson, Matthew A. & Benjamin Ginsberg. 서복경 역. 『다운사이징 데모크라시』. 서울: 후마니타스, 2013.

Crouch, Colin. 이한 역. 『포스트민주주의』. 서울: 미지북스, 2008.

Dahl, Robert A. 안승국 역. 『경제 민주주의』. 서울: 인간사랑, 1995.

_____. 조기제 역. 『민주주의와 그 비판자들』. 서울: 문학과지성사, 1999.

_____. 김왕식 외 역. 『민주주의』. 서울: 동명사, 1999.

Diamond, Larry. 김지운 역. 『민주주의 선진화의 길』. 서울: 광림북하우스, 2009.

Duroselle, Jean-Baptiste. 이규현 외 역. 『유럽의 탄생』. 서울: 지식의풍경, 2003.

Habermas, Jürgen. *Die Einbeziehung des Anderen. Studien zur politischen Theorie*. Frankfurt/M: Suhrkamp, 1997.

Heilbroner, Robert L. & William Milberg. 홍기빈 역. 『자본주의 어디서 와서 어디로 가는가』. 서울: 미지북스, 2010.

Held, David. 안외순 역. 『정치이론과 현대국가』. 서울: 학문과사상사, 1996.

_____. 박찬표 역. 『민주주의의 모델들』. 서울: 후마니타스, 2010.

_____. "Democracy: From City-States to a Cosmopolitan Order?" *Political Studies*. XL, Special Issue, 1992.

Heywood, Andrew. 이종은·조현수 역. 『현대 정치이론』. 서울: 까치글방, 2007.

Höffe, Otfried. *Demokratie im Zeitalter der Globalisierung*. München: Verlag C. H. Beck, 1999.

Huntington, Samuel P. *The Third Wave: Democratization in the Last Twentieth Century*. Norman: University of Oklahoma Press, 1991.

Keane, John. 양현수 역. 『민주주의의 삶과 죽음: 대의 민주주의에서 파수꾼 민주주의로』. 서울: 교양인, 2017.

Lijphart, Arend. *Democracies. Patterns of Majoritarian and Consensus Government in Twenty-One Countries*. New Haven: Yale University Press, 1984.

_____. *Patterns of Democracy. Government Forms and Performance in Thirty-Six Countries.* New Haven: Yale University Press, 1999.

Lipset, Seymour Martin. "민주주의 발전의 전제 조건." Carl Becker & Seymour Martin Lipset. 마상조 역. 『민주주의란 무엇인가?』. 서울: 종로서적, 1981.

Macpherson, C. B. 배영동 역. 『전환기의 자유민주주의』. 서울: 청사, 1979.

Marx, Karl & Friedrich Engels. 권화현 역. 『공산당 선언』. 서울: 팽귄클래식코리아, 2010.

Mill, John Stuart. 서병훈 역. 『대의정부론』. 서울: 아카넷, 2012.

Moore, Jr., Barrington. *Social Origins of Dictatorship and Democracy. Lord and Peasant in the Making of the Modern World.* Boston: Beacon Press, 1966.

Mossé, Claude. 김덕희 역. 『고대 그리스의 시민』. 서울: 동문선, 2002.

Offe, Claus (Hg.). *Demokratisierung der Demokratie. Diagnosen und Reformvorschläge.* Frankfurt/M: Suhrkamp, 2003.

Pateman, Carole. *Participation and Democratic Theory.* Cambridge: Cambridge University Press, 1970.

Rueschemeyer, Dietrich, Evelyne Huber Stephens & John D. Stephens. 박명림 외 역. 『자본주의 발전과 민주주의』. 서울: 나남출판, 1997.

Sartori, Giovanni. *Demokratietheorie.* Darmstadt: Wissenschaftliche Buchgesellschaft, 1992.

Saward, Michael. *Democracy.* Cambridge: Polity Press, 2003.

Schmidt, Manfred G. *Demokratietheorien.* Opladen: Leske+Budrich, 2000.

Sørensen, Georg. 김만흠 역. 『민주주의와 민주화』. 서울: 풀빛, 1994.

Stiglitz, Joseph E. 홍민경 역. 『인간의 얼굴을 한 세계화』. 파주: 21세기북스, 2008.

Wolin, Sheldon S. 우석영 역. 『이것을 민주주의라고 말할 수 있을까: 관리되는 민주주의와 전도된 전체주의의 유령』. 서울: 후마니타스, 2013.

제7장

공화국과 공화주의*

1. 공화국에 대한 관심의 고조

최근 학자들 간에 공화주의에 대한 관심이 증폭되면서 이를 둘러싼 다양한 주장이 개진되고 있다. 학계가 공화주의에 주목하고 있는 것은 지난 세기 말부터 급격하게 진행되고 있는 신자유주의의 흐름이 사회의 불평등을 확대시키고 빈곤을 심화시키면서 많은 사람들이 무기력한 삶에 처해있는 데서 비롯됐다. 시장의 경제권력이 비대해지는데 반해 국가의 공적인 관리능력은 약화되고 있고, 갈등을 조정하고 민주적 절차를 통해 합의를 모색하는 정치의 고유한 기능도 쇠퇴하고 있다. 이런 현상은 시장의 실패를 능동적인 경제 및 사회정책을 통해 교정하는 복지국가에 이르지 못한 곳에서 더욱 뚜렷하게 나타나고 있다. 시장의 절대화와 함께 사회적 배제가 규칙이 되면서 이제 사회적 약자들은 별다른 사회적 안전망의 보호 없이 극단적인 경쟁이 지배하는 시장으로 내몰리고 있다.

---

* 이 장은 홍익표, 『한국 정치를 읽는 20개의 키워드』(서울: 오름, 2013)의 네 번째 장인 "공화국: 박제된 공화국의 이상"을 정치학 개론서의 형식에 맞춰 수정하고 내용을 보완했다.

이에 더해 기존의 대의제 민주주의 역시 불완전함을 드러내고 있다. 시민들이 자신의 대표를 통해 간접적으로 통치하는 대의제 민주주의가 제대로 작동하기 위해서는 정당들이 선거를 통해 사회의 다양한 이익과 갈등을 표출하고 집약해 이를 정부의 정책에 연결시키는 기능을 원활히 수행해야 된다. 그러나 현실은 시민들의 의사가 왜곡되고 사회적 약자들이 정책결정과정에서 대표되지 못하며 소수의 지배적인 권력 집단이 형성되는 등 한계가 노정되고 있다. 대의제 민주주의의 정치과정에서 배제된 사람들이 시위와 파업 등 직접행동에 나서고 있는 것을 우리는 흔하게 목격할 수 있다. 미국산 쇠고기 수입에 반대하는 촛불집회나 신자유주의가 초래한 사회불평등에 저항하는 월가점령시위는 그 대표적 사례라 할 수 있다.

신자유주의의 확산으로 인해 불안한 삶에 처한 개인들과 이들의 삶을 개선하고 사회의 불평등을 완화시키는 일에서 무력하고 무능한 대의제 민주주의 기구에 대한 비판적 인식은 대중들로 하여금 공공성에 주목하게 했고 나아가 공공성의 원리를 핵심 내용으로 하는 국가인 공화국을 호명하고 지배세력에게 이에 입각해 권력을 행사하라고 요구하기에 이르렀다. 사회문제를 비판적으로 고찰하고 적실성있는 대안을 제시하는 것을 업으로 하는 학자들이 이런 현실에 무관심할 수 없었다. 신자유주의에 경도되었던 학계에서 일부 학자들은 사회구조와 시장의 왜곡을 바로잡을 수 있는 정치의 힘이 약화되면서 심지어는 정치가 상품과 마찬가지로 시장화되고 패키지화되는 현실에 대해 우려를 나타나기 시작했다. 예를 들어, 미국의 정치학자인 웬디 브라운Wendy Brown은 "정치적 합리성으로서의 신자유주의는 입헌주의, 법 앞의 평등, 정치적·시민적 자유, 정치적 자율성과 보편주의적 포함 같은 자유민주주의의 기본 원리를 비용/수익 비율, 능률, 수익성, 효율성 같은 시장의 기준으로 대체하면서 자유민주주의의 근간을 전면적으로 공격했다"Wendy Brown, 2010: 89-90고 비판한다.

이 같이 정치의 우선성과 공공성의 중요성에 학자들이 눈을 돌린 결과가 공화국에 대한 관심으로 나타났다고 볼 수 있다. 자본주의적 근대를 뒷받침한 이데올로기인 자유주의의 전통적 시각에 도전하면서 이들은 '좋은 삶'을 강조한 고대 그리스의 사상가에서부터 공공선에 의해 움직이는 공화국을 설파하는 고대 로마의 사상가, 그리고 르네상스 시기 시민적 휴머니즘을 주장한 피렌체의 사상가들에게서 공화주의의 사상적 뿌리를 찾게 되었다. 개인이 사적인 영역에서 소극적 자유만을 추구하는 것을 비판하고 공동체 구성원들 공동의 이익이 실현되기 위해서는 공공성을 추구하는 정치 공동체가 강화되어야 한다는 주장은 그 당연한 귀결이었다. 다음의 지적은 이 점을 잘 보여준다.

"공공성이란 나라의 본질에 속하는 것이어서 그것을 상실하면 나라는 더 이상 나라일 수 없으며 우리가 그런 나라의 지배를 받고 살아야 할 까닭도 없다. 나아가 민주주의 역시 공공성의 원리가 없다면 내용 없는 형식으로 껍데기만 남는다는 것을 최근 똑똑히 확인하고 있다. 대의제 민주주의가 공공성과 공화국의 정신을 저버리면 다수결의 원리 이외에 아무것도 아닌 것이 된다. 공공성을 저버린 다수결의 원리는 다수가 담합해 소수를 약탈하는 것 이외에는 아무것도 아닌 것이다"(김상봉·박명림, 2011: 58-60).

2. 공화국 사상의 기원과 역사

공화국에 대한 사상은 시민이라면 누구나 동등한 자격으로 지배에 참여하는 공동의 국가를 이뤘던 고대 그리스에서 찾을 수 있다. 폴리스의 모든 자유시민들은 민회 Ekklesia에 참석해 평의회Boule가 발의하는 국내 문제나 국외문제, 공공건설문제, 전시에 걷는 특별세 등과 같은 사안에 대해 주요한 의사결정을 내릴 수 있었다. '민주주의의 특징적 기관'이라 불리는 평의회는 부유한 자나 가난한 사람 모두 정부에 평등한 영향력을 행사할 수 있게 하는 수단이었다. 이런 까닭에 아리스토텔레스는 인간을 '폴리스적 동물zōion politikon'이라고 규정한 뒤, 그 폴리스를 "지배하는 자가 지배받고 지배받는 자가 지배하는 곳"이라고 지적했다.[1]

공화국은 이렇게 시민이라면 누구나 동등한 자격으로 지배에 참여하는 공동의 국가에서 기원한다.조승래, 2010: 16-17 이러한 공화국 사상은 카이사르에 맞서 자신의 나라

---

1) 아리스토텔레스가 쓴 『정치학(Politika)』에 나오는 zōion politikon은 polis에서 파생된 말인만큼 '폴리스적 동물' 혹은 '국가공동체를 구성하는 동물'이라 번역할 수 있다. 그리스어 원전 번역문은 다음과 같다. "여러 부락으로 구성되는 완전한 공동체가 국가인데, 국가는 이미 완전한 자급자족(autarkeia)이라는 최고 단계에 도달해 있다고 할 수 있다. 달리 말해 국가는 단순한 생존(zēn)을 위해 형성되지만 훌륭한 삶(eu zēn)을 위해 존속하는 것이다. 따라서 이전 공동체들이 자연스러운 것이라면 모든 국가도 자연스런 것이다. 국가는 이전 공동체들의 최종 목표(telos)고, 어떤 사물의 본성(physis)은 그 사물의 최종 목표이기 때문이다 … 이로 미루어 국가는 자연의 산물이며, 인간은 본성적으로 국가 공동체를 구성하는 동물(zōion politikon)임이 분명하다. 따라서 어떤 사고가 아니라 본성으로 인하여 국가가 없는 자는 인간 이하이거나 인간 이상이다." Aristoteles, 천병희 역(2010), p.20.

로마를 '공공의 것^{res publica}'이라고 정의한 로마의 철학자이자 정치가인 키케로^{Marcus Tullius Cicero}에 의해 체계적으로 정립되었다. 키케로가 활동하던 시기는 로마 제국 말기로 게르만족의 대이동으로 법률적 정체성과 종족적 정체성이 뒤얽히던 시기였다. 키케로는 법률의 보편원리를 다룬 책인 『법률론^{De Legibus}』에서 자신에게는 두 개의 조국이 있다고 말한다.

> "확실히 나는 그 사람에게도 그렇고 자치도시 출신들 모두에게도 조국은 둘이라고 생각하네. 하나는 태생의 조국이고 또 하나는 시민권상의 조국이지. 저 카토로 말한다면, 비록 투스쿨룸에서 태어났지만 로마 인민의 시민권을 받았지. 그래서 출신으로는 투스쿨룸 사람이지만 시민권으로는 로마인이어서 장소상의 조국과 법률상의 조국이 다른 셈이지. … 우리도 우리가 태어난 곳을 조국으로 삼으면서 우리가 받아들여진 곳을 또한 조국이라고 여기지. 그렇더라도 공공의 것이라는 말이 시민 전부에게 해당되는 국가(qua rei pulicae nomen universae civitati est)를 앞세우고 애정으로 대할 필요가 있고, 그런 조국을 위해서라면 죽을 수도 있어야 하고, 그런 조국에는 자신을 오로지 헌신해야 하며, 그런 조국에서는 우리 것을 모조리 내놓고 봉헌하다시피 해야 하네"(Marcus Tullius Cicero, 성염 역, 2007: 117-118).

위의 인용문은 키케로가 '태생의 조국^{patria naturae}'보다 '법률상의 조국^{patria iuris}'을 상위에 놓고 있음을 보여준다. 여기서 키케로는 법이란 신과 인간에게 공통되는 것이고, 시대를 초월하는 영원성을 띠는 무엇이라고 한다. 신에게 있는 영원법이 인간의 양심 내지 예지로 박혀 있고 그것이 대다수가 인정하는 실정법으로 받아들여질 때에 '법률'이라는 것이다. 모든 법률은 '시민의 안녕과 국가의 안전과 인간들의 평온하고 행복한 생활'이라는 공공복리의 목적을 갖는다.^{Marcus Tullius Cicero, 성염 역, 2007: 142} 이런 까닭에 개개인에 대하여 태생의 조국이 차지하고 있는 영향권보다 법률상의 조국이 미치는 영역이 훨씬 넓고 보편적이고, 그래서 '공동의 일'이라고 할 것이 더 많으며, 종국에는 전체 구성원을 하나로 묶을 수 있다^{universae civitati}는 것이다. 왜냐하면 국가란 누구에게나 해당하고 모두의 이해관계^{res publicae}와 연관된 문제를 다루는 것이기 때문이다.^{안재원, 2004} 인민의 소유물인 국가 전체에 대한 주장은 『국가론^{De Re Publica}』에서 다시 한 번 언급된다. "국가는 인민의 것입니다. 인민은 어떤 식으로든 군집한 인간의 모임 전체가 아니라, 법에 대한 동의와 유익의 공유에 의해서 결속한 다수의 모임입니다."^{Marcus Tullius Cicero, 김창성 역, 2007: 130}

키케로는 공화국 사상을 시민이라면 누구나 동등한 자격으로 지배에 참여하는 공동의 국가를 이뤘던 고대 그리스에서 물려받았다고 한다. 소포클레스의 비극 『안티고네』에서 하이몬은 "한 사람이 지배하는 곳은 폴리스가 아니다"라고 단언하는데, 바로 이 문장에 공화국 사상이 담겨 있다. 아리스토텔레스도 인간을 '폴리스적 동물^{zōion}politikon'이라고 규정한 뒤, 그 폴리스를 "지배하는 자가 지배받고 지배받는 자가 지배하는 곳"이라고 했는데, 공화국은 이렇게 시민이라면 누구나 동등한 자격으로 지배에 참여하는 공동의 국가에서 기원한다고 할 수 있다.조승래, 2010: 16-17

로마 공화정 몰락 이후 공화주의가 부활한 것은 15세기 피렌체에서 시민적 휴머니즘을 주장한 사상가들 덕이었다. 그 길을 연 사상가들 중 하나가 바로 레오나르도 브루니^{Leonardo Bruni}였다. 브루니는 14세기 말 15세기 초 피렌체의 제1서기장으로서 밀라노 비스콘티가의 위협 앞에 위기에 처한 상황에서도 비타 악티바^{vita activa}의 이상을 제시하여 이후 공화정의 초석을 놓았다고 평가된다. 역사학자인 존 포칵^{John G. A. Pocock}은 브루니가 강조한 시민적 가치에 대해 다음과 같이 말한다.

> "행동적 비르투스가 포르투나와의 대결 속에서 그 최고의 발전을 성취하기 위해서는 시정에 대한 완전한 참여가 요구되며, 시민은 장관을 선임하고 법을 제정하며 결정을 내리는 일에 개입하지 않으면 안 된다. 피렌체는 이런 요구에 부응할 수 있다. 왜냐하면 그것은 평민적 성격의 공화국으로서, 관직 대부분이 시민들 대부분에게 개방되어 있을 뿐만 아니라, 시민 개개인은 비록 약간의 자격제한이 있다 하더라도 재산이나 기타 다른 종류의 자격 때문에 고위직 몇몇을 포함하여 다양한 수준의 책임을 떠맡으면서 정치생활에 참여하는 데 더 이상의 제한을 받지 않기 때문이다"(John G. A. Pocock, 곽차섭 역, 2011: 182-183).

피렌체 출신인 니콜로 마키아벨리^{Niccolò Machiavelli}는 다수를 정치권력의 핵심으로 간주한 바탕 위에서 그들의 정치의사를 공공선이라 일컫은 사상가로 공화주의의 발전에 크게 기여했다고 평가된다. 마키아벨리는 『로마사 이야기』에서 공화국을 주요 논증자료로 삼아 도시의 정치체제를 분석한다. 이 책에서 마키아벨리는 왜 어떤 도시들은 위대함을 이루게 되었는지, 특히 로마라는 도시는 어떻게 최고의 위대함을 달성할 수 있었는지를 설명한다. 마키아벨리에 따르면 위대함을 지향하는 도시는 전제군주의 지배에 의해 '내적으로' 부과된 것이든, 아니면 제국주의 세력에 의해 '외적으로' 부과된 것이든 어떤 종류의 정치적 예속으로부터 자유로워야 한다는 것이다. 결국 어떤

니콜로 마키아벨리: 고대 공화주의 사상은 15~16세기 시민적 휴머니즘 시대의 이탈리아 사상가들에 의해 재생되었다. 니콜로 마키아벨리(Niccolò Machiavelli, 1469~1527)는 『로마사 이야기』에서 왜 어떤 도시들은 위대함을 이루게 되었는지를 규명하려 했다. 마키아벨리는 위대함을 지향하는 도시는 어떤 종류의 정치적 예속으로부터 자유로워야 한다면서 이에 대해 기술하는 것은 곧 스스로 다스리는 국가에 대해 논하는 것이라고 말한다. 도시를 위대하게 만드는 것은 개별적인 선이 아니라 공공선이며 이러한 공공선은 의심할 여지없이 공화국에서만 중요한 것으로 간주된다는 것이다.

도시가 자유롭다고 말하는 것은 그 도시가 공동체의 권위 외에 다른 모든 권위로부터 독립적이라고 말하는 것과 같으며, 이에 대해 기술하는 것은 곧 스스로 다스리는 국가에 대해 논하는 것이다. 그러면서 도시를 위대하게 만드는 것은 개별적인 선이 아니라 공공선이며 이러한 공공선은 의심할 여지없이 공화국에서만 중요한 것으로 간주된다는 것이다. Quentin Skinner, 강정인·김현아 역, 2010: 101-103

마키아벨리는 "공화국은 행복한 나라라고 할 수 있다. 이러한 나라에서는 다행히 매우 신중한 인물이 있어서, 그 심사숙고 덕택에 법률도 매우 적절하게 제정되어 사람들은 모두 평온한 생활을 유지하면서 개혁 소동을 일으킬 필요가 없다Niccolò Machiavelli, 고산 역, 2008: 80"고 지적한다. 여기서 마키아벨리는 위대한 업적을 달성하는 것이 단지 행운의 결과만이 아닌 비르투virtù와 결합한 운명의 산물이라고 한다. 여기서 비르투란 우리로 하여금 불운을 차분하게 견딜 수 있게 해주는 동시에, 운명의 여신에게는 호의적인 관심을 이끌어 낼 수 있도록 하는 자질이다. 그는 로마인이 자유를 유지하고 강력하고 위대하게 된 데는 자신들의 운명을 최상의 비르투와 결합시켰기 때문이라며, 그 결과 민중은 "400년 동안 왕정의 적이자, 자신이 태어난 도시의 영광과 공공선을 사랑하는 사람들"이 되었다는 것이다. Quentin Skinner, 강정인·김현아 역, 2010: 104-107

키케로에 의해 처음 논의되고 마키아벨리에 의해 강조된 공화국을 지향하는 신념 또는 담론 체계인 공화주의는 17~18세기의 사상가들과 정치가들에게로 이어지면서 정치변동에 상당한 영향을 미쳤다. 17세기 영국의 의회파 지식인들은 공화주의적 신념으로 무장하고서 전제 왕정을 타도했으며, 18세기 미국혁명과 프랑스혁명도 공화주의 정신이 결정적 영향을 끼쳤다. 그러나 공화주의는 미국혁명과 프랑스혁명의 소용돌이가 잦아들고 자본주의가 급속히 진전되면서 빛을 잃어갔다. '공화주의적 자유'는 시대착오적 개념으로 치부되고, 대신 소극적 자유를 강조하는 자유주의적 자유가 주류를 이루게 된 것이다.조승래, 2010: 20-29

공화국이란 공동의 이익을 실현하기 위해 공동체의 구성원들이 공동의 참여와 공동의 결정으로 법을 만들어 통치하는 나라다. '합의된 법과 공공이익에 의해 결속된 다중의 공동체'인 시민들의 정치적·사회적 연대가 곧 공화국이다. 물론 공화국은 시대와 장소에 따라 내용이 다양하게 변화하였다. 그렇지만 그 핵심적인 내용은 정치공동체의 주권자인 시민이 개인의 사적인 자유보다는 공적 이익을 중시하고 이를 실현하기 위해 적극적으로 공적인 참여를 하는 것이라 할 수 있다. 이를 강조한 사람이 바로 프랑스의 정치가이자 사상가인 알렉시스 토크빌Alexis de Tocqueville이다. 토크빌은 미국을 여행하면서 중앙집권화된 행정과 위계적인 관리제도가 없이 동등한 사회적 지위를 지닌 미국인들이 지역공동체에 자발적으로 참여해 대화와 토론 속에 자치를 행하는 것을 목격하고 깊은 인상을 받았다.

> "뉴잉글랜드의 주민들은 타운이 자주적이고 자유롭기 때문에 타운에 애착을 갖는다. 주민들은 타운의 업무에 적극적으로 협조하며, 타운은 주민들에게 복리를 제공한다. 그들은 타운에서 일어나는 모든 일에 참가한다. 그들은 자기 손이 닿을 수 있는 작은 영역 안에서 정부의 일을 한다. 그들은 바로 그런 형식에 익숙해지는 것이다. 만약 그런 형식이 없었다면 혁명을 통해서만 자유를 누릴 수 있었을 것이다. 그들은 그런 형식의 정신을 섭취하고 질서를 존중하는 태도를 갖게 되며 세력 균형 감각을 이해하게 되고 자기 의무의 본질과 자기 권리의 범위에 관해서 분명하고 현실적으로 인식하게 된다"(Alexis de Tocqueville, 임효선·박지동 역, 1997: 122-129).

여기서 지역공동체에 참여를 통해 법과 자치를 익히는 것을 토크빌은 '마음의 습관(habits of the heart)'이라 일컬었다. 이는 자질을 갖춘 시민들의 참여가 공화국의 운용에 있어 핵심적인 요소라는 것을 가리킨다.

3. 공화주의의 논리적 구조

공화국은 개인들이 사적인 영역을 확보하고 자유를 추구하는 것을 비판하고 공동체의 구성원들이 공동의 이익을 실현하기 위해 공동의 참여를 행하는 것을 강조한다. 그런 점에서 공화국은 공공성을 추구하는 것을 핵심적 특성으로 삼는다고 할 수 있다. '공동의'란 의미를 지닌 라틴어 publicus와 관련된 공공성이란 용어는 17세기에 들어와 공적 복리, 공적 이익, 공적 질서 등의 의미를 지닌 용어로 사용되었다. 이의 영향으로 정치공동체는 올바른 목적을 지향해야 한다는 규범적 의미를 내포하게 되었다. 공공성은 시민, 공공복리, 공개성 세 요소$^{Die Trias des Öffentlichen}$에 토대를 둔 개념이다. 여기서 시민이란 국정에 참여할 수 있는 자유민을 일컬으며, 공공복리$^{salus publica}$란 개인이 아닌 공동체 구성원 모두의 복리, 특수한 것이 아닌 일반적 복리를 가리키며, 공개성은 공개된 정보를 바탕으로 공개된 절차에서 자유롭게 의견을 교환함으로써 자신과 타인의 주장이 진정 올바른지에 대해 판단하고 결정할 수 있어야 하는 것을 의미한다. 공개성과 관련하여 위르겐 하버마스$^{Jürgen Habermas}$는 사회구성원 간의 이성적이고 비판적인 토론과 대화가 이루어지는 공론장을 강조하였다. 반면, 일부 학자들은 자유시장을 공공성으로 이해하였는데 이는 불완전한 시장을 공공복리의 선험적 내용으로 간주하는 데서 한계가 있다.$^{조한상, 2009: 21-34}$

공화국과 불가분의 관계를 지닌 용어인 시민을 올바로 이해하는 것은 매우 중요하다. 시민은 단순히 공화국의 구성원만을 일컫지 않고 정치공동체의 주권자로 정치에 참여하는 공민을 지칭한다. 고대 그리스의 도시국가에서 형성된 시민은 도시나 국가의 통치에 참여할 수 있는 자격을 갖춘 사람으로 소수의 통치자에 복종하는 것이 아니라 시민들 자신이 자유롭고 평등한 권리를 갖고 정치공동체를 만들어가는 데 함께 참여했다. 로마시대에는 주권자로 인정되는 정치공동체의 구성원들이 자신의 정치적 대표자를 선출할 수 있고 나아가 자유롭고 평등한 시민으로 정치에 참여할 수 있는 권리를 부여받았다. 공화국은 이러한 국가형태를 가리켰다. 시민 관념은 중세시대에 퇴조했다가 종교개혁 이후에 신 아래 평등한 시민이라는 관념으로 부활하였다. 봉건적 토지 소유 기반 사회가 해체되고 자본주의 생산양식에 입각한 근대사회로 진입하면서 도시상공업자 출신으로 자본을 축적한 자본가계급은 사회혁명을 통해 정치권력을 장악하였다. 대표적으로 1789년 프랑스 혁명은 민주주의적 시민 개념이 확립된 결정적인 계기였다. 국민의회가 선포한 '인간과 시민의 권리 선언'은 모든 개인이 시민으로서 법적, 정치적으로 평등함을 선포함으로써 전통 사회에서 전승되어 온 모든 특권을 폐지했다. 그러나 권리 선언은 실제로는 시민의 지위를 인정받는 특정한 신분 집단의 법적, 정치적 이해관계를 대변하는 것이었다. 제3신분의 주축을 이뤘던 자본 가계급은 전통적 지배세력과 싸우는 과정에서 하층계급과 연대했지만 구체제 세력이 약화된 이후에는 자신들의 기득권을 유지하려고 하층계급과 갈등을 빚었다.

자본주의 체제가 정착되면서 공화주의적 자유는 자유주의적 자유로 대체되었다. 자유주의적 자유는 개인이 자기의 욕구를 추구하는 과정에서 일정한 유형의 간섭이 없는 상태를 의미하는 소극적 자유negative liberty2)와 상통하는 개념이다. 개인과 국가 간의 관계에서 소극적 자유는 국가의 간섭이 부재하거나 최소한에 그칠 것을 요구한다. 자유주의적 자유는 파시즘과 현실사회주의를 경험하면서 점차 세를 불려갔고 1970년대 말에 이르러서는 적극적 자유positive liberty에 기초한 복지국가를 공격하면서 대세를 이루게 되었다. 대표적으로 오스트리아 출신의 경제학자인 프리드리히 폰 하이에크Friedrich von Hayek는 공화주의적인 적극적 자유가 전체주의로 귀결될 수밖에 없다고 주장하면서 신자유주의에 이론적 정당화를 제공했다. 그러나 지배 이데올로기로 자리잡은 신자유주의는 사적 영역의 확보만을 추구하는 데서 인간 사회의 공동체적 기반을 훼손시키는 부작용을 가져왔다. 이에 맞서 역사학자 퀸틴 스키너Quentin Skinner와 정치학자 리처드 벨라미Richard Bellamy, 철학자 필립 페티트Philip Pettit 같은 학자들이 공화주의적 자유론을 새롭게 제시하였다.

권력을 지닌 소수에 의한 자의적 지배를 막고 합리적이고 공공적인 규칙에 의한 지배를 하기 위해서는 법의 지배rule of law나 법치국가Rechtsstaat가 확립 되어야 한다. 경찰국가나 관료국가에 대비되는 국가원리인 법치국가는 국가권력의 제한과 통제를 통해 시민들의 자유를 보장하려는 데서 공화국과 불가분의 관계를 맺고 있다. 유럽적 맥락에서 형성되고 발전된 개념인 법치국가는 왕권신수설에 근거한 절대군주의 무제한적인 권력행사를 견제하거나 제한하고, 천부인권설에 기반을 둔 시민들의 자유와 권리를 보장하기 위해 등장했다. 프랑스혁명 등 시민혁명을 거쳐 국가는 시민대표의 동의 또는 시민계급으로 이뤄진 의회가 제정한 법률에 의하지 않고는 공권력을 행사할 수 없다는 시민적 법치주의가 확립되게 된다. 이후 인간 존엄, 자유, 평등, 박애

---

2) 소극적 자유와 적극적 자유는 이사야 벌린(Isaiah Berlin)이 구분했다. Henry Hardy, ed.(2004), pp.166-217.

등 인류보편가치를 고려하기보다는 국가권력의 합법성만을 강조하는 형식적 법치주의의 폐해도 발생했다. 이는 독일 등에서 법실증주의로 발전하면서 결국 히틀러의 등장을 정당화하였다. 이에 대한 반성으로 전후 출현한 것이 실질적, 사회적 법치주의이다. 이에 따르면 국가의 공권력 행사는 근거하는 법의 내용이나 형식이 인류의 보편적 가치와 헌법정신에 부합해야 하고, 집행에서도 그 법이 정하고 있는 절차와 규정에 위배됨이 없어야 합법성과 정당성을 갖는다는 것이다. 실질적 법치국가는 공동체의 구성원인 시민들이 집권자들에게 법에 입각해 통치를 하라 요구하는 상향식 명제이기도 하다. 국민의 법 준수만을 강조한다면 온전한 법치국가라 할 수 없다.

4. 한국의 헌법과 공화주의

한국 헌법은 언제부터 공화주의를 포함하였을까? 한국 헌법의 기원을 공화주의 이론과 관련하여 재해석하는 학자들은 그 역사적 기원을 1900년 전후 시기에서 찾고 있다. 대표적으로 서희경은 이미 1898년 만민공동회에서 자생적 공화주의 운동의 맹아를 발견할 수 있다고 한다. 만민공동회는 자신이 속한 정치공동체에 대한 소속감 속에서 동료 인민과 공통의 이익을 협의해 나가는 의미에서 공화주의적이었다. 특히 '헌의 6조'는 형식상 전제황권을 수용하고 있으나 그 내용은 군주권을 제한하여, 인민과 함께 협의하여 정치를 행해야 한다는 공화제적 정신을 함축하고 있었다. 이는 이후 1917년의 민주공화정체 수립을 공식화한 '대동단결선언'을 거쳐 1919년에 독립에 기초한 공화정을 제시한 3·1운동과 임시정부의 민주공화제 정신으로 이어졌다. 임시정부 헌법의 이념과 기본원칙, 구조는 모두 대한민국 제헌헌법에 수용되었다는 것이다. 서희경, 2006: 139-161

제헌헌법은 의원내각제적 요소를 지닌 대통령제와 단원제를 핵심 내용으로 하는 정부형태를 채택하였다. 눈에 띄는 것은 경제조항이다. 6장 경제를 충족할 수 있게 하는 사회정의의 실현과 균형 있는 국민경제의 발전을 기함을 기본으로 삼는다"라고 규정하였다. 85조에는 중요한 지하자원, 수산자원의 국유화를, 87조에는 운수, 통신, 금융과 같은 공공성을 가진 기업의 국영 혹은 공영을, 그리고 대외무역의 국가 통제를 명시하였다. 이뿐만 아니라 18조에서는 사기업에서 근로자의 이익분배 균점권을 인정하고, 19조에는 노령, 질병 기타의 근로능력의 상실로 인해 생활유지 능력이 없는 자는 국가 보호를 받는다고 규정하였다. 이는 제헌헌법이 경제·사회적 정의를 우선시하고 경제의 국가 통제, 근로자의 이익균점권과 극빈자의 국가보호를 규정한 진보적 성격의 헌법이란 점을 잘 보여준다. 그러나 1공화국 시기 이러한 헌법조항은 현실에서는 전혀 구현되지 않았다. 제헌헌법 이래의 헌법정신은 현재의 헌법에도 경제민주화를 명시한 119조 2항, 국가계획경제조항 제84조는 "대한민국의 경제질서는 모든 국민에게 생활의 기본적 수요를 명시한 120조, 122조, 123조, 125조, 126조, 127조, 재산권의 한계와 공공복리와의 관련성을 명시한 23조로 남아 있다. 이는 우리 헌법정신을 단순히 자유민주주의와 시장경제로 설명하는 것이 맞지 않다는 것을 말한다. 오히려 대한민국 헌법의 경제질서는 자유시장경제를 근간으로 하면서 능동적인 사회정책을 통해 사회정의와 사회발전을 이루려는 독일의 사회적 시장경제soziale Marktwirtschaft 3)와 유사하다.

이후 민주공화국을 표명한 헌법정신은 박제된 채 헌법에 흔적처럼 남았다. 이승만과 박정희 정권은 권위주의 지배로 일관했다. 공화주의적 정신을 가지고 자의적 전제체제에 대항해야 할 야당의 주류세력도 서구적 의미의 권리의식을 가진 자유주의 부르주아라기보다는 한민당처럼 봉건적 지주계급의 뿌리를 가진 정치인들이었다. 진보적 운동 진영도 마르크스·레닌주의나 민족주의 혹은 북한의 주체사상에 기초하였기 때문에 대한민국 헌법에 흔적처럼 남아 있는 공화제적 이념에 대해서는 철저하게 무관심했다.안병진, 2008: 70-73 11 사상과 표현의 자유를 통제하는 각종 하위법과 극단적인 시장의 자유만 내세우는 신자유주의 정책에서 뚜렷하게 나타나듯이 헌법정신과 실제의 현실 사이에는 커다란 간극이 존재하고 있다.

공화국의 이상이 박제화되었다는 지적은 한국 민주주의의 범위와 수준이 그리 넓고 깊지 않다는 것을 의미한다. 한국에서 민주주의로의 이행은 급속한 산업화가 시민사회 내 반대세력의 활동영역을 확대시키고 능력을 증가시킴으로써 가능했다. 그 결과

---

3) 프라이부르크 학파의 일원인 알프레드 뮐러-아르막(Alfred Müller-Armack)의 이론에 바탕을 둔 사회적 시장경제는 연방정부 초대 경제장관이었던 루트비히 에어하르트(Ludwig Erhart)에 의해 정치적으로 실행되었다. 사회적 시장경제의 주요한 내용은 다음과 같다. ① 자유경쟁질서의 확립을 통한 최대한의 경제발전. 시장원리에 입각한 성장정책. 국가간섭의 제한. 시장원리에 입각한 완전 고용, ② 금융질서의 확립. 특히 독립적인 중앙은행에 의한 물가안정, ③ 능동적인 사회정책을 통한 사회보장과 사회정의 구현. Horst Friedrich Wünsche (Hrsg.), 한국경제정책연구회 역 (1996), 2부.

2008년 촛불시위에서 많은 참가자들은 "대한민국은 민주공화국이다! 대한민국의 주권은 국민에게 있고, 모든 권력은 국민으로부터 나온다!"를 반복적으로 외쳤다. 1987년 6월 항쟁 때의 '호헌 철폐 독재 타도' 구호에 비견되는 이 구호는 국정을 비민주적인 방식을 통해 마치 일부 특권층의 사유물(res privata)인양 운영하는 집권세력에게 헌법의 근본정신인 민주주의와 공화주의를 제대로 이해하고 실천하라는 아래로부터의 요구였다. 그러나 국가기관의 대선개입이나 세월호 참사, 각종 복지공약 파기에서 드러났듯이 지금까지도 집권세력은 국가공동체 구성원들의 안전을 지키고 삶의 질을 높이는 일에는 여전히 무능력하다.

반대세력은 1980년대 중반에 이르러서는 광범위한 반대연합을 결성하여 권위주의 정권에 본격적으로 대항하였고 개방과 민주주의로의 이행을 이끌어 냈다. 그러나 민주주의로의 이행은 절차적 영역에만 부분적으로 해당되는 불완전한 것으로 상이한 사회계층과 집단들의 이익은 정치적으로 대표되지 않고 있다. 또한 비민주적 사회문화도 온존되고 있으며, 사회경제적 불평등 역시 개선되지 않은 데서 이행 이후의 한국민주주의는 여전히 제한적이고 배제적이다. 현재 한국의 민주주의는 세계화와 자유화 등 이를 위협하는 조건 속에 포위되어 있고, '여러 기준을 동시에 충족시키는' 실질적 민주주의는 퇴보하고 있다는 지적을 받고 있다.

중요한 점은 이러한 조건 속에서 민주주의의 잠재적 지지자들이 누리는 삶의질이다. 주로 자본주의 체제의 취약계층으로 민주주의를 통해 대표되고 보호받기를 원하는 사람들인 이들의 삶의 질은 요 몇 년 새에 더욱 악화되었다. 계층 간 소득격차는 확대되었으며, 계급 간의 경계를 허무는 사회적 이동은 점점 어려워지고 있다. 신자유주의라는 이름하에 진행되는 시장의 절대화와 함께 사회적 배제가 규칙이 되면서^{Ulrich Beck, 정일준 역, 2000: 42-43} 사회구성원들은 생존을 위해 극단적인 경쟁이 지배하는 시장으로 내몰리고 있다. 치솟는 부동산과 힘겨운 사교육비로 인해 많은 사람들은 상대적 박탈감을 느끼고 있다. "민주주의가 밥 먹여 주냐"는 자조어린 문제제기가 나오고 있고, 신개발주의를 부추기는 정치가에게 지지가 쏠리고 있다. 심지어는 절망을 느끼는 사람들이 유럽의 경우처럼 극우세력의 파시즘적 선동에 의지하게 될지도 모른다는 우려 섞인 전망도 나오고 있다.

2008년에 발생한 미국산 쇠고기를 둘러싼 촛불시위는 공화주의적 국가관의 타당성과 중요성을 실천적으로 확인시켜 주었다고 지적된다. 당시에 많은 참가자들은 "대한민국은 민주공화국이다! 대한민국의 주권은 국민에게 있고, 모든 권력은 국민으로부터 나온다!"를 반복적으로 외쳤다. 헌법 1조와 2조를 불러내 강조한 것은 국가의 근본정신과 가치인 민주주의와 공화주의가 훼손되고 있고, 국민주권 원칙이 제대로 지켜지지 않고 있기 때문이었다. 그런 점에서 촛불시위는 시민공동체의 안전과 삶 자체가 곧 국가라는 공화주의의 핵심 이념 대 국가를 일부 특권층의 사유물^{res privata}인양 이해하는 반공화주의적인 이명박 정권의 대립이 극적으로 표출된 장이었다는 평가를 받았다.^{안병진, 2008: 15-16}

이명박 정권 시기에 발생한 인터넷 논객 '미네르바' 구속 사건과 용산참사 역시 공화국의 본질과 관련하여 깊이 생각하게 하는 사건이라 지적된다. 미네르바 구속은 공화국 시민으로서 공동체의 공적 문제에 대한 의견제시 자체를 봉쇄하고, 정부의 오류가능성을 부인한다는 점에서 민주국가 원리에 정면으로 배치된다. 국가가 국민의 일부인 철거민과 세입자의 행복은 물론 아예 생명을 앗아가며 다른 이익을 법률·질서·공권력의 이름으로 보장하려 한 용산참사는 국가의 존재이유^{raison d'etre}에 대해 근본적인 물음을 던지게 하는 사건이기도 하다.^{박명림·김상봉, 2011}

토론거리

1. 공화국이란 무엇을 의미하는가?
2. 공공성을 구성하는 세 요소는 무엇인가?
3. 최근 학자들 간에 공화주의에 대한 관심이 증가한 까닭은 무엇인가?
4. 한국 헌법의 기원을 공화주의 이론과 관련하여 어떻게 재해석할 수 있는가?
5. 한 국가가 '참된' 공화국을 이루기 위해서는 구체적으로 무엇이 필요한가?
6. 신자유주의는 공화국을 유지하는데 어떻게 영향을 미치는가?

키워드: 공화국(republic), 공화주의(republicanism), 공공성, 시민, 마음의 습관(habits of the heart), 법치국가

참고문헌

김상봉. "모두를 위한 나라는 어떻게 가능한가? 공화국의 이념에 대한 철학적 고찰." 이병천·홍윤기·김호기 편. 『다시 대한민국을 묻는다: 역사와 좌표』. 파주: 한울, 2007.

박명림·김상봉. 『다음 국가를 말하다』. 서울: 웅진지식하우스, 2011.

박찬승. 『대한민국은 민주공화국이다: 헌법 제1조 성립의 역사』. 파주: 돌베개, 2013.

서희경. 『대한민국 헌법의 탄생: 한국 헌정사, 만민공동회에서 제헌까지』. 파주: 창비, 2012.

신진욱. 『시민』. 서울: 책세상, 2008.

안병진. 『민주화 이후 민주주의와 보수주의 위기의 뿌리』. 서울: 풀빛. 2008.

안재원. "시민은 종족과 국가의 분리를 통해 탄생한다!" 『프로메테우스』, 2004년 10월 8일.

이용재·박단 외. 『프랑스의 열정: 공화국과 공화주의』. 서울: 아카넷, 2011.

조승래. 『공화국을 위하여: 공화주의의 형성과정과 핵심사상』. 서울: 길, 2010.

조한상. 『공공성이란 무엇인가』. 서울: 책세상, 2009.

천주교정의구현전국사제단. "재앙과 파국의 대한민국"(http://www.sajedan.org/board/view. htm?sid=148&b_id=1).

홍익표. "'풍요 속의 빈곤'―87년 헌법 개정 논의에 대한 비판적 고찰." 『법교육연구』 제12권 제2호. 2017.

Arendt, Hannah. 이진우·태정호 역. 『인간의 조건』. 서울: 한길사, 1996.

Aristoteles. 천병희 역. 『정치학』. 고양: 숲, 2010.

Beck, Ulrich. 정일준 역. 『적이 사라진 민주주의: 자유의 아이들과 아래로부터의 새로운 민주주의』. 서울: 새물결, 2000.

Berlin, Isaiah. "Two Concepts of Liberty." Henry Hardy (ed.). *Liberty*. Oxford: Oxford University Press, 2004.

Brown, Wendy. "오늘날 우리는 모두 민주주의자이다." Giorgio Agamben 외, 김상운 외 역. 『민주주의는 죽었는가?』. 서울: 난장, 2010.

Bruni, Leonardo. 임병철 역. 『피렌체 찬가』. 서울: 책세상, 2002.

Chaudonnert, Marie-Claude et al. 이영목 역. 『공화국과 시민』. 서울: 창해, 2000.

Cicero, Marcus Tullius. Translated by Siobhan McElduff. *In Defence of the Republic*. London: Penguin Books, 2011.

_____. 김창성 역. 『국가론』. 파주: 한길사, 2007.

_____. 성염 역. 『법률론』. 파주: 한길사, 2007.

Everitt, Anthony. *Cicero: The Life and Times of Rome's Greatest Politician*. New York: Random House Trade Paperbacks, 2003.

Laborde, Cécile & John Maynor (eds.). 곽준혁 외 역. 『공화주의와 정치이론』. 서울: 까치, 2009.

Machiavelli, Niccolò. 고산 역. 『마키아벨리 로마사이야기』. 서울: 동서문화사, 2008.

Mansfield. Jr., Harvey C. 이태영 외 역. 『마키아벨리의 덕목』. 서울: 말글빛냄, 2009.

Plutarchus. 김헌 주해. 『두 정치연설가의 생애: 데모스테네스와 키케로, 민주와 공화를 웅변하다』. 파주: 한길사, 2013.

Pocock, John G. A. 곽차섭 역. 『마키아벨리언 모멘트 1: 피렌체 정치사상과 대서양 공화주의 전통』. 파주: 나남, 2011.

Powell, Jonathan & Niall Rudd. "Introduction." Marcus Tullius Cicero. *The Republic and The Laws*. Oxford: Oxford University Press, 20008.

Skinner, Quentin. 강정인·김현아 역. 『마키아벨리의 네 얼굴』. 서울: 한겨레출판, 2010.

Tocqueville, Alexis de. 임효선·박지동 역. 『미국의 민주주의 I』. 서울: 한길사, 1997.

Wünsche, Horst Friedrich (Hrsg.). 한국경제정책연구회 역. 『사회적 시장경제의 이해』. 서울: 비봉출판사, 1996.

제8장

정치, 법, 헌정주의

1. 법과 정치

강제력을 수반하는 사회 규범의 일종인 법의 역사는 매우 오래 되었다. 자연법the natural law은 이 중에서 가장 오랜 역사를 지닌다. 이성에 의하여 선험적으로 인식되고 자연 법칙과 정의의 이념을 내용으로 한 초실정법적인 법규범인 자연법은 고대의 그리스 철학에서 시작되어 플라톤Platon과 아리스토텔레스Aristoteles, 스토아학파를 거쳐 중세의 스콜라학파의 아퀴나스Thomas Aquinas에 이르러 신학과 종교철학을 기반으로 하는 전통적인 자연법론으로 연결되었다.

그리스의 작가인 소포클레스가 쓴 『안티고네Antigone』에서는 왕인 크레온이 국가를 앞세워 법이 인간에 앞서서 그 위에 있다고 한다. 이에 대해 오이디푸스의 딸인 안티고네는 크레온이 법을 자신의 뜻대로 행사하는 독재자라 비판하면서 인간의 법 이전부터 존재해 온 '영원히 살아있고 어디서 왔는지 아무도 모르는 신들의 확고부동한 불문율'을 내세운다.Sophokles, 천병희 역, 2001: 288-289 로마 공화정 말기의 정치가였던 키케로Marcus Tullius Cicero 역시 그의 『법률론De Legibus』에서 자연법 사상을 역설하고 있다. 그는 법이 신과 인간에게 공통된 것이고 시대를 초월하는 영원성을 띠는 무엇이라고 정의한다.

> "법률이란 인간들의 재능으로 생각해낸 것이 아니며 백성들의 어떤 의결도 아니라는 것이네. 명령하고 금지하는 예지를 갖고 전 세계를 통치하는 영원한 무엇이라는 것이네 … 무릇 법률은 시민들의 안녕과 국가들의 안전과 인간들의 평온하고 행복한 생활을 위해 창안된 것이 분명하네 … 그래서 '법률'이란 명사를 해석하는 그 자체에 정당함과 법도를 선택하겠다는 구속력이 내포되어 있고 그렇게 하겠다는 사상이 내포되어 있음이 분명하네"(Cicero, 성염 역, 2007: 121, 124).

이러한 자연법은 '인간에 의해 제정되거나 만들어진 법'으로서 구체적이고 실질적인 효력을 가지고 있는 실정법positive law과 더불어 서양법의 주요한 흐름을 형성하였다. 이들에서 우리가 알 수 있는 것은 법이 인간에 의해 발견되었거나 아니면 제정되었던 간에 모두 특정 시대와 사회의 규범 가운데서 강제로 실현되는 정당성 있는 규범이라는 사실이다. 그렇다면 이러한 법은 정치와 어떤 관계를 갖는가?

이 책의 제1장에서 살펴보았듯이 정치는 인간이 생활을 영위하는 데 필요한 일반적 규칙을 만들고 보존하고 수정하는 활동을 말한다. 이 과정에서 인간집단들 간에 발생하는 갈등을 해결하기 위해 강제력이 동원되거나, 타협이 이뤄지기도 한다. 이러한 정치는 강제력 있는 규범을 의미하는 법보다 상위개념이고 훨씬 더 포괄적이다. 예를 들어 법의 제정과 개정은 정치적 과정을 통해 이뤄진다. 헌법을 포함한 법적 가치들은 법원과 헌법재판소를 포함한 사법 행위자들과 시민, 사회단체, 행정부 등 비사법적 행위자들 간의 상호작용의 결과이지 전자에 의해 배타적으로 형성되는 것은 아니다. 함께 하는 시민행동 편, 2007: 77 물론 최근 들어와 심각한 정치적 대립이 종종 법적 분쟁으로까지 번지는 현실에서 법과 정치 사이의 역할 분담은 희미해지고 있다는 지적도 제기되지만 원래 정치와 법은 그 수준과 범위에서 일정한 차이를 갖는다.

무엇보다 정치는 모든 분야에 영향을 미치되, 각 부문의 보호막이 되는 조직 원리이다. 민주공화국에서 정치란 경제, 종교, 성의 문제가 다른 영역을 부당하게 침범하는 것을 방지하면서 또 각 영역의 자율성을 온전하게 유지할 수 있도록 해주는 것, 그리고 각 영역에서 특정의 이해관계나 세력이 전제적인 권력을 휘두르는 것을 막고 다원주의적 평등을 유지해주는 조직원리이다. 그러한 정치가 없다면 일반의지로서의 법은 결코 얻어질 수 없다. 정치에서 공공성의 우위와 보편성을 확립하는 것은 민주주의를 다수의 지배와 같은 단순한 원리로 이해하는 데서 벗어나 더욱 깊은 인식을 요구한다.

고대 그리스의 비극인 〈안티고네〉에 나오는 성문화되지 않은 불문율에 대한 대사는 다음과 같다.

"나에게 그 포고를 알려주신 이는 제우스가 아니었으며,
하계(下界)의 신들과 함께 사시는 정의의 여신께서도
사람들 사이에 그런 법을 세우시지는 않았기 때문이지요.
나는 또 그대의 명령이, 신들의 확고부동한 불문율들을
죽게 마련인 한낱 인간이 무시할 수 있을 만큼,
강력하다고는 생각지 않았어요.
왜냐하면 그 불문율들은 어제 오늘에 생긴 것이 아니라
영원히 살아있고, 어디서 왔는지 아무도 모르기 때문이지요.
나는 한 인간의 의지가 두려워서 그 불문율들을 어김으로써
신들 앞에서 벌을 받고 싶지가 않았어요."

출처: Sophokles, 천병희 역(2001), pp.288-289

정태욱, 2002: 101-106

이러한 정치가 행해지는 데 있어 법은 순기능을 하기도 하지만 반대로 역기능도 수행한다. 전자의 경우에는 규칙을 제정하고 갈등을 해결하는 기준이 되면서 사회질서 유지와 정의 실현에도 기여하지만, 후자의 경우에는 지배층의 지배 도구로 악용될 수도 있다. 민주주의 제도가 낳은 합법적 공간에 들어선 사법부가 민주주의 가치에 적대적이거나 아예 민주주의 자체를 부정하는 경우도 있다. 그 대표적인 사례를 우리는 독일의 바이마르 공화국 시기에서 찾을 수 있다. 1919년 수립된 독일 바이마르 민주주의 체제 아래서 사법부는 독립이 법적·정치적으로 보장돼 있었고 매우 큰 정

치적 자율성을 누렸다. 그럼에도 사법부가 중립적인 것은 아니어서 제2제국 시절 이래 사법부를 채운 법관들은 권위주의적이고 반민주적이었으며, 바이마르 헌법을 존중하지 않았다. 사법부는 좌파를 억압한 반면에, 극우세력에게는 극히 관대했다. 1918~1922년 사이 우익 투사들은 308건의 살인을 저지르고도 11명만 유죄 판결을 받은 반면에 좌파 투사들은 21건의 살인 사건으로 37명이 유죄 판결을 받았다. 사법부는 판결을 통해 극우를 격려하고, 민주주의를 지지하는 사람들의 믿음을 무너뜨렸다. 반민주주의적 정치인들이 바이마르 민주주의의 위기를 민주주의 자체를 파괴하는 데 사용할 때, 판사들은 거기에 적극 호응했다. 나치는 권력을 얻기 위해 민주주의적 수단을 이용하고 조작했다. 심지어 법의 지배를 존중했다. 정치인들이 민주주의를 붕괴시킬 때 법이 그것을 저지하기는커녕 오히려 부추긴 것이다.

법이 사회구성원 다수의 권리를 침해하고, 사회적 갈등을 증폭시키는 경우도 흔히 발견된다. 전통적으로 민주주의의 주요 원칙인 다수 지배와 법의 지배 간에는 갈등이 존재한다. 이는 투표와 법을 자신들의 기간으로 삼는 행위자들 간의 갈등이다. 그러나 의회와 법원 중에서 누가 상황을 주도하는 가는 결국 정치에 달려있다. 법의 지배가 있더라도 그것은 법이 정치행위보다 낫기 때문은 아니다. 법은 정치와 분리될 수 없는 것이며 사실 "원칙적으로 법치국가는 민주주 없이도 가능하다." 초기 민주주의는 법치로 인해 발전했으나 오늘날 법치는 민주주의를 보장하는 동시에 심대하게 제약하기도 한다는 비판이 제기되고 있다. 함께 하는 시민행동 편, 2007: 76-77

정통성 있는 권력의 상징으로서의 법률과 국가의 권위있는 도구로서의 법원은 미국의 행태주의 정치학자인 데이비드 이스턴David Eastern이 말한 '사회적 가치의 권위적 배분authoritative allocation of values for a society'으로서의 정치와 밀접히 연결되어 있다. David Eastern, 1965: 21 여기서 배분은 물질적이거나 비물질적인 희소가치를 둘러싼 사회구성원들간의 갈등과 경쟁을 해결하기 위해 조정하고 통제하는 선택과 결정, 행동을 의미한다. 한편, 권위적이라는 것은 이러한 배분과정에 참가하는 사람들이 권력과 권위, 설득과 합의, 경제적 보상 등의 다양한 이유에서 그 결정에 구속된다는 것을 가리킨다.

일반적으로 법률과 법원은 기득 이익과 집단을 항상 반영하기 때문에 보수적인 사회기관이 되는 경향이 있다. 이와 같이 광범위한 견해에서 볼 때 법률과 법원은 불가피하게 정치와 연관될 수밖에 없다. 그러나 정치를 정당과 선거활동이나 공공문제의 특정한 해결을 선호하는 것과 같은 일련의 좁은 현상으로 볼 때에도 법률가들이 정치인과 연결되는데 이는 특히 상위재판소의 판사들이 정부정책의 타당성에 대해 판결할 때 두드러지게 나타난다. 국가의 능력이 미치는 범위가 넓을수록 보다 많은 법률과 법원은 국가권력의 대행자가 된다. 정부 간섭이 넓을수록 일반 시민들과 정부 간에 분쟁이 발생한다.Herbert Jacob & Erhard Blankenburg et al., 1996: 8-9

　이러한 사례는 특히 권위주의 국가에서 많이 발견된다. 권위주의 국가는 시민사회를 정치영역에서 배제하고 탈정치화하면서 자신의 지배를 관료주의적 합리성으로 정당화하기 위해 법의 도구화를 위한 법 담론의 조작을 도모한다. 모든 법 문제를 법률실증주의 또는 법률관료적 판단에 국한되는 단순한 법률문제로 치환하거나 헌법적 규율에서 자유로운 통치행위의 문제로 왜곡하기도 한다.함께 하는 시민행동 편, 2007: 97 유사한 논지로 미셸 푸코Michel Foucault는 평등한 권리체계를 보장하는 일반적인 사법형식은 우리가 규율이라고 불리는 근본적으로 불평등하고 비대칭적인 미시적 권력체계에 의해 유지되어 왔다고 주장한다. 즉 현대 사회의 보편적 법률주의가 권력의 행사에 제한을 가하는 것처럼 보이지만 전반적으로 보급된 현대 사회의 원형감옥이 법 아래에서 거대하고도 미세한 장치들을 작동시키는 것이다. 이러한 장치는 비대칭적 권력을 지지하고 강화하고 증대시키며 법 주변에 남아있는 제한들을 무너뜨린다고 지적된다.김정오, 2007: 98-99

2. 민주주의와 헌정주의

　서양에서 시민계급의 이해를 대변한 자유제도로서 입헌제도가 모습을 갖춘 것은 17세기 영국의 시민혁명을 통해서이다. 당시에 지주 귀족과 부유한 농민, 상인 등 시민층이 자신들의 사회, 정치, 경제적 지위의 향상을 위해 정의의 질서라고 하는 자연법을 이성의 이름으로 내세워서 군주의 전제적 권력을 규제하는 제도로서 헌정주의를 만들었다. 1640년 영국의 청교도혁명, 1688년 명예혁명으로 시작된 사회혁명은 다름 아니라 권력이 신으로부터 왕에게 수여된 것이라는 맹신에 기초한 왕권세력을 물리치는 과정이기도 했다. 이때 이룩해낸 근대 헌정주의란 이처럼 시민의 힘을 배경으로 정치권력을 법, 특히 헌법의 규제 하에 둠으로써 시민의 인권을 보장하고자 하는 사상과 제도 및 운동을 일컫는다.한상범, 2005: 20-21

　그러나 시민계급이 정치적으로 성숙하지 못한 국가에서는 명목상으로 형식만 갖추었을 뿐 실질적으로는 군주와 귀족 등 구세력이 지배하는 외견적 입헌주의 제도를 형성하였다. 프랑스혁명의 영향으로 점차 발흥하는 시민계급의 요구에 직면해서 외견적인 형식만을 갖추었던 1850년의 프로이센 헌법과 1870년의 독일제국 헌법을 그 대표적인 사례로 꼽을 수 있다. 이들 헌법은 법이란 국가기관이 제정하는 것이며 자연법은 비과학적이라는 법실증주의 사상에 입각해서 자연법에 기초한 천부인권과 저항권을 제거한 것이었다. 이러한 까닭에 국민의 손으로 헌법을 제정하는 민정헌법이 아닌, 군주가 신민에게 헌법을 하사하는 형식의 이른바 흠정헌법을 갖출 수밖에 없었다. 또한 헌정주의의 대표기구인 의회도 하원의원 선거는 보통선거권을 배제하고 상원은 보수 일색으로 구성하며, 긴급명령과 독립명령권을 갖는 군주가 의회를 소집하게 하였다. 한상범, 2005: 28-30

법치사상은 서로 대립하는 세 가지 패러다임에 의해서 구성되고 전개되어 왔다. 김도균·최병조·최종고 외, 2006: 47-120 첫째, 상위법의 지배 패러다임은 중세의 정치질서와 법질서를 이론적으로 정당화했던 아퀴나스의 자연법론으로 대표된다. 그는 법의 위계질서를 영구법lex aeterna, 자연법lex naturalis, 인정법lex humana, 신성법lex divina으로 분류하고 모든 법은 우주의 지배자로서 신이 인식하고 계획하고 명하는 영구법에서 연원한다고 주장했다. 둘째, 실정법의 지배 패러다임은 홉스를 대표로 하는 법실증주의 법치사상으로 그는 주권의 절대성은 상위법 혹은 실질적 법에 의해 제한될 수 없다고 하였다. 홉스는 법의 지배 사상을 법에 의한 통치rule by law로 대체한 대표적인 사상가이다. 세 번째는 루소와 칸트 이후 발전되어 온 민주주의적 법치 패러다임 또는 절차주의적 패러다임이다. 각종 사회혁명을 통해 제기되었고, 국민의 대표기관인 의회에서 심의되고 결정된 것으로 사회구성원들의 민주적 가치와 권리선언을 명시화한 각종 헌법이 여기에 속한다. 독일의 경우 세 번째 패러다임은 민주적 입헌국가demokratischer Verfassungsstaat로 불린다.

한편, 근대에 만들어진 헌법을 스기하라 야스오는 어떤 사회세력이 중심이 되었느냐에 따라 세 가지의 형태로 나눠 설명한다. 첫째, 근대 시민혁명의 결과로서 출현하였으며 시민계급이 중심이 되어 만든 근대 입헌주의 헌법이다. 이는 자본주의의 본격적인 전개를 보장하기 위해 자유권 중심의 인권 보장, 국민주권, 권력분립을 원리로 삼는 헌법이다. 둘째, 독일, 일본 등 후발 자본주의 국가에서 위로부터의 근대화를 추진하면서 만든 외견 입헌주의 시민헌법이다. 이는 근대 시민혁명이라는 역사적 흐름을 저지하기 위한 개혁의 결과로 제정되었다. 따라서 개혁주체도 시민계급이 아니라 구시대의 특권계급이며, 이들에 의해 주도된 근대화도 기형적이었다. 인권도 국민주권도 권력분립도 인정하지 않는 등 다만 외관상의 입헌주의에 불과하였다. 셋째, 민중의 헌법사상이다. 이는 프랑스 혁명기의 봉건적 특권계급과 부르주아 계급을 제외한 계층을 제외한 광범위한 기층민을 주요 담당자로 하였기 때문에 자본주의의 본격 전개를 부정하거나 소극적이었다. 그들은 근대 입헌주의 시민헌법보다 더 충실한 인권보장과 인민에 의한 인민의 정치를 철저히 요구하였다. 외견상 입헌주의 헌법을 도입한 독일과 일본은 이후 바이마르 헌법¹⁹¹⁹, 서독 기본법¹⁹⁴⁹, 일본국 헌법¹⁹⁴⁶ 등을 통해 근대 입헌주의 헌법으로 이행하였다. 민중의 헌법 구상은 근대 입헌주의 헌법을 비판하면서 그 운용과정에서 영향을 미쳤고 사회주의 헌법의 모태가 되기도 하였다.^{杉原泰雄, 이경주 역, 1996: 30-114}

바이마르 헌법은 국민주권을 권력의 유일한 기초로 규정했고, 의회민주주의와 직접민주제를 채택했으며, 사회권을 포함시킨 당시로는 획기적인 헌법이었다. 그러나 국민의 직접선거에 의해 선출되는 대통령에게 공공안전과 질서가 파괴될 때는 비상대권을 허용하는 조항을 포함하고 있었는데 이는 나중에 히틀러 독재의 한 원인이 되었다. 히틀러 독재에 정당성을 제공하였던 학자가 바로 칼 슈미트^{Karl Schmitt}이다. 그는 독일 정치 주류에서 가장 보수적인 요소에 자신을 연결시키고 바이마르 문제에 대한 해법을 중앙집중적인 독재에서 찾는 이론적 기반을 제공했다. 그는 자유다원주의 사회의 문제들은 의회민주주의의 정치기관들을 제거함으로서만 해결할 수 있다고 주장하였다. 의회민주주의를 대체하는 것은 민중들의 실제적인 동질성의 통합된 비전을 결집하는 것을 통해 민중의 지지를 획득하는 '진정으로' 민주적인 지도자라는 것이다.

슈미트는 헌법에 관한 이론을 통해 법실증주의에 입각한 형식주의적 헌법이론을 비판하고 결단주의^{Dezitionismus} 헌법이론을 그 대안으로 내세웠다. 그는 헌법에서 중요한 것은 실정헌법의 규정이 아닌 헌법제정권자가 내리는 정치적 결단이며, 이는 어떤 규범적 요소와도 상관없이 그 자체로서 정당성을 얻게 된다고 주장한다. 통치자와 피치자의 동일성을 강조하고 헌법제정권자의 정치적 결단을 중시함으로써 결과적으로 슈미트는 법치국가와 헌정주의에 반대하여 정치적 통일체의 대표자로서의 주권자의 무제한적인 권력 행사를 지지하고 정당화하려 했다는 점에서 비판을 받고 있다. 이는 마치 전체 국민의 일반의사를 강조한 루소의 이론이 프랑스혁명 시 자코뱅의 독재에 이용되었던 것과 비견될 수 있다.

한편 사회주의 헌법은 민중의 헌법 구상에 그 뿌리를 두고 있지만 소련을 비롯한

칼 슈미트: 독일의 공법학자인 칼 슈미트 (Carl Schmitt, 1888~1985)는 법실증주의에 입각한 형식주의적 헌법이론을 비판하고 결단주의(Dezitionismus) 헌법이론을 대안으로 제시했다. 그는 헌법에서 중요한 것은 실정헌법의 규정이 아닌 헌법제정권자가 내리는 정치적 결단이며, 이는 어떤 규범적 요소와도 상관없이 그 자체로서 정당성을 얻게 된다고 하였다. 이러한 주장으로 인해 슈미트는 자유주의를 부정하고 나치 정권을 적극적으로 지지한 전체주의 사상가라는 비판을 들었다. 한편, 슈미트는 적과 동지의 구분을 정치를 판별하기 위한 기준으로 삼았다. 그에 따르면 '정치적인 것(das Politischen)'의 자율성이야말로 모든 적대관계를 정치적으로 정당화할 수 있는 조건이었다.

사회주의 국가에서 실제로 제정되고 운용되는 과정에서 변질되었다. 대표적으로 소련 헌법은 맑스·레닌주의 정치사상과 헌법이론에 기초를 두고 제정되었다. 정치의 조직에 대해서는 "최고 권력기관은 소비에트 사회주의 연방공화국 최고회의이다"(제30조)라고 규정하여 회의제 통치형태를 채택하고 있다. 그러나 이 통치형태가 실제로 적용될 때에는 정치의 중심은 공동행동을 취할 수 있는 소수의 동질적인 집단으로 이동한다. 즉 공산당 중앙위원회(정치국), 최고회의 간부회, 각료회의가 최고의 정치 형성 및 집행기관으로 지위를 차지하고 있었다.Karl Loewenstein, 김효전 역, 1991: 76-78

민주주의 국가에서의 헌법은 여러 문제를 지닌다. 무엇보다 중요한 것은 '선출되지 않는 권력'인 재판관들이 시민, 인민의 집합적 의사보다 우선하는가라는 문제이다. 인민의 지배를 원칙으로 하는 민주주의와 법의 지배를 원칙으로 하는 헌정주의는 서로 갈등관계에 놓이기 쉽다. 특히, 근대에 들어와 대두된 헌정주의는 주권국가, 기본권, 대의제 정부, 권력분립을 기본 내용으로 하는 민주적 헌정국가의 수립을 가능케 했다. 헌정주의에 의해 정부의 권력은 제한되고 시민들은 주권자로서 자유와 권리를 확보하게 되었다. 그런데 헌정주의가 정착되기 위해서는 민주적 경쟁이 예측 가능한 장래에 동일한 정치규칙(헌법)에 따라 규칙적으로 이뤄질 것이라는 확신이 국민과 정치인들 사이에 뿌리를 내려야 한다._{임혁백, 2011: 342}

문제는 민주주의와 헌정주의를 어떻게 조화시켜나갈 것인가이다. 이와 관련된 견해는 크게 자유주의적 헌정주의liberal constitutionalism와 공화주의적 헌정주의republican constitutionalism로 구분해볼 수 있다. 전통적인 자유주의적 헌정주의는 개인적 자유의 우위를 위해 최소국가, 최소정부의 논리 전개함으로써 결국 정치에 대한 사법의 우위로 연결되는 한계를 지니고 있다. 이의 대안으로 1960년대 이후 개발된 것이 바로 공화주의적 헌정주의로 이는 개인의 자유와 공동체의 자유는 본질적으로 동시적인 현상으로 보고, 공동체적 자유를 확보함이 없이 개인의 자유를 경험할 수 없으며, 개인의 자유가 공동체적 자유의 전제가 된다는 것으로 '자치 또는 자결로서의 자유'를 중시한다._{김용호, 1997: 58-59}

양자 간의 이러한 차이는 자유주의와 공화주의의 철학적이고 이데올로기적인 차이에서 발생한다. 자유주의는 전통적으로 개인의 자유와 권리 및 생명의 최우선성을 강조하며 기본적으로 반국가 사조를 함유하고 있다. 자유주의의 최소국가 논리는 정치에 대한 사법의 우위로 연결되기 쉽다. 이는 미국의 경우에 두드러진다. 입법부를 능가하는 권한을 지닌 사법부는 지난 200여 년 간 '사법부의 입법행위judicial legislation', 또는 '사법적 정책결정judicial policy-making'이란 개념을 만들어냈다. 이처럼 국민의 대표로서 의회가 수행해야 할 입법기능과 정책결정기능을 선출되지 않은 법원이 수행하는 것은 민주주의의 규범과 원리에 정면으로 배치되는 것이다._{최장집, 2007: 37} 또한 이미 살펴본 것처럼 자유주의는 헌정주의와 법 앞 평등 개념을 자신들의 이해관계를 관철시키기 위한 권력도구로 사용했으며 현재도 그렇다. 자유주의자들은 기층 민중들이 법을 자신들의 권력도구로 활용하려는 것 그리고 헌법 내용을 자유주의 중심에서 기층민중 중심으로 수정하려는 노력에는 찬성하기 어렵다. 자유주의자들이 헌법 개정에 대하여 민감하고 보수적으로 반응하는 이유가 여기에 있다.

반면 공화주의는 제6장에서 살펴보았듯이 공화국을 지향하는 신념 또는 담론 체계를 말한다. 공화국은 로마의 철학자이자 정치가인 키케로Marcus Tullius Cicero가 카이사르에 맞서 자신의 나라 로마를 '공공의 것res publica'이라고 정의한 데서 그 유래를 찾을 수 있다. 국가란 누구에게나 해당하고 모두의 이해관계res publicae와 연관된 문제를 다루는 것이기 때문이다. 따라서 공화국이란 공동의 이익을 실현하기 위해 공동체의 구성원들이 공동의 참여와 공동의 결정으로 법을 만들어 통치하는 나라다. '합의된 법과 공공 이익에 의해 결속된 다중의 공동체'인 시민들의 정치적·사회적 연대가 곧 공화국이다. 공화국은 시대와 맥락에 따라 다르게 될 수 있다. 그렇지만 그 핵심적인 내용은 정치공동체의 주권자인 시민이 개인의 사적인 자유보다는 공적 이익을 중시하고 이를 실현하기 위해 적극적으로 공적인 참여를 하는 것이라 할 수 있다.

자유민주주의 헌법은 두 가지의 이상형이 존재한다. 입법우위 모델the legislative supremacy model은 헌법이 일련의 선거규칙을 확립하고 정부기관 사이에 제 능력과 기능을 분배해 놓는다. 모든 공공기관의 행위는 헌법에 제정된 절차에 따라 생기고 행해지는 만큼 합법적이며 따라서 구속력이 있다. 선거는 입법권위를 정당화하고, 입법부의 다수는 법정의 권위를 정당화한다. 반면 최상위법 헌정주의 모델the higher law constitutionalism model은 헌법통치가 정부기관들을 확립하고 이들 기관을 선거를 통해 사회와 연결시킨다. 두 번째 경우에는 공공권위의 사용에 있어 실제적인 제약이 존재하는데 특히 이 제약은 비국가행위자들로 하여금 국가에 대해 그들의 요구를 강경하게 주장

〈이론과 현실〉

••

대한민국 헌법과 헌정주의

1. 대한민국은 민주공화국이다?

대한민국은 민주공화국이다. 헌법 제1장 1조에 그리 써 있다. 민주공화국이란 말은 민주주의와 공화국의 합성어이다. 민주주의와 공화주의의 장점을 위해 민주공화국이라는 하나의 그릇에 담아 섞음으로써 각자의 약점을 보완하려는 것이다.

민주주의의 장점은 무엇보다도 국가의 주권이 국민에게 있다는 것과 모든 권력은 국민으로부터 나온다는 것에 있다. 또 모든 국민은 자유롭고 평등한 개인으로서 존엄과 가치를 지니고 있고, 국가는 그것이 기본적인 인권임을 확인하고 보호해야 한다는 것에 있다. 하지만 민주주의는 단점도 있다. 민주주의가 진공상태가 아닌 부와 권력의 격차가 엄연히 존재하는 가운데 실제로는 다수 국민이 자유롭고 평등치 못한 현실, 즉 부와 권력을 보유한 소수 국민만 실제 자유와 평등을 누리는 현실에서 시행될 수밖에 없어 생겨난 문제이다. 크게 두 가지가 있다. 하나는 개인주의와 자유주의의 왜곡이다. 즉 모든 개인이 자유롭고 평등할 저마다의 권리만 내세우다 국가와 사회의

권위와 결속력이 약화되면서, 결국 기존의 부와 권력의 격차가 유지되거나 더 커질 공산이 있다는 것이다. 다른 하나는 사회주의와 혁명주의적 훼손이다. 소수 특권층에게서 부와 권력을 되돌려 받기 위해서 다수의 폭력 혹은 프롤레타리아 독재에 기댐으로써 결국 민주주의를 스스로 부정할 위험성이 있다는 것이다.

공화주의는 민주주의의 그러한 단점을 보완하고자 꺼내든 카드이다. 개인의 권리보다 정치공동체의 유지와 발전을 위한 시민적 참여와 책임을 중시하고, 부와 권력을 국가의 법과 제도에 기대어 균등하게 나눠 가짐으로써, 서로를 견제하되 지배하지 않는 조화로운 관계를 구현하려는 사상이기 때문이다. 물론 공화주의 역시 단점이 있다. 개인의 권리를 등한시하고 시민의 자격을 엄격히 제한할 위험성이 있다는 것이다. 민주주의와의 결합이 필요한 이유이다. 1919년 대한민국 임시헌장 제정을 통해 최초로 민주공화국임을 선포한지 오래되었지만 아직도 대한민국은 민주공화국이 아니다(『경향신문』, 2013년 6월 25일. 이 글은 김윤철 교수의 시론 "대한민국은 민주공화국이다?"를 인용한 것이다).

2. 헌법을 읽자.

헌법은 시민과 국가의 관계를 밝히고 이루어내는 최고규범이다. 대한민국 헌법은 대한민국을 떠받드는 주춧돌이다. 대한민국을 휘감아 싸는 거푸집이다. 대한민국 시민이라면 대한민국 헌법을 한번이라도 읽어보아야 한다. 그것은 자신의 헌법적 권리와 의무를 알려줄 뿐 아니라 대한민국 공동체 일원으로서의 정치적 성찰을 북돋운다.

헌법은 그 전문에서 우리 대한민국이 3.1운동으로 건립된 대한민국임시정부의 법통과 불의에 항거한 4.19민주이념을 계승한다고 선언한다. 따라서 일제 시기 한국인들의 친일행위 규명을 훼방 놓거나, 8월15일은 건국절 운운거나, 4월 혁명이 낳은 민주주의를 압살한 5.16 군사반란을 추어올리는 것은 위헌적 망동이다.

모든 국민은 근로의 권리를 가진다(제32조)는 구체적인 조문에서만이 아니라 모든 국민은 인간으로서의 존엄과 가치를 가지며 행복을 추구할 권리를 가진다(제10조)는 다소 추상적인 조문에서도 우리는 1979년 YH무역 사건의 김경숙이나 지금 한진중공업 사태의 투사 김진숙 같은 아름다운 여자들을 떠올리게 되고, 행복이란 무엇인지에 대해 곱씹어보게 된다. 또 국교는 인정되지 아니하며 종교와 정치는 분리된다(제20조 2항)는 조문은 서울시장 시절부터 이어져 온 이명박 대통령의 부적절한 친개신교 언행만이 아니라 일부 대형 교회 목사들의 파시스트적 언동이 명백한 위헌 행위임을 확인시킨다.

모든 국민은 사생활의 비밀과 자유를 침해받지 아니한다(제17조)거나 모든 국민은 통신의 비밀을 침해받지 아니한다(제18조)는 조문은 총리실의 민간인 사찰이나 거대 기업의 종업원 감시를 불쾌하게 되짚어보게 하고, 근로자는 근로조건의 향상을 위하여 자주적인 단결권·단체교섭권 및 단체행동권을 가진다(제33조)는 조문 역시 삼성 재벌의 소위 무노조 경영이 위헌적임을 새삼 깨닫게 한다.

국가는 사회보장·사회복지의 증진에 노력할 의무를 진다(제34조 2항)는 조문은 무상이나 복지국가라는 말엔 발끈 성을 내면서도 수십조원을 들여 소위 4대강 사업에 매진하는 이 정권의 행태를 시시비비할 근거가 되고, 국회의원은 청렴의 의무가 있다(제46조 1항)는 조문은 너무 당연한 일을 왜 헌법에까지 규정해 놓았을까 곰곰 생각하게 한다.

모든 국민은 법 앞에 평등하다(제11조 1항)거나 법관은 헌법과 법률에 의하여 그 양심에 따라 독립하여 심판한다(제103조)는 조문에서 스폰서 검사니 전관예우니 하는 말과 더불어 몇몇 재벌가 오너들의 얼굴이 포개진다. 앞선 대통령들처럼 이 대통령도 취임에 즈음해 조국의 평화적 통일과 국민의 자유와 복리의 증진에 노력하겠다(제69조)고 선서했다. 그 선서가 실천으로 이어졌다고 생각하는 사람은 많지 않을 것이다. 대한민국 헌법을 지키는 것은 대통령만이 아니라 대한민국 시민 모두의 의무다(『한겨레』, 2011년 7월 4일. 이 글은 고정석 칼럼 "헌법을 읽자"를 인용한 것이다).

3. 헌법 119조를 아시나요.

헌법 119조 2항(경제민주화 조항)이 정치권의 화두로 떠올랐다. 복지경쟁에 이어 여야 정치인들이 앞다퉈 이 조항을 거론하고 있다. 헌법 119조 2항은 "국가는 균형 있는 국민경제의 성장 및 안정과 적정한 소득의 분배를 유지하고 시장의 지배와 경제력의 남용을 방지하며 경제주체간의 조화를 통한 경제의 민주화를 위해 경제에 관한 규제와 조정을 할 수 있다"고 규정하고 있다. 전국경제인연합회 등에선 이 조항의 시장에 대한 규제가 국가경쟁력을 해친다며 개헌 논의가 나올 때마다 폐지를 주장해 왔다.

민주당은 13일 최고위원회를 열어 '보편적 복지 특위'와 함께 '헌법119조 경제민주화 특위'를 당내에 꾸렸다. 손학규 대표는 이 조항을 언급하며 "이명박 정부의 대기업 프렌들리 정책에서 중소기업만 희생되고 서민경제는 파탄으로 치닫는 등 이제는 기업 자율에 모든 것을 맡길 수 없는 시대가 됐다"며 "민주당은 정의와 복지를 민생해결의 근본으로 삼을 것'이라고 말했다. 한나라당에서도 헌법 119조를 강조하는 목소리가 나온다. 홍준표 대표가 대표적이다. 그는 당내 서민특위 위원장을 맡아 은행대출 중 10%를 서민용자로 시행하는 방안을 추진하는 등 과감한 정책을 추진하다가 당내에서 좌충우돌 포퓰리스트라는 비판을 받았다. 그는 그럴 때마다 이 조항을 내세우며 "좌 클릭도 포퓰리즘도 아닌, 헌법의 경제민주화 정신을 지키는 것"이라고 맞섰다.

전문가들은 1987년 개헌 당시 만들어진 119조 2항이 24년 뒤인 지금 다시 주목받는 이유에 대해 헌법엔 규정하고 있으나 현실에선 유명무실했기 때문이라고 말한다. 박병섭 상지대 법대 교수는 "유럽은 진보정당뿐 아니라 보수정당도 사회국가 원리를 수용한 지 100년이 넘었다며 글로벌 스탠더드를 얘기한다면 119조 2항을 거론하는 게 당연하다고 말했다(『한겨레』, 2011년 7월 14일. 이 글은 『한겨레』기사 "헌법 119조를 아시나요"를 인용한 것이다).

〈생각해보기〉
1. 헌법 제1조. "대한민국은 민주공화국이다"의 의미가 무엇인지 말해보자.
2. 헌법을 읽고 믿고 따르고 싶은 조항과 개선하고 싶은 조항이 무엇인지 토론해보자.
3. 헌법 제119조 1항과 2항의 내용이 구체적으로 무엇을 의미하는지 설명해보자.

할 수 있게 한다. 이러한 요구는 국가행동이 개인의 권리를 침해하는 한에는 무효라는 (정통성이 없다는) 주장의 형태로 발생한다. Alec Stone Sweet, 2000: 20-21

3. '다른 수단에 의한 정치'와 사법의 정치화

일반적으로 민주국가에서 사법부는 사법권을 행사하는 국가기관으로 행정부, 입법부와 분리되어 있다. 대부분의 경우 사법부는 대법원을 정점으로 고등법원, 지방법원과 특별법원 등 위계적으로 구성된다. 헌법상 사법권은 법원에 부여되어 있다. 법원이 사법부로서의 임무를 다하기 위해서 헌법은 "법관은 헌법과 법률에 의하여 그 양심에 따라 독립하여 심판한다"고 규정하고 있다(헌법 103조). 이는 법관이 정치권력과 같은 외부의 간섭 없이 독립하여 심판한다는 것을 의미한다. 이러한 권력분립은 국가의 자의적인 권력행사로부터 그 구성원인 국민의 기본권을 지키려는 데 주된 목적이 있다.

그러나 이 같은 목적이 제대로 실현되지 않는 사례도 흔하다. 특히 입법권을 행사하는 의회가 국민의 선거로 구성되는 데 비해 사법부는 선출되지 않고 견제되지 않는 권력이라는 태생적 한계를 지닌다. 이와 더불어 다른 국가권력으로부터 독립되어 국민의 권리를 지켜야 하는 사법부가 그렇지 못하고 오히려 이들의 하수인 역할을 하는 경우도 많다. 예를 들어 과거 권위주의 정부 시절 일부 민주화운동 참가자들을 공안기관이 간첩 혐의를 뒤집어 씌워 불법 연행, 감금한 뒤 관련 법원에서는 판결을 통해 이를 정당화시키곤 했다. 반면, 권력을 이용해 범죄를 저지른 사람들과 그 하수인들에 대해서는 온정주의에 입각한 판결이 내려지곤 하였다.

최근 들어와 이른바 '사법의 정치화judicial politicization' 현상이 두드러지고 있다. 이는 입법부와 집행부의 정책결정 과정에 사법부가 적극적으로 개입하는 사법적 행동주의

judicial activism의 현대적 표현으로 '정치의 사법화judicialization of politics'와는 동전의 양면
에 해당하는 현상이라 할 수 있다. 사법의 정치화는 민주주의로의 이행기나 체제전환
과정, 그리고 대통령과 의회 지배정당이 다르며 집권당이 소수당으로 전락하는 분할
정부divided government의 경우에 흔히 나타난다. 문제는 이로 인해 법의 지배와 민주주
의 간에 긴장관계가 형성되면서 법의 지배가 견제와 균형에 입각한 권력분립이라는
민주주의의 기본원리를 훼손하는 데 있다. 선출되지 않고 견제받지 않으며 책임지지
않는 사법부가 인민주권에 기반해 선거로 구성된 대표기관인 의회보다 우위에 서는
것은 근대 민주주의에 대한 심각한 도전이 된다. 사법의 정치화 현상은 민주주의 이행
기에 그동안 권력으로부터 배제된 개인과 집단들이 그들의 권리를 확보하는 수단으로
사용되는 경우는 긍정적으로 평가될 수 있다. 그러나 정치인들이 그들의 특수하고
집합적인 이익을 추구하기 위한 전략으로 사법의 정치화가 발생하는 경우는 부작용이
매우 크다.

스페인의 정치학자인 호세 마리아 마라발José María Maravall은 정치인들이 민주적 경쟁
의 결과를 바꾸기 위한 전략으로 정치를 사법화하는 경향이 있다고 지적한다. 첫째,
정치인들에게 물을 수 있는 책임의 범위가 좁게 한정되어 있다면 정치의 사법화 가능
성이 증가한다. 둘째, 야당이 현재의 경쟁규칙 속에서는 계속되는 선거에서 이길 수
없다고 판단할 때 경쟁의 새로운 차원으로 사법적 행동주의를 끌어들인다. 셋째, 판사
들이 독립적이지만 중립적이지는 않은 특정한 정치적·제도적 조건 아래에서 어떤 정
부는 권력을 공고히 하고 반대세력을 약화시키기 위해 사법적 행동주의를 교묘히 이
용한다.Adam Przeworski & José María Maravall, 안규남 외 역, 2008: 426-428

마라발이 지적한 이러한 현상은 쉐프터Martin Shefter와 긴스버그Benjamin Ginsberg가 지
칭한 이른바 '다른 수단에 의한 정치politics by other means'의 한 사례이기도 하다. 쉐프
터와 긴스버그는 미국에서 정당이 쇠퇴하고 선거가 덜 중요해지면서 승자는 완전한
통제권을 갖지 못하고 패자도 권력을 빼앗기지 않게 되었다고 지적한다. 그 결과 정치
는 점증적으로 선거 이외의 다른 수단에 의한 정치에 의해 수행되고 있다는 것이다.
쉐프터와 긴스버그는 정당의 영향력이 쇠퇴하고 유권자들의 투표율이 감소하는 까닭
에 선거 이후에도 누가 권력을 행사할 것인가를 정하는 것이 어렵게 되었다고 지적한
다. 일부 정치세력은 선거 승리에도 불구하고 적은 권력만 갖는데 비해 다른 세력은
실패에도 불구하고 권력을 유지하며, 심지어는 선거경쟁 없이 권력을 행사하는 세력
도 존재한다는 것이다. 이러한 정치현실은 국가적 목표를 달성하려는 정부의 능력을

감소시킬 뿐만 아니라 때로는 분할정부를 초래하면서 정치의 교착상태를 만들어 낸다. 분할정부는 정치의 교착상태를 만들어내며 대중동원을 목표로 한 정당 간 선거경쟁으로부터 대통령 대 의회라는 제도적 권력 간의 쟁투로 정치의 중심을 이동시켰다.

쉐프터와 긴스버그는 미국에서 공화당과 민주당이 자신이 장악하고 있는 대통령이나 의회의 권한을 확대하는 대신 상대방이 장악하고 있는 행정부와 입법부의 권한을 제한하고 사법부를 장악하기 위한 제도적 투쟁에 몰두하였다고 지적한다. 이 과정에서 언론의 역할이 엄청나게 증대되고 검찰의 수사를 이용한 반대세력의 공격이 증가하였다. 즉 정치경쟁의 장소는 투표장이나 유세장에서 사법부나 언론으로 옮겨졌고 선거를 대신해 이른바 '폭로-수사-기소RIP: revelation-investigation-prosecution'가 정치적 투쟁의 유용한 수단으로 등장하였다. 대통령과 대통령 주변 인사들의 부패를 둘러싸고 양당들은 경쟁적으로 언론과 검찰을 동원하였다. 문제는 국가기구 내의 검찰이나 사적 영역 내의 언론이 유권자들에 대해 책임성을 갖지 않는 기관이라는 점이다. 유권자들에 폭로와 조사, 기소의 증가는 다시 선거의 유용성을 감소시키고 정당의 역할을 축소시키는 악순환의 고리를 형성하고 있다.Benjamin Ginsberg & Martin Shefter, 2002: 1-36

다른 수단에 의한 정치는 특히 미국의 클린턴 정부 시절에 두드러졌다. 이는 언론과 공화당과 더불어 대법원에 의해 행해졌다. 예를 들어 미 대법원은 1997년 폴라 존스Paula Jones 케이스에서 대통령에 대한 민사소송을 승인하였다. 당시 대법원은 판결에서 폴라 존슨의 손해배상소송은 "클린턴 대통령의 시간을 많이 빼앗지는 않을 것이다"라고 선언하며 민사소송을 합리화하였다. 결국 예상대로 이 사건은 1년여를 끌었고 대통령의 많은 시간을 빼앗았다. '대통령 때리기'라는 정치적 목적이 숨어 있는 이 판결은 재임기간이 아니었을 때의 문제로 인해 대통령이 수많은 정치적 동기가 걸린 민사소송에 휘말릴 수 있는 길을 터놓았다. 결국 이 사건은 미국 정치에서 다른 수단에 의한 정치가 기승을 부르도록 자극하는 나쁜 선례를 남겼다.안병진, 2001: 202-203

한국에서도 노무현 정부 시기는 다른 수단에 의한 정치라는 새로운 비선거정치의 유형이 두드러진 시기로 평가된다. 행정부를 장악한 여당과 다수 의석을 가진 야당 간의 대립과 힘의 교착으로 인해 이른바 '다른 수단에 의한 정치'가 행해졌는데 이는 행정수도 특별법과 대통령 탄핵 헌법 소원으로 나타났다. 이 사건을 통해 여야 간 힘의 대립에 있어 검찰과 사법부의 판결에 의존하는 정도를 높임과 동시에 언론매체가 주도하는 여론의 힘이 크게 증가하였다. 경쟁적 여론 동원과 사법권력의 개입을 동반한 이 과정은 정치를 정치권 밖으로 끌어내는 직접적 효과를 만들어냈고, 정치에

대한 부정적 인식을 팽배시켰다. 최장집, 2002: 63-64

헌법재판소가 유명세를 타면서 헌법소원 역시 급증하고 있다. 1988년 9월 헌법재판소의 창립 이후 접수된 권한쟁의·위헌·헌법소원·탄핵사건 등은 2010년에 이르러서는 무려 20만 건을 넘어섰는데 이 중에서 헌법소원이 19만 252건으로 가장 많았다. 소송과 관계없이 권리침해를 받았을 경우 제기하는 헌법소원은 2001년에 1,000건을 넘어섰고 2003년부터는 꾸준히 1,000건 이상을 기록하고 있다. 〈파이낸셜뉴스〉, 2011년 3월 3일 헌법소원이 증가하면서 이를 둘러싼 사회적 논란도 빈발하고 있다. 대표적인 것이 종합부동산세에 대해 헌법재판소가 내린 일부 위헌 결정이었다. 종합부동산세는 부동산 보유에 대한 조세부담의 형평성을 높이고 투기를 억제하기 위해 노무현 정권 시기인 2005년 1월 신설되었다. 그러나 보수정당과 보수언론들은 이를 '계층 간, 지역 간 편 가르기로 갈등을 부추긴' 법률이라 낙인찍고 반대여론을 조성하는 한편 헌법소원을 제기했다. 2008년 11월 헌법재판소가 종합부동산세의 '세대별 합산 부과 조항'은 위헌으로, 주거 목적의 1주택 장기 보유자에 대한 부과 규정에 대해서는 헌법 불합치 결정을 내리자 여당은 종부세 논란이 종결되었다며 환영한 데 비해 야당은 "국민의 성실납세의식을 저해하고 불법·편법 증여와 조세회피가 난무하게 될 것"이라며 우려를 표명했다. 정치인들이 사회적 쟁점을 대화와 토론, 심의를 통해 합의로 이끌려는 노력 없이 헌법재판소 재판관들의 사법적 결정에 넘긴 결과 갈등은 해결되지 않고 수면 아래로 잠복하게 되었다.

헌법재판소와 같은 사법부가 위헌판결 등을 통해 입법부나 행정부의 결정에 반대를 제기함으로써 다른 두 부를 적극적으로 견제하는 태도인 사법적 행동주의는 소수자와 약자의 인권 보호를 위해 나타날 때 바람직한 것이며, 정치적 사건에의 무분별하고 과도한 개입으로 나타날 때는 오히려 위험한 것일 수 있다. 사법적 행동주의는 정치 과정을 통해서보다는 재판의 판결을 통해 특정한 목적을 이루려는 운동을 말한다. 이는 국민의 대의기관들이 마땅히 해야 할 정치가 사라진 자리를 국민이 뽑지도 않았고 국민에 대해 책임을 지지도 않는 사법기구가 대신하고 있다는 점에서 큰 문제로 지적된다. 아울러서 이는 '대표와 책임'의 원리를 기초로 구현되는 민주주의의 근간을 위협하는 중대한 위험요소일 뿐만 아니라 주권자인 국민이 주권행사에서 소외되는 결과를 낳게 한다.

이러한 사법적 행동주의의 기원은 1950년대 미국에서 그 뿌리를 찾을 수 있다. 민권운동가들과 여성단체, 환경보호론자 등 '일반시민들'이 연방대법원에 공립학교에서

헌법재판소: 한 국가 내에서 최고의 실정법 규범인 헌법에 관한 분쟁이나 의의를 사법적 절차에 따라 해결하는 특별재판소이다. 유형으로는 헌법적 분쟁을 일반법원이 담당하는 유형과 독립된 헌법재판소가 담당하도록 하는 것이 있는 데, 미국과 일본은 전자에 해당되고 독일과 오스트리아는 후자에 해당된다. 헌법재판소는 법적 분쟁을 사법적으로 해결한다는 점에서는 일반법원과 같다. 하지만 정치적 파급효과가 큰 헌법적 분쟁을 대상으로 하며, 헌법을 최종적으로 유권해석하는 위치에 있다는 점에서 일반법원과 구별된다. 한국에서는 1960년 제2공화국 헌법에 헌법재판소의 설치가 규정되었으나 5·16군사쿠데타로 인해 그 설립이 무산되었다. 그 이후 법원 또는 헌법위원회가 헌법적 분쟁을 담당하다가 1987년 개정된 헌법에서 다시 헌법재판소제도가 도입되어 1988년 헌법재판소가 구성되었다. 헌법재판소는 ① 법원의 제청에 의한 법률의 위헌여부 심판, ② 탄핵의 심판, ③ 정당의 해산 심판, ④ 국가기관 상호간, 국가기관과 지방자치단체 간 및 지방자치단체 상호간의 권한쟁의에 관한 심판, ⑤ 법률이 정하는 헌법소원에 관한 심판을 담당한다. 헌법재판소는 대통령이 임명하는 9명의 재판관으로 구성된다. 9명 가운데 3명은 국회에서 선출하고, 3명은 대통령이 임명하며, 3명은 대법원장이 지명한다. 이 중에서 국회 몫 3명은 여당과 야당이 각각 1명씩 추천하고 1명은 여야 합의로 뽑는다. 재판관 자격은 15년 이상의 경력을 가진 판·검사, 변호사로 규정하고 있다. 이러한 구성방식은 다수의 재판관이 대통령의 직간접적 영향력 아래 지명되고 임명된다는 점에서 문제가 있다. 선출되지 않은 권력으로 대통령이 임명하는 대법원장이 3명을 지명하는 것도 논란의 소지가 있다. 이런 까닭에 헌법재판관의 임명방식에서 민주적 정당성을 확보하고, 시대정신과 사회의 다원적 가치가 반영될 수 있도록 인적 구성을 다양화하는 것이 요구된다.

의 인종차별, 피임이나 낙태, 프라이버시 같은 사회 쟁점에 대해 소송을 제기했고, 1960년대 초반부터 당시 대법원장인 워렌 등 진보적인 성향의 대법관들이 판결을 통해 민권과 언론의 자유, 정치와 종교의 분리 같은 다양한 분야에 개입하기 시작했다. 그 결과 국회에서 자신이 원하는 바를 얻어내지 못한 사람들은 대법원에 호소할 수 있게 되었고, 대법관들의 성향과 대법원의 구성을 반영한 판결이 내려지게 되었다.

그런데 1980년에 레이건 행정부가 들어서면서 보수적인 대통령이 임명한 법관들이 영향력을 발휘하기 시작하였고, 아들 부시 대통령 시기에 이르러서는 진보적 입장을 중심으로 아슬아슬하게 균형을 이뤄오던 대법원의 구성이 보수주의로 기울어졌다. 미국의 좌파는 의회를 통한 정치과정으로는 결코 이뤄낼 수 없었을 업적들을 대법원 판결을 통해 쟁취했는데, 보수주의가 정치 사회적 주도권을 장악한 시대에 들어와서는 오히려 우파들이 의회라는 '피곤하고 소란스런 정치적 과정'을 피해 대법원으로 달려갔다. Nicholas D. Kristof, 2005

한국에서 1987년 민주화항쟁의 성과물인 헌법재판소는 헌정사에서 별반 중시되지 않았던 헌법을 입법 및 사법 판단의 과정에서 중요하게 자리매김하도록 기여했다고 평가된다. 대통령 탄핵 심판, 행정수도건설특별법 위헌소송, 양심적 병역거부권 등에서 볼 수 있듯이 경우에 따라서 헌법재판소가 정치화되어 정치과정에서 중요한 결정자로 작용했다. 이 과정에서 국민의 대표기관인 의회가 압도적인 의결로 마련한 법률을 헌법재판소가 너무 쉽게 무력화시키면서 대의민주주의의 위기를 초래하고 있다는 비판이 제기된다. 또한 '국민의 기본적 자유와 권리보호'라는 본연의 임무는 애초의 기대만큼 이뤄내지 못했다는 것이다. 이와 더불어 사법엘리트 중심으로 기득권층의 이익을 대변해왔다는 평가도 존재한다. 대표적인 것이 재산권 침해를 이유로 토지초과이득세법, 부부 자산소득 합산과세 등에 위헌 판결인데 이로 인해 소득재분배가 위축되고 사회양극화가 심화되었다는 것이다.

사법의 정치화 경향 속에서 주로 기득권층의 이익을 대변하는 사법부와 더불어 각종 법조비리, 권력자들 범죄에 대한 온정주의적 판결, 미온적인 과거사 청산 등은 국민들에게 광범위한 사법 불신을 갖게하는 요인이 되고 있다. 많은 사람들은 헌법에 명시된데로 민주공화국의 국민 개개인이 인간다운 삶을 누릴 수 있는 권리를 보장받고 사회경제적 평등도 이뤄지지 않고 있다고 생각하면서 갈수록 정치와 법의 운용 앞에서 절망을 느끼고 있다. 그렇다면 '정치의 사법화'를 막을 수 있는 길은 없는 것인가? 이를 위해서는 정당정치의 복원과 대의기구의 정상적 작동 그리고 성숙한 국민의식 등이 그 방안으로 언급된다. 즉, 정당이 국민과 대의제 기구 사이의 거리를 좁히는 역할을 충실히 하고, 여야와 대통령이 타협과 설득에 기반한 정치를 하며, 국민들도 문제만 생기면 헌재로 달려가 판단을 구하는 태도를 지양하고 정당과 대의제 기구들을 신뢰할 때 사법의 정치화로 인한 문제가 해결될 수 있다는 것이다. 이태경, 2008

아르헨티나의 정치학자인 카탈리나 스물로비치 Catalina Smulovitz 는 법의 지배가 민주주의의 유지, 발전과 조응하기 위한 세 가지 방안으로 '수평적 통제', '수직적 통제', 그리고 '사회적 통제'를 제시한다. 수평적 통제란 국가 기관들 사이의 견제와 균형이다. 행정부·입법부·사법부가 서로를 감시하고 제어하는 것이다. 더 중요한 것은 수직적 통제다. 수직적 통제란 선거를 통해 유권자가 정치행위자들을 갈아치우는 것을 말한다. 법의 지배를 악용하는 세력을 정치 영역에서 추방함으로써 민주주의의 터전을 보호하는 것이다. 그러나 이런 방법만으로는 민주주의적 법치를 충분히 보장할 수 없다고 스물로비치는 강조한다. 선거와 선거 사이 공백 기간에 권력이 남용된다면, 또 선거 자체를 조작하고 유권자를 매수한다면, 수직적 통제는 효과를 발휘하기 어렵다는 것이다. 한편, 사회적 통제는 선거제도나 국가제도에만 맡겨둬서는 민주주의를 지켜낼 수 없기 때문에 시민사회의 광범위한 시민결사·시민운동·언론매체가 일상적으로 통제 활동을 벌여야 한다는 점을 강조한다. 스물로비치는 법이 공정한 판결을 할 것으로 믿고 기다릴 것이 아니라, 법이 공정한 심판자 노릇을 할 수 있도록 강제해야 한다고 하며 다음과 같이 주장한다. "그것은 억압받는 사람들을 돕고자 하는 모든 사람이 새겨들어야 할 말이다. 만약 여성의 권리를 보호하고 싶다면, 여성운동을 조직하라. 만일 흑인의 시민권을 보호하고 싶다면, 시민권 운동을 조직하라."[Adam Przeworski & Jose Maria Maravall et al., 안규남·송호창 외 역, 2008: 292-318]

4. 헌법 개정의 정치

헌법 개정 절차는 두 가지 기본적인 형태로 나눌 수 있다. 즉 입법기관인 의회만을 통한 입법과 국민발안과 국민투표에 의해서 유권자가 참여하는 것이 있다. 그러나 칼 뢰벤슈타인[Karl Loewenstein]이 지적했듯이 헌법 개정은 딜레마를 지닌다. 우선 개정 방법이 극도로 용이한 경우, 특히 의회가 유일한 개정기관인 경우에는 다수 정당이 자기 이해를 위해 이것을 이용할 수 있다. 다른 한편으로 개정방법이 까다로운 경우에는 정치과정은 헌법 이외의 수단이나 혁명적 방법에 호소하게 된다.[Karl Loewenstein, 김효전 역, 1991: 56]

한국에서 과거 헌법 개정 과정은 대부분 '정상적인' 절차를 거치기보다는 '일탈적인' 형태로 이뤄지는 경우가 많았다. 제헌헌법부터 지금까지 헌법을 개정한 경우는 모두 아홉 차례이다. 헌법 개정의 주체, 개정목적, 승인절차를 중심으로 각각의 경우를 살

〈표 1〉 역대 개헌의 주체, 목적, 정치와 특징

일시	개헌 추진 주체	목적	승인절차	특징
1952.7.7.	이승만 대통령	대통령 직선제	억압적	발췌개헌
1954.11.29.	이승만 대통령	초대 대통령 3선 가능	억압적	사사오입 개헌
1960.6.15.	국회	내각제 개헌	민주적	4.19혁명
1960.11.29.	국회	반민주행위 처벌 위한 소급입법의 근거 마련	민주적(그러나 여론에 굴복한 형태)	형벌 불소급 원칙 위배 논란
1962.12.26.	군부	대통령제 개헌, 민정 이양	제한적 민주적(군정)	5.16 쿠데타
1969.10.21.	박정희 대통령	3선 개헌	억압적	날치기변칙처리
1972.12.27.	박정희 대통령	영구 집권	억압적	유신헌법
1980.10.27.	신군부	신군부지배구축	억압적	제5공화국 출범
1987.10.29.	국회	대통령 직선제	민주적	6월 민주화항쟁

출처: 강원택 편(2010), p.89

펴보면 〈표 1〉과 같다.강원택 편, 2010: 88-89 현행 헌법 역시 1980년대의 시대적 맥락 속에서 개정이 진행되었다. 1980년 5월 18일 광주민주화운동은 군인이 자국의 국민을 향해 총을 겨눈 비극적인 사건임과 동시에 12·12쿠데타로 권력의 전면에 나선 군부가 집권하는 계기가 됐다. 전두환 정권은 민주화운동과 노동운동을 강경하게 진압했고 이에 맞서 전국적 규모에서 아래로부터의 민주화 운동이 전개되었다. 이에 전두환 정권은 4·13 호헌조치로 맞섰고 여기에 분노한 시민들은 6·10 민주화운동으로 민중의 힘을 보여주었다. 결국 당시 여당이 대통령 직선제 개헌 등이 포함된 6·29 선언을 하기에 이른다. 개헌을 둘러싸고 정치권은 대통령 임기에 대해 6년 단임(민정당), 4년 중임(통일민주당)으로 의견이 엇갈렸지만 결국 군사독재의 장기집권으로 연임에 대한 우려가 작용하여 5년 단임제로 타협이 이뤄졌다.

개정헌법은 행정부에 짓눌린 입법부의 권한을 강화하기 위해 대통령의 국회 해산권을 없애고, 국회의 국정감사권을 부활시켰다. 또한 사법부의 역할 강화를 위해 헌법재판소를 설치하고 중앙선거관리위원회의 비중을 높였다. 이는 1987년 헌법 개정의 가장 중요한 내용이며, 가장 큰 특징이라 할 수 있다. 헌법 제111조는 헌법재판소에

△법률의 위헌여부 심판 △탄핵의 심판 △정당의 해산 심판 △국가기관 상호간, 국가 기관과 지자체간, 지자체 상호간의 권한 쟁의에 관한 심판을 행할 권한을 보장하고 있다. 특히 민주적 정당성은 매우 취약하면서도 권한은 엄청나게 비대해진 헌법재판소 관련 조항은 이후 한국 정치 과정에 큰 영향을 미치고 있다. 즉, 87년 헌법은 입법부와 행정부 간의 상호견제에 의한 갈등으로 인해 정치와 정무 기능이 교착과 마비상태로 빠져들 수 있는 상황에서, 선출되지 않은 권력인 헌법재판관들이 제왕적으로 사회에 군림하는 길을 열어주었다. 헌정주의가 민주주의를 지나치게 통제하고 압도할 가능성이 항존하고 있는 셈이다.^{김종엽 편, 2009: 36} 정치 질서를 뒤흔들거나 국민들의 삶을 뒤바꿀 수 있는 국가적으로 중요하고 민감한 사안들이 국민이 권한을 부여한 국회나 대통령을 통한 정치 과정에서 처리·결정되는 게 아니라, 일부 사법 엘리트들의 손 안에서 결정될 가능성이 있다.

1987년 헌법 제정의 과정은 시민사회의 요구가 반영되고 참여가 보장된 심의 deliberation의 산물이었다기보다는 좁은 정치사회 내 엘리트들 간의 탁상협상의 결과였다. 협상 참여자들 사이의 단기적 이해관계가 주로 반영되다 보니 상당한 문제점을 소지할 수밖에 없었다. 무엇보다 구헌법체제하에서 선출된 대표들이 개헌을 주도함으로써 헌법이 이후 변화된 정치균열과 사회현실을 수용하지 못했다. 이에 따라 대통령과 국회 지배 정당이 다르며 집권당이 소수당으로 전락하는 분할정부가 반복적으로 등장하면서 정당정치 발전이 지체되고, 사회의 핵심의제들이 거의 전부 헌법적 결정의 문제로 귀결되면서 정치의 사법화가 강화되었으며, 가치와 권위의 중앙 집중과 노동, 복지의 약화 등이 나타났다.^{함께 하는 시민행동 편, 2007: 70-74}

87년 헌법이 지닌 문제점들로 인해 지금까지 개헌 논의가 끊임없이 진행되고 있다. 개헌에 대해서는 크게 민주적 헌법개헌론, 단계적 개헌론, 개헌불가론, 그리고 개헌무용론 등의 다양한 시각이 대립하고 있다. 민주적 헌법개헌론은 현행 헌법은 시대 변화를 담지 못한데서 '미래 설계 차원의 리모델링'이 필요하다고 주장한다. 단계적 개헌론은 일종의 절충안으로서 권력구조 개편에 관심을 둔 정치권과 보수적 개헌을 구상하는 세력을 동시 만족시키는 경로가 필요하다고 한다. 이에 비해 개헌 불가론자들은 현행 헌법이 여야 합의와 다수 국민의 동의하에 지난 기간 별 탈 없이 유지되어 왔으며, 개헌논의는 특정 세력을 배제하는 것을 염두에 둔 인위적 정계개편과 잇닿아 있다는 점을 내세운다. 한편, 개헌 무용론은 현행 헌법의 여러 문제점을 인정하지만 자칫 개헌 논의가 사회적 주요 의제에 대한 관심을 분산시킬 우려가 있다면서 사회경제적 갈등 해소에 주목하는 정당정치 활성화 등을 대안으로 내놓는다.

무엇보다 현행 헌법은 '제왕적 대통령제'라고 불리는 권력 집중의 문제를 갖고 있다. 그런 점에서 대통령에 과도하게 부과된 권력을 다른 국가기관에 분산시키고, 정부를 담당한 대통령과 정당에 책임을 제기할 수 있도록 하는 것은 민주주의의 심화를 위해 중요하다. 그러나 개헌과 관련해서 중요한 점은 개헌이 단지 '비민주적' 권력관계나 '고비용 저효율 정치구조'를 개선하는 것에 그치지 않고 국가가 구성원이자 주권자인 시민들의 다양한 권리를 어떻게 확대하고 보장할 것인가에 대한 논의를 발전시키는 것이다. 시민들이 자유롭고 평등한 권리를 갖고 정치에 참여할 수 있는 정치공동체가 바로 공화국이라는 점에서 시민권의 확대와 보장은 국가의 정체성을 강화하는 데도 기여한다. 그런 까닭에 새로운 헌법에 시대 변화에 부응하여 정의, 평화, 생태 등의 내용을 추가하고 이와 관련된 기본권을 강화하는 것을 적극적으로 논의해 볼 필요가 있다.

토론거리

1. 법의 지배와 인민의 지배 간에 갈등이 존재한다면 그 이유는 무엇인가?
2. 근대에 만들어진 헌법인 시민계급이 주축이 된 입헌주의 헌법, 외견 입헌주의 시민헌법, 민중의 헌법은 각각 어떻게 발전 하였는가?
3. 최근에 '사법의 정치화'에 대한 우려가 대두하고 있다. 그 원인과 해결 방안은 무엇인가?
4. 현재 대한민국 헌법의 개정을 주장하는 사람들이 내세우는 근거는 어떤 것들인가?

키워드: 법치국가, 헌법, 견제와 균형, 자유주의적 헌정주의(liberal constitutionalism), 공화주의적 헌정주의(republican constitutionalism), 다른 수단에 의한 정치(politics by other means), 사법적 행동주의(judicial activism), 정치의 사법화(judicialization of politics)

참고문헌

강원택 편. 『헌법 개정의 정치』. 고양: 인간사랑, 2010.

김도균·최병조·최종고. 『법치주의의 기초: 역사와 이념』. 서울: 서울대학교출판부, 2006.

김상봉. "모두를 위한 나라는 어떻게 가능한가? 공화국의 이념에 대한 철학적 고찰." 이병천·홍윤기·김호기 편. 『다시 대한민국을 묻는다: 역사와 좌표』. 파주: 한울, 2007.

김영민·김용호 외. 『21세기 헌정주의와 민주주의』. 고양: 인간사랑, 2007.

김용호. "헌정공학의 새로운 이론적 틀 모색: 한국 헌정체제의 규범적 좌표와 제도적 선택." 김영민 외. 『21세기 헌정주의와 민주주의』. 고양: 인간사랑, 2007.

김종엽 편. 『87년 체제론: 민주화 이후 한국 사회의 인식과 새 전망』. 파주: 창비, 2009.

박명림. "헌법, 헌법주의, 그리고 한국 민주주의." 『한국정치학회보』 제39집 1호. 2005.

안병진. 『노무현과 클린턴의 탄핵 정치학』. 서울: 푸른길, 2001.

오승용. "민주화 이후 정치의 사법화에 관한 연구." 『기억과 전망』 20호. 2009.

이태경. "언제까지 국가 중대사를 헌재에 맡길 것인가." 『오마이뉴스』, 2008년 11월 17일.

임혁백. 『1987년 이후의 한국 민주주의』. 서울: 고려대학교출판부, 2011.

정태욱. 『정치와 법치』. 서울: 책세상, 2002.

최장집. "민주주의와 헌정주의: 미국과 한국." Robert Dahl. 박상훈·박수형 역. 『미국 헌법과 민주주의』. 서울: 후마니타스, 2002.

함께하는 시민행동 편. 『헌법 다시보기』. 파주: 창비, 2007.

홍익표. "'풍요 속의 빈곤'—87년 헌법 개정 논의에 대한 비판적 고찰." 『법교육연구』 제12권 제2호. 2017.

홍익표·진시원. "헌법에 대한 정치학적 접근: 정치교육과 법교육의 교차지점인 헌법교육을 위한 하나의 시론." 『법교육연구』 제7권 2호. 2012.

Böckenförde, Ernst-Wolfgang. 김효전·정태호 역. 『헌법과 민주주의: 헌법이론과 헌법에 관한 연구』. 서울: 법문사, 2003.

Cicero, Marcus Tullius. 성염 역. 『법률론』. 파주: 한길사, 2007.

Dahl, Robert. 박상훈·박수형 역. 『미국 헌법과 민주주의』. 서울: 후마니타스, 2002.

Devins, Neal & Louis Fisher. *The Democratic Constitution*. Oxford: Oxford University Press, 2004.

Duverger, Maurice. 문광삼·김수현 역. 『프랑스 헌법과 정치사상』. 부산: 도서출판 해성, 2003.

Dyzenhaus, David (ed.) *Law as Politics: Carl Schmitt's Critique of Liberalism*. Durham & London: Duke University Press, 1998.

Eastern, David. *A Systems Analysis of Political Life*. New York: John Wiley & Sons, 1965.

Elster, Jon & Rune Slagstad (eds.) *Constitutionalism and Democracy*. Cambridge: Cambridge University Press, 1988.

Friedrich, Carl J. 박남규 역. 『현대 헌법과 입헌주의』. 대구: 홍익출판사, 2006.

Ginsberg, Benjamin & Martin Shefter. *Politics by Other Means: Politicians, Prosecutors, and the Press from Washington*. New York: W.W.Norton & Company, 2002.

Habermas, Jürgen. 한상진·박영도 역. 『사실성과 타당성: 담론적 법이론과 민주주의적 법치국가 이론』. 서울: 나남출판, 2000.

Heller, Hermann et al. 김효전 편역. 『법치국가의 원리』. 서울: 법원사, 2001.

Hesse, Konrad. 계희열 역. 『통일독일헌법원론』. 서울: 박영사, 2001.

Isensee, Josef. 이승우 역. 『국가와 헌법』. 서울: 세창출판사, 2001.

Jacob, Herbert & Erhard Blankenburg et al. *Courts, Law, and Politics in Comparative Perspective*. New Haven: Yale University Press, 1996.

Kriele, Martin. 국순옥 역. 『민주적 헌정국가의 역사적 전개』. 서울: 종로서적, 1983.

Kristof, Nicholas. "Drop the judicial activism." *International Herald Tribune*. October 5, 2005.

Limbach, Jutta. 정남철 역. 『독일연방헌법재판소』. 서울: 고려대학교출판부, 2007.

Loewenstein, Karl. 김효전 역. 『비교헌법론』. 서울: 교육과학사, 1991.

Przeworski, Adam & Jose Maria Maravall et al. 안규남·송호창 외 역. 『민주주의와 법의 지배』. 서울: 후마니타스, 2008.

Sophokles. 천병희 역. 『오이디푸스 왕, 안티고네』. 서울: 문예출판사, 2001.

Stone-Sweet, Alec. *Governing with Judges: Constitutional Politics in Europe*. Oxford: Oxford University Press, 2000.

Tate, C. Neal. "Introduction: Democracy and Law — New Developments in Theory and Analysis." *International Social Science Journal*, No.152. 1997.

杉原泰雄. 이경주 역. 『헌법의 역사』. 서울: 이론과실천, 1996.

제9장

정부형태

1. 정부형태란 무엇인가?

일반적으로 정부형태^{regime type}란 집행부, 입법부와 같은 정부기구 뿐만 아니라 중앙정부와 지방정부 간에 권력이 형성되고 배분되는 방식과 절차를 일컫는다. 이는 정부형태가 단순히 수평적인 권력관계뿐만 아니라 수직적인 권력관계를 아우르는 용어로 사용됨을 의미한다. 우리가 흔히 거론하는 다양한 정부형태는 대부분 서유럽의 역사적 맥락에서 형성되고 발전되어 다른 지역으로 확산되었다. 각 지역과 국가들에 존재하는 정부형태들은 물론 나름의 이데올로기에 의해 정당화되어진다. 정부형태와 자주 혼동하여 사용되는 용어로는 권력구조가 있다. 예를 들어 어떤 사람들은 권력구조를 집행부와 입법부 간의 권력배분에 초점을 맞추어 사용하고, 다른 사람들은 정부형태뿐만 아니라 선거제도, 정당제도, 의회제도 등을 포괄하는 정치제도를 의미한다고 주장한다.^{국제평화전략연구원 편, 1997} 그러나 권력구조는 언론계와 정치계에서 명확한 정의 없이 사용되고 있는 용어로서 정부형태처럼 학술 분야에서 한정된 뜻으로 쓰이는 전문 용어는 아니다.

수평적이면서 수직적인 권력관계를 복합적으로 아우르는 의미로 정부형태를 사용할 때 흔히 우리가 사용하는 민주주의 democracy, 전체주의 totalitarianism, 권위주의 authori-
tarianism 간의 구분은 바로 정부형태의 유형이기도 하다. 이런 점에서 1970년대 중반
이후 남유럽 국가들에서 시작된 이른바 '민주화의 물결'은 정부형태와 밀접한 관련이
있다. 즉, 민주주의로의 이행 transition to democracy 은 보다 민주적인 정부형태를 갖추는
것을 말하며, 민주주의의 공고화 consolidation of democracy 는 새로 구성된 정부가 사회의
합의를 바탕으로 효율적인 정책입안과 수행을 하기위해 안정성, 민주적 정당성을 획
득하는 과정, 혹은 민주적 규범과 절차의 제도화를 지칭하는 용어라 할 수 있다.

여기서 말하는 정부는 흔히 사용되는 가버먼트 government 보다는 레짐 regime 에 보다
가까운 뜻으로 사용된다. 그렇다면 레짐이란 무엇인가? 많은 학자들은 레짐을 국가권
력과 그 권력의 행사가 특정방식으로 조직되는 규범적, 제도적 틀 institutional framework 을
가리킨다고 보고, 구성요건으로 원칙, 규범이나 전략과 정책, 규칙 등을 거론한다. 로
이 매크리디스 Roy C. Macridis 는 레짐을 정치영역에서 사용한 학자이다. 그에 의하면 정
치레짐 political regime 은 일정한 국가에 있어 통치자와 피치자 간의 관계와 같은 정치적
인 제 관계가 구성되고 패턴화되며 조직화되는 방식이라는 것이다. 매크리디스는 정
치적 관계를 공식화하는 규칙, 절차, 그리고 협약의 집합체인 정치레짐은 1) 공동목표
가 실현될 수 있는 제도가 있어야 하고, 2) 정책결정기구를 마련해야 하며, 3) 이익
표출 및 집약기구를 수립해야 하고, 4) 정책결정자의 선출방식과 수단을 규정하며,
4) 분열을 초래하는 행태에 대한 통제를 규정하고, 5) 자체 보존능력을 가지고 있어야
한다고 주장한다. 이러한 정치레짐의 유형을 그는 민주주의, 전체주의, 권위주의 모델
로 구분한다. Roy C. Macridis, 김강녕 역, 1990

한편 레짐에 비해 보다 특수한 성격을 갖는 가버먼트는 특정한 체제 system 의 규범
적, 제도적 틀 속에서 국가권력을 실질적으로 관장하고 행사하는 관리자 집단을 지칭
한다. 여기서 체제 개념은 레짐이나 국가 state 보다 사회경제적 구조를 포함하는 보다
포괄적인 개념으로 사용된다. 이런 점에서 체제전환 system transformation 은 낡은 지배구
조가 붕괴되고 새로운 지배구조가 수립되는 과정이자, 정치, 경제, 사회, 문화적 부분
체제의 서로 다른 전환이 동시에 이뤄지는 과정이기도 하다.

현재 전 지구상에는 다양한 유형의 정부형태가 존재한다. 이 중에서 가장 흔히 거
론되는 대통령제, 의원내각제는 정부기구 간의 권력배분 방식을 기준으로 구분한 유
형이다. 이에 비해 다수제와 합의제는 정부구성 및 의사결정방식에 주목한 것이며,
연방제와 일원제는 중앙정부와 지방정부 간의 권력관계 중심으로 정부형태를 파악하

는 것이다. 이 장에서도 다양한 정부형태를 정부기구 간의 수평적, 수직적 권력관계와 정부의 구성방식에 초점을 맞춰 1) 대통령제와 의원내각제, 2) 다수제와 합의제, 3) 일원제와 연방제를 중심으로 살펴보기로 한다.

2. 대통령제와 의원내각제

앞에서 지적하였듯이 정부형태의 주요한 모델은 역사적으로 서유럽의 맥락에서 형성되고 발전되었다. 서유럽 국가들은 사회혁명을 거치면서 세습군주에 의해 통치되는 유형으로 국가의 모든 권력이 군주 개인에게 집중되는 군주제에서 점차 헌법에 근거해 민주적으로 정치가 행해지는 근대적 민주정치제도인 공화제로 전환하였다. 여기서 의회는 시민들의 이익과 견해를 대표하는 기구로, 군주의 자문기구에서 출발하였지만 점차적으로 시민 권력이 강화되면서 정부권력의 중심을 이루게 되었는데, 이에 기초한 정부형태가 바로 의원내각제이다. 반면 일부 국가에서는 전통적 시민대표기구인 의회와는 별도로 대통령이 또 다른 시민적 기반을 갖고 정부의 수반head of government 혹은 최고집행권자chief executive가 되는 대통령제를 채택하였다.

대통령제presidential system와 의원내각제parliamentary system는 정부기구 간의 권력배분 방식에 초점을 둔 구분방식이다. 이러한 구분은 근대에 들어와 입헌주의적 시민헌법의 주요한 원리로 확립된 권력분립제에 그 뿌리를 둔다. 대표적으로 프랑스의 '1789년 인권선언'은 "권리의 보장이 확보되지 않고 권력분립이 규정되지 않는 모든 사회는 모두 헌법을 갖고 있지 않고 있다"(제16조)라고 규정하고 있다. 여기서 권력분립제는 국가의 작용을 그 성질에 따라 입법, 행정, 사법으로 나누어 분담시키고 각 기관을 상호 억제와 균형check and balance 관계에 놓고서 권력의 집중과 남용을 저지하려는 것이다.杉原泰雄, 이경주 역, 1996: 51-52

역사적으로 권력분립을 주장한 대표적인 사상가는 영국의 로크John Locke와 프랑스의 몽테스키외Charles Louis de Secondat Montesquieu를 꼽을 수 있다. 로크는 『정부론Two Treatises of Government』(1690)에서 인간의 동의에 의한 집합체로서의 공동사회를 일체의 권력의 기초로 강조하고 위임에 의한 권력의 형성을 주장하면서, 주권자인 국민의 기본권을 보호하기 위해서 집행권과 입법권의 분립이 필요하다고 하였다.John Locke, 이극찬 역, 1995 이러한 로크의 주장은 영국의 의회정치를 이상적인 국가정체의 모델로 보았던 몽테스키외로 연결되었다. 몽테스키외는 1748년에 발간된 『법의 정신De l'esprit des lois』에서 여러 형태의 정체를 구분하고 최대의 자유를 실현하기 위해서는 이들 정체를 구성하는 힘을 인식하고 견제할 필요가 있음을 역설하였다. 그러기 위해 그는 정치 권력을 입법, 행정, 사법으로 분립해야 하며, 이 권력들이 서로 균형을 이룰 때 최대의 자유가 가능하다고 말하였다. 동일한 사람 또는 동일한 관리집단의 수중에 입법권이나 집행권이 한데 모일 때 독재적인 법을 만들 염려가 있기 때문에 자유는 존재하지 않는다는 것이다. 자유의 보호와 신장은 권력분립séparation des pouvoirs으로부터 추출되는 법의 보편적 정신이라는 것이다. Charles Louis de Secondat Montesquieu, 고봉만 역, 2006

일반적으로 권력분립은 엄격하게 입법권, 사법권, 행정권 분립을 내세우는 대통령제와 입법권과 행정권의 권력융합을 중시하는 의원내각제로 구분할 수 있다. 여기에 이 둘의 혼합형인 혼합제hybrid system을 추가할 수 있다. 무엇보다 대통령제와 의원내각제의 구분 기준은 집행권의 기원과 존속이 의회에 의존하느냐의 여부에 있다. 즉, 대통령제에서는 최고집행권자가 국민에 의해 선출되는 반면, 의원내각제에서는 의회에 의해 선출되고, 대통령제에서는 최고집행권자가 탄핵 등의 사유에 의해 물러나는 경우를 제외하면 고정된 임기를 가지고 있으나, 의원내각제에서는 의회의 신임여부에 따라 최고집행권자의 존속이 좌우된다.

일반적으로 대통령제는 다음의 세 가지 특징을 지닌다. 첫째, 최고집행권자, 즉 정부수반으로서의 대통령이 국민들에 의해 직접 혹은 대통령 선출만을 목적으로 하는 국민에 의해 선출된 선거인단에 의해 선출된다. 둘째, 의회의 신임 여부에 관계없이 고정된 임기를 갖고 있다. 셋째, 대통령이 내각 및 전체 집행부를 임명하고 지휘한다. 국제평화전략연구원 편, 1997: 115, 111 미국의 사회학자이자 정치학자인 후안 린츠Juan José Linz는 에르투로 발렌수엘라Erturo Valensula와 함께 쓴 『대통령제 민주주의의 실패The Failure of Presidential Democracy』에서 대통령제를 규정짓는 두 가지 특징이 다음과 같다고 한다.

"(1) 국민들에 의해 선출되어 집행부를 장악하는 대통령과 역시 국민들에 의해 선출된 입법부가 각각 민주적 정통성을 향유한다. 따라서 대통령제는 '이원적 민주정통성(dual democratic legitimacy)'을 갖는 체제이다. (2) 대통령과 의회 모두 각각 일정한 임기를 보장받고 선출된다. 대통령의 재임기간은 입법부로부터 독립되어 있고 입법부의 존속 또한 대통령으로부터 독립되어 있다. 이 제도는 '경직성(regidity)'을 특징으로 하는 체제이다"(Juan José Linz & Arturo Valenzuela, 신명순·조정관 역, 1995: 41).

후안 린츠: 후안 린츠(Juan José Linz, 1926~2013)는 독일의 본(Bonn)에서 태어나 미국의 예일(Yale) 대학교 정치학과 교수로 오래 재직했다. 전체주의와 권위주의 정부형태 이론으로 널리 알려진 린츠는 민주주의의 붕괴와 민주체제로의 복귀에 관한 광범위한 연구를 수행한 바 있다. 이밖에도 린츠는 프랑코 이후의 스페인 정치, 바스크 정치, 파시스트 운동 등에 관한 저서를 집필했다. 주요 저서로는 『민주주의 이행과 공고화의 문제: 남유럽, 남미, 탈공산주의 유럽(Problems of Democratic Transition and Consolidation: Southern Europe, South America, and Post-Communist Europe)』, 『대통령제 민주주의의 실패(The Failure of Presidential Democracy)』, 『전체주의와 권위주의 체제(Totalitarian and Authoritarian Regimes)』 등이 있다. 린츠는 발렌수엘라와 함께 집필한 『대통령제 민주주의의 실패』에서 대통령제가 이중적 민주정통성을 지닌 까닭에 대통령이 의회와의 협상이나 야당과의 토론 등 적정한 정치과정을 통하지 않고 정치적 쟁점을 국민투표에 붙여 여기에서 나온 국민의 지지를 토대로 정책의 정통성을 주장하는 플레비시트(plebiscite)에 의존하거나, 대통령과 의회와의 대결이 민주적으로 해소되지 못하는 상황에서 군부가 중재자로 개입하는 경우가 발생할 수 있다고 지적한다. 아울러 대통령제의 장점으로 거론되는 강력한 권력과 예측가능성도 실제로는 대통령제가 변화에 유연하게 대응하지 못하는 특징을 지녔기 때문에 사실과 다르다고 주장한다. 특히 불확실성이 두드러지는 권위주의로부터 민주주의로의 이행과 공고화 과정에는 경직된 대통령제보다 유연한 내각제가 훨씬 낫다는 것이다.

대통령제의 문제점을 강조하는 린츠와 발렌수엘라는 대통령제가 이중적 민주정통성을 지닌 까닭에 대통령이 의회와의 협상이나 야당과의 토론 등 적정한 정치과정을 통하지 않고 정치적 쟁점을 국민투표에 붙여 여기에서 나온 국민의 지지를 토대로 정책의 정통성을 주장하는 플레비시트[plebiscite]에 의존하거나, 대통령과 의회와의 대결이 민주적으로 해소되지 못하는 상황에서 군부가 중재자로 개입하는 경우가 발생할 수 있다고 한다. 아울러 대통령제의 장점으로 거론되는 강력한 권력과 예측가능성도 실제로는 대통령제가 변화에 유연하게 대응하지 못하는 특징을 지녔기 때문에 사실과 다르다고 주장한다. 특히 불확실성이 두드러지는 권위주의로부터 민주주의로의 이행과 공고화 과정에는 경직된 대통령제보다 유연한 내각제가 훨씬 낫다는 것이다. 이밖에 이들은 인지성identifiability과 책임성accountability, 승자 독식winner takes all 원리, 정치 스타일, 안정성 등을 들어 대통령제와 내각제를 상세하게 비교하고 있다.Juan José Linz & Arturo Valenzuela, 신명순·조정관 역, 1995: 1장 이러한 주장은 시간과 장소별로 달리 평가될 수 있다. 경직성과 책임성, 승자독식성, 안정성 등을 둘러싸고는 학자들 간에 다양한 견해가 존재한다.

미국은 2백년이 넘는 기간 동안 대통령제를 유지해 온 국가이다. 미국 헌법 제정자들은 신생 독립국가에는 상당한 권한을 지닌 단일 중앙정부와 그 수반이 필수적이라는 주장에 따라 1인의, 재선 가능하고, 입법부로부터 독립적인 대통령제를 채택하였다. 그러나 강력한 대통령제가 폭군의 모태가 될 수 있다는 우려에서 주요 임명권을 상원의 승인을 얻어야 하고 대통령 선출도 각 주에서 선출한 선거인단을 통해 간접선거화함으로써 대통령의 권한을 견제하려고 하였다. 이와 같이 독특한 형태의 대통령제는 대통령의 지위와 역할에 대한 끊임없는 논란에도 불구하고 현재까지 큰 변화 없이 지속되고 있다.최명·백창재, 2000: 362-389

이 같은 내용의 대통령제에 비해 의원내각제는 최고집행권자 혹은 정부수반이 입법부에 의해 실질적으로 임명되며, 최고집행권자와 그의 내각은 의회의 신임을 존속의 조건으로 한다는 특징을 갖는다. 즉 의회의 불신임 결의에 의해 내각이 해임될 수 있다. 그러나 의원내각제는 실제 운용에 있어 다양한 모습을 보인다. 에를 들어, 내각과 의회와의 관계에 있어 집행부가 우세한 내각 우위형(영국)과 의회 우위형(프랑스 3, 4 공화국), 그리고 양자의 중간형 등 다양한 형태가 존재한다.

최고집행권자인 수상도 내각에서의 위치가 상이하다. 영국에서는 내각을 이끄는 수상prime minister에 실질적으로 권력이 집중되어 있다. 수상은 동시에 정당의 지도자여서 내각의 임명 및 해임권을 쥐고 있고, 의회의 불신임에 의해 거의 해임될 수 없어 "동등하지 않은 사람들 위의 가장 높은 사람"이라 불린다. 독일의 경우에는 수상Kanzler이 공식적인 당의 지도자가 아닐 수도 있지만 단순한 의회의 불신임에 의해 자리를 잃는 경우가 거의 없으며, 내각의 장관이 바뀌더라도 그 자리에 남을 수 있고, 장관을 해임할 수 있는 "동등하지 않은 사람들 중 가장 높은 사람"이라 할 수 있다. 그 밖의 경우는 수상이 그의 내각과 진퇴를 같이 하고 내각의 구성을 거의 통제할

수 없어 "동등한 사람들 중 가장 높은 사람"이다.국제평화전략연구원 편, 1997: 114-115

의원내각제는 영국에서 국왕과 의회 간의 투쟁과 타협을 통해 형성되고 발전되어 온 제도이다. 이러한 의원내각제는 현재 유럽의 대부분 국가들뿐만 아니라 전 세계적으로도 많은 국가들에서 광범위하게 채택되었다. 대표적으로 영국의 정부 형태는 수상이 강력한 권한을 행사하는 내각 주도형의 의원내각제이다. 수상은 각료의 임명 및 해임권, 각의 의제 결정권, 각의 및 내각 의원회의 주재권 등을 통해 행정부를 통제한다. 그러나 당내의 경쟁 파벌들과 경쟁자들은 수상의 권력 행사에 제한을 행사한다. 각료직을 특정 계파에 한정시킬 수 없고 소장파 의원들을 무시할 수 없는데서 내각에 의해서도 구속된다고 할 수 있다. 영국은 의원내각제의 약점인 소수 정당들의 난립에 의한 정치 불안을 피하기 위한 목적으로 양당제에 유리한 선거제도인 소선거구제(1석 선거구제)와 단순 다수결 투표제도FPTP: First Past the Post System를 채택하고 있다. 세습귀족, 종신귀족 들과 주교, 법률 귀족으로 구성되는 상원제 역시 선출되지 않는 입법기관이라는 데서 자유민주주의의 장애물로 비판받고 있다.Wolfgang Ismayr Hg., 1997: 213-247; Leonard Freedman, 장원석 역, 2002

한편, 이원집정부제dual executive system는 대통령과 수상이라는 두 개의 집행권자executive가 양립하는 체제로, 분할집정제divided executive 혹은 유사내각제quasi-parliamentary government라고도 불린다. 일반적으로 대통령은 국민에 의해 선출되며, 총리는 의회에서 선출되지만 형식적으로는 대통령이 지명하고 해산할 수 있다. 그 결과 집행권이 분할 혹은 혼재되어 최고집행권자가 누구인지 분명하지 않은 제도를 가리킨다. 이원집정부제의 특징은 국가원수가 국민의 투표에 의해 뽑혀 고정된 임기를 가지며, 국가원수로부터 독립적이나 의회의 신임에 의존하는 수상이 존재한다는 점이다. 그 까닭에 국가원수는 수상과 집행권을 나누어 가지는 '이원적 권력구조'를 가진다. 대통령은 수상 임명권, 의회 해산권, 국민투표 회부권, 긴급법률 제정권 등 대권적 권한에서부터 외교와 국방에 관한 권한 등 다양한 헌법적 권한을 지니고, 수상 역시 내각 선임 및 지휘 권한을 갖고 통상적 집행권을 행사하는 경우가 대부분이다.국제평화전략연구원 편, 1997: 116-117

이원집정부제는 수상우위형과 대통령우위형으로 구분할 수 있다. 프랑스의 법학자이자 정치학자인 모리스 듀베르제Maurice Duverger는 이를 반대통령제régime semi-présidentiel라고 지칭한다. 1962년 프랑스의 헌법 개정으로 출현한 반대통령제는 대통령이 집행권의 유일한 보유자가 아니고 하원에 대해 책임을 지는, 즉 신임을 거부당하

프랑스의 반대통령제: 이 원집정부제(dual executive system)라고도 불리는 프랑스의 반대통령제(régime semi-présidentiel)는 대통령뿐만 아니라 수상에게도 집행권이 귀속되는 체제이다. 이러한 체제는 반은 대통령제적이고 반은 의원내각제적이지만 반대통령제에서의 대통령은 규율이 있는 의회다수파의 수장인 경우 전형적인 대통령제보다 한층 더 강력해질 수 있다. 이 같이 고유한 정부형태가 수립된 배경으로는 다수당으로 이뤄진 좌우정파들의 전략적 제휴와 어느 특정 정당에 절대적 지지를 보내지 않는 프랑스 유권자들의 성향이 제시된다. 사진은 대통령의 공식 거주지인 엘리제궁(Élysée Palace)이다.

거나 불신임을 당하면 사임해야 하는 정부의 수장인 수상에게도 집행권이 귀속되는 체제이다. 이러한 체제는 반은 대통령제적이고 반은 의원내각제적이지만 반대통령제에서의 대통령은 규율이 있는 의회다수파의 수장인 경우 전형적인 대통령제보다 한층 더 강력해질 수 있다. 반대통령제는 다음의 세 요소에 의해 정의된다: 첫째, 대통령은 보통선거에 의해 선출된다. 둘째, 대통령은 고유의 권한을 행사하고 각료의 동의없이 독자적으로 그 권한을 행사할 수 있다. 셋째, 수상과 여러 각료들은 그들에게 사임을 강요할 수 있는 하원에 대해 책임을 진다.Maurice Duverger, 문광삼·김수현 역, 2003: 199-205

프랑스에서 이원집정부제가 탄생하게 된 배경은 다수당으로 이뤄진 좌우정파들이 전략적 제휴와 어느 특정정당에 절대적 지지를 보내지 않는 프랑스 유권자들의 성향이 제시된다. 프랑스는 제3공화국(1870~1940)과 제4공화국(1946~1958) 시기는 의회 중심의 내각책임제 운용하였지만, 제5공화국이 출범하면서 드골은 헌법 개정을 통해 대통령제와 내각책임제의 요소를 절충한 정부형태를 채택하였다. 이 체제하에서 대통령은 간선제에서 2차 결선투표제로 선출하는데, 1차 투표에서 유효득표의 과반 수 이상을 얻은 후보자가 없으면 15일 후 가장 많은 득표를 한 1, 2위 후보자끼리 2차 투표를 해 절대다수 결선제로 선출한다.

7년 임기의 대통령은 강력한 권력을 행사한다. 대통령은 국가원수로서 법령거부권과 의회해산권, 군통수권, 긴급조치권 및 각의를 통한 계엄선포권, 국무회의 주재권을 갖고, 의회의 내각불신임권에도 포함되지 않는다. 수상은 국방에 대한 책임, 대통령이 지닌 임면권 이외의 문관 및 무관 임명, 각 부처 장관의 승인 및 사임을 대통령에 제안하고 부서한다. 대통령의 권한은 조정권인 반면 수상은 정부활동을 지도한다고만 명시되어 있는데서 양자 간에 역할을 둘러싸고 마찰이 발생할 수 있다. 의원집정부제의 또 다른 특징은 의회 다수파에서 수상을 임명하는데서 이른바 '동거cohabitation 체제'가 탄생할 수 있다는 점이다. 예를 들어 1986~1988처럼 좌파 대통령과 우파 수상 및 내각이라는 이원적 권력형태가 출현할 수 있다.국제평화전략연구원 편, 1997: 337-361; Robert Elgie & Steven Griggs, 2000: 26-48

3. 다수제와 합의제

합의제 민주주의consensual democracy는 네덜란드 출신의 미국 정치학자인 아렌드 레이파트Arend Lijphart가 체계화한 용어이다. 레이파트는 합의제 민주주의가 다원화된 시민사회에 부합하는 민주적 메커니즘을 대표한다고 한다. 레이파트는 기존의 다수제 민주주의majoritarian democracy가 배제의 원칙들에 입각하기 때문에 비민주주의적이라고 지적한다. 레이파트는 다수제 민주주의의 대표적 모델로 웨스트민스터 모델Westminster model을 든다. 다수 지배majority rule를 본질로 하는 웨스트민스터 모델은 영국과 같이 다수대표제의 선거제도를 채택하고, 강력한 양당제도를 갖추었으며, 다수당이 단독 내각을 구성하는 국가에서 채택된다. 레이파트는 웨스트민스터 모델이 집행권의 집중, 권력의 융합과 내각의 우세, 불균형의 양원제, 양당제도, 한 차원의 정당제도, 선거에 있어서의 최다득표제, 일원제의 집권화된 정부, 불문헌법과 의회주의, 순전한 의회민주주의라는 상호 연관된 요소로 구성된다고 한다.Arend Lijphart, 1984: 4-9

그러나 다수제 민주주의는 소수집단이 정치과정에 대한 광범위한 접근과 참여에서 제외되기 쉽다. 이런 까닭에 "반대보다는 합의를 강조하고, 배제시키기보다는 포함시키고, 근소한 과반수에 만족하는 대신에 지배하는 다수자의 규모를 최대화하려고 노력하는 민주주의 체제인 합의제 민주주의"가 필요하다는 것이다. 그에 의하면 합의제 민주주의는 다수자와 소수자 사이의 권력분담sharing, 권력기관 간의 권력분산dispersal, 권력의 공정한 배분distribution, 권력의 위임delegation, 권력에 대한 공식적 제한limit이라

웨스트민스터 모델: 네덜란드 출신의 미국 정치학자인 아렌드 레이파트 (Arend Lijphart)는 다수제 민주주의의 대표적 모델로 웨스트민스터 모델 (Westminster model)을 든다. 다수 지배(majority rule)를 본질로 하는 웨스트민스터 모델은 영국과 같이 다수대표제의 선거제도를 채택하고, 강력한 양당제도를 갖추었으며, 다수당이 단독 내각을 구성하는 국가에서 채택된다. 레이파트는 웨스트민스터 모델이 집행권의 집중, 권력의 융합과 내각의 우세, 불균형의 양원제, 양당제도, 한 차원의 정당제도, 선거에 있어서의 최다득표제, 일원제의 집권화된 정부, 불문헌법과 의회주의, 순전한 의회민주주의라는 상호 연관된 요소로 구성된다고 한다.

는 장치를 통해 다수자의 지배를 견제하는 것을 목표로 한다는 것이다.

여기서 권력의 분담은 모든 중요한 정당간의 광범위한 연합을 통해 행해지며, 권력 분산은 집행부와 입법부, 입법부의 양원, 그리고 여러 소수정당 사이에서 이뤄진다. 권력의 배분은 비례대표제를 통해 소수정당의 대표성을 보장하는 것으로 나타나며, 권력의 위임은 영토적으로 조직된 실재에게 자치권을 부여함으로써 달성된다는 것이다. 그리고 권력에 대한 제한은 까다로운 개정 조건을 갖는 성문헌법과 소수자의 거부권이라는 장치로 대표된다고 한다. 직접 민주주의의 한 수단인 국민투표 역시 스위스에서처럼 국민발안popular initiative과 결합될 경우에는 소수자에게 선거로 형성된 다수 세력의 의사에 반해 주장을 펼 수 있는 기회를 부여할 수 있다.Arend Lijphart, 1984: 23-30; Arend Lijphart, 1999: 31-47

합의제 민주주의는 협의제 민주주의consociational democracy보다 더 광범위한 개념으로 사용된다. 레이파트에 의하면 합의제 민주주의 개념이 협의제 민주주의에 관한 1977년 저서에서 고취되었고 또 그것과 관련이 있지만 각각의 의미는 결정적으로 다르다고 한다. 즉 1977년 저서에서는 협의제 민주주의를 논의의 출발점으로 삼은 후

다수 지배와 대비시켰지만 1984년 저서에서는 다수제 모델에 대한 분석에서 출발하여 그것으로부터 논리적으로 반대모델인 합의제 모델을 도출해냈다는 것이다. 레이파트가 초기 저작에서 사용했던 협의제 민주주의는 대연합, 분할된 자치권, 비례성 및 소수자 거부권을 특징으로 한다.

이러한 합의제 민주주의는 정치적 갈등뿐만 아니라 노사문제와 같은 사회갈등을 조정하고 이를 통합으로 이끄는 데 있어서 가장 적절한 형태의 민주주의로 평가된다. 대부분의 서유럽 국가들이 채택하고 있는 의회 민주주의 정부형태도 어느 정도는 합의제 민주주의적 요소를 갖고 있다고 할 수 있다. 의회 민주주의에서는 권력이 특정인이나 기관에 집중되지 않고 적절히 분산되며, 높은 비례성과 민주성을 갖는 선거제도나 의회제도를 갖고 있는 경우도 흔하다. 그러나 의회 민주주의 정부형태가 위에서 열거한 합의제 민주주의의 특성을 모두 소지하고 있는 것은 아니며 국가별로 편차도 크다. 예를 들어 레이파트가 분류했듯이 같은 의회 민주주의 정부형태 내에서도 웨스트민스터 모델이라 이름 붙인 다수제 모델에 가까운 영국에서부터 다수자를 견제하는 합의제 모델을 갖는 스위스와 벨기에까지 다양한 형태가 존재한다.

합의제 민주주의에 보다 가까운 정부형태를 채택하고 있는 대표적 국가로는 스위스, 네덜란드와 벨기에 등을 들 수 있다. 스위스는 권력과 책임의 제도적 분배를 내용으로 하는 연방제와 공동참여의 집단지도체제를 갖는 연방위원회를 중심으로 하는 합의제 정부를 운영하고 있다. 스위스의 민주주의 체제는 상이한 균열에 근원을 두는 이질적 정치세력 간에 상호조정을 통해 협력을 행하고 합의를 도모하는 데서 콘코르단츠 민주주의Konkordanzdemokratie라고도 불린다. 예를 들어 중앙정부, 칸톤Kanton과 게마인데Gemeinde는 적절하게 권력을 공유하지만 다른 한편으로는 보충성 원칙에 입각해 서로 긴밀한 협력 체제를 유지하며, 연방하원과 상원의 공동회의인 연방회의Bundesversammlung에서 선출되는 연방내각Bundesrat 역시 합의제 원칙에 입각해 운영된다. Wolfgang Ismayr Hg., 1997: 445-477

역사적으로 지배세력 간의 협의와 조정, 타협에 기초한 독특한 정치문화를 발달시켜 온 네덜란드는 1917년 종교 및 사회집단 지도자들의 평화협약에서 비례대표선거제도와 보통선거, 유권자의 투표 의무 등을 골자로 하는 협약을 맺으면서 합의제 민주주의 골격을 갖추었다. 양원제의 의원내각제에서 법률안을 발의하고 심의하는 등 실질적인 권한을 지닌 하원은 봉쇄조항threshold 없이 비례대표에 의한 직접선거로 구성되며, 상원은 12개의 프로방스province에서 간접선거로 구성된다. 집행부도 노동당과

네덜란드의 정치: 네덜란드는 합의제 정부형태를 지닌 대표적 국가로 꼽힌다. 네덜란드는 1815년부터 입헌군주국이고 정부형태로는 1848년부터 의원내각제를 채택하고 있다. 국가의 원수로서 세습되는 국왕은 연정 구성 시 협상 조정자 및 수상 후보 지명자로 역할을 수행하지만 국정에 대한 개입은 형식적인 것에 그친다. 국정 최고 의결기관인 내각(Council of Ministers)은 국정 전반에 관해 토의 및 의결 권한을 보유하고 있다. 양원제로 된 의회는 비례대표제 선거에 의해 선출되는 임기 4년의 150명의 의원으로 구성된 하원(Tweede Kamer)이 지방의회의 간접선거로 선출되는 4년 임기의 75명의 의원으로 구성된 상원(Eerste Kamer)보다 단독으로 법률안을 발의하고 수정권을 갖는 등 보다 강력한 권한을 지닌다. 주요한 정당으로는 노동당(PvdA), 사회당(SP), 기민당(CDA), 자민당(VVD) 등이 있다. 이밖에 내각의 추천으로 국왕이 임명하는 국정자문기구인 국가최고자문회의(Council of State), 노·사·공익 각 11명씩 구성되어 노사관계에 대해 자문 및 정책 집행기구 역할을 하는 공적기구인 사회경제협의회(SER)가 있다. 위의 사진은 헤이그에 위치한 의회 건물인 빈넨호프(Binnenhof)이다.

기민당과 같은 어느 한 정당이 다수를 차지한 적이 한 번도 없이 늘 연립정부로 운영되고 있다. Frank Hendriks & Theo A. J. Toonen eds., 2001: 6-7 지리적으로 구분되는 지역과 상이한 문화공동체를 지닌 벨기에 역시 1970년대부터 점차 지방분권과 연방으로 변화되어 오다 1993년 헌법 개정을 통해 연방국가가 되면서 합의제 민주주의 제도를 갖는 국가가 되었다. Wolfgang Ismayr Hg., 1997: 355-380

4. 연방제와 일원제

일원제unitary system와 연방제federal system는 특정한 다양한 국가의 구성단위, 특히 중앙정부와 지방정부 간에 맺어졌던 권력관계를 기준으로 구분한 용어이다. 우선 일원제는 강력한 중앙집권체제하에서 중앙정부가 권력과 자원을 독점한다. 대부분의 경우 일원제는 일본과 한국과 같이 후발 산업화를 추진한 국가들에서 나타나는데 강력한 권한을 지닌 중앙정부가 정책결정을 독점하면서 지방을 통제한다. 그러나 일원적 지배체제는 강한 결박tight-coupling을 통해 지방을 중앙정부에 절대적으로 복속시킴으로써 지방의 자율성과 창의성, 그리고 유연성을 박탈하는 한편 중앙정부에게는 과잉부하over-loading와 과잉책임over-responsibility을 가져와서 효율성의 저하를 초래한다.성경류, 1996: 148 극단적인 경우에는 지역 간 불균형과 특정 지역이 다른 지역들을 정치, 경제, 문화적으로 지배하는 '내부 식민주의internal colonialism'가 발생할 수도 있다.

지역과 지방은 대표적인 국가의 구성단위이다. 그러나 이들을 구분하는 기준과 경계를 둘러싸고는 다양한 입장이 존재한다. 예를 들어 유럽에서 지역과 지방은 뢴더Länder, 칸톤Kanton, 데파르망department, 레지옹region, 꼬뮤니다드 아우토노마Comunidades Autónomas 등과 같이 정치적으로 결정된 행정단위들을 주된 기준으로 삼고 있지만 그 크기와 정치적 권한 및 경제적 능력, 정체성은 상이할 수밖에 없다. 이러한 차이는 16세기 이후 유럽이 겪은 총체적 변화인 근대화가 진행되면서 지역과 지방이라는 공간이 형성되었고 다른 공간들과의 관계가 재구성된 데서 비롯되었다. 마이클 키팅Michael Keating은 지역과 같은 단위들은 너무 다양해서 묘사적 정의를 피하기가 쉽지 않다고 하면서 이들을 공간으로서 유용하게 개념화할 수 있지만 기능적 공간, 정치적 공간, 사회적 공간을 포함하기 위해서는 순수한 영토를 넘는 공간개념을 확대할 필요가 있다고 지적한다. 그에 따르면 기능적이고 정치적 의미를 부여받은 영토로부터 형성된 지역은 영토 안에서 작동하는 행정적 제도의 집합일 뿐만 아니라 특징적인 시민사회를 형성하는 그 자신의 제도, 실천, 관계를 포함하며, 나아가 국가와 세계체제 안에서 공동관심을 기술하고 추구할 수 있는 행위자라고 한다.Michael Keating, 1998: 79

여기서 국가의 중요한 구성단위는 지방정부local government라 할 수 있다. 지방정부는 국가의 차하위 수준에서 사회적 관계의 유지와 보호의 책임을 맺고 있는 정부조직으로 국가별로 다양한 수준에 걸쳐 있다. 지방정부는 공간적으로 광범위하고 사회적으로 이질적인 영역을 통제하기 위해 필요하며, 선거와 같은 정치적 방법을 통해 중앙정부의 행위를 합법화시키기도 한다. 특히 지방정부의 자치권을 강화하고 중앙정부와 권력관계를 민주적으로 재조정하는 것은 민주주의의 발전을 위해 중요하다.R. J. Johnston & Derek Gregory et al., 한국지리연구회 역, 1992: 379 이런 점에서 유럽연합과 같은 초국가적 정책결정과정에서 지역들이 기존의 국가들을 보충하는 '협력적 지역주의co-operative regionalism'가 민주주의를 심화시키는데 긍정적으로 기여한다는 지적도 나오고 있다.

역사적으로 국민국가는 일원적 지배체제를 구축하면서 여러 측면에서 국가 구성원들이 갖고 있는 다양성과 특수성을 무시하고 동질화하려는 정책을 추구하였다. 그러나 국민국가가 상정한 단일성이란 인위적이고 허구적인 정치적 신화인데서 국가가 다수의 독립국가로 해체되거나 심각한 내적 갈등에 직면하기도 하였다. 자유민주주의 역시 추상적이고 개별화된 시민만을 상정하는데서 다수의 지배를 정당화하고 소수집단을 배제한다는 비판 역시 제기되었다. 이와 관련하여 다니엘 엘라자Daniel J. Elazar는 '하나의 인민, 하나의 정부, 하나의 영토'를 목표로 하는 국민국가는 인민의 내적 다양성을 억압하던 냉전구조가 붕괴하면서 그와 함께 종언을 고하게 되었다고 주장한다. 그 대신 그는 '자치self-government'와 '협치sharing of government'를 기본 원리로 하는 연방주의가 국민국가와 자유민주주의로부터 비롯된 문제를 해결할 수 있는 유일한 대안이라고 한다.Daniel J. Elazar, 1991: xi

일반적으로 연방federation은 권력의 중앙 집중에 대한 회의론에 기반하여 헌법적으로 국가를 구성하는 다양한 단위에 자치를 부여함으로써 중앙정부를 견제할 수 있도록 하는 아이디어에 토대를 두는 개념이다. 다양한 구성단위들은 헌법적으로 부여된 생존의 권리 외에 해당된 영역에서 입법과 집행에 관한 자치권을 갖는다. 따라서 헌법에 의한 보장은 정치적, 경제적, 문화적 자기보존을 위한 관건이라고 지적된다.Michael Burgess & Alain-G. Gagnon eds., 1993: 5-6 또한, 연방은 근대화가 진행되면서 국가건설과 국민통합 과정에서 각종 균열이 발생하면서 이들 유형을 권력분립에 기초해 특수하게 배치한 것을 의미한다. 이러한 연방은 연방주의federalism라는 연방을 내세우는 하나의 이념적 입장이자 정치적 원리에 의해 지지되고 촉진되었다. 그러나 연방과 연방주의가 반드시 병존하는 것은 아니다.

앞에서 언급한 엘라자는 연방주의의 특성을 다음과 같이 제시한다. 첫째, 연방주의는 국가 전체의 통일성과 구성단위의 다양성을 동시에 보존하고자 하는 체제이다. 둘째, 연방주의는 중앙정부에게 일정한 범위 내에서 한정된 기능(예: 국방, 외교, 화폐

스위스: 스위스는 연방주의를 채택하고 있는 대표적인 국가이다. 칸톤(Kanton)이 다른 국가의 주에 비해 더 많은 자율성을 갖고 있고 연방정부의 정책결정 과정에의 참여 권리도 더 크다는 점에서 연방제를 채택한 다른 국가와 차이가 있다. 스위스의 연방주의는 다양한 언어와 종교로 이뤄진 다원적 문화국가에서 사회갈등을 조정하는 하나의 방식으로 발전하였다. 문화와 사회적으로 차이를 지닌 26개의 칸톤을 연계하여 하나의 스위스를 이루고 있는 연방주의는 비중앙집권주의, 보충성의 원리, 연대성 및 협력적 연방주의의 특징을 보여준다.

발행 및 통화 관리, 전국적 규모의 사회간접자본의 건설과 유지 등)을 수행하게 하고 지방정부에게는 중앙정부가 수행하지 않는 모든 업무를 수행하게 한다. 셋째, 국가 전체의 통일성을 유지하고 중앙정부와 지방정부 간의 갈등과 지방정부 간의 갈등을 조정할 수 있도록 중앙정부에게 상위의 권위를 부여하고 지방정부에게는 하위의 권위를 부여한다.^{Daniel J. Elazar, 1991: xiv-xvi} 연방주의에 대한 정당화는 구성단위로 하여금 차이에 따른 국가적, 제도적인 대표를 가능하게 하고, 수직적인 권력분립과 관련된 자율과 자유를 보장해 준다는 주장에 의해 정당화된다.^{박응격 외, 2007: 16}

　연방주의는 여러 지역과 국가에서 다양한 형태의 분권화^{decentralization} 시도로 나타나고 있다. 형평성과 유연성의 증진, 협력과 통일의 달성을 목표로 하는 분권화는 다양하게 이뤄진다. 먼저 행정분산^{deconcentration}은 확고한 중앙집권체제가 유지되는 범위 내에서 행정업무가 부분적으로 지방행정기구에 분산되는 것을 뜻한다. 그러나 이때 지방행정의 책임자는 모두 중앙으로부터 임명되고 행정과정은 중앙정부에 의해 정밀하게 감독·통제된다. 둘째, 권한이양^{devolution}은 중앙으로부터 지방으로 행정업무가 이양된다는 측면에서 행정분산과 동일하나, 지방행정의 책임자가 주민들의 선거에 의해 선출되고 지방정부가 중앙으로부터 위임받은 범위 내에서 상당한 정도의 자치권을 행사한다는 점에서 행정분산과 구별된다. 그러나 이 경우에도 지방정부는 중앙정부의 법령과 감독에 의해 제한을 받는다. 셋째, 연방주의는 앞에서 설명한대로 헌법상 주어진 권한의 범위 내에서 완벽한 자치권을 행사한다.성경륭, 1996: 315-316

유럽에서 이뤄진 분권화는 그 동기와 수준이 다양하다. 독일은 연방정부를 약하게 하려는 외부 결정의 결과로 이미 기본법에서 각 주에 상당한 정도로 정치적 권한을 배분하였다. 이에 따라 독일에서 주요한 정책결정은 주에서 실행되고 공공지출과 공공투자도 주 수준에서 집행되었다. 역사적으로 중앙집권적인 체제가 구축된 대표적인 국가들인 프랑스와 이탈리아에서도 복합압력이 행사됨에 따라 기존 체제를 개혁하기 위한 시도로 점차적으로 지역으로 권한이 이양되고 있다. 이에 비해 이질적인 민족구성을 지닌 스페인과 벨기에는 국가분열을 방지하기 위해 지방정부에 자치권을 부여하게 되었다.Michael Newman, 1996: 110, 128 분권화된 정치체제들은 단순히 중앙정부에 의해 동의된 정책을 수행하는데서 벗어나 중앙과 지역 간에 수평적으로 협의를 진행하고 정책을 결정하는 것을 가능하게 한다. 또한 지역민들의 이익을 제대로 반영하지 못한다고 인식되던 중앙정부가 수행하던 기능이 지방정부로 이양되면서 정책결정에 대한 시민들의 관심과 참여도 증가하였다.

연방주의를 채택하고 있는 대표적인 국가로는 스위스와 독일, 미국, 캐나다 등을 꼽을 수 있다. 이 중에서 스위스는 칸톤이 다른 국가의 주에 비해 더 많은 자율성을 갖고 있고 연방정부의 정책결정 과정에의 참여 권리도 더 크다는 점에서 차이가 있다. 스위스의 연방주의는 다양한 언어와 종교로 이뤄진 다원적 문화국가에서 사회갈등을 조정하는 하나의 방식으로 발전하였다. 문화와 사회적으로 차이를 지닌 26개의 칸톤을 연계하여 하나의 스위스를 이루고 있는 연방주의는 비중앙집권주의, 보충성의 원리, 연대성 및 협력적 연방주의의 특징을 보여주고 있다. 즉, 칸톤은 칸톤 헌법의 제정, 지방자치, 교육, 공공질서, 직접세 등의 영역에서 고유한 권한을 가지며 연방은 이에 관여할 수 없다. 칸톤의 능력을 벗어나는 업무만을 중앙정부에 이전하는 보충성 원리가 존재하며, 연방과 칸톤 간의 협력과 칸톤 간의 협력을 뜻하는 수직적 연방주의와 수평적 연방주의가 연대성의 원리에 기초하여 이뤄지고 있다.Alfred Huber, 2002: 166-173; 박응격 외, 2007: 145-151

5. 한국의 정부형태

정부기구 간의 권력배분 방식을 기준으로 보면 한국은 대통령중심제의 정부형태를 채택하고 있다. 그 역사는 오래되었다. 무엇보다 한국의 정부형태는 서유럽에서처럼 절대군주제에 대항하면서 형성되고 체계화된 것이 아닌 외부로부터 이식되었다. 국가 권력의 집중과 남용을 방지하기 위한 권력분산과 주요한 권력기구들 간의 견제와 균형이라는 민주적 정부형태의 핵심적 메커니즘은 분단과 전쟁, 권위주의 통치를 겪으면서 주요한 절차가 형식화되고 주변화 되었다고 평가된다. 정부형태의 골간이 처음 형성된 것은 1948년 제헌헌법이었다.

제헌헌법의 기본틀을 만든 유진오는 의원내각제 정부, 양원제 국회, 헌법위원회의 위헌심사권 규정 초안을 제시하였다. 그러나 이승만이 한민당의 지지를 업고 대통령 중심제와 단원제를 주장하여 관철시켰다. 애초에 의원내각제를 지지하던 한민당이 이승만안을 수용한 것은 이승만이 주장하는 대통령중심제가 의원내각제적 요소를 포함하고 있었기 때문이다. 즉, 제헌헌법의 정부형태는 대통령과 부통령은 국회서 선출하고, 국무총리는 대통령이 임명하나 국회서 승인을 받게 하였다.

제헌헌법의 정부형태는 이후 집권세력과 지도자의 이해관계에 따라 적지 않게 바뀌었다. 한국전쟁이 한창이던 1952년 대통령 이승만은 남북협상파와 무소속 의원들이 국회를 주도하게 되고 한민당과 갈등을 겪게 되면서 대통령 재선이 어렵게 되자 강압력을 동원해 대통령 직선제 변경을 핵심내용으로 하는 이른바 '발췌 개헌(拔萃改憲)'을 강행하였다. 1954년에는 3선 금지 조항 폐지·국무원의 연대 책임제 폐지·개별 국무원 불신임 인정·부통령의 대통령 승계권 부여 등을 골자로 하는 헌법 개정안을 '4사 5입(四捨五入)'이란 비법리적이고 비논리적인 강제를 적용해 통과시켰다.

1960년에 일어난 '4·19혁명' 직후 의원내각제 개헌이 이뤄지고 이에 따라 장면 정권이 출범하였다. 1당에게는 총득표율보다 훨씬 많은 의석을 배분하게 한 결과 민주당이 민의원과 참의원 양원에서 다수의석을 차지하였다. 그러나 민주당의 지도부와 일반의원들은 총선 직후 인사문제로 대립하면서 구파와 신파로 분열하면서 군부세력에게 정치개입의 명분을 제공했다. 1961년 쿠데타로 정권을 장악한 후 박정희는 대통령중심제, 국민 직선으로 대통령 선출, 4년 임기 중임. 국회가 국무총리나 국무위원 해임 대통령에 건의 권한, 대법원에 위헌법률심사권 부여를 내용으로 하는 3공화국 헌법을 공포하였다. 이후 1979년까지 지속된 박정희 정권 하에서 권력분립적 성격은 유명무실해지고, 대통령이 입법권과 사법권을 실제로 행사했다. 특히, 1972년 수립된 유신체제는 입법, 사법, 행정의 3권이 대통령에게 집중된 독재체제였다. 대통령을 6년 임기 2,000~5,000명의 비정당 출신 대의원으로 구성된 통일주체국민회의에서 토론 없이 선출하도록 했다. 국회는 국민들이 직접 선출하는 임기 6년의 의원들과 통일주체국민회의가 선출하는 임기 3년의 의원(3분의 1 비율)으로 구성하고, 중선거구를 채택하여 여당후보의 당선을 보장했다.

박정희 정권이 붕괴한 후 '12·12 군부 내 쿠데타'로 정권을 장악한 신군부세력은 집권시나리오에 따라 1980년 10월 국민투표로 새 헌법을 확정했다. 박정희와 유사한 권력을 대통령에 부여했고, 7년 단임제의 대통령을 선거인단에 의한 간접선거로 선출하며, 국회는 3분의 2만 지역구에서 뽑고, 나머지는 전국구로 채우게 했다. 아래로부터의 민주화 압력이 거세지자 전두환 정권은 이른바 '6·29 선언'을 발표했는데 이는 5년 단임제의 대통령제와 대통령직선제로의 개헌을 핵심내용으로 하는 것이었다. 그러나 이 선언에는 주로 야당의 요구가 반영된 반면 시민사회 내 급진세력의 최대강령적 요구는 반영되지 않은 데서 한계가 있는 것이었다. 1987년 헌법은 지금까지 변하지 않고 그대로 지속되고 있다.

정부구성과 의사결정방식을 기준으로 보면 한국의 정부형태는 다수제의 특징을 지니고 있다. 집행부, 그중에서도 대통령에 집중된 권력, 강력한 양당제도, 다수대표제의 선거제도 등은 다수제를 구성하는 내용들이다. 이를 살펴보면 다음과 같다. 우선 현재의 대통령중심제 정부형태는 행정부, 사법부, 입법부 간에 견제와 균형이 제대로 이뤄지지 못하고 대통령 1인에게 대부분의 권력이 집중되고 있는 특징을 지닌다. 대통령과 국회의원 선거제도 역시 다수대표제를 채택한데서 비례성의 수준이 높지 않다. 또한 대의제 민주주의의 핵심 기구인 의회와 정당도 낮은 제도화 수준을 보이고 있다. 의회는 다른 권력기관에 대해 온전한 자율성을 지니지 못하면서, 다른 한편으로는 견제와 균형의 역할을 수행하지 못하고 있고, 정당 역시 사회적 균열과 갈등을 조정하고 다양한 계층과 집단, 지역들의 요구를 정책에 반영하는 데 실패하고 있다. 심지어 일부 정치인들은 해묵은 지역주의를 부추기고 시대착오적 색깔론으로 유권자를 자극하는 실정이다. 이와 같은 '대표의 실패'는 정치에 대한 일반 대중의 무관심과 혐오를 확산시키고 정치참여율을 저하시키는 요인으로 작용하고 있다.

급속한 산업화의 추진과 장기간에 걸친 권위주의적 지배를 거치면서 한국에서는 계층, 지역 간 불평등이 심화되었고, 최근에는 여기에 세대 간의 갈등이 중첩되는 복잡한 사회구조를 형성하고 있다. 이는 민주적 합의와 사회통합을 이끌어낼 수 있는 메커니즘과 정책이 부재하다는 것을 의미한다. 다원화되고 복잡한 갈등구조를 지닌 사회에서 합의 메커니즘이 제대로 작동되기 위해서는 특히 민주적 사회문화가 기저에 형성되어야 한다. 한국의 사회문화는 가부장적인 위계질서를 존중하는 권위주의, 배타적이고 복종을 강조하는 집단주의를 중심으로 하고 여기에 개성과 개인의 행복을 최우선 가치로 여기는 개인주의가 병행하여 복합적인 문화체계를 형성하고 있다. 이러한 점은 한국사회가 배타적 집단주의를 극복하고, 다원주의와 관용, 합의를 내용으로 하는 새로운 민주적 사회문화를 형성하며, 민주적이고 포용적인 정치제도를 정착시키는 것을 통해서만 비로소 사회균열과 갈등을 치유하고 사회통합을 달성할 수 있다는 것을 의미한다. 이와 관련하여 '강제로 부여된 민주주의oktroyierte Demokratie'에서 시작하였으나, 철저한 '학습 민주주의lernende Demokratie'의 시행을 통해 '민주적 시민사회 demokratische Bürgergesellschaft'로 변화하고, 비록 완전하지는 않지만 동서독 통합도 이루어 낸 독일의 사례는 우리에게 시사하는 바가 크다.

한편, 중앙정부와 지방정부의 권력관계를 중심으로 볼 때 현재 한국의 정부형태는 행정분산과 연방주의의 중간 형태로서 지방행정의 책임자가 주민선거에 의해 선출되고 지방정부가 중앙으로부터 위임받은 범위 내에서 일정한 자치권을 행사하는 권한이양devolution 형태로 평가된다. 그러나 아직까지 중앙정부가 법령과 감독에 의해 지방정부의 업무에 개입하고 있다는 점에서 행정분산적 요소도 지니고 있다고 할 수 있다. 독일의 사례에서 보듯이 분권화된 체제는 중앙집권적 체제에 비해 이질화된 체제 간의 통합을 훨씬 용이하게 하는 장점을 지닌다. 특히 연방주의는 권한과 기능의 적절한 배분을 통해 전국적 통일성과 지방적 다양성을 동시에 추구하기 때문에 중앙정부와 지방정부가 각자의 영역에서 공존하는 것을 가능하게 한다는 점에서 정치개혁의 중요한 부분으로 논의해 볼 가치가 있다.

그렇다면 권력을 공유하고 책임 있는 정치를 구현하며, 남북한 통합을 대비할 수 있는 민주적 정부형태를 위해서는 무엇이 필요할까? 첫째, 현재의 대통령제 정부형태를 제도적으로 보완하거나, 다른 민주적 정부형태로 변경하는 것이 필요하다. 전자의 경우 대통령에 집중된 권한을 제한하고, 국회의 자율성을 신장하는 것을 주된 내용으로 하며, 후자는 정치체제를 대표하는 의회가 정부를 결정 및 통제하고 법률제정권을 갖는 의회 민주주의를 비롯한 다른 정부형태로의 변경을 의미한다. 이 중에서 권력의 분산이 보다 더 이뤄진 정부형태는 의회 민주주의 정부형태라 할 수 있다. 의회 민주주의 정부형태에서는 행정부와 입법부가 서로 양립적인 관계를 가지며, 야당과 비판적 공중, 순번적인 내각교체의 정당성이 인정되며, 다원화된 정치적 의사형성이 보장된다. 또한, 내각이 의회에 대해 책임을 지며, 의회가 불신임을 하면 사퇴하기 때문에 합의에 의해 정당들 간의 연립정권이 형성되는 경우가 자주 발생한다. 이런 점에서 이 정부형태는 수상이 이끄는 여당이 절대 과반수의 지지의석을 확보하고 있는 경우를 제외하고는 합의제 제도의 일부 요소를 필연적으로 포함한다고 할 수 있다. 의회 민주주의 정부형태는 서로 이질적인 사회에서 합의의 정치를 통해 갈등을 조절하는 데 있어 용이할 뿐만 아니라, 경직성^{rigidity}과 모호성^{ambiguity}을 특징으로 하는 대통령제 정부형태보다 불확실성이 지배하는 변화기에 더욱 유연하게 대응할 수 있다고 평가된다.[1]

둘째, 11장과 12장에서 각각 살펴보았듯이 사회의 다양한 균열과 갈등을 조정하고 이를 취합하여 정책에 반영하는 정당 및 선거제도는 사회통합을 위해 필수불가결한 역할을 수행한다. 그러나 현재 남한의 정당들은 단지 선거를 위해 대중의 다양한 이해를 포괄하는 방향으로 성립된 포괄정당$^{catch-all\ party}$의 특성을 지니고 있다. 따라서 정당의 지지기반과 조직, 기반을 통합적인 것에서 경쟁적인 것으로 변화·발전시키는 것, 즉 정당의 제도화 수준을 높이는 것이 필요하다. 2004년 4월 총선부터 도입된 비례대표제는 비례대표 의원을 전체 의원 300명 중에서 56명으로 제한하고 있는데 이는 비례대표제가 갖고 있는 장점을 충분히 살리지 못하고 있다고 평가된다. 이러한 이유에서 향후 선거법 개정에서는 유권자의 선호를 왜곡하지 않고 정확히 의석에 반영하며 보다 높은 수준의 비례성을 실현하는 선거제도를 채택할 것이 요구된다.

셋째, 독일의 사례에서 보듯이 분권화된 체제가 중앙집권적 체제에 비해 이질화된 체제 간의 통합을 훨씬 용이하게 한다. 특히 연방주의는 권한과 기능의 적절한 배분을 통해 전국적 통일성과 지방적 다양성을 동시에 추구하기 때문에 중앙정부와 지방정부가 각자의 영역에서 공존하는 것을 가능하게 한다. 이런 점에서 보다 발달된 형태의

---

[1] 흔히 대통령제 정부형태를 옹호하는 사람들은 남북통합과정은 강력한 리더십을 전제로 하기 때문에 의회 민주주의 정부형태가 적절하지 않다는 주장을 제기하기도 한다. 그러나 연방수상민주주의(Kanzlerdemokratie)나 수상정부제(Prime Ministerial Government)라 불리는 독일과 영국의 예에서 볼 수 있듯이 의회 민주주의 정부형태 하에서도 얼마든지 강력하고 민주적인 리더십이 창출될 수 있다는 점에서 이러한 주장은 다양한 정부형태의 장단점을 제대로 고려하지 않은 것이라 할 수 있다.

분권화를 추구하는 것은 남북한 통합을 대비하기 위해서도 긴요하다고 할 수 있다. 이를 위한 구체적인 개혁과제로는 우선 지방자치제도를 보다 완전한 형태로 정착시키는 것을 들 수 있다. 현재 지방정부는 중앙정부로부터 자율성을 완전히 보장받지 못하고 있고, 지방의원이나 민선 단체장들에 부여된 권한도 미약한 실정이다. 이는 극단적 지역주의와 정책결정과정의 투명성과 민주성 결여 등으로 인한 지역 간 갈등, 그리고 부정부패 등과 더불어 미흡한 수준의 지방자치제도를 잘 보여준다. 무엇보다 가장 중요한 과제는 지방정부의 자율성을 강화하고 주민참여를 활성화시키는 것이다. 이러한 조치를 기반으로 점차적으로 중앙정부로부터의 권력분산을 확대시키는 것이 필요하다.

토론거리

1. 대통령제에 대한 후안 린츠(Juan José Linz)의 비판에 동의하는가? 만약 동의한다면(혹은 그렇지 않다면) 그 근거는 무엇인가?
2. 이원집정부제 혹은 반대통령제는 어떤 특징을 갖는가?
3. 다수제와 대비되는 정부형태로서 합의제를 네덜란드의 사례를 중심으로 설명하시오.
4. 중앙정부와 지방정부 간의 권력관계를 기준으로 일원제와 연방제를 비교·평가해 보시오.
5. 권력을 공유하고, 책임 있는 정치를 구현하며, 남북한 통합을 대비할 수 있는 민주적 정부형태를 위해서는 무엇이 필요한가?

키워드: 정부형태, 대통령제, 의원내각제, 이원집정부제, 다수제, 합의제, 분권화, 연방제, 일원제

참고문헌

강원택. 『대통령제, 내각제와 이원정부제』. 고양: 인간사랑, 2006.

국제평화전략연구원 편. 『한국의 권력구조 논쟁』. 서울: 풀빛, 1996.

박응격 외. 『서구 연방주의와 한국』. 고양: 인간사랑, 2006.

성경륭. 『국민국가 개혁론: 연방주의와 지방주의의 논리』. 춘천: 한림대학교 출판부, 1996.

최명·백창재. 『현대 미국정치의 이해』. 서울: 서울대학교 출판부, 2000.

Arter, David. *Democracy in Scandinavia: Consensual, Majoritarian or Mixed?* Manchester: Manchester University Press, 2006.

Burgess, Michael & Alain-G. Gagnon (eds.). *Comparative Federalism and Federation: Competing Traditions and Future Directions.* London: Harvester Wheatsheaf, 1993.

Duverger, Maurice. 문광삼·김수현 역. 『프랑스 헌법과 정치사상』. 부산: 도서출판 해성, 2003.

Elazar, Daniel J. *Federal Systems of the World.* Essex: Longman, 1991.

Elgie, Robert & Steven Griggs. *French Politics: Debates and Controversies.* London: Routledge, 2000.

Freedman, Leonard. 장원석 역. 『영국정치론』. 제주: 제주대학교 출판부, 2002.

Hartmann, Jürgen. *Das politische System der Europäischen Union.* Frankfurt/M: Campus Verlag, 2001.

Hendriks, Frank & Theo A. J. Toonen (eds.). *Polder Politics. The Re-invention of Consensus Democracy in the Netherlands.* Aldershot: Ashgate, 2001.

Huber, Alfred. *Staatskunde Lexikon.* Luzern/Visp: Verlag Schweizer Lexikon, 2002.

Ismayr, Wolfgang (Hg.). *Die politischen Systeme Westeuropas.* Opladen: Leske+ Budrich, 1997.

Johnston, R. J. & Derek Gregory et al. 한국지리연구회 역. 『현대인문지리학사전』. 서울: 한울아카데미, 1992.

Kaase, Max & Guenther Schmid (Hg.). *Eine lernende Demokratie. 50 Jahre Bundesrepublik Deutschland.* Berlin: Edition Sigma, 1999.

Keating, Michael. *The New Regionalism in Western Europe. Territorial Restructuring and Political Change.* Cheltenham: Edward Elgar, 1998.

Lijphart, Arend. *Democracies. Patterns of Majoritarian and Consensus Government in Twenty-One Countries.* New Haven: Yale University Press, 1984.

_____. *Patterns of Democracy. Government Forms and Performance in Thirty-Six*

Countries. New Haven: Yale University Press, 1999.

Linz, Juan J. & Arturo Valenzuela. 신명순·조정관 역. 『내각제와 대통령제』. 서울: 나남출판, 1995.

Locke, John. 이극찬 역. 『시민정부론』. 서울: 연세대학교출판부, 1995.

Loughlin, John (ed.). *Subnational Democracy in the European Union: Challenges and Opportunities.* Oxford: Oxford University Press, 2001.

Macridis, Roy C. 김강녕 역. 『현대정치체제론』. 부천: 인간사랑, 1990.

Montesquieu, Charles Louis de Secondat. 고봉만 역. 『법의 정신』. 서울: 책세상, 2006.

Newman, Michael. *Democracy, Sovereignty and the European Union.* London: Hurst & Company, 1996.

Sontheimer, Kurt & Wilhelm Bleek. *Grundzüge des politischen Systems Deutschlands.* München: Piper, 2004.

von Beyme, Klaus. *Das politische System der Bundesrepublik Deutschland. Eine Einführung.* Opladen: Verlag für Sozialwissenschaften, 2006.

杉原泰雄. 이경주 역. 『헌법의 역사』. 서울: 이론과실천, 1996.

제10장

정치, 문화, 사회화

1. 정치, 문화, 사회화

　문화culture란 맥락에 따라 다양하게 해석되는 점에서 정의내리기가 쉽지 않은 용어이다. 일반적으로 문화연구에서 사용되는 문화의 개념은 문화인류학에 기반을 둔 것이라 할 수 있다. 인간들은 나름의 사회를 구성하는 과정에서 타자와는 구별되는 고유한 가치와 규범, 생활양식 등의 무형의 속성을 공유하게 되었는데 바로 이것을 학자들은 문화라고 일컫게 되었다. 최근에는 이러한 무형의 속성을 표현하는 지적이고 예술적인 행동의 집합에 관한 것도 포함하고 있다. 가치와 규범은 문화를 구성하는 가장 중요한 요소들이다. 여기서 가치는 사회구성원들이 관계를 맺고 상호작용을 하는데 있어 의미와 지침을 부여하는 추상적인 사고이고 규범은 특정 문화가 중시하는 가치를 반영하는 행위의 규칙을 가리킨다. 사회의 지배적인 가치와 규범과 차이가 있거나 이를 거부하는 하위문화subculture와 반문화counterculture는 사회의 변화를 이끌기도 한다.

　문화의 개념과 관련하여 초기에 문화연구를 이끈 레이몬드 윌리엄스Raymond Williams는 근대 이후 문화의 의미가 포도 재배 등과 같은 숙련된 인간행동에 관한 것에서부터 부르주아 문화와 같은 인간집단의 행동 전체, 그리고 문화인이 되는 것으로 나타난

세련된 개인의 정신에 관한 것으로 변하였다고 지적한다. Raymond Williams, 1995: 10-13 프랑스의 사회학자인 피에르 부르디외Pierre Bourdieu는 인류집단이 고유한 행동을 하고 느끼고 사고하는 방식을 문화라 보고, 구체적으로 일상적인 의미에서는 한 개인이 가지고 있는 학문적, 예술적, 문학적 지식을 가리키고, 사회학적 의미에서는 다수에 의해 획득되고 공유되는 규범과 실천들인 가치들의 총체를 의미한다고 한다.

이러한 문화에 대해서는 특히 마르크스주의의 계보로 분류되는 학자와 사상가들이 인상적인 주장을 펼쳤다. 예를 들어 프랑크푸르트 학파Frankfurter Schule에 속한 일군의 학자들은 정치적 조작이 강요한 문화인 대중문화가 사회권위를 유지하는 역할을 한다는 주장을 하였다. 그 대표적인 학자로 꼽히는 막스 호르크하이머Max Horkheimer와 테오도르 아도르노Theodor Adorno는 『계몽의 변증법Dialektik der Aufklärung』에서 자본주의 사회의 지배계급이 '규격화, 상투성, 보수성, 허위, 조작된 소비상품'의 특징을 지니고 있는 문화를 생산함으로써 노동계급의 정치성을 희석시키며, 억압적이고 착취적인 구조를 유지한다는 점을 밝혔다. Theodor W. Adorno & Max Horkheimer, 김유동 역, 2001: 183-251 한편, 20세기 가장 독창적인 마르크스주의 사상가인 안토니오 그람시Antonio Gramsci는 지배계급이 단순히 사회를 통치하는 것이 아니라 도덕적, 지적 리더십을 가지고 사회를 이끌어가는 상황을 헤게모니hegemony란 용어를 통해 설명하였다. 그에 의하면 피지배계층이 현재의 권력구조에 자신들을 묶어두는 가치나 이상, 목적, 문화적 의미들을 능동적으로 지지한다는 것이다.

이렇게 다양한 방식으로 정의되는 문화는 사회화socialization와 밀접한 관련을 갖는다. 일반적으로 사회화는 사회의 새로운 구성원들이 지배적인 생활방식과 바람직하다고 여겨지는 가치와 규범을 반복하여 익히는 과정을 의미한다. 사회 구성원들은 필요한 가치와 규범을 학습함으로써 그들이 속한 체제와 질서 속에서 자기의 위치와 역할을 인식하게 된다. 이런 점에서 사회화는 다름 아닌 문화를 학습하는 과정이라 할 수 있다. 사회화를 통해 가치와 규범이 한 세대에서 다음 세대로 전승된다는 점에서 사회화는 특정한 체제와 질서가 형성되고 유지되는 데 있어 필수적이다. 문화와 서로 관련된 사회화는 정치학자들에 의해서도 정치현상을 분석하는 주요 개념으로 도입되었다.

정치문화political culture를 정치현상 분석에 도입한 대표적인 학자는 가브리엘 알몬드Gabriel A. Almond와 시드니 버바Sidney Verba이다. 이들은 정치체계를 비교하기 위한 분류도식을 제시하려는 시도로 1956년에 처음으로 정치문화 개념을 소개했다. 알몬드

막스 호르크하이머와 테오도르 아도르노: 프랑크푸르트 학파(Frankfurter Schule)에 속한 학자들은 현대의 대중문화가 지닌 도구적 합리성을 비판하면서 그것이 대중의 의식을 마비시키고, 자본주의의 허위의식을 주입하여 결과적으로 자본주의 지배 체제를 정당화하고 재생산하게 만든다고 비판하였다. 특히, 1세대 학자로 꼽히는 막스 호르크하이머(Max Horkheimer, 1895~1973)와 테오도르 아도르노(Theodor W. Adorno, 1903~1969)는 『계몽의 변증법(Dialektik der Aufklärung)』에서 자본주의 사회의 지배계급이 생산하는 '규격화, 상투성, 보수성, 허위, 조작된 소비상품'의 특징을 지니는 문화를 비판적으로 고찰했다. 그들은 다음과 같이 대중문화가 지배이데올로기를 확산시키고 그것에 대중들이 무비판적으로 순응하도록 만든다고 주장한다: "피지배자들이 지배자들로부터 부과된 도덕을 지배자들보다도 더 진지하게 받아들이는 것이 자연스러운 것처럼 기만당한 대중은 성공한 사람들보다 더욱 성공의 신화에 사로잡힌다." Theodor W. Adorno & Max Horkheimer, 김유동 역(2001), pp.202-203.

와 버바는 정치문화를 자신들의 정치체계에 관하여 개인들이 갖는 정치적 정향과 태도이자 여러 가지 매개체를 통하여 개인이 정치와 관련된 태도와 행동 양식을 습득하는 과정으로 정의하였다. Gabriel A. Almond & Sidney Verba, 1989 이후에 알몬드는 빙햄 포웰 G. Bingham Powell, Jr. 과의 공동연구에서 정치문화를 정치체제의 구성원들이 정치에 대해 갖게 되는 개인적인 태도와 정향의 유형이라 보고, 정치적 행동의 기초를 이루며 그 행동에 의미를 부여해주는 주관적 영역이라고 그 개념을 정교화 시켰다.

문화 일반의 하위문화 중의 하나인 정치문화는 정치체제의 형성과 변화에도 일정한 역할을 수행한다. 이와 관련하여 정치변동의 구조적 기반을 강조하는 견해와 문화에 직접적으로 미치는 영향을 중시하는 견해가 존재한다. 그러나 정치문화는 정치변동과 직접적인 인과관계를 갖기 보다는 간접적인 관계를 지닌다고 할 수 있다. 정치문화를 주어진 것으로 보고 다른 요인을 종속변수로 간주하는 기능론은 문화결정론의 위험이 있다. 정치의 독자성을 지나치게 강조하여 그 개혁만 강조하는 주장 역시 서서히 변화하는 문화나 제도의 실제적 작동양식을 간과한다는 점에서 한계가 있다.

데니스 카바나Dennis Kavanagh는 정치문화를 연구하는 이유를 다음과 같은 데서 찾는다. 우선 정치문화가 시민들의 요구의 종류, 요구가 표시되는 방법, 엘리트들의 응답, 정권을 위한 대중지지의 보존 등 정치체제의 작동을 결정짓는 정향에 크게 영향을 미치기 때문이라는 것이다. 아울러서 정치체제와 정치문화 사이의 관계를 이해함으로써 진보적 정치변화를 초래하는 수단을 더 잘 알 수 있게 된다는 것이다. 이는 특히 안정된 민주정부의 조건을 찾아내는 데 관심을 지닌 정치학자들에게 필요하다고 한다.Dennis Kavanagh, 1972 카바나의 지적인 비단 서구 민주주의 국가들뿐만 아니라 민주화의 도상에 있는 다른 국가들에도 통용될 수 있다. 이들 국가들에서 정치문화를 민주적인 방향으로 변화시키고 그 구성원들에게 내면화시키는 것은 민주주의 공고화의 주요한 내용 중의 하나이기 때문이다.

한편, 특정한 정치체제의 가치와 규범이 학습되고 전승되는 과정을 일컫는 정치사회화는 정치문화의 학습과 다음 세대로의 전달을 통해 정치체제의 유지에 기여한다. 프레드 그린스테인Fred Greenstein은 역사적으로 사회화에 대한 정치학적 연구에 개진되었던 주요한 사상적 흐름들을 간결하게 요약했다. 첫 번째는 1920년대 말에서 1930년대 초까지의 시기로 학자들은 시민교육의 공식적인 측면에 관심을 기울였다. 둘째, 인성과 정치와 민족성에 관한 연구들로서 제2차 세계대전 기간 동안과 전후 10년간의 일반적인 경향이었다. 세 번째는 1950년대 후반부터 발전되었는데 어린이와 청소년의 정치사회화에 대한 행태적 연구가 진행되었다.Ronald H. Chilcote, 강문구 역, 1999: 284

2. 정치문화의 특징과 유형

알몬드는 버바와 정치문화를 자신들의 정치체계에 관하여 개인들이 갖는 정치적 정향과 태도이자 여러 가지 매개체를 통하여 개인이 정치와 관련된 태도와 행동 양식을 습득하는 과정이라 정의하고, 이를 5개국에서 실시한 태도에 관한 경험적 조사와 연구에 적용했다. 그들은 사회구성원들의 인지, 감정, 평가 속에 내면화된 정치체계로 정치문화 개념을 정교화 했다. 여기서 인지적 정향cognitive orientations은 정치체계와 그

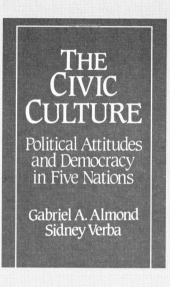

가브리엘 알몬드와 시드니 버바: 가브리엘 알몬드(Gabriel A. Almond, 1911~2002)와 시드니 버바(Sidney Verba, 1932~)는 정치문화를 정치현상 분석에 적용한 대표적 학자이다. 이들은 The Civic Culture: Political Attitudes and Democracy in Five Nations(1963년 초판)에서 정치문화를 자신들의 정치체계에 관하여 개인들이 갖는 정치적 정향과 태도이자 여러 가지 매개체를 통하여 개인이 정치와 관련된 태도와 행동 양식을 습득하는 과정이라 정의하고, 이를 5개국에서 실시한 태도에 관한 경험적 조사와 연구에 적용했다. 알몬드와 버바는 사회구성원들의 인지, 감정, 평가 속에 내면화된 정치체계로 정치문화 개념을 정교화하고, 이러한 정향으로부터 세 가지의 일반적인 정치 문화를 구별하였다.

지도자, 그리고 체계의 운영에 관한 지식과 신념을, 감정적 정향affective orientations은 애착이나 소외와 같은 체계에 대한 느낌을 포함하며, 평가적 정향evaluative orientations은 체계에 대한 판단이나 견해를 의미한다.

이러한 정향으로부터 알몬드와 버바는 세 가지의 일반적인 정치 문화를 구별한다. 첫째, 지방형parochial 정치문화는 정부에 대한 개인들의 기대와 인식이 낮은 수준에 머물러 있으며 일반적으로 개인들은 정치에 참여하지 않는다. 둘째, 신민형subject 정치문화에서 개인은 정부의 정치적 성과에 대해 인식하고 있으나 정책결정과정에는 참여하지 않는다. 셋째, 참여형participant 정치문화에서 개인들은 체계 전반, 즉 투입과 산출과정 모두에 능동적으로 참여한다. Gabriel A. Almond & Sidney Verba, 1989: 1-43; Ronald H. Chilcote, 강문구 역, 1999: 279-280

이들 유형 중에서 참여형 정치 문화는 민주주의를 유지하기 위한 이상적인 기반이다. 참여 정치 문화에서는 개인들은 그들이 시민임을 자각하고 정치에 관심을 기울인다. 그들은 높은 수준의 정치 능력political competence과 정치 효능political efficacy을 보여준다. 그들은 순수하게 참여 정치 문화나 복종 또는 무관심형의 정치 문화를 가진 국가는 어디에도 없다고 지적하였다. 모든 국가가 이 세 가지 유형의 다양한 혼합적 형태의 정치 문화를 가지고 있다. 특히 참여형 뿐만 아니라 수동적인 유형도 적당히 혼합된 형의 정치문화를 알몬드와 버바는 '시민문화civic culture'라 지칭하고 이 문화가 정치체계의 안정에 유리하다고 주장하였다.

이러한 정치문화는 민주주의와 어떤 관계를 지닐까? 우선 기능론적 입장에서는 한 나라의 가치와 문화적 특성은 사람들의 정치적 사고와 행태에 큰 영향 미치며 민주주의의 발전과도 깊은 관계를 맺는다고 한다. 정치문화적 조건이 민주주의에 순기능적으로 역할할 수도 있고 역기능을 발휘할 수 있다는 것이다. 안정된 민주주의 조건으로서 시민문화론을 거론하는 알몬드와 버바나, 하부정치문화가 이질적인 다극적 정치문화에 비해 하부 정치문화가 동질적이고 통치형태에 대한 국민적 합의를 갖춘 합의적 정치문화가 민주주의 실현에 기여한다는 포웰, 그리고 민주주의 제도의 발전은 시민들의 생활 만족도, 정치적 만족도, 상호신뢰감, 관용 등과 같은 문화적 요소에 의존한다고 본 로널드 잉글하트Ronald Inglehart가 대표적이다. 이에 비해 생성론적 입장에서는 정치문화가 주어진 것이 아닌 만들어진 것이고 정치제도의 개혁 등에 의해 변화하는 것이다. 생성론자들은 정치제도의 자율성과 정치지도자의 역할이 그동안 과소평가 되었다고 지적하고, 제도의 개혁을 비롯한 정치민주화 조치가 한 나라의 정치 문화 수준을 제고시킬 수 있음을 강조한다.

지금까지 설명한 정치문화는 그러나 순전히 기술적이거나 분류적인 경향을 갖고 있고, 분류도식도 지나치게 단순하고 정태적이며, 그 이론의 적용도 성공적이지 않다는 비판이 여러 연구자들에 의해 제기되었다. 정치문화 이론에 대한 다양한 비판을 로널드 칠코트Ronald H. Chilcote는 환원주의, 편견, 설명적 가치, 자율성 등과 관련된 네 가지 영역을 나눠 설명한다. 예를 들어 정치문화는 문화적 요인들을 사회체계의 특성으로 환원시키거나 문화적 요인들을 사회의 개별구성원들의 내면적 정향들의 통계적 총합으로만 취급한다. 또한 정치문화는 서구적인 근대성 인식 속에 깔려있는데서 편향성을 지니고 있다. 정치문화의 유형화도 분석적인 기준보다 서술적인 기준에 의거하고 있으며 이론적인 구조를 사용하지 않기 때문에 정치문화 개념이 설명적이지 않고 예측성도 없다는 것이다. Ronald H. Chilcote, 강문구 역, 1999: 285-286

이러한 비판에도 불구하고 정치문화는 많은 학자들에 의해 다양한 지역과 국가의 정치를 비교하는 분석 개념으로 사용되었다. 이들 학자들은 정치문화를 크게 서구형

네덜란드의 정치문화: 네덜란드의 정치문화는 취약한 중앙권력과 고도로 탈중앙화된 연방의 특징을 갖는 7개의 프로방스(province)로 구성되었던 더치 공화국(1588~1795) 시기에서 유래하는 오랜 역사적 전통을 지니고 있다. 당시에 프로방스와 도시의 지배세력인 '레겐텐(regenten)' 간에 협의와 조정, 타협의 정치문화가 형성되었는데, 이는 바다라는 혹독한 환경과의 싸움, 스페인·합스부르크 왕조의 지배하에서 강요된 중앙집중화에 대항한 봉기, 해상무역과 상업을 가능케 한 상인정신, 그리고 지배적 종교사조였던 칼뱅주의를 배경요인으로 한 것이었다. 이러한 정치문화는 지금까지 지속되어 '3C', 즉 협의(consulta- tion), 타협(compromise), 합의(consensus)로 요약되는 정책결정 문화라든가, 모든 사람이 모든 일에 간섭하는 것을 뜻하는 IBZMA(iedereen bemoeit zich met alles)라는 두문자어로 표시되는 특유한 통치방식으로 나타나고 있다.

과 비서구형으로 구분하고, 각각의 문화가 민주주의와 권위주의에 도움이 된다는 견해를 내세웠다. 물론 특정한 문화 유형과 민주주의의 확산 간에는 어떤 구조적인 관계를 증명하기가 어렵지만 이들 정치문화 간에는 뚜렷한 차이가 존재하는 것이 사실이다. 서구의 민주주의는 인간이성에 대한 절대적 신뢰에 근거해 개인의 자유에 대한 부당한 정치적 속박에 반대하는 자유주의에 기반을 두고 발달하였다. 자유주의와 친화성을 지닌 대표적인 정치문화로 우리는 네덜란드의 정치문화를 들 수 있다.

네덜란드의 정치문화는 더치공화국[1588~1795] 시기에서 유래하는 오랜 역사적 전통을 지니고 있다. 더치공화국은 취약한 중앙권력과 고도로 탈중앙화된 연방의 특징을 갖는 7개의 프로방스[province]로 구성된 공화국이었다. 당시에 프로방스와 도시의 지배세력인 '레겐텐[regenten]' 간에 협의와 조정, 타협의 정치문화가 형성되었는데, 이는 바다라는 혹독한 환경과의 싸움, 스페인·합스부르크 왕조의 지배하에서 강요된 중앙집중화에 대항한 봉기, 해상무역과 상업을 가능케 한 상인정신, 그리고 지배적 종교사조였던 칼뱅주의를 배경요인으로 한 것이었다. 이러한 정치문화는 지금까지 지속되어 '3C' ― 협의consultation, 타협compromise, 합의consensus 로 요약되는 정책결정 문화라든가 또는 모든 사람이 모든 일에 간섭하는 것을 뜻하는 IBZMA iedereen bemoeit zich met alles라는 두문자어로 표시되는 특유한 통치방식으로 나타나고 있다. Frank Hendriks & Theo A. J. Toonen eds., 2001: 4-7 이 같은 정치문화는 네덜란드가 각종 사회경제적 위기를 권력이 배분되는 정치제도와 폴더 모델Polder model이라 지칭되는 사회협의제도를 통해 극복 하는 것을 가능케 하였다.

서구형의 정치문화에 비해 비서구 국가들은 보다 다양한 정치문화적 특징을 보여준 다. 그 대표적인 사례가 라틴아메리카이다. 현재 라틴아메리카 사회는 상반된 정치문 화를 공유하고 있는데 하나는 엘리트주의, 위계주의, 권위주의 등 전통적인 문화에 바탕을 둔 것이고 다른 하나는 자유주의와 민주주의에 기반을 둔 것이다. 이 중에서 앞의 문화는 1980년대에 많은 국가들이 권위주의에서 민주주의로 이행하기 전까지 라틴아메리카에 지배적인 정치문화였다. 이러한 정치문화는 스페인으로부터 도입되 었다. 예를 들어 정치권력은 신이나 우주의 자연법적 질서로부터 내려진 것이며 대중 은 국가를 통치할 수 있는 능력을 갖고 있지 못하기 때문에 국가는 위계질서 속에서 특정한 엘리트에 의해 통치되어야 한다는 사상으로부터 정치문화가 형성되었다. 또 식민시대에 법, 정당, 정부를 불신하여 친구나 친척에게 정치적 혜택을 제공하고 대신 그들로부터 충성을 보장받는 개인추종주의personalismo가 발달하였다. 김달용, 1999: 712-713 이러한 문화는 오랜 기간 라틴아메리카 국가들에서 권위주의 정치가 지속되는데 기여 했다.

한국을 비롯한 대만, 일본, 싱가폴, 말레이지아 등 아시아 국가들의 전통적인 정치 문화는 시혜적이고 가부장적 리더십을 이상화하고 복종을 정당한 것으로 인식 하는 문화유형을 공유하고 있다. 이 같은 문화는 동아시아 국가들이 한 때 통치이데올로기 로 채택하였던 유교에서 비롯된 것으로 서구의 학자들에 의해 '아시아적 가치Asian value'라고도 칭하여졌다. 이는 동아시아 국가들의 압축 성장을 설명하기 위해 서구의 학자들이 막스 베버Max Weber의 프로테스탄티즘과 기능적 상응치에 해당하는 이념요 인으로 만들어졌다. '아시아적 가치'로 불리는 유교적 전통문화에 대해서는 대립적 평 가가 존재한다. 유교적 전통이 근대적 가치체계의 형성에 부정적인 역할을 했다는 주장이 있는가 하면 이와 반대로 동아시아의 산업화에 긍정적인 역할을 했다는 주장 도 있다. 앞의 견해는 충효사상을 근간으로 하는 유교의 특수주의적 가치관이 보편주의적 가치관에 입각한 공론장의 형성을 저해했다고 보는 반면에, 뒤의 견해는 유교가 성취지향적 노동윤리, 가족을 중심으로 하는 집합적 연대감, 교육에 대한 강조 등을 통하여 산업화에 기여했다고 본다.정수복, 2007: 197-198

한국에서도 유교는 조선조 통치이념으로 채택된 이후 우리 사회구조의 전반에 영향을 미쳤으며, 한국인의 의식구조와 행동을 규정하는 지배적인 권위주의적 생활규범으로 작용해왔다. 유교적 정치문화는 대통령으로의 권력집중화 현상, 각 정당에서의 1인 보스정치, 중앙집권적 관료주의 등의 문제를 야기시키고 정치현상에서 여성의 참여를 크게 저해하는 요인이 되고 있다. 유교사회에서 위계질서에 못지않게 존중되는 가족주의는 집단적 귀속의식을 유발하지만 다른 한편으로 연줄주의, 분파주의, 지역주의 같은 폐습을 조장하고 있다. 이는 권위주의적 국정 운영과 통치 방식의 유지를 용이하게 하여 결과적으로 민주적 통치 행태와 관행의 공고화를 지연시킬 수 있다.한배호, 2003: 16-21 그러나 1980년대의 민주화라는 역사적 체험을 공유하는 세대와 인터넷과 휴대폰으로 무장한 보다 젊은 정보화 세대들은 여전히 전통적 가치를 고수하고 있는 그 이전 세대들에 비해 개인주의, 평등의식, 물질주의 등의 가치를 높이 평가하고 진보 지향적 역할행동도 크게 나타나고 있다고 지적된다.신수진·최준식, 2002: 171

3. 정치교육과 정치문화의 내면화

사회통합은 사회구성원들이 공동의 규범과 가치를 내면화하고 생활양식을 습득함으로써 일종의 공동체를 형성하는 것이라고도 할 수 있다. 사회의 구성원이 견지하고 있는 가치와 그들이 준수하는 규범인 문화는 정치제도의 운영에도 중요하다. 한국은 봉건왕조의 지배와 일제에 의한 식민통치, 그리고 계속된 권위주의 정권의 지배에 의해 권위주의, 집단주의와 같은 비민주적 문화가 발달하였다. 분단체제 역시 사회적 갈등을 불온시하고, 이념적 차이를 용인하지 않는 권위주의적 문화를 조장하였다. 이러한 문화는 부정부패를 조장하는 후원·수혜관계를 형성하면서, 공정하고 다원적인 경쟁을 가로막을 뿐 아니라, 사회적 갈등을 취합하고 이익을 대표하는 정치체계의 발전도 어렵게 한다. 따라서 이 같은 문화를 다원성, 관용, 타협과 확고한 원칙성 등으로 특징 지워지는 민주적인 문화로 전환시키는 것이 중요하다. 민주적 문화는 '포함의 정치'의 문화적 기초가 될 수 있다. 즉, 이것이 토대가 될 때만이 우리는 입장과 이해를 달리하는 사회구성원과 집단들의 권리인식과 적극적인 정치참여, 그리고 다원적인 의사형성을 기대할 수 있다. 이를 위해서는 민주적인 정치제도와 언론의 확립과 다양한 수준에서 행해지는 체계적인 정치교육politische Bildung이 필요하다.

정치교육은 사회의 구성원으로 하여금 사회문제에 대한 객관적 판단과 비판능력을 함양시키는 동시에 적극적 관심과 자발적 참여를 이끌어 내는 것을 목표로 한다. 독일의 경우 전후에 정치교육을 통해 전통적인 가치규범인 프로이센 기질Preussentum을 민주적 사회문화로 변화시키고 이를 기반으로 '학습된 민주주의gelernte Demokratie'를 확립할 수 있었던 것은 우리에게 시사하는 바가 크다. 전통적으로 독일은 국가주의Etatismus, 정치적 무관심, 독일 이상주의deutscher Idealismus, 갈등의 회피, 형식주의Formalismus로 불리는 문화적 특징을 지니고 있었다. 즉, 사회관계의 안전과 질서를 위한 반박할 수 없는 수단으로 국가가 여겨지면서 기율과 의무, 복종이 중시되었으며, 현재의 정치, 사회관계를 이상적인 기준으로 평가하면서 권력과 정신의 대립을 발전시켰고, 정치집단 간의 차이와 투쟁을 불완전한 사회질서의 표현으로 여기는 정치문화는 독일의 민주주의 발전에 부정적 영향을 미쳤다고 평가된다.Kurt Sontheimer, 1990: 34-40 종전 후 외부로부터 민주적인 제도가 성공적으로 이식되면서 독일에서는 이 제도가 바이마르 공화국 시기처럼 다시 붕괴되지 않도록 이를 뒷받침하는 정치문화에 대한 관심이 증대되었다.

이에 따라 내무성 산하에 연방정치교육센터Bundeszentrale für politische Bildung를 설립하고 이 기관이 주도하여 대중매체 관련 사업, 출판, 학교 밖 정치교육 및 집회 추진, 학교 정치교육, 내적 통일과 같은 주요 사업을 행하였다. 독일의 연방정치교육센터는 특히 국가기구가 교육의 실행을 주도하지 않고 개별 단체들에게 다양한 교육을 맡김으로써 교육 참가단체들의 자율성이 훼손되지 않도록 배려를 하였다. 이는 정치적 강압적 교화와 주입 금지, 논쟁성의 재현, 이해관계의 정치적 연관성 설정능력 제고를 정치교육의 기본원칙으로 삼음으로써 가능한 것이었다.1) 연방정치교육센터는 또한

---

1) 독일 정치교육의 기본원칙은 1976년 정치학자와 교육 관계자가 협의를 거쳐 만든 **보이텔스바흐 합의(Beutelsbacher Konsens)**에서 연원한다. 이는 국가기구가 개별 단체들에게 다양한 교육을 맡김으로써 교육 참가단체들의 자율성이 훼손되지 않도록 한 것이다. ① 강압적 교화와 주입 금지: 정치교육을 행하는 데 있어 특정한 의견을 피교육자에게 일방적으로 주입시킴으로써 독자적인 판단을 내리는 것을 어렵게 하는 것을 금지. ② 논쟁성의 재현: 하나의 쟁점이 사회에서 대립적인 형태로 나타나는 경우 교사는 대립적 입장이 드러나게 서술하고 논의. ③ 이해관계의 정치적 연관

연방정치교육센터: 독일 베를린에 있는 연방정치교육센터(Bundes-zentrale für politische Bildung) 전경. 연방차원의 정치교육센터는 연방 내무부 산하 기관이다. 이 외에도 주 자체적으로 특별하게 구성된 정치교육센터가 있다. 연방정치교육센터와 주센터 모두 자율적이고 지시에 구속되지 않으나 각 관계자간에 규칙적으로 조정회의가 행해진다. 또한 정치교육센터는 소위 보이텔스바흐 합의(Beutelsbacher Konsens)를 의무적으로 준수한다.

이 원칙에 입각해서 센터가 인정하는 교육단체들에게 물적, 인적 지원을 행하고 있다. 이는 국가 권위주의와 민족주의에 젖어 있던 독일인들로 하여금 민주주의적 가치와 태도를 정착시키는데 공헌했다고 평가된다.

4. 정치문화와 정치변동

정태적 특성을 지니는 문화는 단기적으로는 뚜렷이 변화되지 않는다. 그럼에도 문화는 장기적인 측면에서 간접적으로 사회변동에 영향을 미치거나 준다고 설명된다. 『문명화 과정 *Über den Prozeß der Zivilisation*』에서 독일의 사회학자인 노르베르트 엘리아스 Norbert Elias 는 사회구조의 변화가 인간과 인간이 관계를 맺는 방식의 변화를 가져오고 이는 다시 그 관계 안에서 살고 있는 인간들의 행동방식 및 정서구조의 변화를 요청한다는 점을 17세기 절대주의 시대 중세기사들이 궁정인으로 문명화되는 과정이

성 설정능력 제고: 학생들은 수업을 통해 현재 정치상황을 분석하고, 자신의 이해관계를 고려. 이를 통해 당면한 정치 상황에 영향을 끼칠 수 있도록 함.

자 국가가 형성되는 과정에 대한 분석을 통해 밝힌 바 있다. 역사적·사회적 맥락을 강조하는 엘리아스는 많은 종류의 권력균형으로 특징 지워지는 상호의존성의 망을 의미하는 '결합태Figuration'란 용어를 사용하여 개인과 집단, 사회들 간의 동학을 포착하고 있다. 엘리아스에 의하면 개인들은 천부적으로 상호의존적일 뿐만 아니라 교육과 사회화를 포함해서 문화적으로 학습되고 사회적으로 생성된 상호적인 욕구 때문에 상호의존적이다. 나아가 개인들은 다양한 연계를 맺고 있기 때문에 특정한 결합태를 형성하는데 이러한 결합태는 상호의존적일 뿐만 아니라 부단한 흐름 속에 있는 데서 동태적이라는 것이다.Norbert Elias, 박미애 역, 1996; 1999 여기서 결합태는 행위의 심리화와 합리화, 수치심과 혐오감의 강화 등과 같은 사회적 행동기준을 내용으로 하는 문화의 한 종류이기도 하다.

정치문화 역시 정치변동에 영향을 미치는 요인의 하나로 꼽는다. 예를 들어 특정한 정치공동체의 구성원 중 많은 사람들이 기존의 지배적인 가치와 규범들이 더 이상 최선의 것이 아니라고 간주할 때 공동체는 균열되고 붕괴될 수 있다. 그런 점에서 정치 안정은 어떤 가치들과 행동 규범이 특정한 정치공동체의 구성원들에 의해서 공유되고 타당한 것으로 받아들여질 때에만 가능한 것이다. 그러나 그것은 모든 구성원들이 가치와 규범을 획일적으로 갖는 것을 반드시 요구하지는 않는다.

다른 한편으로 정치문화는 정치변동에 의해 변화할 수 있다. 일반적으로 이러한 변화로는 혁명, 쿠데타 등의 정치 격변, 경제발전, 세속화, 계급이동, 교육과 미디어, 개방과 국제교류 확대 등을 들 수 있다. 예를 들어 폭력을 사용하여 정치체제를 근본적으로 재구성하려는 혁명은 기존 체제에 불만을 갖는 체제 구성원과 집단들에 의해 지배적 가치가 도전을 받음으로써 시작된다. 이 경우 사회경제적 변화로 상승된 기대가 대다수 구성원들의 상대적 박탈감과 좌절을 가져오면서 이로 말미암아 폭동이 발생한다. 이러한 혁명이 성공하기 위해서는 다수의 구성원들이 새로운 가치와 규범을 공유하고 이를 효과적인 행동으로 연결시킬 수 있어야 한다. 혁명은 국가의 구조나 계급관계, 국제체계와 같은 요소들뿐만 아니라 문화적 요소와 이데올로기에 의해서도 영향을 받는다.

혁명이나 쿠데타 등에 의한 정치적 격변이 성공적으로 이뤄진 후에는 이들 주도세력이 추진하는 새로운 정치질서에 부합하는 정치문화가 위로부터 강압적으로 부과되기도 한다. 일종의 조합주의 정권인 신국가Estado Novo를 내세운 살라자르Antonio de Oliveira Salazar가 '카네이션 혁명Nelkenrevolution'으로 불리는 1974년의 군부 쿠데타에 의해 붕괴될 때까지 약 50여 년 동안 정치적 후원주의와 온정주의에 기초해 통치하였던 포르투갈은 그 대표적인 사례라 할 수 있다. 신국가는 대중들의 정치적 무관심을 이용하여 사회집단들의 이익표명을 제한하고 대중동원을 억지함으로써 장기간 통치에 성공할 수 있었다.

종교는 전통적 가치와 의식을 강조함으로써 정치변동을 방해하기도 하지만 때로는 정치변동을 위한 압력을 결집시키는 역할을 수행하기도 한다. 16세기 중반 프로테스탄트 개혁의 방향을 결정한 칼뱅주의^{calvinism}는 '모두의 동의에 의한 질서정연한 정부'를 강조하고, 이윤과 상업을 신성한 것으로 인정함으로써 근대 민주주의와 자본주의의 개화에 일정한 역할을 수행하였다. 칼뱅주의는 보편적 세계질서^{ordinatio totius mundi}로 틀 지워졌던 중세의 위계적이고 권위주의적인 문화와는 구별되는 보다 민주적인 문화를 수용한 부르주아지와 귀족 개신교도들에 의해 유럽 전역에 급속히 확산되었다.

기술과 생산활동의 구조적 변화를 중심으로 한 광범위한 영역에서의 변화를 일컫는 산업화 역시 문화와 밀접한 관련을 맺고 진행되었다. 이 점을 잘 밝힌 학자가 영국의 역사가인 에드워드 톰슨^{Edward Palmer Thompson}이다. 톰슨은 그의 저서인 『영국 노동계급의 형성^{The Making of the English Working Class}』에서 계급은 공통된 경험과 생산관계를 통해 자기들이나 다른 사람들에 대항해 이해관계의 정체성을 느끼거나 분명히 표현하는 과정에서 발생한다고 주장하였다. 그에 따르면 영국에서 노동계급은 무엇보다도 정치적, 사회적, 문화적으로 '강한 기반과 자의식을 가진 노동계급의 제도'들이 발달하고 노동계급의 의식이 성장하며 형성되었다고 한다. 톰슨은 산업혁명의 사회적, 문화적 경험을 방직공, 농업노동자, 면사추출공이나 장인 등 각기 다른 계급에 대한 구체적 분석을 통해 이를 논증하고 있다.^{Edward Palmer Thompson, 나종일·노서경 외 역, 2000}

대부분의 국가에서 교육과 미디어 등의 기관에 의해 사회화 학습을 받은 젊은 세대의 정치문화가 기성세대와 다르다는 점에서 연령 역시 정치문화의 변동에 영향을 미치는 요인으로 포함된다. 특히 격변을 겪으면서 심한 문화적 불연속성이 발생하는 사회일수록 연령이라는 요인이 하위문화적인 구별을 초래하는 가장 중요한 기반이 될 수도 있다. 이 경우 정치문화적 변화는 세대 간의 연속성보다는 단절성과 균열을 특징으로 한 변화이기도 하다.^{한배호, 2003: 37, 35}

로널드 잉글하트^{Ronald Inglehart}는 서구의 고도화로 산업화된 사회를 대상으로 한 여러 차례에 걸친 연구의 결과 이들 사회의 정치문화가 '물질주의적^{material}'가치 중심에서 '탈물질주의적post-material' 가치 중심으로 변화하고 있음을 밝혔다. 1971년에 최초로 행한 한편으로 경제적, 물질적 안전, 다른 한편으로 귀속의식, 자기표현, 비물질적인 삶의 질을 측정하도록 설계된 일련의 조사에서 부유한 가정에서 자란 젊은 사람들일수록 후자에 우선순위를 표시하였고 노년층은 전자에 상위표시를 한 사람들이 월등하게 많았다는 것이다. 이 조사에 입각해 잉글하트는 물질적인 가치를 중시하는 산업사회가 후기 산업사회로 넘어가면서 보다 추상적이고 정신적인 가치를 중시하게 되었다고 주장하였다. 그는 이러한 변화가 소리 없이 정치와 사회 전반에 커다란 혁명적변화를 초래하고 있다고 보고 이를 '조용한 혁명silent revolution'이라 지칭했다.Ronald Inglehart, 1977

잉글하트의 탈물질주의 주장은 '희소성 가설scarcity hypothesis'과 '사회화 가설socialization hypothesis'에 기반하고 있다. 희소성 가설은 사람들이 사회경제적 환경을 반영하여 상대적으로 공급이 부족한 재화들에 가장 큰 주관적인 가치를 부여하게 된다는 것이다. 이에 비해 사회화 가설은 가치의 우선 순위가 곧바로 사회경제적 환경에 반영되지 않는다는 것으로 유년시절에 사회화를 통해 받아들인 가치는 성인기에도 그대로 유지되므로 가치의 변화가 환경에 반영되는 데에는 시간지체가 수반된다는 것이다. 이러한 두 가설은 결국 한 사회의 가치변화가 개인 차원에서 이뤄지기보다는 세대교체generational replacement를 통해 점진적이고 지속적으로 이루어진다는 것을 보여주려는 것이다. 잉글하트는 이러한 패턴이 국가나 시간의 차이에도 불구하고 유사하다는 점을 1980년대에 이뤄진 후속 조사에서도 검증되었다고 한다.Ronald Inglehart, 1990

비슷한 맥락에서 테리 클라크Terry N. Clark는 새로운 정치문화의 대두를 강조한다. 그에 의하면 새정치문화는 전통적인 마르크스주의자들이 경제나 직업적 쟁점에서 사회적 쟁점을 도출한 것과는 달리 사회적 쟁점 그 자체의 중요성을 제시한다는 것이다. 새로운 쟁점들은 1970년대에 환경, 여성, 인권을 강조하는 신사회운동과 더불어 출현하였으며, 보다 직접적으로는 참여민주주의를 강조하는 운동과 관련이 있다고 한다. 구체적으로 새정치문화는 다음과 같은 7가지 측면에서 기존 정치문화와 확연히 구별된다: 1) 전통적인 좌파와 우파의 의미는 변화되었다. 2) 사회적 쟁점과 재정·경제적 쟁점들은 명확하게 구별된다. 3) 사회적 쟁점이 경제적 쟁점보다 더 중요한 현안이 되고 있다. 4) 시장개인주의와 사회적 개인주의가 성장하고 있다. 5) 복지국가에 대한 의문이 제기된다. 6) 위계제적 정치조직이 쇠퇴하고 쟁점정치와 시민참여가 확대되고 있다. 7) 새정치문화의 경향은 젊고 교육수준이 높고 부유한 개인과 사회일수록 더

확산되고 있다. Terry N. Clark, 이승종·장원호 역, 2006: 9-13

5. 정치사회화와 민주주의

　정치사회화는 사회의 여러 가지 매개체를 통하여 개인이 정치와 관련된 태도와 행동 양식을 습득하는 과정을 가리킨다. 정치사회화의 특징은 무엇보다도 단절적으로 행해지는 것이 아니라 일생을 통하여 지속적으로 이루어진다는 것이다. 정치사회화는 다양한 기관을 통해 직접적으로 이뤄질 뿐만 아니라 간접적인 학습에 의해서도 진행된다. 예를 들어 가정이나 동료집단에서 정치적 대화를 많이 나누거나 듣고 자란 사람들이 정치체제에 대한 비판 의식과 권리 의식이 높은 것으로 알려져 있는데, 이는 간접 학습에 의한 정치사회화의 결과라고 할 수 있다. 정치사회화는 또한 사람들로 하여금 고유한 정치적 정체성political identity을 형성하고 발전시키거나 독립된 정치적 사고와 행동을 할 수 있게끔 돕는다. 사람들은 정치사회화 과정을 통해 특정한 정치체제 속에서 자신의 위치와 역할을 깨닫게 되고 정치와 관련하여 무엇이 중요한지를 이해하게 된다. 그러나 세계화와 정보화 등으로 인해 특정한 국가와 계급, 민족 내에 위치했던 정체성이 보다 유동적이고 다차원적인 정체성multiple identities으로 변화하는 경향도 나타나고 있다. 이전에 비해 개인과 집단들이 단순히 정치적 역할을 받아들이기도 하지만 능동적으로 사회화 과정에 영향을 미치는 점 역시 두드러지는 현상이다.

　개인이 사회적 관계를 익히고 지배적 규범과 가치에 동화되는 사회화과정을 거치는 동안 획득하게 되는 하나의 성향을 부르디외는 '아비투스Habitus'라는 키워드를 통해 분석한다. 부르디외 사회학의 중심 개념 중 하나인 아비투스는 사회화를 통해 개인이 획득하는 영구적인 하나의 성향으로 구체적으로는 각자의 객관적인 생존조건에 의해 개인에게 내면화된 태도이자 지각하고 느끼고 행동하고 사고하는 경향을 말한다. 개인들은 사회관계를 재생산할 수 있는 성향들을 갖거나, 구별의 개념에 근거한 아비투스를 갖추게 된다는 것이다. Pierre Bourdieu, 최종철 역, 1996 여기서 습득된 행동과 가치들이 자명한 것, 자연스러운 것, 거의 본능적인 것으로 여겨지는 내면화는 정치현상의 분석에도 확대하여 적용할 수 있다. 이러한 분석에 따르면 정치사회화는 특정 정치체제의 구성원들이 그들의 위치를 지속적으로 경험함으로써 습득한 가치와 행동규범을 자연스럽고 상식적인 것으로 받아들이는 과정에 다름 아니다.

피에르 부르디외: 피에르 부르디외(Pierre Bourdieu, 1930~2002)는 전후 프랑스의 사회학자들 중 가장 독창적이라는 평가를 받고 있을 뿐만 아니라 행동하는 지성으로도 유명하다. 부르디외는 1968년 유럽사회학센터를 설립하고 『사회학연구』를 발행하면서 이른바 '부르디외 학파'를 형성하였다. 이때부터 사회학을 '구조와 기능의 차원에서 기술하는 학문'으로 파악하는 한편, 후기 구조주의 입장에서 구조와 행위의 관계를 설명하는 입장을 취했다. 1970년에는 학교의 독립성과 중립성이 환상에 불과하다는 내용을 다루면서 구조와 행위의 통합을 꾀한 역저 『재생산』을 출간해 사회적으로 큰 반향을 불러일으켰다. 『구별짓기』에서는 현대 사회에서 지배구조가 어떻게 유지되고 재생산되는지, 피지배계급이 어떻게 그들의 지위를 '자연스러운'것으로 받아들이는지를 경제적 자본뿐만 아니라 문화자본과 상징자본에 대한 분석을 중심으로 설명하고 있다. 활발한 저술 활동을 하는 틈틈이 현실 참여에도 앞장서 매스미디어의 상징적 폭력을 비판하며 TV 출연을 거부하고, 노동자 파업 때는 현장에서 직접 지지성명서를 읽는 등 행동하는 지식인이라는 평가를 받았다. 또 "조종사 없는 항공기처럼 위험한 세계화와 신자유주의에 저항하기 위해 국제적 연대가 필요하다"고 주장했다. 대표적인 저서로는 『재생산』, 『구별짓기』, 『호모 아카데미쿠스』, 『세계의 비참』, 『텔레비전에 대하여』 등이 있다.

정치사회화는 보통 서로 다른 다수의 기관agents에 의해 진행된다. 사회화 과정을 진행하는 중요한 기관들로 우리는 가정, 학교, 동료집단, 직장, 매스미디어 등을 들 수 있다. 가정은 정치사회화가 처음 이뤄지는 곳으로 권위에 대한 태도, 국가에 대한 긍지, 인종·종교·계급에 관한 견해 등 기본적인 정치정향이 형성된다. 학교에서는 일정한 목적을 추구하는 계획된 교육 프로그램에 의해 정치제도와정치적 관계에 대한 지식, 시민으로서의 권리와 의무의 내용, 정치적 가치와 태도 등을 전수하는 것을 통해 사회가 요구하는 가치와 규범을 인식하고 배우게 함으로써 가정에서 형성된 기본적인 태도를 강화하거나 변화시킨다. 직장은 내부구조와 의사결정과정에 따라 성인기의 정치사회화에 중요한 영향을 미치지만 그 구성원이 비교적 동질적이기 때문에 이미 형성된 태도나 행동 유형을 크게 변화시키지 못하는 경우가 대부분이다. 한편, 매스미디어는 정치적 사건에 대한 정보를 제공하고, 사회가 용인하는 중요 가치를 전달하는데서 중요하지만 왜곡된 정보 전달이나 흥미 위주의 상업적 대중문화 보급 등과 같은 부정적인 측면도 지닌다.

다양한 정치사회화 기관 중에서 매스미디어는 최근 들어와 그 중요성이 가장 커진 기관이다. 매스미디어는 아직 정치의식이 충분히 성숙하지 못한 청소년들에게 강력한 영향을 미친다. 청소년들은 대인관계보다 미디어 노출에 의해 내적인 가치관과 신념 그리고 훗날 정치생활의 기반을 이루게 될 정치체제의 규범을 깨닫는 경우가 점차 많아지고 있다. 문제는 미디어에 대한 장기적이고 지속적인 노출이 이들의 정치적 가치관과 행동에 부정적인 영향을 미칠 수 있다는 사실이다. 예를 들어, 이질적인 세계를 동질화하는 경향이 있는 텔레비전을 지속적으로 시청하면 텔레비전이 전달하는 잘못된 사회나 정치상황을 있는 그대로 내재화하는 경향이 있다. 미디어의 정치보도가 냉소주의와 정치적 무관심을 부추기고 민주주의의 절차를 폄하하는 경우도 흔하게 발견된다.David Croteau & William Hoynes, 전석호 역, 2001: 266-268

최근 들어와 세계적으로 그 이용이 급격하게 확산되고 있는 인터넷 역시 이를 주로 이용하는 젊은 세대들의 정치사회화에 영향을 주고 있다. 그러나 이 책의 제10장에서 살펴보았듯이 인터넷과 민주주의의 상관성에 대해서는 학자들 간에 의견이 엇갈리고 있다. 인터넷은 정보량과 정보교환의 시공간적 제한을 철폐함으로써 시민들이 원하는 정보에 접근하고 이용할 기회를 널리 제공하였다. 엄청난 양의 정보를 쉽게 습득할 수 있고 쌍방향성의 의사소통도 행할 수 있는데서 인터넷은 시민들로 하여금 정치적인 의사결정에 보다 더 적극적으로 참여하게 하였다. 신속한 대량의 정보전달 능력과 정보교환의 상호 작용성은 민주주의를 효과적으로 운영하는데 필요한 전제조건들을 쉽게 충족시킴으로써 정치의 질을 제고하고 민주주의를 고양시키리라는 기대도 낳았다. 그러나 인터넷은 제대로 걸러지지 않은 온갖 정보에 사용자들을 쉽게 노출시킬 뿐만 아니라 때에 따라서는 인터넷 시장에서 권력을 지닌 대기업들이 자신들의 권력과 부를 보호하기 위해 내보내는 조작된 정보를 유통시킨다. 이를 통해 형성되거나 변화되는 정치적 쟁점에 대한 태도는 정치발전을 저해하고 민주주의를 위협할 수 있다.

이런 까닭에 정치사회화는 사회구성원들로 하여금 집단적 문제에 대한 관심을 불러일으키며 정부의 일에 대해 보다 더 민감한 관심을 가질 수 있는 적극적이면서도 통찰력 있는 시민의 형성에 목적을 두어야 한다. 이는 지배 권력으로 하여금 쌍방 통행적 정치를 통해 통치의 효율성을 높이고, 민주적 정통성을 구축케 하는 것도 가능하게 한다. Wilfried Gottschalch, 1972 정치사회화는 다양한 수준에서 체계적이고 지속적으로 행해지는 학습을 통해 시민들의 관심과 참여를 이끌어 냄으로써 민주적 정치문화를 내면화시키는데 그 주안점을 둘 필요가 있다. 이는 권위주의와 배타적 집단주의와 같은 비민주적 정치문화가 강하게 존재하고 있는 곳에서 그 필요성은 더욱 크다고 할 수 있다. 이러한 비민주적 문화는 부정부패를 조장하는 후원·수혜 관계를 형성하면서 다원적 경쟁을 가로막을 뿐 아니라 나아가 사회적 갈등을 조정하고 이익을 대표하는 정당정치의 발전도 어렵게 하고 있기 때문이다.

6. 불평등기제로서의 정치사회화

사회구성원들 사이에서 권력과 자원의 비대칭성이 큰 사회는 사회불평등의 정도가 심한 사회이다. 이러한 사회에서는 권리를 보장받지 못하는 많은 수의 사회적 소수집단과 취약계층이 존재하며 때로는 이들이 보호받고자 하는 물질적 이익과 추구하는 가치, 이념이 기득권층의 것과 충돌하면서 갈등과 분쟁이 발생하기도 한다. 그렇다면 정치사회화는 사회불평등과 어떤 관련이 있을까? 이와 관련하여 정치사회화를 통해 기존의 사회불평등이 확대되거나 고착되기도 한다는 점이 종종 제기된다.

모든 체제는 나름의 기구들을 동원하여 기존 질서를 정당화하고 지배세력의 이해관계를 보편적 이해관계로 수용하도록 만들려 한다. 지배세력은 무엇이 가능하고 바람직한지를 규정하여 취약계층을 비롯한 모든 사회구성원들이 이를 수용하도록 하는 것이다. 물론 기존 체제에 불만을 갖는 구성원들이 지배적 가치에 도전하기도 하지만 대부분은 이에 포섭되어 자신의 이익에 반하는 정치를 지지하는 등의 모순적 행태를 보이기도 한다. 이런 주장은 그람시가 말하는 성공적인 헤게모니 구사와 유사하다.

그람시는 계급지배가 강압적인 힘의 사용만으로 지속될 수 없으며 전체 사회에 대한 지적, 도덕적 지배를 구축할 수 있게 되고 모든 사회부문을 이데올로기적으로 흡수할 수 있을 때 가능하다고 강조한다. 현 지배계급은 자신의 도덕적이고 정치적이며 문화적인 가치를 피지배계급이 자기의 것으로 수용케 함으로써 피지배계급으로부터

학교와 계급 재생산: 폴 윌리스(Paul Willis)는 『학교와 계급 재생산(Learning to Labour ― How Working Class Kid Get Working Class Jobs)』에서 영국 미들랜드의 산업도시인 해머타운에 대한 사례연구를 통해 기존 체제와 지배계급에 대한 노동자들의 저항 과정에서 형성된 문화가 어떻게 다시 원래 체제의 효과적인 작동에 기여하는지를 규명하였다. 윌리스는 학교 체제에 대한 저항이 결국은 계급 재생산에 기여하는 결과를 낳는다고 주장한다.

자신들의 지배를 인정하는 두 요소인 지배와 지적, 도덕적 지도를 확보한다는 것이다. 이러한 과정에서 가장 큰 역할을 수행하는 것이 바로 다양한 정치사회화 기관들이다.

학교는 그 대표적인 기관으로 흔히 지적된다. 폴 윌리스^{Paul Willis}는 『학교와 계급 재생산』(원제: 『노동자가 되기 위한 공부 ― 어떻게 노동자의 자식들이 노동자가 되는가? Learning to Labour ― How Working Class Kid Get Working Class Jobs』)에서 이 점을 영국 미들랜드의 산업도시인 해머타운에 대한 사례 연구를 통해 밝히고 있다. 산업혁명 때 크게 성장한 해머타운은 주민의 80%가 제조업에 종사하는 육체노동자들로 구성된 도시이다. 이 도시에서 자신들을 '해머타운의 싸나이들'이라고 부르는 해머타운 고등학교의 문제아들은 대부분 이 노동계급의 자녀들이다. 부모가 노동자라는 것이 도대체 아이에게 어떤 영향을 미쳤던 걸까? 윌리스에 의하면 대학에 진학할 기회가 있음에도 이 아이들은 '계집애들에게나 어울리는' 회사원이 되기를 거부하고, 대부분 부모의 대를 이어 육체노동자가 된다는 것이다. 계급구조를 재생산하는 학교에 대한 저항이 결국 스스로 교육기회를 포기하는 결과를 낳게 되는 셈이다. 생생한 사례를 바탕으로 기존 체제와 지배계급에 대한 저항의 과정에서 형성된 문화가 어떻게 다시 원래 체제의 효과적인 작동에 기여하는지 밝힌 윌리스는 학교 체제에 대한 저항이 결국은 계급 재생산에 기여하는 결과를 낳는 맥락을 지적하며, 반학교문화를 긍적적으로 이용할 수 있는 방법이 모색되어야 한다고 말한다.^{Paul Willis, 김찬호·김영훈 역, 2004}

앞에서 언급한 피에르 부르디외 역시 지배적인 문화는 상징적 갈등을 거치면서 이루어지는 합법화 작업, 즉 의미를 부과하고 권력의 토대되는 역관계인 상징적 권력을 감추고 그 의미들을 합법적인 것으로 부과하는 작업을 전제한다고 지적한다. 제도는 현실을 구축하고 공식적으로 사회적 관계들을 존재케 하여 그것을 공고하게 하는 역할을 담당하는 권력기관이라는 것이다. 여기서 학교는 감추어진 지배도구로서 사회적 불평등을 합법화시키는 수단 역할을 한다는 것이다. 학교는 보수적이며 민중계급에 대한 지배자들의 지배를 유지시켜 준다. 앞에서 살펴보았듯이 아비투스는 개인이 차지한 위치와 사회적 여정이라 할 때, 교육을 받는다는 것은 일반적으로 한 계급의 지위와 결부된 교육을 받는 것으로, 아비투스를 습득하는 순간 존재하고 있는 사회적 관계들을 자신의 사고와 말과 행동 속에서, 또한 그것들을 통해 동시에 재생산할 수 있는 성향들을 획득한다고 한다.^{Patrice Bonnewitz, 문경자 역, 2000: 88-106}

이러한 부르디외의 지적은 한국 현실의 분석에도 타당성을 지닌다. 빈곤층과 상위층의 교육비 지출 격차는 점증하고 있다거나, 고소득층의 자녀일수록 세칭 명문대 입학률이 높고, 저소득에 의한 학력격차가 사망률과 밀접한 관계가 있다는 여러 조사결과는 한국사회에서 학교가 불평등기제로서의 속성을 지니고 있고 이를 통해 계층 고착화 현상이 나타나고 있음을 잘 보여준다. 학교는 학생들에게 특정한 가치와 규범을 주입적으로 학습시키는데 이는 부르디외의 표현을 빌면 학교가 사회적 행위자의 암묵적 동조 하에 그에게 행사되는 폭력인 상징폭력을 행사하고 있음을 가리킨다. 교육제도와 내용을 보다 공공성을 강화하는 방향으로 개혁하지 않는 한 민주주의와 사회통합이 요원한 이유가 여기에 있다.

다른 한편으로 정치사회화는 사람들로 하여금 자신의 이해와 상반되는 정당을 지지하게끔 하는데도 기여한다. 예를 들어 왜 가난한 사람들이 부자정당을 지지하는가? 이에 대해 학자들은 노동자들의 노동조건과 생활조건이 향상되면서 연대와 계급의식이 쇠퇴한다거나, 산업구조와 생산방식이 변화와 더불어 계급구성이 변화하면서 상대적으로 계급의식이 높은 노동자들이 집중되어 있는 부문이 쇠퇴하는 반면에 계급의식이 낮은 노동자들이 집중되어 있는 부문이 성장한다는 것으로 설명을 한다. 그러나 이러한 설명 못지않게 정치문화와 정치사회화에 초점을 둔 접근 역시 설득력을 지닌다.

토론거리

1. 알몬드와 버바와 같은 미국의 정치학자들이 개념화한 정치문화는 어떤 내용을 지니고 있는가? 이들의 이론에 대해서는 어떤 비판이 제기되었는가?

2. 동아시아 국가들에서 '아시아적 가치(Asian value)'라고 불리는 유교적 전통문화가 민주적 공론장의 형성을 저해했다는 지적을 평가해보시오.

3. 독일의 정치교육은 독일인들이 민주적 문화를 내면화하는데 어떻게 기여했는가?

4. 잉글하트(Ronald Inglehart)가 말하는 '조용한 혁명(silent revolution)'이란 무엇인가?

5. 정치사회화가 사회불평등에 미치는 영향을 구체적인 정치사회화 기관의 사례를 통해 설명해 보시오.

키워드: 정치 문화, 정당성의 위기, 가치의 변화, 조용한 혁명(silent revolution), 아비투스(habitus), 정치 사회화, 정체성, 정치 참여, 헤게모니(hegemony)

참고문헌

김달용. "라틴아메리카의 정치문화와 이데올로기." 『서어서문연구』 제15호. 1999.

김 욱. 『정치참여와 탈물질주의: 한국과 스웨덴의 비교』. 파주: 집문당, 2005.

신수진·최준식. 『현대 한국 사회의 이중가치체계』. 서울: 집문당, 2002.

정수복. 『한국인의 문화적 문법』. 서울: 생각의나무, 2007.

한배호. 『한국 정치문화와 민주정치』. 서울: 법문사, 2003.

Adorno, Theodor W. & Max Horkheimer. 김유동 역. 『계몽의 변증법』. 서울: 문학과지성사, 2001.

Almond, Gabriel A. & Sidney Verba. *The Civic Culture: Political Attitudes and Democracy in Five Nations*. London: SAGE Publications, 1989.

Bonnewitz, Patrice. 문경자 역. 『부르디외 사회학 입문』. 서울: 동문선, 2000.

Bourdieu, Pierre. 최종철 역. 『구별짓기: 문화와 취향의 사회학』. 서울: 새물결, 1996.

Chilcote, Ronald H. 강문구 역. 『비교정치학 이론: 새로운 정치학의 모색』. 서울: 한울아카데미, 1999.

Clark, Terry N. 이승종·장원호 역. 『새정치문화는 정말로 존재하는가』. 서울: 성균관대학교 출판부, 2006.

Croteau, David & William Hoynes. 전석호 역. 『미디어 소사이어티: 산업·이미지·수용자』. 파주: 사계절출판사, 2001.

Dalton, Russell J. "Vergleichende Wertewandelforschung." in Dirk Berg-Schlosser & Ferdinand Müller-Rommel (Hg.). *Vergleichende Politikwissenschaft.* Opladen: Leske + Budrich, 2003.

Edgar, Andrew & Peter Sedgwick. 박명진 외 역. 『문화 이론 사전』. 서울: 한나래, 2003.

Elias, Norbert. 박미애 역. 『문명화과정 I·II』. 서울: 한길사, 1996·1999.

Gottschalch, Wilfried. *Bedingungen und Chancen politischer Sozialisation.* München: Fischer Taschenbuch Verlag, 1972.

Hendriks, Frank & Theo A. J. Toonen (eds.). *Polder Politics: The Re-Invention of Consensus Democracy in the Netherlands.* Aldershot: Ashgate, 2001.

Inglehart, Ronald. *The Silent Revolution. Changing Values and Political Styles among Western Publics.* Princeton: Princeton University Press, 1977.

_____. *Culture Shift in Advanced Industrial Society.* Princeton: Princeton University Press, 1990.

Kavanagh, Dennis. *Political Culture.* London: Macmillan, 1972.

Kourvetaris, George Andrew. 박형신·정헌주 역. 『정치사회학』. 서울: 일신사, 1998.

Manheim, Jarol B. *The Politics within: A Primer in Political Attitudes and Behavior.* Englewood Cliffs: Prentice-Hall, 1975.

Pye, Lucian W. & Sidney Verba (eds.). *Political Culture and Political Development.* Princeton: Princeton University Press, 1965.

Sarcinelli, Ulrich (Hg.). *Demokratische Streitkultur.* Bonn: Bundeszentrale für politische Bildung, 1990.

Sontheimer, Kurt. *Deutschlands Politische Kultur.* München: Piper, 1990.

Stone, William F. *The Psychology of Politics.* New York: The Free Press, 1974.

Tetzlaff, Rainer. "생활양식과 학습목표로서의 다원적 민주주의." 명지대학교 개교 50주년 기념 국제학술대회 발표 논문, 1998.

Thompson, Edward Palmer. 나종일·노서경 외 역. 『영국 노동계급의 형성』. 서울: 창작과 비평사, 2000.

Williams, Raymond. *The Sociology of Culture*. Chicago: The University Of Chicago Press, 1995.

Willis, Paul. 김찬호·김영훈 역. 『학교와 계급 재생산: 반학교문화, 일상, 저항』. 서울: 이매진, 2004.

제4부

정치적 상호작용

제11장

정당정치

1. 정당이란 무엇이고, 어떻게 발전하였는가?

정당political party은 그 역사가 그리 오래되지 않았다. 이와 관련하여 프랑스의 정치
학자이자 헌법학자인 모리스 듀베르제Maurice Duverger는 19세기 중반에 이르기까지 미
국을 제외하고는 그 어느 국가에서도 현재 사용되고 있는 의미의 정당을 알지 못했다
고 지적한다.Maurice Duverger, 김세신 역, 1980: 13-14 다른 국가들은 다양한 의회집단과 선거
위원회를 갖추고 있었으나 실제적인 정당은 존재하지 않았다. 정치활동은 철학회, 장
인클럽, 기자협회, 노동조합, 생산자 및 상인집단, 사용자연합과 같은 원외집단들을
통해 이뤄졌으며, 이들 집단들이 정당발생의 길을 열어주었다. 20세기에 접어들면서
대부분의 유럽 국가에서 지방선거위원회의 설립과 함께 참정권이 확대되면서 사회주
의 정당을 비롯한 각종 정당이 발달할 수 있었다. 이런 점에서 정당은 민주주의의
발전, 즉 보통선거권과 의회주권의 확대와 더불어 발전하였다고 평가된다.

정당은 파벌faction이란 말과 오랫동안 혼용되어왔다. 어원적으로 파벌은 라틴어로
'행하다'를 의미하는 'facere'와 원형경기장에서 경쟁하는 2륜전차꾼을 둘러싼 무리를
의미하는 'factio'에서 유래한다. 그런 까닭에 파벌은 로마시대부터 19세기에 이르기까

지 무례하고 파괴적이며 해로운 행위를 지향하는 정치집단이라는 부정적인 의미로 사용되었다. 정당도 역시 '분할하다'라는 의미를 지닌 라틴어 동사 'partire'로부터 유래한 것이지만 라틴어로부터 직접 정치 논의에 사용되었던 것은 아니었다. 이 말과 똑같은 어원을 가진 말로 오랜 기간 사용되었던 것은 '단절하다', '자르다', '분할하다'의 뜻의 'secare'에서 기원하는 분파sect이다. 분파라는 말이 이미 확립되어 사용되고 있었기 때문에 정당이란 말은 보다 느슨하고 막연한 의미로 사용될 수밖에 없었다. 분석적 구성물인 정당은 이후 원래의 함축적 의미를 상실하고 영어의 '함께하다partaking'와 프랑스어의 '나누어갖다partager'라는 뜻으로 유입되었다. 정당은 반드시 파벌을 의미하거나 해악을 끼치는 것이 아닐뿐더러 필연적으로 공익bonum commune을 해치는 것도 아니라는 생각이 받아들여지면서 파벌을 대체하기 시작했다.Giovanni Sartori, 어수영 역, 21-22 현재 파벌은 정치권력과 자원의 통제를 놓고 경쟁하는 정치적 단위나 연합을 의미하는 말로 여전히 존재한다.

그렇다면 정당은 어떤 사회, 정치적 맥락에서 출현 하였는가? 이에 대한 설명은 학자별로 매우 다양하다. 이에 관해서는 크게 제도이론, 역사적 맥락이론, 근대화이론, 균열이론으로 나누어 볼 수 있다. 첫째, 제도이론은 정당 출현을 초기 의회 및 선거제도의 발전에 있어 상호관계에 초점을 맞추어 설명하는 이론으로 뒤베르제가 대표적인 학자이다. 제도이론은 정당의 출현을 의회체계 및 선거제도의 발전으로부터 비롯되었다고 본다. 의회 내 파벌들이 기득권을 유지하기 위해 의회와 선거라는 제도에 반응하게 되면서 정당으로 발전되었는데, 처음에 의회집단이 창설되고 다음에 선거위원회가 조직되며, 마지막으로 이 두 요소의 항구적으로 연결되게 되었다는 것이다. 한편 원외에서는 선거나 의회와는 관계없이 이미 존재하고 있는 노동조합, 농협, 종교단체 등의 집단들이 정당의 외양을 갖게 되었다.Maurice Duverger, 김세신 역, 1980: 14-31 영국에서 노조운동의 최상급단체로 창설된 노동조합회의Trade Union Congress가 '의회에 보다 많은 숫자의 노동대표를 보내기 위해' 독자적 정치세력을 형성할 것을 결의함으로써 1899년 창당된 영국 노동당은 그 대표적인 사례이다.

둘째, 역사적 맥락을 강조하는 조지프 라팔롬바라Joseph LaPalombara와 마이런 웨이너Myron Weiner는 어떤 정치체계 내에서 정당의 출현은 체계가 직면한 위기와 관련이 있다고 본다. 즉 정치체계가 전통적 형태에서 보다 발전된 형태로 나가면서 정치체계는 정통성, 통합, 참여의 위기를 경험한다는 것이다. 이들 세 위기 중에 정통성은 유럽과 개발도상국들에서 최초의 정당들이 처음 직면하는 쟁점으로서 현존하는 통치체계 및

세이머 마틴 립셋과 슈타인 록칸: 세이머 마틴 립셋(Seymour Martin Lipset)과 슈타인 록칸(Stein Rokkan)은 근대 시기 유럽의 사회균열구조가 정당으로 이전(transition)되는 경로를 체계적으로 규명하였다는 점에서 이후 정당연구에 큰 영향을 미쳤다. 이들은 정치적 동원의 핵심적 담당자로서의 표출기능과 도구적 대표기능을 수행하는 정당이 서유럽에서 국민혁명(근대국가 건설과 국민형성)과 산업혁명을 거치면서 네 가지의 사회균열을 경험하였는데 이것이 정당체계에 그대로 투영되었다고 주장하였다. 그러면서 1960년대의 정당체계가 1920년대의 특징을 그대로 보유하고 있다는 이른바 '결빙 가설(freezing hypothesis)'을 내세웠다.

지도자를 선출하는 규칙들이 도전받을 때 야기된다는 것이다. 통합의 위기는 영토의 통합으로 인해 분리된 민족이 하나로 통합되거나 여러 민족이 하나의 국민으로 결합되려할 때 발생한다. 유럽에서 독일과 이탈리아의 정당출현은 통합위기를 그 배경으로 한다고 지적된다. 참여의 위기는 여러 유형의 사회적, 경제적 계층의 변화가 그로 인해 생겨나는 새로운 계층들의 정치참여 요구의 촉진제가 될 때 나타나는 현상이다. 18세기 이후 유럽의 산업화로 계층 분화가 일어나면서 새로운 계층이 정치참여와 정책결정 참여를 요구하였던 사례가 있다. 라팔롬바라와 웨이너는 이들 위기가 정당이 출현하는 맥락을 상황을 제공할 뿐만 아니라 출현 이후 발전에도 중요한 요인이 되었다고 한다.Joseph LaPalombara & Myron Weiner, 윤용희 역, 1989: 24-30

셋째, 균열이론은 이해관계의 균열과 이로 인한 대립이 정당을 만든다는 점을 강조한다. 세이머 마틴 립셋Seymour Martin Lipset과 슈타인 록칸Stein Rokkan은 '균열구조, 정당체계, 유권자 편성cleavage structures, party systems, and voter alignments'이란 제목의 논문에서 정치적 동원의 핵심적 담당자로서의 표출기능과 도구적 대표기능을 수행하는 정당이 서유럽 국가들에서 국민혁명(근대국가 건설과 국민형성)과 산업혁명을 거치면서 네 가지의 사회균열을 경험하였는데 이것이 정당체계에 그대로 투영되었다고 주장하였다. 즉 국가의 경계 내에서 중앙집권화 및 동질화를 모색하는 지배문화와, 외부로부터 강요되는 새로운 질서와 가치를 거부하는 종속문화 사이의 갈등이 근대국가 건설의 초기에 전개된 중심과 주변 균열, 교회가 사회구성원에 대한 도덕과 교육정책에 대한 기존의 특권을 수호하면서 국가의 대행자적인 위치에 서기를 거부함으로써 초래된 교회와 국가 균열, 산업화가 초래한 전통적 지배세력이던 농촌세력과 새롭게 등장한 상공업세력간의 충돌인 농촌과 도시 균열, 그리고 1917년 러시아혁명 이후 부각된 자본가와 노동자 간의 계급균열의 구조가 서유럽의 정당체계에 그대로 투영되었다는 것이다.

이들은 균열들을 정당대립으로 전환시키는 요인들로 조직전략과 선거전략의 고려 상황들, 연합이 가져다 줄 보상과 분열이 초래할 손실간의 형량, 조직화의 시간적 경과에 따른 동원시장의 점진적 협소화 등을 제시한다. 또한 각 사회의 저항 표출 및 이익 대표의 조건들도 중요하다고 한다. 하나의 사회운동이 저항을 표출하고 정치체제 내에서 목적을 달성하기 위해서는 반대의 표출이 용납되는 정당화, 참여의 권리가 부여되는 통합, 대의기관에 진출하여 세력을 형성하는 대표, 다수자 지위를 확보하며 중요한 구조적 변화를 가져올 수 있는 다수 지배의 네 관문threshold을 통과해야 한다는 것이다. 고저의 차이가 있는 관문에 따라 정당체계가 차이가 난다는 것이다. 예를 들어 1832년 이전 영국에서는 정당이 허술한 의원조직이나 유지들 클럽에 불과한 원내정당이었고 당시 정당체계에서는 정당화의 관문이 중간 수준의 문턱을 유지했으나 다른 관문은 높았다고 한다. 립셋과 로칸은 1960년대의 정당체계가 1920년대의 특징을 그대로 보유하고 있다는 이른바 '결빙 가설freezing hypothesis'을 주장하였다.Peter Mair ed., 1990: 91-138 이들은 근대 시기 유럽의 사회균열구조가 정당으로 이전transition 되는 경로를 체계적으로 규명하였다는 점에서 이후 정당연구에 큰 영향을 미쳤다.

서유럽에서 근대적 의미의 정당은 일반적으로 이념을 공유하는 사람들이 정책을 통하여 대중의 지지를 얻고 정치권력을 획득하려는 목표로 조직한 결사체를 가리킨다. 구체적으로, 정당은 유사한 신념, 태도, 가치를 지닌 사람들이 모여 사회의 특수하거나 광범위한 이해관계를 대변하여 선거경쟁에 승리하고 정치권력을 획득하려는 정치적 결사체라고 할 수 있다. 그러나 정당이 반드시 이념을 공유하는 사람들의 모임이고, 특정한 이익을 대변하며, 선거경쟁에 참여하고, 정권획득을 목표로 하는 지에 대해서는 학자들 사이에 상이한 견해가 존재한다. 분명한 사실은 근대적 의미의 정당이 서유럽의 맥락에서 형성되고 근대 민주주의의 진전과 밀접한 관련을 맺고 발전되었다는 점이다. 이런 점에서 정당은 비교적 짧은 역사를 갖고 있는 근대적 산물이라 할 수 있다. 근대적 정당은 정치공동체 내에서 그들의 활동영역과 권력을 꾸준히 넓혀왔고 그 결과로서 기능과 성격도 변화하였다. 근대정당은 초기에는 개별대표정당의 성격을 띠고 있었으나 이후 사회혁명과 산업화, 급진적 도시화와 국제이민이라는 사회변동에 통합하려는 사회통합정당으로 변모하였다. 근대정당은 지난 150여 년 동안 다음과 같이 뚜렷이 구분되는 단계를 거쳐 발전하였다.

먼저 간부정당cadre party은 선거 캠페인 비용을 개별적인 재산에 의존하는 부유층 인사로 구성된 정당으로 19세기말에서 20세기 초에 나타났다. 일반적으로 이들 간부정당은 의회 의원들에 의해 지배되었다. 두 번째 단계에서는 유권자의 증가와 함께 대중정당mass party이 출현하였다. 대중정당은 노동계급 혹은 교회나 소농과 같은 사회집단의 대리인으로 국가를 통제하려고 시도하였다. 간부정당과 달리 대중정당은 그들 자신의 당원들이나 노동조합, 종교조직, 농업협동조합과 같이 선거 시에 재정적 지원이나 조직적 지지를 제공하는 연관조직에 의존하였다.Tom Mackie, 1995: 166-168 대표적인 사례가 독일의 사민당SPD과 영국의 노동당Labor Party이다. 독일에서는 페르디난드 라쌀레Ferdinand Lasalle의 전독일노동자연맹ADAV과 맑스주의적 사민주의노동자당SDAP이 1875년 사회주의노동자당SAP로 통합되어 1891년 사민당으로 개명되었고, 영국에서는 영국노총TUC 주도로 독립노동당, 사회민주동맹, 페이비언 협회가 참여해 결성된 노동대표위원회가 1906년 노동당으로 개명하였다. 시민사회의 집합적 자원에 의존하는 이들 대중정당은 1930년대부터 서유럽에서 점차 집권의 기회를 갖게 된다.

대중정당에 이어 전후 서구에서는 정당들이 점차 이질적 사회기반을 갖게 되면서 이른바 포괄정당catch-all party, Allerweltspartei이 출현하였다. 독일의 정치학자인 오토 키르히하이머Otto Kirchheimer에 따르면 포괄정당은 시민사회와 국가의 중개인 역할을 하면서 이념적 지향보다는 선거에서 보다 많은 유권자들로부터 지지를 추구하는 정당을 일컫는다.Peter Mair ed., 1990: 50-60 정당의 적극적 역할을 강조하는 포괄정당은 강한 국가 전통을 지닌 일부 국가에서는 정당이 국가를 지배하고 국가기구와 사회의 주요 부분을 '식민화'하기도 하는 데서 정당국가Parteienstaat의 핵심 구성요소가 되었다.Richard Gunther et.al., 2002: 70-71 한편, 리처드 카츠Richard Katz와 피터 메이어Peter Mair는 포괄정당

오토 키르히하이머: 오토 키르히하이머 (Otto Kirchheimer, 1905~1965)는 유대계 법학자이자 정치학자로 칼 슈미트 (Carl Schmitt)의 지도로 박사학위를 받은 후, 사회 민주주의 성향의 잡지인 '사회(Die Gesellschaft)'의 편집자로 활동했다. 나치가 집권하자 파리로 이주해 프랑크푸르트 학파가 설립한 사회조사연구소(Instituts für Sozialforschung)의 프랑스 분소에서 일했고 이후 미국으로 망명했다. 미국에서 키르히하이머는 CIA의 전신인 미국전략사무국(OSS)에서 근무하였고 여러 대학 강사를 거쳐 뉴욕의 New School for Social Researech와 콜롬비아 대학교에서 교수로 재직했다. 키르히하이머는 초기에는 헌법과 사회구조의 관계, 사회 권력관계와 국가법률, 독일 파시즘을 주로 연구했고, 전후에는 독일과 중부유럽의 발전, 정치적 정의, 그리고 비교정당연구에 주력했다. 주요 저서로는 『바이마르 공화국에서 파시즘까지(Von der Weimarer Republik zum Faschismus)』, 『정치적 정의(Politische Justiz)』, 『정치와 헌법(Politik und Verfassung)』 등이 있다.

이 발전하여 카르텔정당cartel party이 된다고 한다. 포괄정당에 비해 카르텔정당은 재정지원을 국가에 더욱 의존하며 집권정당으로 정당과 시민들을 연결하는 미디어를 조정하는 특징을 지닌다. 다른 정당들과 노선과 정책을 둘러싸고 경쟁을 벌이기보다는 타협을 통해 기득권을 지키는데 몰두하는 경향이 있다. 카르텔정당은 정당에 대한 국가의 지원과 후원 관계의 기회가 큰 노르웨이, 스웨덴, 오스트리아, 이탈리아 등에서 발달하였다.Richard Katz & Peter Mair, 1995: 5-28

2. 정당의 조직과 기능

시민사회의 특정하거나 공통적인 이익을 대변하는 정당은 선거경쟁에 참여함으로써 정치권력의 획득을 추구하는데서 시민사회와 통치영역을 연결해주는 주요한 메카니즘의 하나이다. 정당이 자신을 유지하고 추구하는 목표를 달성하기 위해서는 일정한 조직을 필요로 한다. 일반적으로 조직은 특정한 목표를 달성하기 위해서 의식적으로 구성되며, 공식화된 통합과 분화의 구조와 과정, 그리고 정해진 경계를 갖는다. 정당 역시 이러한 조직을 갖춤으로써 제대로 당원을 관리하고, 정치자금을 모금하며, 당의 정책과 선거 전략을 마련할 수 있다. 이런 점에서 정당 조직은 정당이 정치적 목표를 달성하는 데 있어 필수적인 요소이기도 하다.

정당조직을 설명하기 위한 모델은 크게 세 가지로 나눠 볼 수 있다.심지연 편, 2003: 97-99 첫 번째 접근법은 듀베르제나 레온 엡스타인Leon D. Epstein이 주장한 선거경쟁 접근법이다. 이 접근법은 정당 간 경쟁이 각 정당으로 하여금 나름대로 특수한 조직형태를 띠게 한다고 본다. 둘째, 제도화 접근법은 정당 간 경쟁보다 정당 내 문제나 정당이 제도화되어 가는 과정에 주목한다. 이 접근법은 어떻게 당의 조직이 동태적으로 형성되며, 정당 내의 서로 다른 요소 간의 관계가 어떤지에 대해 관심을 둔다. 셋째, 자원동원 접근법은 한 특정 정당이 갖고 있는 조직적 특성을 그 정당이 이용 가능한 특정 종류의 자원과 연결시켜 설명한다. 정당조직 형태는 정당이 그를 둘러싸고 있는 자원의 공급을 어떻게 할 것인가를 반영한 결과물이라는 것이다.

강력하게 조직된 정당은 특히 대중정당의 출현과 발전과정에서 더욱 부각되었다. 사회집단의 대리인으로 국가를 통제하려고 시도하는 대중정당은 그들 자신의 당원들이나 노동조합, 종교조직 등에 의해 재정적 지원이나 조직적 지지를 제공받았다. 그 발전과정에서 대중정당은 지역적으로 뿌리내린 강한 하부조직을 갖게 되었다. 전국 조직인 중앙당과 아울러 지방의 선거구 조직인 지구당은 대중정당을 인적, 물적으로 뒷받침하는 주요한 기반이었다. 그러나 1960년대 들어와 강력하게 조직된 정당으로서의 대중정당은 당원이 감소하고 조직이 쇠퇴하고 있다거나 당내 민주주의가 위협받고 있다는 등의 여러 비판에 직면하였다.

정당 조직의 특징과 관련하여 독일 출생의 이탈리아 사회학자인 로버트 미헬스Robert Michels는 1911년에 발간된 그의 저작인 『근대 민주주의와 정당사회학Zur Soziologie des Parteiwesens in der modernen Demokratie』에서 인상적인 주장을 펼쳤다. 우선 미헬스는 특정한 목적을 지닌 모든 근대적 운동은 지도부와 대중으로 구성된 조직을 기반으로 할 수 밖에 없다고 본다. 그러나 조직이 발전하는 과정에서 지도부는 더 이상 대중의 열망을 실현하는데 관심을 두지 않고 단지 자신들의 권력기반인 조직을 보호하려

로버트 미헬스: 로버트 미헬스(Robert Michels, 1876~1936)는 독일 출생의 사회학자로 독일과 이탈리아를 오가며 활동을 하였다. 이탈리아 사민당에 이어 독일 사민당에 입당한 미헬스는 제국의회 선거와 마부르크 시의회 선거에 출마하는 등 적극적으로 정치활동을 하였다. 1911년에 출간된『근대 민주주의와 정당사회학(Zur Soziologie des Parteiwesens in der modernen Demokratie)』에서 미헬스는 처음으로 현대의 관료제화와 과두제화 경향을 체계적으로 연관지어 분석하였다. 독일 사민당에 대한 사례 연구를 통해 그는 현대사회에서 조직이 복잡해지고 관료제화되면서 모든 권력이 최고 지도층, 독재적인 방법으로 통치하는 조직의 엘리트 집단에 집중된다는 '과두제의 철칙'을 주장했다. 과두제가 지배자 및 피지배자 양쪽의 이상과 의도에 모두 배치되어도 권력은 소수의 손에 집중되는 쪽으로 나아가게 된다는 것이다. 1914년 이탈리아 국적을 취득한 후에는 사상적으로도 변신하여 독일 사민당과 이탈리아 사민당에서 탈당하고 생디칼리즘에서 멀어진다. 1923년에는 이탈리아 파쇼당에 입당하는 한편 무솔리니가 특별히 그를 위해 페루자 대학에 만들어준 경제사 강좌에 정교수로 취임하였다.

한다는 것이다. 이제 조직을 유지하는 것은 과두적 지배체제를 항구화하려는 지도부의 욕구와 이 지도부를 추종할 수 밖에 없는 대중의 무기력이라고 지적한다.

　　"선출된 자가 선출된 자들을 지배하고, 수임자가 위임자를 지배하며, 대의원이 대의원을 선출한 사람들을 지배하도록 하게 만드는 것은 조직 그 자체이다 … 과두체제는 모든 조직에서 필연적으로 나타나는 경향이다 … 모든 정당조직은 민주적 토대 위에 선 강력한 과두정이다 … 정당 자체에 독자적이고 독립적인 목표와 이해관계가 생겨나면 정당의 목적은 그것이 대변하는 계급의 목적과 어긋나게 된다"(Robert Michels, 김학이 역, 2002: 391, 386).

대부분의 학자들은 정당을 현대 민주주의 제도의 운영에 있어서 필수불가결한 요소로 거론한다. 이는 무엇보다도 정당이 여론 형성과 공직자 충원 등을 통해 시민들이 그들의 다양한 이해관계를 정부정책에 반영하고 공직자들을 견제하는 긍정적 역할을 수행한다는 믿음에 기반한 것이다. 정당의 기능에 관한 선구적이고 체계적인 연구는 1920년대 찰스 메리암Charles E. Merriam에서 비롯되었다. 그는 정당의 기능을 공직자 선출, 공공정책 수립, 정부의 운영 또는 비판, 정치교육, 개인과 정부 간의 조정 등이라고 보았다. 이후 많은 학자들은 메리암의 연구를 토대로 이에 일부 내용을 첨삭하거나 수정하는 선에서 정당의 기능을 설명하였다.

대체로 정당의 기능을 분석하는 접근방법은 구조 기능주의 접근, 연계기능 접근, 정치발전 접근 등으로 나누어 볼 수 있다. 여기서 구조기능접근은 정당의 투입-산출기능이 제대로 수행되면 민주적 정치과정이 이뤄질 수 있다는 전제하에 정치체계에서 정당이 어떤 투입, 산출기능을 수행하는 가를 규명한다. 연계기능 접근에서는 정당을 시민과 정부를 연계하는 핵심적 기제로 보고 정당은 투표자의 지지, 정치지도자의 충원, 의회의 입법활동 등과 밀접히 연계되어 있다고 본다. 정치발전에서 정당 및 정당체계가 수행하는 기능 분석하는 정치발전 접근은 정치체계가 보다 발전된 형태로 나가는 과정에서 정통성, 참여, 통합위기 경험하고 이에 대응하는 과정에서 정치참여, 정통성 확보, 국가통합, 갈등조정, 정치사회화 기능을 수행한다고 한다.심지연 편, 2003: 129-134

정치체제의 차이를 떠나 정당은 여론을 조직하고 통치권력과 정책결정자에게 대중의 요구를 전달한다. 정당이 수행하는 공통의 기능 혹은 일반기능은 다음과 같다. 첫째, 정당은 이익을 표출articulation하고 집약aggregation한다. 여기서 표출은 국민 개개인이나 집단이 정치체제에 대한 요구를 표현하는 것이고, 집약은 이들에 의해 제기된 요구를 정책으로 결합하는 것을 말한다. 둘째, 정당은 정부를 조직하고 통제한다. 일반적으로 여당은 정권담당 기능과 가치창조 기능을 담당하고, 야당은 정부비판 내지 정부통제 기능을 수행하나 이는 정부형태에 따라 차이가 있다. 셋째, 정당은 정치엘리트를 충원하고 선출한다. 넷째, 정당은 국민들이 공공문제에 대해 영향력을 미치고자 하는 활동을 촉진하는 참여의 기능을 수행한다. 다섯째, 정당은 국민에 대한 정치교육과 계몽을 내용으로 하는 정치사회화에 기여한다. 여섯째, 정당은 사회통합과 민주주의 발전에 일정한 역할을 수행한다. 즉, 정당은 계급, 지역 문화, 세대 간 갈등을 조정하고 완화하며, 민주적 경쟁의 제도화에 공헌한다.심지연 편, 2003: 134-142

3. 정당체계의 유형

정당체계party system는 복수의 정당 간에 이뤄지는 경쟁에서 나타나는 일련의 상호작용을 의미한다. 정당체계는 단순한 정당의 총합이라기보다는 한 정치체계 내에서 조직화된 양식으로 상호작용하는 정당들의 집합적 배치와 이의 정치적 결과라 할 수 있다. 대부분 정당체계를 측정하는 기준이 되는 것은 정당체계의 균열과 선거유동성volatility 이다. Scott Mainwaring & Timothy R. Scully, 1995 정당체계는 정당 내부, 정당 간, 그리고 정당과 환경 간의 상호작용에 의해 형성되고 변화한다. 서유럽 국가들에서 정당체계는 1960년대까지 이른바 '결빙가설'이 설득력을 가졌으나 이후에는 점차 다양하고 복잡하게 변화하고 있다. 이는 정당체계의 내부 속성, 정당체계와 시민사회의 관계, 국가 간 관계의 변화와 일정한 상관관계를 갖는다.

정당체계는 항상 둘 이상의 복수정당의 존재를 전제로 하는가? 흔히 하나의 정당만이 존재하는 전체주의 국가에서는 정당이 사실상 행정부와 중첩되며 한 사람의 카리스마적 지도자가 정당과 국가를 통치하게 돼 정당이 독립적인 정책결정기제로 존재하지 못한다. 사르토리는 이를 정당국가체계party-state system라고 정의한다. 한편 라팔롬바라와 웨이너는 하나의 정당만이 존재하는 경우도 정당체계의 한 유형으로 이해해야 한다고 주장하면서 이를 일당제one-party system라 지칭한다. 그는 알제리, 콩고, 케냐 등 일당체계는 단독의 정당 만이 존재하지만 당내 경쟁 정도, 정당의 독자적 활동성이 상대적으로 높게 나타났으며 전체주의 국가에 비해 당내 경쟁 정도와 국민 신임투표 등의 과정이 정당의 본질에 근접한 것으로 평가한다.

정당체계를 이론화한 선도적 학자인 듀베르제이다. 그는 영국과 프랑스 정치체계의 상이성을 규정짓는 중요한 요소가 정당의 수라 지적하고 정당체계를 일당체계single-party system, 양당체계two-party system, 다당체계multiparty system로 분류하였다. 이런 유형 분류에는 양당제 민주주의는 안정적이고 합의적이며 다당제 민주주의는 불안정적이고 보다 갈등적이라는 공식화된 함의가 깔려 있다. 즉 영국, 미국 등에서 발견되는 양당체계는 단독정부의 구성으로 이어지며 이는 책임성과 정권교체, 온건중도적 경쟁성을 진작시키는 경향이 있다는 것이다. 반면 프랑스, 이탈리아의 다당체계는 연립정부를 구성하기 쉽고 유권자들이 직접적으로 정부구성에 관여하기는 어려우며 지지기반이 협소한 정당 간에 극단적인 이념대치가 이루어지기도 한다고 설명한다. 이에 대해 한스 달더Hans Daalder는 유럽 국가들에서 소수의 정당으로 구성된 다당체계 하에서 합의적 정부가 구성된 사례를 경험적으로 연구하였다.

듀베르제 이후 정당연구는 정당의 수만이 아니라 정당의 내부적 속성을 보다 다양한 시각에 활용해 정당체계 분류하는 시도로 나타나고 있다. 예를 들어, 로버트 달 Robert Dahl은 정당의 수를 기준으로 하되 여기에 정당 상호간 경쟁성이라는 측면에 주목해 반대의 유형에 따라 정당체계를 보다 세분화해서 분석하였다. 그는 사실 정부가 강압적 방식에 의해 통제를 가하지 않는 한 반대가 존재하지 않을 수 없으며 그런 점에서 순수한 의미의 일당체계는 있을 수 없다고 주장한다. 따라서 일당 우위의 체계에서는 당내 반대 파벌의 양태로, 정당이 두개일 경우에는 정권을 잡지 못한 정당의 집중적인 반대의 양태로, 다당체계에서는 여러 개의 정당으로 분산된 양태의 반대가 존재한다는 것이다. 이러한 반대의 집중성은 결국 정당의 내부 결속력과 관련돼 의회 내에서의 투표응집성으로 나타나게 된다고 한다. 이에 따라 정당체계를 선거에서의 경쟁성과 의회 내 경쟁성이 매우 엄격하게 경쟁적인 체제로 강한 내부 결속력을 지닌 양당체계(영국), 두개의 정당이 존재하지만 상대적으로 내부 결속력이 약한 정당체계(미국), 상대적으로 강한 내부결속력을 가진 다당체계(스웨덴, 노르웨이, 네덜란드), 낮은 내부결속력을 지닌 다당체계(이탈리아, 프랑스)로 구분하였다.Robert Dahl, 1990: 301

달이 경쟁과 협조, 연합의 정도에 따라 정당체계 유형화한 데 비해 라팔롬바라와 웨이너는 어떤 정당체계는 체계의 변화와 발전을 진작시키는 반면 다른 정당체계는 오히려 이를 저해하거나 체계의 긴장을 고조시키고 있음에 주목하고 정당체계의 발전을 정치발전 문제와 연계해서 이해하였다. 우선 정당에 따라 자유 공개경쟁에 빠르게 적응하고 정권의 평화적 교체가 가능할 수도 있고 또 배타적 경쟁과 정권의 갈등적 교체만이 가능한 경우도 있다는 것이다. 그들은 경쟁성과 정권교체의 양태를 중심으로 정당체계를 분류함으로써 정당이 정치체계의 발전, 변화와 어떤 식으로 연계되는지를 이해할 수 있다고 보고 정당체계를 경쟁체계와 비경쟁체계로 구분해서 분석하였다.

라팔롬바라와 웨이너는 경쟁체계 분류의 기준을 체계가 정권교체적인지 패권적인지 여부와 정당의 내부적 속성이 이데올로기적인지 실용적인지 여부로 정하고 이에 따라 정권교체가 이루어지면서 이데올로기 지향적인 체계, 정권교체가 이루어지면서 실용적인 체계, 패권적이면서 이데올로기 지향적인 체계, 패권적이면서 실용적인 체계라는 4가지의 정당체계 유형을 제시하였다. 한편 비경쟁체계는 단일정당으로 구성된 체계로서 정권교체가 이루어지지 않는 패권적 체계의 특성을 갖는다. 이는 정당

내부적인 특성에 따라 일당권위주의체계, 일당다원체계, 일당전체주의체계로 구분된다. Joseph LaPalombara & Myron Weiner, 윤용희 역, 1989: 46-55

지오반니 사르토리는 정당의 수와 함께 정당 간의 이데올로기적 거리를 기준으로 삼아 정당체계의 분파성fragmentation과 분극성polarization의 속성에 따라 정당체계의 유형을 분류하였다. 그는 우선 적실한 정당은 지속성을 갖고 존재할 수 있을 정도의 득표수를 획득해야 하며, 국민의 지지율이 낮더라도 연합정부를 구성할 수 있는 능력을 지니고 있거나, 야당으로 여당을 계속 위협할 수 있는 능력을 지니고 있어야 한다고 주장하다. 이러한 방식으로 적실성 있는 정당의 수를 정의하고 여기에 정당 간 상대적인 힘, 이데올로기의 상이성과 공통성, 지지의 성격, 정당구조의 속성 등을 고려해 정당체계를 유형화하였다.

사르토리에 따르면 경쟁체계는 복수의 정당이 존재하고 자유경쟁 선거가 실제로 행해지며 정권교체 가능성을 갖는 정당체계이며, 비경쟁체계는 경쟁이 허용되지 않고, 이데올로기에 의한 강제동원과 축출이 일어나는 체계이다. 여기서 비경쟁체계에는 전체주의적 일당체계, 권위주의적 일당체계, 실용주의적 일당체계가, 그리고 경쟁체계에는 일당우위체계, 양당체계, 온건다당체계와 분극적 다당체계, 원자화체계가 포함된다. Giovanni Sartori, 어수영 역, 1986: 177-181

4. 정당의 쇠퇴?

1960년대까지 서유럽의 정당정치는 대부분의 경우 1920년대까지 나타났던 두드러진 사회적 균열구조에 기초해 형성된 정당체계의 기본틀을 유지하고 있었다. 당시 선진 산업사회의 정당체계는 폐쇄적 사회균열구조를 가지고 있었고 정당일체감party identification 역시 안정적이었다. 그러나 1960년대 후반 이후 사회균열구조의 폐쇄성이 완화되고 정당일체감이 약화되기 시작하면서 정당체계가 변화하였다는 지적이 나오기 시작하였다. 정당정치 연구에서도 유동성volatility, 편성해체dealignment, 재편성realignment 등의 용어가 빈번하게 사용되었다. Hermann Schmitt & Soeren Holmberg, 1995; Richard Gunther, José Ramón Montero & Juan J. Linz eds., 2002

여기서 정당 지지유형의 재편성은 유권자 지지가 정당들 사이에 재배분되는 현상을 말하며, 정당 일체감의 쇠퇴로 유권자와 정당 연합체계가 붕괴되는 편성해체와는 구별된다. 립셋과 록칸은 계급적 속성에 따른 유권자와 정당사이의 연합체계는 고착된 것이라 주장하였다. 그러나 산업화된 민주국가에서 정당체계는 안정이 아닌 변화이며 그 유형이 바로 정당 지지유형의 재편성과 유권자와 정당 사이의 연합체계의 붕괴라 할 수 있다.

기성 정당들이 도전에 직면한 요인으로 호세 라몬 몬테로José Ramón Montero와 리하르트 군터Richard Gunther는 사회변화, 시민들의 더 높은 수준의 자원 소유, 그리고 기술 발전을 제시한다. 우선, 많은 국가들에서 대중정당들이 의존하였던 높은 수준의 정당 가입율과 당원조직이 상당한 정도로 급감하면서 대중정당이 출현할 때의 제도적 구조의 생존능력에 대해 의문이 제기되었다는 것이다. 이렇게 된 데는 세속화 경향이 종교 정당의 힘을 약화시켰고, 중산층의 증가가 노동계급 정당의 선거기반을 위축시켰으며, 대량 국제이민은 기성 정당에 의해 대표되지 않는 개인들을 출현시켰던 점이 크게 영향을 미쳤다는 것이다. 둘째, 경제적 박탈감을 경험하지 않은 높은 수준의 교육을 받은 개인들은 많은 정당들의 전통적인 이데올로기와 충돌하고 신사회운동이나 단일 이슈single issue 이익집단, 비전통적인 형태의 정치참여에 보다 적합한 참여의 기대를 불러일으키는 탈물질주의적 가치를 갖는 경향이 있다. 셋째, 대량 소통을 가능케 하는 매스미디어는 전통적인 정당 채널을 통하지 않고 시민들과 정치지도자들 간에 직접적인 접촉을 하는 것을 가능케 하고 있다는 점 역시 지적된다. 인터넷의 신속하면서도 광범위한 확산은 시민들 간에 직접적인 수평적 커뮤니케이션의 복잡한 네트워크를 출현시켰다는 것이다. Richard Gunther, José Ramón Montero & Juan J. Linz eds., 2002: 4-5

서유럽 정당정치에서의 가장 뚜렷한 변화는 개인적 차원의 투표행위에서 발생하였다. 정당에의 애착심과 정당과 사회집단 간의 연계가 감소한 결과 선거유동성이 증가하였다. 예를 들어 어느 정당도 지지하지 않는 무당과 유권자들independents이 크게 늘어나고 선거에서 선출되는 대상에 따라 서로 다른 정당의 후보를 지지하는 분리투표split-ticket voting나 제3당에 대한 지지가 증가하였다. 포괄정당들은 새로운 이슈를 제기하거나 시민사회 내 집단을 편입하는데 있어 보다 큰 유연성을 갖게 되었고, 유권자들 역시 이전에 비해 더 많은 선택권을 갖게 되었다. 정진민, 1998: 17-20

신자유주의적 세계화 역시 국가 권한을 약화시키고 정당과 같은 전통적 정치의 쇠퇴에 영향을 미치고 있다. 세계화는 국가에 대한 시장의 권력을 증대시키고, 시민사회의 이데올로기 지형을 보수화하는 경향이 있기 때문에 자연히 정당체제의 이념적 스펙트럼을 협소화시킬 수밖에 없다. 특히 대부분의 국가들에서의 집권당은 세계화가

독일 해적당: 최근 유럽에서 등장한 대표적 도전자정당은 스웨덴, 오스트리아, 독일에서 활동하는 해적당이다. 이 중에서 독일 해적당(Piratenpartei Deutschland)은 스웨덴 해적당의 성공에 고무되어 2006년 9월 창당되었다. 주요 강령으로 통신비밀권리의 강화, 국가활동의 투명화, 지적 재산권의 약화, 모든 디지털 콘텐츠의 자유화, 무료교육, 양성평등, 지속가능환경정책 등을 내세우고 있다. 2009년 연방하원 선거에서 이 신생정당은 작센주를 제외한 모든 주에 후보자를 내어 2.0%를 득표했다. 2011년 베를린 시의원 선거에서 8.9%의 표를 얻어 15석을 획득했고, 2012년 노르트라인-베스트팔렌 주의회선거에서는 7.8%를 얻어 20석을 획득하는 성과를 거뒀다.

가속됨에 따라 경제정책을 독자적으로 결정할 수 있는 점차 좁아지게 되고, 경제사정이 악화되면서 유권자들이 원치 않는 정책을 선택할 수밖에 없게 되었다. 집권당들은 그들의 이념적 지향과 상관없이 정부의 재정긴축, 각종 규제완화, 국영기업의 민영화, 노동시장의 유연화 등과 같은 신자유주의적인 정책을 택하고 있다. 다른 한편으로 이는 사회보장제도의 축소, 소득분배의 악화, 고용불안의 증대를 초래하였고 그 결과 유권자들의 불만이 축적되면서 집권당이 선거에 패배하는 요인이 되고 있다. 정당정치에 대한 세계화의 압력은 특히 지도자와 추종자 간에 후견제patronage가 발달한 국가에서 더욱 크게 나타나고 있다. 정진민, 1998: 34-35

오랜 역사를 지닌 기성정당들의 쇠퇴는 서유럽 국가에서는 이른바 '도전자 정당

challenger party'의 부상에 의해 촉진되고 있다. 그 대표적인 정당이 녹색당이다. 탈물질적 가치의 확산을 배경으로 등장한 녹색당은 기존 정당이 수용 불가한 새로운 정치적 사안을 도입하거나, 참여 정치를 강조하는 데서 상명하달식 리더십을 가진 기존 정당들의 역할을 약화시키는데 기여했다고 평가된다. 이와 더불어 네오 파시스트neo-Fascist 정당이나 새로운 우파정당도 출현하였다. 극우적 성향의 네오 파시스트 정당은 이성보다 감성에 호소하고 대중의 적을 설정해서 공격하는 방식으로 유권자들의 지지를 얻고자 한다. 신자유주의의 확산에 따라 실업이 증가하고 경제적 양극화가 심해지는 상황에서 기존의 정당들이 자신들의 이익을 대변해주지 못한다고 느끼는 사람들이 강력한 의사표현 방법으로 이들 극우정당을 지지하고 있다. 이들 정당은 지난 2002년 프랑스 대통령선거의 결선투표까지 올랐던 장 마리 르펜Jean-Marie Le Pen이 이끄는 국민전선Le Front National, 보다 강력한 반이민법과 엄격한 법률적 강제 등을 내세우면서 집권에 성공하였던 오스트리아의 자유당FPÖ: Freiheitliche Partei Östereich, 플랜더스 지방에서 일부 자치단체에 진출하는 등 상당한 지지를 확보하고 있는 벨기에의 정당인 '플랜더스의 이익Vlaams Belang'에서 보듯이 상당한 정치적 영향력을 발휘하고 있다. 이에 비해 새로운 우파정당은 조합주의적 자급자족체제가 아닌 자유시장경제, 헌법개혁 등을 주장하는 데서 네오 파시스트 정당과 차이가 있다. 지지기반도 실업자, 저학력의 룸펜 프롤레타리아가 아닌 젊은 남성, 사적부문 취업자들이다.Tom Mackie, 1995: 174-182

한편, 정당 쇠퇴는 앞에서 살펴보듯이 쉐프터Martin Shefter와 긴스버그Benjamin Ginsberg가 지칭한 이른바 '다른 수단에 의한 정치politics by other means'에 의한 결과이기도 하다. 쉐프터와 긴스버그는 정당이 쇠퇴하고 선거가 덜 중요해지면서 승자는 완전한 통제권을 갖지 못하고 패자도 권력을 빼앗기지 않게 되었다고 지적한다. 그 결과 정치는 점증적으로 선거 이외의 다른 수단에 의한 정치에 의해 수행되고 있다는 것이다. 그들은 정당 영향력과 유권자 선거참여율의 쇠퇴는 선거가 덜 중요하다는 것을 의미한다고 하면서 그런 까닭에 선거는 누가 권력을 행사할 것인가를 정하지 못한다고 주장한다. 그래서 정치세력은 정부의 분리된 영역에 그들의 노력을 집중하는데 이는 국가적 목표를 달성하려는 정부의 능력의 감소를 가져오는 것으로 나타나 형사정의체계, 연방사법부, 국가안보기구를 이용한 정치적 투쟁이 점증한다는 것이다. 각 정당들은 자신이 장악하고 있는 대통령이나 의회의 권한을 확대하는 대신 상대방이 장악하고 있는 행정부와 입법부의 권한을 제한하고 사법부를 장악하기 위한 제도적 투쟁에 몰두하게 된다. 이 과정에서 언론의 역할이 엄청나게 증대되고 검찰의 수사를 이용한 반대세력의 공격이 증가하였다는 것이다. 즉 정치경쟁의 장소는 투표장이나 유세장에서 사법부나 언론으로 옮겨졌고 선거를 대신해 이른바 '폭로-수사-기소RIP: revelation-investigation-prosecution'가 정치적 투쟁의 유용한 수단으로 등장하였다고 한다. 이는 선거의 유용성을 감소시키고 정당의 역할을 축소시키는 악순환의 고리를 형성하고 있다는 것이다.

그러나 정당의 쇠퇴는 1960년대 이후 서유럽에서 두드러진 현상이긴 하지만 이것이 모든 시기에 일관되게 관찰되는 것은 아니며, 다른 지역과 국가에서도 동일하게 나타나는 것은 아니다. 예를 들어 1989년 이후 동유럽에서 획일적인 구체제가 붕괴하고 다원주의적 민주주의가 새로 구축되는 과정에서 각종 정당들은 핵심적 역할을 수행한 바 있다. 이들 국가에서는 민족적 차이와 더불어 시장경제로의 전환으로 말미암은 사회경제적 균열에 기반을 두는 다양한 이념적 스펙트럼의 정당체계가 수립되었다. 이들 국가에서 정당은 쇠퇴하는 것이 아닌 재출현해서 활성화되고 있다고 볼 수 있다. 서유럽 국가들에서도 기성정당이 그들에게 행해진 온갖 도전들에 대해 나름의 방식으로 적응하면서 성공적으로 대처하고 있다는 반론이 제기되었다. 이와 유사하게 후안 린츠Juan J. Linz는 정당에 대한 보통 시민들의 비판이 원래 모순적이거나 실현불가능한 정당의 수행능력을 기대하는 태도에서 유래한다고 지적한다.Richard Gunther, José Ramón Montero & Juan J. Linz eds., 2002: 6-7

5. 한국의 정당정치

한국에서 정당정치는 오랜 동안 제대로 역할을 수행하지 못했다. 비정상적인 수단을 통해 권력을 장악한 정치세력들은 자의적 권력행사를 합리화하기 위한 수단으로 정당정치를 이용하곤 했고, 그 결과 집권 정당은 권력의 도구로서 정당을 만들었던 정치세력과 수명을 같이 하곤 했다. 야당은 민주화를 명분으로 권위주의 정치세력에 대항하고 투쟁하여 오면서 선거를 통해 민주와 반민주라는 정치적 대립축을 형성하고 집권세력을 압박하는 전략을 구사하면서 정상적인 정당정치의 복원에 상대적으로 기여했다고 할 수 있다. 그러나 이들 정당들은 상반되는 목표와 전략을 구사하였지만 기본적으로 정치지도자를 중심으로 하는 인물 중심 정당이었다는 점에서 커다란 차이가 없다고 지적된다.

　　1980년대 중반 민주주의로의 이행이 시작되면서 집권당과 야당이 부활한 자유선거를 정치권력의 획득을 위한 실질적인 경쟁의 장으로 활용하기 시작하였다. 이는 이전의 권위주의 지배 시기와는 달리 선거에서 정당 간의 보다 정상적인 정치적 경쟁이 이뤄지기 시작했다는 것을 뜻한다. 그러나 민주주의 이행 이후에도 대부분의 한국 정당들은 장기간 지속되지 못하고 구성원들은 각 계파 지도자들과 후원·수혜관계라는 사적인 연결망을 형성하고 개인적 이해관계와 지도자에 따라 이합집산을 보이고 있는 실정이다. 정당체계는 협소한 이념적 스펙트럼을 지녔고, 정당의 조직과 지지기반은 대단히 허약하다. 점차 다양해지는 시민사회의 요구를 표현하고 정책으로 결합하는 등 정당에 요구되는 기능도 제대로 수행하지 못하고 있다. 여기에 이행 이후에도 한국 정당들은 여전히 정치지도자를 정점으로 하는 인물 중심의 정당이면서도 특정 지도자의 출신지역에서 집중적인 지지를 끌어내고 있는 지역할거정당이라는 전근대적 특징을 갖고 있다. 이러한 현실은 한국의 정당들이 아직도 시민사회와 국가를 연결시키는 매개역할linkage role을 제대로 수행하지 못하고 있다는 점을 잘 보여준다.김용호, 2001: 23 2002년 이후 정당 개혁이 산발적으로 추진되어 왔지만 아직까지 한국 정치 현실에 맞는 대안을 제대로 찾아내지 못하고 있다.

　　이러한 특징은 한국 정당의 파행적 역사에서 연유한다. 일제의 식민통치와 미·소 군정의 실시, 한국전쟁과 그 후의 권위주의 통치는 한국의 시민사회를 억압하고 정당의 이념적 스펙트럼을 좁게 만들었다. 이밖에도 정당체계의 이념적 스펙트럼을 협소화시킨 외적 요소들로는 분단 상황과 신자유주의가 추동하는 세계화로 인한 제약을 들 수 있다. 특히, 분단 상황은 체제의 성격을 뛰어넘는 반대세력을 정치적으로 용인하지 못하도록 할뿐만 아니라 여전히 반공주의에 기대는 정치세력에게 활동공간을 제공하고 국가보안법 등에 의해 사회구성원들의 권리를 제약하였다. 그 결과 한국의 정당들은 사회적 균열과 갈등을 조정하고 다양한 계층, 지역들의 요구를 취합하여 정책에 반영하는 본래의 기능을 수행하지 못하게 되었다. 현재까지 한국의 정당들은 노동계급이나 다른 사회집단의 대리인으로서 국가 통제를 추구하는 대중정당의 기준을 제대로 충족시키지 못하는 있는 실정이다. 어떤 면에서 한국의 정당들은 이념적 지향보다는 선거에서 보다 많은 유권자들로부터 지지를 추구하기 위해 대중의 다양한 이해를 포괄하는 방향으로 성립된 포괄정당의 성격이 강하다.

　　물론 한국의 정당정치도 변화하고 있다. 산업구조의 변화, 정보통신기술의 발전, 대중매체의 확산 등의 요인에 힘입어 기존의 인물과 지역 중심의 균열구도에 영향을

책임정당과 실용정당: 2012년 대통령선거에서 집권 새누리당이 내건 각종 공약들. 이들 공약 대부분은 새누리당 후보가 대선에서 승리하고 새로운 정부가 출범한 후 파기되거나 내용이 대폭 후퇴되었다. 아직까지 대부분의 한국 정당들은 선거에 의해 권력을 부여받았을 때에 추구할 일련의 정책을 선거과정에서 뚜렷하게 제시하고 집권 후에도 그 정책을 수행하며 그 정책의 성패에 따라 다음 번 선거에서 다시 유권자의 심판을 받는 책임정당(responsible party)에 못 미치고 있다. 모든 유권자들의 정책선호를 만족시키도록 두루뭉실한 정책을 제시하고 집권 후에 수행하는 정책에서도 다른 정당이 실행한 정책과 커다란 차이를 보이지 않는 실용정당(pragmatic party)에 머무르고 있다.

덜 받는 유권자들이 증가하고 있다. 대부분 젊은 세대들로 구성된 이들 유권자들은 집단 소속감이 약하며, 기성세대와는 상이한 가치정향인 삶의 질, 환경, 성평등 등을 중시하는 경향이 있다. 기존 정당과 정치인에 대한 무관심과 불신도 역시 높다고 지적된다. 이러한 점은 한국의 정당정치에서도 과거와의 단절이 나타나고 있음을 보여준다.

한국 정당사에서 2002년은 중요한 한 획을 긋는 해였다고 할 수 있다. 대통령 선거에서 주요한 정당인 당시 민주당과 한나라당은 대통령후보의 선출을 위하여 경선을 실시하였으며 그 이후 6·13 지방선거에서도 많은 선거구에서 이전의 하향식 공천방식 대신 당원과 주민들이 참가하는 경선에 의한 상향식 공천방식을 통해 후보자를 선출한 것이다. 2002년 대선에서 처음 도입된 국민경선제는 2007년 대선에서 훨씬 보폭을 넓혔다. 한나라당도 제한적으로나마 도입했고, 원조격인 대통합민주신당은 모바일 투표까지 했다. 민주노동당도 대의원 60% 이상이 국민경선제 도입을 지지했으나 가결선인 3분의 2를 넘지 못해 시행하지는 못했다.

  중요한 점은 아직까지 한국의 정당정치에는 단절보다는 계속요인이 더 강하다는 사실이다. 정당의 개혁이 필요하다는 주장은 너무나 많이 제기되고 있다. 구체적인 대안으로 제기되는 것 중의 하나가 한국의 정당들이 의원들의 자율성과 정책역량 강화를 중시하는 원내정당으로 가야 한다는 것이다. 정당들이 소수 기간당원의 뜻에 따라 움직이면서 지지자들의 의사를 제대로 반영하지 못하고 있는 문제를 극복하려면 정당들이 당원 관리 등 정당의 원외조직 관장 사항을 제외한 정책 개발, 입법 등 나머지 정당 업무들은 정당의 원내조직에서 주도적으로 다루도록 하자는 것이다. 후보경선에 일반 유권자를 참여시키는 국민경선제도 같은 맥락에서 강조된다. 그러나 이 주장에 대해서는 이 제도가 오히려 후보자 중심주의를 강화하면서 정당과 의회 기능을 줄일뿐더러 하층과 사회적 약자의 정치참여를 약화시킬 수 있다는 비판도 존재한다.

  한국 정당정치의 발전을 위해서는 정당의 지지기반과 조직, 기반을 통합적인 것에서 경쟁적인 것으로 변화, 발전시키는 것, 즉 정당의 제도화 수준을 높이는 것이 필요하다. 정당들이 내부 조직과 대중 동원, 지도부 구성과 승계 등에서 일관성을 갖게 되는 것을 의미하기도 하는 정당의 제도화는 최근에 체제전환이나 민주주의 이행을 이룬 국가에서 특히 중요한 과제로 평가된다. 이를 달성하기 위해서는 노조와 이익단체들의 정당 가입을 보장함으로써 사회균열을 반영하는 정당구조를 형성하고 일반 당원들의 의사결정 참여 범위를 넓힘으로써 당의 민주화를 이룩하는 것이 요구된다. 이를 통해 사회적 약자들이 그들의 권익을 정치과정에 투입하려는 집단적 행위가 실현가능해질 수 있다. 그리고 유권자의 선호를 왜곡하지 않고 정확히 의석에 반영하는, 높은 수준의 비례성을 실현하는 선거제도로 변경하는 것 역시 필요하다.

토론거리

1. 균열이론은 서유럽에서의 정당의 형성과 발전과정을 어떻게 설명하는가?
2. 정치체제의 차이와 상관없이 정당이 일반적으로 수행하는 기능들은 어떤 것이 있는가?
3. "양당체계는 안정적이며 합의적이고, 다당체계는 불안정적이며 갈등적이다"라는 주장을 각각 찬성과 반대의 입장에서 설명해 보시오.
4. 1960년대 이후 두드러지게 나타난 서구 정당정치의 변화를 정당의 쇠퇴 현상을 중심으로 설명해 보시오.
5. 한국의 정당들이 시민사회와 국가를 연결시키는 매개역할을 제대로 수행하지 못하는 이유는 무엇인가? 그리고 이를 극복하기 위한 대안은 무엇인가?

키워드: 정당, 정당체계, 정당일체감(party identification), 균열이론(cleavage theory), 결빙가설(freezing hypothesis), 정당체제의 재편성(realignment), 정당 편성의 해체(dealignment), 도전자 정당(challenger party), 정당의 제도화

참고문헌

김용호. 『한국 정당정치의 이해』. 서울: 나남출판, 2001.

심지연 편. 『현대 정당정치의 이해』. 서울: 백산서당, 2003.

정진민. 『후기 산업사회 정당정치와 한국의 정당발전』. 서울: 한울아카데미, 1998.

Daalder, Hans & Peter Mair (ed.). *Western European Party Systems. Continuity and Change*. London: SAGE Publications, 1985.

Dahl, Robert (ed.). *Political Oppositions in Western Democracies*. New Haven & London: Yale University Press, 1966.

Dahl, Robert. "Party System and Patterns of Opposition." in Peter Mair (ed.). *The West European Party System*. New York: Oxford University Press, 1990.

Dalton, Russell J. 서유경 역. 『시민정치론: 선진 산업민주주의 국가의 여론과 정당』. 서울: 아르케, 2010.

Duverger, Maurice. 김세신 역. 『정당론』. 서울: 중앙선거관리위원회, 1980.

Gunther, Richard, José Ramón Montero & Juan J. Linz (eds.). *Political Parties: Old Concepts and New Challenges*. Oxford: Oxford University Press, 2002.

Hofmann, Robert. *Geschichte der deutschen Parteien*. München: Piper, 1993.

Katz, Richard & Peter Mair. "Changing Models of Party Organization and Party Democracy: The Emergence of the Cartel Party." *Party Politics*, Vol.1. 1995.

Kirchheimer, Otto. "The Catch-all Party." in Peter Mair (ed.). *The West European Party System*. Oxford: Oxford University Press, 1990.

Kourvetaris, George Andrew. 박형신·정헌주 역. 『정치사회학』. 서울: 일신사, 1998.

LaPalombara, Joseph & Myron Weiner. 윤용희 역. 『정당과 정치발전』. 서울: 법문사, 1989.

Lijphart, Arend. 서주실 역. 『선거제도와 정당제』. 서울: 삼지원, 1997.

Lipset, Seymour Martin & Stein Rokkan. "Cleavage Structures, Party Systems and Voter Alignments: An Introduction." in Peter Mair (ed.). *The West European Party System*. Oxford: Oxford University Press, 1990.

Mackie, Tom. "Parties and Elections." in Jack Haywood & Edward C. Page (eds.). *Governing the New Europe*. Durham: Duke University Press, 1995.

Mainwaring, Scott & Timothy R. Scully. *Building Democratic Institutions: Party Systems in Latin America*. Stanford: Stanford University Press, 1995.

Michels, Robert. 김학이 역. 『정당사회학: 근대 민주주의의 과두적 경향에 관한 연구』. 서울: 한길사, 2002.

Sartori, Giovanni. 어수영 역. 『현대 정당론』. 서울: 동녘, 1986.

Schmitt, Hermann & Soeren Holmberg. "Political Parties in Decline?" in Hans-Dieter Klingemann & Dieter Fuchs (eds.). *Citizens and the State*. Oxford: Oxford University Press, 1995.

Webb, Paul, David Farrell & Ian Holliday (eds.). *Political Parties in Advanced Industrial Democracies*. Oxford: Oxford University Press, 2002.

제12장

선거와 의회정치

1. 대의제 정치와 선거

현대의 민주주의 이론들은 대의제의 이념과 밀접하게 연결되어 있다. 시민들이 더 이상 직접적으로 통치하지 못할 때 민주주의는 정치인들이 인민의 대표로서 봉사한다는 주장에 근거를 둔다. 하지만 한 사람이 '다른' 사람들을 '대표한다'고 말하는 것은 무엇을 의미할까? 정치에서 대표제는 한 개인 혹은 집단이 더 큰 집단을 대표하거나 이 집단을 위해서 일하는 것을 시사한다. 따라서 정치적 대표제는 2개의 분리되어 있는 실체들인 정부와 인민 사이의 연결을 인정하며, 이 연결을 통해서 인민들의 견해들이 접합되거나 그들의 이해관계가 보증되는 것을 의미한다.Andrew Heywood, 이종은·조현수 역, 318-319

일반적으로 대의제는 인민들이 대표자로 하여금 그들을 대신하여 정부의사나 정부정책 등을 결정하게 하는 제도로, 대의민주제, 간접민주제, 국민대표제, 의회민주제라고도 한다. 대의제에서는 복수의 정당이 선거를 통해 사회의 다양한 이익과 갈등을 표출하고 조직해 정부와 국회를 구성한다. 여기서 선거는 시민사회의 다양한 정책 선호를 정부의 정책 형성에 연결시키는 중요한 매개체라 할 수 있다. 역사적으로 대의

존 스튜어트 밀과 대의민주제: 존 스튜어트 밀(John Stuart Mill, 1806~1873)은 '전 인민 또는 그들 중 다수가 주기적 선거를 통해 자신들이 뽑은 대표를 통해 최고 권력을 완벽하게 보유, 행사하는 정부형태'가 참된 민주주의를 실현시킬 지름길이라고 주장하였다. 규모의 제약 때문에 현대사회에 적합한 '완전한 정부의 이상적인 형태'는 대의제일 수밖에 없고, 전문성이라는 변수 때문에 다수 사람들이 정부 일을 직접 처리한다는 것은 가능하지도, 바람직하지도 않다는 것이다. 아울러서 밀은 '온전한 민주적 지배'의 실현 못지않게 '능숙한 전문가의 능력'을 최대한 발휘하는 것이 중요하다고 강조했다. 한편, 『정치경제학 원리(Principles of Political Economy)』에서 밀은 고전파 경제학 이론을 계승하면서도, 자본주의 체제가 초래한 사회적 곤란을 인위적인 분배의 공정과 사회의 점진적 개혁에 의해서 해결하려는 이론을 전개했다. 부의 생산에 관한 한 자유방임의 법칙이 진리이나 이것이 가져오는 사회적 병폐는 국가가 법률을 통해 교정하자고 주장했다. "교육은 인민을 위해서 정부가 마련해주더라도 원칙적으로 받아들일 수 있는 일 중에 하나이다. 이는 불개입원칙이 적용될 수 없는 경우에 해당한다. 초등교육에 관해서라면 그 예외의 여지는 더욱 넓다." 밀은 아일랜드의 부담을 덜어주자고 주장했고, 여성의 권리를 강력하게 옹호했으며, 비례대표제, 노동조합, 농지의 협동조합식 조직 등 각종 사회개혁을 강조했다. 그의 사상은 만년에는 점차 개량적 사회주의로 발전했다.

제에 관한 이론은 존 스튜어트 밀John Stuart Mill에 의해 확립되었다. 밀은 『대의정부론 Considerations on Representative Government』에서 '전 인민 또는 그들 중 다수가 주기적 선거를 통해 자신들이 뽑은 대표를 통해 최고 권력을 완벽하게 보유, 행사하는 정부형태'가 참된 민주주의를 실현시킬 지름길이라고 주장하였다.John Stuart Mill, 서병훈 역, 2012: 74 대의민주제는 중앙권력이 감시 통제될 수 있는 메커니즘을 제공하고, 이성과 토론의 중심 및 자유의 감시자로 활동하는 광장(의회)을 확립하며, 선거경쟁을 통해서는 지도자 자질로서 전체의 최대이익을 위한 예지를 갖춘 사람을 선출한다는 것이다. 이러한 밀의 주장은 국가의 최소간섭을 보장하는 것이 자기개발의 가능성을 극대화하고 개인자유를 보호하는 최선의 방법이라는 그의 자유주의적 사상에 기초한다고 할 수 있다.David Held, 2006: 84-88

어떤 형태의 정부가 가장 이상적인가?

"어떤 형태의 정부가 가장 이상적이라고 할 수 있을까? 첫째, 주권 즉 최고 권력이 국가 구성원 전체에 귀속되어야 한다. 둘째, 모든 시민이 궁극적 주권의 행사에 발언권을 가질 뿐 아니라 적어도 가끔씩은 지방 또는 전국적 차원에서 공공의 임무를 수행함으로써 정부의 일에 직접 참여할 수 있어야 한다. 이런 조건을 갖춘 정부라면 가장 이상적인 정부라는 이름에 전혀 부끄럽지 않을 것이다.

이 주장이 타당한지 여부는 좋은 정부를 규정하는 두 가지 기준에 비추어보면 될 것이다. 좋은 정부를 판가름하는 기준은 편의상 다음 두 가지로 나누어 생각해볼 수 있다. 첫째, 사회 구성원들이 현재 지니고 있는 도덕적·지적·능동적 능력을 활용해서 사회의 당면 문제를 얼마나 효율적으로 해결하고 있는가? 둘째, 사람들의 그러한 능력을 얼마나 발전 또는 퇴보시키는가?

… 가장 이상적인 정부란 작동하기에 적합한 환경 속에서 지금 당장뿐만 아니라 앞으로도 유익한 결과를 최대한 낳는 정부이다. 완벽하게 민주적인 정부가 바로 이 같은 규정에 부응할 수 있는 유일한 정치체제이다. 이 정부는 탁월한 정치체제를 구성하는 두 요소를 뛰어나게 보유하고 있다. 이 정부는 이런 측면에서 현재 좋은 정부라고 알려진 어느 체제보다도 더 탁월하다. 그리고 이제까지 그 어떤 정치체제가 했던 것보다 더 뛰어나고 더 높은 형태의 민족성을 촉진한다.

이 정부가 기존 사회를 잘 발전시킬 수 있으려면 다음 두 가지 원리를 반드시 전제해야 한다. 첫째, 누구든지 자신의 권리와 이익을 스스로 지킬 힘이 있고, 또 항상 지키려 해야 타인으로부터 무시당하지 않는다. 둘째, 사회를 발전시키기 위해 노력하는 사람들이 개인적인 정력을 다양하게 많이 쏟을수록 그에 비례해서 사회 전체의 번영도 더 높은 수준에 이르고 또 널리 확산된다. 이것은 인간의 삶과 관련해서 제기될 수 있는 그 어떤 일반 명제보다도 더 보편적인 진리를 지니고 있으며 현실적으로도 타당하다.

… 가장 주목해야 할 점은 시민 개개인이 드물게라도 공공 기능에 참여하면 도덕적인 측면에서 긍정적인 변화가 생긴다는 사실이다. 사람들이 공공 영역에 참여하면 자기와 관련 없는 다른 이해관계에 대해 저울질하게 된다. 이익이 서로 충돌할 때는

자신의 사적인 입장이 아닌 다른 기준에 이끌리게 된다. 일이 있을 때마다 공공선을 제일 중요하게 내세우는 원리와 격률에 따라 행동하게 된다. 이렇게 살다 보면 사람들은 자기만의 생각보다는 이런 이상과 작동 원리에 더 익숙해지는 것을 알 수 있다. 그러한 방향으로 사고가 전환하게 되고, 일반 이익에 대해 관심을 가지면서 그것에 마음이 이끌리게 된다. 결국 자신이 사회의 한 구성원이라는 느낌을 가지게 되면서 사회 전체의 이익이 곧 자기 자신에게도 이익이 된다는 생각을 품는다.

　　… 이런 점들을 종합해서 고찰해볼 때, 사회가 요구하는 모든 필요를 충족시킬 수 있는 유일한 정부란 곧 모든 인민이 참여하는 정부일 수밖에 없다는 사실이 명백해진다. 따라서 어떤 참여라도, 하다못해 공공 기능에 대한 극히 미미한 수준의 참여라도 유용하다. 어떤 곳이든, 사회의 일반적 진보 수준이 허용되는 한도 내에서 참여가 최대한 확대되어야 마땅하다. 모든 사람이 국가의 주권을 나누어 가지는 것, 다시 말해 모든 사람이 주권 행사에 동참할 수 있는 것만큼 궁극적으로 더 바람직한 일은 없다. 그러나 작은 마을 정도라면 모를까, 그보다 더 큰 규모의 공동체에서는 아주 미미한 공공 업무를 제외하고는 모든 구성원이 직접 참여하기가 어렵다. 따라서 완전한 정부의 이상적인 형태는 대의제(representative)일 수밖에 없다."

출처: John Stuart Mill, 서병훈 역, 『대의정부론』, 서울: 아카넷, 2012, pp.59-60, pp.73-74

정부와 인민의 연결의 정확한 성격을 둘러싸고는 적지 않은 의견불일치가 존재한다. 오히려 특정한 이데올로기적, 정치적 가정들에 기반을 두고 있는 수많은 경쟁적인 이론들이 있을 뿐이다. 예를 들어 밀이 정부업무의 통제와 업무의 능률적인 집행 사이에는 근본적 차이가 있다고 주장하며 전자는 다수의 대표자에게 양도하고 후자는 국가에 대한 엄격한 책임 하에 특별하게 훈련받고 경험을 쌓은 소수의 지식획득자나 경험을 갖춘 지성인에게 양도해야 한다고 한다. 이는 정치인들이 대리인으로써 그들의 선거구민에게 구속을 받아야 하는 것이 아니라 선거구민들을 위해서 사고할 수 있는 능력을 가져야 한다는 점을 함축한다. 그러나 정치인이 자기를 뽑아준 선거구민의 의사를 국정에 그대로 반영해야 한다는 위임자委任者, delegate 모델과 선거구민들로부터 신임을 받은바 임무수행 시 자기 소신에 입각해 사회 전체 이익을 우선해야 한다는 수탁자受託者, trustee 모델 간에는 논쟁이 계속되고 있다. Thomas E. Cronin, 2000: 26-30

대의제를 옹호하는 이들에 의하면, 인구수나 지리적 범위 또는 집단적 결정의 대상인 문제들의 성격 등으로 말미암아 현대 사회에서는 직접민주주의가 적용되기 어렵기 때문에, 인민이 직접 선출하는 대표를 통해서 집단적 결정이 이루어질 수밖에 없다고 주장한다. 대의제가 민주주의의 원칙에 부합되도록 하기 위해서 정기적으로 시행되는 선거에 의해서 대표들이 인민의 요구에 부응하면 된다는 것이다. 여기서 중요한 점은 사람들과 대의기관 간에 정당한 대표관계가 성립하고 유지되는 것이다. 이는 다양한 사람들의 이익과 정책선호를 정부의 정책결정에 연결시키는 매개체인 선거가 자유롭고 공정하게 실시됨으로써 이뤄질 수 있다. 이와 아울러서 대표기관은 항상 사람들의 의사를 수렴하는 기능을 수행해야 한다.

대의제민주주의representative democracy를 지지하는 대표적인 학자인 로버트 달Robert Dahl은 인민의 대표를 선출하는 과정이 자유롭고 공정하기 위해서는 '공직선거에서의 자유롭고 공정한 경쟁'contestation과, '공직선거 경쟁에 참여할 수 있는 권리의 포괄성' inclusiveness이라는 두 가지 원칙을 충족시켜야 한다고 강조한다. 이 두 가지 원칙은 다시 여덟 가지의 제도적 장치에 의해 구체화되어야 하는데, 그 여덟 가지의 제도적 장치는 ① 결사의 자유, ② 표현의 자유, ③ 보통선거권, ④ 공직 획득의 기회균등, ⑤ 선거 경쟁의 존재, ⑥ 정보 획득의 자유, ⑦ 자유롭고 공정한 선거, ⑧ 투표나 시민들의 선호에 따라 정부정책이 결정되게 하는 제도 등이다.Robert Dahl 조기제 역, 1999: 439

그러나 대의제에 대해서는 오래 전부터 많은 비판이 제기되었다. 대표적으로 장 작 루소Jean J. Rousseau는 주권을 가진 독립된 인격체로서의 개인이 가지고 있는 의지가 양도되는 것이 있을 수 없고, 자신의 의지와 동일하다는 것은 이치에 맞지 않는다고 비판한다. 대의제 지지자들이 민주주의의 원칙을 정치영역, 그것도 주로 선거와 의회정치에만 적용하고 있고, 경제와 사회영역에서의 민주주의 문제는 간과하고 있다는 주장도 존재한다. 달 역시 자본주의사회에서 필연적으로 나타나는 사회적 자원과 경제적 자원의 불평등이라는 조건으로 말미암아 대의제민주주의가 왜곡된다는 점을 지적한 바 있다. 민주주의의 핵심이 대표와 책임에 같이 있는데 선출된 대표들이 정책결정의 과정과 그 집행에서 시민들에게 책임지는 문제에는 관심을 갖지 않는다는 문제도 지적된다. 시민들이 선거 때만 주권자가 되고 있다는 것이다.

일정한 지리적 경계 내에서 선출되는 대표들이 대의기관을 형성하고 있는 대의제가 사회의 다양한 가치와 이해관계를 무시하고 모든 차원에서 동질적인 추상적 개인과 개인의 자율성만을 가정하고 있다는 점 역시 대의제의 한계로 지적된다. 사회의 다양한 이해갈등이 각종 대의기구로 전달될 통로가 차단되어 버리며, 그 결과 대중의 정치적 무관심과 정치 불참 현상이 늘어나고 있다는 것이다.

대의제민주주의의 문제점과 한계를 극복하기 위해서는 일반대중들이 크고 작은 공동체와 관련된 의사결정과정에 직접 참여할 수 있는 기회를 최대한 보장하는 것이 필요하다. 이를 위해서 직접 민주주의direct democracy와 참여 민주주의participatory democracy의 요소를 최대한 도입하는 것이 고려될 수 있다. 직접 민주주의는 시민의 요구나 이익이 정책결정과정에 반영될 수 있는 가능성을 높이고, 시민이 정책결정과정에 직접 참여함으로써 갈등을 해소하거나 완화시킬 수 있으며, 나아가 공동체에 대한 관심과 책임감을 높일 수 있다고 평가된다.Thomas E. Cronin, 2000

이와 관련하여 에이프릴 카터April Carter는 『직접행동Direct Action and Democracy Today』에서 시위와 파업, 납세거부 등 직접행동의 세계적 확산이 대의제 민주주의의 한계를 잘 보여주고 있다고 지적한다. 그에 의하면 직접행동은 대의제 민주주의 정치 과정에서 철저하게 배제된, 사회의 과반수가 넘는 '작은' 사람들에게 거의 유일하게 허용된 민주적 안전장치라는 것이다. 직접행동은 민주주의의 위협 요소가 아니라 오히려 사회의 갈등 구조가 통상적인 정치 채널로 소통되지 못하는 대의민주주의 제도가 지닌 한계를 보완하는 가장 효과적인 방법이라고 한다. 카터는 대의민주주의 아래에서 시민의 대표들이 절차적 대표성의 장막 뒤에 숨어 자의적이고 비민주적인 행위를 저지르지 않도록 그들의 '목줄을 바짝 잡아당기려면' 참여적이고 구체적인 형태의 직접행동 민주주의가 반드시 필요하다고 주장한다.April Carter, 조효제 역, 2006 또 다른 대안으로 강조되고 있는 것이 참여 민주주의 역시 시민들의 적극적인 관심과 참여를 통하여 정치권력의 독점이나 남용을 막고 시민들의 의사를 반영하자고 한다.

한편, 버나드 마넹Bernard Manin은 『선거는 민주적인가The Principles of Representative Government』에서 대의민주주의의 주요 수단인 선거의가 지닌 불평등한 측면을 검토함으로써 대의민주주의를 한층 민주화할 수 있는 통찰력과 상상력을 제시한다. 버넹은 선거가 민주적인 측면과 비민주적인 측면을 동시에 가지고 있다고 말한다. 우선 선거는 선택이라는 상황에 직면하여, 평범한 사람이 아닌, 뛰어난 사람, 특별한 재능이 있는 사람을 선발하도록 구조화되어 있다고 한다. 이러한 '탁월성의 원칙' 때문에 대부분의 대의정부에서는 대표의 결정에 영향을 미칠 수 있는 대표에 대한 구속적 위임이라든가 대표에 대한 인민의 소환권을 헌법적으로 인정하지 않았다는 것이다. 이후 대의정부는 역사적 과정을 거치면서 변해왔지만 대표와 대표되는 사람 사이의 간극과, 인민의 의지와 대표의 결정 사이의 간극 역시 줄어들지 않았다. 그런 점에 주목하여 버냉은 오늘날 누구나 민주주의가 확장되었다고 주장할 수는 있지만, 누구도 그만큼의 확신을 가지고 민주주의가 심화되었다고 말할 수는 없을 것이라고 말한다.^{Bernard Manin, 곽준혁 역, 2004}

2. 선거제도의 두 유형: 다수대표제와 비례대표제

대의민주제에 있어 가장 기본적인 요소인 선거제도^{electoral system}는 시민들의 투표를 대표의 의석으로 전환시키는 것과 관련된 일련의 규칙의 집합을 말한다.^{Arend Lijphart, 서주실 역, 1997: 1} 많은 학자들은 선거제도가 민주주의에 끼치는 영향에 대해 다양한 견해를 내놓고 있다. 여기서 분명한 사실은 선거가 정치적 의사 형성 과정과 정치권력의 위임에 있어 의회의석의 형태로 매우 큰 의미를 지닌다는 점이다. 선거제도는 유권자의 의사와 선거결과를 틀 지운다. 이러한 선거제도는 선거구 분할, 입후보 방법, 투표 방법, 투표결산법 등의 개별적 규정들을 갖는다.^{Dieter Nohlen, 2000: 75} 예를 들어 선거구 분할을 의석 당 인구수로 할 것인가, 선거구 크기로 할 것인가, 입후보 방법을 개별 입후보로 할 것인가, 명부식 입후보로 할 것인가 등의 규정이 바로 그것이다.

선거제도에는 수많은 하위유형^{subtypes}이 존재한다. 크게 선거제도는 다수대표제^{plurality system}와 비례대표제^{proportional system}로 구분할 수 있다. 다수대표제는 단일 정당에 의석을 집중시켜 정부 구성의 효율화를 모색하는 체제이고 비례대표제는 투표수와 의석수의 비례성^{proportionality}을 강조하는 체제이다. 각 정당의 득표비율에 대한 의석비율의 편차를 의미하는 비례성은 선거제도의 주요한 목적임과 동시에 선거제도를 판단하는 주요한 기준이 된다. 두 선거제도를 비교해보면 다수대표제는 정당분열의 방지, 양당제 구축으로 정당간의 집중화 촉진, 정부의 안정, 정치적 적응력 촉진, 정권교체 촉진 등의 장점을 갖는데 비해 비례대표제는 세분화된 대표 형성, 인위적 다수형성 방지, 타협과 절충을 통한 합의된 다수 촉진, 극단의 정치변화 방지, 새로운 정치적 흐름 반영, 지배적 정당체제 지속 저지 등의 장점을 지닌다고 평가된다.

다수결방식을 채택하여 표를 많이 얻은 후보가 당선되고 정책이 채택되는 다수대표제는 득표한계치^{threshold}에 따라 상대적 다수대표제^{FPTP: first-past-the-post}와 절대적 다수대표제^{majoritarian system}로 나뉜다. 상대적 다수대표제는 유권자가 한 선거구에서 한 표만을 투표한 후 가장 많이 득표한 입후보자가 당선되는 제도로 영국과 미국이 채택하고 있다. 이 제도는 거대정당에 일방적으로 유리하고, 유권자들의 유효투표 중에서 당선자를 결정하는데 역할을 못하는 사표를 양산하며, 승자독식의 원리에 토대를 두고 있어서 다양성과 분산의 확대를 저해한다. 다수대표제와 비례대표제는 각각 다음과 같은 하위유형이 있다. Wichard Woyke, 1994; Arend Lijphart, 서주실 역, 1996; 안순철, 1998; Dieter Nohlen, 2000; 박찬욱 편, 2000

절대적 다수대표제는 과반 수 이상의 절대 다수를 인위적으로 만들기 위한 선거제도로 프랑스의 결선투표제와 오스트레일리아의 선호대체투표제가 있다. 결선투표제는 과반수 득표자가 나오지 못한 경우에 2차 투표를 실시하는데 보통 1차 투표의 득표율에 따라 결선투표 출마 자격은 제한된다. 이 제도는 유권자들로 하여금 자신의 선택을 재고할 수 있는 기회를 마련해주고, 각 후보자 및 정당들도 표의 향배에 입각하여 당선 가능성을 예측하고 그에 따라 정파 간의 연합이 활발하게 이루어지는 장점이 있다. 그러나 선거 비용이 많이 들고 소수의석의 확보보다는 더 강한 다수의 출현에 주안점이 두어진다.

선호대체투표제는 과반수 득표자를 선출하기 위한 것으로 유권자들이 후보자 명단에 자기가 선호하는 순서를 표시하고 선호의 순서를 득표의 계산에 반영하여 당선자를 결정하는 제도이다. 이 제도는 이론적으로 유권자들의 선호를 매우 충실하게 반영하는 제도이다. 그러나 1 선거구 1석 최다득표자 당선제도에 해당하기 때문에 대의제의 문제를 해결하는 데 그리 큰 효과를 보지 못한다고 평가된다. 이밖에도 다수대표제는 한 선거구에서 둘 이상의 의원을 선출하는 경우에 해당 선거구에서 선출되는 의원의 수만큼 유권자가 투표권을 가지도록 한 다음 각 후보가 얻은 득표순에 따라서 당선자를 결정하는 연기명 중선거구제, 한 선거구에서 둘 이상의 의원을 다수대표제의 원리에 따라 선출하는 방식 가운데, 선출되는 의원의 수보다 적은 숫자의 투표권이 유권자에게 부여되는 제한적 연기명 중선거구제, 한 선거구에서 두 명 이상의 의원을 선출하지만 유권자들은 한 표만을 행사하는 단기명 중선거구제 등이 있다.

비례대표제는 정당의 득표수에 비례한 수의 의원을 선출하는 선거방법이다. 1855년 덴마크에서 처음 실시되었으며, 제1차 세계대전 후 각국에 보급되었다. 다수대표제에서 나타나는 불균형비례성을 시정하기 위해 고안된 비례대표제는 사표 방지와 소수의 대표성도 의석에 반영되는 장점을 지닌다. 정당명부 유무에 따라 대다수의 유럽 국가들이 채택하고 있는 명부식 비례대표제와 일부 국가에서만 채택한 단기이양식 비례대표제^{STV: single transferable vote}가 대표적이다. 독일과 뉴질랜드는 혼합형 선거
제도로 분류된다.

명부식 비례대표제는 각 정당이 자기 당 후보의 명부를 유권자들에게 제시하고 유
권자들은 정당에 투표함으로써 각 정당이 얻은 득표의 비율에 따라 의석을 분배하는
방식이다. 득표율의 소수점 이하에 해당하는 부분을 분배하는 방식에 따라서 최다잔
여표^{largest remainder} 방식인 헤어 쿼터^{Hare Quota} 방식과 드룹 쿼터^{Droop Quota} 방식, 최고
평균 방식인 동트^{D'Hondt} 방식과 생 라그^{Sainte-Lague} 방식으로 구분된다.

단기이양식 비례대표제는 이름 그대로 의석 산정에 포함 안 된 잉여표와 사표를
투표자가 표시한 선호도의 순서에 따라 이양함으로써 유권자들의 의사를 최대한 의석
에 반영하고자 하는 선거제도이다. 이 제도는 1석 선거구는 아니지만 다수제의 지역
대표성을 나름대로 유지하는 한편 여타 비례제에 버금가는 정당별 비례성이 나타난
다. 투표자가 정당과 후보자 모두를 고려해 선택할 수 있다는 점에서 투표자의 참여폭
이 상대적으로 넓다고 할 수 있다. 그럼에도 현재 단기이양식 비례대표제를 채택해
사용하는 국가는 아일랜드와 몰타 등 극히 일부에 지나지 않는다.

3. 독일의 선거제도

독일은 다수대표제와 비례대표제의 요소를 공히 지닌 혼합 선거제도^{gemischte Mehrheits-}
^{und Verhältniswahl}를 채택해 사용하는 대표적인 국가이다. 전후 서독이 의원내각제의 정
부형태와 더불어 혼합 선거제도를 채택하게 된 것은 '바이마르로부터의 교훈' 때문이
었다. 1919년 8월 발효된 입헌공화국 바이마르의 헌법은 제도의 운용에서 적지 않은
문제점을 드러냈는데 이는 의회에 비해 강력한 대통령의 특권과 순수 비례대표선거제
도에서 주로 기인하는 것이었다. 대부분 중도파나 우파에 속했던 바이마르 헌법의
기초자들은 순수한 의회주의와 정당제 민주주의에 대해 불신감을 갖고 있었고 이에
따라 내각제에 강력한 대통령제를 결합시킨 정부형태를 갖는 헌법을 구상했는데 이는
사회민주당의 약화에 힘입어 헌법제정에 그대로 반영되었다. 이에 따라 국민의 직접
선거에 의해 선출되는 대통령에게는 광범위한 권한이 부여되었는데 특히 헌법 48조에
규정된 대통령의 비상사태^{Ausnahmezustand} 선언 권한은 의회를 무력화시킬 목적으로 빈
번하게 남용되었다.

또한 과거 제국의회^{Reichstag}에서 불평등한 선거구 분할의 결과 발생했던 유권자의 의사 왜곡을 방지하고자 3단계의 조정절차^{Ermittlungsverfahren}를 거치는 순수 비례대표 선거제도를 채택하였다. 3단계 조정절차는 잔여표를 최대한 고려하기 위해 각 정당에게 군, 주, 연방차원에서 6만 표의 득표마다 의석을 할당해주는 산출방식이다. 이러한 선거제도는 정당체제의 분열을 촉진시켰고 나아가 극심한 정치적 혼란을 초래하였다. 이와 더불어 배상금과 전쟁부채의 상환으로 인해 어려워진 국민경제 상황은 극우조직으로 후에 유럽을 전쟁의 참화로 몰아넣었던 국가사회주의노동당(NSDAP)의 집권으로 연결되었다.

따라서 전후에 제정된 서독의 기본법에서 권력의 자의적인 지배를 배제하고 국민기본권의 불가침성을 강조한 점은 당연한 것이었다. 정부형태에 관한 기본원칙에서도 국민의 자기결정에 의해 형성된 다수파의 의지를 따르고, 자유와 평등의 기반 위에 선 법치국가적 질서를 내세웠다. 서독의 정부형태 채택에 영향을 미친 또 다른 요인으로는 전후 독일의 역사적 정세에서 기인하는 '반공산주의적인 합의'를 들 수 있다. 이 합의는 자유민주주의와 사회적 시장경제^{soziale Marktwirtschaft}로 기본법에 반영되었다. 아울러서 바이마르 헌법과는 달리 연방대통령의 권한축소와 권력남용의 방지, 연방수상 지위의 강화, 대정당에의 집중화를 위한 조치 등이 채택되었다. 특히 연방의회는 의원 다수의 찬성으로 후임 수상을 선출해서만 연방수상에 대한 불신임을 표명할 수 있도록 한 건설적 불신임투표^{konstruktives Misstrauensvotum}제도는 집중적인 정당체제와 더불어 강력한 지위를 갖는 연방수상을 중심으로 하는 행정부의 우위, 즉 연방수상민주주의^{Kanzlerdemokratie}를 가능케 하였다.

일반적으로 정부형태와 선거제도는 경쟁세력간의 갈등과 타협에 의해 채택되며 그 결합형태는 다양하다. 이 중에서 가장 선호되는 결합형태가 바로 의원내각제와 비례대표제이다. 의회가 정부를 결정 및 통제하는 의원내각제는 다수주의가 아닌 합의주의적 성향을 지니며 이런 점에서 유권자나 정치집단의 다양성이 의회 내 세력관계에 반영되는 비례대표제와 보다 밀접한 친화성을 갖는다. 비례대표제는 득표율에 따라 각 정당에 의석을 배분함으로써 다당제의 발달을 촉진하는 경향이 있으며 나아가 여러 정당에 의한 연립내각의 성립 가능성이 높은데서 대통령중심제보다는 의원내각제에 더 어울리는 제도이다.

의회가 정부를 결정 및 통제하고 법률제정권을 갖는 정부형태를 채택한 전후의 서독 역시 정치체제를 대표하는 의회의 의원을 선출하는 데 있어서도 비례대표제의 요소가 우월한 선거제도를 채택하였다. 1949년 당시 독일의 기본법을 제정할 때 서방국들, 특히 영국과 미국은 심각한 정당분열을 방지하리라는 희망에서 다수선거제의 채택을 촉구했다. 반면 서독의 정치 지도자들은 다수대표제가 독일의 정치적 다원성을 적절하게 반영치 못한다고 주장하였다. 이 같은 의견대립에 대한 혁신적인 해결책으로 제시된 것이 바로 연방의회 의원의 반을 다수대표제로 선출하고 나머지 반은 비례대표제로 선출하는 혼합선거제도였다. 그러나 이 제도는 각 정당의 의석수가 득표율에 따라 결정된다는 점에서 비례대표제의 원칙이 더욱 크게 적용되는 선거제도라 할 수 있다.

독일 연방의회 선거제도는 몇 차례에 걸쳐 개정을 거듭하였다. 즉 보통, 직접, 자유, 평등, 그리고 비밀 투표로 의원을 선출한다는 선거법의 기본원칙을 제외하고는 선거구와 의원 수, 선거권과 피선거권, 봉쇄조항의 내역, 표의 산출절차와 의석배분, 선거구 분할 등이 여러 차례에 걸쳐 변경되었다.^{Wichard Woyke, 1994: 68-70} 1949년 최초의 연방의회 선거에만 적용되었던 선거법에서는 원칙적으로 절대적 다수대표제와 연결된 비례대표선거제도가 중시되었다. 이에 따라 총 400개 의석(베를린의 8명의 의원 추가)의 약 60%가 242개 선거구에, 그리고 40%인 158개 의석이 10개 주의 정당명부Landesliste에 각각 배당되었다. 나중의 선거와는 달리 처음에 각 유권자는 단지 한 표를 가질 수 있었고 이 표를 갖고 동시에 직선선거구 후보자와 그가 속한 정당의 명부를 지지할 수 있었다.

선거구는 1961년부터 248개로 증가하였고 통일 이후에는 동독지역까지 포함하여 328개로 다시 재조정되었다. 이에 따라 의원 수도 496명(1961년부터, 서베를린 의원 22명은 별도), 656명(1990년부터)으로 증가하였다. 한편 비례의석을 배분 받기 위해 요구되는 직선의원수도 초기의 1석에서 3석으로 늘어났고 득표산출의 적용차원도 주에서 연방으로 바뀌면서 봉쇄조항Sperrklausel이 훨씬 강화되었다. 그러나 예외적으로 1990년 선거에서는 동독지역의 정치적 특수성을 감안하여 한시적으로 서독과 동독을 상이한 선거단위로 정하고 동독지역에는 각종 정당과 정치단체간의 정당명부결합Listenverbindung을 인정하였다.

2표제는 독일 선거제도의 가장 두드러진 특징이라 할 수 있다. 의원내각제의 정부형태를 채택한 독일에서 국민을 대표하는 독립된 최고기관은 연방의회이며 그 소속 의원은 총 656석으로 구성된다. 이들 의석 중 반수는 소선거구제를 채택한 전국의 328개 지역선거구에서 단순다수결로 선출되고, 나머지 반은 정당에 대한 득표수에 독일의 연방의회 선거제도: 독일의 유권자들은 2개로 나뉜 투표지에 지지하는 지역구 후보와 정당에 각각 투표한다. 각 정당은 전국 득표율에 따라 의석수를 배분받은 뒤 지역구 당선자를 제외한 나머지를 정당 후보자 명부 순서에 따라 채운다.

비례하여 각 주별로 분리된 정당명부에 적힌 순서에 따라 선출된다. 따라서 모든 유권자는 두 표를 행사하는데 첫 번째 투표Erststimme는 지역 선거구에 출마한 한 후보에게, 두 번째 투표Zweitstimme는 어느 한 정당명부에 대해 투표를 한다. 이러한 이표제의 규정은 부분적으로 매우 정교한 투표행위를 가능하게 한다. 예를 들어 소정당인 자민당FDP 지지자는 자신이 지지하는 정당의 후보가 승리할 가능성이 없다는 것을 알고 기민련CDU 후보에게 첫 번째 투표를 던지지만 두 번째 표는 여전히 자민당에 던질 수 있다. 또한 후보자들의 중복 입후보를 허용하기 때문에 투표상황은 더욱 복잡해진다.

독일 연방의회 선거제도에서 가장 중요한 점은 정당의 의석 수가 비례대표제가 적용되는 두 번째 투표에 따라 결정된다는 점이다. 첫 번째 투표에서는 유권자들이 어떤 특정한 후보가 그들의 지역구를 대표하는가를 단순히 결정할 뿐이다. 각 정당은 두 번째 투표의 전국적인 비율에 따라 동일한 비율의 의석을 획득한다. 가장 최근인 1998년 9월 27일 실시된 연방의회 선거의 경우를 보면 사민당SPD은 두 번째 투표에서 40.9%의 득표를 해서 285석의 의석을 배정 받았고 기민련/기사련CSU은 35.2%의 득표로 245석의 의석을 배정 받았다.

후보의 결정은 다음과 같다. 연방의회 의원에 출마하는 각 정당의 지역구 후보는 개별로 입후보하며 지역구 대의원들의 직접 투표로 결정된다. 이에 비해 비례대표 명부의 후보 선발에 절대적 영향력을 행사하는 것은 초지역적인 위원회인 주대의원총회Landesdelegiertenversammlungen이다. 이 회의는 비밀투표로 후보를 지명하고 명부 순위를 정하는데 이 과정에서 주대표들의 추천을 참조한다. 정당명부는 예를 들어 함부르크, 브레멘의 기민련 후보나 바이에른, 바덴-뷔르템베르크의 사민당 후보처럼 당선가능성이 낮은 지역선거구에 입후보한 자당 후보자에게 우선적으로 배려된다. 정당명부는 일정한 균형에 따라 다양한 이익집단들도 대표되어진다. 또한 부분적이지만 각선거구의 선출과정에서 그들의 영향력만큼 대표되지 못한 집단들에서도 충원된다. Eckhard Jesse, 1997: 134

각 정당은 후보자 추천서와 추천 장소, 시간, 소집 형식, 참석 당원 수 등을 포함한 모든 선출과정과 의사록 사본을 선거관리위원회에 제출할 의무가 있기 때문에 후보선출 과정의 투명성은 높다. 이러한 사실에도 불구하고 정당명부의 후보결정 과정에서 당원들의 영향력은 그리 크지 않은 편이다. 왜냐하면 후보를 결정하는데 단지 극소수의 당원들만이 참여하며 많은 경우 '경직된 명부starre Liste'에 의해 누가 연방의회 의원이 되는가가 벌써 정해지기 때문이다. 당원들의 참여를 감안해서 최근에는 선거구 후보자의 결정에 있어 종종 예비선거를 실시하고 있지만 참가율은 20%를 넘고 있지 않다. 한편 연방하원 소속의 헌법개혁 심의위원회Enquete-Kommission Verfassungsreform는 우편투표와 제한적으로 공개적인 명부begrenzt-offene Liste의 도입을 제안하였다. 유권자들은 정당에 의해 결정된 명부의 후보순위를 변경할 권리를 가지며 이를 통해 후보자는 보다 넓은 정당성의 기반을 갖게 하자는 것이다. 1993년에 공동헌법위원회 Gemeinsame Verfassungs- kommission는 이들 대안을 긍정적으로 검토하였지만, 이와 같은 규정에 헌법의 지위를 부여하는 결정은 내리지 않았다. 다른 한편 정당들은 최근 몇 년간에 비당원들에게 문호를 개방하고 있으며 심지어는 이들의 입후보도 허용하고 있다. Eckhard Jesse, 134-135

연방의회와 지방의회의 의석 배분은 1987년 선거 이전까지는 벨기에의 수학자인 동트가 창안한 최대수 방식Hoechstzahlverfahren에 의해 산출되었다. 제수除數 divisor순으로 의석을 할당하는 이 방식은 그러나 비례성이 약하고 큰 정당에만 유리하다는 단점을 갖는다. Arend Lijphart, 서주실 역, 1997: 34 이러한 이유에서 1987년 이후 연방의회 선거와 대다수의 지방의회 선거는 최대잔류제의 일종인 헤어-니이마이어 방식으로 대체되었다. 이 방식에 따르면 한 정당이 획득한 의석수는 정당의 득표수를 유효투표의 총수로 나눈 후 이에 총의석수를 곱함으로써 산출되어진다. 잔여의석은 잔여치의 크기에 따라 분배한다. 단지 문제는 모든 의석이 한 번에 결정되지 않고 2회의 산출과정을 거쳐야 한다는 점이다. 이 방식은 대정당보다는 소수정당에 유리한 배분방식이라 할 수 있다.

이러한 독일의 선거제도는 한국에도 영향을 미쳤다. 한국의 선거제도는 지역구 국회의원의 다수대표제와 전국구의 비례대표제의 혼합형을 유지해 왔다. 그러나 전국구 국회의원의 의석은 각 정당의 지역구 의석의 비율에 따라 배분되는 것이었기 때문에 비례대표제는 유명무실한 제도였다. 이에 헌법재판소는 2001년 7월 19일 전국구에 대해 한정 위헌결정을 내렸다. 정당명부식 비례대표제를 하면서 정당에 대한 직접투표를 하지 않는 것은 직접선거와 평등선거의 원칙에 위배된다는 것이다. 이후 보수정당 간 타협에 의해 비례대표를 10명 늘려 56명으로 하고 지역구 의석은 기존 227명에서 243명으로 늘려 지역구 대 비례대표 비율을 4.3 : 1로 하는 선거제도를 채택하였다. 한국의 현 국회의원 선거제도는 독일식의 정당명부식 비례대표제를 부분적으로 도입하긴 했지만, 여전히 유권자의 선호가 실제 국회 의석수에 제대로 반영되는 비례성은 낮은 실정이다.

4. 민주정치에서의 의회

의회의 기원은 평화 시에 우두머리의 권력을 견제할 수 있었던 게르만족의 자유민총회와 중세 봉건사회의 신분제 의회에서 찾을 수 있다. 일부 혹은 전원이 선거에 의해 선출되는 대표들로 구성되는 의회들은 이후 북유럽 지방에서도 출현하였다. 예를 들어 스칸디나비아에 거주했던 바이킹 자유인들은 600년에서 1000년 사이에 팅 Ting이라 불리는 재판회의를 유지하였다. 팅의 모임에서 자유인들은 분쟁을 해결하고 법을 토론하고 승인하거나 기각하였으며 종교의 변화에 대한 제안을 결정했고 심지어 왕을 선출하거나 승인하였다. 이러한 전통은 15세기 스웨덴의 릭스다그 riksdag와 같은 근대적 대의제 의회제도로 발전하였다. 네덜란드와 플랑드르에서도 통치자들은 동의를 구할 목적으로 도시와 중요 사회계급에서 선출된 대표자들의 모임을 소집하였다. 이와 같은 모임은 오늘날 중앙의회의 발전을 강력히 촉구하는 전통, 관행 및 사상들을 형성하였다. Robert Dahl, 김왕식 외 역, 1999: 35-39

영국에서는 이미 13세기 경에 군주의 과세 등과 같은 주요한 문제들을 심의하기 위해 귀족과 평민이 함께 참여하는 의회가 구성되었다. 이는 영국 내의 여러 신분별

대표들이 귀족원과 평민원이라는 양원제 형식을 취하는 것으로 나타났다. 국왕과의 투쟁과 협력을 거쳐 발전한 의회는 이후 '국왕의 권력을 의회 안으로' 옮겨놓게 되었다. 17세기에 들어와 정치혁명이 발발하였고 그 결과 의회를 무시한 절대군주의 지배를 종식시키고 의회는 공화국을 선포하게 되었다. 또 인신보호법의 제정으로 인해 개인의 자유가 보장되고 권리장전의 선포로 국민의 청원권이 인정되었으며 조세는 의회의 승인을 받는 것이 가능해졌다. 한편 네덜란드는 자치권을 갖는 각 주의 대표가 모여 연방공화국을 선포하였는데 이것이 공고화되는 데에는 상인 부르주아지가 큰 역할을 발휘하였다.

다른 나라에 비해 강력한 절대 왕정이 존재하였던 프랑스의 경우는 부르주아지, 농민, 도시빈민으로 구성된 이른바 제3신분이 주도한 혁명에 의해 절대왕정이 타도되었다. 물론 나폴레옹 전쟁 이후 부르봉 왕조가 부활되긴 했지만 이 역시 부르주아지가 주도하는 7월 혁명으로 붕괴되면서 입헌군주제가 채택되었다. 반면 독일은 뒤늦은 국민국가의 형성과 산업화, 그리고 동부의 보수적인 귀족 출신 비스바르크Otto von Bismarck 의 분할통치에 따른 부르주아지의 분열 등으로 인해 1919년에야 비로소 의회민주주의가 수립되었다. 주요한 서유럽 국가에서의 의회제도의 수립과 선거권 획득을 도표로 나타내면 다음과 같다.

의회제도는 크게 일원제unicameralism와 양원제bicameralism로 구분된다. 일원제는 제3세계 국가와 구 사회주의 국가들을 포함하여 대부분의 국가들에서 채택하고 있다. 양원제에 비해 정책입안이 보다 효율적이라는 장점을 지닌다. 양원제는 연방제 국가에서 많이 채택되는데 독일, 스위스, 미국, 오스트레일리아 등이 대표적인 국가이다. 이들 국가에서 상원은 지방 혹은 주를 대표한다. 일원제에 비해 집행부를 효과적으로

〈표 1〉 의회제도의 수립과 선거권의 획득

	의회제도 수립	남성 보통선거권	여성 보통선거권	선거권 행사의 중단
영국	1832-35	1918	1928	-
프랑스	1814-30	1884	1945	(1940-45)
독일	1919	1871(제국)	1919	1933-49
이탈리아	1861	1913	1946	1924-46

출처: Percy Allum(1995), p.80

견제하고, 대표성의 기반이 넓으며, 좀 더 철저한 입법을 가능케 한다는 장점을 지닌다. 그러나 상하원 간에 갈등이 발생할 수 있으며, 선출되지 않는 권력이라는 데서 대부분 보수적인 성향을 지닌다. 미국과 같은 나라에서는 의회 내에 위원회 제도를 갖추고 있다. 위원회는 입법과 재정 제안에 대해 상세하게 논의하고 심사하고, 집행부를 통제하며, 특별위원회는 공적인 문제를 조사한다.

 일반적으로 의회는 입법, 대표, 정당성 부여, 정치적 충원 등과 같은 기능을 수행한다. 그러나 정부형태가 대통령제냐, 아니면 의원내각제에 따라 그 기능은 차이가 있다. 입법행위의 경우 의회는 제안된 법률들을 논의하고 제정한다. 그러나 더 이상 의회가 입법권을 독점하지 못하고 소극적인 입법권한 행사에 그치기도 한다. 대신 입법적 제안과 프로그램이 주로 집행부에서 나오는 경우도 흔하다. 역사적으로 보통선거권이 달성되면서 국민의 다양한 이익을 대표하는 기능을 수행하게 된 기관 역시 의회이다. 정부와 국민 사이의 중요한 연결고리 역할을 수행하는 의회가 가지는 권한은 일반적으로 민주정부를 가늠하는 중요한 지표의 하나이다. 대표의 기능과 관련해서는 의원이 선거구민의 의사를 국정에 그대로 반영해야 한다는 위임자 모델과 업무수행 시 자기 소신에 입각해 사회 전체 이익을 우선해야 한다는 수탁자 모델 간에 견해가 대립한다. 위임자 모델의 사례로는 미국 의회가 거론된다. 미국 의회는 사회전체 이익을 도모하기보다는 이익 집단, 지역구민, 정당 등 특정의 좁은 이익을 추구하는 행위자들에 둘러싸여 있다고 지적된다. 실제로 당 소속을 막론하고 의원은 기업, 노조, 직능 단체는 말할 것도 없고 환경 단체, 여성 단체, 종교 단체 등으로부터 상당 액수의 정치 헌금을 받는다. 의원에게 직접 주는 정치 헌금 외에 '소프트 머니soft money'나 '독립적 지출independent spending' 등의 편법을 활용하면서 수많은 이익 집단이 반대급부를 노리고 의원들에게 자금을 지원한다. 한편, 의회는 대중들에게 지배제도가 정당한 것임을 주지시켜 정치권력에 정당성을 제공하는 역할을 수행한다. 그러나 최근에는 정당성 기능이 의회나 정당에서 매스미디어로 이동하는 경향이 있다. 이밖에 정치적 충원의 기능은 집행부 관료를 의회로부터 충원할 수 있는 의원내각제에서 훨씬 두드러진다.

 최근 들어와 의회정치의 운영이 제대로 이뤄지지 않는 경우도 발견된다. 정당 간에 양극화한 대립구도를 보일 경우 소속 의원들은 각자 신념에 따라 활동하기보다는 당 지도부나 당 동료 의원들의 영향 하에 경직된 당파주의 자세를 보일 수 있다. 이럴 경우 의회정치에서 갈등수준이 높아지고 조정과 타협의 여지가 줄어들어 정국의 교착이 발생하기 쉽다. 이러한 문제점은 특히 의회 다수당과 대통령 소속당이 다른 분할정부divided government의 경우 더욱 두드러지게 나타난다. 한편 '다수당의 횡포'도 자주 나타난다. 원내에서 다수를 차지하고 있는 다수당이 그들의 결정은 곧 국민의 총의를 대표하는 것이라 믿고 수의 우위에 기초해 토의과정을 무시하고 표결을 강행하는 것이다. 이런 경우 소수당은 정책의 대결보다는 극한투쟁의 방법을 택하기 쉽다.

5. 유럽의 의회정치

독일의 의회는 연방하원Bundestag과 연방상원Bundesrat으로 구성된 양원제다. 임기 4년의 연방하원은 299개의 지역 소선거구제에서 직접선거로 선출되는 의원과 정당별 후보자명부에서 비례대표제로 뽑는 같은 수의 의원으로 구성된다. 즉, 독일의 유권자들은 지역구 의원을 직접 선출할 뿐만 아니라, 지지 정당에 표를 던지는 방식으로 비례대표제 의원도 선출한다. 유권자들은 2개로 나뉜 투표지에 지지하는 지역구 후보와 정당을 각각 찍는다. 각 지역구에서 최다 득표자는 바로 연방의원이 된다. 각 정당은 전국 득표율에 따라 의석수를 배분받은 뒤 지역구 당선자 299명을 제외한 나머지를 각 정당이 미리 발표한 후보자 명부 순서에 따라 채운다. 할당 의석수보다 지역구 당선자의 수가 더 많다고 해도 지역구 당선자의 의석을 박탈하지 않으므로 추가 의석Überhangmandat이 발생해서 전체 정원인 598명을 넘을 수 있다.

선거법상 정당 지지율 5% 이상을 얻지 못하거나 지역구에서 3명 이상의 의원을 얻지 못한 정당은 의회에 진출할 수 없다. 예를 들어 정당 지지율 4.9%를 얻고 지역구 의원으로 2명이 당선됐다면 이 정당은 2개 지역구 의석까지 빼앗긴다. 소수 정당의 난립을 막기 위한 장치지만 다수당에만 유리하게 작용한다는 비난도 있다. 선거에서 가장 많은 의석을 차지한 당의 총리후보가 의회 과반수의 찬성으로 총리가 된다. 연방 하원의 권한은 연방 상원보다 훨씬 광범위하다.

한편 상원은 직접 선거가 아닌 각 주정부의 대표로 구성되며, 각 주정부는 당연직인 주 수상(함부르크와 브레멘, 베를린은 제1시장)을 포함한 주 대표를 연방 상원에 파견한다. 임기는 정해져 있지 않다. 따라서 주 의회 선거에서 승리한 정당이 상원 의석을 모두 차지하게 되며 연정이 구성될 경우는 득표율에 따라 의석을 나눠 갖게 된다. 각 주는 최소한 3명의 의석을 가지며, 인구 200만 이상의 주는 4개의 의석, 600만

독일의 연방하원: 독일의 연방하원(Bundestag)은 299개의 지역 소선거구(Wahlkreis)에서 직접선거로 선출되는 의원과 정당별 후보자명부에서 비례대표제로 뽑는 같은 수의 의원으로 구성된다. 즉, 독일의 유권자들은 지역구 의원을 직접 선출할 뿐만 아니라, 지지 정당에 표를 던지는 방식으로 비례대표제 의원도 선출한다. 의원 임기는 4년이다. 유권자들은 2개로 나뉜 투표지에 지지하는 지역구 후보와 정당을 각각 찍는다. 각 지역구에서 최다 득표자는 바로 연방의원이 된다. 각 정당은 전국 득표율에 따라 의석수를 배분받은 뒤 지역구 당선자 299명을 제외한 나머지를 각 정당이 미리 발표한 후보자 명부 순서에 따라 채운다. 할당 의석수보다 지역구 당선자의 수가 더 많다고 해도 지역구 당선자의 의석을 박탈하지 않으므로 추가 의석(Überhangmandat)이 발생해서 전체 정원인 598명을 넘을 수 있다.

이상의 주는 5개의 의석, 700만 이상의 주는 6석이 배분된다. 이에 따라 현재 상원의원 수는 바덴-뷔르템베르크Baden-Württemberg와 바이에른Bayern, 니더작센Niedersachsen, 노르트라인-베스트팔렌Nordrhein-Westfalen 각각 6명, 헤센Hessen 5명 등 총 69명이다.

프랑스의 의회는 상원Sénat과 하원Assemblée Nationale의 양원으로 구성된다. 하원 중심의 양원제로서, 행정부에 대하여 약체성을 띠고 있다. 상원의원은 각 선거구 내 하원의원, 지방의회 의원으로 구성되는 선거인단의 간접선거에 의해 선출된다. 임기는 9년으로 매 3년마다 1/3씩 교체된다. 이에 비해 하원의원은 1986년 시라크 행정부가 출범하면서 바뀐 단순다수대표제(소선거구제)에 의한 직접선거로 선출되며 임기는 5년이다.

하원은 법률안 발의, 심의, 의결권을 가질 뿐 아니라 대정부 통제권도 소지한다. 하원은 대정부 불신임 결의를 가결하여 내각이 총사퇴케 할 수 있다. 또한 의회는 대정부 통제역할을 수행하기 위해 서면 및 구두질의를 행할 수 있으며, 조사 또는 통제위원회를 구성할 수 있다. 상원은 하원과 대체로 동일한 권한을 가지나 그 정치적 비중은 하원보다 약하다고 평가된다. 의원은 각료직 및 기타 공직이나 사기업에서 주요직을 겸할 수 없으나, 단 지방의회 의원직이나 시장직, 구주의회 의원직은 겸직 가능하다. 현직 각료가 상원의원에 당선되는 경우 1개월 이내에 각료직과 상원의원직 중 하나를 택일해야 하며, 하원의원이 상원의원에 당선되는 경우 하원의원직은 그의 입후보시 지정된 대리후보가 승계하게 된다. 정기회기는 단일회기로 연간 120일 범위 내에서 개회되며 매년 10월 초부터 다음연도 6월말까지 개최된다.

13세기부터 유래하는 오랜 전통을 갖는 영국의 의회Parliament는 최고의 입법기관으로 하원House of Commons과 상원House of Lords으로 구성되어 있다. 영국은 불문헌법을 채택하고 있으므로 의회는 무제한적으로 입법행위를 할 수 있고 사법부는 의회가 제정한 법률에 대해 심사할 수 없다. 그러나 입법과정에서 코먼로common law와 관례 및 전통에 따른다. 입법행위와 더불어 정부의 행정 및 예산 집행을 감독하며, 중요한 국제조약 및 협정 전에 정부와 협의를 갖는다. 하원은 659개 선거구에서 다수대표 선거에 의해 한명씩 선출되는 의원으로 구성되며, 상원에 대해 우위를 지닌 입법 권한과 국정 전반에 걸쳐 정부 관료들에게 질문하고 토의하는 권한을 갖고 있다.[1] 정부 부처의 업무를 감시하는 16개의 부처별 상임위원회Departmental Select Committee와 하원내부 운영문제를 담당하는 5개의 내부위원회Domestic Committee, 법안심의 필요에 따라 매번 새로 구성되는 법안심의위원회Standing Committee가 있다.

세습직이거나 종신직인 성직귀족Lords Spiritual, 세속귀족Lords Temporal 및 법률귀족Lords of Appeal in Ordinary으로 구성되는 상원은 조세 및 재정지출관계 법안을 제외한 모든 법률안을 하원과 함께 심의한다. 그러나 입법에 있어 하원 우위의 원칙에 따라 하원은 상원의 동의를 받지 못한 법안이라도 1년을 기다린 후에는 국왕의 재가를 요청할 수 있다. 실제에 있어서 상원은 주로 법안을 수정하거나 지연시키는 기능을 하고 있다. 상원은 민사사건에 관해서는 영국 전체, 형사사건에 관해서는 스코틀랜드를 제외한 영국전체를 관장하는 최고법원의 역할을 담당한다. 이론상으로는 상원의원 누구나 재판관으로 참여할 수 있으나 실제로는 관습 및 확립된 전통에 따라서 대법관인 상원의원들만이 재판에 참여한다.

---

1) 대표적인 것이 수상이 하원에 정기적으로 출석하여 의원들의 질의에 대답하는 Prime Minister's Questions(PMQs)이다. 제1야당의 당수에게 가장 많은 질문 기회가 주어진다. 의회 회기 동안 매주 수요일 30분씩 열린다.

유럽의회^{European Parliament}는 1952년 유럽석탄철강공동체^{ECSC}의 총회 형식으로 처음 설치되었으며, 파리 조약과 로마 조약에 의해 1962년 정식으로 창설되었다. 원래 각 회원국의 국회의원이 파견되는 형식을 취했으나 1979년부터 직선제 체제로 바뀌었다. 유럽의회 의원은 회원국 국민들의 직접선거에 의해 5년마다 선출된다. 유럽의회 총 의석수는 2004년 5월 유럽연합에 10개국이 신규 가입하면서 626석에서 732석으로 늘어났다. 이후 불가리아와 루마니아의 가입 등 변화된 상황을 고려하여 리스본 조약은 751석으로 의원수를 조정하였다. 국가별로는 독일(2014년 99석에서 96석으로 축소)이 가장 많고 프랑스(74석), 영국·이탈리아(각 73석) 순이며 몰타·키프러스·에스토니아·룩셈부르크는 가장 적은 6석이 할당되어 있다.

유럽의회 선거에 참여하는 정당들은 개별 국가 차원의 정당들 간의 연대인 정치그룹^{political group}을 구성하여 활동하고 있다. 정치그룹은 최소 1/4 이상 회원국의 25명 이상의 의원들로 구성된다. 2009년 5월 선거 결과 중도우파 정당들의 모임인 국민당그룹^{EPP: European People's Party}이 제1그룹을 차지했으며 사회주의계열 정당 연합체인 사회당그룹^{S&D: Progressive Alliance of Socialists and Democrats}이 2그룹을 차지했다. 이밖에 자유주의 계열의 자유당그룹^{ALDE: European Liberal, Democrat and Reform Party}, 환경정당들로 구성된 녹색당 및 자유동맹그룹^{Greens·EFA: Greens and European Free Alliance Group}, 유럽통합에 회의적인 정당들인 유럽보수 개혁 그룹^{ECR: European Conservative and Reformist} 등이 있다. 유럽의회 본부는 프랑스 스트라스부르에 있으며 8월을 제외하고 매월 1회씩 1주 간(5일) 정기 본회의를 이곳에서 개최한다. 그러나 사무국은 브뤼셀, 분과위원회는 룩셈부르크 등에 산재해 있으며, 필요시 특별 본회의를 브뤼셀에서 개최한다.

유럽의회는 의회라는 이름에도 불구하고 입법 제안권이 없어 그 영향력이 적었으나 1993년 마스트리히트 조약, 1999년 암스테르담 조약, 2003년 니스조약을 거치면서 권한이 강화되었다. 리스본 조약을 통해 각료이사회와 더불어 공동으로 입법안을 수정·거부할 수 있는 공동결정권^{co-decision}이 공동통상정책, 농업, 구조조정기금, 교통, 사법 분야 등 90개로 확대되었다. 그러나 외교·안보 및 일부 내무·사법 분야는 여전히 이사회가 권한을 갖고 있으며 유럽의회는 협의 및 권고 역할에 그치고 있다. 한편, 유럽의회는 유럽연합 집행위원회에 대한 승인 및 불신임권과 예산 동의권, 신규 가입국에 대한 비준권 등을 갖고 있다.

6. 한국의 선거제도와 의회정치

건국 이후 한국의 선거제도는 권위주의 정치세력의 정권 창출과 장기 집권을 위한 정치적 방편으로 변천을 거듭해왔다. 국회의원 선거제도의 경우 소선거구제·단순다수대표제(1공화국) → 소선거구제·단순다수대표제(민의원) + 대선거구제·제한연기투표제(참의원, 이상 2공화국) → 소선거구제·단순다수대표제 + 전국구·비례대표제(3공화국) → 중선거구제·단순다수대표제 + 통일주체국민회의 선출(1981년 전국구·비례대표제로 변경, 이상 4공화국) → 소선거구제·단순다수대표제 + 전국구·비례대표제(5공화국)로 바꿨다. 1961년 군부 쿠데타로 권력을 장악한 세력은 비밀리에 신당 준비와 새로운 헌법, 선거제도, 정당법, 정치정화법 등을 포함한 장기 집권 계획을 수립하여 군부가 민정에서도 계속 정권을 유지할 수 있게 하였다. 국회의원 선거제도는 최초로 전체 의석의 4분의 1을 비례대표제로 도입하였으나 의석 배분방식은 제1당과 제2당에 유리하게 만들었다. 이마저도 1972년 유신헌법에서 폐지하고 전체의석의 3분의 1을 대통령의 추천으로 통일주체국민회의[2]에서 선출하는 간접선거제도를 도입하였다. 집권세력의 권력유지를 위해 선거제도를 개편하다보니 득표율과 의석점유율의 차이가 심하게 나타날 수밖에 없었다. 대표적으로 1973년 총선에서 여당인 공화당과 야당인 신민당은 각각 38.7%와 32.5%의 득표율을 올렸으나, 집권당에 유리한 선거제도로 인해 여야 간의 의석은 146 대 52였다. 김용호, 1993: 285-290

대통령 선거제도 역시 국회의 간접선거 → 국민의 직접선거 → 국회의 간접선거 → 국민의 직접선거 → 통일주체국민회의에 의한 간접선거 → 대통령 선거인단에 의한 간접선거 → 국민의 직접선거로 변화를 거듭했다. 의회의 신임여부에 상관없이 고정된 임기를 갖고 내각 및 전체 집행부를 임명하고 지휘하는 등 강력한 권력을 지닌 대통령의 선거방식이 이렇게 변화한 것은 권력 유지를 위한 집권세력의 정략적 판단과 여야의 타협, 혹은 반대세력의 압력 등에서 그 까닭을 찾을 수 있다. 이 같은 대통령 선거제도에서 집권세력은 단일 정당에 의석을 집중시켜 정부구성의 효율화를 모색하는 다수대표제를 선호하고, 이마저도 불확실하면 집권정당에 유리한 비례대표제도

---

2) 통일주체국민회의는 '조국통일의 신성한 사명을 가진 국민의 주권적 수임기관'을 표방한 기관으로, 유신헌법 제35조에 의거하여 조직되었다. 대의원의 후보 자격에는 정당원은 참여할 수 없다고 규정했는데, 이는 대의원 선거에 대한 야당의 개입을 차단하기 위한 의도였다.

를 강제하였다.

1994년 3월 그때까지 별개의 선거법체계로 유지되어 온 대통령 선거법, 국회의원 선거법, 지방의회 선거법, 지방자치단체장 선거법을 단일 법률로 통합한 공직선거 및 선거부정방지법이 제정되었다. 공직선거법은 시·도의 구역 안에서 인구·행정구역·지세·교통 기타의 조건을 고려하여 246개의 선거구를 설정하고 있다. 국회는 246명의 지역구 선출의원과 54명의 전국구 선출의원을 합하여 총 299명으로 구성된다. 2012년 2월 국회는 의석수를 1석 증원하되 3곳은 분구 및 신설, 2곳은 통폐합하는 내용의 공직선거법 개정안을 의결해 통과시켰다. 전체 지역구 수는 245석에서 246석으로 늘어났으며, 비례대표는 54석을 유지하도록 했다.

한국의 현행 국회의원 선거제도는 득표율과 의석수가 비례하기보다는 한 선거구에서 1위 후보만이 이기는 승자독식 체제인 탓에 적지 않은 문제점을 표출하고 있다. 거대 정당들은 선거에서 승리하기 위해 극심한 대결을 반복하고 있고, 소수 정당들은 선거 승리 가능성이 매우 낮은 까닭에 원외에서 머무르면서 창당과 해체를 반복하고 있다. 선거를 앞두고 북한변수를 동원하거나 지역주의를 조장하는 일이 잦았던 것도 이와 관련이 있다. 국회의원 선거제도가 낮은 대표성으로 유권자들의 선호와 이익이 왜곡되는 경우는 비일비재하다. 예를 들어, 2012년 4월에 치러진 제19대 총선에서 새누리당은 영남지역에서 54.7%의 득표로 무려 94%의 의석을 차지했으나, 민주당은 20.1%의 득표로 불과 4.5%의 의석을 얻었다. 민주당의 영남 득표율은 15대 총선 (12.1%)에 비해 두 배 가까이 올랐지만 의석점유율은 3.9% 늘어나는 데 그쳤다. 득표율과 의석수 간의 비례성을 보다 충실히 반영하는 방향으로 선거제도를 개혁하여야 하는 까닭이 여기에 있다. 대통령 선거제도 역시 '전부 혹은 전무'의 제로섬$^{zero-sum}$ 적 경쟁으로 인한 부작용을 줄이고, 정치적 대표성을 보다 강화할 수 있는 제도로 개혁이 필요하다. 이와 관련하여 대안으로 검토할 가치가 있는 제도로는 독일의 권역별 정당명부식 비례대표제와 프랑스의 결선투표제 등을 꼽을 수 있다.

한국 선거제도가 지닌 문제점은 정당정치와 더불어 의회정치의 취약성과 밀접한 관련이 있다. 선거와 아울러서 의회는 시민사회 내 다양한 행위자들의 선호와 이익을 정치사회와 국가로 투입하는 정치과정의 핵심 요소이기 때문이다. 입법기능을 대표하는 정치적 기관인 의회가 민주적으로 제도화되지 못하고 굴절되거나 왜곡될 때 여러 가지 사회적 폐해와 부작용이 발생하는 것은 너무나 당연하다. 오래 전에 한 정치학자가 지적한 한국 의회정치의 주요 특성은 지금까지도 크게 바뀌지 않았다고 평가된다.

....

선거주의의 폐해

진보를 표방한 사람들 사이에서 가장 빈번하게 표출되는, 그러나 너무 당연시하거나 익숙해져서 잘 보이지 않는 고정관념이 있다. 바로 선거주의(electoralism)이다. 흔히 선거주의는 자유선거를 민주주의를 가름하는 징표로 삼는 것이다. 민주주의에 대한 매우 협소한 이해다. 그런데 여기서 말하고자 하는 선거주의는 정치를 선거로 좁히거나 가두는 한편, 선거에서 이기면 나머지는 저절로 풀린다는 지적 오류를 말한다.

무릇 민주주의 체제라면 선거를 통해 여야가 뒤바뀌는 정권교체는 언제든지 쉽게 일어날 수 있는 일이다. 여당이 잘못하면 그 책임을 물어 정권 담당자를 바꿀 수 있다. 하지만 정권이 교체된다고 해서 무조건 정책레짐(policy regime)이 바뀌는 건 아니다. 집권당이 달라져도 국정의 기조나 정책의 기본틀이 그대로 유지되는 경우는 얼마든지 있다. 이는 인물교체일 뿐 정책교체는 아니다. 따라서 선거에서 승리한다고 해서 새로운 변화가 일어날 것으로 간주하는 생각은 선거주의가 낳는 위험한 착각이다. 선거주의에 빠지면 세 가지 폐해가 생겨난다. 우선, 일상정치를 소홀히 하게 된다. 2014년 2월을 기준으로, 무소속까지 포함해 진영으로 나누면 야권의 의석은 140석이 넘는다. 의회가 지닌 힘을 고려할 때 이런 정도의 의석이면 상당히 많은 일을 할 수 있다. 그럼에도 야권은 6월의 지방선거, 7월과 10월의 재보궐선거 성패에 목을 매달고 있다. 그런 선거에서 지더라도 일상정치에서 더 소중한 성과를 만들어낼 수도 있는데 말이다. 일상정치에서의 성과가 쌓여 선거정치의 결과가 만들어지는데도 일상정치를 소홀히 하는 건 무책임하다.

둘째, 선거주의에 의하면 선거 승리가 모든 성과를 자동적으로 보장한다는 오산이다. 선거에서 승리했다고 해서 마음대로 할 수 있는 게 아니다. 여론을 고려해야 하고, 주고받는 타협이 불가피하다. 선거에서 이겼다고 해서 무조건 밀어붙이는 건 '좀비민주주의'다. 따라서 선거에서 이기면 나머지는 다 해결된다는 생각은 버려야 한다. 어떤 주제로 어떻게 이기느냐 하는 문제도 중요하고, 이긴 다음의 리더십이나 게임플랜도 중요하다. 준비 없는 통일이 재앙이듯이 준비 없는 집권은 위험하다. 맡겨봤더니 별거 없더라는 생각을 낳으면 다시 집권하기 어렵기 때문이다.

셋째, 인물 중심의 계파주의가 등장한다. 정치과정 중에서 선거만큼 인물의 중요성이 부각되는 경우가 없다. 선거에서는 부득불 인물 요인이 상당한 비중을 차지할 수밖에 없다. 따라서 선거 프레임에 입각해 정치에 임하게 되면 잠재 후보를 쳐다보면서 누가 적합한지 따지는 일이 중요하다. 그렇게 되면 유력한 후보별로 그룹이 형성되는데, 이것이 계파다. 이 계파가 후보직을 놓고 격돌하게 되므로 자연스럽게 계파주의가 득세하게 된다. 선거는 사람을 뽑을 뿐만 아니라 어젠다, 노선 등을 뽑는 사회적 합의 절차다.

　　진보진영은 중독성이 강한 선거주의에서 벗어나야 한다. 선거제도와 관행 등 이긴 사람이 전부를 차지하는 게임의 룰 때문에 강제되는 측면이 있다손 치더라도 선거가 곧 정치는 아니다. 선거는 정치의 일부분일 뿐이다. 선거주의에서 벗어나 차분하게 일상의 정치에서 어떤 성과를 만들어낼 것인지, 집권하면 뭘 어떻게 할 것인지를 준비하고 점검해야 한다. 그래야 정치의 질이 좋아지고, 정치인의 역량도 업그레이드된다. 일상정치에서 괜찮은 정치인이나 좋은 리더가 배출되고, 그들이 경쟁을 통해 강한 후보로 벼리어지는 게 정상적인 정치문법이다. 따라서 선거의 성패는 정치의 결과이고, 선거가 정치의 성패를 좌우하는 것도 아니다.

출처: 이철희, "선거주의의 폐해," 『한겨레』, 2014년 2월 10일

첫째, 국회는 제도적 자율성의 수준이 낮다. 한국에서는 대통령의 권한이 강력한 체제를 유지해왔기 때문에 국회의 자율성은 주로 대통령을 정점으로 하는 집행부에 의해 훼손되어 왔다. 둘째, 국회는 정책기능을 부실하게 수행하고 있다. 한국의 국회는 시기에 따라 통치엘리트의 정당화에만 주력하기도 했으나 대부분 의정사를 통해서 정책과정의 부수적 참여자로 존재해왔다. 셋째, 국회에서는 정당 간 갈등이 효과적으로 해소되지 못하고 파행적 운영이 일상화되었다. 국회에서는 분당, 탈당, 합당 등 이합집산이 빈번하여 정당체계의 유형은 무정형했고, 중요 사안에 대해 여야 논쟁이 교착상태로 치달리면서 일방적으로 끝나는 경우가 많았다.[3] 넷째, 국회의 대표기능

---

[3] 이는 집권여당이 다수의 힘을 이용해 중요 안건을 강행처리하는 이른바 '날치기'로 나타났다. 국회 내 강행처리는 특히 이명박 정권 때 두드러졌다. 대표적인 것이 대기업·신문의 방송 진출을 가능케 하는 미디어법 처리였다. 2009년 7월 여야는 미디어법, 즉 신문법·방송법·IPTV법(인터넷 서비스망을 통한 멀티미디어 콘텐츠 제공 서비스 법안) 개정안 처리를 놓고 대치하고 있었다. 7월 22일 당시 이윤성 국회부의장은 김형오 국회의장으로부터 사회권을 넘겨받아 미디어 관련 3법을 직권상정했다. 당시 민주당, 민주노동당 등 야당 의원들과 당직자들이 본회의장 앞을 막고 격렬하게 항의하면서 여당 의원 중 일부만 표결에 참여할 수 있었다. 이 때문에 다른 의원을 대신해 투표해 주는 등 이른바 '대리투표'가 벌어졌고 방송법 개정안은 투표 종료 뒤 정족수 부족을 뒤늦게 확인한 부의장이 '재투표'를 실시하기도 했다. 야당은 미디어법 처리가 무효라고 주장하면서 헌법재판소에 권한쟁의심판을 청구했다. 헌법재판소는 "야당 의원의 권한 침해가 인정된다"면서도 법안무효 청구는 기각했다. 집권 한나라당은 2010년 12월 8일에도 4대강 예산을 둘러싸고 여·야 간에 대치하던 새해 예산안을 날치기 처리했다. 4대강 주변지역의 개발을 가능케 하는 친수구역활

수행에 있어서 왜곡, 편향성과 무책임성이 두드러진다. 의원 개인이 출신 선거구 일변도의 활동을 벌이고, 원내정당의 지지기반이 각각 특정 지역에 치우쳐 있다.[박찬욱, 1999: 61]

현실이 이러하다 보니 국회에 대한 한국 국민의 불신감은 위험할 정도로 팽배해 있다. 국회 신뢰도는 다른 어떤 국가기관에 비해서도 현저히 낮은 수준에 머물고 있다. 이러한 불신감은 특정 정책결과나 특정 정당에 대한 선호와 더불어 특히 정치과정상 정치인들의 전반적 행태에 대한 부정적 인식에서 비롯되었다고 평가된다. 따라서 국회개혁은 정책결정의 효율성이나 정책결과의 효과성만 강조하지 말고 정책결정과정에서 민주성, 투명성, 다양성, 신중성, 토의와 안건심의의 충실성을 기하는 데 더 큰 비중을 둘 필요가 있다.[한국정치학회 엮음, 2004: 63-64]

2012년 5월 다수당의 일방적인 법안이나 안건 처리와 이를 둘러싼 국회 내 극단적인 대결에 대한 부정적 여론을 의식한 여·야는 이른바 '국회선진화법'을 통과시켰다. 이에 따르면 여야가 첨예하게 대립하는 쟁점 법안은 과반수보다 엄격한 재적의원 5분의 3(180명) 이상이 동의해야 본회의 상정이 가능하다. 상임위 재적의원 3분의 1 이상이 쟁점 법안에 대해 안건조정위원회 구성을 요구하면 여야 동수로 위원회를 구성해 최장 90일간 논의하며, 조정안 의결은 재적의원 3분의 2 이상의 찬성이 필요하다. 또 재적의원 3분의 1 이상의 요구가 있는 경우 최장 100일까지 무제한 토론을 할 수 있는 필리버스터[filibuster] 제도를 도입해 합법적으로 의사일정을 방해할 수 있도록 했다. 국회선진화법은 몸싸움과 날치기를 사라지게 하고 대화와 타협에 기초한 의회문화를 정착시킬 수 있다는 점에서 긍정적으로 평가된다.

용특별법, UAE파병동의안 등 쟁점 법안도 함께 날치기 처리됐다. 『경향신문』 2011년 11월 22일.

토론거리

1. 대의제에서 선거는 어떤 역할을 수행하는가?
2. 다수대표제(plurality system)와 비례대표제(proportional system)는 각각 어떤 장단점을 갖는가?
3. 혼합 선거제도로서의 독일의 선거제도는 어떤 특징을 갖는가?
4. 대통령제와 의원내각제에서 의회의 기능은 어떻게 다른가?
5. 최근 들어와 어떤 요인들이 의회정치의 운영을 저해하는가?
6. 한국의 국회의원 선거제도가 지닌 문제점은 무엇이며, 그 개혁방안으로는 어떤 것이 있는가?

키워드: 선거, 선거제도, 이익의 대표, 선거유동성(volatility), 아래로부터의 강제, 의회, 의회제도, 다수당의 횡포

참고문헌

김광수. 『선거와 선거제도』. 서울: 박영사, 1997.

김영래 외. 『한국 의회정치와 제도개혁』. 서울: 한울, 2004.

김용호. "국회의원 선거제도의 변화와 정치적 효과 분석." 이남영 편. 『한국의 선거 I』. 서울: 나남, 1993.

김정훈. 『87년 체제를 넘어서』. 파주: 한울아카데미, 2010.

박동천. 『선거제도와 정치적 상상력』. 서울: 책세상, 2000.

박찬욱. "한국 의회정치의 특성." 백영철 외. 『한국의회정치론』. 서울: 건국대학교출판부, 1999.

박찬욱 외. 『2012년 대통령 선거 분석』. 파주: 나남, 2013.

박찬욱 편. 『비례대표 선거제도』. 서울: 박영사, 2000.

안순철. 『선거체제 비교』. 서울: 법문사, 1998.

윤종빈. 『한국의 선거와 민주주의: 17대 국회의원 선거를 중심으로』. 파주: 집문당, 2007.

이철희. "선거주의의 폐해." 『한겨레』, 2014년 2월 10일.

한국정치학회 엮음. 『한국 의회정치와 제도개혁』. 파주: 한울아카데미, 2004.

한국정치학회 편. 『한국 의회정치론』. 서울: 건국대학교출판부, 1999.

홍익표. "계급에 반하는 투표." 『한국 정치를 읽는 20개의 키워드: 신자유주의부터 포퓰리즘까지』. 서울: 오름, 2013.

Allum, Percy. *State and Society in Western Europe*. Cambridge: Polity Press, 1995.

Carter, April. 조효제 역. 『직접행동』. 서울: 교양인, 2007.

Cronin, Thomas E. *Direct Democracy: The Politics of Initiative, Referendum and Recall*. Bridgewater: Replica Books, 2000.

Dahl, Robert A. 김왕식·장동식 외 역. 『민주주의』. 서울: 동명사, 1999.

_____. 조기제 역. 『민주주의와 그 비판자들』. 서울: 문학과지성사, 1999.

Diamond, Larry & Marc F. Plattner (eds.). *Electoral Systems and Democracy*. Baltimore: The Johns Hopkins University Press, 2006.

Held, David. *Models of Democracy*. Stanford: Stanford University Press, 2006.

Heywood, Andrew. 이종은·조현수 역. 『현대정치이론』. 서울: 까치글방, 2007.

Hix, Simon, Abdul G. Noury & Gerard Roland. *Democratic Politics in the European Parliament*. Cambridge: Cambridge University Press, 2007.

Jesse, Eckhard. *Die Demokratie der Bundesrepublik Deutschland*. Baden-Baden: Nomos Verl. Ges., 1997.

Judge, David & David Earnshaw. *The European Parliament*. Houndmills: Palgrave MacMillan, 2003.

Katz, Richard S. & Bernhard Wessels (eds.). *The European Parliament, the National Parliaments, and European Integration*. Oxford: Oxford University Press, 1999.

Keating, Michael. *The Politics of Modern Europe — The State and Political Authority in the Major Democracies*. Aldershot: Edward Elgar, 1993.

Kluxen, Kurt (Hg.). *Parliamentarismus*. Königstein: Verlag Anton Hain Meisenheim, 1980.

Kreppel, Amie. *The European Parliament and Supranational Party System: A Study in Institutional Development*. Cambridge: Cambridge University Press, 2002.

Lijphart, Arend. 서주실 역. 『선거제도와 정당제』. 서울: 삼지원, 1997.

Manin, Bernard. 곽준혁 역. 『선거는 민주적인가: 현대 대의민주주의의 원칙에 관한 비판적 고찰』. 서울: 후마니타스, 2004.

Meier, Christian. *Die parlamentarische Demokratie*. München: Deutscher Taschenbuch

Verlag, 2001.

Meny, Yves. *Government and Politics in Western Europe—Britain, France, Italy, Germany*. Oxford: Oxford University Press, 1994.

Mill, John Stuart. 서병훈 역. 『대의정부론』. 서울: 아카넷, 2012.

Nohlen, Dieter. *Wahlrecht und Parteiensystem*. Opladen: Leske+Budrich, 2000.

Norton, Philip. *Parliament in British Politics*. London: Palgrave Macmillan, 2005.

Schüttemeyer, Suzanne S. "Vergleichende Parlamentarismusforschung." Dirk Berg-Schlosser & Ferdinand Müller-Rommel (Hg.). *Vergleichende Politikwissenschaft*. Opladen: Leske+Budrich, 2003.

Woyke, Wichard. *Stichwort: Wahlen, Wähler-Parteien-Wahlverfahren*. Opladen: Leske+ Budrich, 1994.

제13장

매스미디어, SNS, 정치 커뮤니케이션*

1. 매스미디어, 정치, 커뮤니케이션

우리들은 위성방송을 통해 최근 유행하는 음악을 감상하거나, 멀리 떨어진 곳에서 벌어지는 스포츠 경기를 생중계 방송으로 보고, 휴대폰을 통해 인터넷에 접속해 은행 업무를 보거나 공연 티켓을 예약할 수 있다. 이와 같은 정보통신기술의 발달은 국경으로 나누어진 전통적인 경계가 점차 약화되거나 제거되는 과정인 세계화를 촉진시키는 데 크게 기여했다. 인터넷과 위성방송의 사례에서 볼 수 있듯이 정보통신기술은 시간의 소비 없이 장소를 이동하면서 전 세계적인 네트워크의 시대를 열었다. 네트워크 사회의 도래는 정치영역에서도 커뮤니케이션의 중요성을 높였고 매스미디어의 역할을 두드러지게 하였다.

미디엄medium이란 단어는 중간이란 뜻의 라틴어인 메디우스medius에서 유래한 단어

---

* 이 장은 홍익표, 『한국 정치를 읽는 20개의 키워드: 신자유주의부터 포퓰리즘까지』의 "시장에 종속된 공론장", "소셜 네트워크 세대의 정치참여" 장의 일부 내용을 정치학 개론서 형식에 맞춰 수정·보완했다.

이다. 미디어는 송신자와 메시지, 수신자와 메시지 사이의 커뮤니케이션을 활성화시키는 기술적 과정을 말한다. 매스미디어는 수많은 익명의 대중들을 수신자로 하는 미디어이다. 예를 들어 신문과 텔레비전, 영화, 잡지, 라디오, 비디오게임 등의 매체는 편지나 전보, 전화 등처럼 독자적이고 의도된 특정 수신자가 존재하지 않는다.David Croteau & William Hoynes, 전석호 역, 2001: 22-23

대부분의 경우 미디어는 특정한 사회세력의 이익과 관점을 반영한 이미지를 보여주는 특징을 지닌다. 민주주의 사회에서는 상호 경쟁하는 다양한 형태의 미디어가 뉴스와 광고, 여론 등과 같은 수많은 미디어 콘텐츠를 제공한다. 이에 비해 전체주의나 권위주의 국가에서는 정부가 매스미디어를 선전도구로 삼고 사회구성원들을 통제한다. 이 과정에서 매스미디어는 대부분 정치와 협력하는 경향이 있다. 그 대표적인 사례를 우리는 독일의 제3제국 시기와 한국 제5공화국 시기에서 찾을 수 있다. 독일은 제3제국 시절 나치당의 선전장관인 요제프 괴벨스Paul Joseph Goebbels 주도하에 라디오와 텔레비전을 이용하여 교묘한 선동정치를 구사하면서 국민을 전쟁에 동원하였고, 한국의 전두환 정권하에서는 문화공보부 홍보정책실에서 각 언론사에 기사보도를 위한 가이드라인인 '보도지침'을 시달함으로써 언론을 철저히 통제하였다.1) 이 같은 사례에서 보여지듯이 비민주적인 체제하에서 지배세력은 그들에게 유리한 질서를 유지하기 위해 미디어를 대중들의 동의를 이끌어내려는 수단으로 삼기 쉽다.

물론 민주주의 체제하에서도 미디어와 권력 간에는 갈등과 긴장 관계가 발생할 수 있다. 그 한 사례로 우리는 1962년 서독의 함부르크에서 발생한 '슈피겔Der Spiegel지 사건'을 들 수 있다. 당시 슈피겔지는 북대서양조약기구NATO가 실시한 동맹국 기동훈련을 근거로 서독의 방위태세가 매우 미흡하며, 기사당 소속 국방장관인 프란츠 요세프 슈트라우스가 군비증강을 미루면서 독일의 핵무장을 추진하려 한다는 내용의 기사

---

1) '보도 지침'은 전두환 정권 시기 문화공보부와 국가안전기획부에서 신문사와 방송사에 비밀리에 강제한 보도에 대한 지시사항이다. 신문에 대한 보도지침은 문화공보부 홍보정책실에서, 방송에 대한 보도 지침은 국가안전기획부와 문공부에서 직접 작성되어 전달되었다. 1985년 〈한국일보〉 기자 김주언이 잡지 〈월간 말〉지에 폭로하면서 알려졌다. 〈말〉지는 1986년 9월 특집호 '보도지침─권력과 언론의 음모'를 발간하고 천주교정의구현전국사제단과 공동으로 명동성당에서 성명서를 발표하였다. 이로 인해 김주언과 민주언론운동협의회 간부가 남영동 치안본부 대공분실로 연행되었고, 검찰은 이들을 국가보안법 위반, 외교상 기밀 누설, 국가 모독, 집회 및 시위에 관한 법률 위반을 들어 기소하였다. 이들 언론인 구속에 대해 국내외 종교 단체와 민주 단체 등은 항의 성명을 발표하고 석방 운동을 벌였다. 자세한 것은 민주언론운동협의회 편(1988) 참조.

요제프 괴벨스: 요제프 괴벨스(Joseph Goebbels, 1897~1945)는 제3제국의 선전장관이자 '총력전'의 전권위원이었다. 나치 지도부가 대부분 하급 군인 출신이거나 사회 부적응자로 이루어진 데 비해 괴벨스는 인문학 박사 학위를 지닌 지식인이었다. 여기에 더해 그는 단 몇 마디 말과 몇 줄의 글로 사람들을 분노와 열광, 광기의 소용돌이로 몰아넣을 수 있는 능력을 지녔다. 괴벨스는 정치에서 대중매체의 절대적인 효과를 간파하고 포스터와 전단, 신문, 잡지에서 라디오와 다큐멘터리, 영화 등을 나치 독일의 권력 유지를 위해 십분 활용했다. 그는 대중 선동적 정치 예술에도 일가견을 보여 주었다. 편집인 법률과 직업 명단을 이용한 언론인 탄압, 문화예술계에서 유대인을 축출하기 위한 법령, 좌파 신문사 폐지와 언론사 통폐합을 통한 언론 획일화, 정권을 선전하기 위한 선전용 뉴스 영화와 국민들의 눈과 귀를 가리기 위한 오락 영화의 생산 등이 바로 그것이다. 괴벨스의 무시무시한 선전 활동은 파시즘의 정신적 토대를 놓았으며, 총통 히틀러를 무오류의 신적 존재로 만드는 데 기여했다. 괴벨스에 대해서는 랄프 게오르크 로이트(Ralf Georg Reuth)의 평전인 『괴벨스(Goebbels)』를 참조할 수 있다.

를 실었다. 이에 자극받은 당시의 아데나워^{Konrad Adenauer} 정부는 슈피겔이 국가기밀을 누설했다며 반역 혐의로 검찰과 경찰을 동원해 편집국을 점거하고 각종 문서를 압수했으며, 슈피겔지 발행인이자 편집인인 루돌프 아우크슈타인과 기자 등 8명을 체포해 투옥시켰다. 사태는 슈피겔 독자와 일반 시민들이 합세하여 언론탄압을 반대하는 대규모의 시위를 벌이는 것으로 확대되었고 국외에서도 비판이 잇따랐다. 결국 반발에 부딪친 아데나워 총리는 임기를 2년이나 남겨두고 총리직을 사임했으며, 슈트라우스 국방장관도 물러났다. 1966년 아우크슈타인과 기자들은 법원에서 무죄판결을 받았다. "서독에서 민주주의는 슈피겔 사건과 함께 시작되었다"는 분석이 있을 정도로 이 사건의 파장과 의미는 컸다.^{Rudolf Augstein, 안병억 역, 2005}

미디어는 시민들로부터 정치지도자에게로 메시지를 전달하는 매체로서 정치과정에서 중요한 역할을 담당한다. 위의 사례에서 볼 수 있듯이 이 과정에서 정치 커뮤니케이션이 중요한 역할을 수행한다. 물론 정치커뮤니케이션은 엄밀하게 정의하기가 어렵다. 이와 관련하여 브라이언 맥네어Brian McNair는 정치커뮤니케이션을 정치에 관한 합목적적 커뮤니케이션으로 정의하고 이를 구체적으로 1) 구체적 목적을 이루기 위해 정치인과 정치행위자들이 행하는 모든 형태의 커뮤니케이션, 2) 유권자, 신문 칼럼니스트 같은 비정치인에 의해 위의 행위자들에게 제시되는 커뮤니케이션, 3) 뉴스 보도, 사설, 그리고 정치에 관한 다른 형태의 미디어 논의를 포함한, 정치행위자들과 그들의 행동에 대한 커뮤니케이션으로 제시한다.Brian McNair, 김무곤 외 역, 2001: 28 일반적으로 어떤 유형이든 간에 정치커뮤니케이션 효과는 메시지의 내용 그 자체에 의해서가 아니라 정치커뮤니케이션이 나타나는 역사적인 맥락, 특히 특정 시기의 정치적 상황에 의해 결정된다.Brian McNair, 김무곤 외 역, 2001: 65

2. 미디어의 역할: 공론장의 강화 혹은 동의의 제조?

이전부터 많은 학자들은 전자 민주주의에 대해 논의해 왔다. 여기서 전자 민주주의란 하이퍼 미디어hyper media와 디지털 정보기술이 빠르게 발전하면서 등장한 새로운 형태의 민주주의를 의미한다. 전자 민주주의는 대의 민주주의 체제를 보완할 수 있는 개념으로 주목받고 있으며, cybercracy, clicocracy, e-democracy, techno-politics 등 다양한 명칭으로 쓰이고 있다. 구체적으로 이는 인터넷 등 정보기술이 가진 쌍방향성과 상호작용 가능성을 기존 체제에 활용하여 일반 시민이 여론 형성과 정책 결정 과정에 참여할 수 있는 방식을 다각화, 극대화할 수 있다는 측면에서 정의될 수 있다.

여기에는 정부와 정당 등이 보유한 정보를 공개하고 공유하는 과정이 전자 민주주의 활성화에 필수적으로 요구되며, 참여의 원리를 최대한 확대하기 위해 구성원간 활성화된 의사소통이 전제되어야 한다. 그러나 전자 민주주의 시대에 대한 비판적 견해도 제기되고 있다. 우선 정보 통신 기술의 쌍방향·다방향적 의사소통 가능성을 활용해 정치 과정에서 시민의 통제력을 강화하고 민주주의 발달에 기여할 수 있으리라는 기대와는 반대로 비판적 전망도 존재한다. 그리고 일반 시민들이 과도하게 정치 현안에 관심을 갖고 의견을 개진할 때, 합리적 의사결정 과정을 거치기보다 감성적인 주관 판단이나 군중 심리에 매몰돼 정책결정 과정에 혼선을 빚게 만들 수 있다는 견해가 있다. 일찍이 소크라테스가 "환자들이 모여 약을 먹을지, 사탕을 먹을지 투표로 결정하는 우스운 제도"라며 민주주의 제도를 중우 정치로 비난했던 관점과도 일맥상통한다. 한편, 익명성을 바탕으로 운용되는 인터넷의 특성상, 각 구성원들이 사회적 책임감을 갖고 여러 현안에 의견을 표명하고 참여하기보다는 '유희적 성격'을 더 강하게 띠게 된다는 비판도 존재한다. 실제로 포털 사이트 토론 게시판에서 상대방의 반대의견을 존중하고 비판을 수용하면서 해결방안과 대안을 모색하는 건설적 토론보다 자신의 의견만을 거듭 주장하며 상대방에 대한 비방이나 인신공격을 하는 등의 비생산적 토론 양상을 띠는 경우를 보다 더 빈번하게 목격할 수 있다.

그렇다면 민주 사회에서 미디어는 어떤 기능을 수행하는가? 브라이언 맥네어Brian McNair는 커뮤니케이션 미디어의 기능을 다음과 같이 제시한다. 1) 미디어는 일상생활에서 무엇이 일어나고 있는가를 시민들에게 알려줘야 한다. 2) 미디어는 '사실들'의 의미와 중대함에 대해 교육해야 한다. 3) 미디어는 여론의 형성을 조장하고 여론이 발생한 곳으로부터 의견을 피드백하면서 공공 정치담론에 대한 기준을 제공해야 한다. 4) 미디어는 워터게이트 사건이 있는 동안 미국의 미디어가 행했던 것처럼 정부와 정치조직에 접근해서 그들의 행동을 시민들에게 알려야 한다.Brian McNair, 김무곤 외 역, 2001: 50-51

이와 관련된 다양한 입장을 우리는 크게 두 개의 상반된 견해로 구분할 수 있다. 우선 미디어가 공론장의 역할을 강화한다는 견해이다. 여기서 위르겐 하버마스Jürgen Habermas가 체계화한 공론장Öffentlichkeit은 공공영역으로서의 국가와 사적영역으로서의 사회를 매개하는 것으로 사적 개인으로서의 공중이 서로 토론하고 여론을 형성하는 공간을 의미한다. "공론장은 그 이념에 따르면 그 속에서 모든 사람이 원칙적으로 동등한 기회를 가지고 각자의 개인적 성향, 희망, 신조, 즉 의견을 제시할 수 있다는 이유 때문에 바로 민주주의의 원리였다. 이 개인적 의견들이 공중의 논의를 통해 여론으로 형성될 수 있었던 한에서만 공론장은 실현될 수 있었다."Jürgen Habermas, 한승완 역, 2001: 340-341 이 모델은 미디어가 공론장에서 합리적 토론을 통한 집단 결정이 이뤄지고 이것이 다시 정부의 정책을 결정하는 과정이 원활히 이뤄지도록 돕는다는 점을 강조한다. 그러나 이 주장은 18세기 말에 발달된 정치행태에 대한 낡은 이해에 기초하고 있으며, 시공간간적으로 국가와 동일한 범위를 갖는다고 가정되는 단일한 실체로서 공론장을 간주하고 있다는 비판을 받았다.James Curran, 1995: 381-382

전통적인 자유주의 이론에 따르면 미디어의 민주적 역할은 다음과 같이 설명된다.

첫째, 미디어는 국가에 대해 억제력을 행사한다. 미디어는 국가행위의 모든 영역을 감시해야 하며, 남용된 직권에 대해서는 대담하게 폭로해야 한다. 둘째, 미디어는 민주주의의 기능을 촉진시키는 정보와 논쟁의 기구이다. 자유 미디어는 유권자들이 알아야 할 내용을 제공하고 투표자들이 선거 시기에 충분한 정보를 가진 상태에서 선택을 내릴 수 있도록 돕는다. 또한 독립 미디어는 통치자와 피통치자 사이에 커뮤니케이션 채널을 마련해준다. 셋째, 미디어는 권력에 대해 국민을 대변한다. 미디어는 국민들에게 정보를 주고 논쟁을 전개시킨 다음 이 논쟁의 결과 형성된 공적 합의를 정부에게 전달한다. 선거와 선거 사이에서 정부는 이런 식으로 국민에 의해 감시받는다.James Curran, 김예란·정준희 역, 2005: 8장

전통적인 자유주의 이론을 정당화하는 대표적 사례를 우리는 워터게이트 사건Watergate Affair에서 찾을 수 있다. 이는 1972년 6월 당시 미국 대통령이던 로널드 닉슨의 재선을 획책하는 비밀공작반이 워싱턴의 워터게이트빌딩에 있는 민주당 전국위원회 본부에 침입하여 도청장치를 설치하다 발각되어 불거진 정치적 스캔들을 가리킨다. 이로 인해 닉슨 정권의 선거방해, 정치헌금의 부정·수뢰·탈세 등이 드러났으며 1974년 닉슨은 대통령직을 사임하게 되었다. 이 사건은 익명의 정보원을 뜻하는 '딥 스로우트Deep Throat'이었던 당시 연방수사국FBI 부국장 마크 펠트의 제보를 '워싱턴 포스트'지의 밥 우드워드Bob Woodward 기자와 칼 번스타인Carl Bernstein 기자가 독점 보도하면서 세상에 널리 알려지게 되었다. 그는 워터게이트 빌딩에서 잡혀온 절도범 5명을 취재하던 중 닉슨재선위원회가 이 건물에 입주한 민주당 본부에 도청장치를 한 단서를 잡고, 이를 동료인 칼 번스타인과 함께 끈질기게 추적해 세기적 특종을 낚았었다. 이 보도로 결국 닉슨 대통령은 사임했으며 그의 특종은 오늘날까지 탐사보도의 전범으로 불리고 있다. 또한 그는 당시 닉슨의 관련성을 알려주었던 내부 고발자의 신원을 끝까지 숨겨주는 전통을 남겼다.

그러나 민주사회에서 미디어의 역할에 대해서는 비판적인 견해 역시 존재한다. 대표적으로 미디어가 정치과정에서 점차 큰 역할을 수행함에 따라 미디어를 이용한 선거캠페인의 중요성이 커지면서 나타나는 부작용이 거론된다. 정치인들은 선거캠페인을 일종의 마케팅으로 간주하고 여론조사자pollster, 광고기획자advertiser, 마케팅 상담가, PR 전문가들을 고용하여 유권자들에게 그들이 지닌 것들을 판매하려고 한다. 이 과정에서 정치인의 능력이나 정책의 내용보다 그가 지닌 이미지가 더욱 중요해지는 경향이 있다. 정치광고와 PR의 등장은 사적이거나 국가적인 차원의 이해관계를 이성

워터게이트 사건: 언론에 대한 전통적인 자유주의 이론을 정당화하는 대표적 사례를 우리는 워터게이트 사건(Watergate Affair)에서 찾을 수 있다. 워터게이트 사건이란 1972년 6월 대통령 로널드 닉슨의 재선을 획책하는 비밀공작반이 워싱턴의 워터게이트빌딩에 있는 민주당 전국위원회 본부에 침입하여 도청장치를 설치하려다 발각 체포되면서 불거진 미국의 정치적 사건을 가리킨다. 정권 차원의 조직적인 선거 방해, 정치헌금의 불법 수뢰 및 탈세 등이 드러나자 1974년 닉슨은 대통령직에서 물러났다.

적인 담론을 통해 해결하게 못하고 하고 오히려 조작을 통해 공공정보의 흐름을 직접적으로 통제하게 만들었다.^{Nicholas Garnham, 1986: 41} 이러한 경향은 합리성이라는 민주주의의 이상이 '용모나 개성 같은 하찮은 요인에 신경을 씀으로써 주변화되어 버리는' 비이성적이고 변덕스러운 정치과정으로 변화했음을 보여주는 것이라고 할 수 있다. Brian McNair, 김무곤 외 역, 2001: 75-76

새로운 정보 기술이 제도화된 엘리트의 영향력을 떨어뜨리면서 정치적 불평등을 줄여줄 것이라고 예측한 로버트 달의 평등화 명제와는 달리, 빔버^{Bruce Bimber}는 정보화의 진전이 기존의 불평등 구조를 강화시키고, 특히 탈관료적 다원주의로 인해 공론장의 파편화와 분절화가 초래될 수 있다고 경계한다. 즉, 잘 제도화되지 않은 임의적 형태의 탈관료적 정치조직들이 정치적 의제 설정력을 발휘하는 과정에서 합리적인 숙의 과정이 필요한 중장기적인 정치 아젠다보다는 현안 및 사건 위주로 일시적이며 편중된 이슈만이 분절적으로 제기되었다가 수그러들 수 있다는 것이다. 곧 탈관료화된 새로운 정치 네트워크가 정보기술을 통해 국가, 전통적 조직 및 공동체의 경계를 확장시킴으로써 전통적인 시민 조직의 쇠퇴로 생긴 시민사회의 여백을 채워나갈 수도 있지만, 정치적 응집성과 공론장의 약화라는 대가를 치를 수도 있다는 것이다.^{Bruce}

Bimber, 2007: 6장

    미디어가 사회에서 점차 중요한 중개자가 되어감에 따라 정당은 점차 부적절한 것이 되어갈 위험에 처해있다는 우려가 등장하고 있다. 그러나 미디어들은 미디어가 제공하는 기회를 이용함으로써 정치체계 안에서 그들의 위치를 재정의해 나가고 있다는 의견도 제시되었다.Mark J. Rozell ed., 2003: 141-154 미국의 경우 지난 20여년 동안 캠페인 기간에 정치광고에 대한 미디어의 보도는 증가되고 있다. 이슈의 창안issue advocacy은 정당들이 정치캠페인 기간 동안에 정당들이 그들 후보자들을 지원하거나 선거의 맥락을 벗어나 정책토론을 짜기 위한 효과적인 수단이 되고 있다는 것이다.

    뉴스의 조작 역시 흔히 일어난다. 뉴스는 종종 정치세계를 독자나 시청자들의 현재의 감정이나 가치에 기초한 개인적인 용어로 바꿔놓는다. 우선 속임수를 만들고 도전을 받을 때 피해를 조절하기 위한 뉴스조작은 성공적인 정치와 가버넌스를 위한 요소라고도 지적된다. 정치 커뮤니케이션의 핵심도 취약성을 평가하고 피해를 막으며 가능한 오해를 예상하고 미디어가 취급하는 모든 정보를 엄격하게 통제하는 것이라는 것이다. 대부분의 정치뉴스의 공급원이 정부관료란 사실도 정보조작이 자주 행해지는 한 원인이라 할 수 있다.W. Lance Bennett, 2007: 110-113

    한편 노엄 촘스키는 1989년 발간된 저서인 『환상을 만드는 미디어』에서 미국의 주요 미디어가 특권층의 독자나 시청자들을 다른 사업체들에게 '파는' 기업체들이라며, 이들이 제공하는 세상의 그림picture of the world이 판매자들과 구매자들의, 그리고 제품의 관점과 이익을 반영한다는 것은 놀라운 일이 아니라고 주장한다.Noam Chomsky, 황의방 역, 2004: 27 간단히 말해 주요 미디어들은 사회의 강력한 이익집단을 위해 봉사하고 선전하는 기능을 수행한다는 것이다. 이러한 기능을 촘스키는 에드워드 허먼Edward Herman과 함께 '프로파간다 모델'이라고 칭한다. 이 모델에 따르면 미디어는 기존의 특권을 지원하는 방식으로 보도와 분석을 하며 그에 상응해서 토론과 토의를 제한함으로써 국가 및 기업권력의 이익에 봉사한다는 것이다.Noam Chomsky, 황의방 역, 2004: 31

    이러한 모델을 촘스키와 허만은 미디어가 제3세계 국가들에 대한 이중적인 보도의 사례 등을 통해 증명하고 있다. 예를 들어 대량학살genocide에 대해 미디어들은 적국의 희생자를 설명할 때는 곧잘 사용하나 미국과 동맹국 혹은 우방국의 정부에 의해 발생한 같은 수준의 희생자들을 다룰 때는 거의 사용하지 않는다는 것이다.Noam Chomsky & Edward Herman, 정경옥 역, 2006: 17 베트남 전쟁의 경우에도 미국의 주류 미디어들은 미국의 대 베트남 정책이 비용에 대한 계산 착오는 있을지 몰라도 매우 도덕적이고 좋은

프로파간다 모델: 노엄 촘스키(Noam Chomsky)는 미국의 주요 미디어가 특권층의 독자나 시청자들을 다른 사업체들에게 '파는' 기업체들이라며, 이들이 제공하는 세상의 그림(picture of the world)이 판매자들과 구매자들의, 그리고 제품의 관점과 이익을 반영한다고 주장한다. 주요 미디어들은 사회의 강력한 이익집단을 위해 봉사하고 선전하는 기능을 수행한다는 것이다. 이러한 기능을 촘스키는 에드워드 허먼(Edward Herman)과 함께 '프로파간다 모델'이라 지칭한다.

의도에서 행해졌다고 보도했다.^{Noam Chomsky & Edward Herman, 2006: 5장}

전쟁을 수행하는데 있어 미디어의 역할은 걸프전쟁에서 고조되었다. 걸프전쟁은 단순히 '족벌정치에 의해 지배되고 있는 한 작은 아랍왕국을 해방시키기 위한 전쟁'이라기보다는 미국이 주도하는 연합군 수십 만 명이 참가한 규모가 큰 전쟁이었고 중동지역의 세력균형과 세계경제와 관련해 중요한 전쟁이었다. 전선에서 기자들은 미디어보도팀에 편성되어 전쟁지역을 자유롭게 돌아다닐 수 없도록 홍보장교들에 의해 감시되었고, 국내용으로 정제된 정보나 외부용으로 심리전에 기여하는 정보를 지속적으로 공급받았다. 미디어의 조작과 통제는 연합군뿐만 아니라 이라크와 망명 중이던 쿠웨이트 정부 역시 시행했다.

이와 관련한 유명한 사례가 이른바 '인큐베이터 사건'이다. 미국 내의 쿠웨이트 망명자들이 만든 단체인 '쿠웨이트 해방을 위한 시민들^{Citizens for a Free Kuwait}'은 홍보회사를 고용해 이라크의 쿠웨이트 침공과 관련된 잔혹한 이야기를 알리고 미국 의원들의 지지를 이끌어내려 하였다. 이들 이야기 중에서 쿠웨이트 시에 있던 이라크군이 한 병원에 진입해 병원 인큐베이터에 있던 312명의 아기를 꺼내 죽도록 내버려두고 인큐베이터는 이라크로 보냈다는 이야기는 그 대표적인 사례였다. 목격자인 나이라^{Nayirah}

라는 여성이 미국의회에서 자세하고도 감정에 호소하는 설명을 하고 이것이 여러 나라의 미디어에 퍼져나갔으며 그 결과 미국 의회에서 걸프위기에 대한 군사적 해결을 촉구하는 결의가 단 두 번의 표결로 통과될 수 있었다. 그러나 나중에 밝혀진 바에 따르면 '나이라'는 미국 주재 쿠웨이트 대사의 딸로 드러났으며 인큐베이터 사건도 조작된 것으로 밝혀졌다. 국제사면위원회Amnesty International가 전쟁이 끝난 후 그런 잔혹한 이야기들에 대한 진상을 조사했지만 구체적인 근거는 발견하지 못했다. 이러한 사건들에서 '적들'은 창조되었고 '위협'은 군사홍보전문가들에 의해 조작되는 반면, 언론인들이 '진실'에 대한 대안적 설명을 제시하는 것은 금지되었다.Brian McNair, 김무곤 외 역, 2001: 296-306

이러한 사례들은 미디어들이 국내적으로도 동의를 제조하고 '필요한 환상'으로 일반 대중들을 속여 왔다는 것을 잘 보여준다는 것이다. 촘스키는 그의 또 다른 저서인 『여론조작』의 개정판(2002)에서 지난 10여 년에 걸친 정치와 통신의 변화가 프로파간다 모델의 적용가능성을 높였다고 강조한다. 기업의 힘과 세계적인 진출 범위의 증가, 언론의 합병과 증대된 집중화, 공영방송의 감소가 미국을 비롯한 전 세계에서 이 모델의 영향력을 더욱 강화했다고 한다.Noam Chomsky & Edward Herman, 2006: 17

3. 미디어 집중과 정보 불평등

전 세계적으로 세계화와 탈규제deregulation의 바람이 불면서 전통적으로 공공 통제가 유지되었던 미디어 영역에서도 자본의 자유로운 이동과 축적에 우호적인 방향으로 제도적인 틀이 바뀌고 있다. 새로운 정보매체의 성장이나 매체 통합 등의 기술 발전 역시 미디어 부문에서 자본의 영향력을 더욱 강화하고 있다. 라디오와 신문, 텔레비전 등의 전통적인 미디어는 고유한 시장과 서비스 영역을 구축하고 수용자를 창출하였으나 정보기술의 급속한 발전에 따라 뉴미디어new media라고 불리는 새롭고 다양한 전달 매체가 확산되면서 점차 그 영향력이 감소하고 있다. 아울러서 정보기술의 발전에 기반을 둔 세계화의 진척은 거대 미디어 산업들 간에 새로운 시장을 확보하기 위한 치열한 경쟁을 초래하였다. 이들은 공중파 텔레비전, 전화, 케이블 텔레비전 방송, 위성 통신 및 텔레비전, 인터넷 등과 같은 분야에서 보다 더 자유롭게 서로 침투할 수 있게 되었다. 그 결과 막대한 자금력과 기술력, 창의적인 기획력 등을 앞세운 소수의 글로벌 미디어 기업이 대두하였다. 이러한 현상은 기존 시장 경쟁의 형식과 범위를 상대적으로 분명하게 드러내 주었던 각 미디어의 사회적 기능과 효용성을 모호하게 만들고 있다.

대표적인 사례가 루퍼트 머독Keith Rupert Murdoch이 소유한 뉴스 코퍼레이션News Corporation이다. 뉴스 코퍼레이션은 현재 50개국 이상에서 영화, 케이블 및 위성방송, 신문, 텔레비전, 출판 및 잡지 그리고 뉴미디어 테크놀로지 등의 분야에서 700여 개 이상의 크고 작은 사업체를 운영하는 세계 최대의 미디어 그룹으로 꼽힌다. 20세기 초반에 세계 최대의 신문제국을 이루었던 미국의 윌리엄 랜돌프 허스트William Randolph Hearst 이후 세계 최대의 미디어 제국을 구축한 머독에 대해서는 정보사회를 선도하는 '세계 최고의 미디어 사업가'라는 찬사와 함께, '언론 산업의 기존 질서를 파괴하는 확장주의자'라는 상반된 평가가 따르고 있다. 이러한 평가는 그동안 머독이 영국의 권위 있는 신문사인 타임스Times, 최대의 출판사였던 콜린스Collins, 할리우드의 대표적인 영화 스튜디오 중의 하나인 20세기 폭스20th Century FOX사, 그리고 미국 제1의 경제지 월스트리트저널Wall Street Journal을 인수하는 과정에서 나왔다. 또한 머독이 소유한 미디어는 사람들에게 정보를 제공하고 그들을 교육하기 위한 수단이라기보다 그들에게 즐거움을 주는 수단의 특징이 강한데서 센세이셔널리즘에 대한 비판도 제기되고 있다.

매스미디어의 국제화는 집중화된 형태의 국제미디어 산업으로 나타난다. 국제미디어 산업의 소유와 통제는 소수의 부유한 산업국가에 견고히 뿌리를 내린 채 이뤄진다. 실제로 부유한 국가에서 미디어 산업의 소유와 통제를 지배하고 있기 때문에 미디어 상품 역시 모두 그들에 의해서 통제받고 있는 셈이다. 미디어를 통해서 제작되어 세계적인 분배망을 이용하는 그들의 콘텐츠는 주로 빈곤한 국가로 유입되는데 이 과정에서 국가 간의 긴장관계가 심화되기 쉽다.David Croteau & William Hoynes, 2001: 365

미디어 집중이 낳은 또 하나의 결과는 소수의 막강한 기업들이 국제기구뿐만 아니라 각국 정부의 정책에 큰 영향력을 행사하게 됐다는 점이다. 특히 세계무역기구WTO는 미디어 기업을 포함한 기업들 사이의 집중화 경향을 더욱 가속화시킨다고 평가된다. 세계무역기구의 규칙들은 대기업에 유리하게 되어있을 뿐만 아니라 서비스 무역에 관한 일반협정GATs의 틀 안에서 진행되는 협상들은 글로벌 미디어 기업들의 진입을 자유롭게 하는 새로운 투자규칙들을 포함하고 있다. 그러면 글로벌 미디어 기업들은 국내 미디어 기업들에 대한 통제권을 장악하게 되고 국내 고유의 문화와 가치관이 더 이상 존속할 여지가 없어지게 될 것이다.^{John Cavanagh & Jerry Mander, 이주명 역, 2005:} 323-325

로버트 W. 맥체스니 교수는 『부자 미디어 가난한 민주주의^{Rich Media Poor Democracy}』 (1999)에서 거대 미디어 기업이 더욱 많은 부를 축적하고 한층 큰 힘을 얻을수록 참여 민주주의의 존립 가능성은 그만큼 약화된다고 지적한다. 이 같은 소유의 집중화는 광고에 의존하는 이기적인 미디어 시스템의 핵심적 성향을 한층 돋보이게 한다. 즉 지나친 상업화의 추구와 저널리즘 및 공익성의 손상이 그것이다. 바로 이런 점이 민주 주의에는 독이 된다. 특히 신자유주의에 따른 규제의 철폐는 기업화 미디어의 붐을 야기하고 민주적 시민생활의 붕괴를 가져온 주된 요인이라 할 수 있다. 다시 말해 신자유주의는 정치적, 이념적인 측면에서 지배적인 위치에 오른 소수가 밑에 있는 비 조직화된 다수 국민에게 그들의 의지를 강요할 수 있게 했다.^{Robert Waterman McChesney,} 2006: 8-9

그는 "이윤 극대화와 판매 지상주의란 가치가 그나마 흔적만 남아 있는 미디어의 공익성을 완전히 압도해" 버렸고, 저널리즘은 "민주적 요인으로 거의 기능할 수 없을 지경에까지 이르렀다"고 비판한다. 맥체스니 교수는 자유주의, 특히 80년대 이후 등 장한 신자유주의에 따른 규제 철폐가 "탄탄한 재력의 미디어 회사들이 오늘날처럼 성장하고 번영을 누리는 데 기여"했지만 신자유주의식 민주주의가 "정치 부문의 통제 또는 규제성 역할을 줄이고 공론화의 기능도 더욱 축소시켰다"고 지적한다. 맥체스니 교수는 또한 "대중의 일관성 있는 조직적 저항이 없었기 때문"에 저널리즘, 좀 더 넓 은 의미의 미디어문화의 질적 수준이 떨어졌다며 대중운동과 같은 방식을 활용해 미 디어 개혁 운동을 벌여야 한다고 제안한다. 미디어기업이 거대화할수록 민주적 공론 화 기능을 할 수 없게 된 지금의 현상은 미디어기업 소유주들의 의도가 반영된 것이기 도 하지만 미디어 문제에 대해 제대로 짚지 못한 대중의 책임도 있다고 보기 때문이 다. 특히 거대 미디어기업과 맞붙어보려는 주류 정치인이 거의 없는 만큼 '정치적 조 직화'를 통해 개혁 운동을 펼쳐나가야 한다는 게 맥체스니 교수가 찾은 해법이다. 맥 체스니 교수는 △미디어 종사자들의 노동조합 강화 △미디어 소유 집중성 제한 △전 통적인 형태의 공익방송 보호·강화 △엄격한 상업방송 기준 제정 △지역 중심의 퍼 블릭 액세스 방송 발전 △광고량 제한 △상품성 없는 프로그램 제작 지원 △다수의 신문·잡지 발행 보장 등 여러 나라의 좌파들이 공통적으로 제기하는 대응책들을 제 시하면서 '미국이 소수가 아닌 다수의 지배를 받는 민주주의 국가가 되기 위해서는

'마지막이자 가장 큰 희망'을 미디어 개혁에 걸어야 한다고 강조한다.

한편, 정보 불평등은 온라인 커뮤니티에서 일어나는 모든 불균등을 압축적으로 언급할 때 사용하는 용어를 일컫는다. 특정한 사회적 구성원이 이전보다 정보에 보다 자유롭게 접근할 수 있게 되면서 획득하는 정보의 총량도 많아졌지만 구성원 별로 사회적 자원이 상이하기 때문에 정보의 양과 질에서는 심각한 불평등이 나타날 수밖에 없다. 이런 정보격차는 다시 부와 권력 등 사회적 자원의 차이로 나타나게 될 것이다. 정보사회가 발달함에 따라 이런 정보격차와 자원 불평등의 문제는 더욱 심각해질 것으로 예상된다. 결국 정보격차의 문제가 해결되지 않는 한 정보통신기술이 가져다 주는 각종 혜택은 사회 내의 일부 구성원들에게만 국한 될 수밖에 없게 될 것이다. 특히 신자유주의적 세계화 과정에서 정보산업이 일부 거대한 초국적기업 및 대기업에로 집중되고 있는 현실에서 경제력이 없는 구성원들은 필요한 정보에 대한 접근이 제한을 받을 수밖에 없다. 이는 특정한 국가 내에서 뿐만 아니라 전 세계적으로도 일부 구성원들이 민주주의 과정에서 배제되면서 민주주의가 위기에 직면할 수 있다는 점에서 심각한 문제라 할 수 있다.

이 같은 정보 불평등을 피파 노리스는 세 가지 측면의 다차원적인 현상으로 설명한다. 먼저 전 지구적 정보 불평등은 선진국과 개발도상국 사이의 인터넷 확산에서 나타나는 격차를 말한다. 사회적 정보 불평등은 각국 안에서 나타나는 정보 부자와 정보 빈자 사이의 격차를 말한다. 민주주의 측면에서의 정보 불평등은 공공생활에 대한 개입, 동원, 참여에서 디지털 자원을 이용하는 사람과 그렇지 못한 사람 사이의 차이를 말한다. Pippa Norris, 이원태 외 역, 2007 데이비드 크로토와 윌리엄 호인스는 미디어와 관련된 사회적 불평등을 인종, 계층, 젠더별로 나누어 설명한다. David Croteau & William Hoynes, 2001: 6장 그들에 따르면 미디어의 엔터테인먼트와 뉴스는 실제 사회의 다양성을 충분히 반영하지 못한다는 것이다. 다양성이 부족하기 때문에 미디어 콘텐츠는 사회의 불평등을 드러내게 된다고 한다.

여론 독과점과 여론조사 문제

1. 미국도 신문·방송 겸영, 4년 만에 '잘못된 결정'

지난 7월 미국 필라델피아 제3연방순회항소법원은 20개 주요 도시에서 신문방송 겸영을 허용한 연방통신위원회(FCC)의 2007년 결정을 무효화했다. 법원은 연방 통신위원회가 신방 겸영 법안 추진 과정에서 국민들에게 신방 겸영에 대한 충분한 정보와 의견 제시 기회를 주지 않았다는 것을 이유로 들었다. 법원이 이처럼 표면적 이유로 추진 과정의 미비함을 문제 삼았지만, 실제론 신방 겸영으로 인한 여론 독과점을 지적한 것으로 업계는 받아들이고 있다. 이는 신방 겸영이 세계적 추세라는 한국방송통신위원회의 주장과는 상반된다. 미국에서도 공화당은 규제를 풀어 개별 방송국에 더 많은 상업적 자유를 주려 하지만, 민주당은 규제를 강화해 거대 미디어기업의 여론 장악을 피하고, 여론 다양성을 높이는 쪽으로 움직여왔다.

우리나라의 경우 신방 겸영이 자본력과 영향력을 모두 지닌, 전국을 대상으로 한 보수 일색의, 대형 신문사들이 모두 참가하는 기형적 형태여서 여론 독과점 현상은 미국과 비교할 수도 없는 상황이다. 최진봉 텍사스 주립대 저널리즘 스쿨 교수는 "공공재의 영역에까지 시장 경제 체제를 도입하려는 것에 대해선 자본주의의 첨단을 걷는 미국에서도 제한을 두고 있다"며 "버락 오바마 행정부 이후, 미국은 소수자들의 발언권을 높여 독과점 현상을 완화하려 애쓰는 데 반해, 이명박 정부는 정치적 목적을 위해 일방적으로 보수언론의 힘을 더 싣는 쪽으로 나아갔다"고 말했다. 또 최교수는 "종편에 대해선 편향적 정보와 무제한의 경제적 이윤을 누릴 수 없도록 제도적 규제를 해야 한다"며 "현재 종편은 공중파가 누리는 혜택은 누리면서 케이블채널로 남아 책임은 안 지려고 하는데, 이는 옳지 않다고 지적했다(『한겨레』, 2011년 12월 2일. 이 글은 『한겨레』 기사 "조중동 종편 개국"을 인용한 것이다).

2. 조·중·동·매 종편 ─ 인터넷·SNS, 내년 총선·대선 '미디어 전쟁'

한국 현대사에서 미디어의 부침은 정치의 물줄기를 바꿔왔다. 밤의 대통령을 자처하던 보수신문의 여론독점과 이에 맞선 진보 일간지의 등장, 인터넷 언론의 성장, 사회관계서비스(SNS)의 영향력 확대 등 미디어 환경 변화는 늘 정치 역학 관계를 수반했다.

조·중·동·매로 불리는 보수 신문들의 4재 종합편성방송(종편)이 1일 개국하게 된 배경에는 내년 4월 총선과 12월 대선 국면에서 영향력 확대를 노린 여권과 보수 진영의 계산이 깔려 있다고 미디어 전문가들은 이야기한다. 진보의 공간인 인터넷과 에스엔에스에 맞설 보수 미디어 공간을 넓히려는 전략이라는 것이다. 최민희 전 방송

위원회 부위원장은 내년 대선에서 가장 치열한 미디어 전쟁이 펼쳐질 것으로 봤다. 홍정욱 한나라당 의원은 "지금은 에스엔에스 등 새로운 미디어가 전통적 매체에 비해 훨씬 더 큰 영향력을 발휘하고 있는데 그 중심에는 2040 세대가 있다"며 "보수언론은 그간 5070 세대에 초점을 맞춰왔는데, 종편을 통해 어떻게 2040 세대에 접근하느냐가 관건"이라고 말했다. 반대로 종편은 범야권 후보에게는 공격적으로 나갈 것으로 예상된다.

최 전 부위원장은 "에스엔에스를 장악하고 있는 야권 성향의 지지자들은 후보나 정당에 실망할 경우 적대적으로 돌아서거나 관망적인 태도로 돌아서는 경우가 많다"며 "그러나 종편은 절대 지지의 방향을 바꾸지 않을 것"이라고 말했다. 결과적으로 에스엔에스의 영향력만 줄이면 보수에 절대적으로 유리한 지형이 된다(『한겨례』, 2011년 12월 2일. 이 글은 『한겨례』 기사 "조·중·동·매 종편―인터넷·SNS, 내년 총선·대선 미디어 전쟁"을 인용한 것이다).

3. '여론조사 정치'의 함정

여론조사는 어느새 정치에 깊이 관여하고 있다. 거의 모든 선거엔 여론조사가 위력을 떨친다. 후보자를 선정하고 선거전 판세를 읽는 데 여론조사는 절대적인 힘을 발휘한다. 오차범위 이내 살얼음판 대선 결과를 족집게처럼 짚어내는 출구조사는 이미 몇 차례 감탄을 자아낸 바 있다.

여론조사의 허실을 점검해 볼 필요를 느꼈다. 먼저 여론조사 전문가를 만났다. 여론조사기관 '리서치플러스' 임상렬 대표로부터 여론조사 과정과 그 과학적 의미, 언론 보도의 문제 등을 들을 수 있었다. 여론조사는 통계학이 빚어낸 과학적 산물인 것만은 사실이다. 통계학은 극소수 표본의 생각에서 거대한 모집단의 생각을 유추해낸다. 그러나 전제조건이 있다. 적절한 표본과 설문, 인터뷰 방식, 정교한 과학적 분석 등이다.

그러나 현실은 그러한 조건을 충족시키지 못하고 있다. 우선 적절한 표본 확보의 어려움이 크다는 것이다. 디지털 문명은 세대 간에 전혀 다른 커뮤니케이션 문화를 연출한다. 연령대에 따라 수단과 방식이 다양한 터다. 일부 젊은층에겐 여론조사 기관의 접근조차 불가능하다. 여론조사 업계는 새로운 표본의 풀(표본 집단)을 구축하는 과제를 안고 있는 셈이다. 그러나 실천에 어려움이 있다. 시간과 경비 등 막대한 비용이 소모되는 터다. 지난 대선 때 유권자는 4,000만 명을 돌파했다. 요즘 정기적으로 발표되는 여론조사 표본은 대체로 1,000명 남짓이다. 대표성이 결여된 표본 1,000명이 4,000만 명의 생각을 대변하는 셈이다. 하물며 표본이 적절하지 못하다면 그 여론조사는 현실을 얼마나 반영할 수 있겠는가.

낮은 응답률도 신뢰도를 떨어뜨리는 요소이다. 최근 언론에 공표되는 정치 관련 여론조사의 응답률은 10% 대가 주를 이루고 있다. 한 자릿수 응답률도 심심찮게 발견될 지경이다. 참고로 미국 언론은 응답률 30% 미만 여론조사는 보도하지 않는 것을 원칙으로 삼고 있다. 임 대표는 "제한된 표본, 그것도 대표성이 결여된 집단을 대상으로 한 모든 여론조사는 각각 하나의 조사에 지나지 않는다"고 말했다. 그는 여론조사 자체, 곧 생산의 문제보다는 언론 보도, 곧 유통의 문제가 크다고 지적했다. 독자에 영합하는 데 이골이 난 언론이 허상을 실체인 양 보도, 기정사실화하고 있다고 진단했다.

한겨레 편집국 임석규 정치·사회 에디터를 만나 여론조사 결과보도에 대한 한겨레의 입장을 들어보았다.

▶ 여론조사는 현실을 얼마나 정확하게 반영하고 있다고 믿는가?

– 오차는 있겠지만, 여론의 흐름을 읽는데 유용한 과학적 지표를 제공한다고 믿는다.

▶ 표본의 결함, 지나치게 낮은 응답률 등은 신뢰도를 떨어뜨린다.

– 현실과의 괴리를 인정한다. 낮은 응답률 등에 대한 가이드라인 설정은 연구 과제이다.

▶ 허상을 실상으로 호도하는 데 한 몫 맡고 있다.

– 보도에 신중할 필요를 느낀다. 여론조사 결과는 하나의 수치에 지나지 않는다는 점을 염두에 두고 보도해야 한다는 데 동의한다.

▶ 신뢰도를 보완할 대책이 필요한 것 아닌가?

– 여론조사의 과학적 정밀성을 높이기 위해 여러 시도를 하고 있다. 한겨레는 특히 정량조사의 한계를 조금이라도 극복하기 위해 정성조사를 부정기적으로 하고 있다. 한국 정치를 지배하는 숫자의 마술의 폐해는 크다. 정치판이 정치판에 가득한 거짓과 위선의 쓰레기를 치우는 데 솔선하는 대신 숫자놀음에 빠진 모습은 아름답지 않다. 허상이 지배하는 정치는 위험하다. 무릇 정치는 산술의 세계가 아니다(『한겨레』, 2014년 1월 24일. 이 글은 고영재 전 경향신문사 사장이 쓴 "시민편집인의 눈: 박 대통령 50% 지지율, 응답률은 고작 17%였다"를 인용한 것이다).

〈생각해보기〉

1. 여론 독과점과 여론 다양성 개념을 중심으로 우리나라 여론정치의 문제점을 지적하고 개선방안을 제시해보자.

2. 우리나라 매스미디어 환경에서 보수 성향 언론과 개혁 성향 언론이 지닌 영향력을 비교해보고 문제점이 무엇인지 말해보자.

3. 여론조사의 문제점을 짚어보고, '여론조사 정치'의 문제를 개선하기 위한 방안을 설명해보자.

4. 소셜 네트워크와 정치커뮤니케이션의 변화

소셜 네트워크^{social network}는 전자 통신 수단에 의해 연결된 컴퓨터들이 사회적 상호작용과 연락을 중개한다는 아이디어에 기초해 만들어진 용어이다. 개인이나 집단 등이 네트워크 안에 존재하는 개별적인 주체인 노드^{node}가 되어 이들 간에 상호의존적인 관계^{tie}를 형성하는 것을 말한다. 다양한 주체들이 인터넷에서 개인이 갖고 있는 정보를 공유하고, 의사소통을 도와주는 것으로 소셜 미디어^{social media}, 1인 커뮤니티라고도 불린다. SNS는 PC통신에 기반한 채팅 위주의 커뮤니티로부터 출발했고, 이후 PC통신에서 월드와이드웹^{World Wide Web}으로 진화했다. 소셜 네트워크가 이렇게 유행하게 된 요인으로는 사회적 소외에 대한 위협의 증가, 소통 대상의 확대, 정보통신기술의 발전 등이 거론된다. 소셜 네트워크가 개인으로서의 표현과 자율에 기반해 공유와 연대를 꾀하고자 하는 인간의 사회적 본성에 가장 잘 부합하는 미디어라는 점도 단시일 내에 성장하는 데 기여했다. 무엇보다 자신을 드러내기 힘들었던 사람들이 SNS를 통해 온라인상에서 간편하고 다양한 방식으로 관심사와 개성을 표현하고 불특정 타인과도 관계를 맺을 수 있게 됐다는 것이다. 소셜 네트워크에서의 평가는 인터넷에 비해 훨씬 빠를 뿐 아니라 신뢰성도 높다고 평가된다. 이 밖에도 SNS는 사용자에게 요구하는 지식이 낮으며, 대화상대를 찾기 쉽고, 소셜 커머스^{social commerce}처럼 실제 경제생활에서 이익을 낳기도 한다는 점 역시 장점으로 지적된다. 김은미·이동후 외, 2011: 18-28, 66

SNS는 최근 발생한 '아랍의 봄'이라 불리는 민주화운동에서도 위력을 발휘하고 있다. 그동안 아랍권에서는 아래로부터의 시민혁명이 아니라 쿠데타와 폭동 등에 의해 정권을 장악한 부패하고 반이슬람적인 친서방정권이 장기 집권하고 있었다. 이슬람 율법인 샤리아에 토대를 둔 이슬람 국가의 등장은 군부에 의해 저지되었고, 미국과 프랑스, 영국 등 서방 강대국들은 지정학적 국익을 우선해 이들 독재정권을 지원해왔다. 아랍의 독재자들은 언론을 장악해 여론을 통제하고, 비상계엄령을 통해 시위를 금지했으며, 시민들이 자유롭게 정치적 의견을 표출하는 것을 억제했다. 이런 상황에서도 인접국가인 튀니지에서 반독재 민주화 시위가 발생했다. 튀니지에서 대졸 출신의 노점상인 무함마드 부아지지의 분신사건은 벤 알리 정권의 언론통제에도 불구하고 인터넷의 페이스북, 트위터 등을 통해 널리 알려져 국민들의 분노를 이끌어냈다. SNS가 활발하게 사용되면서 독재정권의 정보통제도 점차 불가능하게 되었다. 여기에 벤

알리 대통령 일가의 부패상이 담긴 미국 외교관들의 전문을 공개한 위키리크스 WikiLeaks 역시 인터넷에서 급속히 유포되면서 튀니지 국민들을 분노케 했다.

현재 전 세계적으로 SNS는 사회적 소통을 도울 뿐만 아니라 경제적 거래를 돕고, 정치적 변동을 초래하는 등 엄청난 지각변동을 가져오고 있다. 그러나 SNS가 본격적으로 이용된 것은 그리 오래되지 않았다. 세계적으로 가장 많은 사용자를 가지고 있는 페이스북은 2004년 2월에 네트워킹 목적으로 처음 구축되었다. 대학생이었던 마크 저커버그 Mark Zuckerberg 는 하버드 대학교 학생들의 네트워크 구축을 목적으로 사이트를 오픈했고 이것을 다른 대학들과 고등학교들로 확장했다. 오늘날 이용자만 해도 하루에 수천만 명에 달하는 페이스북은 초기에는 주로 정보 교환이나 친목 도모, 오락과 방송 등의 사용목적이 주류였지만 그 실효성이 알려지면서 경영과 미디어, 정치에까지 확산되고 있다. 2006년 샌프란시스코의 벤처기업인 오데오 Odeo, Inc. 의 연구개발 프로젝트를 통해 개발된 마이크로 블로그 또는 미니 블로그인 트위터는 2006년 3월 서비스를 시작한 이래 급속하게 사용자가 증가하고 있다. 이렇게 된 데는 다른 SNS와 달리 상대방이 허락하지 않아도 '팔로어 follower'로 등록할 수 있고 웹에 직접 접속하지 않더라도 스마트폰 등과 같은 다양한 기기를 통해 글을 올리고 받아보거나 다른 사용자에게 퍼트릴 수 있기 때문이다. 현재 페이스북과 트위터, 마이스페이스 MySpace, 링크드인 LinkedIn 등의 SNS는 인맥 형성, 마케팅, 소셜커머스, 지식판매, 공공부문, 게임 등 다양한 분야에 이용되고 있으며, 오바마의 SNS 기반 웹 캠페인이나 트위터를 개설 운영하는 한국 정치인들에서 보듯이 정치적 활용도 증가하고 있다.

소셜미디어는 시민들로부터 정치지도자에게로 메시지를 전달하는 전달자로서 정치 커뮤니케이션에서 중요한 역할을 담당한다. 특정한 목적을 이루기 위해 정치인과 정치행위자들이 행하는 커뮤니케이션은 물론이고, 평범한 SNS 이용자와 같은 비정치인들에 의해서도 다양한 형태로 정치행위자들에게 제시되는 커뮤니케이션이 활발하게 벌어지고 있다. 이는 인터넷을 중심으로 정치 커뮤니케이션이 점차 다층화되고 있음을 말한다. 여기서도 전통적인 방식의 홈페이지, 이메일, 웹진을 활용한 인터넷 정치 커뮤니케이션이 퇴조하고 웹 2.0 Web 2.0 이라고 할 수 있는 새로운 방식의 참여지향적 미디어 participatory media 가 점차 확산되고 있다. 인터넷 상에서 단지 정보를 모아 보여 주기만 하는 데서 나아가 인터넷만 있다면 어느 곳에서나 데이터를 생성, 저장, 공유하고 상거래도 가능케하는 개방과 참여로 특징되는 인터넷 환경이 만들어지고 있는 것이다. 개방과 참여, 공유로 대표되는 인터넷 환경인 웹 2.0은 소수의 정치인이나 거대 언론이 주도하던 기존의 정치과정에 일반대중들도 직접 참여할 수 있게끔 정치 환경을 변화시켰다. 개별 정치인과 다수 유권자 간에 쌍방향적 의견 교환이 가능하게 된 것이다.

그 대표적인 사례로 우리는 2006년 미국 중간선거와 2007년 대선 레이스 과정에서 두각을 나타낸 유튜브로 상징되는 UCC^{User Created Content}와 SNS의 활약을 들 수 있다. 당시 선거 레이스 초기에 강세를 보인 것은 사용자들이 제작에 참여하는 동영상인 UCC였다. 공화당과 민주당 대선 '유튜브 정책토론회'에서 벌어진 수많은 시민들의 자유로운 참여와 정책토론은 전국적으로 큰 인기를 얻으면서 오프라인 미디어를 넘어 정치정보와 시민 정치참여의 통로를 확대해줬다. 이에 더해 페이스북과 마이스페이스 등 SNS는 조직화와 동원을 이끌어내는 직접적인 행동의 도구로 기능했다. 버락 오바마는 대통령에 당선된 이후에도 여전히 SNS를 중요한 정치커뮤니케이션 수단으로 활용하고 있다. 오바마가 SNS를 활용한 선거전을 벌인 이후 세계 각국의 주요 선거는 줄곧 '트위터 선거'로 직결됐다. 2009년 4월 몰도바 총선, 2009년 6월 이란 대선, 2009년 10월 루마니아 대선, 2010년 5월 영국 총선, 2010년 8월 오스트레일리아 총선 등은 트위터 민심이 선거판을 뒤흔들고, 그 민심을 장악한 정치세력이 집권에 성공하는 새로운 정치 문법을 보여줬다. 표현·언론의 자유를 억압하는 국가이거나 그동안 온라인 정치활동이 미미했던 국가에서 그 파괴력은 더욱 컸다.〈한겨레〉, 2012년 1월 2일 이들 사례는 개방과 참여, 공유를 특징으로 하는 SNS를 통한 정치커뮤니케이션이 점점 큰 영향을 발휘하면서 세계적인 추세로 자리 잡고 있다는 것을 보여준다.

이러한 추세는 인터넷 강국인 한국에서도 나타나고 있다. 현재 한국의 초고속 인터넷 보급률은 세계 최고 수준이다. 시간과 공간의 제한 없이 어디서든 인터넷에 접속할 수 있는 스마트폰이 널리 사용되면서 SNS는 감성적이고 즉각적이며 창조적 문제제기와 자발적 실천이 뒤따르는 운동으로 진화하고 있다. 소셜 네트워크가 사회적 위력을 발휘한 것은 2008년 촛불집회에서였다. 촛불집회는 먹을거리의 안전성 문제에서 점차 의료 보험과 공기업 민영화, 한반도 대운하, 교육 자율화, 공영 방송의 문제 등으로 쟁점이 확대되었는데 SNS는 이러한 쟁점들에 대해 대중들을 동원하는 강력한 수단으로 작용하였다. 이후에도 무상급식, 반값등록금, 한진중공업 사태[2] 등에서 SNS의 영

---

2) 한진중공업의 생산직 노동자 대량해고에 항의해 김진숙 민주노총 지도위원은 무려 309일 동안이나 35미터 높이의 타워크레인 위에서 고공농성을 벌였다. 그런데도 대다수 언론은 한진중공업

향력은 지속적으로 발휘되었다. 디지털 피로감, 새로운 권력층과 여론 왜곡의 가능성 등에도 불구하고 무엇보다도 SNS는 서로 정보와 대화를 나누고 새로운 지식과 관계를 창출해가며, 우리사회의 폭넓은 의제가 다양한 시각으로 다뤄지도록 하는 순기능도 발휘하고 있다. 그중 하나가 정치참여를 촉진하는 기능이다. 후보자에 대한 유권자의 친밀감을 상승시키기도 하고 후보자의 공약이나 경력을 알리는 수단이 되기도 하기 때문이다. 김은미·이동후 외, 2011: 198-199

5. 인터넷은 민주주의를 이끄는가?

인터넷의 긍정적 측면을 강조하는 사람들은 흔히 조직, 자금 등 전통적인 자원을 갖지 못한 탈관료적 정치조직들이 새로운 정보 기술을 활용해서 지지자나 유권자를 효과적으로 동원할 수 있게 된 점을 내세운다. 분명한 것은 정보통신기술이 발달하면서 조성된 풍부한 정보 환경이 민주적이든 비민주적이든 모든 유형의 집단행동을 용이하게 하는 경향이 있다는 점이다. 이와 관련된 사례들로 흔히 미국의 워터게이트 사건, 멕시코의 사파티스타 봉기, 그리고 한국의 촛불시위가 거론된다. 이전에는 신문과 방송이 주된 역할을 했던 데에 반해서 1990년에 들어와서는 인터넷을 비롯한 각종 뉴미디어 매체가 민주주의에 영향을 미치고 있다.

멕시코에서도 가장 빈곤한 남부의 치아파스주에서 살고 있는 인디오(멕시코 원주민) 농민들은 1994년 1월 1일 북미자유무역협정NAFTA의 발효에 맞추어 무장봉기를 일으켰다. '사파티스타 민족해방군'EZLN의 투쟁이 시작된 것이다. 이들은 신자유주의 전면화로 인해 그나마 최소한의 삶의 기반과 생존권마저 파괴되는 현실을 더 이상 참지 못하고 총을 들고 일어섰다. 사파티스타의 투쟁은 인터넷을 활용한 홍보전략으

사태를 외면했다. 이를 사회에 알리고 여론을 형성한 것은 SNS였다. 김진숙 위원은 회사 측의 방해에도 불구하고 트위터를 통해 세상과 소통을 주고받았고, 여기에 이른바 '소셜테이너'들이 적극 참여하면서 한진중공업 사태는 사회적으로 주목을 받았다. 그 결과 시민단체와 시민들이 다섯 차례에 걸쳐 자발적으로 '희망버스'를 조직해 한진중공업이 있는 부산 영도를 방문하였다. 노동문제를 사회적 쟁점으로 부각시키고 해결을 이끌어내는 데 기여했다는 점에서 한진중공업 사태는 소셜 네트워크의 사회적 위력을 보여준 대표적 사례이다. 한국의 보수언론과는 달리 『뉴욕타임스』 『BBC』 등 수많은 해외언론들은 앞 다투어 김진숙의 투쟁을 보도했다.

로 인간성을 옹호하고 신자유주의에 반대하는 풀뿌리 국제연대를 이끌어냈다. 특히 부사령관 마르코스는 지속적으로 뉴스거리를 만들고, 우호적인 언론에게는 인센티브를 주고 비우호적인 언론에게는 취재를 못하게 하는 등 언론의 논리와 작동방식을 잘 알고 이에 맞춰 행동했다. 특히 인터넷을 활용하여 자신들의 메시지를 전달하려 했는데 이는 상당한 성공을 거두었다. "우리의 말이 우리의 무기다. 우리의 말은 아무도 죽이지 않는다. 그러나 폭탄보다도 더 치명적일 수 있다." 90개국 수백만 명의 네티즌들은 매일 업그레이드되는 사파티스타의 홈페이지뿐만 아니라 이들을 지원하는 전 세계의 연대위원회가 개설한 사이버 공간을 통해 게릴라들의 최근 움직임을 추적할 수 있다. 이 홈페이지에는 최신 성명서들과 정보들, 마르코스 부사령관의 인터뷰 모음, 평화협상과 대류 간 회의 관련 자료를 갖추고 있다. 심지어는 저항의 메시지를 보내고자 하는 사람들을 위한 '배려'로 멕시코 연방대통령 집무실의 팩스번호도 있다. Bertrand de la Grange & Matie Rico, 박정훈 역, 2003: 535-553

대부분의 라틴아메리카 국가들은 1970년대 말부터 민주주의로 이행하였다. 현재 민주주의는 라틴아메리카 전 지역에서 가장 지배적인 정치형태로 자리 잡고 있다. 그러나 라틴 아메리카의 민주주의는 어려운 사회·경제적 상황과 공존하고 있는데 빈곤과 불평등이 가장 핵심적인 문제로 지적되고 있다. 여기에 신자유주의라는 이름으로 미국식 시장경제체제의 대외 확산이 이뤄지면서 불평등 문제는 더욱 심화되고 있다. 사파티스타의 봉기는 라틴 아메리카가 전통적으로 사회에서 배제된 집단에겐 공식적인 채널을 통해 권력에 접근할 통로가 봉쇄되어 있다는 것을 잘 보여준다. 그 때문에 이들은 다른 경로를 통해 자신의 불만족을 표출하게 되고 어떤 경우엔 폭력적 방식으로 표출하게 되는 것이다. UNDP, 2004: 340-341, 325

한국의 촛불시위는 평화적 방법으로 대중들이 그들의 불만을 표출한 시위로 세계적인 이목을 끌었다. 2002년 6월 13일 경기도 양주시 지방도로에서 친구들과 생일파티를 하기 위해 길을 가던 여자 중학생 신효순·심미선양이 미군 장갑차량에 깔려 그 자리에서 숨지는 사건이 일어났다. 당시에 이 사건은 월드컵축구대회와 제16대 대통령선거의 열기에 묻혀 세간의 주목을 받지 못하였다. 그러던 중 인터넷신문인 〈오마이뉴스〉의 시민기자 한 명이 두 여자 중학생을 추모하자는 뜻으로 인터넷을 통해 촛불시위를 제안하였다. 그 뒤 이 제안이 네티즌을 중심으로 확산되어 마침내 같은 해 11월 서울에서 처음으로 대규모 촛불시위가 열렸다. 자발적이고 평화적인 시위로 국민들로부터 큰 지지를 얻은 촛불시위는 2002년 제16대 대통령선거, 2004년 노무현

촛불시위: 촛불시위는 2002년 6월 주한미군에 의한 여중생 사망 사건을 계기로 시작되어 한국의 대표적인 집회 및 시위 문화이다. 2002년 인터넷신문인 〈오마이뉴스〉의 시민기자가 두 여자 중학생을 추모하자는 뜻으로 인터넷을 통해 촛불시위를 제안하였고, 이 제안이 네티즌을 중심으로 확산되어 같은 해 11월 처음으로 서울의 경복궁 광화문 앞에서 대규모 촛불집회가 열렸다. 처음에는 단순한 추모집회의 성격을 띠었으나, 미군 법정이 사고 장갑차 운전병들에게 무죄 판결을 내리면서 반미 시위의 성격을 띠게 되었다. 평화적 시위를 유지함으로써 국민들로부터 큰 지지를 얻었으며 이후 제16대 대통령선거에도 많은 영향을 미쳤다. 특히 2004년 3월 노무현대통령 탄핵사건이 일어나자 탄핵에 반대하는 대규모 촛불집회가 전국적으로 일어나 탄핵을 주도한 한나라당이 제17대 국회의원 선거에서 패배하는 데 결정적 역할을 하였다. 또 2008년 5월에는 10대 여학생들이 미국산 쇠고기 수입을 반대하는 촛불문화제를 처음 연 뒤로 대학생, 일반 회사원, 유모차를 끄는 젊은 주부들까지 다양한 개인들이 자발적으로 동참하여 비폭력적으로 자신들의 주장을 폈다. 전국에서 100일 이상 계속되었고 그 쟁점도 교육의 시장화, 대운하 건설, 공기업 민영화, 보수신문의 왜곡보도 등에 대한 반대로 확대된 촛불시위는 정부의 권위주의적 정책 결정 과정에 대해 시민들이 자발적으로 문제를 제기하고 저항했다는 점에서 '민주주의 학습의 장'으로서 역할을 하였다는 평가를 받았다. 한편 다양한 개인들이 자발적으로 동참하여 비폭력적으로 자신들의 주장을 폈다는 점에서는 직접민주주의의 새로운 실험으로도 평가된다. 주목할 만한 점은 짧은 기간에 많은 사람들이 촛불시위에 참여할 수 있었던 데는 무엇보다 인터넷의 힘이 컸다는 사실이다. 인터넷을 통한 연결성의 폭발적인 발전은 비용을 줄이고 속도를 최대화하며 전달 범위를 확장하여 거리 개념을 소멸시킨다. 잠재적으로 이런 변화는 정치체계 안에서 기성 조직과 외부 도전자 사이의 자원과 권력의 균형을 바꾸는 심대한 결과를 가져올 수 있다. Pippa Norris(2007), p.39. 다른 한편 전통적인 대의제 민주주의의 제도와 채널을 우회해 거리와 광장에서 펼쳐지는 직접행동의 정치를 '거리의 정치'라 지칭할 수 있다. 이들에게 정치란 이해와 선호를 달리하는 다양한 시민들이 모여 분노를 표출하거나 집단적 요구를 전달하는 것으로 받아들여진다. 이와 같은 거리의 정치는 단지 촛불집회만으로 나타나지 않았다. 삼보일배(三步一拜)와 오체투지(五體投地) 역시 넓은 의미에서 거리의 정치에 포함시킬 수 있다. '거리의 정치'로서의 촛불시위에 대해서는 홍익표(2013), pp.450-471 참조.

대통령 탄핵사건, 2008년 미국산 쇠고기 수입재개 협상 등의 쟁점을 계기로 계속되면서 한국의 대표적인 집회 및 시위문화로 자리 잡았다. 특히 촛불시위는 인터넷의 발달로 확장된 사이버 공간이 대항적인 담론의 공간으로 사용되는 대표적인 사례이다. 2008년 촛불집회의 경우 인터넷동호회 회원들이 광우병 관련 정보를 교환하고 토론하는 과정에서 자발적으로 형성되었고, 인터넷 방송을 통해 집회내용이 실시간으로 생중계되었으며, 또 인터넷을 통해 프랑스, 독일, 뉴질랜드에 거주하는 한국교민과 유학생들이 촛불을 들었다는 점에서 인터넷 기반의 정보 네트워크의 위력을 여실히 보여주었다.

인터넷을 통한 연결성의 폭발적인 발전은 비용을 줄이고 속도를 최대화하며 전달 범위를 확장하여 거리 개념을 소멸시킴으로써 네트워크 사회에서 정보 전달의 성격을 바꿔 놓았다. 잠재적으로 이런 변화는 정치체계 안에서 기성 조직과 외부 도전자 사이의 자원과 권력의 균형을 바꾸는 심대한 결과를 가져올 수 있다.Pippa Norris, 2007: 39 피파 노리스는 특히 개발도상국에서 인터넷의 역할에 대한 다양한 주장을 크게 세 부류로 구분한다. 즉, 인터넷이 개발도상국 사회의 빈곤을 개선하는 긍정적인 역할을 할 것이라고 예측하는 낙관론자들과, 신기술 자체로는 별반 특기할 만한 결과를 가져오지 못할 것이라고 보는 회의론자들, 그리고 디지털 기술이 현존하는 남북 사이의 격차를 더욱 악화시킬 것이라는 비관론자들이 바로 그들이다.Pippa Norris, 2007: 24

정치인들도 인터넷에 주목하기 시작하였다. 이는 무엇보다도 투표장에 가지 않고 투표하는 전자투표electronic voting로 나타났다. 2000년 3월 미국 애리조나Arizona주 민주당 지부는 기존의 투표방식에 인터넷선거를 병행하면서 대통령 예비선거의 관심을 높이는 데 성공했다. 2005년 10월 스위스의 취리히 칸톤Kanton Zürich에 속한 빌라흐Bülach시에서는 세계 최초로 휴대폰 투표를 실시했는데, 사전 신청한 주민들에게 개인 컴퓨터와 휴대폰으로 투표할 수 있도록 허용했다. 휴대폰 투표는 신청자에게 안내서와 투표용지, 투표카드를 보낸 뒤 투표카드에 기재된 고유번호로 휴대폰 문자메시지를 이용, 투표하게 하는 것이었다. 에스토니아에서도 2005년 10월 지방선거에서 세계 최초로 인터넷을 이용한 투표를 실시한 후, 2007년 2월에는 총선거에도 확대 실시하였다. 지지자들은 이 투표가 선거비용을 줄이고 투표과정을 좀 더 편리하게 함으로써 시민참여를 증가시킨다고 주장한다. 반면 비판자들은 선거조작과 잘못 입력된 프로그램 코드가 선거결과에 영향을 미칠 수 있다고 한다.

초고속인터넷과 휴대폰 가입자 수가 세계 최고 수준인 '인터넷 강국' 한국에서도 이미 정치인들이 모바일 홈페이지를 개설해 언제 어디서나 유권자들과 쌍방향 통신이 가능한 '유비쿼터스Ubiquitous 정치'에 첫발을 디뎠다. 예를 들어 모바일 의정보고대회를 개최하거나 블로그 회원들에게 모바일 문자서비스SMS로 주요 뉴스를 제공하고 있다. 앞으로 네트워크에 연결되는 컴퓨터 사용자의 수가 늘어나 정보기술산업의 규모와 범위가 커지고, 광대역통신과 컨버전스 기술의 일반화, 정보기술 기기의 저가격화 등 정보기술의 고도화가 이뤄져 사용자가 네트워크나 컴퓨터를 의식하지 않고 장소에 상관없이 자유롭게 네트워크에 접속할 수 있는 환경이 조성된다면 유비쿼터스 정치는 더욱 확산될 것으로 예상된다.

다른 한편으로 인터넷은 정당, 언론, 의회, 시민단체 등 전통적인 매체보다 효과적인 정치참여의 통로로도 선호되고 있다. 이는 그 편리함과 신속함 등 인터넷이 갖는 장점 때문이겠지만 동시에 전통적 매체에 대한 불신이라는 상황적인 요인하고도 관련이 있다. 그러나 이러한 상황은 다음과 같은 문제점을 지닌다.강원택, 2007: 170-173 인터넷은 정당조직보다 인물 중심의 결집을 더욱 강화시킴으로써 전반적으로 정치적 요구 결집의 주체인 정당의 기능 약화를 이끌고 있다. 또한 인터넷을 통해 감성을 자극하는 이슈나 소재가 주목을 끄는 것이 현실정치에 이용될 때는 무책임한 포퓰리즘으로 변모할 수 있다. 그리고 인터넷을 통한 정치참여를 통해 내려진 중요한 결정이 실패로 끝났을 때 책임을 묻기 어렵다.

인터넷은 반대파와 저항세력에게 중요한 통신 무기의 하나이지만 결정적인 도구가 되기에는 한계를 지니고 있다. 한 예로 가장 시급하게 정보가 필요한 사람들이 인터넷의 효과를 적절히 이용하지 못하고 있다.Noam Chomsky & Edward Herman, 2006: 16 누구나 인터넷에 접속할 수 있다는 사실이 민주주의의 새로운 신화 형성의 토대가 되었다. 그러나 비민주주의 국가의 맥락에서 인터넷 기술은 평등주의적 속성과 무관하다는 평가도 있다. 인터넷에 대한 접근과 이용에 제한이 없는 나라에서는 사회적 평등에 기여할 수 있지만 이와 상이한 사회적, 정치적 맥락에서는 오히려 정보 격차를 통해 기존의 사회적 격차를 강화하는 결과로 나타날 수도 있다는 것이다.고경민, 2006: 109

참고문헌

강미은. 『인터넷 속의 정치』. 파주: 한울아카데미, 2005.

강원택. 『인터넷과 한국정치: 정당정치에 대한 도전과 변화』. 파주: 집문당, 2007.

경향닷컴 촛불팀. 『촛불 그 65일의 기록』. 서울: 경향신문사, 2008.

고경민. 『인터넷은 민주주의를 이끄는가』. 서울: 삼성경제연구소, 2006.

김은미·이동후 외. 『SNS혁명의 신화와 실제: '토크, 플레이, 러브'의 진화』. 파주: 나남, 2011.

민주언론운동협의회 편. 『보도지침』. 서울: 도서출판 두레, 1988.

송경재. "소셜 네트워크 세대의 정치참여." 『한국과 국제정치』 제27권 2호. 2011.

정동규. 『인터넷과 참여민주주의』. 서울: 한국학술정보, 2005.

조항제. 『한국의 민주화와 미디어 권력』. 서울: 한울아카데미, 2003.

최민재. 『미디어 선거와 이미지 정치』. 서울: 한국언론재단, 2004.

홍익표. 『한국정치를 읽는 20개의 키워드: 신자유주의부터 포퓰리즘까지』. 서울: 오름, 2013.

Augstein, Rudolf. 안병억 역. 『권력과 언론: 슈피겔의 신화, 루돌프 아우크슈타인의 위대한 기록』. 서울: 열대림, 2005.

Bennett, W. Lance. *News. The Politics of Illusion*. New York: Pearson, 2007.

Bimber, Bruce. 이원태 역. 『인터넷 시대 정치권력의 변동: 미국 민주주의의 역사적 진화』. 서울: 도서출판 삼인, 2007.

Chomsky, Noam. 황의방 역. 『환상을 만드는 언론: 민주사회에서 언론은 어떻게 사고와 사상을 통제하나?』. 서울: 도서출판 두레, 2004.

Cavanagh, John & Jerry Mander. 이주명 역. 『더 나은 세계는 가능하다』. 서울: 필맥, 2005.

Chomsky, Noam & Edward S. Herman. 정경옥 역. 『여론 조작: 매스미디어의 정치경제학』. 서울: 에코리브르, 2006.

Croteau, David & William Hoynes. 전석호 역. 『미디어 소사이어티: 산업 · 이미지 · 수용자』. 파주: 사계절출판사, 2001.

Curran, James. 김예란 · 정준희 역. 『미디어 파워』. 서울: 커뮤니케이션북스, 2005.

Dyke, Greg. 김유신 역. 『BBC 구하기』. 서울: 황금부엉이, 2006.

Ginsberg, Benjamin & Martin Shefter. *Politics by Other Means: Politicians, Prosecutors, and the Press from Washington*. New York: W.W.Norton & Company, 2002.

Graber, Doris A. (ed.). *Media Power in Politics*. Washington, D.C.: CQ Press, 2006.

de la Grange, Bertrand & Maite Rico. 박정훈 역. 『21세기 게릴라의 전설, 마르코스』. 서울: 휴머니스트, 2003.

Habermas, Jürgen. 한승완 역. 『공론장의 구조변동: 부르주아 사회의 한 범주에 관한 연구』. 서울: 나남출판, 2001.

Herman, Edward S. & Robert W. McChesney. 강대인 · 전규찬 역. 『글로벌 미디어와 자본주의』. 서울: 나남출판, 1999.

Kaid, Lynda Lee (ed.). 송종길 · 이호영 역. 『현대 정치 커뮤니케이션』. 서울: 커뮤니케이션북스, 2007.

Kamarck, Elaine Ciulla & Joseph S. Nye Jr. (eds.). *Governance.com: Democracy in the Information Age*. Washington, D.C.: Brookings Institution Press, 2002.

Keane, John. 주동황 · 정용준 · 최영묵 역. 『언론과 민주주의』. 서울: 나남출판, 1995.

McChesney, Robert Waterman. 『부자 미디어, 가난한 민주주의』. 서울: 한국언론재단, 2006.

McNair, Brian. 김무곤 외 역. 『정치커뮤니케이션의 이해』. 서울: 한울, 2001.

Mosco, Vincent. 김지운 역. 『커뮤니케이션 정치경제학』. 서울: 나남출판, 1998.

Norris, Pippa. 이원태 외 역. 『디지털 시대의 민주주의: 정보 불평등과 시민참여』. 서울: 후마니타스, 2007.

Reuth, Ralf Georg. 김태희 역. 『괴벨스, 대중 선동의 심리학』. 서울: 교양인, 2006.

Rozell, Mark J. (ed.). *Media Power, Media Politics.* Lanham: Rowman & Littlefield, 2003.

UNDP. "라틴아메리카의 민주주의: 시민의 민주주의를 향하여." Judith Adler Hellman et al. 박정훈 외 역. 『게릴라의 전설을 넘어』. 서울: 생각의나무, 2004.

Webster, Frank. 조동기 역. 『정보사회이론』. 서울: 나남, 2007.

제14장

복지국가와 정치

1. 복지국가란 무엇인가?

사회복지 social welfare 란 사회구성원들이 자신의 기본적인 욕구를 충족시킬 수 있도록 도움을 제공하는 조직화된 사회적 활동을 일컫는다. 이는 산업화와 도시화, 세계화 등의 사회변화로 인해 가족, 정부, 종교, 시장 등과 같은 기존의 사회제도가 사회구성원들의 욕구를 제대로 충족시켜주지 못하는 상황에서 그 필요성이 부각되었다. 이에 비해 사회보장 social security 은 불가항력적적인 소득중단 사고에 대해 국가가 책임지고 사회구성원을 보호하는 제도를 가리킨다. 국가가 국민들의 최저생활 보장을 위해 정액 급여를 제공하는 공공부조 public assistance 나 고용주와 국가의 분담으로 노동자에게 보험을 강제하는 사회보험 social insurance, 그리고 공중보건, 교육, 주택제공 등의 각종 사회적 서비스 등이 여기에 속한다.

역사적으로 복지제도는 시민권 civil rights 의 확대와 밀접한 관련을 맺고 발전하였다. 이와 관련하여 영국의 사회학자인 마샬 Thomas H. Marshall 은 시민권을 산업사회로 변화하면서 그 구성원이 될 자격요건이라 정의하고 이것이 공민권 civil right 과 정치권 political right, 사회권 social right 으로 구성되어있다고 한다. 이 중에서 '어느 정도의 복지와 보장'

제도적 복지국가와 잔여적 복지국가: 리처드 티트머스(Richard Titmuss)는 1958년 출간된 *Essays on the Welfare State*에서 복지국가를 잔여적 복지국가와 제도적 복지국가로 분류하였다. 잔여적 복지국가에서 국가는 가족이나 시장이 실패할 때에만 복지 공급의 책임을 떠맡는다. 잔여적 복지국가는 복지 노력의 대상을 구제의 자격을 갖춘 주변적인 사회집단으로 한정하려고 한다. 이에 비해 제도적 복지국가 모델은 인구 전체를 대상으로 모든 분배영역에서 보편주의적이고 제도화된 복지를 구축하는 점에서 차이가 있다. 이러한 티트머스의 접근에 자극을 받아 복지국가 비교 연구 분야에서 새로운 연구들이 활성화되기 시작했다. 많은 학자들은 단순히 사회지출의 수준만으로 복지국가를 평가하는데서 벗어나 표적화된 프로그램 대 보편주의적 프로그램, 수급자격의 조건들, 급여와 서비스의 질, 국가의 시민권 확대과정에 고용과 노동생활을 포함시키는 정도 등과 같은 복지국가의 내용으로 관심을 전환하게 되었다. Gøsta EspingAndersen, 박시종 역(2007), pp.51-52.

그리고 '사회의 지배적인 기준에서 보았을 때 문명화되었다고 할 수 있는 삶을 충분히 누리고 사회의 유산에 충분히 참여할 권리'인 사회권은 각종 사회서비스를 통해 구현된다고 지적한다. 즉, 최소한의 교육과 소득, 건강, 주택 등은 사회적 연대를 증진시키며, 공민권과 정치권을 발휘하는 데도 필수불가결한 조건이라는 것이다.[T. H. Marshall, 2014: 30-34]

사회권은 다른 시민권과 마찬가지로 처음에는 구호를 필요로 하는 최소한의 사람들만을 대상으로 하던 데서 나중에는 전 국민에게로 확대되었다. 이는 전후 복지국가 논의의 초석을 마련한 리처드 티트머스[Richard Titmuss]의 구분을 따르자면 복지가 초창기에는 소수의 사람들만을 대상으로 임시적이고 자선적인 잔여적[residual] 복지에서 모든 사람들을 대상으로 항시적, 조직적으로 서비스를 제공하는 제도적[institutional] 복지로 발전하였다는 것을 의미한다. 여기서 제도적 복지를 행하는 주체가 국가일 때 우리는 그것을 복지국가welfare state라 부를 수 있다. 복지국가에 대해서는 다양한 학자들이 나름의 기준을 동원해 정의를 내렸다. 최상의 정의 중 하나는 아사 브리그스Asa Briggs 가 내렸다. "복지국가는 시장지배력의 역할을 조절하기 위해 조직된 권력이 (정치와 행정을 통해) 최소한 세 가지 방향으로 신중하게 사용되는 국가이다. 첫째, 개인과 가족들에게 그들의 노동이나 재산의 시장가치에 상관없이 최소한의 소득을 보장한다. 둘째, 그렇지 않을 경우 개인과 가족들의 위험으로 이어지는 '사회적 우연성(예를 들어 질병, 노령, 실업)'을 최소화한다. 셋째, 지위나 계급에 상관없이 모든 시민들에게 합의된 사회적 서비스의 범위에 따른 이용 가능한 최선 수준의 제공을 보장한다"Asa Briggs, 1961: 288

이들 정의에 입각해보면 복지국가는 사회적 시민권의 하나로써 국가가 국민들에게 일정 수준 이상의 삶의 질을 제도적으로 보장해주는 국가를 지칭한다. 또한 복지국가는 국민들에게 일정한 보호를 보장하기 위해 복지에 관한 최소한의 전국적 기준national minimum standards을 정하고 각종 사회보장제도를 운영함으로써 사회적 연대의 기능을 독점한다. 복지국가는 프랑스의 에타-프로비당스Etat-providence, 독일의 사회국가Sozial-staat와 비슷하나 엄격히 구별하면 이들보다 더 큰 외연을 가진다. 빈민과 노동자들만 아니라 전체 시민들에게 보호를 제공하고 필요할 때마다 그들의 욕구에 부응하는 복지국가는 경우에 따라 권력집중이 증대되고 사회적 계획화가 진행되기도 한다. François-Xavier Merrien, 심창학·강봉화 역, 2000: 27

그러나 복지국가가 반드시 민주주의의 진척과 상응해서 발전한 것은 아니다. 복지국가를 출범시킨 최초의 중요한 조치들은 민주주의보다 시기적으로 앞서 도입되었으며, 오히려 그러한 민주주의의 실현을 억제하기 위한 열망을 강한 동기로 하고 있었다. 이와 관련하여 덴마크 출신의 사회학자인 에스핑안데르센은 복지국가를 국가의 성격, 계층화, 대외개방의 정도, '탈상품화decommodication'의 수준 등과 같은 다양한 요소를 고려하여 신중하게 정의할 필요가 있다고 지적한다. Gøsta Esping-Andersen, 박시종 역, 2007: 47-57 여기서 중요한 요소는 탈상품화와 계층화이다. 탈상품화는 "어떤 서비스가 권리의 대상으로 주어질 때, 그리고 어떤 사람이 시장에 의존하지 않고서도 생계를 유지할 수 있을 때 성립한다." 이에 따르면 자본주의 시장경제의 노동시장에서 결정되는 자신의 노동력 가격에 의존하지 않고 인간다운 생활을 누릴 수 있게 해주는 것이 바로 복지제도라 할 수 있다.

복지국가의 세 가지 유형

"우리가 사회권과 복지국가의 계층화 측면에서 나타나는 국가간의 편차들을 검토할 경우, 우리는 국가와 시장, 가족의 3자로 이루어진 조합들이 질적으로 서로 다르다는 사실을 확인할 수 있다. 첫 번째 체제유형인 자유주의 복지국가는 자산조사형 공공부조, 낮은 수준의 보편적 소득이전, 혹은 낮은 수준의 사회보험 계획 등이 지배적인 범주를 구성한다. 이 체제에서는 낮은 급여를 받는 노동계급에게 급여가 집중적으로 제공된다. 이 모델에서 사회개혁의 진전은 복지의 상한을 설정한 자유주의의 전통적인 노동윤리 규범에 따라 엄격하게 제한된다. 이 체제에서 수급권의 규칙은 엄격하고 흔히 낙인을 동반한다. 급여의 수준도 전형적인 경우 낮은 수준에 머문다. 국가는 최저 수준만을 보장하는 전략을 통해 시장을 소극적으로 활성화하기도 하고, 사적 복지제도들을 보조금을 지불함으로써 시장을 적극적으로 활성화하기도 한다. 그 결과 이 복지체제 유형은 탈상품화 효과를 최소화하며, 사회권의 영역을 효과적으로 제한한다. 국가복지 의존자들 사이에서는 상대적인 빈곤의 평등이, 대다수 국민들 사이에서는 시장에 의존한 복지가 나란히 병존하는 계층질서를 창출한다. 이 모델에 속하는 전형적인 국가들로는 미국과 캐나다, 오스트레일리아가 있다.

두 번째 체제유형에는 오스트리아, 프랑스, 독일, 이탈리아가 속한다. 이 유형은 역사적으로 조합주의적·국가주의적 유산을 물려받았지만, 그 유산은 새로운 '후기산업사회'의 계급구조가 형성되면서 그에 걸맞도록 업그레이드되었다. 이들 복지국가들에서는 시장 효율성과 상품화에 대한 자유주의적 집착은 거의 두드러지지 않으며, 또한 사회권의 보장 역시 그 자체로는 심각한 각축의 대상이 되는 일이 좀처럼 없다. 이 유형에 속하는 복지국가들을 지배하고 있는 원리는 지위격차를 유지하고 보존하는 것이다. 따라서 이 체제에서는 권리들이 계급과 지위에 부착된다. 이러한 조합주의는 국가기구가 복지 공급자로서 시장을 대체할 준비를 완벽하게 갖추고 있는 조건 하에서 도입된다. 그렇기 때문에 이 체제에서는 민간보험과 기업의 부가급여가 단지 주변적인 역할에 머문다. 다른 한편, 국가가 나서서 지위격차를 유지하는 원리를 강조한다는 것은 국가의 재분배 효과가 무시해도 좋을 만큼 미미하다는 것을 의미한다. 그러나 이 조합주의 체제는 또한 전형적인 경우 교회에 의해 형성되기도 하며, 따라서 전통적인 가족제도의 유지와 보존에 강한 집착을 보인다. 이 체제가 앞세우는 '보충성의 원리'는 가족이 그 구성원들에게 서비스를 공급할 능력이 소진되었을 때에 한해서 국가가 개입할 것을 강조하는 방향으로 작용한다.

세 번째 체제는 그 규모는 가장 작지만 보편주의와 사회권의 탈상품화 원리를 신중간계급 까지 확대 적용하고 있는 국가들로 구성된다. 이들 국가에서는 사회 민주주의가 사회개혁을 추동하는 지배적인 힘으로 작용하기 때문에 이러한 유형을 사회 민주주의 체제 유형이라 부를 수 있다. 사회 민주주의자들은 국가와 시장의 이중구조, 노동계급과 중간계급의 이중구조를 용인하지 않으며, 다른 유형의 체제들이 추구하는 바와 같은 최저 욕구의 평등이 아니라 최고 수준의 평등을 추구하는 복지국가를 지향한다. 이러한 전략은 서비스의 급여가 신중간계급의 가장 차별적인 취향에 걸맞은 수준으로까지 업그레이드된다는 것을 의미하며, 부유층이 향유하는 수준의 권

리에 노동자들이 완전히 참여하는 것을 보장함으로써 평등을 확대한다는 것을 함축한다. 이 체제의 이러한 공식은 탈상품화 효과가 강하면서도 동시에 차별화된 기대 수준에 부합하는 일련의 보편주의 프로그램들로 전환되어 현실화된다. 그리하여 육체노동자들도 봉급을 받는 화이트 칼라 노동자나 공무원들과 동등한 권리를 향유할 수 있게 된다. 모든 계층이 보편주의적인 단일 보험체계의 적용을 받되, 급여는 통상적인 소득에 비례하여 지급된다. 또한, 완전고용을 보장하기 위해 전력을 투구함으로써 복지와 일의 조화를 추구한다. 가족의 비용을 선취하여 사회화하고 개인의 자립능력을 극대화하려 한다. 이 모델은 시장을 구축하며(crowd out: 공적 부문의 확대로 시장의 민간부문이 위축되는 현상), 그 결과 본질적으로 보편주의적인 연대를 건설함으로써 복지국가를 떠받친다. 만인이 급여를 공급하고, 만인이 의존적이다. 그리고 필경 만인이 비용 부담의 의무감을 느낀다."

출처: Gøsta Esping-Andersen, 박시종 역(2007), pp.62-66

한편, 계층화는 사회적 시민권 같은 어떤 한 사람의 시민으로서의 지위가 그의 계급적 지위와 경합하거나 그것에 의해 대체되는 것을 가리킨다. 그런 점에서 복지국가는 불평등의 구조에 개입하거나 이를 시정하는 메커니즘인 동시에 그 자체로서 사회적 관계를 서열화하는 적극적인 힘으로서의 계층화 체계라고 한다. 이러한 논의에 입각

해 에스핑안데르센은 복지국가를 자유주의, 보수주의적 조합주의, 사회 민주주의의 세 유형으로 구분하였다. 자유주의는 탈상품화가 낮은 수준이며 계층구조에서 이중구조를 보이고 있는 모델이고(미국, 캐나다 등), 보수주의적 조합주의는 탈상품화는 어느 정도 실현하였으나 사회보장 프로그램이 사회계층을 반영하는 구조를 갖고 있는 모델이며(독일, 오스트리아 등), 사회 민주주의는 노동운동의 강한 주도권 하에 탈상품화가 진행되어 계층성이 약한 모델이라고 지적한다(스칸디나비아 국가들).

2. 복지국가의 역사적 전개

복지국가는 각국의 역사적 맥락과 정치적, 사회경제적 조건에 따라 그 형태와 수준을 달리해 발전하였다. 이러한 복지국가는 근대화의 산물이지만 그 역사적 기원은 오래되었다. 유럽에서 가장 오래된 형태의 사회복지는 일종의 종교적 구호활동인 자선charity이라 할 수 있다. 사회적 약자에 대한 구제는 기독교의 가장 중요한 덕목의 하나로서 이에 따라 자선활동이 전개되었다. 그러나 종교개혁이 일어나고 이윤을 절약하는 금욕주의적 윤리가 강조되면서 자선을 받던 대상자들은 교회가 아닌 국가의 구빈제도에 맡겨지게 되었다. 국민국가는 특정의 빈곤층을 대상으로 잔여적 복지를 제공하던 구빈법Poor Law Act과 빈민과 노동자들의 지리적 이동을 통제하는 정주법Act of Settlement을 제정하였다.

이러한 법이 제정된 데는 공업이 발전되면서 농촌에 과잉인구가 형성되고 적지 않은 농민들이 토지를 잃고 유랑하는 상황이 발생하면서 국가적 차원에서 이들을 통제할 필요성이 생겼기 때문이었다. 그 결과 재산을 지닌 자에게 구빈세를 부과해 노동능력이 없는 자들을 구제하였고, 스핀햄랜드 법Speenhamland Act을 제정하여 생계비 이하의 임금을 받는 노동자에게 수당을 제공하고 가장이 없는 가정에는 아동수당과 가족수당을 제공하였다. 이처럼 빈민구제에 소요되는 비용을 국가의 세금으로 충당하였을 뿐만 아니라, 빈민감독관직을 신설하여 이들로 하여금 빈민에 대한 실태파악과 구호를 담당하게 하였다. 한편, 근로능력이 있는 빈민은 작업장에서 일을 하는 조건으로 최소한의 구호를 제공하였다. 이와 같이 노동을 조건으로 생계를 지원하는 것은 노동의 상품화를 강제한 것이라는 데서 후에 자본주의적 산업화에 기여하였다고 평가된다.김태성·성경륭, 2000: 81

사회적 시민권의 하나로써 국민들에게 일정 수준 이상의 삶의 질을 제도적으로 보장해주는 복지국가는 역사적으로 19세기 말경 서유럽에서 처음으로 모습을 드러냈다. 당시 서유럽은 근대화의 일환으로 기술이 발전하고 생산의 범위와 규모가 확대되고 이로 말미암아 자본주의 체제도 재조직되는 산업화가 광범위하게 진행되고 있었다. 생산의 확대는 대량 생산과 소비를 가져왔고 다시 산업의 통합과 팽창을 초래했다. 그 결과 인구가 증가했는데 특히 자본가들에게 고용되어 생산을 담당하는 노동자들의 수가 급속히 늘어났다. 이렇게 된 데는 영국에서처럼 자본가들이 장악하고 있던 의회가 일련의 법안들을 통해 농촌 마을의 토지를 울타리가 쳐진 단일한 토지로 재분배하고 농민들을 토지 없는 노동자로 내 몰은 것도 영향을 미쳤다. 그러나 이들 노동자들은 프리드리히 엥겔스Friedrich Engels가 『영국 노동계급의 상태Die Lage der arbeitenden Klasse in England』에서 면밀하게 관찰한대로 가혹한 생활환경과 노동조건에서 힘겹게 삶을 영위해나가고 있었다. "이러한 동물적인 처지에서 벗어나고자, 보다 나은 인간적인 지위를 얻고자" 노동자들은 그들을 착취하고 있던 자본계급과 그들이 장악하고 있는 국가권력에 대항해 투쟁을 전개하였다.Friedrich Engels, 김보영 역, 1991: 154 당시 노동자들이 전개하던 급진적 운동은 사회불안을 막고 안정적으로 노동자가 공급되기를 바라던 지배계급으로 하여금 이를 위한 수단적 방편으로 노동계급의 복지를 고려하게 했다. 이 같은 역사적 사실에 미뤄보면 산업화는 복지국가가 출현하기 위한 전제조건 중의 하나라고도 할 수 있다.

복지국가는 후발 자본주의 국가인 독일에서 처음 시작되었다. 19세기 중반에 들어서면서 독일에서는 급속한 산업화가 추진되는 과정에서 산업재해가 급증하고 노동자들의 질병과 건강문제가 사회문제화 되었다. 또 다른 한쪽에서는 노동자들이 자신들의 권리를 확보하기 위한 투쟁을 시작하였다. 1863년에 발족된 독일노동자협회를 이어 1875년에는 독일사회주의노동당(1890년 독일사회민주당으로 개칭)이 결성되면서 노동자들의 권리투쟁은 보다 조직적으로 전개되었다. 이러한 상황에서 독일 제국의 총리인 비스마르크Otto von Bismarck는 세계 최초로 질병보험(1883), 산재보험(1884), 노령연금(1889)으로 이어지는 사회보험제도를 채택하였다. 이러한 독일의 사회보험제도는 사회적 시민권의 하나로써 국가가 국민들에게 일정 수준 이상의 삶의 질을 제도적으로 보장하는 복지국가의 맹아적 형태라고 평가된다. 그러나 이는 노동계급을 포섭하고 사회주의 정당을 순치시킴으로써 구질서를 유지하기 위한 전략으로 채택되었다고 평가된다. 이 같은 독일의 사회보험 입법은 다른 서유럽 국가에도 영향을 미치면서 복지국가는 점차 제도적으로 정착되고 공간적으로 확산되어 나갔다.

1, 2차 세계대전을 거치면서 서유럽 국가들에서는 복지비 지출이 증대하고, 복지수혜자의 대상 범위가 확대되었다. 특히 스칸디나비아 제국과 영국, 독일에서 큰 폭의 상승이 이뤄졌는데 이는 전쟁에 효과적으로 국민을 동원하기 위한 것이라고 할 수 있다. '요람에서 무덤까지'라는 복지국가의 슬로건을 제시한 1942년의 영국의 비버리지 보고서Beveridge Report도 내외부의 위협으로부터 국민을 보호하는 것과 아울러 시민들과 병사들에게 대독일전쟁 참가의 정당성을 확인해주려는 목적이 있었다.1) 심지어는 복지지체국welfare laggard이라 불리는 미국에서도 전쟁을 계기로 사회보장법을 제정하고 취약계층을 지원하기 시작하였다. 이는 일부 학자들이 주장하는 '전쟁-복지국가warfare-welfare state 가설'을 뒷받침하는 역사적 사실이기도 하다. 이런 발전이 가능했던 것은 국가적 위기상황에서 자본가와 노동계급(정당들)이 뉴딜New Deal, 사회계약, 역사적 타협이라 불린 사회협약을 체결하여 국가복지가 대폭적으로 확대된 데 있었다.

전후 서유럽에서는 계급타협에 기초해 경제성장과 완전고용, 사회보장을 추구하는 '동의의 정치politics of consensus'가 자리를 잡았다. 국가와 자본가들은 높은 수준의 복지지출과 노동자들의 경영 및 분배과정에의 참여 보장을 통해 노동계급과 일반 국민의 체제에 대한 동의를 이끌어 내는데 성공할 수 있었다. 이는 1920~30년대에 그 역사적 뿌리를 두고 있다. 경제위기 상황에서 진보적 정당들은 조직화된 노동계급, 개량적 자본분파, 다수의 중간계급 성원 및 농민들과 개혁적 선거연합을 형성하여 국가권력을 장악하였다. 이러한 정치적 기초 하에 유럽의 국가들은 사회계약, 역사적 타협 등으로 불린 사회협약을 자본과 노동 간에 체결하여, 케인즈적 수요관리의 일환으로 혹은 복지 사회주의 실현의 방편으로 국가복지의 대폭적 확대를 도모하였다. 김태성·성경륭, 2000: 105 복지국가는 경기조절의 도구로서 '시장의 실패'를 상쇄하는데 이바지했다.

---

1) 비버리지 보고서는 전시 연정 하에서 영국노총의 건의에 의해서 전쟁에 시달리는 병사들과 시민들의 사기 제고를 위해 설립된 '사회보험 및 관련 사업에 대한 각 부처 연락위원회', 일명 '비버리지 위원회'에 의해 1942년 12월 발간되었다. 사회보장보험에 있어 국가와 개인의 역할 분담을 강조한 비버리지 보고서는 포괄성의 원칙(principle of the comprehensiveness), 급여적절성의 원칙(principle of the benefit adequacy), 정액갹출의 원칙(principle of the flat rate contribution) 등을 원칙으로 제시했다. 아울러서 사회보장이 성공하기 위해서는 가족수당(family allowances), 포괄적인 보건서비스(comprehensive health service), 그리고 완전고용(full employment) 세 가지 기본 전제조건이 필요하다고 주장했다. 이 보고서에 입각해 전후 복지국가의 청사진을 제시한 영국 노동당은 1945년 총선에서 전쟁영웅인 처칠이 이끄는 보수당을 꺾고 집권하였다.

비스마르크와 독일의 사회보험제도: 오토 폰 비스마르크(Otto von Bismarck, 1815~1898)는 독일 제국의 초대 총리로 이른바 '철혈정책'으로 불리는 현실주의 정책을 통해 독일을 통일했으며, 보호관세정책으로 독일의 자본주의 발전을 이끌었다. 비스마르크는 당시 격화되던 노동운동과 확산되던 사회주의 계열의 단체에 대해서는 채찍과 당근정책을 병행하였다. 사회주의 정당, 협회, 모임, 출판을 금지한 1878년의 '사회주의자법(Sozialistengesetz)'이 전자라면, 질병보험, 산재보험, 노령연금 등 사회보험제도의 도입은 후자라 할 수 있다. 그런 점에서 비스마르크는 현실주의 정책을 선호한 정치가인 동시에 사회보장에 관한 포괄적인 계획을 수립한 최초의 정치가이기도 하다. 이들 사회보험은 저소득 임금노동자를 의무적으로 가입시키고, 정부가 보험을 독점하고 통제하며, 사보험회사를 배제하고, 고용주의 비용 부담에 정부가 지원하는 것을 특징으로 하였다. 질병의 예방과 치료, 임신과 분만, 아동교육, 농업경영에 대한 부조를 내용으로 하는 질병보험의 경우 기존의 길드, 공장 등에서 담당하며, 비용은 노동자들이 3분의 2, 자본가들은 3분의 1을 담당하도록 하였다. 산재보험은 사업주의 과실여부에 상관없이 재해노동자에게 보험급여 권리를 부여하되 급여 수준은 이미 납부한 보험료에 상응하여 결정되었다. 가장 뒤늦게 채택된 노령연금은 2천 마르크 미만의 임금을 받는 노동자 중에서 70세가 넘은 이들에게만 제공하여 수혜자 수가 적었고, 그 수준도 당시 노동자들이 기본생활비의 일부만 충족시킬 수 있을 정도로 매우 낮았다. 비스마르크가 이 같은 사회보험제도를 고안한 것은 부의 재분배와 노동자들의 삶의 질 증진을 목표로 하는 평등주의 사상과는 무관한 것으로 도덕적 훈육과 사회 안정, 국민 형성, 생산관계의 안정화, 국제경쟁력 강화 등을 통해 기존체제와 질서를 유지하고 강화하기 위한 것이었다.

아울러서 사회적 보호의 약속은 서구 민주주의의 정당성을 높여주었다. 사회급여의 보장은 노동자들이 변화하는 시장조건에 적응할 수 있도록 도움을 주었고, 노동자들로 하여금 임금인상 요구를 자제할 수 있게 해 줌으로써 자본주의 시장경제체제의 유지에 기여하였다. Paul Pierson, 박시종 역, 2006: 22

이와 관련하여 폴란드 출신의 미국 정치학자인 아담 쉐보르스키 Adam Przeworski 는

스웨덴 복지국가의 확립 과정: 스웨덴에서 복지국가 논의를 이끈 세력은 다른 서유럽 국가들의 좌파 정당보다 훨씬 유연한 정치적 태도를 가진 사민당이었다. 사민당 내에는 에른스트 비그포르스(Ernst Wigfores), 페르 알빈 한손(Per AlbinHansson), 고스타 렌(Gösta Rehn), 루돌프 마이드너(Rudolf Meidner) 등과 같은 정책설계자들이 있었다. 비그포르스는 1919년에 이미 예테보리의 사민당원들과 함께 '예테보리 강령(Göteborgsprogrammet)'을 작성해 제출하는데 이는 "노동계급 생활수준의 전반적 향상 그리고 이에 따라 사회구성원들 사이에 부의 배분이 좀 더 평등하게 이루어지는 것"을 가장 시급한 과제로 설정하고 이를 위해 당시에는 파격적인 정책들인 적극적 노동시장 정책을 통한 일자리 보장, 노동시간 단축, 전국 단위의 의료보험, 평등한 교육기회, 압도적으로 누진적인 상속세와 소득세 등을 제시하였다. 1928년 선거에서 한손은 국가가 모든 국민이 행복을 누릴 수 있는 집이 되어야 한다는 유명한 '국민의 집(folkhemmer)'을 구호로 내걸었다. 1932년부터 17년 동안 재무부장관으로 재직했던 비그포르스는 총체적 기획으로'나라살림의 계획'이라는 경제모델을 제시했고 여기에 포함된 선별적 경제정책, 적극적 노동시장 정책, 포괄적인 보편적 복지정책 등은 사민당의 핵심 정책노선이 됐다. 이들 정책은 한편으로는 보편적 복지 국가 정책과 결합되어 노동자 가족의 고용과 생계를 안정시켰으며, 다른 한편으로는 발렌벨리(Wallenberg) 가문과 같은 자본가 계급과의 협조를 통해 스웨덴의 산업 고도화 및 생산성 향상을 이루어내는 데 크게 기여했다. 스웨덴은 북유럽 사회 민주주의를 선도했고 보편주의적인 복지국가의 모범적인 모델로 꼽히게 되었다. 사진은 1938년의 살트셰바덴 노사대타협(Saltsjöbadsavtalet) 체결 장면이다.

국가의 복지지출이 노동계급과 일반 국민의 체제에 대한 순응성을 함양하는 '동의의 물질적 기초'로 기능하였다고 지적한다. 쉐보르스키는 급진적 재분배 정책이 초래할 자본주의의 경제위기가 불가피하게 임노동자에게도 불이익이 되기 때문에 사민주의자들이 생산 수단의 사적 소유의 철폐를, 생산력을 증가시키고 그 이익을 분배하는 데 있어 자본가들의 협력과 맞바꾸었다고 한다. 이것이 바로 사민주의자들이 자본주

〈표 1〉 복지국가의 변천과 제도적 성과물

	특징	제도적 성취물	주도 국가
복지국가의 탄생기 1880~1914	기본적인 복지프로그램 도입	의료보험(1883, 독일), 연금(1889, 독일), 실업급여(1905, 프랑스)	독일 프랑스
복지국가의 성장기 1920~1940	사회복지예산의 전반적인 상승 노동조합의 지지	케인즈주의국가 등장(1930), 영아 및 여성노동보호(1935), 직업교육 실시(1935)	미국 스웨덴 독일
복지국가의 황금기 1945~1975	완전고용 구호 등장 혼합경제 등장 지속적인 경제성장	GNP 20% 복지예산 지출	프랑스 독일 영국 캐나다
복지국가의 위기 1980~1990	오일쇼크 복지국가 내적 모순	주 35시간 근무 실업보험 확대 GNP 30% 복지예산 지출	영국 독일 프랑스 스웨덴

출처: Christopher Pierson, 박시종 역(2006), 3, 4장

의를 재생산하려고 시도할 뿐만 아니라 자본가의 저항을 무릅쓰고 자본주의를 개선시키기 위해 투쟁하는 이유라는 것이다.[Adam Przeworski, 1986: 135-136] 제2차 세계대전 역시 효과적 국민동원을 위해 국가의 복지 서비스가 확대되는 계기를 제공했다.

제2차 세계대전 후 약 30여 년간은 경제성장에 힘입어 높은 수준의 복지지출을 유지한데서 복지국가의 황금기라 불린 시기였다. 이에 따라 이전에 형성된 국가·자본·노동 간의 화해적 정치구조도 그대로 지속되었고 '동의의 정치'에 기반해 국가가 국민들에게 안정적으로 각종 사회보장을 제공하였다. 당연히 국가의 복지지출은 노동계급과 일반 국민의 체제에 대한 순응성을 높이는 데 기여했다. 그러나 인구통계학적인 변화와 1970년대부터 시작된 전 세계적인 경제 침체로 인해 동의의 물질적 기초인 복지지출이 어려워지면서 유럽에서도 다양한 형태로 복지국가의 재편이 이뤄지고 있다. 이러한 재편은 특히 경제와 복지 분야에 대한 국가의 개입을 비판하고 궁극적으로는 복지국가의 해체를 통해 자유 시장체제를 확고히 하려는 보수 세력이 집권하면서 더욱 거세졌다. 이러한 복지국가의 변천을 표로 나타내면 다음과 같다.

3. 세계화와 복지국가의 재편

'동의의 정치'를 과시하던 서유럽의 복지국가들은 그러나 1970년대 중반에 들어오면서 복합적 요인들로 인해 도전에 직면하였다. 먼저 복지국가의 변화에 영향을 미친 요인들로 거론되는 것은 경제상황의 악화와 인구통계학적인 변화를 들 수 있다. 1970년대 초의 1차 석유파동oil shock 이후 지속적으로 반복되는 세계경제의 침체는 대부분의 서유럽 국가들을 스태그플레이션과 재정적자라는 상황에 처하게 하였다. 이러한 경제성장의 악화는 노령화와 가족형태의 변화, 낮은 출산율 같은 인구통계학적 변화, 경제적 개방의 확대와 국제적 경쟁의 격화로 나타난 세계화의 진전 등의 요인들과 더불어 기존의 복지국가 프로그램을 축소하거나 재편retrenchment하여야 한다는 사회적 압력을 받게 하였다. 이로 인해 주요한 계급 간의 갈등이 커지면서 이들의 상충하는 요구를 조정하는 것이 더욱 어렵게 되었다.

복지국가 위기는 특히 복지비 지출과 함께 엄청난 국방비를 지출하는 영국과 미국에서 강하게 나타났다. 많은 연구자들은 복지국가가 위기에 처했다고 진단을 내렸고 보수주의자들과 신자유주의자들은 복지국가가 붕괴breakdown되거나 해체dismantlement, 혹은 종말end을 맞았다는 정치적 수사를 구사하기 시작했다. 이들은 복지국가의 정책목표가 자본주의의 논리와 상충됨을 재강조하고, 시장에 대한 '불필요한 개입'을 일삼는 복지국가는 이미 한계에 도달하였다며, 그 생존에 의문을 제기하였다. 실제로도 기본구조와 가치가 산업화과정에서 형성된 것인 복지국가가 다원화된 사회에서 출현하는 복잡한 갈등을 조절하고 새로운 욕구를 충족시키는 것은 일정한 한계를 지닐 수밖에 없다. 그 결과 국가가 이전처럼 모든 사람들을 대상으로 항시적, 조직적으로 복지를 제공하는 것은 어려움에 처했고, 일부 국가에서는 잔여적 형태의 복지 제공을 특징으로 하는 복지 다원주의welfare pluralism가 그 대안으로 제시되기도 하였다. 또 일부에서는 강력한 반조세, 반복지, 반관료주의 운동이라는 '조세와 복지에 대한 반격tax-welfare backlash'도 나타나게 되었다. Harold Wilensky et al., 남찬섭 역, 1992: 71-73

이러한 주장은 대부분의 서유럽 국가들에서 자본주의 시장에 대한 국가의 개입을 낮추고, 지금까지 유지되어 온 주요한 복지 프로그램을 축소하거나 삭감하는 등 복지국가를 재편하려는 정책을 실행하면서 한 때 상당한 주목을 받았다. 이는 세계를 하나의 단일한 시장과 교역조건으로 통합하는 과정인 경제적 세계화와 더불어 두드러졌다. 이 책의 3장에서 살펴보았듯이 경제적 영역에서의 세계화는 세계경제의 개방과 통합을 위해 국가들 간의 왕래에 가했던 정부의 제한들이 철폐해가는 과정이기도 하다. 이러한 세계화는 기존 국민국가의 정책능력을 약화시키고 고임금 비용 경제의 취약성을 더욱 노출시키고 있다고 지적된다. 유럽에서는 세계화의 결과인 유럽통합의 진전 역시 1980년대에 들어서면서 복지국가에 영향을 미쳤다. 즉, 경제통화동맹[EMU]을 위한 마스트리히트 조약의 기준은 유럽연합 회원국들에게 공공지출의 삭감과 사회보장과 복지제도의 개혁을 강요하는 것으로 나타났다.

복지국가 위기론자들은 복지 삭감에 대한 세계화의 압도적 영향력을 강조한다. 이런 입장은 데이비드 헬드가 말한 과대세계화론자들[hyperglobalizers]이 개진하고 있다. 이들은 세계화가 국경을 초월하는 강력한 무역과 생산의 흐름으로 새로운 지구적 질서를 만들고 있다고 주장한다. 이들은 특히 변화하는 국가의 역할에 초점을 맞추는데 국가가 불안전한 금융시장과 환경위협과 같은 국경을 초월하는 쟁점들을 통제할 수가 없게 되었다고 한다. David Held & Anthony McGrew et al., 조효제 역, 2002: 15-20 시장에 대한 낙관적 믿음을 지닌 이들은 복지정책과 관련해서는 정치에 대한 경제의 우위를 강조한다. 이들은 정부의 시장에 대한 개입은 시장의 왜곡과 비효율성을 낳기 때문에 이를 저해하는 개입을 철회하거나 최소화해야 국가경쟁력이 살아난다고 주장한다. 이러한 논지는 결국 사회적 약자들의 보호기제인 복지국가를 해체하고 축소한다는 것을 의미한다. 시장기제의 강화와 국가능력의 약화가 장기적으로는 시장왜곡을 치유하여 경제적 풍요를 가져오리라는 것이다.

이러한 주장은 세계화의 충격을 효율성 가설[efficiency hypothesis]에 입각해 본다. 이에 따르면 시장경쟁을 촉진하는 세계화의 물결 속에서 국가와 기업은 평등과 소득분배를 중시하던 기존의 원리를 축소하고 효율성 증진에 초점을 맞춰야 한다고 한다. 그리하여 복지국가는 축소되는 것이 마땅하고 또 그것이 일반적으로 나타는 패턴이라는 주장이다. 이 가설에 따르면 정부는 기존의 개입양식을 대폭 축소, 수정하고, 적극적 시장개방을 통하여 외국자본의 대량유입을 위한 인센티브를 개발하고, 임금생활자를 보호하는 사회적 제도와 복지제도를 축소하는 것이 전체적으로 국가경쟁력의 배양에 필요한 조치라고 본다. 송호근·홍경준, 2006: 46-47

신우파나 신자유주의자들은 국가에 의한 복지개입을 비판하고 복지국가의 해체를 통해 자유시장체제를 공고히 하려는 의도에서 복지국가의 위기론을 퍼트렸다. 이들 위기론자들은 복지국가 위기론의 증거로 사회복지지출[social expenditure]의 삭감을 제시하였다. 이들은 세계화가 최소한의 잔여적 형태의 사회정책으로의 새로운 수렴을 이

마거릿 대처의 신자유주의 정책: 1979년 총선에서 승리한 보수당의 당수 마거릿 대처(Margaret Thatcher)는 집권하자마자 감세와 탈규제, 국가자산의 민영화, '노조 깨기'정책을 강력하게 추진했다. 반노동정책과 더불어 대처는 국가가 제공하던 각종 복지서비스 역시 과감하게 축소했다. "세상에 사회란 존재하지 않는다. 오직 개별적인 남자와 여자, 그리고 가족들이 존재할 뿐이다(And, you know, there is no such thing as society. There are individual men and women, and there are families)"라는 대처의 말에는 그의 세계관이 응축되어 있다. 그러나 학교에서의 우유무상급식을 비롯한 각종 복지혜택의 축소는 여성들에게 직격탄이 되었고, 가족과 공동체를 약화시키는 결과를 초래했다. 신자유주의 학자인 프리드리히 폰 하이예크와 밀턴 프리드먼의 영향을 강하게 받은 대처는 개인의 도덕적 권위와 선택의 자유의 당위성을 옹호했다. 국정 운영에 있어서도 작은 정부가 아니라 시장을 보호하려는 목적으로 강력한 정부를 운용했고, 이 과정에서 분쟁이 일상화되었다. 심지어는 자산소유자에게 징수하던 지방정부의 재산세를 모든 주민에게 부과하는 인두세로 일방적으로 변경하기도 했다. 지지자들은 그를 '영국병의 주치의', '냉전을 끝낸 자유의 투사', '유리천장을 깬 여성 리더'로 찬양하지만 반대자들은 그를 '부자들의 천사이자 빈자들의 마녀', '반노동·강경대외정책으로 영국을 파괴시킨 자'로 비판하였다. 2013년 그가 사망했을 때 영국의 일간지인 가디언은 "대처의 유산은 공공의 분열, 개인적 이기심, 탐욕의 숭배였다. 이 모든 것들은 그 어느 때보다도 인간정신을 속박했다"라는 부고 기사를 게재했다(The Guardian, 8 April 2013). 사진은 대처의 복지 축소에 항의하는 시민들의 모습이다.

끝으로써 복지국가 형태의 다양성을 종식시킨다고 주장하였다. 실제로 일부 국가에서 복지가 생산력 증대와 국가경쟁력 배양에 공헌해야 한다는 효율성 가설에 입각해 공적부조의 삭감과 근로연계복지workfare가 행해졌다. 1990년대의 미국의 경우는 외부자본 유치에 좋은 환경을 만들기 위해 세금, 규제, 사회지출을 축소하고 시장경쟁을 극대화하는 이른바 '바닥으로의 질주race to the bottom'에 충실한 조치가 취해졌다.

세계화 옹호론자들이 복지국가의 축소를 주장한다면 세계화 비판론자들은 복지국가의 적극적 방어를 내세운다. 비판론자들은 세계화가 온갖 폐단을 불러일으킨다고 주장한다. 예를 들어 자본이동, 노동유연성, 시장경쟁 등을 촉진하는 조치는 임금생활자에게는 고용과 소득의 불안정, 실업위험을 증가시킨다는 것이다. 비판론자들에게 세계화란 총체적으로 위험의 극대화이자 사회적 약자에 대한 위험부담의 증가이다. 이들은 보상가설compensation hypothesis에 입각해 세계화의 압력에 대처해야 한다고 본다. 보상가설은 세계화의 부정적 효과를 줄이고 세계화에 희생된 계층과 집단을 보호하는 것이 급선무임을 강조한다. 즉, 시장통합과 자유경쟁체제로의 전면 이행에 따른 폐단을 줄이는 조치를 과감히 펼치는 것 그리고 소득불평등, 고용불안정, 실업위험에 대처하는 적극적 정부개입이 필요하다는 것이다.송호근·홍경준, 2006: 47

어떤 가설이 적합성을 갖고 세계화에 대응하는 방식 중 어떤 것이 타당한지를 둘러싸고는 많은 논쟁과 연구들이 진행되었다. 사회복지 지출 관련 수치는 장기간에 걸쳐 발생하는 계획적 변화를 무시하고 단기간의 소비 패턴만을 보여줄 뿐만 아니라, 정책구조의 변화를 무시하고 복지국가 정책크기에만 관심을 갖는 데에 그 한계가 있다는 주장도 제기되었다. 실제로도 효용성 가설에 따라 복지국가의 축소가 추진된 국가들도 존재하고, 골격은 유지한 채 프로그램별 축소를 단행한 국가들도 존재한다. 이와 반대로 세계화의 폐해와 충격을 완화하기 위해 복지제도의 질적 확대와 사회지출비의 증액을 시도한 국가들도 많다.

복지국가 변화는 국가별로 그 내용을 달리하는 것이었다. 유럽의 경우 복지국가를 향한 내외적인 압력에 서유럽 국가들이 각기 다른 방식으로 대처하였다. 예를 들어 에스핑안데르센은 유럽대륙의 사회정책을 설명하면서 이들 국가들의 정책대응을 앵글로-색슨 국가와 스칸디나비아 국가와 비교하고 있다. 즉, 앵글로-색슨의 정치경제학적 대응이 유연화 전략과 노동시장의 탈규제 전략을 통한 '노동력 저렴화' 전략에 의해 특징 지워지고, 스칸디나비아의 경우에는 공공부문 고용 선도 전략을 채택하고 있다면, 유럽대륙의 지배적인 접근방식은 노동시장의 문제를 노동공급 감축을 통해 대응하는 것이라고 한다.Gøsta Esping-Andersen ed., 1999: 141

우리는 이들의 변화내용을 가장 전형적인 복지국가로 평가되는 스칸디나비아 국가들의 사례를 통해 살펴볼 수 있다. 스칸디나비아 국가들은 일찍이 역사적인 계급타협을 통해 신조합주의적 합의기제를 구축하면서 관대한 수급자격, 포괄적인 서비스 제공, 높은 재분배 비율, 완전 고용 추구를 특징으로 하는 높은 수준의 제도적 복지국가를 이룩하였다. 그러나 이들 국가들은 경제적 침체로 인해 고실업과 국내총생산의 하락, 예산 적자의 증가를 겪었고 이로 말미암아 기존의 복지 프로그램을 변경해야 할 필요에 직면하게 되었다. 그 결과 스웨덴에서는 1980년대 초반 사민당 정부가 정부지출의 감소와 시장규제의 완화, 민영화 정책을 실행한데 이어 1990년대 초에 집권한 보수당 정부는 몇 가지 긴축정책을 추가하게 되었다. 경제침체뿐만 아니라 소련의 몰락 등으로 인해 한 때 15%의 높은 실업률을 기록하였던 핀란드 역시 사회보장 영역에서 삭감과 축소의 정치를 추진하였다. 공공지출의 감소와 세금의 인상, 엄격한 재정 정책의 도입, 민간부문의 보완에 기초한 공공 서비스가 이루어졌고, 물가 연동 의료보험이 중단되었으며, 복지 수급의 자격기준이 강화되었으며 보상금 수준이 축소되었다. 한편, 이들 국가에 비해 노르웨이는 엄청난 석유 이익 덕택에 심각한 복지국가 삭감의 요구를 적게 받을 수 있었다.

　다른 유럽 지역에 비해 대륙의 복지국가들은 가족주의적 편향에서 연원하는 이전급여의 관대함과 사회적 보호서비스의 저발전을 특징으로 한다. 에스핑안데르센에 의하면 보수적-조합주의적 복지국가에 해당되는 대륙국가들은 높은 실업, 인구의 노령화, 보건의료 비용의 증가로 인해 재정적자와 불균형이 확대되었다. 이러한 상태에서 유럽대륙 국가들은 노동공급의 감축을 추진하였고 이로 인해 노동시장은 비교적 낮은 실업률을 가지는 노동자들과 더불어 배제되고 한계화된 거대한 노동자군이라는 내부자와 외부자로 분리되게 되었다.Gøsta Esping-Andersen ed., 1999: 3장 이러한 설명은 지속적인 고실업이 사회적 배제를 확산시키면서 사회적 불평등을 가속화시키고 있는 현실을 잘 보여준다. 실제로 독일의 경우를 보면, 보수연합 정부는 독일식 복지국가모델인 사회국가Sozialstaat가 공공재정 부담을 가중시키고 소모적 지출을 증대한다면서 노동시장의 탈규제화와 사회입법의 규모를 축소해야 한다는 우파들의 압력을 수용하여 사회국가의 개편을 추진하였다. 이에 따라 실업보조금과 임시수당이 삭감되고 노동강제가 강화되었으며 보건제도와 연금제도가 개정되었다. 그러나 그 내용이 복지제도의 기본 골격을 훼손하는 것은 아니었으며, 사회복지 지출을 억제하기 위한 국가의 개입은 오히려 강화되었다.

　세계 각국에서 진행되는 정책개혁의 패턴에는 복지국가의 축소와 질적 확대 양상이 혼재되어 있다고 할 수 있다. 이러한 복합적 양상의 혼재를 피어슨Paul Pierson은 복지정치welfare politics로 설명한다. 설령 세계화가 복지국가의 재정위기를 악화시키고 축소의 필요성을 초래한다 하더라도 실제로 축소를 단행하는 데는 정치적 비용이 따른다는 것이다.

"복지국가를 공격하는 것은 선거에 있어 위험부담을 감당할 가능성이 크다. 오늘날의 복지정치는 비난회피정치(politics of blame-avoidance)이다. 정부가 복지제도를 과감하게 축소하려 한다면 정치적 비용이 최소화되는 영역에 한정해서일 뿐이다. 그러나, 그러한 정치기술을 확보하기란 불가능하다. 모든 국가에서 복지국가의 축소는 실행되기 어렵다. 복지국가는 전후 정치경제에서 가장 신축적 영역이다."(Paul Pierson, 1996: 178-179)

이러한 피어슨의 지적은 정치가들이 사회복지 지출의 삭감이 정책적으로 필요하나 유권자들이 지지하지 않기 때문에 정책선호와 선거욕심간의 딜레마에 부딪치는 경우가 발생할 수 있다는 점을 지적한 것이다. 이 경우 대부분의 정치가들은 '비난회피전략'이나 정치적 비용을 최소화하기 위한 전략을 구사하는 경우가 많으며, 이런 까닭에 사회보장과 복지체계의 기본 구조는 쉽사리 파괴되지 않고 유지되는 것이다. 이는 대부분의 유럽 복지국가들에서 정치과정을 통해 결정되는 사회정책의 급격한 변화는 이루어지지 않았으며, 이루어지더라도 한계적 부문에 국한된 사실을 감안할 때 상당히 신뢰성 있는 근거를 갖고 있는 주장으로 평가된다. 다른 한편으로는 세계화의 폐해와 충격을 완화하기 위해 오히려 복지제도의 질적 확대와 사회지출비의 증액을 시도하는 국가들도 발견된다. 특히 새로이 집권한 좌파정당들은 시장 순응적 정책노선을 재조정하고, 사회정책 강화를 꾀하기도 한다.

신자유주의자들이 통상 주장하듯이 경제위기가 지나친 사회보장서 비롯됐다는 것은 과장된 주장으로 평가된다. 이들은 복지국가 하에서 노동비용, 생산성, 시간당 임금비용이 높기 때문에 생산입지위기 또는 국제경쟁력 약화가 초래되었으며, 따라서 사회보장을 삭감하고, 생산입지에 적절한 사회로 개조해야 된다고 주장한다. 이러한 주장에 대해서는 사회보장이 과연 경제성장률, 고용수준, 실업률과 인과관계가 있는지에 의문을 제기하고, 사회복지정책은 비용이 아닌 가치이며, 그 자체가 국민경제의 생산적 요소라는 반대 주장도 존재한다.

서유럽 전체로 보아서 소수의 사회적 약자를 보호하자는 복지 합의welfare consensus는 여전히 강고하지만 복지국가가 직면한 대내외적인 압력을 고려하여 복지국가를 재편해야 한다는 요구 역시 강하다. 실제로 이는 국가와 시기별로 다양한 형태를 보여주고 있고 학문적으로도 중요한 분석의 대상이 되고 있다. 한 때 복지국가의 확대와 공고화에 집중되었던 분석은 위기론을 거쳐 다시 복지국가의 지속persistence에 대한 분석으로 그 대상이 바뀌게 되었다. 많은 연구자들은 복지국가의 변화가 거시 경제적

수요관리 및 성장과 이에 입각한 제도적 복지의 제공을 내용으로 하는 케인지언 복지
국가Keynesian welfare state의 변화일 뿐만 아니라 국가·자본·노동간 타협적 정치구조의
변화를 의미한다고 보고 국가 구조 및 사회계급 혹은 집단 간의 권력관계에 대한 논의
를 전개하였다. 또 한편에서는 복지국가 변화의 구체적인 내용과 결과에 대한 분석이
행해졌고, 다른 한편에서는 복지국가 위기론을 비판하고 복지국가의 유지와 지속가능
성을 강조하는 연구도 나타났다.

〈이론과 현실〉

························

복지태도의 계급별 차이, 복지와 반복지 전쟁

현재 한국에서는 복지정책의 확대를 둘러싸고 사회적 논란과 갈등이 표출되고 있다. 사회복
지 예산의 증가와 정부의 사회적 책임의 확장이 국민들에게 인간다운 삶과 최소한의 생활조건
을 부여하는 정책으로서 국가의 당연한 책무라고 주장하는 측에서는 그 동안의 양적인 성장을
이룬 사회지출이 더욱 확대되어야 하고 이와 더불어 질적인 면에서 더 많은 수혜층에게 보다
실질적인 혜택이 돌아가야 한다고 주장한다. 선진국의 예를 보더라도 한국은 정부 지출 중 사회
부문이 차지하는 비중은 OECD 회원국 중 최저 수준이라는 것이다. 반면에 분배정책에 중점을
두는 사회지출 증대는 성장잠재력을 위축시키기 때문에 복지보다는 성장을 통해 그 혜택이 널
리 파급되도록 해야 된다는 주장 역시 존재한다. 이들은 분배를 우선시하면 성장은 추락 할
수밖에 없다면서 성장 없는 분배에서 벗어나 성장우선정책을 추구할 것을 요구한다. 세계화와
작은 정부는 세계적 추세이자 글로벌 스탠더드라는 논리 역시 동원된다. 이들 중 일부는 아예
'망국을 초래하는 포퓰리즘'이라면서 복지정책에 공세적으로 대응하고 있다.

1. 복지태도의 계급별 차이

정치학자들은 복지태도의 계급별 차이가 나라마다 편차가 크다는 것을 발견했다.
예컨대 스웨덴의 경우 하층계급일수록 복지확대를 더 지지하고 상층계급일수록 덜
지지하는 경향이 뚜렷이 나타난다. 그러나 미국에서는 이런 복지태도의 계급적 차이
가 스웨덴에 비해 현저히 낮게 나타난다. 그 이유는, 미국의 하층계급이 스웨덴에서
만큼 일관되고 강하게 복지국가를 지지하지 않기 때문이다. 상층계급의 태도는 큰
차이가 없다.

왜 미국의 하층계급은 스웨덴의 하층계급만큼 복지국가를 지지하지 않을까. 정치
학자들은 정당체계를 그 이유로 든다. 비례제를 채택하고 있는 스웨덴의 경우 정책
차이가 뚜렷한 여러 개의 정당이 존재한다. 정당들은 사회경제적 이슈에서 선택가능
한 대안과 그것의 계급적 의미를 선명히 집약해 보여주는 초점 구실을 하며, 유권자들

은 자신의 이해관계에 맞는 정당을 선택하기 쉽다. 반면 소선거구제-다수대표제를 채택하고 있어 양당체제가 수립된 미국의 경우, 자유주의정당과 보수정당이 경쟁하는 구도를 가지고 있어 주요 정당 간의 정책 차이가 그리 크지 않다. 게다가 미국의 의원들은 지구당 중심의 당 운영으로 정당기율이 약한 상태에서 교차투표를 하는 경향이 강하기 때문에, 정당이 정책 선택의 강한 기호가 되어 주지 못한다. 결국 유권자들은 지역구 현안 중심, 인물 중심의 투표를 하게 되고, 복지나 노동 등 전국적 쟁점은 중요하지 않게 된다.

이런 정당체계는 결국 시민사회 내 하층의 이해관계가 정치사회에 반영되지 못하게 한다. 교육수준이 높은 상층 및 중간층 유권자들은 이런 제도 속에서도 자신의 계급적 이해관계에 충실한 투표를 한다. 반면, 대체로 교육수준이 낮은 하층은 인종, 종교, 낙태, 이민 등의 프레임에 이끌려 자신의 경제적 이해관계에 반하는 투표를 하는 경향을 보인다. 사고의 비논리성과 비통합성을 갖기 쉬운 하층계급은 정당이 지속적으로 이들을 호명하여 자신의 이익이 무엇인지 프레이밍해주고, 실제로 집권하여 그 이익을 실현시켜 줄 때 자신의 이해관계에 맞는 투표를 하기가 쉬워지는데, 미국은 유럽에 비해 이런 기제가 훨씬 약한 것이다.

한국의 상황은 미국보다 더 심각하다. 한국의 경우 분단체제, 보수적 매스미디어 환경, 취약한 노동시장, 지역주의 정치구도로 계급적 이해를 정치적으로 프레이밍하는 장치가 극도로 취약하다. 이런 상황에서 보수독점의 정당체제는 대의 왜곡 문제를 더욱 증폭시키는 역할을 해왔다. 그리고 이는 하층계급이 오히려 복지국가 확대에 반대하고 보수정당을 지지하는 역설적 상황을 만들어 냈다. 이런 문제의 극복을 위해 여러 정치학자들은 오래전부터 비례제의 확대를 주장해왔다(『경향신문』, 2012년 11월 1일. 이 글은 김영순 교수의 칼럼 "국회의원 수와 복지국가"를 인용한 것이다).

2. 한나라당의 '반복지' 전쟁

오세훈 서울시장과 한나라당이 서울시의회에서 통과된 '무상급식지원조례'에 대한 찬반을 주민투표에 부쳤다. 이번 주민투표에 한나라당이 "중앙당 차원에서 적극 지원"하기로 결정한 것은 놀랍고 개탄스럽다. 2010년 6·2 지방선거 등 여러 선거에서 연패한 후 한나라당엔 변화의 조짐이 일었다. '쇄신', '복지', '친서민'의 구호가 쏟아졌다. 진심이라면 환영할 일이다. 하지만 한나라당은 그 모든 말들이 거짓이었음을 곧바로 고백해버렸다.

현대 복지국가의 핵심 기둥이 연금·의료·실업·교육·주거 등이라고 했을 때, 지자체 단위에서 아이들 점심 끼니 하나 책임지는 무상급식 제도는 사실 작은 부분에 불과하다. 서울시의회는 무상급식을 위해 695억 원의 예산을 신설했는데, 이는 2009년 서울시 총세출액 22조 7,674억 원의 0.3%에 불과하다. 최근 감사원으로부터 예산낭비, 특혜제공 등을 지적받고도 오 시장이 강행하고 있는 '한강 르네상스' 사업의 2011년 예산만 5,400억 원이다.

이처럼 어떻게 보면 국지적 쟁점일 수도 있는 초·중교 의무급식에 보수 진영이 보이는 히스테리 반응을 보면, 더 큰 복지 의제에 대해 이들이 어떤 생각을 갖고 있을지 가늠이 된다. 최근 한나라당 이종구 의원은 "무상급식은 사회주의로 가는 길"이라며 오버액션을 하더니, 나경원 최고위원은 이번 주민투표를 '성전'(聖戰)이라 부르며 이념적 종교전쟁을 선포하기에 이르렀다. 이런 반복지 선동정치의 거짓과 위선을 분명히 짚어야 한다.

첫째는 '복지국가 위기'론이다. 복지국가는 이미 퇴조하고 있는 낡은 사회모델이므로 이제 시대착오적이라는 주장이다. 하지만 진실은 다르다. 1980~2000년 시기에 경제협력개발기구(OECD) 회원국들의 국내총생산 대비 정부복지지출 규모는 평균 18.9%에서 22.8%로 '증가'했다. 고령화, 실업 등 복지수요 증대를 반영하더라도 유럽연합의 절반 이상 나라에서 복지는 여전히 확대되고 있다. 이 측면에서 한국은 후진국, 후발국가다.

둘째, '복지포퓰리즘'론이다. 복지를 확대하면 경제가 망가진다는 주장이다. 하지만 복지규모와 경제성장률 간의 관계를 분석한 대부분의 연구는 이런 주장과는 다른 사실을 보여준다. 일찍이 복지체제를 구축한 북구 4개국은 많은 선진자본주의 국가들이 대공황과 파시즘, 전쟁의 광풍에 휩쓸렸던 1920~1940년대에 약 2.7%의 경제성장을 지속했다. 신자유주의가 지배했다는 1970년대 이후 30년 동안에도, 높은 복지수준을 유지한 네덜란드, 덴마크, 스웨덴 등은 미국이나 영국에 못지않은 2.5~3.5%의 경제성장률을 기록했다.

셋째, '부자급식'론이다. 보편적 복지는 부자에게도 혜택을 주는 것이므로 저소득층 위주로 복지를 해야 한다는 주장이다. 하지만 자산조사를 기초로 저소득층에만 복지 혜택을 주는 나라들에서 불평등과 사회적 반목은 훨씬 더 심하다. 저소득층에겐 사회적 낙인을, 중산층에겐 삶의 불안을 심화시키기 때문이다. 한나라당 주장대로 "소득 하위 50%만 급식"한다면, 한 교실 안에서 '밥 싸오는 애'와 '밥 빌어먹는 애'로 나뉜다. '허리 휘는 부모'와 '부끄러운 부모'로 나뉜다. 그런 사회분열을 막자는 게 보편적 복지다. 부잣집 자식이 급식을 받는 게 미안하면, '무상급식을 위한 사회보장세'를 신설하여 고소득층 부모만 내면 된다.

결과와 상관없이 이 주민투표는 한나라당의 패착이다. 이 광기어린 반복지 전쟁에 치열하게 맞선 정치인이 한나라당 내에 아무도 없었다는 뼈아픈 진실은 변하지 않는다(『경향신문』, 2011년 8월 4일. 이 글은 신진욱 교수의 칼럼 "한나라당의 '반복지' 전쟁"를 인용한 것이다).

〈생각해 보기〉
1. 우리나라에서 하층 계급이 복지국가 확대에 반대하는 원인을 설명해보자.
2. 복지국가 위기론과 복지 포퓰리즘론, 부자급식론에 대하여 어떻게 생각하는지 자신의 입장을 정리하여 토론해보자.
3. 우리나라 사회복지의 수준이 어느 정도인지 국제적 비교를 통해 알아보고, 자신은 복지국가의 확대, 축소, 개편 등에 대하여 어떤 생각을 지니고 있는지 설명해보자.

4. 복지국가의 전망

서유럽 복지국가의 미래에 대해서는 다양한 전망이 제시되고 있다. 이에 대해 에스핑안데르센과 스타인 쿤레Stein Kuhnle 등 대부분의 학자들은 긍정적인 전망을 제시한다. 대표적으로 에스핑안데르센은 이들 복지국가에 대한 공격으로 어느 정도 삭감이 이루어졌으나 이는 제한된 범위 내에서였으며, 주요한 정치세력들은 복지국가의 기본원칙이 유지되도록 여전히 협력하고 있다고 지적한다. 선진 복지국가에서 지금까지 신자유주의적 공격이 강하게 이뤄진 곳에서도 결과는 거의 성공하지 못했으며, 대안을 지지하고 복지국가를 개정하기 위해 유권자와 이익집단을 설득할 의지와 능력이 있는 생존력 있는 정치적 제휴도 나타나지 않았다는 것이다. 오히려 복지국가 관료와 수혜자가 변화를 싫어하며, 광범한 신조합주의적 합의구축 기제도 탄력적인데서 복지국가 현상유지가 선호되고 있다고 주장한다. Gøsta Esping-Andersen ed., 1999: 428-430

이와 관련하여 쿤레는 1980년대와 1990년대의 복지국가의 진정한 특징은 변화에 대한 저항이며, 아직까지 모든 급격한 복지국가 개혁이 필연적으로 복지국가의 붕괴를 초래하지 않았다고 주장한다. 그는 복지국가의 생존이 특히 북유럽의 경우에 뚜렷하다고 지적한다. 북유럽 복지국가들이 내외적인 경제적 압력에도 불구하고 지속적인 안정성을 지니고 있으며, 스칸디나비아 모델의 제도적이며 규범적인 유산이 존재하고 있다는 것이다. 즉, 국가와 공공부문의 지배적인 역할, 상대적으로 평등주의적인 소득배분을 가져오는 일반조세를 통한 재분배 원칙, 정부목표로서의 완전고용 채택이라는 스칸디나비아 모델의 세 가지 핵심적인 요소들이 의회 내에서의 광범위한 정치적 합의와 유권자들의 상당한 지지에 힘입어 여전히 유지되고 있다는 것이다.

쿤레는 크고 작은 개혁에도 불구하고 유럽의 복지국가는 1990년대에 살아남았는데 그 성공의 정도뿐만 아니라 미래의 도전에 맞서기 위한 기반도 각자 상이하다고 지적한다. 많은 수의 도전에도 불구하고 유럽 복지국가는 유권자와 주요 정당들로부터 공고한 지지를 받는 강력한 제도를 유지할 것이라는 것이다. 그리고 사회보호와 복지는 기본적으로 국민국가의 책임 영역 내에 머물 것이라고 한다. 장래에 어느 정도 상이한 복지혼합welfare mix이 나타나겠지만 국민국가 정부들은 모든 사람을 위한 양질의 서비스와 상대적으로 평등한 소득 분배에 대한 접근에 영향을 미치기 위해 발전을 조절하고 통제하는 정책수단을 향유하리라 전망을 내리고 있다. 유럽의 복지국가는 앞으로도 주요한 복지권리에 대한 전반적인 보장을 유지하고 촉진할 것이며 이런 점에서 그 생존은 가능하며 있을법하며 또 바람직하다는 것이다.Stein Kuhnle, 2000: 235-237

앞으로 서유럽 복지국가에 영향을 미칠 가장 중요한 외부적 요인은 무엇보다도 세계화의 압력이라 할 수 있다. 기술의 발달과 경제적 통합이 진행되면서 국민국가를 중심으로 한 구분과 경계를 제거하고 약화시키는 지구화로 인해 전통적인 국민국가의 본질과 범위, 능력이 변화를 가져오고 있는 것은 분명하다. 특히 지구화는 정책결정의 위치를 국민국가에서 초국적 행위자나 사적부분으로 이전시키는 경향이 있다. 그러나 영역에 따라서는 국민국가에 결정권이 잔존하는 경우도 있는 데 그 대표적인 것이 사회적 시민권의 보장과 정치적 민주주의의 재생산이라 할 수 있다. 비록 지구화의 압력으로 인해 계급연대감과 정당일체감이 느슨해진다 하더라도 당분간은 대다수의 유권자들이 전통적인 국민국가가 사회적 시민권을 보장하고 형평성과 분배의 역할을 수행하는 것을 기대하리라 보여진다.

이밖에도 초국적 행위자가 주도하는 지구화가 위계질서로 특징 지워지고 불균등을 초래하는데서 국가는 여전히 사회정책의 영역에서 주요한 가치를 대표할 수밖에 없다. 이런 점에서 보더라도 복지국가의 미래에 대한 에스핑안데르센과 쿤레의 주장은 설득력이 매우 크다고 할 수 있다. 비록 지구화가 서유럽 복지국가, 특히 보편주의와 탈상품화를 특징으로 하는 사회민주적 복지국가에 영향을 미치고, 국가 이외 영역의 복지기능이 확대될 수도 있겠지만 그럼에도 국가는 여전히 사회정책을 위한 주도적 역할을 수행하는 행위자로 잔존하리라 보여진다. 시장이 복지 재화와 서비스의 생산과 분배에 참여하는 것이 증가하고 있으나 이 역시 비효율적일 뿐만 아니라 사회 전체적으로 비민주적인 결과를 가져오기 쉽다. 또한 시장을 통해 자신의 욕구를 해결할 수 없는 사람들과 집단들에게 공공재적 성격을 갖는 복지 재화와 서비스의 핵심적 제공자이자 관리자로서의 국가의 역할은 여전할 것이며, 선별주의^{selectivism}가 아닌 보편주의에 입각한 제도적 복지의 중요성도 감소하지 않을 것이다.

미래의 복지국가의 모습은 어떻게 사회계급과 집단 간의 권력관계가 형성되며, 그들 간의 상호작용이 전개되느냐에 달려있다고 할 수 있다. 서유럽에서 복지국가는 이들 간의 투쟁과 협력을 통해 정치적으로 형성되고 발전되어 왔기 때문이다. 그러나 어느 사회계급과 집단도 앞으로 복지국가를 쉽사리 파기하는데 동의하기는 어려울 것이다. 예를 들어 자본가들은 노동계급의 저항에 대한 대응수단으로, 노동계급은 그들의 이익을 대변하는 수단으로 여전히 복지국가를 지지할 것으로 보인다.

따라서 앞으로의 쟁점은 단순히 '불필요한 비용'으로서 복지국가를 해체하는 것이 아닌 '보존되어야 하는 가치'로서 재건설하는 것이 될 것이다. 서유럽 국가들이 내외적 도전에도 불구하고 사회적 시민권과 연대에 기반한 정치를 지속할 수 있는 지의 여부에 관한 가장 어렵고 '정치적인' 결정은 미래에 놓여있다.^{Christopher Pierson, 1992: 222} 지금까지 사회상황의 변화에 따라 역사적으로 변화되어왔듯이 복지국가는 앞으로도 변화된 사회 현실에 맞추어 새롭게 재정의 되는 것이 필요하다고 할 수 있다. 이를 위해서는 무엇보다 다양한 가치를 새롭게 혼합하고 진보를 창출하는 것이 가능토록 정책을 조정하는 것이 요구된다.

토론거리

1. 복지국가란 어떤 역사적 맥락에서 형성되고 발전하였는가?
2. 독일의 비스마르크가 질병보험, 산재보험, 노령연금 등 사회보험제도를 도입한 까닭은 무엇인가?
3. 세계화는 복지국가에 어떤 영향을 미치는가?
4. 복지국가의 붕괴 혹은 해체 주장을 생존론자들은 어떻게 비판하는가?

키워드: 복지국가, 동의의 정치(politics of consensus), 탈상품화(decommodication, Esping-Andersen), 비난 회피의 정치(politics of blame-avoidance), 복지국가의 재편, 사회적 덤핑, 복지 합의

참고문헌

김태성·성경륭. 『복지국가론』. 서울: 나남출판, 2000.

박병현. 『복지국가의 비교: 영국, 미국, 스웨덴, 독일의 사회복지 역사와 변천』. 서울: 공동체, 2005.

송호근 편. 『세계화와 복지국가: 사회정책의 대전환』. 서울: 나남출판, 2001.

송호근·홍경준. 『복지국가의 태동』. 서울: 나남출판, 2006.

홍기빈. 『비그포르스. 복지국가와 잠정적 유토피아』. 서울: 책세상, 2011.

홍익표. 『한국 정치를 읽는 20개의 키워드: 신자유주의부터 포퓰리즘까지』. 서울: 오름, 2013.

_____. "위기에서 생존으로: 서유럽 복지국가의 변화." 『평화논총』 제5권 1호. 2001.

Briggs, Asa. "The Welfare State in Historical Perspective." *European Journal of Sociology*, Vol.2, No.2. 1961.

Butterwegge, Christoph. *Wohlfahrtsstaat im Wandel*. Opladen: Leske + Budrich, 2001.

Clayton, Richard & Jonas Pontusson. "Welfare-State Retrenchment Revisited: Entitlement Cuts, Public Sector Restructuring, and Inegalitarian Trends in Advanced Capitalist Societies." *World Politics*, Vol.51, No.1. 1998.

Engels, Friedrich. 김보영 역. "잉글랜드 노동 계급의 처지." Karl Marx & Friedrich Engels. 최인호 외 역. 『칼 맑스 프리드리히 엥겔스 저작 선집 제1권』. 서울: 박종철출판사, 1991.

Esping-Andersen, Gøsta. 박시종 역. 『복지 자본주의의 세 가지 세계』. 서울: 성균관대학교 출판부, 2007.

Esping-Andersen, Gøsta (ed.). 한국사회복지학연구회 역. 『변화하는 복지국가』. 서울: 인간 과복지, 1999.

Esping-Andersen, Gøsta & Duncan Gallie et al. 유태균 외 역. 『21세기 새로운 복지국가』. 서울: 나남출판, 2006.

Ferrera, Maurizio & Martin Rhodes. "Building a Sustainable Welfare State." *West European Politics*, Vol.23, No.2. 2000.

Furniss, Norman & Timothy Tilton. 김한주·황진수 역. 『현대 복지국가론』. 서울: 고려원, 1993.

Geyer, Robert. "Globalisation and the (Non-) Defence of the Welfare State." *West European Politics*, Vol.21, No.3. 1998.

Held, David & Anthony McGrew et al. 조효제 역. 『전 지구적 변환』. 서울: 창작과비평사, 2003.

Kuhnle, Stein. *Survival of the European Welfare State*. London: Routledge, 2000.

Marshall, T. H. & Tom Bottomore. 조성은 역. 『시민권』. 서울: 나눔의집, 2014.

Merrien, François-Xavier. 심창학·강봉화 역. 『복지국가』. 서울: 한길사, 2000.

Mishra, Ramesh. 남찬섭 역. 『복지국가의 사상과 이론』. 서울: 도서출판 한울, 1996.

_____. 이혁구·박시종 역. 『세계화와 복지국가의 위기: 지구적 사회정책을 향하여』. 서울: 성균관대출판부, 2002.

Petring, Alexander et al. 조혜경 역. 『복지국가와 사회민주주의』. 파주: 한울아카데미, 2012.

Pierson, Christopher. 현외성·강욱모 역. 『전환기의 복지국가』. 마산: 경남대학교출판부, 1999.

Pierson, Paul. "The New Politics of the Welfare State." *World Politics*, Vol.48, No.2. 1996.

Pierson, Christopher. 박시종 역. 『복지국가는 해체되는가』. 서울: 성균관대학교출판부, 2006.

Pinker, Robert. 김형식·박순우 역. 『사회이론과 사회정책』. 서울: 인간과복지, 2000.

Przeworski, Adam. *Capitalism and Social Democracy*. Cambridge: Cambridge University Press, 1986.

Wilensky, Harold, et al. 남찬섭 역. 『비교사회정책』. 서울: 한울, 1992.

제15장

사회운동과 집단정치

1. 시민사회와 사회운동

사회운동social movements은 시민사회 행위자들이 기존의 사회적 관계들을 변화시키려는 것을 목표로 행하는 지속적이고 집합적인 노력을 가리킨다. 일반적으로 사회운동은 기존의 사회적, 정치적, 경제적 관계들에 의해 피해를 받고 있고 그들의 정체성이 위협받고 있다고 인식하는 특정한 시민사회 행위자들이 주축이 되어 전개된다. 사회구조적으로 동질적인 계층, 계급이나 자발적 결사체, 비영리조직들과 같은 행위자들은 직접적인 접촉과 커뮤니케이션을 통해 위기를 집단적 경험으로서 공유한다. 이들은 기존의 법과 제도적 채널을 통해서 그들의 요구가 충족되거나 해당 문제나 갈등이 해소되지 않는다고 여길 때는 기존의 사회관계들에 의해 피해를 받는 잠재적 집단을 동원하기도 한다. 이러한 참여를 통해 이들 행위자들은 소속감과 연대의식과 같은 집단의식을 점차 갖추게 된다.

찰스 틸리Charles Tilly는 사회운동을 보통사람들이 다른 사람들에 대해 집합적 요구collective claims를 행하는 일련의 논쟁적인 행위이자 표현이고 캠페인이라고 정의한다. 틸리에게 사회운동은 공공정치에서 보통사람들의 참가를 위한 주요 수단이라 할 수 있는 사회운동에는 대상 기관에 대한 집합적 요구를 행하는 지속적이고 조직된 공적인 노력을 의미하는 캠페인이나 특정한 목적을 갖는 연합과 결사, 공적 모임, 종교적 행진, 철야, 집회, 시위, 청원운동, 공공미디어를 이용한 발표, 팸플릿 배포 등의 다양한 정치행동 등이 포함된다.Charles Tilly, 2004 사회운동이 원래의 목적을 달성하였거나 추구했던 문제들이 제도화를 통해 해소되거나, 아니면 이익집단이나 정당처럼 제도화되었을 때 사회운동은 종료된다. 아니면 사회운동 자체가 탄압과 여러 가지 불협화음과 전략의 실패로 인해 해체될 수 있고 그들이 추구한 주제가 대중의 관심으로부터 멀어져 동원력을 상실하면서 끝날 수 있다.

시민사회civil society가 지닌 불평등한 속성 역시 사회운동이 형성되는 배경요인이 된다. 다양한 행위자들이 복합적으로 상호작용하는 비국가영역non-state sphere을 의미하는 시민사회 내의 행위자들은 사안들에 따라 협력, 갈등, 포섭과 같은 다양한 형태의 관계를 맺고 있다. 이들은 분산되어있고 권력도 불균등하다고 할 수 있다. 다른 행위자들과의 다원적 상호작용을 하는 이들 행위자들은 국가와 사적부문에 대해 견제와 균형 역할을 수행하기도 한다. 경우에 따라 시민사회는 중앙집중적 권력을 지닌 국민국가의 권한을 약화시키고 분산시키는 원심력으로 작용하며, 시민사회의 무수한 자율적 조직들은 국가로 하여금 시민사회의 다양한 이익에 보다 민감하게 반응하게끔 압력을 가한다.

사회운동은 구체적인 역사적, 사회적 상황에서 발생하고 또 그러한 상황적 맥락에서 발전하기 때문에 그 전개과정에 대한 일반적 유형을 만든다는 것은 어렵다. 그럼에도 전개과정에 대한 일반적 이해가 필요하다. 오트하인 람슈테트Otthein Rammstedt는 사회운동을 아래와 같이 8단계로 나눠 설명한다. 그는 이들 단계가 서로 인과관계를 갖는 것은 아니며, 최종 발전단계가 반드시 사회운동의 제도화를 의미하지는 않는다고 한다.Otthein Rammstedt, 1978: 146-170

• 1단계(집단적 경험으로서의 위기): 사회모순으로 인해 사람들이 그들의 사회적 정체성이 위협받는다고 인식한다. 통용되던 방법을 갖고는 더 이상 문제나 갈등을 해소할 수 없게끔 된다. 이러한 상황에서 피해자들은 직접적인 접촉과 커뮤니케이션을 통해 위기를 집단적 경험으로서 공유한다.

• 2단계(위기결과의 선전): 피해자들은 정부나 사회가 그러한 위기를 해소해줄 것을

기대하고, 그들의 상황을 일반사람들에게 고지하며, 언론매체를 이용해 여론화를 시도한다.

- 3단계(저항의 활성화): 정부나 다른 사회기관으로부터 그들의 요구에 대해 아무런 반응이나 행정적 조처가 없을 때 피해당사자들은 본격적으로 저항을 시작한다. 이러한 집단적 저항을 통해 그들은 '우리라는 공동체 의식'을 가지게 되며, 저항은 점차 정부 또는 사회적 기관들과 갈등관계로 발전한다. 이 단계에서 그들의 저항을 사회운동으로 인식한다.

- 4단계(저항의 집중화): 저항이 일반대중에게 파급되어 그들에게 저항에 대한 찬반의 태도를 표명하도록 심리적으로 강제한다. 저항은 특정 집단의 이해관계에 국한되지 않는 대중적 기반을 확보하게 되고 정부나 지배집단에 저항하는 공동의 동기를 획득하게 된다.

- 5단계(이데올로기의 형성): 저항운동이 위기원인 현상 해소에 성공하지 못하고 지배세력의 거부에 부딪칠 경우 사회운동은 그들의 행위자체에 정당성을 부여하는 이데올로기를 필요로 한다. 이 경우 이데올로기는 참여자들에게 위기 원인과 그 부정적 결과들에 대한 이해를 가능하게 할 뿐만 아니라, 새로운 사회에 대한 전망과 필요성을 인식케 만든다. 이데올로기가 분명해질수록 지배세력 및 지배적 사회관계들과의 갈등이 심화, 확대된다. 지금가지 합법적인 것들로 간주되던 것들은 그 자체 도덕적 당위성을 상실하게 되고 사회적 갈등은 더욱 첨예화된다.

- 6단계(저항의 확산): 이데올로기 등을 통해 광범위한 대중지지를 획득하게 되며, 그들을 동원한다. 이 때 이데올로기는 다수 대중들을 연결하고 연대를 가능하게 하는 매개체의 역할을 한다.

- 7단계(저항의 조직화): 사회운동이 확산됨에 따라 운동하는 사람들 사이에 정보교환이나, 보다 효과적인 활동을 하기 위해서 조직이 필요하게 된다. 이런 조직이 형성되면서 지도부와 일반지지자들 사이의 구분도 점차 가시화된다. 그러나 이 단계에서 조직화의 정도는 일반 정당이나 사회단체들의 수준에는 훨씬 미치지 못한다.

• 8단계(제도화): 사회운동이 제도화의 형태를 취하게 되면 그때부터 사회운동은의 형식화를 통해 사회운동은 제도화된 사회적 행위의 지배적 양식을 수용하게 되고 그들이 저항해왔던 사회구조에 편입되기 때문이다. 이렇게 되면 사회운동은 탄력성을 잃고 그 본래 기능을 상실한다. 이때 위기는 다른 사회영역으로 전가되든지, 정치체제의 문제해결 수용능력 확대를 통해 잠정적으로 해소된다.

많은 학자들은 왜 개인과 집단이 사회운동에 참여하는지에 대해 다양한 이론들을 발전시켜 왔다. 우선 제임스 데이비스James C. Davis나 테드 거Ted Robert Gurr와 같은 학자들은 개인들이 자신들의 지위가 다른 사람들에 비해 훨씬 못하다고 주관적으로 느낄 때 저항운동에 참여한다는 상대적 박탈감 이론relative deprivation theory을 주장하였다. 같은 맥락에서 시간이 지남에 따라 박탈감은 계속해서 증가한다는 누진적 박탈감 이론이나 개인들의 커진 기대와 실제적 성취 간에 불일치가 존재할 때 저항운동에 더 많이 참여하는 경향이 있다는 기대상승이론rising expectation theory도 제기되었다. 한 개인이 직업척도상으로는 높은 지위를 차지하나 소득척도에서는 낮은 지위를 차지하는 것과 같이 지위 불일치status inconsistency 상태에 있을 때 극단적인 방식으로 각종 운동에 참여한다는 이론 역시 전개되었다.

악셀 호네트Axel Honneth는 그의 저서인 『인정투쟁Kampf um Anerkennung』에서 사회적 투쟁은 상호인정이라는 상호 주관적 상태를 목표로 한다는 이색적인 주장을 펼친다. 그에 따르면 인정은 인간이 자신의 삶을 성공적으로 실현시킬 수 있는 사회적 조건이자 각 개인이 자신에 대한 긍정적인 자기인식을 가지게 하는 심리적 조건이라고 한다. 상호인정관계는 사랑, 법적 권리의 동등한 인정, 사회적 연대의 세 형태가 있는데 이 세 가지의 인정을 통해 각 개인은 비로소 한 공동체의 완전한 구성원이 된다는 것이다. 여기서 인정의 유보나 불인정은 일종의 '도덕적 훼손'으로 사회적 투쟁을 추진하는 심리적 동기가 된다는 것이 그의 주장이다. Axel Honneth, 문성훈·이현재 역, 1996

사회운동의 원인에 관한 가장 잘 알려진 설명 중의 하나는 근대사회를 주도하는 물질주의적 가치에 정면으로 도전하는 탈물질주의적 가치를 가진 것으로 간주하는 것이다. 로널드 잉글하트Ronald Inglehart에 따르면 안전과 안정의 기본적 욕구가 충족된 이후 일부 선진 산업사회에는 기존의 물질주의적 존재를 초월한 자기실현, 참여, 미적 욕구 같은 한층 '고차원적이고' 사치스런 목표를 추구한다는 것이다. 카이 힐데브란트Kai Hildebrandt와 러셀 달톤Russell Dalton은 잉글하트의 견해를 정치학에 수용하여 신정치와 구정치를 구분하고, 장기적으로 신정치가 더 많은 의미를 획득한다고 주장한다. 경제적, 사회적, 군사적 안정과 공공질서의 확립 등과 같은 전통적인 관심사에 일차적인 관심을 갖는 '구정치alte Politik'에 비해 '신정치neue Politik'는 삶의 질의 문제, 참여, 여성의 평등권, 개인적인 자기실현 등과 같은 문제에 일차적 관심을 갖는다는 것이다.

1960년대에 분출된 각종 사회운동에 의해 자극되었고 만수르 올슨Mancur Olson의 집합행위이론theory of collective action에 그 기반을 둔 자원동원이론resource mobilization theory 역시 사회운동을 설명하기 위해 등장하였다. 대표적으로 앤써니 오버샬Anthony Obershall은 개인들이 그들의 자원을 동원하는 데 따르는 보상과 처벌, 비용, 이익에 근거하여 합리적 결정을 한다고 단정한다. 일부 학자들은 이 이론이 지나치게 단순한 합리적인 경제모델에 근거하고 있으며, 투쟁과 관련한 복합적 이해관계를 제대로 다루지 못하고 있다고 비판한다. 이에 따라 1980년대에는 집합행동과 관례적인 정치를 연계시키는 정치과정모델political process model로 사회운동 연구의 초점이 옮겨갔다. 이 이론에 따르면 사회운동은 박탈감과 긴장 때문이 아니라 그것에 민감한 정부와 강력한 사회조직 등 정치적 기회의 확장의 결과라는 것이다. 1990년대에는 사회운동을 정치적 목적과 권력을 획득하려는 조직화된 집단의 노력이라기보다는 다양한 문화적 혁신과 부흥의 도구로 보는 견해도 도출되었다.George Andrew Kourvetaris, 박형신·정현주 역, 1998: 327-336

2. '68혁명'과 신사회운동의 대두

1968년을 전후해 발생한 '68혁명Die 68er Revolution'은 기존 질서에 저항해 세계적 규모로 발생한 일련의 저항운동이었다. 1968년에 절정에 달한 각국의 저항은 서로 다른 진행과정을 보이며 다양한 국가적 맥락에 묶여있었지만 지향된 목표나 동원 및 붕괴과정의 구조에서 서로 닮은꼴을 하고 있었다. 당시 서유럽 국가들은 제2차 대전 후 높은 속도의 경제성장을 달성하고 물질적 풍요를 누리고 있었으나, 관료주의, 권위주의 등과 같은 과거의 유산은 여전히 남아 있었다. 반면 급속히 진행된 사회분화로 전후세대는 기성세대와는 다른 다양한 욕구와 가치를 추구하게 되었다. 이탈리아에서 '4P'라 지칭되는 Padre아버지, Prete신부, 목사, Partito정당, Padrone주인가 공격의 대상이 된데서 알 수 있는 것처럼 학생, 노동자, 신중간계급들이 기존 질서에 도전하기 시작했고, 그 결과 사회적으로 계급적 쟁점을 넘어 다양한 쟁점이 표출되었다. 그 주도세력은 대학생들이었다. 1967년 파리의 낭테르 대학교에서 학내문제로 촉발된 시위는 대학생들이 소르본느 대학교를 점거한 후 모든 노동자들에게 24시간 내내 개방된 자율적인 대중들의 대학임을 선포하고 노동자, 학생, 교사들로 구성된 '점거 관리 위원회'가 파리 대학을 운영하기로 결정하는 것으로 이어졌다. 이탈리아의 대학생들 역시 교과과정에 대한 통제, 신임교수 선발에 대한 통제, 모든 학점에 대한 학생들의 감독 등을 요구하며 시위에 나섰다. 서독에서는 독재자였던 이란 국왕 팔레비^{Pahlevi}의 방문 반대 시위 중 경찰의 총격에 베를린 자유대학교 학생인 베노 오네조르크^{Benno Ohnesorg}가 사망하는 사건이 발생하면서 시위가 전국으로 확산되었다. 이는 독일사회주의학생연맹^{SDS}의 주도로 베트남 전쟁과 서독 정부의 긴급조치법에 반대하는 시위로 연결되었다. 미국에서도 인간성 회복과 자연귀의를 주장하며 주류 사회로부터 이탈한 히피들의 '플라워 무브먼트^{flower movement}', 캘리포니아 대학교 버클리 캠퍼스에서의 자유언론운동, 베트남 전쟁과 인종 차별에 대한 반대운동이 벌어졌다.

이들은 '모든 것을 상상력에게로'나 '더 많은 민주주의와 더 많은 자유', '우리는 모든 것을 그리고 당장 원한다', '개인적인 것이 정치적인 것', '선거는 아무 것도 바꾸지 못한다' 등의 구호를 내걸고, 불평등한 자본주의, 경직화된 민주주의, 관료 지배, 제국주의 전쟁, 미디어에 의해 조종되는 사회, 남성 중심 사회를 비판하였다. 이 중에서 비판의 초점은 자본주의에 맞추어 졌다. 당시에 독일 함부르크에서 교회의 권위에 반대하는 학생들이 뿌린 주기도문에는 이 점이 명백히 드러난다.

> "우리의 자본이시여,
> 서방 세계에서 이름을 거룩히 여김을 받으시오며,
> 투자가 임하옵시며,
> 유럽에서 그랬던 것처럼 월 스트리트에서도
> 이익을 내고 이윤을 증대시켜 주옵소서.
> 우리에게 일용할 자본의 회전을 주옵시고,
> 우리가 우리의 채권자들에게 신용을 베푼 것처럼
> 우리의 신용을 늘리게 하옵소서.
> 우리를 파산하지 않도록 하옵시고,
> 노동조합의 위험에 들지 않게 하옵소서.
> 지난 200년 동안 이 세계의 절반은 권세 있는 자들과

부유한 자들의 것이었사옵나이다.

아멘!(Tariq Ali & Susan Watkins, 안찬수·강정석 역, 2001: 60)

68혁명을 주도한 세력들은 합법적 권위에 의해 결정된 틀 안에서만 반대파를 용납하는 지배계급의 태도를 '억압적 관용repressive tolerance'1)이라 보고, 피지배자들의 입장을 옹호하는 차별적 관용을 실천할 것을 주장하였다. 기존질서에 대한 반대와 제3세계 해방전쟁에 대한 찬양, 반문화의 형성, '인민 스스로의 삶에 대한 인민의 통제권 증대,' 탈중앙집중화, 풀뿌리운동 등이 시도되었다.George Katsiaficas, 이재원·이종태 역, 1999: 51-53 이 중에서도 특히 두드러지는 점은 68혁명이 참여기회의 확대를 겨냥한 운동이었다는 점이다. 참여민주주의 자주관리, 공동결정, 자치 등 운동의 중심 요구에는 참여 권리의 획득과 확대가 자리 잡고 있었다. 정치, 경제, 사회, 문화적 제도를 통 털어 지배와 위계구조의 해체를 위한 노력이 자결과 자치를 통해 추구되었다. 사회 모든 영역의 민주화 요구 역시 68혁명이 추구하였던 주요한 목표였다. 이러한 특징을 지닌 68혁명은 프랑스에서 시작되어 다른 나라로 빠르게 파급되었다.

그러나 68혁명은 내부 민주주의 문제를 소지한데서 한계를 가진 것이었다. 무엇보다 68혁명은 참여민주주의, 자발성, 강령적 계획 등을 성취할 수 있는 지속적 조직형태와 전략을 발전시키지 못하였다. 혁명의 지도부는 운동에 의해 동원된 다양한 지지층을 통일시킬 수 있는 방도를 찾지 못했고, 시대모순을 국내모순과 지속적으로 연결시키는데도 실패하였다고 지적된다. 그럼에도 68혁명은 이후 유럽전체의 정치 사회 문화 예술 등 각 방면에 심대한 영향을 끼쳤고 운동과정에서 표출된 대안적 문제제기들이 점진적으로 제도화되는 과정을 거치면서 유럽의 사회시스템 변화의 초석으로 작용하였다. 68혁명을 평가하는 시각은 다양하다. 예를 들어 서구 산업문명의 위기의 징후로 보는 해석은 2차 대전 이후 급속한 산업화의 결과 대중소비사회가 도래하였으

1) '억압적 관용'은 68혁명에 사상적으로 지대한 영향을 미친 허버트 마르쿠제(Herbert Markuse, 1898~1979)가 1966년에 쓴 글에서 처음 사용하였다. 합법적 권위에 의해 결정된 틀 안에서만 반대파를 용납하는 지배 계급의 태도를 가리킨다. 이에 대칭되는 것으로 마르쿠제는 자유의 범위와 내용을 확장시킬 뿐만 아니라 편파적으로 피지배자의 입장을 옹호하는 '차별적 관용'을 제시한다. 마르쿠제는 과학 기술의 발전이 가져온 생산력 발전으로 인해 프롤레타리아 개념의 화석화와 노동자들의 부르주아화가 출현했다면서 이에 부합하는 새로운 이론과 실천이 필요하다고 주장하였다.

68혁명: 1968년을 전후해 발생한 '68혁명'은 기존 질서에 저항해 세계적 규모로 발생한 일련의 저항운동이었다. 당시 서유럽 국가들은 제2차 대전 후 높은 속도의 경제성장을 달성하고 물질적 풍요를 누리고 있었으나, 관료주의, 권위주의 등과 같은 과거의 유산은 여전히 남아 있었다. 반면 급속히 진행된 사회분화로 전후세대는 기성세대와는 다른 다양한 욕구와 가치를 추구하게 되었다. 학생, 노동자, 신중간계급들이 기존 질서에 도전하기 시작했고, 그 결과 사회적으로 계급적 쟁점을 넘어 다양한 쟁점이 표출되었다. 그 주도세력은 대학생들이었다. 파리의 소르본느 대학을 점거한 대학생들은 모든 노동자들에게 24시간 내내 개방된 자율적인 대중들의 대학임을 선포하고 노동자, 학생, 교사들로 구성된 '점거 관리 위원회'가 파리 대학을 운영하기로 결정하였다. 이탈리아의 대학생들 역시 교과과정에 대한 통제, 신임교수 선발에 대한 통제, 모든 학점에 대한 학생들의 감독 등을 요구하며 시위에 나섰다. 이탈리아의 대학생들 역시 교과과정에 대한 통제, 신임교수 선발에 대한 통제, 모든 학점에 대한 학생들의 감독 등을 요구하며 시위에 나섰다. 서독에서는 독재자였던 이란 국왕 팔레비(Pahlevi)의 방문 반대 시위 중 경찰의 총격에 베를린 자유대학교 학생인 베노 오네조르크(Benno Ohnesorg)가 사망하는 사건이 발생하면서 시위가 전국으로 확산되었다. 독일사회주의학생연맹(SDS)의 주도로 베트남 전쟁과 서독 정부의 긴급조치법에 반대하는 시위가 계속 되었다. 미국에서도 인간성 회복과 자연귀의를 주장하며 주류 사회로부터 이탈한 히피들의 '플라워 무브먼트(flower movement)', 캘리포니아 대학교 버클리 캠퍼스에서의 자유언론운동, 베트남 전쟁과 인종 차별에 대한 반대운동이 벌어졌다. 이들은 '모든 것을 상상력에게로'나 '더 많은 민주주의와 더 많은 자유', '우리는 모든 것을 그리고 당장 원한다', '개인적인 것이 정치적인 것', '선거는 아무 것도 바꾸지 못한다' 등의 구호를 내걸고, 불평등한 자본주의, 경직화된 민주주의, 관료 지배, 제국주의 전쟁, 미디어에 의해 조종되는 사회, 남성 중심 사회를 비판하였다.

나, 일상생활은 파편화되고 개인들의 삶은 무의미와 부조리와 소외상태에서 떨어졌다고 한다. 68혁명을 전통적인 계급갈등의 표현으로 해석하는 입장에서는 혁명이 자본주의의 희생자들인 노동자들의 정당한 요구의 표현이라고 주장한다.정수복 편역, 1993: 30-33 임마뉴엘 월러스틴Immanuel Wallerstein은 68혁명을 한편으로는 미국의 세계체계상의 헤게모니 상실이라는 조건과 다른 한편으로는 탈스탈린주의와 탈위성국가화라는 조건이 맞물려 일어난 것으로 해석한다. 1848년의 운동이 노동운동을 기반으로 하는 전통적인 좌파Old Left의 출현을 알리는 사건이었다면, 1968년의 운동은 신사회운동에 기반한 새로운 좌파New Left의 출현을 의미한다는 것이다.Immanuel Wallerstein et al., 송철순· 천지현 역, 1994

68혁명의 의미를 가장 적극적으로 해석하는 사람이 프랑스의 사회학자 알랭 투렌Alain Touraine이다. 그에 따르면, 이제 산업사회와는 질적으로 구분되는 프로그램화된 사회로서의 후기산업사회가 나타나고 있는데 '프로그램화된 사회'로서의 후기산업사회의 새로운 지배계급은 지식과 정보를 바탕으로 중요한 의사결정을 독점하는 기술관료층이다. 노동운동이 체제 내로 제도화됨에 따라 노동운동의 변혁적 성격은 소진되었고 그 자리에 기술관료들의 의사결정의 독점에 대항하는 광범위한 새로운 운동세력이 형성되기 시작하였다. 그 중심세력은 과학자, 기술자, 연구종사자, 비서, 의료종사자, 매스미디어 종사자 등 전문적 지식을 가지고 있으나 의사결정과정에서 배제된 이른바 새로운 노동계급에 속하는 사람들이다. 68혁명의 실질적인 의미는 적응, 통합, 근대화를 통해 모든 사회문제를 해결할 수 있다고 주장하는 기술관료들과 보수적 유토피아에 대항하여 해방적이고 반권위주의적이며 참여를 주장하는 새로운 민중 사이의 대립에 있다는 것이다. 그리고 이것은 1970년대에 들어서 확산된 환경운동, 여성운동, 지역운동, 평화운동 등을 통해 확인된다는 점에서 신사회운동new social movements의 출발점이라는 것이다.정수복 편역, 1993: 35-36

신사회운동은 구 서독의 사회과학자들에 의해 창안된 개념으로 지적된다. 왜냐하면 이들 운동은 독일정치에 관심을 갖고 관찰했던 학자들이 포착해낸 독일 사회의 급격하고도 새로운 진전을 표현하고 있으며, 또한 독일에서 발생한 운동들이 신사회운동의 개념이 지적하고 있는 특성들을 뚜렷이 보여주고 있기 때문이다. 서독에서는 1970년대에 시민사회의 운동단체들이 확산되고 전국적 연합단체들이 성장하면서 이들 간에 포괄적인 네트워크가 구축되었다. 이들의 정치행위와 수사들 또한 그 운동들이 여타의 이익집단이나 이전의 사회운동과는 다르다는 것을 주장하고 있었다. 이러한 현상들은 서독뿐만 아니라 대부분의 선진산업국가들에서도 나타나고 있었다.Russell J. Dalton & Manfred Kuechler eds., 박형신·한상필 역, 1996: 19

진 코헨Jean Cohen, 클라우스 오페Claus Offe, 알랭 투렌, 알베르토 멜루치Alverto Melucci 등과 같은 이론가들은 신사회운동들이 가치지향, 운동 주체, 운동 방식, 조직 형태 등에 있어서 노동운동으로 대표되는 오래된 사회운동과는 다르다고 평가한다. 신사회운동들은 국가권력을 지향하기보다는 시민사회의 자율성에 근거한 운동정치 또는 저항정치의 특징을 보여주고 있다는 것이다. 시민권운동, 반전운동, 학생운동, 반문화적 지향을 비롯하여, 지역운동, 여성운동, 환경운동, 평화운동이 전개되었다. 그러나 1980년대 중반 이후 동원능력 감소, 환경보호, 군축, 여성의 동등한 권리, 분산화 등의 요구사항은 정치적인 사안으로 전화되면서 운동조직들은 제도화되었다.

신사회운동이 갖는 공통점은 다음과 같다. 첫째, 신분, 분배, 지배의 문제 등이 아닌 소외의 경험과 도덕적인 비판, 생활양식과 삶의 질, 생존에 대한 물음이 전면에 대두되었다. 둘째, 대체적으로 전후세대, 중간층에 의해 수행. 특히 양질의 학교교육을 받은 집단, 고정된 직업을 갖지 못하거나 서비스 직종에 종사 집단들에 의해 수행되었다. 이들은 문제 당사자들이나 주변화 된 계층들과 그 때 그 때 동맹을 맺었다. 셋째, 이데올로기적으로 동질적인 새로운 의미체계를 형성하지 않았다. 오히려 탈물질주의적인 가치를 추구하면서 그리고 세속화되고 다원적으로 분산된 문화의 터전 안에서 특수한 것에 대한 권리를 강조하며 다방면에서 하위문화적인 삶의 스타일을 만들어냈다. 넷째, 이들은 자율적인, 탈중심적인 그리고 풀뿌리 민주주의적인 조직원리를 강조하였다.

이 운동을 노동운동 등 이전의 운동과 다른 새로운 운동이라고 하는 이유는 이 운동의 사회적 위치, 목표, 조직형태 그리고 행위수단에서 찾을 수 있다. 이 운동들에서는 운동의 일관성, 법칙성, 조직성을 찾아보기 어렵고, 운동의 이슈, 조직, 정치적 성격, 발전방향과 전망에서 상당히 이질적이고 분산적이며, 가변적이다. 그러나 노동운동, 여성운동, 환경운동이 기존의 운동과는 전혀 다른 것이 아니라, 문제를 보는 시각이 달라졌다는 점에서 새로운 운동이라 이름이 붙여졌다. 이를 표로 나타내면 〈표 1〉과 같다.

물론 운동의 중심적 주체가 노동자계급에서 중간계급이나 학생, 주부와 같은 비계급적인 집단으로 이전되었는가에 대해서는 이견도 존재한다. 예를 들어, 베르트 클란더만스P. Bert Klandermans는 네덜란드의 평화운동에 관한 연구에서 노조의 구성원들과 새로운 운동의 주체들이 서로 연대할 뿐만 아니라 중복되기도 한다고 말한다. 따라서 전반적인 주체의 이전은 나타난다고 하더라도 전통적인 운동의 주체와 얼마나 단절적

〈표 1〉 구사회운동과 신사회운동의 비교

	구사회운동	신사회운동
사회적 위치	제도정치에 포섭	제도정치에 저항
운동 쟁점	경제적, 계급적 불평등 완화 집단적, 물질적 이익, 복지	환경, 여성, 인권, 평화, 소수자 대안적, 공동체 삶
운동 주체	노동자 계급	신중간계급, 전문직, 자유직
운동 이념	성장주의, 물질주의	탈물질주의, 탈권위주의, 풀뿌리 민주주의
운동 조직	수직적, 위계적 조직	수평적 네트워크 조직
운동 방식	관례적 행동	비관례적, 급진적 행동

출처: 정태석(2007), p.81

인지 또는 연속적인지는 나라마다 또 쟁점마다 차이를 보인다고 할 수 있다. 신사회운동이 반권위주의적, 수평적 연대와 느슨한 민주적 조직을 선호한다는 대부분 학자들의 주장에 대해서도 클란더만스는 네덜란드의 평화운동 조직이 가능한 한 많은 지역 조직들과 연계하고자 하는데서 전통적인 사회운동 조직과 다르지 않다고 주장한다. 조이스 겔브Joyce Gelb 역시 스웨덴, 영국, 미국의 페미니즘 운동들에 대한 비교연구를 통해, 정치적 기회 구조의 차이가 여성운동의 발전, 목표, 가치를 다르게 구조화하며, 이에 따라 신사회운동의 특징에 근접할 수도 있고 아닐 수도 있다고 말한다. 영국의 경우 여성운동은 새로운 성격을 띠고 있는 반면에, 다른 나라들의 경우에는 전통적인 틀 속에 결합되어 있다는 것이다.Russell J. Dalton & Manfred Kuechler eds., 박형신·한상필 역, 1996: 174-219 이러한 연구를 통해 우리는 새로운 쟁점의 운동들이 모두 새로운 주체가 이끌고 있고 새로운 조직 형태를 지향하고 있는 것은 아니라는 사실도 알 수 있다.

3. 신사회운동으로서의 환경운동: 독일의 사례

다른 유럽 국가들에서처럼 독일에서도 68혁명의 파급효과는 매우 컸다. 사민당SPD으로 대표되는 구좌파정당은 68혁명의 요구와 자극을 수용했다. 1969년 연방수상으로 취임한 빌리 브란트Willy Brandt는 '더 많은 민주주의를 과감히 실천하자'는 구호를 내걸고 교육 분야와 형법, 기업운영제도 등 사회 각 분야의 민주화를 시도하였다. 68

혁명에 동원된 사람들을 포괄하는 '68세대^{die 68er Generation}'는 68혁명과 결부된 삶의 정서와 분위기를 이어갔고, 68혁명의 활동방식을 고수했으며, 68혁명의 원칙을 지키려고 노력했다. 특히 68혁명에서 추구한 목표들인 참여의 확대와 의식의 변화는 직접행동을 통해 오래 살아남았다고 평가된다. 68혁명의 모든 국면에서 사용된 직접행동은 여론을 겨냥하는 상징적, 도발적인 형태인 '시위적, 호소적인' 행동과 제도를 직접 압박하는 형태인 '직접적, 강제적인' 행동을 말하는데 이는 이후 독일에서 새로운 형태의 사회운동이 활성화되는데 큰 영향을 미쳤다.^{Ingrid Gilcher-Holtey, 2001: 114-125}

대표적인 신사회운동의 한 유형으로 분류되는 환경운동은 독일에서 특히 두드러지게 발전하였다. 독일의 환경운동은 학생운동 출신의 활동가들, 지역주민들, 지식인 세 부류가 주축을 이뤘고, 이들 사이의 연대를 통해 형성되고 발전하였다. 특히 이들 환경주의자들은 기존의 정치가 자신들이 중시하는 삶의 질과 환경 가치를 충족하는데 한계가 있음을 인식하고 있었다. 기성 정당들은 사회의 새로운 요구들을 제대로 반영하지 못하고 있었고, 간혹 정당에 의해 수렴된 요구들도 의회를 넘어 행정부의 정책결정과정에 반영되는 것이 어려웠다. 이러한 정치체계의 한계는 시민사회 내의 다양한 요구가 증대함에 따라 더욱 표면화되면서 이에 실망해서 직접적으로 해결을 모색하는 다양한 단체들의 성립을 촉발시켰다.

일반 시민들의 환경의식이 고양된 것도 독일 환경운동이 활성화된 배경요인이라 할 수 있다. 1970년대에 서독은 자동차 배출가스 규제 등의 환경 규제 면에서 다른 선진국에 비해 크게 앞서지 못한 상태였다. 이 때문에 검은숲^{Schwarzwald} 지대 등 독일의 삼림수목은 대기오염과 산성비로 인해 집중적으로 피해를 입게 되었다. 산성비 피해는 삼림뿐만 아니라 시내의 옛 건축물과 조각품에도 나타났는데 이로 인해 독일 국민들은 충격을 받게 된다. 보다 많은 사람들이 환경파괴와 오염의 심각성을 인식하고 환경보호의 긴급성에 찬성하게 되었다. 1970년대 초에 행한 한 여론조사에 따르면 당시 국민의 80퍼센트가 환경보호를 경제성장이라는 가치보다 더 중요한 것으로 생각하고 있었다.^{최종욱·권용혁 외, 1994: 137}

초기의 독일의 환경운동은 반핵운동이 주도하였다. 그 대표적인 사례가 1970년대 중반 빌^{Wyhl}과 브록도르프^{Brokdorf}에서 일어난 핵발전소 건설 반대 운동이다. 4차 중동전과 오일쇼크로 서독 연방정부와 바덴-뷔르템부르크 주정부는 프라이부르크^{Freiburg} 부근 오버라인 강가에 위치한 빌에 핵발전소 건설 계획을 세웠다. 핵발전소 건설 예정지는 포도밭과 숲이었는데 이곳의 농민들은 발전소가 건설되면 라인강이 방사능에

독일의 환경운동: 초기의 독일 환경운동은 반핵운동이 주도하였다. 그 대표적인 사례가 1970년대 중반 빌(Wyhl)과 브록도르프(Brokdorf)에서 일어난 핵발전소 건설 반대 운동이다. 4차 중동전과 오일 쇼크로 서독 연방정부와 바덴-뷔르템부르크 주정부는 프라이부르크(Frei-burg) 부근 오버라인 강가에 위치한 빌에 핵발전소 건설 계획을 세웠다. 이곳의 농민들은 발전소가 건설되면 라인강이 방사능에 오염되고, 수온도 상승하기에 포도주 양조가 불가능하게 된다며 반대하였다. 핵발전소 건설 발표는 반핵주의자들로 하여금 전국에서 대규모로 대중들을 동원하게끔 하였는데 그 중심세력은 학생과 지식인들이었다. 이들은 기존의 행정기관, 정당, 법원 등 합법적 채널을 통한 의사전달이 실패로 끝나자 비폭력 시위의 형태로 운동방법을 바꾸었다. 이 과정에서 주지사가 핵발전소 건설을 맡은 회사 자문위원장이고 75%의 주를 소유하고 있는 거대주주라는 사실이 밝혀지기도 하였다. 빌의 반핵운동은 1976년 브록도르프(Brokdorf), 1977년 칼카르(Kalkar)에서의 대규모 반핵시위로 계속 이어졌다. 1979년 북독일의 니더작센주에 위치한 고어레벤(Gorleben)의 핵폐기물 재처리 시설 건설 반대 운동에는 전국에서 무려 4백여 만 명의 반대자들이 참가하였다. 기민련(CDU) 소속의 주 수상 에른스트 알브레히트(Ernst Albrecht)는 지역단체의 사퇴 압력에 굴복해 고어레벤의 재가공시설 건설을 포기할 수밖에 없었다.

오염되고, 수온도 상승하기에 포도주 양조가 불가능하게 된다며 반대하였다. 발전소 건설 발표는 반핵주의자들로 하여금 전국에서 대규모로 대중들을 동원하게끔 하였는데 그 중심세력은 학생과 지식인들이었다. 이들은 기존의 행정기관, 정당, 법원 등 합법적 채널을 통한 의사전달이 실패로 끝나자 비폭력 시위의 형태로 운동방법을 바꾸었다. 이 과정에서 주지사가 핵발전소 건설을 맡은 회사 자문위원장이고 75%의 주를 소유하고 있는 거대주주라는 사실이 밝혀지기도 하였다. 그러나 1976년 주선거에서 사민당SPD·자민당FDP 연정이 재선됨으로써 핵발전소 건설계획은 계속 추진되는 것으로 일단락되었다.

빌의 반핵운동은 1976년 브록도르프^{Brokdorf}, 1977년 칼카르^{Kalkar}에서의 대규모 반핵시위로 계속 이어졌다. 1979년 북독일의 니더작센주에 위치한 고어레벤^{Gorleben}의 핵폐기물 재처리 시설 건설 반대 운동에는 전국에서 무려 4백여 만 명의 반대자들이 참가하였다. 기민련^{CDU} 소속의 주 수상 에른스트 알브레히트^{Ernst Albrecht}는 지역단체의 사퇴 압력에 굴복해 고어레벤의 재가공시설 건설을 포기할 수밖에 없었다. 1980년부터 1981년까지는 프랑크푸르트^{Frankfurt/M} 공항의 활주로 확장 반대 운동이 전개되었다. 이로 인해 일반 대중들의 환경운동에 대한 관심이 고양되었고, 환경운동 단체 회원 수가 급증하였다.

1975년 창설된 '독일 환경과 자연보호 연맹^{BUND: Bund fuer Umwelt und Naturschutz Deutschland}'은 독일의 대표적인 환경단체로 꼽힌다. 바이에른 주와 바덴-뷔르템베르크 주의 '자연보호 연맹^{Bund Naturschutz Bayern}'과 '자연과 환경 보호 연맹^{Bund Natur- und Umweltschutz Baden-Wuertemberg}'이 생태주의 그룹과 통합해서 발족한 이 단체는 그 후 다른 지역으로 그 조직을 넓혀감으로써 전국적인 규모를 갖는 조직으로 자리를 잡게 되었다. 이후 BUND는 반핵운동뿐만 아니라 유전공학과 각종 화학산업에 대한 사회문제화, 오존가스인 염화불화탄소 생산 금지 촉구 등으로 그 활동영역을 넓혀가고 있다.

1970년대에 활성화된 환경운동은 독자적인 환경정당의 창당으로 연결되었다. 기존의 정당에 영향력을 행사하여 자신들이 주장하는 바를 받아들이는 것이 불가능하다고 여기는 환경주의자들은 독자적인 환경정당을 결성하기로 결정하였다. 이들은 1979년 유럽의회 선거에 참가한데 이어 1980년 1월 13일 칼스루에^{Karlsruhe}에서 연방규모의 조직을 갖춘 정당인 녹색당^{Die Grünen}을 창당한다. 창당을 이끈 주역 중의 한 사람인 페트라 켈리^{Petra Kelly}가 말한 것처럼 스스로를 '반정당 정당^{Anti-Parteien-Partei}'으로 규정한 녹색당은 지속가능한 개발의 추구, 독일의 북대서양조약기구^{NATO} 탈퇴와 급진적인 토대민주주의를 내세웠고, 1983년 총선에서는 봉쇄조항을 넘는데 성공하여 연방의회에 진출하게 된다. 통일과정에서 동독지역의 시민운동세력과 연합해 동맹90/녹색당^{Bündnis 90/Die Grünen}으로 개명한 녹색당은 1998년부터 2005년까지 사민당과 더불어 이른바 '적녹연정'을 이끌었다.

시민사회 영역에서 다양한 환경운동세력들에 의한 정치권에 대한 압력의 증가는 정치권으로 하여금 이전 보다는 전향적인 환경정책을 채택하게 하였다. 예를 들어, 1969년 사민당과 자민당의 선거 승리 이후 들어선 브란트 정부의 관료들은 환경보호^{Umweltschutz}라는 용어를 채택한데 이어 자연보호 신속 대책^{Sofortprogramm Umweltschutz}을 제시하고 '환경문제를 위한 전문가위원회'를 설치했다. 1976년에는 새 연방자연보호법이 발효되었다. 환경보호를 위한 제도의 정비와 각종 정책 처방은 연방 뿐만 아니라 지방의 지자체에서도 활발하게 이루어졌다.

그 대표적인 도시가 프라이부르크이다. 프라이부르크는 1992년 독일환경원조재단이 BUND독일환경자연보호연맹, NABU독일자연보호연맹 등 독일의 환경단체와 공동 개최한 지방자치단체 경연대회에서 151개 지자체 가운데서 1위를 차지해 그 해의 '자연·환경보호에 있어서 연방수도'로 선정된 도시이다. 독일 서남부에 위치한 유명한 휴양지인 슈바르츠발트의 관문이자 오래된 대학도시인 프라이부르크의 시민들은 1980년대 들어와 이 지역의 삼림수목이 대기오염과 산성비로 인해 피해를 집중적으로 입게 된데서 큰 충격을 받았다. 산성비 피해는 삼림뿐만 아니라 시내의 옛 건축물과 조각품에도 나타났다. 빌 원전 건설 반대에서 모아진 시민들의 힘과 슈바르츠발트의 고사 등에서 느껴진 환경에 대한 위기감은 프라이부르크시로 하여금 환경 최우선 정책을 추진하게 하였다. 이는 구체적으로 자전거와 자동차가 공존하는 교통 시스템의 수립, '태양도시' 건설을 향한 시도, '쓰레기 제로'에의 도전, 유기농업의 권장과 에코은행의 설립 등으로 나타났다.

4. 사회운동과 집단정치

앞에서 살펴보았듯이 1960, 70년대는 인권운동, 반전운동, 환경운동 등 다양한 형태의 신사회운동이 분출된 시기였다. 이 시기에 다양한 형태의 시민사회 행위자들이 기존의 정당, 의회 등과 같은 정치제도를 대체하거나 이와 경쟁하면서 주요한 정치행위자로 등장하였다. 새로운 양식의 행동주의와 운동을 채택한 이들 행위자들은 기존질서와 체제에 대해 저항하거나 압력을 행사하였고, 종종 더 광범위한 영역으로 자신들의 활동범위를 넓혔다. 이들은 집단적인 이익을 표출함으로써 정치과정에 영향을 미치려고 하였다. 그러나 대부분은 정부권력을 획득하거나 행사하지 않고 단지 외부에서 영향력을 행사하려 한다는 점에서 정당과 차이를 보였다. 이들은 광범위한 강령이나 이데올로기도 갖고 있지 않았다. 물론 이들은 여러 수준에서 다양한 형태가 존재하고, 경우에 따라서는 이들과 정당을 엄격히 구별하는 것이 어려운 점도 발견된다. 미국의 주류정치학에서 흔히 조직화된 모든 집단은 이익집단interest group으로 범주화하는 경향이 있다. 이와 유사하게 영국에서는 구성원들의 이익을 추구하고 방어하는 데 초점을 맞춘 압력집단pressure group의 하위범주로 사용한다. 그러나 집단은 다양한 형태가 존재하는데서 이들을 단순히 이익집단으로만 분류하는 것은 한계를 지닌다. 예를 들어 집단을 일정한 수준의 조직과 응집력을 갖는 결사체로 볼 것인가, 아니면 동일한 이해관계를 공유하고 있지만 의식은 다른 사람들의 모임인가에 대해서는 학자들 사이에 합의가 존재하지 않는다. 또한 집단이 단지 물질적 이해관계만 추구하는지, 아니면 더 광범위한 운동이나 공공의 목표를 추구하는지에 대해서도 광범위한 이견이 존재한다.

그럼에도 불구하고 크게 보아 집단은 세 가지 유형으로 분류될 수 있다. 첫째, 자치집단communal group은 구성원이 충원보다는 출생에 기초해 형성되었고 전통적 유대와 충성을 공유하고 있다. 가족, 종족, 카스트, 인종집단 등이 여기에 포함된다. 둘째, 제도집단institutional group은 정부기구 내에서 그리고 정부기구를 통해 영향력을 발휘하고자 하는 집단으로 관료와 군부가 여기에 속한다. 자율성이나 독립성을 향유하지 못하는 점에서 이익집단과 차이가 있다. 권위주의나 전체주의 국가의 경우 제도적 집단 사이의 경쟁이 이해관계를 접목시키는 중요한 형태이며, 민주국가에서도 관료집단의 예에서 보듯이 일정한 영향력 행사하고 나아가 다른 이익집단과 동맹을 형성하기도 한다. 셋째, 조합집단associational group은 공동의 제한적인 목표를 함께 추구하는 사람들에 의해 형성된 집단으로 자발적 행동과 공동의 관심사, 태도를 갖고 있다. 이익집단이나 압력집단이 대표적이다.

집단정치에 대한 다양한 입장은 흔히 다원주의pluralism와 코퍼러티즘corporatism이라는 두 개의 대비되는 모델로 구분된다. 다원주의는 민주주의가 다양한 이해관계와 권력의 분산을 전제로 한다고 주장한다. 자유주의 경제사상과 정치사상으로부터 유래하는 다원주의 이론에서 볼 때 정치권력은 파편화되고 넓게 분산되어 있고 이에 대한 영향력은 조직과 정부에 접근할 수 있는 잠재력을 지닌 집단의 규모 및 지지의 강도와 비례한다고 본다. 정책결정 역시 다양한 견해와 상이한 이익을 지닌 수많은 집단들 사이의 복잡한 흥정과 상호작용을 통해 이루어진다는 것이다. 다원주의 입장에서 볼 때 집단정치는 민주주의 과정의 요소라 할 수 있다.

다원주의에 대한 비판자들은 미국과 같은 집단 지향적인 사회에서조차 국민의 절반만이 자발적 결사체에 참여하며, 또한 그러한 결사체들도 정치에서 다만 주변적으로 참여할 뿐이라는 데 주목해왔다. 국가정책이 다양한 이익집단의 요구를 정확하게 반영한다는 다원주의자들의 견해에 대해서도 비판자들은 자본주의와 계급사회 아래에서는 특정한 정책들만이 시행될 수 있을 뿐이라고 주장해왔다. Ronald H. Chilcote, 강문구 역, 1999: 445 권력이 분산되지 않고 파워 엘리트 power elite 들에게 집중되어 있다는 밀즈 C. Wright Mills 나 정치권력은 자본주의적 지배계급이 소유하고 있으며, 기업과 노동집단의 예처럼 불평등한 경쟁이 나타난다는 랄프 밀리밴드 Ralph Miliband 의 주장 역시 다원주의에 대해 가해진 주요한 비판들이다.

코퍼러티즘은 산업사회에서 발견되는 국가와 집단 사이의 공생관계에 주목한다. 이에 따르면 특정한 집단이 정부와의 관계에서 특권적 지위를 향유하고 이를 통해 공공정책의 형성과 집행에 영향을 미친다는 것이다. 구성원들의 이익을 방어하기 위해 집단은 일종의 인사이더 insider 로서 정책결정과정에 접근하며, 정부도 이들 간의 타협과정에 개입한다고 한다. 코퍼러티즘이라는 용어를 대중화시킨 필립 슈미터 Phillip C. Schmitter 와 게어하르트 렘브루흐 Gerhard Lehmbruch 는 코퍼러티즘이 이익중재체계, 즉 노동, 자본 및 국가 등의 이익을 조직화하는 방식이라 정의한다. 또한 이는 협의적 결정, 즉 조직화된 사회집단이 정책과정에 참여하여 이들 사이의 갈등과 이들과 국가와의 이견을 조율하고 논의하는 정책형성의 제도화 패턴이라는 것이다. 이러한 특징 때문에 코퍼러티즘은 정부와 사회집단 간의 연계를 강화하고 관련 정책의 사회적 지지기반을 넓히는 장점이 있다.

코퍼러티즘은 시민사회의 주요 세력을 정책결정의 장으로 참여시킨다는 점에서 참여민주주의의 한 형태라 할 수 있고, 타협을 통한 갈등 해결을 지향한다는 데서 합의제민주주의와 친밀성을 가진다. 실제로도 코퍼러티즘은 스웨덴, 독일, 네덜란드 등 민주주의 전통이 긴 유럽의 선진 산업국가에서 사회부문을 대표하는 집단의 대표와 정부 대표가 한자리에 모여 대화와 타협으로 이해를 조정하고 정책대안을 마련하는 일종의 대의체적 정책결정 기구의 형태로 운영되고 있다. 그러나 코퍼러티즘에 대해서도 정부 접근 집단의 수와 범위를 감소시키며, 사회통제의 메커니즘을 은폐하는 데 기여하고 있다는 비판이 제기되었다. 정부 개입의 증가가 과부하를 초래하고 대의제민주주의에도 위협이 되고 있다는 비판 역시 존재한다.

다양한 형태의 시민사회 행위자들이 집단적인 이익을 표출함으로써 정치과정에 영향을 미치려고 하는 집단정치는 관료제도, 의회, 법원, 정당, 매스미디어, 국제적 비정부기구 등의 다양한 경로를 통해 행해진다. 최근 들어와서는 청원, 항의, 시위, 시민불복종, 파업, 폭력사용 등을 통해 유리한 여론을 형성하려는 방식이 많이 채택된다.

포르투갈의 군부정치: 포르투갈은 오랜 군부통치의 역사를 갖고 있는 국가이다. 1926년 군부 쿠데타로 집권한 살라자르(Antonio de Oliveira Salazar)는 대지주와 과두카르텔(oligarchic cartel)을 주요 지지기반으로 하는 이른바 '신국가(Estado Novo)'를 수립하였다. 정치적 후원주의와 온정주의를 특징으로 하는 조합주의적 사회통제에 기초한 신국가는 대중들의 정치적 무관심을 이용하여 사회집단들의 이익표명을 제한하고 대중동원을 억지할 수 있었다. 살라자르는 정권의 지지기반을 과두적 지배층과 국가관료 그리고 카톨릭 교회 및 군부에 두고 있었다. 반세기 동안이나 지속된 권위주의적 통치하에서는 국제적 압력이 강화되고 지배연합의 균열이 심화될 때까지는 어떠한 정치변화도 발생하지 않았다. 일어날 수 없었다. 신국가는 '카네이션 혁명(Nelkenrevolution)'으로 불리는 1974년의 군부 쿠데타에 의해 비로소 붕괴하였다.

한편, 집단정치는 지역과 국가, 시기별로 다양한 형태를 보인다. 이는 이들 집단정치 행위자가 정치문화, 정치제도, 공공정책 등에 의해 영향을 받는 정도가 상이하기 때문이다. 예를 들어 권력이 분산된 정부는 집단정치를 장려하는 데 비해, 중앙집중적인 권력구조를 가진 정부는 집단정치의 공간을 협소하게 하는 경향이 있다. 정당과 경쟁관계에 있는 집단은 양당제보다는 다당제에서 그 정치적 활동의 영역이 더 좁다. 국가의 경제, 사회활동에 대한 간섭 정도 역시 집단정치에 영향을 미치는 주요 요인이다.

사회분화가 미약하고 다원적 이익표출이 발달하지 못한 권위주의나 전체주의 국가에서는 집단정치가 주로 정부기구 내에서 그리고 정부기구를 통해 영향력을 발휘하고자 하는 관료와 군부를 중심으로 이뤄진다. 민주화 이전의 포르투갈은 그 대표적인 사례라 할 수 있다. 포르투갈은 살라자르Antonio de Oliveira Salazar가 창안한 일종의 조합주의 정권인 '신국가Estado Novo'가 '카네이션 혁명Nelkenrevolution'으로 불리는 1974년의 군부 쿠데타에 의해 붕괴될 때까지 약 50여년 동안 모든 분야를 지배하고 있었다. 정치적 후원주의와 온정주의를 특징으로 하는 조합주의적 사회통제에 기초한 신국가는 대중들의 정치적 무관심을 이용하여 사회집단들의 이익표명을 제한하고 대중동원을 억지할 수 있었다. 살라자르는 정권의 지지기반을 과두적 지배층과 국가관료 그리고 카톨릭 교회 및 군부에 두고 있었다. 군부 쿠데타는 군부 내부의 갈등에서 비롯되었다. 1970년대 초반 포르투갈은 아프리카에서의 소모적인 군사작전으로 군장교집단들 내부에서 불화가 발생했다. 정규장교들은 낡은 진급체계와 징집장교Milicianos에 대한 우대에 불만을 품고 있었다. 사회적으로도 1974년 초에는 30%가 넘는 인플레이션을 기록하고 있었고, 노동운동도 확산되고 있었다. 이러한 상황에서 1974년 4월 25일 케타노 정권에 대항하는 쿠데타가 발생하였다. 안투네스Melo Antunes 소령 등의 주도로 권력 장악에 성공한 후 혁명평의회를 중심으로 군부가 정치무대의 전면에 나서게 되었다. 포르투갈은 스페인과 달리 '협의에 의한 개혁reforma pactada'을 실시할 수 있는 기반이 부재하였고 결국 쿠데타에 의해 자신들의 이해관계가 보전될 것이라 본 군부에 의해 권위주의 체제가 붕괴하였다.

군부 내의 소장파가 민주화 과정서 일정한 역할을 한 포르투갈에 비해 미얀마는 군부가 민주화를 억제하면서 권위주의 통치를 지속하고 있다. 1948년 영국으로부터 독립한 버마는 62년부터 줄곧 군사정권이 통치해 왔다. 군부통치로 인한 정치적 억압과 경제적 빈곤으로 누적된 불만은 '8888 항쟁(1988년 8월8일 양곤에서 항만노동자들의 파업을 시작으로 전국에서 발생한 반군부 민주화 시위)', '랑군의 봄'으로 지칭되는 광범위한 민주화 시위로 이어졌다. 그러나 혼란 속에서 결과적으로 권력을 장악한 것은 다시 한번 쿠데타를 일으킨 군부였다. 군부의 국가법질서회복위원회SLORC는 무력으로 정권을 접수하고, 1989년엔 계엄령을 선포했다. 1990년 총선에서는 미얀마의 야당 지도자인 아웅산 수치Aung San Suu Kyi가 이끄는 민족민주동맹NLD이 의회의 489석 가운데 392석을 차지하는 압도적인 승리를 얻었지만, 군부가 선거를 무효화하고 당선자 상당수를 투옥했다. 2007년 9월엔 미얀마 전역에서 군부통치에 반대하는 시위가 전개되었지만 군부에 의해 유혈진압되고 말았다. 국제 여론이나 자국 내 승려들의 반발에도 아랑곳없이 강압적인 통치를 지속하던 미얀마 군부는 2011년 후반부터 개혁개방 노선을 채택하고 비록 더디고 제한적인 범위에서나마 변화를 꾀하고 있다. 2015년 11월 총선에서는 야당인 민족민주동맹이 군부 의석을 합해 총 657석인 상하원 의석 중 59%를 확보해 대통령을 배출하고 단독으로 정부를 구성할 수 있게 됐다.

참고문헌

권태환·임현진·송호근 편. 『신사회운동의 사회학: 세계적 추세와 한국』. 서울: 서울대학교출판부, 2001.

김영명. 『제3세계의 군부통치와 정치경제: 브라질·한국·페루·이집트의 비교연구』. 서울: 도서출판 한울, 1985.

박형신·조대엽 외. 『새로운 사회운동의 이론과 현실』. 수원: 문형출판사, 2000.

이성재. 『68운동』. 서울: 책세상, 2009.

정수복 편역. 『새로운 사회운동과 참여민주주의』. 서울: 문학과지성사, 1993.

정태석. 『시민사회의 다원적 적대들과 민주주의』. 서울: 후마니타스, 2007.

조대엽. 『한국의 시민운동: 저항과 참여의 동학』. 서울: 나남출판, 1999.

조현옥. "사회운동에서 정당으로: 독일 녹색당의 설립과정과 쟁점." 바람과물연구소 편. 『한국에서의 녹색정치, 녹색국가』. 서울: 도서출판 당대, 2002.

유팔무·김호기 편. 『시민사회와 시민운동』. 서울: 도서출판 한울, 1995.

최종욱·권용혁 외. 『현대의 위기와 새로운 사회운동』. 서울: 문원, 1994.

Ali, Tariq & Susan Watkins. 안찬수·강정석 역. 『1968년: 희망의 시작, 분노의 나날』. 서울:

삼인, 2001.

Brand, Karl-Werner (Hg.). *Neue soziale Bewegungen in Westeuropa und den USA — Ein internationaler Vergleich*. Frankfurt & New York: Campus, 1985.

Dalton, Russell J. & Manfred Kuechler (eds.). 박형신·한상필 역. 『새로운 사회 운동의 도전』. 서울: 한울아카데미, 1996.

Fraser, Ronald. 안효상 역. 『1968년의 목소리: "불가능한 것을 요구하라!"』. 서울: 박종철출판사, 2002.

Gerdes, Dirk. *Regionalismus als soziale Bewegung — Westeuropa, Frankreich, Korsika: Vom Vergleich zur Kontextanalyse*. Frankfurt & New York: Campus, 1985.

Gilcher-Holtey, Ingrid. *Die 68er Bewegung: Deutschland-Westeuropa-USA*. München: Verlag C.H.Beck, 2001.

Honneth, Axel. 문성훈·이현재 역. 『인정투쟁』. 서울: 동녘, 1996.

Huntington, Samuel P. 강창구·송태균 역. 『군인과 국가』. 서울: 병학사, 1980.

Koo, Hagen. 신광영 역. 『한국 노동계급의 형성』. 서울: 창작과비평사, 2002.

Koopmans, Ruud. "New Social Movements and Changes in Political Participation in Western Europe." *West European Politics*, Vol.19, No.1. 1996.

Kourvetaris, George Andrew. 박형신·정헌주 역. 『정치사회학』. 서울: 일신사, 1998.

Kriesi, Hanspeter et al. *New Social Movements in Western Europe*. Minneapolis: University of Minneapolis Press, 1995.

Lipset, Seymour Martin (ed.). *Student Politics*. New York: Basic Books, 1967.

Marcuse, Herbert. "Repressive Tolerance." http://www.marcuse.org/herbert/pubs/60spubs/65repressivetolerance.htm#postscript

Nordinger, Eric A. *Soldiers in Politics: Military Coups and Governments*. Englewood Cliffs: Pretice-Hall, 1977.

Rammstedt, Otthein. *Soziale Bewegung*. Frankfurt/M: Suhrkamp, 1978.

Raschke, Joachim. *Soziale Bewegungen — Ein historisch systematischer Grundriss*. Frankfurt & New York: Campus, 1985.

Scott, Alan. 이복수 역. 『이데올로기와 신사회운동』. 서울: 한울아카데미, 1995.

Skolnick, Jerome H. *The Politics of Protest*. New York: Ballantine Books, 1969.

Smelser, Neil J. 박영신 역. 『사회변동과 사회운동: 사회학적 설명력』. 서울: 세경사, 1993.

Steinweg, Reiner (Hg.). *Militärregime und Entwicklungspolitik*. Frankfurt/M: Suhrkamp, 1989.

Tilly, Charles. *Social Movements, 1768-2004.* Boulder: Paradigm Publishers, 2004.

Wallerstein, Immanuel, Giovanni Arrighi & Terence K. Hopkins. 송철순·천지현 역. 『반체제운동』. 서울: 창작과비평사, 1994.

Wasmuht, Ulrike C. (Hg.). *Alternativen zur alten Politik? Neue soziale Bewegungen in der Diskussion.* Darmstadt: Wissenschaftliche Buchgesellschaft, 1989.

제16장

민주화와 정치변동

1. 민주화와 정치변동

민주화democratization는 국가와 시민사회의 관계와 정치사회의 전면적 재편을 통해 구성원들의 시민적 권리뿐만 아니라 경제적, 사회적 권리를 제도적으로 보장하는 것을 의미한다. 대부분의 학자들은 민주화를 정치적 영역에서 민주주의에 입각한 규칙과 행위가 제도화되는 과정으로 보고 이를 위한 요인과 경로 분석에 치중하고 있다. 협의적인 측면에서 민주화를 보는 학자들은 정치변동political change에 초점을 맞추어 국가나 정부의 제도적 측면과 관련된 변화나 정치체제와 이념이 바뀌는 과정을 주로 분석한다.

여기서 정치변동은 민주화보다 포괄적인 범위를 갖는 용어로 사용된다. 정치변동에는 선거에 의한 단순한 정부의 교체에서부터 폭력에 의해 사회 내의 권력관계를 변화시키는 혁명까지 다양한 형태가 존재한다. 예를 들어, 칼 마르크스가 『루이 보나파르트의 브뤼메르 18일Der achtzehnte Brumaire des Louis Bonaparte』에서 면밀히 분석한 혁명과 대통령 선거, 의회공화정의 수립, 계급갈등, 쿠데타, 의회 해산과 제정의 수립으로 이어지는 1948년부터 1952년 시기의 프랑스는 이 같은 정치변동의 다양하고 역동적인

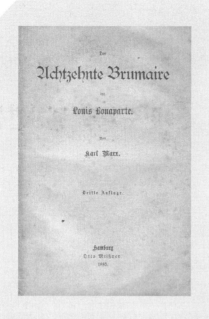

루이 보나파르트의 브뤼메르 18일: 『루이 보나파르트의 브뤼메르 18일』은 1848년 2월부터 1851년 12월까지 프랑스 제2공화정의 수립과 몰락과정을 칼 마르크스가 계급 간 대립과 투쟁에 초점을 맞춰 분석한 책이다. 여기서 브뤼메르(Brumaire)는 프랑스 대혁명 당시 국민공회가 제정한 혁명력의 두 번째 달인 '무월(霧月)'을, 18일은 나폴레옹이 군사 쿠데타를 일으킨 1799년 11월 18일을 가리킨다. 나폴레옹 1세의 조카인 루이 보나파르트는 1848년 프랑스 최초의 대통령선거에서 75%의 압도적 지지로 제2공화국 대통령이 되었다. 권력을 잡자마자 그는 '병영과 야영, 샤벨 군도와 총검, 콧수염과 군복'과 같은 국가의 폭력기구들을 사용해 공화주의자들을 탄압하는 한편 반민주적 법률들을 당시 의회 다수당인 질서당의 힘을 빌려 제정했다. 1851년에는 아예 의회를 강제해산하고 황제 자리에 올랐다. 마르크스는 현대정치학의 민주주의 이론에 지대한 영향을 미친 기념비적인 이 저서를 다음과 같이 시작한다. "헤겔은 어디선가 세계사에서 막대한 중요성을 지닌 모든 사건과 인물들은 반복된다고 언급한 적이 있다. 그러나 그는 다음과 같은 말을 덧붙이는 것을 잊었다. 한 번은 비극으로 다음은 소극(笑劇)으로 끝난다는 사실 말이다. 당통에 대해서는 꼬씨디에르가, 로베스피에르에 대해서는 루이 블랑이 … 삼촌에 대해서는 조카가 그러하다. 그리고 같은 모습이 브뤼메르 18일의 재판이 벌어지고 있는 상황 속에서 그려지고 있는 것이다." Karl Marx(1988), p.19. 사진은 1885년 함부르크에서 출판된 이 책의 제3판이다.

성격을 잘 보여준다. 한편, 정치변동은 민주화에도 복합적인 영향을 미친다. 이 책 15장의 '집단정치'절에서 살펴본 것처럼 정치변동을 이끄는 전통적인 행위자인 군부의 경우 기존 체제에 반대하여 쿠데타를 일으키거나 지배연합에 균열을 가져옴으로써 민주화의 단초를 마련하기도 하지만, 정치에 개입해서 민선정부를 붕괴시키고 권위주의 통치를 행하면서 민주화를 저해하기도 한다.

그러나 여기서 중요한 사실은 보다 높은 수준의 민주주의를 향한 과정이 단지 정치

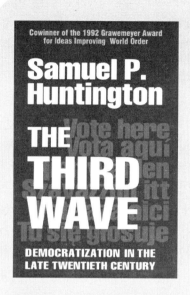

새뮤얼 헌팅턴의 '제3의 물결': 새뮤얼 헌팅턴(Samuel P. Huntington, 1927~2008)은 군부정치, 정치발전, 민주화, 문명충돌에 관해서 탁월한 업적을 남긴 미국 정치학자이다. 보수 성향의 헌팅턴은 『군인과 국가: 민군관계 이론(The Soldier and the State: The Theory and Politics of Civil-Military Relations, 1957)』, 『변화하는 사회의 정치질서(Political Order in Changing Societies, 1968)』, 『미국정치론: 부조화의 약속(American Politics: The Promise of Disharmony, 1981)』, 『제3의 물결: 20세기 후반의 민주화(The Third Wave: Democratization in the Late Twentieth Century, 1991)』, 『문명의 충돌과 세계질서의 재편(The Clash of Civilizations and the Remaking of World Order, 1996)』 등의 저서를 남겼다. 그는 1991년 발간된 저서인 『제3의 물결: 20세기 후반의 민주화』에서 특정한 시기 동안 발생한 비민주적 정권으로부터 민주적 정권으로의 이행들을 '민주화의 물결(a wave of democratization)'이라 지칭하고 이를 19세기부터 20세기 초 까지 서유럽에서 일어났던 제1의 물결(1828~1926)과 2차 대전 이후의 제2의 물결(1943~1962), 그리고 1970년대 중반 남유럽의 포르투갈을 시작으로 제3세계 국가로 확산되었던 제3의 물결(1974~)로 구분하였다.

적 영역에서만 일어나는 것이 아니라는 점이다. 민주화에 대한 분석은 정치과정뿐만 아니라 경제와 사회적 차원까지를 동시에 고려해야 한다. 그럼에도 지금껏 민주화는 정치적 민주화에만 그 논의가 국한되었다고 평가된다. 이 점은 주로 영미권의 학자들이 주도한 민주주의로의 이행transition to democracy과 민주주의의 공고화consolidation of democracy를 둘러싼 논의에서 잘 드러난다.

민주화에 대한 학문적 관심은 1980년대에 들어와 많은 국가들에서 권위주의 정권이 붕괴하고 나름의 경로를 통해 민주주의로 전환되는 일련의 사건들에 의해 촉발되었다. 이를 분석한 선구적인 학자가 미국의 정치학자인 새뮤얼 헌팅턴Samuel P. Huntington이다. 헌팅턴은 특정한 시기 동안 발생한 비민주적 정권으로부터 민주적 정권으로의 이행들을 '민주화의 물결ª wave of democratization'이라 지칭하고 이를 19세기부터 20세기 초 까지 서유럽에서 일어났던 제1의 물결¹⁸²⁸⁻¹⁹²⁶과 2차 대전 이후의 제2의 물결¹⁹⁴³⁻¹⁹⁶², 그리고 1970년대 중반 남유럽의 포르투갈을 시작으로 제3세계 국가로 확산되었던 제3의 물결¹⁹⁷⁴⁻로 구분하고 있다.

> "민주화의 물결은 특정 기간 내에 발생하는 비민주적 정권에서 민주적 정권으로의 집단적 이행이며, 이는 그 시기 동안 반대방향으로 이행하는 사례보다 수적으로 우세했다. 민주화의 물결은 대개 불완전한 민주주의 국가에서 발생한 자유화 혹은 부분적 민주화도 포함한다. 근대 세계에서 3개의 민주화의 물결이 발생했다. 각 물결은 비교적 소수의 국가에 영향을 미쳤으며, 각 물결의 시기 동안 일부 정권의 이행은 비민주적 방향으로 전개되었다. 게다가 모든 민주적 이행이 민주화 물결의 시기 동안에 발생하지는 않았다. 역사는 번잡하며 정치적 변동은 그 자체가 정연한 역사적 도식에 짜 맞춰지지 않는다. 최초 두 번의 민주화 물결은 각각 역물결로 이어졌으며, 이전에 민주주의로 이행했던 국가 중 일부는 비민주적 통치로 되돌아갔다."(Samuel P. Huntington, 강문구·이재영 역, 2011: 36)

　제3의 물결의 단초를 연 국가는 비교적 동질적인 문화와 역사, 그리고 비슷한 경제 발전 수준을 갖고 있던 남유럽의 포르투갈, 스페인, 그리스였다. 서구 유럽에서 가장 오래 동안 비민주적 정권이 지속되었던 국가들이기도 한 이들 지중해 국가들은 1970년대 중반의 비슷한 시기에 정치 엘리트들 간의 협약 혹은 밑으로부터의 동원과 압력 등의 요인에 의해서 권위주의 정권의 붕괴와 민주주의로의 이행을 경험하였다. 이는 1980년대 라틴아메리카 국가들의 민주주의 이행에 영향을 미쳤다. 무엇보다 살라자르와 프랑코 정권의 붕괴와 이들의 근대적이고 합의에 기반한 정치체제로의 대체는 라틴아메리카의 비타협적 통치자들로 하여금 반대세력과의 타협의 여지에 대해 재고하게 하였다.[Laurence Whitehead, 1993: 225] 민주화의 물결은 1980년대 중반에는 동아시아, 그리고 1990년 전후에는 동유럽 국가들로 이어졌다.

　민주주의 이행은 대부분의 경우 내부적 위기로 비민주적 정권이 퇴진하고 주요 정치세력들이 경쟁의 규칙에 합의해서 보다 민주적인 정부가 들어서기까지의 과정을 가리킨다. 일반적으로 비민주적 정권의 퇴진은 주요한 사회문제에 대한 정권의 정책 수행능력의 약화와 이로 인한 정당성의 지속적인 상실에서 연원하는 경우가 대부분이다. 이로 인해 정권유지세력들은 분열하는 반면 반대세력들은 조직을 확대하고 갈등능력 행사를 강화하게 된다. 아담 쉐보르스키Adam Przeworski는 정당성의 붕괴보다 대항 헤게모니의 조직이 보다 더 권위주의 체제에 위협적인 것이라고 한다. 시위효과 demonstration effects에 대한 두려움에서 권위주의체제는 시민사회 내의 자율적인 조직들을 중앙권력의 통제 하에 흡수하거나 무력으로 억압하려 한다는 것이다.Adam Przeworski, 1991: 103-104 비민주적 정권이 퇴진하면 주요 행위자들은 협상이나 협약을 통해 민선정부를 수립하고 신헌법을 제정하거나 자유선거에 의한 권력교체를 이룸으로써 민주주의 이행을 달성하게 된다.Dieter Nohlen, 1988: 5

그러나 민주주의로의 이행은 테리 린 칼Terry Lynn Karl과 필립 슈미터Philippe Schmitter가 정확하게 지적하였듯이 커다란 정치적 불확실성의 기간이며, 예기치 않은 우발적 사건과 전개과정, 의도하지 않은 결과에 의해 지배되어지기도 한다.Terry Lynn Karl & Philippe Schmitter, 1991: 270 민주주의 이행은 또한 어떤 일정한 논리적 단계에 의해 단선적으로 진행되는 것도 아니다. 지역별, 국가별로 고유한 특수성에 따라 이행은 그 내용을 달리한다. 역사적 경험과 현실적 조건이 상이한 나라들의 이행과정을 단일하게 설명하는 것은 적지 않은 오류를 지닐 수밖에 없다. 대부분의 나라들에서의 민주주의 이행은 상호 연관된 복합요인의 영향을 받으며, 따라서 단지 각 이행단계에 차별적으로 영향을 미친 요인들을 국가별로 비교 분석할 수 있을 뿐이다. 이와 같이 이행의 다양성에서 연원하는 문제를 최소화하려면 민주주의 이행을 구조적 맥락뿐만 아니라 그 역동적 과정을 함께 분석하는 것이 필요하다. 즉 각 지역, 국가별로 민주주의 이행을 초래한 구조적 맥락과 이행과정에서의 이해를 달리하는 행위자간의 상호작용을 함께 분석하는 것이 요구된다.

민주주의 공고화의 개념에 대해서는 다양한 견해가 존재하며 모든 학자들이 동의하는 확립된 개념은 존재하지 않는다. 단순히 정치적 영역에서의 민주적 규범과 절차의 제도화만으로 한정되는 귀예르모 오도넬Guillermo O'Donnell, 새뮤얼 발렌수엘라J. Samuel Valenzuela와 같은 영미권 학자들의 민주주의 공고화의 개념은 그러나 다른 지역에 위치한 국가들의 사례를 분석하는 데에는 적실성이 그리 크지 않다. 오도넬과 발렌수엘라는 정치적 영역에서의 민주적 절차와 제도의 확립을 민주주의 공고화의 중요한 내용으로 간주한다. 오도넬은 권위주의 정권의 쇠퇴에 초점을 두는 제1이행과 일련의 새롭고 민주적인 정치활동 규칙의 제도화와 관련된 보다 광범위하고 복잡한 과정인 제2이행을 구분한다. 여기서 민주주의의 공고화란 정치적 게임에 대한 일련의 새로운 규칙의 제도화를 의미한다고 한다.Guillermo O'Donnell et al., 1992: 18-24

오도넬의 논지와 비슷하게 발렌수엘라도 민주주의의 최소적 정의의 범위 내에서 모든 행위자가 게임의 규칙을 수용하고 이들 중 누구도 민주적 게임에 의해 용인되지 않는 수단을 사용치 못할 때 공고화된 민주주의가 달성되었다고 지적한다. 발렌수엘라에 따르면 민족국가 수준에서의 형식적인 민주절차의 확립을 의미하는 공고화에 이르는 과정은 민주적 정권이 최소한도로 작동하는 것과 부합되지 않는 제도와 절차, 가능성을 제거해나가는 과정이다. 발렌수엘라는 민주주의 공고화에 영향을 미치는 조건들로 ① 제1이행의 양식과 민주화에 대한 주요한 권위주의 정권 엘리트들의 태도, ② 정권의 유사성과 역사적 경험 및 정통성, ③ 온건한 정치갈등, ④ 사회갈등의 관리, ⑤ 군부의 민주정부에의 종속을 지적한다. 한편 비민주적으로 형성된 후견세력tutelary powers이나 권위와 정책결정에 있어서의 별도영역reserved domains의 존재, 선거과정에서의 차별, 정부구성을 위한 선거수단의 집중성을 공고화를 방해하는 요인들로 든다. Guillermo O'Donnell et al., 1992: 62-70, 73-93

그러나 공고화에 대한 이 같은 분석은 민주주의 이행 이후에도 다양한 영역에서 권위주의적 지배체제가 해소되고 있지 않으며, 사회적 균열과 갈등을 반영하는 정치문화도 확립되지 않은 국가들에서는 그 적실성이 별반 높지 않다. 따라서 보다 설득력 있는 설명을 위해 요구되는 것은 대륙권의 학자인 페터 크라우스Peter A. Kraus와 디터 놀렌Dieter Nohlen이 제시한 정치제도, 사회경제, 사회문화 영역에 걸치는 최대주의적 관점의 공고화 개념이라 할 수 있다. 크라우스에 의하면 민주주의 공고화를 최대주의적 관점과 최소주의적 관점으로 구분하는 기준은 새로운 정권에 부여하는 정당화의 중요성이다. 즉 최소주의적 관점에서는 대중들 속에서 광범위한 민주적 정당화를 위한 기반의 형성은 반드시 필요로 하지 않는다. 단지 정치 행위자들에게 민주적으로 조절되는 권력경쟁에 대한 대안만 존재하면 되는 것이다. 따라서 새로운 민주주의의 안정성은 목적 합리적인 고려에서 절차적 합의를 준수하려는 경쟁하는 엘리트들의 태도에 의존한다. 이에 비해 최대주의적 관점에서는 정당성의 획득을 중시한다. 다시 말해 민주적 게임규칙의 준수뿐만 아니라 정치 엘리트와 대중들에게 민주적 가치가 광범위하게 인정을 받을 때 정권의 민주주의 공고화는 달성되었다고 할 수 있다.Peter A. Kraus, 1990: 263-264

비슷한 논의로서 놀렌은 이행을 정치적 민주화와 동일시하고 이는 최초의 자유선거, 민선 정부, 신헌법의 제정과 자유선거에 의한 권력교체를 내용으로 갖는다고 지적한다. 그리고 민주주의의 공고화는 민주주의를 최대로 존속케 하는 정치제도적, 사회문화적, 사회경제적 조건의 형성을 의미한다고 한다. 즉 민주적 정치제도와 경쟁구조 및 행태로의 변화(정치제도적 영역)뿐만 아니라 민주적 규범과 가치의 형성(사회문화적 영역), 그리고 권위주의 정권 하에서 심화된 사회경제적 불평등과 이에 기초한 권력관계의 개혁(사회경제적 영역)이 존재할 때 민주주의는 공고화되었다고 할 수 있다.Dieter Nohlen, 1988: 3-18 이 같은 분석은 정치적 과정과 정치체제의 특성 분석에 치우쳐있는 민주화 이행과 공고화에 관한 최근의 이론적 작업들이 지닌 한계를 보완해준다고 평가된다.

2. 민주화의 요인과 경로

대부분의 나라들에서의 민주주의 이행은 상호 연관된 복합요인의 영향을 받으며, 따라서 단지 각 이행단계에 차별적으로 영향을 미친 요인들을 국가별로 비교 분석할 수 있을 뿐이다. 이와 같이 이행의 다양성에서 연원하는 문제를 최소화하려면 민주주의 이행을 구조적 맥락뿐만 아니라 그 역동적 과정을 함께 분석하는 것이 필요하다. 즉 각 지역, 국가별로 민주주의 이행을 초래한 구조적 맥락과 이행과정에서의 이해를 달리하는 행위자간의 상호작용을 함께 분석하는 것이 요구된다.

민주주의 이행은 대부분의 경우 내부적 위기로 비민주적 정권이 퇴진하고 주요 정치세력들이 경쟁의 규칙에 합의해서 보다 민주적인 정부가 들어서기까지의 과정을 말한다. 일반적으로 비민주적 정권의 퇴진은 주요한 사회문제에 대한 정권의 정책수행능력의 약화와 이로 인한 정당성의 지속적인 상실에서 연원하는 경우가 대부분이다. 이로 인해 정권유지세력들은 분열하는 반면 반대세력들은 조직을 확대하고 갈등능력 행사를 강화하게 된다.

앞 절에서 언급했듯이 쉐보르스키는 정당성의 붕괴보다 대항 헤게모니counter hegemony의 조직이 보다 더 권위주의 체제에 위협적인 것이라고 한다. 쉐보르스키는 권위주의 체제의 퇴장은 권위주의블록내의 개혁파와 반대파내의 온건파간의 상호이해로부터 나온다고 한다. 즉 ① 개혁파와 온건파간에 그들이 대표하는 사회세력들이 민주체제하에서 중요한 정치적 존재로 남아있게 하는 제도를 수립하는데 합의에 도달할 수 있어야 하며, ② 개혁파들은 강경파들의 동의를 끌어내거나 중립적이게 할 수 있어야 하며, 그리고 ③ 온건파는 급진파를 통제할 수 있어야 한다는 것이다.Adam

Przeworski, 1991: 103-104

민주주의 이행에 영향을 미친 요인들은 크게 내부적 요인과 외부적 요인으로 나누어 살펴볼 수 있다. 일반적으로 비민주적 정권의 정책수행능력의 약화와 이로 인한 정당성의 상실, 자율적인 사회집단의 조직과 정권에 반대한 갈등능력의 행사와 같은 내부적 요인과 더불어 민주화에 대한 외부의 압력, 국제적인 비정부기구의 활동 등의 외부적 요인 역시 민주주의 이행에 적지 않은 영향을 행사한다고 할 수 있다. 그러나 내부적 요인에 비해 외부적 요인은 대개 부차적인 역할을 수행한다. 이 점은 남유럽 국가들의 민주주의 이행 사례에서 잘 나타난다.

남유럽 국가들이 민주주의로 이행하는 데는 내부적 취약성을 갖고 있던 권위주의 정권이 정치적 고려에서 추진한 산업화 정책에 의한 경제구조의 전환이 배경요인으로 작용하였다. 남유럽 국가들이 산업화 정책을 추진한 것은 얄타회담과 1945년 이후 국제적 조건의 영향으로 사회주의 운동이 배제되면서 국내 정치안정과 낮은 임금을 보장함으로써 외국자본의 투자를 받아들여야 했던 상황에서 연유한다.[Guillermo O'Donnell, Philippe Schmitter & Laurence Whitehead, eds., 염홍철 역, 1988: 66]

1950년대 말에 스페인 프랑코 정권은 기술관료들이 권력을 장악하면서 기존의 경제적 자급자족정책[Autarquia]을 포기하고 대신 급속한 산업화 정책을 추진하였다. 새로운 산업화 정책은 프랑코 정권이 국내시장을 외국자본에 전면 개방하고 자유화조치를 실시하는 것으로 나타났다. 프랑코 정권은 산업화에 소요되는 재원을 국제차관과 원조, 관광수입, 해외이주민들의 송금을 통해 조달되게 하였다. 1960년대에 높은 비율의 산업부문 성장과 국민총생산 증가를 가능하게 한 이러한 산업화 전략은 중요한 몇 가지의 정치, 사회적 변화를 초래하였다.[Guillermo O'Donnell, Philippe Schmitter & Laurence Whitehead, eds., 염홍철 역, 1988: 126-130] 우선 국민의 직업별, 지역적 분포가 변화하였고, 일정한 한도 내에서 노동부문에 대한 자유화 조치가 취해지면서 노사 간 갈등이 폭발적으로 증가하였다. 그리고 무엇보다도 일부 노동자, 대학생, 까딸로니아와 바스끄 지역 주민들이 정권의 정통성에 도전하면서 정권의 내적 응집력이 점차 약화되기 시작했다.

스페인의 또 다른 민주주의 이행의 요인으로는 1965년 이후 심화된 프랑코 정권과 카톨릭 교회의 갈등을 들 수 있다. 1953년에 바티칸 당국과의 화친조약[Concordato]을 통해 프랑코 정권은 카톨릭 고해성사와 교회의 법적, 경제적 특권과 권리를 광범위하게 인정하면서 대신 주교 임명에 관여할 권리를 얻었다. 카톨릭 교회는 프랑코에게 대중동원의 주요한 원천으로 기능하면서 국내외적인 정당성을 제공하였다.Jose Casanova, 1983: 964 교회와의 갈등은 새로 부임한 요한 23세가 카톨릭 신자들의 이념적 다원주의, 결사와 표현의 권리 및 종교의 자유를 옹호하고 나아가 교회측에 천대받고 억압받는 편에 서서 투쟁할 것을 요구하면서 표면화되었다. 스페인의 기독교 반대세력을 고무했던 요한 23세에 이어 후계자인 바오로 6세는 프랑코 정권에 반감을 가진 인물이었다. 밀라노의 대주교로 재직시 공산주의 지도자에 대한 사면 요청과 관련하여 프랑코 정권과 마찰을 빚었던 신임 교황은 즉위 하자 스페인 주교단의 개혁을 시도하였다. 젊은 성직자들은 여기에 호응하여 체제 반대세력에 가담하였고 프랑코 정권은 이에 극단적인 탄압과 반교회 운동의 조장으로 대응하였다. 이러한 갈등을 거치면서 카톨릭 교회는 점점 프랑코 정권에 대한 지지를 철회하게 되었다.

1950년대 중반부터 진행된 그리스의 산업화도 사회의 구조적 분화를 수반하면서 사회불안과 반대세력의 정치동원을 가져왔고 결국 그리스 군부정권의 몰락에 기여했다. 1967년의 쿠데타로 정권을 장악한 군부세력들은 정권의 성공적인 통합과 정당화를 위해 기존의 경제발전정책을 계속 추진해 나가야했지만 다른 한편 경제발전과 연계된 반대세력의 정치적 활성화도 감내해야 하는 딜레마에 직면하였다. 1967년에 새로 제정된 헌법은 비록 형식적인 의회통치와 개인권리의 보장을 포함시켰음에도 다른 한편 군부 자율성을 강화하고 정치개입을 용이하게 했던 데서 이러한 딜레마를 해결하기에는 불충분한 것이었다. 1973년의 새로운 헌법도 대통령에 권력이 집중되게 함으로써 대통령과 군부간의 미묘한 균형에 정권이 의존되게 하는 상태를 초래했고 허약해진 정권은 그리스 국립 공대에서의 학생시위와 같은 아래로부터의 동원과 압력에 부딪치면서 붕괴하게 된다.Guillermo O'Donnell, Philippe Schmitter & Laurence Whitehead, eds., 1988: 247-254

한편 포르투갈의 살라자르 정권은 급속한 정치적, 사회적 동원을 피하기 위해 1950년대에 경제발전정책을 추진하였으나 이로 인해 사회분화가 이뤄지면서 반대세력의 정치적 활동영역이 확대되지는 않았다. 즉 경제발전이 사회적 갈등구조의 형성과 연계되지 않았고 기존의 강력한 조합주의적 지배체제에도 별다른 영향을 미치지 못했다. 오히려 살라자르와 후임 까에따누Marcello das Neves Caetano 정권의 붕괴에 기여한 것은 다른 요인이었다. 비좁은 국토와 제한된 천연자원을 갖고 있는 포르투갈은 다른 나라에 비해 뒤늦게까지 해외 식민지의 경영에 매달렸는데 이것이 권위주의적인 살라자르와 까에따누 정권의 붕괴에 배경요인으로 작용하였다. 다섯 개에 달하는 아프리

카의 식민지 유지는 국가재정의 악화와 외부의 압력을 수반하는 것이었고, 무엇보다
도 군부 내 불만세력의 성장을 초래했다. 주로 중, 하류 계층 출신들인 중간계급 장교
들은 아프리카의 식민지 민족해방운동 세력과 전쟁을 치루면서 낡은 진급체제와 징집
장교milicianos의 우대에 대해 불만을 품고 군부운동MFA: Movimento das Forcas Armadas을
일으켰다. 이들 청년장교들은 비밀회합을 갖고 체제에 반대하는 군부 내 세력을 규합
하여 1974년 4월 25일 쿠데타를 감행하였고 그 결과로 권위주의 정권은 붕괴하였다.
Giulio Sapelli, 1995: 137-141

1970년대에 남유럽 국가들에서 민주주의 이행에 주요한 영향을 미친 것은 앞에서
설명한 것과 같이 주로 내부적 요인들이었다. 그러나 이러한 내부적 요인들 외에도
비록 부차적이지만 외부적 요인도 이행의 배경요인으로 작용하였다. 무엇보다 남유럽
세 나라에 대한 외부의 지지 혹은 압력은 유럽대륙의 서단에 위치한 이들 국가들의
지정학적인 중요성에서 기인하는 것이었다. 예를 들어 스페인의 지브롤터Gibraltar 해
협은 중동의 원유를 서유럽과 미국으로 수송하는 주요 통로이고, 포르투갈의 라제스
Lajes는 미국의 공군기지가 위치한 지역이었다. 유럽대륙의 서단에 위치한 지정학적
위치 때문에 미국은 2차 대전 이후 아프리카의 식민지에 대한 암묵적 지지를 포함해
서 국제무대에서 포르투갈을 지지하였다. 이러한 이유에서 2차 대전이 종식된 후 서
방국가들은 이들 지역에서 사회주의 정권이 출현하는 것을 방지하려고 하였다. 이들
지역의 권위주의 정권들도 서방국가들과의 안보연합을 통해 내외 반대세력의 도전에
대처하고 정권을 유지하려 했는데Laurence Whitehead, 1996: 273-274, 이는 미국과의 안보협
력 체결이나 북대서양조약기구NATO에의 가입 등을 통해 구체화되었다. 이밖에도 미
국이 그리스의 군부정권을 승인하고 고위관료의 공식방문을 핵심내용으로 하는 홈포
트 조약homeport agreement을 체결한 것이나, 포르투갈에서 군부 쿠데타가 발생하였을
때 진압을 위한 일련의 준군사적인 비밀작전을 고려했었던 사실은 지정학적인 이해관
계가 이들 국가의 정치변동에 미치는 영향의 극명한 실례들이다.

반면 유럽경제공동체EEC는 1962년의 비르켈바흐 보고서the Birkelbach Report에서 공
동체 가입을 위한 명백하고 구속력있는 정치적 조건을 채택한 이후 프랑코의 스페인
과 살라자르의 포르투갈의 가입을 거부하고 대령들 정권 기간 중의 그리스와는 소원
한 관계를 유지했다. 예를 들어 스페인은 1962년 2월 이후 여러 차례에 걸쳐 EEC
가입을 신청하였지만 스페인 체제가 자유민주주의 원칙과 양립할 수 없다는 이유에서
매번 거부되었다. 유럽공동체가 부여한 가입을 위한 정치적 조건은 화이트헤드가 지

적한 '수렴을 통한 민주화democratization-through- convergence', 즉 민주적인 주권국가들 간의 공동체의 확장에 의한 민주화에의 압력을 이들 지역의 권위주의 정권들에 행사했다.Laurence Whitehead, 1996: 267-271 정치적으로뿐만 아니라 이들 국가들에 대한 경제적 제재까지 포함하는 이러한 압력은 서방국가들로부터의 수입에 의존하는 경제구조를 갖고 있는 이들 국가의 정치변동에 적지 않은 영향을 주었다. 국내 반대세력과 연계한 서유럽의 정당 및 국제적인 비정부기구들의 활동은 결과적으로 권위주의 정권의 정당성 쇠퇴와 응집력 약화를 초래했다.

권위주의체제가 이행과정에 대해 얼마나 많은 영향력을 행사하는가, 그리고 체제와 야당 간의 협상과 상호작용에 있어서 상이한 권력관계를 중심으로 파악한다면, ① 구체제의 패배와 붕괴defeat or collapse를 통한 이행, ② 거래transaction를 통한 이행, 그 중간에 ③ 탈출extrication를 통한 이행의 세 범주로 구분할 수 있다.Scott Mainwaring, Guillermo O'Donnell & J. Samuel Valenzuela, eds., 1992: 317-326 거래transaction를 통한 이행은 단순히 민주화 이행의 속도가 점진적이라는 의미뿐만 아니라, 권위주의체제가 자유화를 주도하며 이행의 전 과정을 통해서 결정적인 행위자로 남아있는 경우이다. 따라서 거래를 통한 이행의 핵심적 요소는 이행과정에 대한 엘리트의 통제, 특정 행위자의 배제, 사회경제적 변화의 배제, 선거에서 경쟁할 수 있는 권위주의체제의 능력이다. 거래에 의한 이행의 특징으로 ① 권위주의체제의 이행에 대한 통제력과 선거에서의 지지, ② 체제 내 온건파와 야당 내 온건파간의 정치협약, ③ 이행의 결과에서의 구체제와의 연속성을 들 수 있다.

반면에 탈출extrication를 통한 이행은 체제의 패배를 통한 이행과 달리, 이행에 대한 협상이 이루어지며 구체제가 이행에 대한 기본적 규칙을 강제하지만, 거래를 통한 이행과 달리 구체제가 아주 약화되어 이행과정을 강력하게 통제하거나 영향력을 행사하지 못하며, 민주적 선거에서 경쟁할 체제정당을 조직할 능력을 갖고 있지 못하다. 따라서 이 유형은 붕괴와 거래의 중간 유형으로서 페루, 우루과이의 사례가 대표적이다. 붕괴를 통한 이행은 권위주의체제의 내적인 붕괴나 외적인 군사적 패배에 의해서 구체제의 완전한 붕괴와 이행이 초래되는 경우이다. 붕괴collapse를 통한 이행에는 그리스, 포르투갈, 아르헨티나, 동유럽의 체코와 루마니아 등이 해당된다면, 거래를 통한 이행에는 스페인, 브라질, 한국, 칠레, 헝가리와 폴란드가 전형적이다.

3. 남유럽의 민주화 사례[1])

남유럽 세 국가의 민주주의로의 이행은 크게 나누어 '협약에 의한 이행transicion pactada'인 스페인과 밑으로부터의 압력과 동원에 의한 이행인 포르투갈과 그리스의 두 가지 유형으로 구분된다. 이러한 차이는 스페인의 반대세력이 과거로부터의 완전한 단절ruptura을 요구했지만 타협과 합의의 틀 안에서 갈등능력을 행사하였고 정권 내 지배세력들도 전략적 이유에서 이에 대해 양보적 자세를 보였던 사실에서 기인한다. 한편 스페인은 구정권의 지배가 중단되지 않은 상태에서의 이행을 의미하는 개혁을 통한 변화인데 반해 그리스와 포르투갈은 권위주의 정권의 지배는 종식되고 지배자들은 잔여권력의 조건을 협상할 능력이 없거나 선택하지 못하는 상태인 붕괴, 패배 혹은 철수에 의한 변화에 해당된다고 할 수 있다. 또한 민주주의에 대한 권위주의 정권의 주요 엘리트들의 태도가 스페인은 전면적인 민주화에 대한 지지를 보였는데 비해 그리스와 포르투갈은 민주화에 대해 반대한데서 구별된다.Guillermo O'Donnell et al., 1992: 77 이들 세 국가에서의 구체적인 민주주의 이행과정을 살펴보면 다음과 같다.

1) 스페인의 사례

스페인에서 발생한 권위주의 통치로부터 민주주의로의 이행은 구정권과의 급격한 단절이나 정권의 자기전환 과정에 의한 것이 아니라 정치행위자들 간의 일련의 연합과 조정의 산물이었다. '협약에 의한 개혁과 협약에 의한 단절'reforma pactada-ruptura pactada은 바로 이런 애매한 상황을 표현한 용어이다.Jose Maria Maravall & Julian Santamaria, 1988: 125 스페인에서 이행의 직접적인 계기가 된 것은 프랑코에 의해 수상으로 임명된 까레로 블랑코Carrero Blanco가 '바스끄 조국과 자유ETA'[2]) 특공대에 의해 1973년 12월 20일 암살된 사건이다. 오푸스 데이Opus Dei 기술관료들의 지지 아래 반대세력에 대한

---

1) 이 절은 홍익표, "남유럽의 민주주의 이행과 공고화: 스페인, 포르투갈, 그리스의 비교"(『국제지역연구』 제2집 4호, 1998)를 일부 수정하였다.

2) 피레네 산맥 서부에 위치한 바스끄는 고유한 역사와 언어, 민족성을 지닌 지역이다. 스페인 내전 기간 공화파에 가담하여 싸웠고 이로 인해 프랑코 정권으로부터 혹독한 탄압을 당했다. 이런 까닭에 바스끄는 스페인 중앙정부에 대항해 투쟁을 전개하게 된다. '바스끄 조국과 자유(ETA: Euskadi ta Askatasuna)'는 바스끄의 분리와 독립을 위해 테러와 납치 등 무장투쟁을 벌인 급진주의 단체로 유명하다. 1959년 창설되었고, 2011년 무장투쟁 종식을 선언했다.

억압정책을 폈던 까레로의 후임으로 임명된 까를로스 아리아스 나바로^{Carlos Arias} Navarro는 프랑코 정권의 사회적 기반을 재구축 하려는 목적으로 개방정책^{apertura}을 새로 실시하였다. 그러나 적극적이지 않았던 나바로의 개방정책은 프랑코 맹종세력들 Bunker의 반대감정을 악화시켰고 반대세력내의 온건한 분파들을 유인하는데도 실패하 였다. Guillermo O'Donnell, Philippe Schmitter & Laurence Whitehead, eds., 1988: 133-134 노동자총연합 UGT: Union General de Trabajadores과 사회노동당^{PSOE: Partido Socialista Obrero Espanol}을 비롯한 좌파세력들은 개방정책으로 확대된 정치적 활동영역을 이용하여 정권에 저항하기 시 작하였다.

프랑코 정권의 붕괴에는 지배연합의 분열도 중요한 역할을 하였다. 반경쟁적인 권위주의 정권이었던 프랑코 정권은 시민전쟁에서 승리했던 세력들 간의 연합에 기초하는 정권이었다. 유능한 가부장적 지배자로서의 프랑코는 정권내의 여러 분파들에게 공직을 분배하는 복잡한 시스템을 고안하지만 정권분파들, 특히 1960년대 중반 이후 격심해진 오푸스 데이 기술관료와 팔랑헤 관료간의 갈등과 뒤이은 프랑코의 사망으로 그 균형은 붕괴되었다. Jose Casanova, 1983: 966-969

지배세력의 분할 및 고립전략에 맞서서 전국적인 대중동원과 시위를 전개한 반대세력은 나바로 정권을 위기에 빠트렸다. 이러한 위기상황에서 후안 카를로스 국왕은 국민들의 욕구를 충족시키고, 또 유럽 국가들의 스페인 신군주제에 대한 수락을 얻어내기 위해서는 전면적인 민주적 개혁이 필요했었다. 1976년 7월 국왕에 의해 새로이 수상으로 임명된 아돌포 수아레스는 프랑코 시대의 기술관료 출신으로서 보수적인 인물이었지만 초기 이행단계에서의 위험을 억제할 수 있는 몇 가지 능력들을 갖고 있었다. 관료와 기업부문에 있는 그의 지지자들뿐만 아니라 수아레스는 경력에서 연유하는 관료들을 조정하는 능력, 변화를 정당화시켜줄 수 있는 국왕의 지지, 경쟁자들이 갖지 않는 정보를 제공하는 국가기구에 대한 통제능력을 가졌었고 또한 반대세력의 내부분열을 이용할 수 있었다.

이러한 능력을 갖고 있던 수아레스의 신정부는 민주주의 이행과정에서 주도권을 회복하고 단절을 선호하는 집단과 계속성을 선호하는 집단 간의 조정자적 입장으로 나서게 되었다. 수아레스는 반대세력이 요구하던 프랑코주의의 완전한 청산을 의미하는 '민주적 단절^{ruptura democratica}'의 내용에는 못 미치지만 기존의 제도와 권력의 범위 안에서 인민주권의 원칙과 민주적 정치체제의 수립을 수행하겠다고 밝혔다. 노동자를 대표로 하는 반대세력의 시위와 경찰과의 유혈충돌, 구질서의 유지를 주장하는 프랑코 맹종세력의 저항 속에서 정치개혁법의 의회 및 국민투표에서의 통과와 정당의 합법화, 노동조합의 자유보장 등의 조치가 취해졌는데 이는 수아레스의 리더십에 주로 기인하는 것이었다. 수아레스는 민주중도동맹UCD: Union de Centro Democratico을 창립하고 1977년 6월 총선을 통해 의회의 다수당수가 됨으로써 더욱 더 개혁을 성공적으로 추진할 수 있게 되었다.

말기의 프랑코 정권은 경제위기를 극복할 수 있는 권위를 결여했고, 최초의 과도정부도 정치문제 해결에 치중하여 경제문제에 신경을 별로 쓰지 않았다. 이에 따라 1977년에 이르러서는 대외무역수지 적자액과 실업률 및 물가는 기록적인 수치를 나타냈다. 이러한 상황을 타개하기 위해서는 긴축과 개혁정책이 요구되었고 이를 위한 모든 정치세력들의 지원 또한 필수적이었다. 이러한 이유에서 1977년 10월 체결된 것이 일종의 사회동맹으로서의 몽클로아협정Pactos de la Moncloa이다. 정부와 의회정당들, 노동조합들이 서명한 몽클로아 협정은 임금을 동결시키고, 공공지출을 축소하며, 신용대출을 제한하고 재정압박을 증가시키는 권한을 정부에 부여했다. 그 대신 정부는 진보적인 세제개혁을 단행하고 사회보장체제를 효율화시키며, 재정체제를 개편하고 일련의 정치개혁 조치의 실시를 약속하였다.

한편 지역문제에 대해서도 중앙 정치권력의 분산화, 즉 까딸로니아와 바스끄 지역에 대한 자치권의 부여가 이 지역 정치인들과의 힘든 협상 끝에 이루어졌다. 사회세력들간의 타협과 동의는 제한된 군주제와 국가개입이 허용된 시장경제제도, 카톨릭 교회와 군부의 특별한 지위 등을 골자로 한 신헌법 제정을 가능하게 했고 이는 1978년 12월의 국민투표에서 압도적인 찬성(87.8%)으로 인준되었다. 1979년에는 사회세력들이 수용한 민주적 규칙에 따라 총선거가 실시되고 신정권이 출범하게 되는데 이는 민주주의 이행의 완료를 의미하는 것이었다.

스페인은 1982년 10월에 실시된 총선에서 승리한 곤잘레스Felipe Gonzalez가 이끄는 사회노동당이 1996년 3월 민중연합당AP: Alianza Popular이 주도하는 우파연합에 패배할 때까지 13년 동안 집권하면서 군부의 탈정치화를 포함하는 민주적 절차의 제도화를 완성했다. 온건한 사회주의자인 곤잘레스는 강력한 리더십을 행사하면서 유럽공동체에의 가입(1986년)과 경제성장 등 일정한 경제적 성과를 달성할 수 있었는데 이는 새로운 민주주의의 공고화에 기여했다. 반면 북대서양조약기구에의 가입은 군부를 만족시켜 정치개입을 하지 못하게 하는데 기여했지만Giulio Sapelli, 1996: 172, 가입에 반대하는 반대세력들의 대중동원은 1980년대 말의 경기침체로 인한 노조파업과 더불어 이후 끊임없는 정치불안을 조성하게 된다.

스페인 민주주의의 초석을 놓은 곤잘레스는 그러나 군과 왕실 내부의 도청 사건, 국립은행장과 시민보안군 사령관의 비리 등과 같은 계속된 스캔들과 부패사건에 시달렸고 그 결과 현대적인 보수당을 표방한 민중연합당의 아스나르Jose Maria Aznar에게 정권을 내주어야 했다. 무엇보다도 아스나르의 승리에 기여했던 것은 과거 프랑코주의와는 무관한 깨끗한 우익정당의 표방이라기보다는 22%를 상회하는 실업률의 최대 피해자인 젊은이들과 여성들이 장기 집권한 사회노동당에 대해 불만을 가진 데 있다. 아스나르는 유럽연합이 추진하는 경제통화동맹의 수렴조건을 충족시키기 위해 정부 지출의 삭감과 적자예산의 감축을 추진하였고, 경제성장과 실업률의 감소라는 성과를 달성하였다. 그 결과 2000년 3월 총선에서 사회노동당을 제치고 단독으로 재집권에 성공하였지만, 2004년 3월 총선에서는 선거 직전 발생한 마드리드 열차테러 사건의 여파로 사회당에 패했다.

스페인 민주주의의 공고화를 가로막는 주요 요소는 지역갈등 문제이다. 1996년 선거에서 과반수 의석에 미달되었던 민중연합당은 까딸로니아 민족주의연합Convergencia i Unio의 지원에 힘입어 집권을 할 수 있었다. 아스나르에 대한 지지를 통하여 까딸로니아는 의료, 교육, 경찰 등의 분야에서의 권력이양과 같은 보다 큰 자치권력을 행사하게 되었다. 다민족으로 구성된 스페인은 1977년 이후 여러 차례에 걸친 중앙정부로부터의 권력분산을 통하여 국가성 문제stateness problems를 처리해나갈 수 있었는데 이는 전국적인 선거를 통해 국가권력이 정당성을 획득했기 때문에 가능한 것이었다. Juan Linz & Alfred Stepan, 1996: 98-102

마드리드로부터의 독립보다는 차별성과 권리에 대한 인정을 요구하고 있는 까딸로니아에 비해 바스끄 지역문제는 좀더 복잡하게 전개되고 있다. 바스끄 조국과 자유당은 스페인으로부터의 분리독립을 요구하며 계속적으로 테러활동을 전개하고 있고, 바스끄 지역의 최대정당인 바스끄 민족주의당PNV: Partido Nacionalista Vasco도 바스끄 문제의 책임을 바스끄 민족의 역사적 기대에 대한 마드리드 정부의 비타협적인 태도에 돌리고 있다. 실제로 아스나르 정부가 민족주의를 앞세우며 강경한 입장을 취해온 것이 바스끄 문제를 악화시켰던 측면도 있다. 2004년 12월에는 독립된 사법기구를 갖고 국제사회에서 독자적으로 외교권을 행사하는 것을 주된 내용으로 하는 바스끄주 정부의 '이바레체 구상Plan Ibarretxe'이 주 의회에서 통과되었다. 2011년에는 아일랜드 전 총리인 아헤른Bertie Ahern이 코피 아난Kofi Annan 전 유엔 사무총장 및 신페인당 당수

게리 아담스Gerry Adams 등과 함께 ETA와 스페인 정부 및 프랑스 정부에게 대화와 협상을 통해 바스크 문제를 해결할 것을 촉구했다.아이에테의 선언, Declaratuib of Aiete 그러나 스페인 정부는 ETA가 일방적으로 조직을 해산해야 한다면서 대화 제의에 응하지 않았다.

2) 포르투갈의 사례

스페인의 협약에 의한 이행에 비해 포르투갈은 '단절과 공개적 갈등의 과정을 통한 이행'Laurence Whitehead, 1996: 276-277을 경험하였다. 군부 쿠데타에 의해 권위주의 정권을 붕괴시킨 포르투칼의 군부운동 세력들은 스피놀라Antonio de Spinola 장군을 의장으로 하는 구국위원회라 불리는 연합정권을 출범시켰다. 스피놀라는 군부 쿠데타의 충격을 진정시키고 개혁주의적 장교들과 구정권과 연계되었던 민간인들과의 새로운 연합의 결성을 시도하였다. 정치적 민주주의에 대한 선호와 더불어 스피놀라의 이러한 시도는 군부운동의 혁명적인 프로젝트와 명백히 대립하는 것이었다. 이러한 대립은 결국 스피놀라의 제거와 보다 급진적인 장교들에 의한 정부의 구성을 초래했다. 고메스Fransisco da Costa Gomes 장군을 새로운 정부의 수반으로 내세운 이들은 스피놀라가 주도한 쿠데타를 저지하고 급진화된 노동자와 무토지 농업 노동자들을 동원하여 은행, 보험회사의 국유화 등과 같은 급진적인 개혁을 계획하였다.

그러나 1975년 여름에 이르러 급진적 개혁에 반대하는 포르투갈 북부와 중부지역의 보수적 농민과 소자산가들에 의한 대중봉기가 발생하였고 새롭게 조직된 정당들도 언론, 집회 자유의 보장과 선거를 통한 정권교체가 가능한 대안적인 정치모델을 요구하였다. 이러한 반혁명 세력의 도전에 직면하여 좌파세력은 급속히 분열, 약화되었다. 군부 내 급진파와의 모든 중요한 연합은 실패하였으며, 군부운동의 지도부는 여러 분파들로 분열되었다. 군부운동내의 연대를 강화시키는데 기여했던 탈식민지화 과정도 대처능력이 약화되고 외부 행위자가 개입함에 따라 오히려 분열을 자극하게 되었다. 또한 서방국가들은 유럽자유무역협정EFTA의 산업개발기금 등과 같은 경제원조를 이용하여 포르투갈 국내정치에 대한 영향을 행사하려 했다.

새로 등장한 군 지도자들과 민간 정치인들은 각료위원회를 재구성하고 11월 25일에 발생한 군부 내 극좌파의 쿠데타를 진압함으로써 정권을 장악했다. 이아네스Antonio Ramalho Eanes와 네베스Jaine Neves가 이끄는 우파 군부세력은 군부 내 급진파들의 조직이었던 대륙작전사령부COPCON: Comando Operacional do Continente를 해체시키고 급진파들을 대량으로 숙청하였다. 이들은 민간 정치인들과의 협상을 통해 군부는 혁명위원회를 통해 정치에 대한 일정한 감시역할을 수행하지만 4년간의 이행 기간 후에는 민간 정권에게 권력을 이행할 것이라 약속했다. 이에 따라 혁명과 민주주의로의 이행을 표방하는 신헌법이 제헌의회에서 제정되고 1976년 4월에는 신국가 체제의 헌법을 대체한 새로운 공화국의 헌법이 공포되었다.

신헌법의 선포 이후 헌법 개정이 있었던 1982년까지는 민주주의 이행과 관련하여 여전히 불확실성이 존재하였으나 점차적으로 군부에 대한 민간 우위가 확립되어 가는 과정이었던 데서 커다란 의미를 갖는다. 신헌법에 따라 4월 25일 실시된 총선에서는 사회당과 사회민주당PSD: Partido Social Democrata이 1년 전의 제헌의회와 비슷한 다수표를 획득하였고 6월 27일의 대통령 선거에서는 이들 정당들이 지지한 이아네스가 대통령으로 당선되었다. 군부의 탈정치화는 소아레스Mario Soares의 연합정권이 붕괴한 후 총선에서 승리한 민주연합AD: Alianca Democratica의 까르네이루Fransisco Sa Carneiro에 의해 추진되었다. 그는 민간인을 국방장관직에 임명하고 위헌심판권을 비롯한 막강한 권한을 갖고 있던 혁명위원회를 폐지하려 하였는데 이는 1982년의 개헌을 통해 관철되었다.Giulio Sapelli, 1995: 139-140

군부혁명 이후의 사회적 분열과 뿌리 깊은 개인적 연고주의의 전통에도 불구하고 포르투갈은 군 내부의 분열과 이를 이용한 민간 정치인들의 주도권 장악을 통해 민주주의 공고화를 달성할 수 있었다. 무엇보다도 여러 차례의 선거를 통해 정치세력간의 균형이 형성되면서 정당정치가 안정되게 되었다. 즉 이들 선거들은 혁명적 가능성을 부인하고 우파의 역할에 엄격한 제한을 가함으로써 민주적 안정을 위한 기초를 놓았다. 대혼란의 시기 후인 1985년에 실시된 선거는 하나의 전환점이 되었다. 이 선거에서 사회민주당PSD과 사회당PS은 각각 29.8%와 20.8%의 득표를 하면서 정국의 주도권을 장악하였다.Giulio Sapelli, 1995: 173

총선 결과 수상으로 임명된 사회민주당의 실바Anibal Cavaco Silva는 1986년 2월의 선거에서 대통령으로 당선된 사회당의 소아레스와 함께 일종의 동거체제를 형성하였다. 실바는 강력한 리더십을 발휘하여 개혁정치를 실시하였고 이에 대한 지지를 바탕으로 사회민주당은 1987년과 1991년의 총선에서 승리할 수 있었다. 소아레스와 실바의 동거체제는 유럽공동체에 가입함으로써 지역개발기금의 도움을 받을 수 있었고 이로 인해 높은 경제성장을 이룩하였는데 이는 비례대표제의 정당체제로 인한 구심적인 정권의 공고화와 의회의 안정에 힘입은 것이기도 하였다.Giulio Sapelli, 1995: 173

　　외부의 영향과 압력은 스페인의 경우와 비교하여 포르투갈의 민주주의 공고화에 결정적으로 기여했다. 쿠데타를 진압하기 위한 준군사적인 비밀작전을 고려하던 미국에 대해 유럽공동체 회원 국가들은 정치적 전략을 추구할 것을 촉구하였다. 그리고 유럽의 사회주의 정당들, 특히 독일의 사민당[SPD]은 기금과 조직적 연계, 도덕적 지지를 통해 포르투갈의 대표적인 민주적 정당인 소아레스의 사회당을 지원하였다. 정부를 형성하기 위한 1975년과 1976년의 선거에서 유럽공동체는 포르투칼의 민주정부에게는 매력적인 대상이었다. 이밖에 스페인과의 신속하고 온건한 외교활동에 의해 국경사건을 해결할 수 있었던 것도 공고화에 기여한 또 다른 요인이라 할 수 있다.[Juan Linz & Alfred Stepan, 1996: 127]

　　살라자르의 퇴임과 군부 쿠데타까지의 기간 중에 포르투갈은 약 6.5%의 연평균 경제성장률을 기록했다. 따라서 남미 국가들과는 달리 포르투갈은 경제위기가 민주주의로의 이행의 시작에 기여했다고 할 수 없다. 오히려 이에 기여한 것은 핵심적 강압기구인 군부였다. 이후 석유파동, 유럽의 경제침체, 해외 이주민의 귀환 등과 1983년부터 1984년 동안의 안정화 계획에 의해 포르투갈 경제는 곤란을 겪었지만 이것이 정치체제에 대한 불만으로 이어지지는 않았다. 경제성장은 1986년 최초의 민간인 출신 대통령이 당선되면서 민주주의가 공고화된 후에 달성되었다.[Juan Linz & Alfred Stepan, 1996: 128-129]

　　포르투갈은 1989년과 1991년 기간 중 경제개발협력기구[OECD] 회원국가 중 가장 높은 경제성장률을 달성하였지만 1990년대 중반 이후 다시 경제적 침체를 경험하였다. 이에 더하여 전통적인 정치적 후원주의와 부패 스캔들은 1995년 10월 10년 만에 다시 사회당으로의 정권교체를 가능하게 하였다. 이후 구테레스[Antonio Guterres]가 이끄는 사회당은 조세개편과 사회 및 보건제도의 재편을 내용으로 하는 개혁프로그램을 추진한 것이 성과를 거두어 재집권할 수 있었다. 이후 사회당은 경제성장 둔화와 재정적자 악화에 제대로 대처하지 못하면서 2002년 3월 총선에서 중도우파인 사회민주당에 패하였으나 2005년 2월 총선에서 절대과반수를 얻어 재집권에 성공하였다. 2011년에는 구제금융사태와 급격한 재정긴축정책에 대한 반발로 총선에서 사회당이 패하고 사회민주당으로 정권이 넘어갔다.

3) 그리스의 사례

　　그리스에서의 민주주의 이행은 전쟁이라는 외부적 요인에 의해 급격히 이루어졌는

그리스의 민주화 시위: 1973년 4월 그리스의 아테네 공대 학생들이 군부정권에 대항해 민주화 시위를 벌이고 있다. 그리스에서는 전후 지배연합의 한 축을 이뤘던 군부가 1967년 쿠데타를 일으켜 권력을 장악하고 국가와 사회를 권위주의적으로 통치하였다. '대령들의 정권'이라고 불리는 군부정권은 정통성의 결핍과 낮은 정책수행능력으로 인한 불만을 완화시키려는 의도로 민족주의에 호소하는 전쟁을 추진하게 된다. 그러나 키프러스를 둘러싼 터키와의 전쟁에서 패배한 그리스의 군부정권은 아래로부터의 동원과 압력에 직면했다. 그 결과 급속한 정당성의 상실과 내부적 응집력의 약화를 경험하면서 쉽게 붕괴되고 말았다.

데 그것은 과거와의 단절이 아닌 지속과 변화를 병행하는 것이었다. 키프러스를 둘러싼 터키와의 전쟁에서 패배한 그리스의 군부정권은 급속한 정당성의 상실과 내부적 응집력의 약화를 경험하였고 그 결과 쉽게 붕괴되고 말았다. 민간인에로의 권력양도를 협의하기 위해 설립된 우파와 중도우파로 구성된 비상협의체는 국내의 주요 정당 지도자들이 아닌 1963년 이후 파리에 망명하고 있던 우파 지도자인 카라만리스 Constantine Karamanlis 에게 위기 극복을 맡기기로 하였다. 카라만리스는 이전에 반공주의자였던 경력으로 인해 군부에 의해 받아들여질 수 있었고 또 비왕당파인 우파와 중도파의 광범위한 지지와 신뢰도 얻을 수 있었던 인물이라는 점에서 최선의 선택으로 간주되었다. Guillermo O'Donnell, Philippe Schmitter & Laurence Whitehead, eds., 1988: 262-263

권력이양에 관한 백지위임장을 부여받은 카라만리스는 지속과 변화, 그리고 점진주의를 조화롭게 균형시키는 이행전략을 채택하였다. 구체적으로 그는 중도파나 중도우파에게 가장 큰 이익을 부여하고 종국에는 반대파를 포용하며 좌파를 중도화 시키는 데 주안점을 두었다. 카라만리스는 한시적으로 1952년에 제정된 헌법의 복구와 군주제의 폐지, 정치범의 석방과 사면, 그리고 모든 정당의 합법화 등의 조치를 취하였다. 카라만리스는 또한 선거를 1974년 11월 17일에 실시한다고 발표했는데 이는 공산당과 새로이 형성된 중도좌파 정당인 범그리스사회주의운동당PASOK: Panellinio Sosialistiko Kinima이 군중을 동원하고 효과적인 선거강령을 작성하기 위한 충분한 시간을 갖지 못하려는 의도에서였다. '카라만리스냐, 탱크냐'를 구호로 내세웠던 이 선거에서의 승리로 카라만리스는 정권의 정당화를 획득하고 장기적인 공고화도 달성할 수 있었다.

카라만리스는 젊은 기술관료, 신중간계층 출신 전문인, 친유럽적인 상층 계급으로 구성된 대중정당으로 신민주당ND: Nea Dimokratia을 결성하였다. 그렇지만 전 외상인 랄리스Georgios Rallis가 수상으로 취임하자 신민주당은 강력한 카리스마적 지도자의 중요성을 보여주며 오랜 관행인 후원주의와 파벌주의로 복귀하였다. 그러나 그리스 정치체제는 이미 변화하는 와중이었다. 대표적인 것이 비록 오래된 측근체제에 의존하곤 있지만 새로운 정당인 범그리스사회주의운동당과 같은 새로운 정치세력의 형성이었다. 파판드레우가 망명시기 군부독재에 대항하기 위해 창설한 조직인 범그리스해방운동PAK: Panellinio Kinima에 그 뿌리를 두고 있는 이 정당은 변화Allaghi를 표어로 내세웠는데 이는 새로운 정치문화의 발생을 나타내는 것이었다. 신정당의 이데올로기는 극좌 민중주의로서 독과점적 자본주의를 비판하고 평화와 비동맹정책, 바르샤바 조약과 제3세계 국가들과의 연맹, 국가개입에 의한 복지체제의 발전, 행정의 분권화를 포함하는 것이었다. 범그리스사회주의운동당의 발전은 공산당의 친소파와 친이탈리아파로의 분열을 촉진했지만 카라만리스가 대통령이 됨으로써 상이한 이념을 지닌 정당들을 포함하는 분극화된 다원주의를 지니는 민주주의가 가능하게 되었다.Giulio Sapelli, 1996: 150-151 부패에 대한 항의와 단속적인 테러행위, 후원주의적 행태의 지속에도 불구하고 그리스는 현재 공고화된 민주주의가 정착되었다고 볼 수 있다. 공산주의자를 제외한 모든 정치세력들은 민주적 제도와 절차를 수용하고 이를 벗어나는 극단적인 수단을 사용하지 않고 있다. 이것은 경제성장에 의한 것이 아닌 분파주의를 극복한 정치적 하부문화의 성장에 의한 그리스의 기적이라고 평가되고 있다.Giulio Sapelli, 1995: 116

변화를 표방한 민중주의적 강령을 내세웠던 범그리스사회주의운동당이 1981년 총선에서 승리한 것은 공고화된 민주주의를 위해서는 중요한 사건이었다. 40여 년 동안 집권하였던 우파에 승리를 거둔 범그리스사회주의운동당은 군부 쿠데타의 위협 없이 정치적 영향력을 배가시키고 헌법개정을 통해 새로운 정치체제를 수립하였다. 전통적인 엽관제도spoils system의 변화를 포함하여 정권교체는 긍정적인 효과를 가져왔지만 한편 변화에의 초기 열망이 점차적으로 희박해지면서 후원주의적 정당구조를 갖는 집권 중도좌파정당은 스캔들과 부패에 반대하는 항의에 시달려야 했다. 이러한 상황에서 파판드레우는 야당의 승리를 억제하기 위해 비례대표의 비율을 증가시켰으나 오히려 1989년의 총선에서 사회주의 정치의 정화 Khatarsis를 내세운 신민주당에 패배하고 말았다. Giulio Sapelli, 1995: 167

카라만리스가 대통령이 된 이후 3% 봉쇄조항 등을 내용으로 하는 선거법의 개정이 단행되었고 이에 따라 최다 의석을 획득한 정당이 집권을 하게 되었다. 또한 주요 양당 중 어느 정당도 강력하고 안정적인 다수를 획득하지 못하는 분극화가 이뤄졌다. 그러나 마케도니아와 유고슬라비아 문제를 둘러싼 지도부의 분열로 신민주당 정권은 붕괴하고 다시 범그리스사회주의운동당이 집권을 해서 현재까지 이르고 있다. 파판드레우는 1996년 1월 건강악화로 사임하였고 후임 수상으로 선출된 시미티스Costas Simitis가 같은 해 9월 실시된 총선에서 승리를 거뒀다. 2004년 3월 이후에는 카라만리스Konstandinos Karamanlis가 이끄는 신민주당이 성공적으로 올림픽을 치른데 이어 실리 위주의 외교정책과 적극적인 유럽연합 지향 정책을 추진하였다. 2008년부터 시작된 경제침체 상황에서 구제금융의 대가로 강요되는 지출 삭감 및 세금 증세의 긴축 조치는 그리스 정치의 불안정성과 불확실성을 높이는 요인으로 작용하고 있다. 이는 2015년 1월 총선에서 보수우파인 신민주당이 패배하고 신생 급진좌파 정당인 시리자SYRIZA가 집권하는 결과를 가져왔다.

4. 한국의 민주화와 정치변동

반대세력의 도전 혹은 정권의 정책수행능력의 상실로 인한 내부적 위기로 비민주적 정권이 퇴진하고 주요 정치세력들이 경쟁의 규칙에 합의해서 보다 민주적 정부가 들어서기까지의 과정을 말하는 민주주의 이행은 상호 연관된 복합적 요인의 영향을 받는다. 한국의 민주주의 이행에도 역시 복합적 요인들이 영향을 미쳤다. 시민사회 내 반대세력의 능력 증대, 지정학 및 경제적 이해관계에 연유하는 외부의 간섭과 개입, 세계경제에의 통합과 관련된 산업화, 분단 상황, 유교적 정치 문화, 지역주의, 식민주의의 영향, 국제적 전시효과, 비정부기구의 역할 등이 그것이다. Juergen Rüland, 1994 이 같은 요인들은 크게 장기간에 걸쳐 영향을 미치는 구조적 배경요인과 제도적인 요소와 정치적 행위자의 행동으로 나누어서 분석될 수 있다. 이 중에서 한국의 민주주의 이행에 가장 큰 영향을 미친 요인은 급속한 산업화로 인한 사회분화에서 연유하는 시민사회 내 반대세력의 능력증대라 할 수 있다.

압도적 규정력을 갖고 있던 외세에 의해 형성된 남한의 국가는 한국전쟁을 통해 물리적 강제력의 독점과 집중을 달성하고 대내적 추출능력을 극대화하면서 강력한 국가가 되었다. 반면 인민위원회를 비롯한 각종 자발적 조직이 급속도로 확산된 데서 보여지듯이 시민사회는 해방 후 한 동안 활성화되었으나 이후 미군정과 토착보수세력에 의해 통제되면서 제대로 성장하지 못했다. 취약한 시민사회는 국가권력에 압력을 행사하거나 정당성을 제공해 줄 수 없었고 따라서 이승만 정권은 붕괴될 때까지 심각한 정당성 위기에 시달려야 했다. 1961년에 쿠데타를 통해 민간정부를 붕괴시키고 집권한 박정희 정권은 정당성 문제를 급속한 산업화를 통해 해결하려고 하였다. 박정권은 물리적 강제력의 행사와 각종 이데올로기의 동원을 통해 돌진적으로 산업화를 추진해 나갔는데 이는 자본주의적 세계경제체제에의 통합과 이로 인한 무역 및 자본 분야에서의 유리함과 국가 조합주의로 일컬어지는 국가의 노동부문 배제정책 등에 힘입어 어느 정도 성과를 거둘 수 있었다.

급속하게 추진된 산업화는 그러나 계급분화와 도시화와 같은 구조적 사회변화를 수반하였는데, 이는 다름 아닌 농민층 분해에서 연원하는 중간계층 및 노동계급의 증대, 사회계층 및 집단 간의 경쟁과 갈등, 그리고 지역간, 산업부문간 불균등의 심화 등과 관련된 것이었다. 무엇보다도 노동분화에 기반한 한국에서의 사회분화는 다원주의적 이익형성을 도왔을 뿐 아니라 사회적 가치변동을 초래하였다. 이로 인하여 시민사회 영역에서 기존의 불균등한 권력 및 분배관계에 반대하는 반대세력의 활동영역이 확대되고 능력이 증대하게 되었다.

한국의 경우 산업화의 부작용과 모순이 표면화된 1970년대에 들어서야 권위주의적 지배에 대항하는 조직화된 정치적 반대세력이 등장하였다. 그 계기가 된 것은 1970년의 전태일 분신자살 사건과 그 이듬해의 광주대단지 사건으로 이들 사건3)을 계기로

---

3) 1970년 11월 13일 서울의 동대문 평화시장 앞에서 피복공장 재단사인 전태일이 "우리는 기계가 아니다", "근로기준법을 준수하라", "내 죽음을 헛되이 말라"라 외치고 분신자살했다. 이 사건은 한국사회에 큰 충격을 던졌다. 추모행사가 개최되었고, 단식농성, 지지시위가 잇달았다. '청계피복노동조합'이 결성되었고, 대학생들이 노동현장에 투신하면서 노학연대가 시작되었다. 이듬해에는 경기도 광주군의 광주대단지 주민들이 "배가 고파 못 살겠다", "일자리를 달라"는 펼침막을 내걸고 출장소를 불태우고 파출소를 파괴하였다. 이 사건은 정부와 서울시가 무허가 판잣집 정리사업이란 이름으로 생계수단과 기간시설에 대한 아무런 대책 없이 철거민들을 강제 이주시킨 데서 비롯되었

1960년대에 발생하였던 자생적 형태의 저항은 본격적으로 민주화 운동과 결합되어 가기 시작하였다. _{김경일·이창걸, 1997: 318} 지식인, 노동자, 독립적인 전문직업인들을 주요 구성원으로 하는 이들 반대세력은 이후 독자적으로 때로는 다른 집단들과 연합하면서 이데올로기적인 응집성과 내적 단결성, 운동의 정통성과 동원 잠재력 등을 점차 갖춰나가기 시작했다. 민주주의에 대한 염원은 아래와 같이 문학적으로 형상화되었고 사람들에 널리 읽혔다. _{김지하, 1982: 8-9}

> 신새벽 뒷골목에
> 네 이름을 쓴다 민주주의여
> 내 머리는 너를 잊은 지 오래
> 내 발길은 너를 잊은 지 너무도 너무도 오래
> 오직 한 가닥 있어
> 타는 가슴 속 목마름의 기억이
> 네 이름을 남몰래 쓴다 민주주의여
>
> 아직 동 트지 않은 뒷골목의 어딘가
> 발자국 소리 호르락 소리 문 두드리는 소리
> 외마디 길고 긴 누군가의 비명 소리
> 신음 소리 통곡 소리 탄식 소리 그 속에 내 가슴팍 속에
> 깊이깊이 새겨지는 내 이름 위에
> 네 이름의 외로운 눈부심 위에
> 살아오는 삶의 아픔
> 살아오는 저 푸르른 자유의 추억
> 되살아오는 끌려가던 벗들의 피 묻은 얼굴
> 떨리는 손 떨리는 가슴
> 떨리는 치떨리는 노여움으로 나무 판자에
> 백묵으로 서툰 솜씨로
> 쓴다
>
> 숨죽여 흐느끼며
> 네 이름을 남몰래 쓴다.

다. 광주대단지 사건은 최초의 도시빈민투쟁으로 평가된다.

타는 목마름으로
타는 목마름으로
민주주의여 만세

　1970년대 말의 '민주회복국민회의'와 '민주주의통일국민연합', 1980년대 중반의 '민주헌법쟁취국민운동본부'는 대표적인 반대세력 연합이라 할 수 있다. 반대세력들의 체계적인 집단행동은 1980년대 중반에 이르러서는 정권의 정통성 결핍을 더욱 심화시켰고 지배연합에 압력을 가하면서 종국에는 부분적 자유화와 개방이라는 양보를 이끌어 내게 된다. 부분적 자유화는 부분적인 시민적, 정치적 권리의 보장을 내용으로 하는 것으로 1983년 말의 학원자율화 조치를 시작으로 2차에 걸친 정치피규제자 해금으로 이어졌는데 이는 1985년의 총선과 1988년의 올림픽을 염두에 두고 정권의 대내외적 정당화를 추구하려는 목적으로 실시되었다. 이에 비해 개방은 기본적 권리를 확대하고 정치적 경쟁을 보장하는 것을 내용으로 하는 것이었다. 이른바 6·29선언에서는 기본적 인권의 신장과 언론자유의 창달, 자치와 자율의 확대, 그리고 대통령 직선제 개헌, 대통령 선거법 개정, 시국관련사범의 사면과 복권, 정당활동의 자유 보장이 제시되었다. 그러나 이 선언에는 주로 야당의 요구가 반영된 반면 시민사회 내 급진세력의 최대강령적 요구는 반영되지 않았다.

　앞의 국내적 요인에 비해 비록 부차적이지만 지정학적인 조건 및 경제적 이해관계에서 연유하는 외부의 간섭과 개입도 한국의 민주주의 이행에 중요한 역할을 수행하였다. 2차 대전 후 신생국에 대한 미국의 외교정책은 무엇보다도 자본주의적인 생산, 분배관계의 확립 및 유지와 반공적이고 친서방적인 안정적인 정부의 수립에 초점을 두었는데^{Bradley Klein & Frank Unger, 1989}, 이는 한국의 경우에도 예외 없이 그대로 적용되었다. 이러한 미국의 한국에 대한 정치, 경제적 개입은 한편으로는 한국의 급속한 산업화의 기초로 작용하였지만, 다른 한편 12.12 군부 쿠데타와 광주민중항쟁에서의 무장병력의 투입 승인 및 이후의 신군부정권의 지지에서 극명하게 나타났듯이 비민주적 정권에 의한 반대세력 탄압을 가능하게 하였다. 미국의 비민주적인 한국 정권에 대한 일관적 지지는 80년대 중순에 들어서면서 이란·콘트라 스캔들에서 연유하는 미국 내 권력의 온건파로의 변화, 소련에서의 개혁정치가 가져온 냉전해소의 시작 등으로 변화하였는데 특히 광주에서의 폭력사용이 초래했던 부정적 결과와 군부정권의 지속으로 인한 한국 내 미국이익의 위협에 대한 정책적 고려^{David Potter, 1993: 365}가 전두환 정권으로 하여금 정치적 개방조치를 취하도록 압력을 가하게 하였다.

그러나 정치적 개방 조치는 반대세력의 압력에 직면한 집권세력의 전략적 선택이었다. 이질적인 성격과 지지기반을 갖고 있던 반대세력연합 중에서 급진세력은 아예 정치적 개방 이후의 개헌 협상과정에서 배제되었고 집권세력의 분할·지배 전략과 계속된 이데올로기 공세로 인해 권력자원과 동원능력이 현격히 약화되었다. 정치적 개방이 열어준 공간에서 대규모 중공업 사업장의 노동자들을 중심으로 전개된 전국적인 규모의 노동자 투쟁이 실패로 끝난 후 반대세력연합의 해체는 가속화되었고, 사회적 권력관계의 중심은 다시 보수적 정치세력으로 넘어가게 되었다.

특정지역을 배제한 보수적 정치세력 간의 연합인 3당 합당에 그 뿌리를 두고 있는 김영삼 정권이 한국 민주주의 발전에 기여한 것은 군부에 대한 민간통제에 성공한 것이었다. 지방자치의 실시도 형식적, 절차적 민주주의의 완성을 위한 중요한 조치였다. 그러나 김영삼 정권 하의 민주주의는 시민사회의 배제로 위임 민주주의적 성격을 갖는데서 보듯이 정치참여의 문은 개방되었으나 결사체적 활동의 정치화는 차단된 배제적 민주주의exclusive democracy라 할 수 있다. 이어서 1997년의 선거에 의한 여야간 정권교체는 규칙적이고 공정한 정치경쟁이 제도화되면서 보다 민주적인 정권으로의 변화가 이루어졌다는 점에서 적지 않은 정치사적 의미를 갖는다. 김대중 정권의 수립은 민주주의의 발전이라는 점에서 적지 않은 의미를 주는 것이었다. 즉, 한국 정치사상 최초의 선거를 통한 여야 간 정권교체에 의해 탄생되었다는데서 무엇보다 한 단계 높은 절차적 민주주의로의 진전이 이룩되었음을 의미한다. 그러나 김대중 정권은 IMF가 요구한 신자유주의를 도입하고 적용한 결과 비정규직의 양산과 사회적 경제적 양극화의 구조적 요인을 제공하였다.

노무현 정권은 정치적 부패와 부정비리의 제도와 문화를 청산하고, 권력기관을 정치적으로 이용하지 않음으로써 권력기관의 정치적 사인화를 방지하고 정치적 중립을 수립하는 계기를 마련 할 수 있었다. 그럼에도 노무현 정권 역시 지속적으로 신자유주의 정책을 추진하는 과정에서 사회적 양극화가 확대되고 권력과 부의 분배에서 소외되고 문화적으로 차별받는 계층과 집단들을 양산했다. 노무현 정권은 사회적 시민권을 정립하고 이를 통해 사람들의 삶을 풍요롭게 하고 그 질을 향상시키는 구체적이며 적실성 있는 정책을 제시하는 데는 성공하지 못했다. 이명박 정권은 감세와 민영화 등 전면적인 신자유주의 정책에 더해 촛불시위에 대한 공권력 투입, 사이버 모욕죄를 통한 인터넷 여론 통제, 대화와 타협에 기초한 의회정치의 경시 등을 통해 야당과 시민사회단체들로부터 민주주의를 후퇴시키고 있다는 비판을 받았다. 이들은 이명박 정권 시기에 권위주의적 과거의 유산이 해소되기는커녕 정치의 전면에 등장했다고 지적했다.

현재 한국은 민주주의 이행 이후에 도래한 혼란된 과도기에 처해 있다고 보인다. 최소주의적 관점에서 '민주화 이후'_{최장집, 2005}를 말할 수 있을지 몰라도 정치제도, 사회경제, 사회문화 영역에 걸치는 최대주의적 관점에서는 민주주의의 내용이 여전히 불충분하며 민주화 수준도 별반 높지 않다. 이는 민주화를 민주적 정치제도와 경쟁구조 및 행태로의 변화로만 보지 않고 정치 엘리트와 대중들에게 민주적 가치가 얼마나 광범위하게 인정을 받고 있는지, 그리고 권위주의 정권 하에서 심화된 사회경제적 불평등과 이에 기초한 권력관계의 개혁이 얼마나 이뤄졌는지를 기준으로 볼 때 더욱 두드러진다. 여러 정권을 거치면서 신자유주의로의 재편이 이뤄지면서 불평등이 확대되고 갈등이 증가하는 현실에도 불구하고 '배제의 정치'에 기반한 정치제도와 대결과 이익의 정치에 몰두하는 대다수 정치인들로 인해 민주적 합의와 사회통합을 이끌어낼

〈이론과 현실〉

민주화와 경제민주화 그리고 사회권

1. 경제 민주화에 나서라

김대중 정부가 탄생했을 때 나는 기뻐서 어쩔 줄 몰랐다. 상상을 초월하는 간난신고 가운데서 꺾이지 않고 민주주의를 위해 버텨주신 김대중 대통령에게 마음 깊이 감사드렸다. 그가 외환위기 극복에 앞장서고 남북정상회담을 하는 걸 보면서 나는 자랑스러웠고 감격했다. 하지만 나는 김대중 정부를 보면서 크게 실망하였다. 국제통화기금(IMF)과 미국의 압력이 있기는 했지만 정리해고, 공기업 사유화, 은행 해외매각 등을 금과옥조로 받아들이는 데 아연실색했다.

나는 생각했다. 그래, 김대중 정부는 여기까지다. 다음에 좀 더 잘하면 되지. 그래서 노무현 후보를 도왔다. 그는 선거에서 승리했고 선거 바로 다음날 내게 "정치는 내가 할테니, 정책은 유교수가 하시오"라고 말했다. 나는 가슴이 뛰었고 어깨가 무거웠다. 강력한 재벌개혁, 부동산투기 종결, 교육과 연구개발 혁신, 산별노조체제, 비정규직 사유 제한, 동북아경제공동체 … 이런 걸 생각하면 비장한 마음이었다. 그런데

어찌 된 일인가? 내가 노무현 정부에서 철저히 배제당한 것은 모두가 아는 사실이고, 개혁과 분배정의를 기대하고 뽑은 정권의 첫 경제정책이 법인세 인하였고 첫 국정 목표로 내세운 것이 1인당 국민소득 2만 달러였다는 것도 역사적 사실이다. 내가 한미 자유무역협정(FTA) 반대에 나서자 학교에서 교수 대외활동 규제안을 교수회의에 상정했던 것도 명백한 사실이다.

이명박 정부의 국정농단과 민생경제 파탄은 더 언급할 필요도 없다. 단, 나는 이명박 정부 비판에 못지않게 중요한 것이 과거 민주개혁 정부들의 실패에 대한 철저한 분석과 반성이라고 생각한다. 이명박 정부는 쿠데타로 집권한 것이 아니다. 민주개혁 정부에 실망한 국민이 뽑은 정부다. 민주개혁 정부는 정치 민주화에서 많은 공을 세웠지만 경제 민주화에는 철저하게 실패했다. 수구 우파세력은 민주개혁 정부가 분배에 치우쳐 성장을 게을리 했다고 엉뚱한 주장을 했다. 진실은 그 반대다. 성장만 놓고 보면 제법 잘 했지만 갈수록 양극화가 심화되어 민생이 피폐해진 것이다(김대중 정부 5년간 연평균 성장률은 5.0%, 노무현 정부 4.3%, 이명박 정부는 3.1% 정도). 이제는 분명하게 인식해야 한다. 문제는 성장이 아니라 분배고, 경제 민주화 없는 정치 민주화는 공허할 뿐이라는 것을.

경제 민주화라니? 경제도 민주주의로 한다는 말이냐? 그렇다. 경제도 민주주의다. 모든 인간은 존엄한 인격체이며 누구나 자신만의 가능성을 추구할 여건과 기회를 제공받아야 한다. 시장원리는 존중해야 하지만 어디까지나 시장이 사람을 위해 활용되어야지 사람이 시장의 도구로 전락해서는 안 된다. 재벌 독식은 안 된다. 1%를 위해 99%를 희생하는 경제는 안 된다. 그렇다. 경제도 민주주의다. 자유만 중요한 게 아니라 평등도 중요하다. 이것이 대한민국 헌법 119조의 정신이다(『경향신문』, 2011년 12월 14일. 이 글은 유종일 교수의 칼럼 "통합 야당, 경제 민주화에 나서라"를 인용한 것이다).

2. 이제 '국민의 사회권' 요구할 때

한국사회에서 교육과 주택은 중산층과 서민들에게 참으로 무거운 짐이다. 학벌과 집값이 총체적인 사회 불평등과 생애 전반의 운명에 이렇게까지 큰 영향을 미치는 나라는 없다. 지금, 바로 이 민감한 화약고가 뜨거워지고 있다. 천정부지로 오르는 전셋값에 사람들이 느끼는 압박과 분노가 폭발 직전이다. 대학 등록금과 치솟는 생활비에 절망한 젊은이들이 죽어 간다. 이것은 위급한 현실이다.

그런데 정부와 한나라당이 대안이라고 내놓은 것이 가관이다. 전세난 해결을 위해 총부채상환비율(DTI) 규제완화를 연장한단다. 빚내서 전셋값 대라는 거다. 등록금을 3% 이상 인상한 대학에 불이익을 준단다. 그걸로 끝이다. 현행 등록금만으로도 학생과 부모들은 충분히 고통스러운데도 말이다. 이 모든 대책들이 터한 기본 관념이 있다. 가격은 시장에서 결정되는 거고, 정부는 국민들의 시장적응력을 보조하면 된다는 거다. 이 사고방식은 공적 기관인 국가가 견지해야 할 아주 중요한 관점을 결여하고 있다. '사회권'에 대한 인식이 그것이다. 모든 국민의 행복과 기본적 인권, 인간다운 생활을 보장할 것을 국가에 요구할 수 있는 권리 말이다. 대한민국 헌법은 이 권리를 분명히 명시하고 있다(제10조, 31조, 34조, 36조 등).

주택과 교육 문제를 보자. 선진적 자본주의 사회들 중에도 주택소유율이 50~60% 수준으로 한국과 비슷한 나라가 많다. 하지만 대부분 공공임대주택이 풍부하고, 많게 는 전체 주택의 40%에 이른다. 중산층, 젊은 직장인들의 상당수가 거기 산다. 교육은 어떠한가? 유럽 대학의 기업화 경향이 진행 중이라지만, 여전히 독일 대학의 한 학기 등록금은 50만 원이 안 된다. 어디서 돈을 대나? 공적 재원이다.

이런 체제가 가능한 이유는 많은 국민들이 주거와 교육을 하나의 사회권으로 간주 하기 때문이다. 그걸 존중하는 정당을 지지하고, 그걸 정부에 강력히 요구하기 때문 이다. 이는 모든 국민이 똑같이 살아야 한다는 걸 뜻하지 않는다. 자기 집 마련해서 재산을 축적하고 싶은 사람은 얼마든지 할 수 있다. 네덜란드의 주택담보대출총액은 국내총생산 규모를 넘어선다. 자녀를 값비싼 사립학교에 보내고 싶은 사람, 물론 그 럴 수 있다. 하지만 중요한 건 '기본'이다. 그럴 여력이 없는 다수 국민들도 기본을 누리고 살 수 있어야 한다는 거다.

한국은 어떠한가? 현재 전체 가구의 약 35%가 '전세'라는 세계에서 유일한 민간임 대제에 의존한다. 내 집 마련의 전망도, 제대로 된 공공주택도, 세입자 보호도 없는 상태에서 방치되어 있다. 한국의 교육열이 대단하다지만, 경제협력개발기구의 2010 년 보고서에 따르면 한국에서 학생 1인당 초·중·고등교육 정부재정 지원액은 조사 대상 31개국 중 28위, 아동보육 공공지출액은 조사대상 37개국 중 35위였다. 국민의 사회권에 대한 최소한의 인정도 없는 체제다.

나라에 돈이 없기 때문일까? 더 많이 투자해서 성장해야 하기 때문일까? 아니다. 이명박 정부 들어 시행한 이른바 '부자감세'만 철회해도 20조원의 세수가 확보된다. 소득세·법인세 등의 영역에서 대기업과 고소득층의 과도한 조세감면을 조금만 줄여 도 당장 몇 조원의 세수 증대가 가능하다. 여기에 정부 수주를 받은 건설 원청업체들 의 자금 착복과 일부 고소득 자영업자들의 탈세까지 합하면 도대체 얼마나 거대한 지하경제가 이 나라 살림을 갉아먹고 있는가?

이러한 구조적 부조리와 불공정으로 인해 새나가는 돈이 국민의 사회권 확대로 이 전돼야 한다. 그게 정의다. 개별 정책수단에 대한 세밀한 토론이 전부가 아니다. 사회 변화의 기본 방향, 제반 정책들이 터할 근본 가정을 바꾸는 일이 먼저다. 이제 국민의 보편적 사회권을 말할 때다. 그것은 이 나라 주권자들이 당당히 말할 수 있는 정당한 요구다(『경향신문』, 2011년 2월 17일. 이 글은 신진욱의 교수의 정동칼럼 "이제 국민 의 사회권 요구할 때"를 인용한 것이다).

<생각해보기>
1. 자유권, 참정권, 사회권을 구분하여 설명해보자.
2. 정치 민주화와 경제 민주화의 관계를 최소주의적 관점의 민주주의와 최대주의적
   관점의 민주주의 개념을 통해 설명해보고, 경제 민주화를 '한국 민주주의의 재민
   주화'라는 개념과 연관하여 설명해보자.
3. 한국 사회에서 사회권의 확보와 확장을 민주화와 경제 민주화와 연계하여 설명해
   보자.

수 있는 메커니즘과 정책은 여전히 구축되지 못하고 있다. 이는 한국의 민주주의가
역사적으로 외부로부터 형식적으로 부과되었을 뿐만 아니라, 그 특징도 '배제의 정치'
에 기반하는 다수제 민주주의의 특징을 갖고 있으며, 민주주의 이행도 아래로부터의
압력이 추동했으나 실제 과정은 '엘리트 협약'으로 이뤄진 데서 그 원인을 찾을 수 있다.

5. 세계화 시대 민주화의 현실

세계화가 진척되면서 여러 수준에서 활동하는 다양한 행위자들이 전통적인 경계를
넘어 자유롭게 이동할 수 있게 되었다. 특히 세계정치는 더 이상 주권국가라는 기본원
칙에 기초하지 않게 되었다. 전통적인 국가의 능력과 역할이 변화하는 것과 아울러서
다양한 수준에서 비국가행위자들의 역할이 점차 중요해지고 있다. 이러한 변화는 곧
시민적 자유와 민주주의의 확대를 가져온다는 낙관론적 견해가 있는 반면, 세계화가
지역과 계층 간 불균등을 심화시키면서 민주주의에 부정적 영향을 미친다는 견해도 있다.

민주화에 대래 낙관적 전망을 내리는 학자들은 대부분 미국식의 민주주의를 국제평
화와 안보에 연계시킨다. 세계를 더 평화롭고 안전하게 만들기 위해서는 자유와 민주
주의를 확산시켜야 한다는 주장 등이 그것이다. 그러나 이들이 염두에 두는 민주주의
는 선거를 통해 구성된 정부 등 정치적 요소를 특징으로 하는 데서 다원화되는 세계화
시대에는 타당성이 적다. 토크빌이 미국 정치체제의 특징으로 지적한 '다수의 무제한
한 권력' 역시 최근에는 불평등을 확대하고 민주주의의 불안정을 증대시킨다는 점에서
비판의 대상이 되고 있다. 나아가 이러한 민주주의는 '도덕적 우월주의'에 바탕을 둔
미국적 가치의 세계화와 이를 위한 적극적 개입을 내용으로 하는 신국제주의를 정당

주권을 '아웃소싱' 하기: 미국과 유럽 일부 국가에서는 수도, 전기, 철도 등 공공시설의 민영화에 이어 국방, 교도소, 치안 등 그야말로 정부 고유의 기능까지 민간기업에 넘겨지고 있다. 정부가 서비스하는 영역을 민간에 넘기는 것, 민영화란 정부가 전체 시민으로부터 위임받은 주권을 일부 시민(이윤을 추구하는 민간 기업)에게 넘기는 것이다. 『정부를 팝니다』(폴 버카일 지음)의 원제는 '주권 아웃소싱(Outsourcing Soverignty)'으로 미국의 공법학자인 저자가 정부 기능의 민영화를 냉철하게 파헤친 책이다. 신자유주의 이데올로기가 유행한 지난 30여 년 동안 미국과 유럽 일부 국가에서는 국가의 공공서비스를 민영화하는 조치들이 단행됐다. 미국 레이건 행정부에서 불거진 이란-콘트라 사건, 민간인 전쟁용병 블랙워터, 유럽의 공항안보 민영화 등 미국 안팎의 다양한 민영화 사례를 제시한다. 한 예로 이라크 전쟁 당시 미국이 이라크에 최고 행정관으로 파견한 폴 브레머를 호위한 것은 미국군대가 아니라 '블랙워터'라는 회사였다. 이 회사는 2005년 허리케인 카트리나가 미국 남동부를 강타했을 때 뉴올리언스의 치안을 담당하기도 했다. 저자는 "정부가 스스로 해야 할 일을 민간에 넘겨줬을 때 이들은 정부를 위해 무엇을 하는가. 정부는 주권을 아웃소싱할 권한이 있느냐"고 날카롭게 비판한다. 그는 "민영화는 주권을 '아웃소싱'하는 것이다. 민영화의 실체는 헌법과 시민주권을 시장에 넘기는 것"이라고 단호하게 말한다. 저자는 "효율성이라는 가치보다 헌법과 시민주권의 가치가 더 우위에 있다"고 강조하면서도 "기본 관점이 반(反)민영화는 아니다"라고 전제했다. 그러면서 "아웃소싱을 결함투성이 방안으로 만들지 않으려면 이를 공법의 체계 내에서만 작동하도록 해야 한다. 그런 경계를 정확히 설정할 때 비로소 민주주의 체제가 올바로 작동할 수 있다"고 말했다(『아시아투데이』, 2011년 11월 15일).

화하고 있는 데서도 신중하게 평가될 필요가 있다.

분명한 사실은 세계화가 민주주의의 전통적인 공간인 국민국가의 본질과 범위, 능력을 변화시키고 있다. 특히 자유주의에 기반을 둔 세계화는 정책결정의 위치를 초국적 행위자나 사적부분으로 이전시킬 뿐 아니라 위계제hierarchy와 이에 따른 삶의 기회와 복지에 대한 경제적 세계화의 비대칭적인 결과인 불균등^{unevenness}에 의해 특징되
고 있다. 서유럽의 선진산업국가들에서도 복지가 축소되고, 사회적 불평등이 확대되
었으며, 취약계층에 적대적인 정책들도 공공연히 행해지고 있다. 이들에 비해 민주화
의 '제3의 물결' 기간 탄생한 신생민주주의 국가들의 현실은 더욱 열악하다. 민주주의
의 이행을 주도한 세력들은 세계화의 압력으로 인해 오히려 이전보다 응집성과 동원
능력이 약화되었다. 노동자들과 더불어 배제와 박탈의 새로운 대상이 되는 집단들이
증가하고 있다. 또한 신자유주의와 신개발주의의 수사로 포장된 상위계층의 도덕적이
고 정치적이며 문화적인 가치는 대중들에게 그 어느 때보다도 강한 영향력을 행사하
고 있다.

이런 점들에 비춰보면 대부분의 신생민주주의 국가들은 민주주의 이행 이후에 도래
한 혼란된 과도기에 처해 있다고 보인다. 물론 이들 국가에서는 일부 극단적인 정치세
력을 제외한 대부분의 정치세력들이 민주적 제도와 절차를 수용하고 있는데서 보여지
듯이 상당한 민주화를 이룬 것도 사실이다. 민주적 절차에 따른 갈등처리의 결과가
그들의 이익을 불충분히 반영한다고 여기는 어떠한 집단도 거부권을 행사하지 못하게
되었다. 그러나 이들이 엄밀한 의미에서의 민주적 경쟁구조 및 행태를 확립하였다고
는 볼 수 없다. 왜냐하면 합법화 조치 이후 생성된 정당들이 시민사회 내 다양한 사회
계층 및 집단들의 이익을 표명하고 집약하여 정책에 반영하고 갈등을 조정하는 기능
을 제대로 수행하지 못하고 있기 때문이다.

뿐만 아니라 공고화를 위한 사회문화적, 사회경제적 조건의 형성도 불완전한 데서
최대주의적 관점에서의 민주주의 공고화는 달성되지 않았다고 할 수 있다. 예를 들어
후원주의^{Clientelism}, '까우딜요 정치^{Caudillismo}', 간섭주의^{Paternalism} 등의 특수주의가 여
전히 정치제도와 행위양식을 지배하고 있다. 이는 관용과 타협, 확고한 원칙성 등으로
특징 지워지는 북서유럽의 민주적인 갈등문화와 대립하는 것이다. 이로 인한 적극적
참여와 다원적 의사형성의 결핍은 무엇보다 비판, 통제, 대안제시를 고유한 기능으로
하는 반대세력의 취약한 갈등능력으로 연결되고 있다.

한편, 일부 국가들에서는 선거가 끝난 후 민주적 정당성을 악용해 기본법에 대한
보장 및 자유법치국가의 근간이 되는 민주주의 장치들을 제거하고 의회 권능을 무력
화시키며 각종 정치문화를 감시하는 '손상된 민주주의^{defekte Demokratien}'도 발견되고
있다. 일부 동남아국가에서 보여지듯이 손상된 민주주의는 볼거리 민주주의^{Kulissende-}
^{mokratie}를 내세워 인권을 침해하는 것을 특징으로 한다. ^{Wolfgang Merkel, Hans-Jürgen Puhle}

et al., 2003 이는 민주주의가 내용적으로나 질적으로 발전해야 할 단계에서 오히려 정체와 쇠퇴의 경로로 후퇴하는 경우도 있다는 점을 잘 보여준다.

이러한 점을 감안하면 현재 이들 국가에 필요한 것은 오히려 보다 심화되고 확대된 민주주의이다. 비록 전 세계적 수준에서 민주주의 문제의 해결 전망은 확실하지 않다 하더라도 단일 국가 수준에서 민주주의 향상은 달성 가능하다고 보여진다. 여전히 많은 사람들은 전통적인 국가가 사회적 시민권을 보장하고 시장이 수행할 수 없는 분배라는 역할을 수행하리라 기대하고 있다. 전 세계적으로 볼 때 민주화와 관련하여 중요한 점은 새로운 세계 질서 속에서 변화하는 민주주의 국가의 역할과 새로운 민주주의의 의미를 숙고하고 이의 실현방안을 함께 모색하는 것이다.

토론거리

1. 민주화는 무엇을 의미하며, 왜 발생하는가?
2. 민주주의로의 이행과 민주주의의 공고화는 그 의미가 어떻게 다른가?
3. 남유럽 세 국가(포르투갈, 스페인, 그리스)들은 어떤 경로를 통해 민주주의 이행을 달성했는가?
4. 한국의 민주주의 이행에는 어떤 요인들이 영향을 미쳤는가?
5. 신생 민주주의 국가들에서 민주주의의 공고화를 지연시키는 요인은 어떤 것들이 있는가?

키워드: 민주화, 자유화, 사회분화, 민주주의로의 이행, 정통성의 결핍, 시위효과, 불확실성의 제도화, 이중 전환, 민주주의의 공고화

참고문헌

김경일·이창걸. "한국의 민주화와 사회운동." 한국사회사학회 편. 『한국 현대사와 사회변동』. 서울: 문학과지성사, 1997.

김지하. 『김지하 시선집: 타는 목마름으로』. 서울: 창작과비평사, 1982.

임혁백. 『시장·국가·민주주의』. 서울: 나남출판, 1994.

최장집. 『민주화 이후의 민주주의: 한국 민주주의의 보수적 기원과 위기』. 서울: 후마니타스, 2005.

홍익표. "남유럽의 민주주의 이행과 공고화: 스페인, 포르투갈, 그리스의 비교." 『국제지역연구』 제2집 4호. 1998.

Casanova, Jose. "Modernization and Democratization: Reflections on Spain's Transition to Democracy." *Social Research*, Vol.50, No.4. 1983.

Gunther, Richard, P. Nikiforos Diamandouros & Hans-Jürgen Puhle (eds.). *The Politics of Democratic Consolidation. Southern Europe in Comparative Perspective*. Baltimore: The Johns Hopkins University Press, 1995.

Huntington, Samuel P. 강문구·이재영 역. 『제3의 물결: 20세기 후반의 민주화』. 고양: 인간사랑, 2011.

Karl, Terry Lynn & Philippe Schmitter. "Modes of Transition in Latin America, Southern and Eastern Europe." *International Social Science Journal*, Vol.128. 1991.

Klein, Bradley & Frank Unger. "Die Politik der USA gegenüber Militärdiktaturen in der Dritten Welt." in Reiner Steinweg (Red.). *Militärregime und Entwicklungspolitik*. Frankfurt/M: Suhrkamp, 1989.

Kraus, Peter A. "Elemente einer Theorie postautoritärer Demokrati- sierungsprozesse in südeurpäischen Kontext." *Politische Vierteljahresschrift*, Vol.31, No.2. 1990.

_____. "Südeuropa: Die erfolgreiche Institutionalisierung der Demokratie und ihre gesellschaftlichen Voraussetzungen." in Wolfgang Merkel, Eberhard Sandschneider & Dieter Segert, (Hg.). *Systemwechsel 2. Die Institutionalisierung der Demokratie*. Opladen: Leske+Budrich, 1996.

Linz, Juan & Alfred Stepan. *Problems of Democratic Transition and Consolidation — Southern Europe, South America, and Post-Communist Europe*. Baltimore and London: The Johns Hopkins University Press, 1996.

Mainwaring, Scott, Guillermo O'Donnell & J. Samuel Valenzuela (eds.). *Issues in Democratic Consolidation: The New South American Democracies in Comparative Perspectives*. Notre Dame: University of Notre Dame Press, 1992.

Marx, Karl. *Der achtzehnte Brumaire des Louis Bonaparte*. Berlin: Dietz Verlag, 1988.

Merkel, Wolfgang, Eberhard Sandschneider & Dieter Segert, (Hg.). *Systemwechsel 2.*

Die Institutionalisierung der Demokratie. Opladen: Leske+Budrich, 1997.

Merkel, Wolfgang & Hans-Jürgen Puhle. *Von der Diktatur zur Demokratie: Transfor-mationen, Erfolgsbedingungen, Entwicklungspfade.* Opladen/Wiesbaden: West-deutscher Verlag, 1999.

Merkel, Wolfgang, Hans-Jürgen Puhle et al. *Defekte Demokratien, Bd. 1, Theorien und Probleme.* Opladen: Leske+Budrich, 2003.

Nohlen, Dieter. "Mehr Demokratie in der Dritten Welt? Über Demokratisierung und Konsolidierung der Demokratie in vergleichender Perspektive." *Aus Politik und Zeitgeschichte*, B25/26. 1988.

O'Donnell, Guillermo, Philippe Schmitter & Laurence Whitehead (eds.). 염홍철 역. 『남부유럽과 민주화』. 서울: 한울아카데미, 1988.

Potter, David. "Democratization in Asia." in David Held (ed.). *Prospects for Democracy.* Cambridge: Polity Press, 1993.

Przeworski, Adam. "Some Problems in the Study of the Transition to Democracy." in Guillermo O'Donnell & Philippe C. Schmitter eds. *Transitions from Authoritarian Rule: Prospects for Democracy.* Baltimore & London: The Johns Hopkins University Press, 1986.

_____. *Democracy and the Market.* Cambridge: Cambridge University Press, 1991.

Rüland, Juergen. "Demokratisierung in Asien: ein fragiler Prozeß." in Heinrich Oberreuter & Heribert Weiland (Hg.). *Demokratie und Partizipation in Entwicklungsländern.* Paderborn: Ferdinand Schoeningh, 1994.

O'Donnell, Guillermo & Philippe Schmitter. 한완상·김기환 역. 『독재의 극복과 민주화: 권위주의 정권 이후의 정치생활』. 서울: 도서출판 다리, 1987.

Sapelli, Giulio. *Southern Europe Since 1945 ― Tradition and Modernity in Portugal, Spain, Italy, Greece and Turkey.* London & New York: Longman, 1995.

Schubert, Gunter, Rainer Tetzlaff & Werner Vennewald. *Demokratisierung und politischer Wandel.* Münster & Hamburg: LIT Verlag, 1994.

Sørensen, Georg. 김만흠 역. 『민주주의와 민주화』. 서울: 풀빛, 1994.

Verkuil, Paul Robert. 김영배 역. 『정부를 팝니다. 무책임한 정부는 모든 것을 민영화한다』. 서울: 시대의창, 2011.

Whitehead, Laurence ed. *The International Dimensions of Democratization. Europe and the Americas.* Oxford: Oxford University Press, 1996.

사항 색인

인명 색인